納税者保護と法の支配

山田二郎先生喜寿記念

納税者保護と法の支配

山田二郎先生喜寿記念

信山社

題字 清永敬次

謹んで喜寿をお祝いし
山田二郎先生に捧げます

執筆者一同

執筆者一覧（執筆順）

石島　　弘（いしじま　ひろし）	岡山商科大学法学部教授
碓井　光明（うすい　みつあき）	東京大学大学院法学政治学研究科教授
占部　裕典（うらべ　ひろのり）	同志社大学法科大学院教授
大淵　博義（おおふち　ひろよし）	中央大学商学部教授
玉國　文敏（たまくに　ふみとし）	中央大学法学部・同法科大学院教授
山田　和江（やまだ　かずえ）	税理士
山本　守之（やまもと　もりゆき）	千葉商科大学大学院客員教授・税理士
藏重　有紀（くらしげ　あき）	東京国税不服審判所国税審判官
品川　芳宣（しながわ　よしのぶ）	早稲田大学大学院客員教授(専任)・筑波大学名誉教授
岸田　貞夫（きしだ　さだお）	聖学院大学大学院教授
酒井　克彦（さかい　かつひこ）	国士舘大学法学部教授
三木　義一（みき　よしかず）	立命館大学法科大学院教授
林　　仲宣（はやし　なかのぶ）	椙山女学園大学教授・税理士
今村　　隆（いまむら　たかし）	駿河台大学法科大学院教授・弁護士
山下清兵衛（やました　せいべえ）	大宮法科大学院大学教授・弁護士
山本洋一郎（やまもと　よういちろう）	弁護士・税理士
金子　正史（かねこ　まさし）	同志社大学法科大学院教授
大塚　正民（おおつか　まさたみ）	弁護士・公認会計士
木村弘之亮（きむら　こうのすけ）	日本大学大学院総合科学研究科教授
手塚　貴大（てづか　たかひろ）	広島大学大学院社会科学研究科准教授
増田　英敏（ますだ　ひでとし）	専修大学法学部教授
増田　　晋（ますだ　すすむ）	慶應義塾大学法科大学院教授・弁護士
山下　　学（やました　まなぶ）	立正大学法学部教授
宮谷　俊胤（みやたに　としたね）	福岡大学法学部教授
西山　由美（にしやま　ゆみ）	東海大学法学部教授

山田二郎先生　近影

は し が き

　喜寿記念というのは山田二郎先生にはあてはまらない。情熱と信念を持ちつづける「青年」の気配が、先生にはただよっている。
　先生は、1957年（昭和32年）に日本税法学会に入会され、その後1973年（昭和48年）の租税法学会の創立から関与され、裁判官、法務省訟務局第5課長、参事官（租税訟務担当）、大学教授としてご活躍になり、さらに弁護士（おもに税法領域）として現在も大変精力的にご活躍である。先生は、その第5課長の頃から引き続き、租税判例研究会（金子宏東京大学名誉教授と法務省租税訟務課の、国税庁共同主宰）等において租税判例の分析と批判に情熱を燃やされ、常にその信念と緻密な論理構成をもってご見解を披瀝されておられる。日本税法解釈論の水準の向上は、多くの論客の中にあっても、先生を抜きに、想念し得ない。それほど光り輝く金字塔を打ち立てられている。わが国の租税法学にとってエポックとなるべき重要な租税事件の多くに関与され、日本の租税法の形成と発展に大きな寄与をされている。本書末尾に掲げる業績・履歴一覧をご覧くだされば、だれしも納得されよう。
　税理士補佐人制度の導入時に創立された、租税訴訟学会の初代会長として、先生は、租税法領域において活動する多彩な弁護士と税理士をたばね、又、後進の指導に当たられている。
　1945年の敗戦を契機とする、日本国憲法制定後、憲法は、形式的法治国家から実質的法治国家へ変転すべきであったにもかかわらず、おおくの租税法理論は、形式的法治国家のモデルに踏みとどまり、租税法律主義を強調するあまり、その結果、法（憲法にいう「良心」）や正義（税法の領域では「租税正義」と言い直すこともある）といった憲法価値を考慮に入れる実質的法治国家へとシフトしていない。法の支配のもとでは、形式的法治国家から実質的法治国家への変転を前提として、行政組織内部におけるあらゆる行政作用についてさえも法によるコントロールが必要だとされる。さらに、納税義務者が自然人として又は法人として活動する場合、ひとびとが、弁護士や税理士から良質かつ的確な法

はしがき

　的助言をたやすく受けられ、適正な行政手続きを受け、そして公平な裁判を受ける権利を保障されて初めて、このような領域においても法が支配するといいうるであろう。本書寄稿の多くはこのような諸問題に果敢にまた実践的に挑戦している。

　租税法理論を新たに構築する必要性との関連において、租税正義論、租税憲法理論、租税立法学、比較税法学、租税法制史学、租税政策学が本書においても展開されつつある。

　さらに、「法と経済学」（さらに一般的にはクロス・ディスプリン・アプローチ）を租税法の領域に適用して、たとえば所得税と負の所得税の統合（すなわち所得税法と生活保護法の統合）問題を扱う寄稿も、本書にみられる。

　前叙のとおり、力作・労作をお寄せ下さった執筆者の皆様、ならびに、今日の厳しい出版事情であるにも拘わらず、この種の企画の有用性をお認め下さり、快く出版を承諾して下さった信山社取締役袖山貴様、そして、作業の進行をスムーズにして下さった編集担当の稲葉文子様には、この機会に深甚なる感謝の意を表したい。

　公私ともに多忙な中、山田二郎先生は、実質的な租税法律主義の確立を目指して、自ら奮闘されるとともに、学問的謙虚さと寛容さをもって、私ども後進の指導に当たってこられました。そのような山田先生には、いつまでもご健勝にてご活躍をいただき、そして、わが国の租税法が正しい道を歩むよう末永く叱咤激励していていただきたく存じます。

　山田二郎先生が喜寿を迎えられましたことを、あらためて心からお祝い申し上げるとともに、先生への謝恩・学恩の印として、寄稿者一同、心を込めて本書を献じさせていただきます。

　　2007年7月7日

　　　　　　　　　　　　　　　　　　　　　　　　　　　　編者一同

目　次

はしがき
〔執筆者紹介〕

第1編　国内税法

1 固定資産税の路線価における所要の補正について …〔石島　弘〕… 3

2 租税法における実体的真実主義優先の動向
　　──更正の請求の拡充及び固定資産税課税誤りの救済── 　　　　　　　　　　　　　　　　　　　　　　　　　　　〔碓井光明〕… 19

3 課徴金算定における「売上額」と消費税の関係
　　──独占禁止法と消費税法の狭間での議論── …………〔占部裕典〕… 49

4 同族会社の行為計算否認による不平等課税とその課題
　　──所得税法・相続税法の行為計算否認により派生する基礎
　　的疑問の解明── ……………………………………………〔大淵博義〕… 85

5 少額減価償却資産の判定単位についての一考察 ……〔玉國文敏〕… 109

6 取引相場のない株式の評価に関する会社法と税法の接点
　　──株式評価モデル基準の提案── …………………〔山田和江〕… 135

7 課税要件法定主義と役員給与 ………………………〔山本守之〕… 175

8 判決を後発的理由とする更正の請求の要件 ………〔藏重有紀〕… 193

9 税務官庁の対応に起因する「正当な理由」と
　最近の最高裁判決の問題点 …………………………〔品川芳宣〕… 221

10 後発的事由による更正の請求についての一考察 ……〔岸田貞夫〕… 243

11 二層的構造認識論と事実認定
　　──課税の基礎となる「真実の法律関係」の模索── ……〔酒井克彦〕… 255

12 租税法における不遡及原則と期間税の法理 ………〔三木義一〕… 273

13 更正の予知と税務調査 ………………………………〔林　仲宣〕… 287

目 次

14 税法における「価格」の証明責任 ……………………〔今村　　隆〕…305

15 「裁判を受ける権利」の実効的保障
　　　――委任行政立法と解釈改憲―― ………………………〔山下清兵衛〕…329

16 審判所の裁決と訴訟での主張制限
　　　――「行政部内における最終判断」の危機――………〔山本洋一郎〕…365

第2編　行　政　法

17 指定確認検査機関のした建築確認に係る国家賠償請求訴訟
　　　――横浜地判平成18年8月9日を契機として―― …………〔金子正史〕…385

第3編　比較税法

18 グレゴリー事件判決：税考古学的立場からの考察
　　…………………………………………………………〔大塚正民〕…411

19 生活保護法と所得税法の統合モデル：生活保護法は法
　　の支配下か…………………………………………〔木村弘之亮〕…431

20 環境税の法構造――ドイツ租税法における議論の一端――〔手塚貴大〕…497

21 イギリスの付加価値税（Value Added Tax）の法構造
　　　――住宅税制の視点を中心として―― …………………〔増田英敏〕…517

22 租税法と国際私法の交錯――ケイマンのリミテッド・
　　パートナーシップを題材として―― ………………………〔増田　晋〕…543

23 税政策学への試論 ……………………………………〔山下　学〕…561

24 イギリスにおける弁護士に対する税務調査………〔宮谷俊胤〕…579

25 EU基本原則と国内法の抵触 ……………………〔西山由美〕…613

山田二郎先生略歴紹介・業績目録（627）

第1編
国内税法

1　固定資産税の路線価における所要の補正について

岡山商科大学法学部教授　石島　弘

　Ⅰ　はじめに　　　　　　　　　　　　　の把握
　Ⅱ　7割評価実施前、均衡評価の　　　Ⅳ　路線価方式
　　　維持　　　　　　　　　　　　　　Ⅴ　結びに代えて
　Ⅲ　7割評価実施後、適正な時価

Ⅰ　はじめに

1　標準宅地の課税標準

　地方税法349条1項は、土地に対して課す基準年度の固定資産税の課税標準を、当該土地の基準年度に係る賦課期日における価格で土地課税台帳等に登録されたものとすると定め、同項にいう価格について、同法341条5号は「適正な時価」をいうと規定している。

　他方、同法388条1項は、総務大臣が、固定資産税の評価の基準並びに評価の実施の方法及び手続きを定め、これを告示しなければならないと規定し、同項に定められた「固定資産評価基準」は、主として市街地的形態を形成する地域における宅地については、市街化宅地評価法（いわゆる路線価方式）によって、各筆の宅地の価額を求めるものとしている。

　そして、平成6年度の宅地の土地課税は帳簿録価格の評価については自治省（当時）から、いわゆる7割評価通達（平成4・1・22日自治評第3号「固定資産評価基準の取扱について」の依命通達の一部改正について）、及び時点修正通知（平成4・11・26日自治評第28号「平成6年度評価替え（土地）に伴う取扱について」）が発せられ、平成5年1月1日時点の地価公示価格、都道府県地価調査価格または不動産鑑定士または不動産鑑定士補による鑑定評価から求められた価格の7割程度を目途として標準宅地の価格を算定するとされ、平成6年度の

土地の評価替えによる「7割評価」の実施によって標準宅地のレベルで標準宅地の評価の精度は大幅に高められた。

2 個別宅地評価の緻密化

市町村は、鑑定評価によって評定された標準宅地の価格に基づいて路線価方式を適用することになり、画地計算法の適用に当たって標準宅地の評価の精度に対応すべく、より緻密な評価が要求されることになり、多くの市町村で「所要の補正」が積極的に活用されるようになった。

この「所要の補正」の積極的活用は、「7割評価」実施前に強調された「評価の統一均衡」から、「7割評価」実施後、固定資産価格を客観的な交換価格を内容とした「適正な時価」課税へ移行する過程で執られている行政の土地評価精度化への努力であると評価される。

II 7割評価実施前、均衡評価の維持

1 「7割評価」実施前の「適正な時価」

固定資産税の課税実務は、「7割評価」実施前においては、納税者にとってきわめて分かりにくく、課税に透明性及び公正性を欠くものであった。この点に関して、私は、「7割評価」実施前に、次のように述べたことがある。

「諸税の『時価』の意義について、判例・学説は、ともに概ね客観的交換価値と解し、通常または、正常な取引価額を意味するものと解している。固定資産税の時価評価に課税実務上用いられる評価基準（告示）は、時価の評価において控除すべき『不正常』要素を拡大することによって、行政上の評価額は時価を著しく下回るレベルに設定され、曖昧にされてきた。判例は均衡課税を強調してこれを支持し、学説も現状肯定の立場から低いレベルの評価に納税者の有利な点を見出し、評価基準（公示）の画一的な適用を認めて形式的平等に満足してきたのである。判例・学説は、時価を大幅に下回る評価を批判するどころか、これを容認してきた。現況の評価における性格論はこれを正当化する機能を果たしてきたのであるが、このことは結果的に、課税庁に対し時価に対する評価割合を設定しうる機能を認め、土地に資産としての有利性を付与してきたのである。つまり、時価の基準性を弱めてきたのである。固定資産税に対する納税者の不信はここから出発しているのであり、問題は正にここにあると考

1 固定資産税の路線価における所要の補正について〔石島　弘〕

えられる」(金子宏・石島弘・神野直彦・中里実・渋谷雅弘「固定資産税の課税標準の合理性について」45頁・平成8年財団法人税務研究センター)。

　土地は、従来、一般に時価をはるかに下回る価格で評価されていた。昭和39年以来、その是正が図られてきたが、地価の上昇が激しかったため、その評価の水準は、時価をはるかに下回っていた。固定資産税の納税者が時価以下評価に不信を抱いていたことは当然であるが、登録価格が「適正な時価」を下回る場合は、当該土地の所有者からはその取消を求めることはできず(行政事件訴訟法10条1項)、住民自治の観点からすれば、住民自身もそのような時価以下評価課税に対して住民訴訟(地方自治法242条の2参照)の提起等によりこの状況を改善しうる余地はあった(東京地裁平成14・3・7日判時1811号63頁、同判決の「判例評釈」として石島弘「最新判例批」判時1834号44頁)が、住民の側から是正されることはなかった。

2　均衡評価の維持

　課税の実務においては、固定資産評価基準を画一的に忠実に適用すれば課税に「平等」が得られると解され、それに適正な時価と同様の法的価値が付与されて、時価以下評価課税が実施されていた。この均衡課税論は、昭和30年11月24日の宇都宮地裁判決(行集6巻12号2805頁)において、固定資産税の課税標準は「賦課期日における価格」(地税349条1項)であり、その価格とは「適正な時価」(同341条5号)を指すけれども、「固定資産税の賦課にあたり、固定資産の評価が均衡を保たねばならないことは、その適正でなければならぬことと同様に重要であって、もしある者の固定資産が同様の固定資産の一般的な評価に比して著しく高く評価されているとすれば、その評価額が時価を下回るものであったとしても違法となるものと解すべきである。」として、支持されていた。固定資産税における固定資産の評価水準は、それが著しく時価を下回るものであっても、課税実務において、また判例・学説において支持されたし、また、現行の地方税法の規定(地税403条1項)が「市町村長は……法388条1項の評価基準によって固定資産の価格を決定しなければならない。」としていることもあって、固定資産評価基準に法的拘束力があることは明らかであるとされていたのである。固定資産評価基準に強い規範性が認められ、訴訟においても同基準に従った評価を必要とされたこともある。特定の宅地の評価が

第1編　国内税法

公平の原則に反するものであるかどうかは、宅地の評価が固定資産評価基準に従って忠実に行なわれているかどうか、宅地の評価に当たり比準した標準宅地と基準宅地との間で評価に不均衡がないかどうかを判断し、その限度で判断されれば足りるものと解されていた。要するに、固定資産の評価にあたっては、固定資産評価基準を忠実に適用すればよかったのであるから、固定資産税の課税標準である固定資産の価格の算定基礎である「適正な時価」とは何かを問う必要はなかったし、「適正な時価」に規範的な意味は付与されなかったのであり、その実体的内容を検討する必要性もなかったのである。

3　課税標準の適正化・合理化の必要

固定資産税は、「適正な時価」の実体的内容に即して課税することが、その課税標準の適正化・合理化を実現するために必要であり、固定資産税の課税行政に公正性と透明性を確保するうえで不可欠であるが、このような観点から改善を図るためには、先ず課税要件明確主義および合法性の原則の要請に応える必要があり、価格の評価の基礎となる「適正な時価」をあくまでも正常な取引価格、すなわち、客観的な交換価値を表現する概念と捉え、固定資産の価格の評価に当たっては可能な限り「適正な時価」に接近させて登録価格を決定する努力が課税実務上要請されることになった。固定資産税における課税の不公正性、不透明性の根本原因は、恒常化していた時価以下評価（当時「一物四価」などと揶揄されていた）が、課税庁による評価割合ないし評価水準の自由な設定を容認していたことにある（石島弘　課税標準の研究・297頁、2003年　信山社）。

Ⅲ　7割評価実施後、適正な時価の把握

1　「7割評価」実施後の「適正な時価」

しかし、平成6年度の評価替えにおいて、固定資産税課税に透明性および公正性を担保するために公的評価における資産価格の一元化を目指し、固定資産の価格の評価水準を地価公示価格ないし不動産鑑定士等の鑑定評価額の7割を目途とする「7割評価」が実施された。この措置の結果、納税者の税負担水準は大幅に引き上げられ、逆に地価は下落したことから、実際の取引価格と課税台帳上の登録価格が接近し、あるいは固定資産評価基準による評価額が取引価格を上回るという「逆転現象」が生じた。

1　固定資産税の路線価における所要の補正について〔石島　弘〕

　納税者のこの現象による不満は、多数の固定資産評価審査委員会に対する審査申し出（全国で20,857件）、及び審査決定に対する取消訴訟（全国で194件）をもたらし、必然的に「適正な時価」の実体的内容の検討が迫られることになった。

　固定資産税の負担配分は、固定資産の利用価値ではなく、交換価値に着目してなされるべきこと、従って、「適正な時価」は取引価格で構成された客観的な交換価値であるとする理解は、古くから判例で採られていた（石島弘「固定資産税の今日的課題」税研19巻5号61頁・114号61頁、2004年）が、平成15年6月26日の最高裁判決（判時1830号29頁）もこの路線上で、「適正な時価」を理解し、土地に対する固定資産税は土地の資産価値に着目し、その所有という事実に担税力を認めて課す一種の財産税であって、個々の土地の収益性の有無にかかわらず、その所有に対して課すもであるから、「適正な時価」とは「正常な条件の下に成立する土地の取引価格、すなわち、客観的な交換価値をいう」との見解を示した。そして、「土地課税台帳等に登録された価格が賦課期日における当該土地の客観的交換価値を上回れば当該価格の決定は違法である。」としたことから、「適正な時価」と固定資産評価基準による評価額との関係をどう理解するかが検討されることになった。「7割評価」実施前の課税において、固定資産の課税標準（価格）の評価に当たっては、前述したように、もっぱら「評価の均衡」が重視され、固定資産評価基準が忠実に適用されたか否かが問題にされたにすぎない。

　しかし、同最高裁判決は、市町村長に対し固定資産評価基準によって固定資産の価格を決定しなければならないと定められている（地税403条1項）趣旨は、全国一律の統一的な評価基準による評価によって、各市町村全体の評価の均衡を図り、評価に関する者の個人差に基づく評価の不均衡を解消することにあるとし、固定資産評価基準はあくまでも「適正な時価」としての「客観的な交換価値」を算定するための技術的かつ細目的な基準の定めを総務大臣に委任したものであって、「賦課期日における客観的な交換価値を上回る価格を算定することまでも委ねたものではない。」と判示している。登録価格が評価対象土地の客観的交換価値を上回るときは、固定資産評価基準等は当該土地の具体的な「適正な時価」の評定方法として機能せず、法が客観的交換価値の算定方法を委任した趣旨を全うしていないことになるから、登録価格の決定は違法である

とされる。最高裁判所は、訴訟の場では客観的交換価値をどのような方法で立証してもよいという考え方を採ったのであり、固定資産評価基準の規範性は大きく縮減されたことになる。

2　「7割評価」の意義

平成6年度から、宅地は、基準年度の前年の1月1日の地価公示価格ないし、不動産鑑定士等の鑑定評価額の7割を目途として評価することになったが、地価公示価格等の「7割を目途」にすることについて、最高裁判決（最判平成15・6・26日判時1830号29頁）は、「『適正な時価』の算定基準は、賦課期日である当該年度の初日の属する年の1月1日であり、地方税法は、評価事務に要する相当な期間を遡った時点を価格調査の基準日とすることを許容しているとしても、その時点において評価した価格を賦課期日における価格とみなすことまで許容する趣旨ではないから、予め価格下落が想定される時は価格下落率を折り込んだ上で価格評定をすべきである。その趣旨において7割通達は合理性があり、それに従った評価は適法である。」としている。基準年度の開始前の1年の間に価格が下落する可能性があることを理由としている。

土地の取引価格には幅があるため、課税の関係では堅めの評価をする必要があること、公示価格における不正常な要素を排除する必要があること（金子宏　租税法［第11版］496頁）、なども考慮しているかもしれない。標準宅地の評価は、理念的には土地の「客観的な交換価値」を鑑定評価理論に基づいて、個々の土地について個別的、具体的に鑑定評価されることにある。

地価公示評価は、不動産鑑定士等が不動産鑑定評価基準に基づいて行なうが、不動産の鑑定に当たっては、①取引事例比較法、②収益還元法、③原価法が適用される。

これら3つの評価法は、鑑定評価理論において基本的評価法として用いられているが、固定資産評価基準は、土地の評価方法として、取引事例比較法に相当する売買実例価額方式（標準宅地については地価公示価格の7割）に限定し、「売買実例価格を基礎とした評価」をもって「適正な時価」を決定する。

固定資産評価基準は鑑定評価で用いられる②および③の評価方法は採られていない。これは固定資産評価基準の「大量一括評価」の趣旨からであるが、いずれにしろ、鑑定評価と固定資産評価基準の間には評価に精度の格差があるこ

とが認められる。

　ちなみにアメリカの固定資産税（財産法）の評価においては課税資産に対し個別評価が行われ、評価方法として右にみた①・②及び③の3つの方法（sales comparison approach＝取引事例比較法，income approach＝収益還元法，cost approach＝原価法）が用いられている。

　今後、鑑定評価と固定資産評価基準の間に存する評価における精度の格差の問題が「適正な時価」による課税との関係で検討されることになる。

3　「固定資産評価基準」の規範性

　地方税法が土地の登録価格の決定に当たって固定資産評価基準によって土地の価格を評価すべきものとしている（地税403条）ことから、登録価格の決定に当たり、固定資産評価基準を適用しなかった場合には登録価格は賦課期日における客観的な時価を表しているか否かにかかわらず法に反するものと評価される。つまり、固定資産評価基準は、少なくとも市町村長にとって内部的に拘束があることになる。

　しかし、固定資産評価基準は賦課期日における固定資産の客観的な交換価値を求める方法であるに過ぎないから、固定資産評価基準を忠実に適用して評価したとしても、その結果、登録価格が固定資産の客観的な交換価値を上回れば、前述したように、その限度で登録価格の決定は違法と評価されることになる。

　市町村長は、宅地の評価において固定資産評価基準に準拠しなければならないが、準拠して評価したからといって、その評価額が常に「適正な時価」になるということではない、ということで、路線価方式に当たって「所要の補正」の実施などを通じて評価における精度の向上を図る努力が要請されるわけである。

4　「適正な時価」の把握

　「適正な時価」は「客観的な」交換価値であると解すれば、それは客観的に観念されるべき価格でなければならないから、「適正な時価」は、固定資産税に特有な概念ではなく、土地の資産価値を把握する他の分野でも普遍的な価値基準になるものと解される。「課税の基礎となる固定資産の価格を時価によるとすることは、時価の価値を通常、最も適正に、かつ、客観的に表現するも

の」（昭和36年3月、固定資産評価制度調査会答申）だからである。
　「適正な時価」の実体的内容の把握についてであるが、固定資産評価基準は、標準宅地の評価にあたって鑑定評価理論に基づいた個別評価が実施されており、「適正な時価」に大きく接近した。平成8年9月11日付東京地裁判決（行集47巻9号771頁）は、『「適正な時価」を前出の最高裁判決と同様に「客観的な交換価値」と解した上で、それは、「鑑定評価理論によって、個々の土地について個別的、具体的に鑑定評価することが最も正確な方法である。」と言い、また、地価公示法が求める「正常な価格」は、「適正な時価」とは同一の価格を志向する概念であるとしている。「鑑定評価」に関して、平成14年10月29日の東京高裁判決（判時1801号60頁）は、「訴訟の審理や委員会の審理では……評価基準の定める手法に限定されず、適正な時価の認定として有用なものであれば、例えば鑑定などで、直接不動産の適正な時価を判定することも可能である。固定資産評価基準は、市町村長を拘束するが、法規のように裁判所や委員会及び国民を拘束するものではない。」としている。「適正な時価」と固定資産評価基準による評価額との間に不一致が生じることが、制度上想定され、市町村長は固定資産の価格の決定に当たって固定資産評価基準に拘束される（内部規範説）が、それに法源性は認められず、それが求めようとする「適正な時価」は鑑定評価理論等に基づいて、個別評価されうるものであることが示唆されている。
　固定資産評価基準は、大量の固定資産を一括評価しようとするものであるから、個別的な評価と同様の正確性を有しないことは制度上やむを得ないとしても、固定資産評価基準は「適正な時価」を把握する方法であると位置付けられるものであり、それが求める「適正な時価」は固定資産の客観的な交換価値を算定基礎として導き出される金額であり、鑑定評価額である。「7割評価」が依拠する地価公示法2条でいう「正常な価格」を志向するものであるから、固定資産評価基準による固定資産の価格評定において、市町村は路線価方式によって個々の画地、各筆の宅地の価格を把握する過程で可能な限り「適正な時価」を求めるよう努力することが要請されている。
　同高裁判決は、固定資産評価基準の法源性を否定して、裁判所や固定資産評価審査委員会、国民を法的に拘束しない、と明言し、訴訟や固定資産評価審査委員会の審理手続きにおいて、固定資産評価基準に従った以外の手法（鑑定評価）でもって「適正な時価」、つまり「客観的な交換価値」を明らかにして、

登録価格に「適正な時価」を上回る違法があることを主張することが認められる。登録価格に対する不服は、裁判所及び固定資産評価審査委員会において、固定資産評価基準の枠内で争うことができ、さらに、「適正な時価」の枠内で争うこともできることになる。

Ⅳ 路線価方式

1 「所要の補正」の根拠

　固定資産評価基準は、路線価方式を適用するに当たって、必要があるとき、市町村長に対して画地計算法の附表等（標準的な補正率が示されているもの）について、宅地の状況に応じ、個々の画地ごとに特別の価格事情に見合った所要の補正を行なうとしている（固定資産評価基準第1章第3節二①㈠4、㈡5）。

　また、所要の補正を行なっても、状況類似地域内の宅地の評価の均衡がとれないような場合には、状況類似地域の見直しを行なうことによって、その地域において共通する価格構成要素を極力反映させることが必要であり、宅地の価格が低下している場合にその範囲が局地的であること等から、宅地の価格事情を状況類似地域の区分または路線価の付設によって反映させることが困難な場合には、その価格事情に著しい影響があると認められれば、個別の宅地ごとに補正を行なう必要があると解される（赤坂嘉裕「土地評価における市町村長の所要の補正」税60巻5号171頁）。

2 路線価方式と「所要の補正」

　路線価方式は、標準宅地の価格に基づいて路線価を付設し、路線価を基礎とし、画地計算法（奥行による補正、路線による影響加算等を行なう方法）を適用して各筆の宅地の評点数を付設することによって、各筆の宅地の価額を求める評価方式である。この評価方式は、土地の価格の構成要素の基本的なものは街路に反映されている、とする考え方に基づくものであり、同一の地区に属する各個別の土地、画地は同一街路に沿っておればほぼ同一の効用（路線価）を持つものとし、これを基に特定の画地に係る当該画地固有の特質を画地計算法によってその画地の価格が算定できるというものである。

　この路線価方式は、固定資産税の評価において、昭和39年度の評価から採用されているが、この方式は、路線価という基本的価格が設定されれば、あとは

個別の画地の道路への接面の状況や奥行等々の状況を把握し、これらの当該画地固有の要素を画地計算法によって機械的に計算することによりその価額が導き出せるということで、大量一括評価にふさわしいものとされてきた。

この評価方式で最も重要な点は、基本的価格となる路線価をどう設定するかであるが、宅地について、先ず、用途地区（商業地区・住宅地区・工業地区等）に区別し、次に各用途地区について状況が類似する地域ごとに標準宅地を選定する。そして、標準宅地について地価公示価格等の鑑定評価額の7割を目途に適正な時価を求め、沿接する街路に路線価を付設することになっている。

そして、路線価を付設した後、路線価を基礎として、個々の土地について画地計算法を適用して各筆の宅地に評点数を付設し、それに評点数当たりの価額を乗じて「評価額」を算出するが、画地計算法において、地域の個別事情、固有事情に基づく「所要の補正」を行なうことを市町村長に委ねている。所要の補正は、地域事情に応じた補正を認めるものであるから、「適正な時価」への接近および地方自治の推進の観点から積極的に実施されるべきであると言える。

3 「所要の補正」の具体例

「所要の補正」が設けられその実施を市町村長に認められている趣旨は、各市町村において土地評価が地域の価格事情に即し適正に行なわれるためであるから、所要の補正を行なう場合には、市町村内の価格形成要素、利用状況等について十分な調査を行うことが必要である（赤坂・前出論文74頁）。市町村は、「所要の補正」のための情報把握に当たって決して消極的であってはならないのである。

行政機関は、何等かの行政目的を達成するためには、必要な資料や情報を収集することが不可欠である。

市町村が実際に行なっている「所要の補正」は、画地条件に関するもの、環境条件に関するもの、法律上の規制等に関するもの等の場合が多い。

そのうち、「環境条件に関するもの」は、主観的要素が強く定量化が困難な場合が多いが、総務省固定資産税に所属する係官の筆によると、具体的な例として、①騒音・振動（新幹線・在来線・空港・高速道路等に接近する宅地を対象として行なうもので、鉄道等からの影響による補正）、②いみ施設（墓地・火葬場・汚水処理場等に接近していることによる補正）、③悪臭（特定の工場等に接近してい

1　固定資産税の路線価における所要の補正について〔石島　弘〕

ることにより、当該工場等のばい煙等から発生する悪臭による影響を受けることによる補正)、④土壌汚染(土壌汚染が存する場合、汚染物質に係る除去等の費用の発生や土地利用上の制約を受けることによる補正)、⑤その他(街灯の有無や眺望、災害発生の危険性等、その他環境条件に関する補正)が補正の事由とされている(赤坂・前出論文172頁)。

4　「所要の補正」実施の傾向

　所要の補正は、画地計算法において、地域事情に応じた補正ができるもので、その実施は市町村長の自治に委ねられている。それを実施している市町村数(延数)は、昭和63年は2,299、平成3年は2,600、平成6年は約6,000、そして平成15年には6,320と増加し、特に「7割評価」実施の年である平成6年を契機として補正項目数が増大する傾向にあることが解る(「パネルディスカッション」「石橋茂」「固定資産評価基準の今日的意義とその課題」資産評価情報144号別冊24頁、2005年1月1日)。そこで、所要の補正が「評価の補完機能」(前出「パネルディスカッション」「前川尚美」35頁)として、どのように機能を果たしているかであるが、ある地方団体は、補正対象とするか否かを不動産鑑定士と相談しその作成した報告書等によって情報を把握し、判断し、「所要の補正」を実施していると言い、「所要の補正」に求められる路線価の補完としての役割」はうまく果たせている(前出「パネルディスカッション」「冨永浩吉」25頁)としている。「所要の補正」の機能を積極的に活用していると言うことである。そして、特に平成6年を契機に、全国的に補正項目が増加する傾向があることに関して、「平成6年度を境に所要の補正をしないといけない部分が多くなってきたというところであります。これは、今日ご来場の方はすでにご存知のように7割評価を導入したことによりまして市町村が非常に緻密な評価を要求されるようになってきているという事実があります。所要の補正を行なわないと、下手をすると逆転現象が起こってしまう可能性が出てくるとか、所要の補正を行なわないことによって納税者が非常に不満や不公平感を感じるということがありますので、できるだけ私どもも所要の補正で対応していきたいと考えている」(前出「パネルディスカッション」「冨永浩吉」25頁)。「所要の補正」は、積極的に活用して可能な限り個別的な要因を評価に反映させる手段とし、鑑定評価に接近する手段として用いている(前出「パネルディスカッション」「平舘勝

紘」26頁参照）わけである。
　「所要の補正」の積極的な活用は評価にコスト高をまねくし、所要の補正に消極的な地域との間で評価の不均衡をもたらすが、このようなことは「所要の補正」の趣旨の想定内のことと考えるべきであろう。

5　「所要の補正」の積極的活用

　所要の補正の実施は、市町村長に委ねられ、その採否・内容を含めて全て市町村長の判断で行なわれるという形になっているから、全国的な評価の均衡を重視する市町村においてはこの実施には消極的になる。反面、可能な限り個別的要素を評価に反映させ「適正な時価」に接近しようとする市町村においては、積極的に行なうことになる。例えば、先に見たように、墓地や火葬場等のいみ施設（嫌悪施設）に接近していることによる補正を行なっている市町村があり、それを補正の減価要因としない市町村がある。土壌汚染についても同様である。土壌汚染は、一般的に、汚染の発生原因が個別的であり、非常に個別性が強い要因と考えているが、「土壌汚染は鑑定評価も含め土地の資産評価を把握する分野では避けては通れない問題です。当然、固定資産評価の分野も土壌汚染の問題を考えていく必要があります。」（岩田崇宏「土壌汚染における固定資産税土地評価」税59巻12号（平成16年）142頁）と言われる。土壌汚染は、地域的に価格に影響する場合があり、その場合には状況類似や路線価の問題として捉える必要がある問題だとされるのであるが、先にみたように、この問題を既に「所要の補正」で対応している市町村もある。最近の納税者意識や地方自治の流れに従えば、所要の補正を実施することによってできるだけ個別的要因を評価に反映させ評価額を「適正な時価」に接近させることが時代の要請だと思われる（前出「パネルディスカッション」「石島弘」27頁）。

6　「暴力団事務所」の地価減殺要因

　暴力団事務所は、その存在が地価の減殺要因として「所要の補正」の対象とすべきか、については、しばしば課税の現場から耳にする問題である。この問題はいわゆるいみ施設に接近していることによる補正、工場等のばい煙等から発生する悪臭による影響を受けることによる補正、土壌汚染により土地利用上の制約を受けることによる補正などと同様に、その状態は多様であり、地域的

1　固定資産税の路線価における所要の補正について〔石島　弘〕

な特質を有しているから、全国一律に適用される固定資産評価基準によってではなく、個別的地価減殺要因として、市町村において所要の補正で対応すべき問題であると言えよう。暴力団事務所の存在が土地の宅地としての用途に支障をきたし、その価値を減ずるであろうことは容易に推測できる。

　固定資産税は、毎年1月1日現在における固定資産の現況において評価された価格に基づいて課税するものであり、市町村長は固定資産評価員または固定資産評価補助員にその市町村所在の固定資産の状況を毎年少なくとも1回は実地に調査させなければならない（地税408条）から、暴力団事務所の存在が確認（多くの場合、警察で把握されている）されれば、積極的に実地調査（警察に対する照会等）の上、その具体的な必要に応じて所要の補正を実施することになると思われる。

　広島市や福山市などのような、住民の安全と平穏な生活を守ることを目的として、市営住宅条例を改正し、暴力団員を公営住宅の入居資格から排除する地方公共団体の施策が注目されているが、岡山市も来年4月施行を目途に市営住宅条例を改正して入居希望者を審査する際に、市が県警に照会して暴力団員ではないことを確認し、入居後も暴力団員であることが判明すれば退去を命じることができるようにする方針のようである（山陽新聞、朝日新聞、讀賣新聞、各2005年8月30日）。このような施策は、固定資産税課税における地価評価行政にも一定の影響を与えるものと思われる。

　土地の売買契約（土地の引渡）後、当該土地が面する交差点を隔てた対角線の位置にある建物に以前から暴力団事務所が存在していることが判明したことから、当該売買契約の解除と損害賠償を請求した事案で裁判所の鑑定における鑑定意見等を証拠に東京地裁（平成7年8月29日判時1560号107頁）は、当該暴力団事務所の存在そのものが土地の価格を相当程度減じていることは明らかであると判断し、買主が売主に支払った代金額の2割相当の損害賠償を認めている。

　裁判所は、近隣に暴力団事務所が存在する当該土地は、宅地として通常保有すべき品質・性能を欠いているものといわざるを得ないとしているが、当該土地は、JR駅前から派生する飲食店街の裏街区に位置し、小売・物販等の一般商業用途には馴染まない場所にあること、暴力団事務所のある建物は木造2階建の店舗兼共同住宅であり、建物には何ら組事務所としての存在を示すような

大紋等の印は揚げられておらず、建物は組事務所であることを示すような外観を呈していなかった。

暴力団事務所の存在は、それが組事務所であることを示す外観を呈せず、通常の人が組事務所の存在を容易に調査し得る方法の存在を認めるに足りる証拠は存しない場合でも、近隣に所在する地価の減殺要因になることを認めている。市町村長は、固定資産の価格を固定資産課税台帳に登録する前にそれを実地調査をしなければならないのであるから、暴力団事務所の存在の場合には、それが地価に及ぼす影響が「客観的かつ明らかに認められる場合」といった消極的な場合のみではなく、より積極的に価格調査を行い所要の補正を実施すべきであることを前出の東京地裁判決は示唆していると言えよう。今後、この問題は課税の現場等において積極的に検討され、裁判所においても積極的に判断が求められることになると思われる。

V　結びに代えて

1　固定資産税の評価課税において、「7割評価」が実施され、標準宅地の評価に鑑定評価が活用され個別評価が行なわれることになった。

そして、標準宅地の価格に基づいて路線価を付設して各筆の宅地の価額を求める路線価方式では個別評価がされないことから生ずる評価における精度の格差を補正すべく、多くの市町村で「所要の補正」を積極的に活用する傾向にある。

「この『所要の補正』の積極的な活用が平成18年度評価替えに向けての課題」となるし、さらに「平成18年度評価替えに向けての課税としては……まず審査委員会の審査方法において一番の問題は適正な時価をどう把握していくかということ、委員の固定資産評価における専門性がより一層求められ」（稲葉勝正「固定資産評価（土地）の課題について——平成18基準年度評価替えにむけて——」資産課税関係論文集成24頁、平成17年。委員の専門性に関して、石島弘「固定資産評価審査委員会の機能と審理方式」税法学400号97頁、1984年参照）ている。

平成6年度から、宅地は、地価公示価格ないし不動産鑑定士等の鑑定価格の7割を目途として評価することになり、また平成9年度以降、地価下落に対応するため、据置年度においても評価額の修正が可能になっている。

固定資産評価基準による評価の精度は向上し、評価の適正さは増大したと考

えられるから、さらに、「所要の補正」等を実施して地価評価の緻密化を図れば、「適正な時価」の実体的内容が訴訟等において問題にされることは少なくなると言えるが、何等かの社会的状況の変化や地価変動要因に固定資産評価基準が追いつかない場合には、固定資産評価基準の基準性は減殺され規範性は縮減されることになると思われる。

　市町村は、路線価方式の適用に当たって、できるだけ「所要の補正」を積極的に活用して個別評価に接近させ、各筆の評価額を「適正な時価」に接近させることが要請されている。

　2　平成19年2月21日の岡山地裁判決（未登載）は、「被告は、固定資産評価においては、大量の土地を反復・継続的に評価する技術としてある程度の類型的手法が予定されており、このことは、評価基準にいう「所要の補正」の解釈・運用においても同様であるから、「所要の補正」は、情報の把握が実務上容易であり、価格に顕著な影響を及ぼすと普遍的に認められるもののみについて行うべきであって、暴力団事務所等の存在については考慮すべきではない旨主張する。しかしながら、「所要の補正」を被告主張のように考えるとしても、前記のとおり、評価額が客観的な交換価値を上回るときは、その評価額の決定は違法となるのであるから、結局のところ、暴力団事務所等の存在を考慮した結果、本件土地の評価額が客観的な交換価値を上回ることになるか否かを検討することとなる。」と判示している。

2 租税法における実体的真実主義優先の動向
―― 更正の請求の拡充及び固定資産税課税誤りの救済 ――

東京大学大学院法学政治学研究科教授　碓井光明

I　はじめに
II　更正の請求の機会の拡充
III　固定資産税の課税誤りに対す
る救済の多様化
IV　おわりに

I　はじめに

　租税法においては、租税法律の定める要件を充足したところに従って課税されるべきであり、課税要件事実が真実存在するか否かを出発点とすべきである。筆者は、これを「実体的真実主義」[1]と呼んできた。課税要件法を支配する原則である。

　しかし、租税手続法（租税争訟法を含む）においては、実体的真実主義を犠牲にする制度がある。自動確定方式の場合を除き、租税には確定手続があって、いったん確定された税額を租税行政庁が是正する権限の行使には期間制限（除斥期間）がある（税通70条、地税17条の5）。また、申告納税制度において納税者が確定内容の是正を求める更正の請求についても期間制限（除斥期間）があ

（1）　碓井光明「課税要件法と租税手続法との交錯」租税法研究11号『租税法の基礎理論』14頁・21頁（1983年）。国税に関する実体的真実主義優先の判例の動向については、萩原芳宏「更正の請求の期間制限について」税法学550号35頁（2003年）を参照。なお、前記論文において、杉村章三郎ほか編（後に、中川一郎＝清永敬次編）『コンメンタール国税通則法』E384頁（三晃社、加除式）において「実体的真実主義」の用語が用いられていたことに言及しつつ、執筆者の新井隆一教授の名を記さなかったことは、筆者の全くの不覚というほかはない。同注釈の経緯については、新井隆一「更正の請求と『減額修正申告』」税研22巻1号9頁（2006年）を参照。広く実体的真実主義の観点から、更正の請求、取消訴訟の排他性等のほか、修正申告にも期間制限を設けることを主張する文献として、谷口勢津夫「納税義務の確定の法理」芝池義一ほか編『租税行政と権利保護』（ミネルヴァ書房、1995年）61頁がある。

る（税通23条）。課税処分に関しては、不服申立期間（税通77条、地税19条１項１号・行審14条・45条）及び出訴期間（行訴14条）がある。しかも、課税処分については、取消訴訟との関係において不服申立前置主義が採用されているので（税通115条、地税19条の12）、不服申立期間の徒過により不服申立てができなくなると、取消訴訟を提起することもできない。無効な確定行為の場合は、不服申立てをすることなく還付請求できるのであるが、還付請求権についても時効制度が用意されているので（税通74条、地税18条の３）、時効が完成したときは、もはや回復することはできないように見える。

ところが、最近、このような場面を実体的真実主義の立場から抑制しようとする立法措置や解釈手法が採用されつつある。そのような例として、更正の請求の機会の拡充と固定資産税課税誤りの救済方法の多様化についての動向を論じてみたい。

Ⅱ　更正の請求の機会の拡充

1　通則法施行令の改正

ある租税上の問題についての通達等における解釈が変更されたときに、すでに従前の通達等に示されていた解釈に依拠して申告、更正又は決定（以下、「申告等」という）により課税標準等又は税額等の確定されている納税義務者が、通達等における解釈の変更を後発的事由として更正の請求をなしうるかどうかは、一つの政策的課題であった。

法定申告期限後に生じた理由、すなわち後発的事由による更正の請求の許容に関する従来の仕組みをみておこう。

国税通則法（以下、「通則法」という）23条２項は、後発的事由による更正の請求について定めているが、同項は、１号及び２号において更正の請求が可能な事由[2]を列挙した後に、その第３号において、「その他当該国税の法定申告期限後に生じた前２号に類する政令で定めるやむを得ない理由があると認める

（２）　列挙事由は、申告又は決定に係る課税標準等又は税額等の計算の基礎となった事実に関する訴えについての判決（判決と同一の効力を有する和解その他の行為を含む）により、その事実が当該計算の基礎としたところと異なることが確定したとき（１号）、及び申告等に係る課税標準等又は税額等の計算に当たって申告をし、又は決定を受けた者に帰属するものとされていた所得その他課税物件が他の者に帰属するものとする当該他の者に係る国税の更正又は決定があったとき（２号）である。

とき」に「当該理由が生じた日の翌日から起算して2月以内」の更正の請求を認めることとし、これを受けて、これまでは、国税通則法施行令（以下、「通則法施行令」という）6条において、①申告等に係る課税標準等又は税額等の計算の基礎となった事実のうちに含まれていた行為の効力に係る官公署の許可その他の処分が取り消されたこと、②申告等に係る課税標準等又は税額等の計算の基礎となった事実に係る契約が、解除権の行使によって解除され、若しくは当該契約の成立後生じたやむを得ない事情によって解除され、又は取り消されたこと、③帳簿書類の押収その他やむを得ない事情により課税標準等又は税額等の計算の基礎となるべき帳簿書類その他の記録に基づいて課税標準等又は税額等を計算することができなかった場合において、その後、当該事情が消滅したこと、④わが国が締結した所得に対する租税に関する二重課税の回避又は脱税の防止のための条約に規定する権限のある当局間の協議により、申告等に係る課税標準等又は税額等に関し、その内容と異なる内容の合意が行われたこと、の4類型が列挙されていた。また、このほかに個別法において若干の更正の請求が認められている。そして、これらが限定列挙であると解するほかなかったといってよい[3]。

　以上のような従来の法状態において、判決等を契機に通達の改正がなされたとしても、改正後の通達の適用を求める趣旨の更正の請求は、限定列挙の事由に該当しないので許されないと解されていた。このことは、裁判例においても是認されたところである。具体的には、譲渡所得の計算上、借入金利子をどこまで資産の取得費に含めることができるか否かをめぐる問題に関する東京高判昭和54・6・26（行集30巻6号1167頁）及びこれを受けて従前の取扱いを改めた昭和54年10月26日付け国税庁長官通達（直資3-8（例規））をもって後発的事由に当たるとして更正の請求をなした納税者に対して、税務署長が更正をすべき理由がない旨の通知処分をしたことの適否が争われた事件において、京都

---

[3] 碓井光明「更正の請求についての若干の考察」ジュリ677号64頁（1978年）において、限定列挙と解してよいかどうかは若干問題であるが、更正の請求を含む救済制度が存在しない場合には例外的に不当利得返還請求権を行使し得るとすれば特に問題ない、と述べた（69頁）。そして、不当利得返還請求権行使の場面として、雑所得の収入の後発的貸倒れに関する最高裁判昭和49・3・8民集28巻2号186頁を挙げた（69頁注27）。必ずしも限定列挙とする必要がないとする説も見られる（谷口勢津夫・前掲注（1）80頁、益子良一「更正の請求の要件と実務上の問題点」税理41巻8号185頁・189頁（1998年））。

第1編　国内税法

地判昭和56・11・20（訟務月報28巻4号860頁）は、「法令の解釈について判例により新判断が示された場合又は通達の改正があった場合」を後発的事由ということはできないとして、通知処分を適法とした。

　この判断は、当時の法解釈論としては正当であるが、立法的解決の望まれていたところである。筆者も、通達の遡及適用との関係において通達の改正に伴う更正の請求制度を設けるべきであると主張してきた。すなわち、確定手続が完了し、争訟期間も経過した場合には、その確定の効力との関係において、遡及適用を唱えても問題の解決にならないという問題意識に基づくものであった(4)。そして、平成18年政令132号による通則法施行令の改正により、通達等に示されていた国税庁長官の法令の解釈が判決等により変更されたことを理由とする更正の請求が認められることとなった。

　今回の改正は、通則法施行令6条1項に、次の第5号を追加することによりなされたものである。

　　「その申告、更正又は決定に係る課税標準等又は税額等の計算の基礎となった事実に係る国税庁長官が発した通達に示されている法令の解釈その他の国税庁長官の法令の解釈が、更正又は決定に係る審査請求若しくは訴えについての裁決若しくは判決に伴って変更され、変更後の解釈が国税庁長官により公表されたことにより、当該課税標準等又は税額等が異なることとなる取扱いを受けることとなったことを知ったこと」

　この条項の要点を確認しておこう。

　第一に、解釈の変更という場合の「解釈」は、国税庁長官通達に示されている法令の解釈が典型であるが、それに限定されることなく、広く「国税庁長官の法令の解釈」を含むものである。

　第二に、変更は、「裁決若しくは判決」に伴って変更されたものに限定されている。

　第三に、変更後の解釈が国税庁長官により「公表」されたことが要件である。

　第四に、変更後の解釈を適用すると課税標準等又は税額等が異なる取扱いを受けることとなったことを「知った」ことが要件である。

　なお、この理由が生じたときは、通則法23条2項3号により、通則法施行令

（4）　碓井光明「新通達・改正通達の適用開始時期（下）」ジュリ1016号115頁・119頁（1993年）。

6条1項の他の列挙事由と共通に、「当該理由が生じた日の翌日から起算して2月以内」に更正の請求をなしうることになる。

　以上の内容は、筆者の考えていた改正すべき内容をほぼ満たすものであるが、なお問題点がないかを検討する必要がある。

2　改正についての若干の検討
(1)　裁決若しくは判決に伴う法令解釈の変更に限定することの問題

　この更正の請求は、国税庁長官の法令解釈が裁決若しくは判決に伴って変更された場合に限定されている。この点については、二つの問題点がある。第一に、「裁決若しくは判決に伴う法令解釈の変更に限定することの合理性」という制度論的問題がある。第二に、「裁決若しくは判決に伴って」という文言の解釈が問題になる。

　まず、第一の制度論的問題点を検討しよう。

　裁決若しくは判決に伴う法令解釈の変更は、従来の扱いが違法であることを含意するものであり(5)、そのような従前の法令解釈に基づく処理を、更正の請求の手続により遡及的に是正することとしたものである。このような意味において、裁決若しくは判決に伴う法令解釈の変更に限定することには一応の合理性があるといえよう。

　しかしながら、この限定は、国税庁長官が自発的に過去の法令解釈による処理が違法であると判断して、その法令解釈を変更する見解を公表するに至った場合には、更正の請求をなすことができないことを意味する。たとえば、ある問題について訴訟が提起されて、その争点となっている事項についての原告の主張を踏まえると、従来の法令解釈によって原処分を維持することはできないと判断して、通達を改正し、それに基づき原処分の職権取消しをしたような場合(6)、あるいは、個別事件を離れて従来の法令解釈と異なる有力な学説に国税庁長官が同調して法令解釈を変更した場合は、いずれも裁決若しくは判決に

---

(5)　建前としては、裁決において不当を理由とする判断が示されることもありうるが、租税に関しては裁量権の認められる場面が少ないと思われるので、ここでは「違法」とする記述のみをしておきたい。青色申告承認の取消しの場合には、消極的に、「承認取消し事由があるが取り消さない」という裁量による取消権不行使の場合があろう。

(6)　この場合を「判決に伴って」に含まれるとする拡張解釈は困難であろう。

よる法令解釈の変更とはいえないことになる。これらの場合に、従前の解釈に基づき申告等の確定行為がなされている他の納税者は、その解釈の変更を理由とする更正の請求の途がないのである。裁決や判決を待つまでもなく国税長官が法令解釈の変更を余儀なくされた場合に、更正の請求の機会を付与しないことの合理性が問題となろう。

　このような限定について、実体的真実主義により違法を是正する観点からするならば、一定期間を遡った是正を認めるべきであるとする政策論がありうる。筆者は、かつて、「過去の一定時点まで（たとえば、法定納期限が５年以内に到来したもの）の分について、通達の改正を理由とする更正の請求を認めるべきである。更正の請求を認めると過去の年分の見直しを迫られ、行政コストが増大するという批判が予想されるが、除斥期間内あるいは５年程度の期間内であるならば、甘受すべきであろう」(7)と述べたことがある。この考え方を維持したい。

　次に、第二の「裁決若しくは判決に伴って」の解釈問題に移ることにしよう。

　常識的な意味の「裁決若しくは判決に伴う」法令解釈の変更は、当該事件において争点とされた事柄についての法令解釈に関し、国税庁長官の従前の解釈が誤りとされたことに伴う解釈の変更であろう。改正政令は、このような場合に限定して更正の請求を認める趣旨であるとする解釈が当然に予想される。しかし、「伴って」の文言は、次のような拡大場面をも包括しうる可能性をもっている。

　第一に、裁決や判決において傍論として従来の法令解釈を誤りとする旨が述べられたところに従って法令解釈を変更した場合も含みうるであろうか。とくに、最高裁判決における傍論は、傍論といっても行政権としてはその判断を重視しないわけにはいかないのであって、従前の法令解釈を変更することが望まれるといってよい。

　第二に、裁決や判決において、従来の法令解釈の誤りを直接に指摘するものではないが、法令解釈のあり方を再検討することを示唆する見解が述べられ、これを契機として国税庁長官が従前の法令解釈を変更することもありうる。

　第三に、裁決や判決は、直接にも示唆的にも国税庁長官の従前の法令の解釈

（７）　碓井光明・前掲注（４）119頁。

の誤りや検討の必要性を述べていないが、国税庁長官が、その裁決若しくは判決の趣旨に従って処理していくときに、付随的に従前の法令解釈を改めざるを得ないと判断して、法令解釈を変更する場合もありうる。

　以上のような場合における法令解釈の変更について、「裁決若しくは判決との因果関係」を肯定する見方も十分成り立つところであり、そもそも実体的真実主義の観点から、厳格解釈をすべきものではないとする議論も可能であろう。

　(2) 公表の内容の問題

　変更後の法令解釈の内容が「公表」されたことが更正の請求の許される要件である。その際に問題となることは、その公表に際して、裁決若しくは判決に伴って変更する旨自体が表示されていなければならないのかどうかである。後述する平成17年2月の最高裁判決を契機とする取扱いの変更については、判決直後の国税庁の発した情報において判決に伴う変更である旨が示されていたという。政令改正の作業担当者は、そのような事例を前提にしていたと推測することもできる。

　しかし、「変更」の旨が表示されていることが更正の請求の要件であるとするならば、国税庁長官の法令解釈変更につき、それが裁決若しくは判決に伴う変更である旨を表示するか否かの国税庁長官の裁量によって、更正の請求の機会を左右できることを意味する。そのように恣意的に更正の請求の機会を左右しうることを認めてはならない。表示の有無にかかわらず更正の請求の要件を満たすと解したうえで、行政上は、納税者の便宜のために表示することが望ましいというべきであろう。納税者が、自己に係る申告等に関係する法令解釈の変更であることを知りうるような公表が望ましいことはいうまでもない。その意味において、従来の法令解釈のどの部分をどのように変更したのか、その変更のカバーする範囲はどこまでなのかを明らかにすることが望まれる。

　(3) 「知った」日の翌日から起算して2月以内の要件

　通則法施行令6条1項5号の「異なることとなる取扱いを受けることとなったことを知ったこと」を理由とする更正の請求は、その知った日の翌日から起算して2月以内に限って認められる（税通23条2項3号）。通則法施行令6条1項のうち、1号ないし3号の事由は、当該納税者に直接にかかわるものであって、その理由が生じたことを納税者が知りうる立場にある。したがって、理由が生じた日の翌日から起算して2月以内という限定も、それほど不合理ではな

い。4号の場合も、権限ある当局間の協議により申告等に係る課税標準等又は税額等に関し、その内容と異なる内容の合意が行なわれたことを理由とするもので、特定納税者の扱いに関する国家間協議に基づくものであるから、納税者が知りうる立場にある。

これに対して、5号にあっては、当該納税者にかかわらない一般的な法令解釈の変更を理由とするものであることに鑑みて、「知ったこと」を要件としたものと解される(8)。このこと自体は、まことに合理的であるように見える。しかしながら、「異なることとなる取扱いを受けることとなったことを知った」の意味については、いくつかの解釈上の問題がある。

第一に、「知ったこと」は、あくまでも納税者自身について判断すべきであるのか、それとも税理士が申告の代理人となっているような場合には、当該税理士が知ったときに納税者本人も知ったものと評価すべきであるのかが問題になる。この点は、税理士に税務処理を委ねている納税者は、通達情報などについても税理士に依存するだけに実際上も意味のある論点である。そして、もしも税理士が知ったときには本人も知ったと評価すると解するときには、税理士が過失により期間内において更正の請求をなすよう助言せず、それにより減額更正を受けられなかった場合には、税理士の損害賠償責任が生ずる可能性がある。税理士は、過去の確定内容にも目を配らなければならないことになる。

第二に、「知ったこと」の意味が問題になる。当該納税者についての取扱いが異なることとなるという認識をもったことまで要するのか、法令解釈変更の事実を知ったことで足りるのか、という点である。これは、前記第1点とも関係することであるが、租税専門家である税理士ならば、取扱いが異なることとなる旨を認識しうるのに、素人の納税者は認識できないことがいくらもありうる。通達の内容が複雑である場合に、最後まで意味を理解するよう読解することは必ずしも容易なことではない(9)。そこで、法令解釈の変更の事実を知ったことで足りるとするならば、2月の期間が経過してしまうことが多い。他方、

---

(8) この「知ったこと」に、「知り得べかりし状態に置かれたこと」まで含めることはできないであろう。

(9) 今回の改正の契機となった贈与により取得したゴルフクラブ会員権の譲渡に係る譲渡所得の取得費の事案に関しては、最高裁判決直後の平成17年2月に「相続・贈与により取得した資産を譲渡した場合の譲渡所得の取得費について」という情報を税務署窓口

取扱いが異なることとなる旨の認識を要するとするならば、更正の請求の起算点が遅れることが多く、租税法律関係が長く不安定な状態に置かれることになる。

　第三に、いつ「知った」のかという点が争いになることが予想されるが、それは、あまり意味のない争いである。

　更正の請求に期間制限を設けているのは租税法律関係の早期安定化にあることは疑いない。しかし、国税庁長官の法令解釈の変更により、本来の解釈に改めた場合にまで、2月以内という極めて短期間の期間制限を付す必要があるのか疑問なしとしない。筆者には、今回の制度改正が、通則法施行令6条1項に第5号を加える方法によったこと、すなわち2月以内の期間制限を維持したことに無理があったように思われてならない。なぜなら、法令解釈の変更は、通則法23条2項3号にいう「政令で定めるやむを得ない理由」とは微妙に異なる理由のように思われるからである。先に述べたように、納税者自身に特有の理由というわけではなく、従前の国税庁長官の法令解釈の下でなされた申告等を事後的に見直す必要性を認める特別な更正の請求なのである。本来あるべき改正の方法としては、通則法23条2項に新たな号を加えるか、同条に新たな項を加えることにより、他の更正の請求との性質の違いを明確にし、かつ、2月以内ではなく、より長期の期間にわたり更正の請求による是正を可能にすることが望ましいと思われる。

(4)　付随的問題点

①　減額更正の除斥期間

　前記のように更正の請求の期間制限とは別に、更正の請求に基づく減額更正についても、減額更正の期間制限、すなわち除斥期間の適用があるとされている[10]。これは、租税法律関係の早期安定の配慮によることはいうまでもない。しかしながら、裁決若しくは判決が遅延するときには、実際に更正の請求によ

　　等で流したというが、平成17年6月の改正により追加された所得税基本通達60-2は、贈与等により譲渡所得の基因となる資産を取得した場合において「当該贈与等に係る受贈者等が当該資産を取得するために通常必要と認められる費用を支出しているとき」の扱いを示したものであって、2月時点で公表された情報を得ることのできなかった一般納税者が、ここにゴルフクラブ会員権の名義書換料に関する法令解釈の変更が含まれていると認識できるとは限らないであろう。

(10)　松崎啓介「国税通則法等の改正」財務大臣官房文書課編『ファイナンス別冊平成18

り減額更正を受けられない納税者が登場するおそれがある。今回の通則法施行令の改正の契機になったのは、贈与により取得したゴルフ会員権の譲渡による譲渡所得の計算上、取得の際の名義書換料を取得費に算入できるかどうかが問題となった事案について、最高裁判所が平成17年2月1日に取得費算入を認める判決（判時1893号17頁）を出したことにあった。この事案は、平成9年分所得税であって、その法定申告期限は平成10年3月15日である。法定申告期限からほぼ7年経過して最高裁判決が出されている。したがって、この最高裁判決に伴って法令解釈の変更をしたとしても、更正の請求により救済される納税者はある程度限定されることになる。審査請求や訴訟の提起という権利行使をしなかった納税者に対する関係においては仕方がないという考え方によるのであろうか。迅速な訴訟の追行と迅速な法令解釈の変更が望まれることになる。

　法令解釈の変更に伴う更正の請求に係る減額更正が、通常の減額更正の期間制限（税通70条2項1号）を受けるとなると、たとえば、更正の請求自体は滑り込みでなされて適法であったとしても、税務署長等が調査に日時を要した結果として減額更正ができないという事態を生ずる。こうした不合理を避けるには、法令解釈の変更を理由に減額更正期間内になされた更正の請求については、通常の減額更正の期間経過後においても更正できる途を開くことが望ましい（税通71条参照）。

　② 職権による減額更正

　ゴルフクラブ会員権に係る名義書換料に関しては、最高裁判決直後の平成17年2月に出された国税庁の情報が、従前の取扱いを改めること、従前の事案について「更正の請求等」があれば減額更正の期間内に限りそれに応じること、が示されたという。この点をめぐり、「判決による課税の取扱いの変更について遡及適用を認めようとするもので」、後発的事由に基づく従前の判例に反するとの疑問が提起されていた[11]。要するに、法定外の更正の請求を認めることはできないという問題提起であった。申告期限から1年を超えるものについては、当時において後発的事由による更正の請求の対象ではないため、職権による減額更正の「依頼」を提出するもので、納税者は正当な権利として主張で

　　年度税制改正の解説』（大蔵財務協会、2006年）656頁・679頁、志場喜徳郎ほか編『国税通則法精解』（大蔵財務協会、2007年12月版）331頁。

(11)　品川芳宣・[判例解説] TKC 税研情報14巻4号133頁・142頁（2005年）。

きるものではないと理解されていたようである(12)。

　そこで、更正の請求が認められない場合に、納税者からの減額更正権限発動の要請に対して、税務署長等がどのように対応すべきかが問題になる。納税者からの要請がないときに、純粋に自発的に減額更正することはできるが、要請がなされたときは、一切減額更正ができなくなる、という理解が正当なのであろうか。このような理解は、納税者の要請に対する対応において、ある納税者には減額更正をなし、他の納税者には減額更正をしない、という不公平な扱いを防止できるメリットはあろう。しかし、純粋に自発的な減額更正との間の不公平は依然として残るといわなければならない。

　かねてより、一部の学説は、更正の請求期間経過後は、納税者は、法的権利としてではなく「事実上の嘆願」による職権是正を肯定してきたところである(13)。

　思うに、国税庁長官の法令の解釈が間違っていて、それを改めた場合には、課税要件法を支配する実体的真実主義の理念からするならば、確定済みの国税についても是正（遡及的是正）をすることが望ましいといえる(14)。そして、更正の請求制度により実体的真実主義を犠牲にすることが認められているとしても、納税者からの要請を受けて、租税行政庁の判断により、容易に是正可能と認められるときに減額更正により是正することは、実体的真実主義の基調がある限り許されるものと解すべきである。更正の請求は租税手続法の領域に属す

---

(12)　松崎啓介・前掲注(10)679頁。

(13)　北野弘久『税法学原論〔第5版〕』（青林書院、2003年）267頁、田中治「税務行政と救済」杉村敏正先生編『行政救済法2』（有斐閣、1991年）325頁・341頁。いずれも、法適合性の原則から、課税庁は、納税者の嘆願がなくとも、過大申告等を発見したならば自ら減額更正を行なうべきであるとしている。また、首藤重幸「税務訴訟の最新動向と課題」税務弘報54巻3号8頁・10頁（2006年）は、同種の内容の嘆願について減額更正権限を行使してきたことが証明されるときに、減額更正権限を行使しないことは不公平であって裁量権の濫用になるとしている。

(14)　大淵博義・［判例評釈］TKC税研情報14巻5号1頁・12頁（2005年）は、国税庁の対応を評価したうえ、「従前の課税実務が誤った解釈に基づいていたということが最高裁判決により確定したのであるから、絶対的真実主義の下での本来のあるべき真実の客観的所得金額を追究する上では、納税者の過大な申告は、真実の所得金額に是正する課税庁としての本来の義務（指針的義務）が認められる。したがって、納税者からの適法な更正の請求の有無にかかわらず、嘆願書等に基づいて職権で減額更正をすることに何らの問題もない」と述べている。

るものであるが、課税要件法において厳格な法律主義が妥当するのに対して、租税手続法においては、「納税者と租税債権者（多くの場合、その機関としての租税行政庁）との間の衡平や正義を基礎にした法の発見ないし創造が許容され、かつ、必要でもある」(15)とする筆者の従来からの考え方に基づき、柔軟な対応を認めてよいと思われる。その意味において、平成17年における国税庁の対応、あるいは財務省関係者の理解も、是認できる。

ただし、実体的真実主義といっても、過去の複雑な事実関係を持ちだして減額更正を嘆願するような場合に、多忙な税務職員が更正の請求期間の徒過を理由に門前払いにできることは当然である。また、有力者を介して要請があったというので見直しをして減額更正することも問題である。納税者の事実上の要請に対する対応は、公平になされなければならない(16)。

Ⅲ 固定資産税の課税誤りに対する救済の多様化

1 固定資産税の課税誤りに対する通常の救済方式

固定資産税については賦課課税方式が採用され、税額は賦課決定により確定される。そして、固定資産課税台帳に登録された価格について不服があるときは、地方税法411条2項の規定による公示の日から納税通知書の交付を受けた日後60日まで等の所定の期間内に固定資産評価審査委員会に審査の申出をすることができ（地税432条1項）、その決定に不服があるときは、その取消しの訴えのみにより争うことができる（地税434条）。したがって、固定資産評価審査委員会に対する審査申出期間を経過すると、登録された価格について納税者が争う途が原則として閉ざされている。

固定資産課税台帳に登録された価格以外の事項についての不服は、行政不服審査法の定めるところにより不服申立てをし（地税19条）、さらに抗告訴訟を提起することができる（地税19条の11）。取消訴訟に関しては不服申立前置主義が採用されている（地税19条の12）。したがって、取消原因たる瑕疵を有するにとどまる固定資産税賦課決定については、不服申立期間（行審14条、45条）の

---

(15) 碓井光明・前掲注（1）25頁。
(16) 清永敬次「更正の請求に関する若干の検討」園部逸夫先生古稀記念『憲法裁判と行政訴訟』（有斐閣、1999年）433頁・457頁は、裁量権の行使が公平に行なわれるよう、あらかじめ定められた一定の基準によることが望ましいとしている。

経過により、不服申立てができないばかりか、取消訴訟も提起することができない。

　また、固定資産税賦課決定処分が無効な場合は、納付と同時に還付請求権が成立する。この還付請求権は、取消原因にとどまる賦課決定処分が取り消された場合と同様に、「過誤納金」として還付されなければならない（地税17条）。そして、この還付請求権は、その請求をすることができる日から5年を経過したときは時効により消滅する（地税18条の3）。

　以上のような仕組みにもかかわらず、下級審の裁判例には、取消原因たる瑕疵を有するにとどまると思われる賦課決定処分に基づいて納付された税額相当分を国家賠償請求により回復を認めるもの、還付請求権とは別に民法上の不当利得返還請求権により回復目的を達することを認めるものが登場している。これらも、実体的真実主義優先の動向といえよう。

2　違法な固定資産税賦課決定についての国家賠償請求による救済

(1)　不服申立て・取消訴訟方式の排他性肯定説

　一般に、行政処分の効力が確定したからといって、それによる損害を国家賠償請求によって回復することは妨げられないと解されている（最高裁判昭和36・4・21民集15巻4号850頁）。それは、「行政処分の効力を維持することと国家賠償とが矛盾衝突するものではない」ことによっている。この一般論を、課税処分に当てはめるならば、固定資産税賦課決定処分も「公権力の行使」であるから、それによって損害を被った納税者は、その回復を求めて国家賠償請求訴訟を提起することができる。たとえ、賦課決定処分について不服申立て、取消訴訟を提起することなく不可争力を生じていても、国家賠償請求訴訟自体が不適法となるものではない。そして、国家賠償法のみの枠内でみると、賦課決定処分により被った「すべての損害」を回復することができるようにみえる。しかし、すでに不可争力を生じている確定済みの税額相当額まで「損害」であるとして国家賠償請求により回復できるかどうかは、国家賠償法の枠内のみで答えられる問題ではない。

　地方税賦課決定処分について、不服申立期間（固定資産課税台帳に登録された価格についての不服に関しては固定資産評価審査委員会に対する審査申出期間）、出訴期間が設けられているのであるから、この期間経過後において、国家賠償請

第1編　国内税法

求訴訟を提起して、賦課決定の内容となっている金銭給付義務の賦課が違法であるとして、給付した金員の回復を図ることができるかどうかは、地方税法や行政不服審査法、行政事件訴訟法等の仕組みを総合して判断する必要がある。筆者は、これまで、違法な固定資産税賦課決定で無効とはいえないもの、すなわち取消原因たる瑕疵にとどまるものに基づき納付がなされたときに、納税者が納付済相当額を「損害」として回復することはできないと解すべきであると考えてきた(17)。

　金銭給付義務を課する行政処分については、期間制限の付された不服申立て及び取消訴訟制度の存在により、その金銭給付義務を覆すための救済方式は、もっぱら不服申立て・取消訴訟によるべきである。国家賠償請求による救済を認めることは、従来からの行政法学の用語によれば、「取消訴訟の排他的管轄」の縛りを外すことに等しい(18)。

　以上のような考え方を「不服申立て・取消訴訟の排他性肯定説」と呼んでおこう。ただし、当該行政処分が無効である場合には例外を認めなければならないので、「救済方式の原則的排他性」と呼ぶのが正確であろう。

　判例で、救済方式の原則的排他性の考え方を示すものは、従来あまり目にすることがなかったが、大阪地判平成15・4・25（判例地方自治260号85頁）が、次のように述べている。

　　「国家賠償請求訴訟は行政処分の効力そのものを問題とするものではなく、取消訴訟とは目的、要件及び効果を異にするものであるから、公定力ないし取消訴訟の排他的管轄の制度に反せず、当該処分に重大かつ明白な瑕疵があり無効である場合はもちろん、取り消し得べき瑕疵があるにとどまる場合であっても、当該処分を取り消すことなく国家賠償請求を行い得るものと解される。しかしながら、課税処分の違法を理由とする国家賠償請求

---

(17)　山内一夫「行政行為の公定力について」山内一夫＝雄川一郎編『演習行政法』（良書普及会、1972年）51頁、岩崎政明「課税処分の違法を理由とする国家賠償請求の可能性と範囲」金子宏編『所得課税の研究』（有斐閣、1991年）465頁。遠藤博也『実定行政法』（有斐閣、1989年）275頁も、この問題点を検討課題として指摘している。

(18)　塩野宏『行政法Ⅱ［第4版］行政救済法』（有斐閣、2005年）294頁。宇賀克也『国家補償法』（有斐閣、1997年）381頁も、「国家賠償請求が可能とすると、取消訴訟の排他的管轄の趣旨が没却される」と述べている。同『行政法概説Ⅰ［第2版］』（有斐閣、2006年）300頁も同趣旨。

において、国家賠償法に基づく請求と過納金の還付請求が同一内容であるような場合にも直ちに国家賠償請求が可能であるとすると、実質的には、当該課税処分を取り消すことなく過納金の返還請求を認めたのと同一の効果を生ずることになり、不服申立期間の制限等により課税処分を早期に確定させて徴税行政の安定とその円滑な運営を確保しようとした法の趣旨が没却される結果を招来することから、課税処分の違法を理由とする国家賠償請求については、当該課税処分が無効なものでなく取り消し得べきものにとどまる場合は、これを取り消した上でなければ、国家賠償請求はなし得ないものと解するのが相当である。」

横浜地判平成18・7・19（判例集未登載）も全く同趣旨を述べ、その控訴審・東京高判平成18・11・15（判例集未登載）も、原審判決の理由を引用している。

これらの判決に見られるように、課税処分が無効な場合は、排他性の例外である。固定資産税の賦課決定処分の場合に、どのような場合に無効とすべきかは、それ自体慎重に検討されなければならない。ただし、無効な場合に過誤納金の還付請求権と別個独立の賠償請求権として構成できるかどうかは、別問題である。

(2) 最高裁判例との関係

筆者の考え方は、救済方式の原則的排他性により、国家賠償法レベルにおいては、金銭給付義務を確定し命ずる行政処分に基づいて納付された金員相当額は、当該行政処分による「損害」から除外されることを意味する[19]。そして、行政処分の内容をなす金銭給付義務の履行に伴う金員相当額以外に、当該行政処分により損害が生じている場合に、その損害につき国家賠償請求により救済を得ることは別問題である。

これまでにも、最高裁が課税処分による損害として国家賠償請求を認容すべきものとした事案がある。しかし、それらは、いずれも、金銭給付義務の履行に伴う金員相当額以外の損害をめぐるものであったことに注意しなければならない。

まず、最高裁判昭和44・3・6（訟務月報15巻4号392頁）は、課税処分に対

(19) 碓井光明「納税者の租税争訟費用の負担」北野弘久教授還暦記念論文集『納税者の権利』（勁草書房、1991年）331頁・337頁注（5）。

して訴訟を提起し訴訟追行のための支出を余儀なくされた弁護士費用のうち事案の難易、請求額、認容された額その他諸般の事情を斟酌して相当と認められる範囲内の費用は違法行為と相当因果関係にたつ損害であると認めるのが相当であるとした。

また、最高裁判平成5・3・11（民集47巻4号2863頁）は、税務署長が「職務上通常尽くすべき注意義務を尽くすことなく漫然と更正をしたと認め得るような事情がある場合に限り」国家賠償法1条1項の違法があったとの評価が可能であるとしている。しかし、同判決は、更正処分取消訴訟で勝訴した納税者の弁護士費用等を損害として回復できるか否かを扱ったものであるから（具体の事案については違法があったとはいえないとした）、租税債務額自体が損害であるとして争った事案について、国家賠償請求による回復を肯定する趣旨を含むものではない。

さらに、最高裁判平成16・12・17（判時1892号14頁）は、国家賠償請求に係る弁護士費用について違法な課税処分と相当因果関係のある損害と解すべきであるとした。この判決は、誤解されるおそれがあるので、少し詳しく述べておきたい。同事件は、原告が固定資産税・都市計画税の課税処分に係る税額及び延滞金を納付したうえ、同課税処分に対して審査請求をなしたところ、裁決がなされないまま一定の期間が経過したため、国家賠償請求訴訟を提起したものである。当該訴訟係属中に課税処分が取り消されて過誤納額と還付加算金が原告（納税者）に支払われたため、原告が請求額を慰謝料及び弁護士費用のみに減じた事案である。弁護士費用について、原審の東京高裁が、課税処分の違法と国家賠償請求訴訟に係る弁護士費用との間に相当因果関係を肯定することができないとしたのに対して、最高裁は、国家賠償請求訴訟の提起、追行があったことによって課税処分が取り消され、過誤納金の還付等が行われその支払額の限度で損害が回復されたというべきであるから、同国家賠償請求に係る弁護士費用のうち相当と認められる額の範囲内のものは課税処分と相当因果関係のある損害と解すべきであるとした。この最高裁判決は、弁護士報酬の回復の点についてのみ先例性があるのであって、納付税額相当額を損害として回復できることまで認めたものではない。

(3) 国家賠償による回復を肯定する裁判例と学説

以上のような考え方に真っ向から挑戦する裁判例が登場している。徴収され

た違法な部分の税額相当額の国家賠償請求を認容するものである。

① 浦和地裁平成4年2月24日判決

　公表されている事件で、国家賠償請求による救済を初めて認めたのが、浦和地判平成4・2・24（判時1429号105頁）である。住宅用地に対する固定資産税の軽減規定の適用を見過ごしてなされた固定資産税賦課決定処分について国家賠償法を適用して、過払い税額相当額の賠償を命じたものである。違法な賦課処分は、専ら異議申立て又は審査請求及び取消訴訟の提起等によるべきであるとする被告の主張に対して、判決は、「租税の賦課処分が違法であることを理由とする国家賠償請求は租税の賦課処分の効力を問うのとは別に、違法な租税の賦課処分によって被った損害の回復を図ろうとするものであって、両者はその制度の趣旨・目的を異にし、租税の賦課処分に関することだからといって、その要件を具備する限り国家賠償請求が許されないと解すべき理由はない」とした(20)。

　なお、判決は、この事件における損害賠償責任が地方自治法236条により消滅したとする被告の主張に対して、国家賠償法4条により前記地方自治法236条は適用されないと述べて、民法724条によることを認めた。

② 広島地裁平成6年2月17日判決

　道路用地とするために土地の一部を県が買収したのを受けて分筆登記した際に誤った地積が登記され、その地積変更の通知を受けた固定資産税の担当者が誤った地積を固定資産課税台帳に登録したことにより、固定資産税の過剰徴収を生じた事案を扱ったのが、広島地判平成6・2・17（判例地方自治128号23頁）である。判決は、課税担当者は、地積変更通知の内容に疑問を抱き、以前の台帳を調査するなり登記所に照会して疑問を解決し正しい地積を台帳に記載すべき注意義務があるのに、これを怠って記載したことに過失があるとして被告市の賠償責任を肯定した(21)。この判決は、不服申立制度や取消訴訟制度については触れていない。ただし、固定資産評価審査委員会への審査申出につい

---

(20) 条例が住宅用地の所有者に申告を義務付けていたが、判決は、原告らにも所定の申告をしなかった点で一半の責任があることは否定できないとしつつも、賦課課税方式が採用されていることや同申告が課税当局の便宜のために設けられた手続であることなど諸般の事情に照らし、申告義務の懈怠を損害額算定のうえで斟酌するのは相当でないとした。

第1編　国内税法

て、原告ら及びその先代が同審査委員会の審査事由があると考えていなかったのであるから審査委員会に審査の申出をしなくても何ら責められることはない、と述べた。

③　神戸地裁平成17年11月16日判決・大阪高裁平成18年3月24日判決

住宅用地の特例を適用すべき宅地について適用しなかったことを後の年度に気づいた課税庁が5年分のみ遡って還付又は充当して是正したものの、それ以前の分を是正しなかった事案について、主位的に還付請求を、予備的に国家賠償請求を求めた事件である。神戸地判平成17・11・16（判例地方自治285号61頁〈参考〉）は、瑕疵は明白であるとしても課税要件の根幹についてのものではないから当然無効とはいえないし、無効であると仮定しても還付請求権は訴訟提起前に時効消滅していたとした。

しかし、判決は、国家賠償請求については認容すべきものとした。賦課課税方式が採用されている固定資産税・都市計画税に関して、担当職員等は住宅用地の特例の適用要件の充足の有無を調査し、適用される土地については、特例に従って賦課決定をすべき義務を負っているところ、これを適用せずに課税したことは義務違反であり、過失も認められるとした。そして、被告の主張に答えて、最高裁判昭和36・4・21を引用したうえ、「課税処分についても、取消訴訟とその違法を理由とする国家賠償請求とが実質的に目的を同じくするといえる場合があるとしても、その他の点では他の行政処分一般と異ならないから、別異に解すべき理由はない」として、同判決の趣旨が等しく妥当するとした。そのうえで、次のように興味深い見解を示した。

第一に、「行政上の法律関係の早期確定は、そもそも国家賠償請求を否定する理論的根拠になり得るか疑問であり、しかも、課税処分及びそれ以外の金銭の徴収又は給付に関わる行政処分に特有の事情ではなく、法は、その他の多く

---

(21)　この事件において、倍率方式を適用した相続税の過剰納付分についても市に損害賠償請求がなされたが、判決は、それは申告書作成の際に原告らが当然になすべき課税台帳上の地積と実際の地積との対比を怠った結果であり、これにより相続税過剰納付の損害が発生したというべきであるから、相当因果関係がないとして市の賠償責任を否定した。倍率方式を適用した相続税の過剰納付分について、固定資産の土地評価をした市の国家賠償責任を肯定した判決として、横浜地判平成18・5・17判例集未登載がある。同判決につき、碓井光明「固定資産の価格決定の誤りに基づく相続税過大納付と市町村の損害賠償責任」税61巻10号34頁（2006年）を参照。

2 租税法における実体的真実主義優先の動向〔碓井光明〕

の行政処分についても同様の措置を講じているので、課税処分のみを特別に扱う理由にはならないというべきであるから、国家賠償請求を否定する根拠としては極めて薄弱である」。

　第二に、「課税処分の取消訴訟とその処分の違法を理由とする国家賠償請求とでは、要件を異にし、後者が認容されるためには、加害公務員の故意又は過失を要するから、取り消しうべき課税処分であるからといって、当然に国家賠償請求が認容されるわけではない。換言すれば、課税処分の違法を理由とする国家賠償請求を認容されたことによって、取消訴訟制度の趣旨が没却されることにはならない」。

　第三に、課税処分は、一般的に課税庁と被課税者との間に存するもので、処分の存在を信頼する第三者の保護を考慮する必要がなく（最高裁判昭和46・4・26を参照）、「課税処分を早期に確定させる要請は専ら課税庁側の都合であることから、第三者に利害関係がある行政処分よりも早期確定の要請は高くないと言わなければならない」うえ、「国家賠償請求権も3年の短期消滅時効にかかるから、法律関係の早期確定の要請が蔑ろにされることはない」。

　第四に、「固定資産税等についての違法な課税処分により損害を被った者は、ある程度の期間を経過してから初めてこれを知る場合が少なくないと考えられるところ、納税者が課税処分の違法を認識し、現実的に国家賠償請求をすることが期待できる時点において、「当該課税処分を是正することが、賦課決定期間又は審査請求期間・出訴期間の徒過のため法令上およそ不可能な場合、通常は、違法な課税処分がなされ、これが是正されなかったことにつき納税者側には過失又は落ち度がないのに、なお違法な処分をし、かつそれを放置して是正を不可能にした課税庁側の行政目的を尊重し、納税者の救済を否定するのは、極めて不当であり、正義公平の原則にもとるというべきである」。

　控訴審の大阪高判平成18・3・24（判例地方自治285号56頁）は、過失相殺として損害額の3割を減じたものの、国家賠償請求により損害額として回復できることについては、1審判決と同様の見解を示した。行政処分の効果と損害の内容が同一であるか裏腹の関係にあり、当該処分の取消訴訟と国家賠償請求訴訟とが結局において目的を共通にするような場合に、より直截的な処分の取消訴訟によることなく、国家賠償請求が可能であるとすると、処分取消訴訟の適法要件である行政不服申立てや出訴期間の規制を容易に潜脱できるとする「控

37

第1編　国内税法

訴人の指摘にはもっともと思われる点がある」として、問題提起には理解を示しながらも、行政処分の効果と損害の内容が同一であるか裏腹の関係にある場合だけをそれ以外の場合と別異に扱う法令上の根拠がないし、被害者が損害を甘受しなければならないとすることに合理性はないとしている。国家賠償法上の要件の充足の必要性、短期消滅時効、過失相殺などがあるので、国家賠償請求を認めたからといって、必ずしも取消訴訟の法の規制を潜脱する結果になるともいえないとした。

この判決について上告されたが、最高裁は、民事訴訟法318条1項により受理すべきものとは認められないとして、上告不受理の決定をした（最高裁決平成18・10・12）。筆者には、「法令の解釈に関する重要な事項を含む」と思われる事件であるが、最高裁は、そのようには認めなかったこと意味する。上告不受理であるから、2審判決の解釈までが最高裁により受け容れられたことを意味するものではない。

以上のような国家賠償請求認容判決以外に、国家賠償請求による方法を否定せずに、注意義務違反がないことを理由に請求を棄却した裁判例も存在する(22)。

学説にも、国家賠償請求による回復を肯定するものがある。課税処分の効力をそのままにして、損害額の回復を図るものであることに着目している(23)。

(4)　検　　討

神戸地判平成17・11・16（前掲）が述べるように、課税処分は、課税庁と被課税者との間の関係にかかわるものであって、第三者の利益に関係するところが少ないなどの事情があるにせよ、現行法が法律関係の早期安定化政策を採用している事実を否定することはできないというべきである。同判決が引用する

---

(22)　固定資産税課税における画地認定の誤りを理由にする国家賠償請求につき大阪地判平成14・9・12につき、判例地方自治242号103頁の判決概要の紹介を参照。特別土地保有税の免税点の認定誤りの場合について長野地飯田支部判平成元・3・27判例地方自治64号40頁は、請求を認容したが、東京高判平成元・12・25判例地方自治76号28頁は、実測面積により免税点を超えているとの認定に基づき請求を棄却すべきものとした。

(23)　固定資産税の課税誤りの場合について、いち早く国家賠償による救済を主張されたのは、阿部泰隆「とりすぎ税金は返還して貰えないのか」法学セミナー1991年4月号78頁（同『政策法務からの提言』（日本評論社、1993年）194頁以下に所収）であった。なお、同「時効にかかった固定資産税過納金の返還の根拠」税49巻3号4頁（1994年）をも参照。

最高裁判昭和48・4・26（民集27巻3号629頁）は、無効原因としての瑕疵の明白性を要しない根拠として述べているものであって、不服申立てや取消訴訟を経ないで課税処分の効力を実質的に否定できるかどうかの問題への解答の根拠になるものではない。

国家賠償請求により過大納付金員相当額の回復を認めることの実質的効果を考えると、「金銭給付義務を確定し適法に保有することができる」とする行政処分（課税処分）の効力自体を否定するのと同一の状態を実現することになるとみるのが自然である。これは、「行政処分の効力を維持することと国家賠償とが矛盾衝突するものではない」という「行政処分の効力と国家賠償請求との関係に関する一般論」に正面から反する事態といわなければならない。学説において、この問題を解決するために、さまざまな努力がなされている[24]。大阪高判平成18・3・24（前掲）のように過失相殺により調整するのも一つの工夫である。

筆者は、金銭給付義務を課す行政処分について「行政処分の効力と国家賠償請求との関係に関する一般論」を、何らの修正なしに適用することはできないと考えている。金銭給付義務を課す違法な行政処分を受けて納付した者が、その違法とする金員相当額の回復を図る救済方式については、不服申立て・取消訴訟による方法の原則的排他性を認めなければならない。そのように解する実質的な理由は、もしも、救済方式の排他性を認めないとするならば、不服申立期間（固定資産課税台帳に登録された価格については審査申出期間）、出訴期間の経過により本来ならば安定したはずの賦課決定について、納税者が国家賠償請求の方法により救済を求めた場合には、行政主体あるいはその機関は、国家賠償請求に係る応訴という形で常に対応しなければならないことになり、法律が早期安定化を図ろうとしている趣旨が完全に没却されることにある。

しかも、国家賠償請求訴訟には出訴期間制度もないことに注意する必要がある。時効はあるにせよ、時効が完成しているかどうかは裁判の結果によってはっきりするのであって、国家賠償請求によって回復しようとする納税者が最

---

[24] 参照、占部裕典「課税処分をめぐる国家賠償訴訟の特殊性」波多野弘先生古稀祝賀記念論文集刊行委員会『波多野弘先生古稀祝賀記念論文集』（1999年）57頁（同『租税法の解釈と立法政策Ⅱ』（信山社、2002年）805頁所収））、塩野宏『行政法Ⅱ［第4版］行政救済法』（有斐閣、2005年）294頁。

初から時効が完成しているとして訴訟の提起を断念するという保証はない。また、過失相殺の余地を認めるにしても、一定額の賠償を得られるとなれば、納税者が、取消訴訟の出訴期間経過後においても、国家賠償請求訴訟を提起して回復を求めることが増大し、それだけ行政主体あるいはその機関が国家賠償請求訴訟に対する応訴で忙殺されることに変わりはない。故意・過失の要件があるからといって、このような応訴の必要性は何ら減じるものではない。

なお、国家賠償請求による回復を認める場合には、地方税法による還付請求権の消滅時効と異なる時効制度の適用を受けるとされることに注意する必要がある。国家賠償請求であれば、国家賠償法4条を媒介として、民法724条により、「損害及び加害者を知った時から3年間行使しないときは、時効によって消滅する」とともに、不法行為の時から20年を経過したときも消滅する。住宅用地の特例規定の適用を誤った固定資産税賦課決定について、この考え方を明示した裁判例（浦和地判平成4・2・24判時1429号105頁）があるように、損害を知った時点は裁判で確定される事柄である以上、20年経過までであれば、いつ国家賠償請求を受けるかわからない不安定な状態に置かれることになる。

以上述べたように、もしも取消訴訟の出訴期間経過後も、過大納付分を国家賠償請求により回復できるとするならば、大量的になされる賦課決定処分について、取消訴訟の出訴期間経過後においても、国家賠償請求訴訟に対する対応を迫られるリスク状態に置かれるのである。

筆者は、以上のような問題点に鑑み、国家賠償請求による回復を原則として否定すべきであるという見解をとってきた。しかし、国家賠償請求による回復を肯定する説の主張者から、「何人も、公務員の不法行為により、損害を受けたときは、法律の定めるところにより、国又は公共団体に、その賠償を求めることができる」と定める日本国憲法17条を引いて、この憲法条項の下において、「処分の公定力のみを根拠に、違法行為によって招来された損害の賠償請求を否定することが容認されるところであろうか」、という根本的問いかけがなされている[25]。この問題提起を踏まえて、上記の排他性の例外として、国家賠償請求による回復を認めるべき場合がありうると思われる。それは、不服申立てや取消訴訟の提起ができない場合である。

---

(25) 人見剛「金銭徴収・給付を目的とする行政処分の公定力と国家賠償訴訟」東京都立大学法学会雑誌38巻1号157頁・175-176頁（1997年）。

2 租税法における実体的真実主義優先の動向〔碓井光明〕

　第一は、違法な課税処分に対して不服申立て又は取消訴訟の提起をしようとしていた納税者に対して、関係行政機関が違法な圧力等をかけて、それらの行為を阻止した結果、期間を経過してしまった場合である。このような場合に、あくまで「やむをえない理由」（行審14条1項）、「正当な理由」（行審14条3項、行訴14条1項・2項）があるものとして、不服申立て及び取消訴訟によるべきであるとして救済方式の排他性を肯定する考え方もありうるが、不服申立前置主義の採用されている固定資産税賦課決定について、このような状況下で不服申立てが適正に審査される見込みがないと判断することに無理がないと認められる以上、端的に国家賠償請求により違法な賦課決定による過大納付分の回復を認めるべきであろう。

　第二に、納税者が課税処分の内容の適否を全く判断できない状況におかれていた場合である。宅地に対する固定資産税について住宅用地の特例の適用がなされているかどうかは、通常の納税者にとって判断しにくい問題であることは否定できない。そのような事情が国家賠償請求による回復を肯定する裁判例の背景になっていると推測することもできる。しかし、納税者が課税の誤りに事実上気づきにくいことをもって、排他性に服さないと考えることは早計であろう。法的に課税誤りであるかどうかを判断することができない状況にある場合（たとえば、税率の適用が正しいかどうかを判断することが困難な秋田市国民健康保険税に関する秋田地判昭和54・4・27行集30巻4号891頁、その控訴審・仙台高裁秋田支部判昭和57・7・23行集33巻7号1616頁のような事案）において、はじめて例外として国家賠償請求による回復を認めるべきであろう。

　ところで、固定資産税をめぐる一連の事案は、これまでの仕組みに反省を迫っていることは否定できない。

　神戸地判平成17・11・16（前掲）は、すでに紹介したように、課税処分は処分の存在を信頼する第三者の保護を考慮する必要がなく、課税処分を早期に確定させる要請は専ら課税庁側の都合であることから、第三者に利害関係がある行政処分よりも早期確定の要請は高くないとし、さらに、賦課課税方式の固定資産税及び都市計画税の違法な課税処分により損害を被った者が直ちに又は早期に課税処分の違法を認識するとは限らず、むしろ、ある程度の期間を経過してから初めてこれを知る場合が少なくないのであるから、違法な課税処分及びその是正がなされないことにつき納税者に落ち度がないのに、違法な処分をし

それを放置して是正を不可能にした課税庁側の行政目的を尊重し、納税者の救済を否定することは極めて不当であり、正義公平の原則にもとるというべきである、と述べている。

この判決が述べる「正義公平の原則」の内容は必ずしも明らかでないが、筆者も租税手続法の分野においては、正義衡平の観点から法解釈をすべきであると考えている(26)。

租税が比較的単純な構造の場合には、不服申立て・訴訟の原則的排他性を認めてよいであろう。しかし、固定資産税は、今日において、かつてない複雑な制度になっている。しかも、その資料のすべてが納税者の手元にあるわけではない。その場合に、納税者がどれだけの注意を払うことが期待されているのであろうか。今日の複雑な租税法令の下において、課税処分が適正になされたことを納税者が適切に判断することが容易でないことは十分に理解できるところである。

もう一つの事情として、コンピューターから打ち出される数値について納税者が疑いをもつことは通常はあり得ない。しかし、それは、実際には幻想であって、単純な入力ミスのほかソフトの誤りもある。納税者が疑いをもつことが難しいという事情と、実際にはミスがあり得ることとを、正義衡平の観点からいかに考えるかが大きな課題である。

3　違法な固定資産税賦課決定と不当利得返還請求による救済
(1)　賦課決定の無効

「救済方式の原則的排他性」とは、賦課決定が有効な場合に、その効力を否定して回復を図るには不服申立て・取消訴訟によらなければならないという意味であって、賦課決定処分が無効である場合には、救済方式の排他性の範囲外である。すなわち、賦課決定が無効な場合は、不服申立期間・出訴期間の制約のついた救済方式による必要はないのである。「租税確定処分は第三者の利害に影響するところが少なく、したがってそれを信頼する第三者の保護を考慮する必要性が少ないこと、および租税実体法上理由のない利得の保有を国および地方団体に認めることは正義・公平の観点から見て適切でないこと」を理由に

---

(26)　碓井光明・前掲注(1)25頁。

重大な瑕疵があれば瑕疵が明白でなくても無効と認める学説[27]及び判例[28]に筆者も賛成したい。

そして、複雑な固定資産税に関する法の規定からするならば、納税者が住宅用地の特例の規定の存在及び適用状況を認識することは必ずしも容易なことではない。課税標準の特例措置の多くが納税者にとって直ちに理解できるものとはなっていない状況にある。他方、固定資産税の賦課にあたる市町村の職員にとっては、住宅用地について法により特例措置が設けられていること自体は、課税事務上のイロハに相当する事項として知られているはずのことである。

そこで、課税事務上、「住宅用地」と表示されながら課税標準額としてはコンピューターへの入力ミスにより非住宅用地としての金額による課税がなされたような場合に、納税者がその賦課決定の誤りに気づくことは極めて困難である。納税通知書に課税明細を添付しない場合には、住宅用地の特例の適用を受けているか否かを納税者が判断することも困難である。このような「納税者と税務職員との法に対する距離の決定的違い」に着目したときに、事実認定に係わらないミスにより住宅用地の特例規定を適用しないでなされた賦課決定が常に取消原因たる瑕疵にとどまるとすることには疑問がある。事案によっては、重大な瑕疵として無効とすべきであろう。

他方、住宅用地に該当するか否か、あるいは住宅用地の面積について微妙な事実認定を要する事案もあり、そのような事案における事実認定の誤りに基づく賦課決定を無効とすることはできない。特定の土地が住宅用地に該当するか否か、その面積等については、税務職員よりも納税者の方が、より近い位置に置かれているのである。

以上の要約的検討により、住宅用地の特例規定の適用をしない固定資産税賦課決定が、具体的事案によっては無効な賦課決定であるとすべき場合もあり得ると思われる。そこで、無効とされる場合の処理について検討しておきたい。

(2) 還付請求による回復

賦課決定が無効の場合は、還付請求の方法が存在する。租税の納付により、当該金員相当額は、「誤納金」となるのであって、市町村は、納付した者に直

---

(27) 金子宏『租税法〔第12版〕』(弘文堂、2007年) 590頁。
(28) 最高裁判昭和48・4・26民集27巻3号629頁、最高裁判平成16・7・13判例時報1874号58頁。

ちに還付すべき義務を負っている（地税17条）。そして、還付金に係る債権については、請求をすることができる日から5年を経過したときは時効により消滅することとされている（地税18条の3第1項）。しかも、この時効に関しては、援用を要せず、利益を放棄することもできないとされ（地税18条の3第2項による地税18条2項の準用）、当事者の意思を排除した制度が採用されている。したがって、無効な賦課決定による誤納金については、この5年の時効が完成していないときは還付請求（返還請求）訴訟により目的を達することができるが、時効完成の場合は、還付請求が棄却されることになる。なお、この還付請求訴訟は、訴訟類型として特定されているわけではないから、「不当利得返還請求」の名称を冠しても、そのこと自体を問題にする必要はない。しかし、過誤納金に関する規定は、民法の不当利得の特則を定めたものと解するのが相当である(29)。この点は、次の民法上の不当利得返還請求の問題に関係する。

(3) 民法上の不当利得返還請求による回復

賦課決定が無効である場合に、5年の時効制度の制約のついた還付請求以外で、民法に基づく不当利得返還請求により、法の定める時効制度の適用を免れることができるかどうかが問題になる(30)。換言すれば、地方税法上の還付請求権と別個の民法上の不当利得返還請求権が成立するかどうかという問題である。もしも民法の不当利得返還請求権であるならば、権利を行使できるときから10年で時効により消滅する（民167条1項）。

大阪高判平成3・5・31（判時1400号15頁）は、誤った地目認定に基づく固定資産税賦課決定処分について、固定資産課税台帳登録事項に関する特別の不服申立て及び取消訴訟の特則が存在するからといって、「固定資産課税台帳の登録事項に関する市町村長の認定に重大かつ明白な誤りがあり、ひいてはその認定に基因する固定資産税の賦課処分自体が無効であると認められるような場合においても、納税者が、右無効な課税処分により徴収された税額（過誤納金）について、一般の正義公平の原則に基づき、これを不当利得としてその返

---

(29) 通則法56条の過誤納金について、最高裁判昭和52・3・31訟務月報23巻4号802頁が是認した東京高判昭和50・4・16訟務月報21巻6号1345頁、その1審・東京地判昭和49・7・1訟務月報20巻11号178頁。
(30) 前記最高裁判昭和52・3・31の是認した各判決を参照。碓井光明「地方税における課税誤りとその法的救済策」税47巻7号20頁・23頁（1992年）。

還を求めることをも許さないとした趣旨のものと解することが合理的であるとする理由はこれを見出し得ない」と述べた。

　還付請求を、不当利得返還請求権の行使として救済を求めることができる（名称にこだわらない）という趣旨においては、大阪高裁判決の述べるとおりであるが、時効期間につき、地方税法ではなく民法の規定による趣旨を含むものとするならば、法の解釈を誤っているといわざるをえない。還付請求権の消滅時効に関する法の規定は、民法の不当利得返還請求権に関する時効の特則を定めたものと解するのが自然である。不当利得のなかでも、その類型により消滅時効の規定の適用を行なう考え方が示されてきた[31]。「地方税法上の還付請求権も不当利得返還請求権の一種ではあるが、その時効に関して特則を定めている以上、その違い（時効期間、援用を要せず、時効の利益を放棄できないこと）まで無視することは許されない」というべきである[32]。

Ⅳ　おわりに

　本稿においては、租税法における実体的真実主義の優先の動向について検討してきた。それは、租税法律関係の早期安定にどれだけの価値を認めるかという租税法における根本問題に係わっている。法律関係の早期安定を重視する従来の考え方について、「実体的真実主義をどこまで犠牲にしてよいか」という観点から根本的に見直すことが求められているのかも知れない。その問題を解釈論で解決するには限界があると思われるので、最後に、立法論に言及して本稿を閉じることにしたい。

　第一に、最近は、更正の請求期間を減額更正の除斥期間と合わせるようにす

---

[31]　四宮和夫『事務管理・不当利得・不法行為（上巻）』（青林書院新社、1981年）97-98頁を参照。

[32]　大阪高判平成3・5・31に関する碓井光明の評釈・判時1418号165頁（判例評論401号19頁）（1992年）を参照。その意味において、神戸地判平成17・11・16判例地方自治285号61頁〈参考〉が、過大徴収額を返還すべきであるとする原告の主張を還付請求であるとみて、固定資産税賦課決定が無効であると仮定しても地方税法の定める時効に関する規定に基づき時効により消滅したものと判断したことは正当というべきである。

　これに対して、小林敬和「時効完成後の固定資産税過誤納金返還の適否」税法学549号59頁（2003年）は、民法上の不当利得返還請求権の成立を認め、10年を経過している分についても、債務の承認をすることが可能であるとして、要綱によりそのような返還措置をなすことを適法としている。

べきであるという主張が強くなっている(33)。筆者も、このような改正論に基本的に賛成したい。ただし、更正の請求を受けて、更正すべきかどうかを判断するのに一定の期間を要することを考えると、法定申告期限のぎりぎりの時点に至って更正の請求がなされたときには、それに対する応答は減額更正の期間を過ぎてしまうであろう。さらに、更正をすべき理由がない旨の通知に対して不服申立てがなされると、そこから更に不服申立ての審理をしなければならないことになるので、そのような長期不安定化は避けるべきであるという見解も予想される。そのような不安定状態をもやむを得ないことと決断するかどうかが一つの問題点として残されている。ただし、先に述べたように、少なくとも法令解釈の変更を理由に通常の減額更正期間内になされた更正の請求については、減額更正の期間経過後においても更正できることとすべきである。あるいは、「課税権の行使期間と同じでなければならないとする決定的理由も存しない」ことに鑑みるならば、独自に更正の請求の期間を延長することを検討してもよいであろう(34)。

なお、更正の請求は納税者の自発的な意思による申告を前提としているので、「勧奨による修正申告」には「更正の請求の排他性」が及ばないと理解したうえで、「勧奨による修正申告」について独自の救済方法を整備する提案もなさ

---

(33) 中川一郎=清永敬次編・前掲注(1)E384頁（執筆＝新井隆一）、谷口勢津夫・前掲注(1)76頁、益子良一・前掲注(3)189頁、萩原芳宏・前掲注(1)55頁、三木義一「更正の期間制限延長とその問題点」税理47巻6号9頁・14頁（2004年）、金子宏「更正の請求について」（講演録）税大ジャーナル3号1頁（2005年）、日本税理士会連合会税制審議会答申「納税者からみた税務行政の今日的問題点について」3頁（2006年）。新井隆一・前掲注(1)は、更正の請求の期間について同旨の主張を展開するとともに減額修正申告の制度化を提案している。なお、高橋靖「更正の期間制限に係る不均衡と見直しの視点」税理48巻10号2頁・6頁（2005年）は、行政事件訴訟法の改正により出訴期間が6ヶ月とされたことをも踏まえて、更正の請求期間を1年6ヶ月若しくは2年に延長することも考えられるとしている。

さらに、日本税理士会連合会の平成13年度から17年度までの税制改正に関する建議書は、通常の更正の請求期間を5年、後発的事情による更正の請求を少なくとも1年以内に伸ばすことを提案してきた（たとえば、「平成17年度・税制改正に関する建議書」26頁（2004年））。通常の更正の請求期間を5年とする改正が実現したときには、その期間内に後発的事情が生じたときは、それに伴う更正の請求について、さらに短期の期間制限を設ける理由はないと思われる。

(34) 清永敬次・前掲注(16)456頁以下。

れている(35)。

　第二に、不服申立期間についても緩和すべきかどうかが問題になる。目下、行政不服審査法の改正に向けた動きが進んでおり、主観的審査請求期間は処分があった日から３か月とし、客観的審査請求期間については現行の処分があった日から１年を維持する方向でまとまる見込みである(36)。現在も、通則法は行政不服審査法と独自に不服申立期間を定めているのであるから(37)、１年というような長い期間とすることも許されないわけではない。更正の請求の期間と一致させるべきであるという議論も予想される。しかしながら、課税処分を受けた者が不服申立てをすべきかどうかを検討する過程と、納税申告をした者が自己の申告の誤りに気づく過程との間には、相当な違いがある。前者にあっては、なぜ課税処分を受けることになったのかについて、相応の検討がなされることを期待することには十分合理性がある。その期間が３か月でよいかどうかについては、議論の余地があり、例えば６か月とすることも検討されてよい(38)。

　第三に、固定資産税の課税誤りの救済方法に関して、本稿において紹介したように、請求権の競合を認める裁判例が登場している。国家賠償請求や不当利得返還請求を納税者の最後の救済手段として用いるという発想には、大いに学ぶべきものがある。しかし、前記の二つの点と異なり、立法的解決になじむ問題ではないように思われる。では、解釈レベルにより、請求権の競合を認めることが望ましいかといえば、実際上の不都合を生じやすい。固定資産税担当の職員は、窓口で納税者に対応する際に困惑するであろう。「国家賠償請求や不当利得返還請求の訴訟をすれば回復できるかも知れませんが、当方としてお返しすることはできません」などと応答するならば、それは最も丁寧な説明であ

---

(35)　占部裕典『租税債務確定手続』(信山社、1998年) 28頁以下・159頁以下。
(36)　行政不服審査制度検討会『行政不服審査制度検討会　最終報告――行政不服審査法及び行政手続法改正要綱案の骨子――』13頁 (2007年)。
(37)　通則法77条１項は、「２月以内」と定めて、行政不服審査法14条１項の「60日以内」とは微妙に異なる定め方をしている。
(38)　これは行政事件訴訟法14条の定める出訴期間に合わせる趣旨ではない。一般論としては、「一般にさほどの準備期間を要するものではなく」、簡易な手続で不服を申し立てることができるといえるとしても (行政不服審査制度研究会・前掲注(36)13頁―14頁)、租税事案の複雑さに鑑みると、必ずしも一般論で割り切ることが適切とは断定できないという理由によるものである。

るにもかかわらず、納税者を怒らせるのみである。国家賠償請求における過失相殺などとなると窓口対応を不可能にする。結局、稀に納税者が訴訟を提起して争った場合に請求を認容されることになるが、それでは不公平を生ずる。そこで、賦課決定が無効（一部無効を含む）な場合における還付請求権の時効期間を10年程度に延ばして対処することが解決策として考えられる。無効であるかどうかが争いになることが望ましくないというのであれば、取消原因にとどまる違法の場合であっても、賦課決定に対する不服申立期間を５年程度にするという勇気を持つべきものかも知れない。申告納税制度における更正の請求期間と賦課課税方式における不服申立期間とを一致させる必然性はないにしても、前者の延長の政策論を後者の不服申立期間の延長の政策論に生かすことは十分に考えられる。法律関係の早期安定を重視する従来の考え方について、「実体的真実主義をどこまで犠牲にしてよいか」という観点から根本から見直す必要があろう。

　第四に、更正の請求と固定資産税の課税誤りとは一見すると無関係のように見えるが、固定資産税課税誤りの対策に苦労された人たちの間には、固定資産税も申告納税方式にすべきではないかという声も聞かれるので、決して無関係ではない。課税誤りのリスクの多くを、納税者の申告のミスの問題にして、納税者に移転できるというわけである。しかし、固定資産税の申告の煩わしさ、ことに年々複雑になっている課税の仕組みを考えたときに、国民が申告義務に耐えられるかどうか、現状では疑問である。実態としては、窓口指導に従った申告がなされることになろう。

3 課徴金算定における「売上額」と消費税の関係
―独占禁止法と消費税法の狭間での議論―

同志社大学法科大学院教授　占部裕典

Ⅰ　はじめに
Ⅱ　東京高裁平成9年6月6日判決と東京高裁平成18年2月24日判決の比較
Ⅲ　売上額と消費税等の関係
Ⅳ　課徴金、不当利得返還請求と刑事罰との併存
Ⅴ　おわりに

Ⅰ　はじめに――問題の所在

1　消費税法と独占禁止法の狭間

　私的独占の禁止及び公正取引の確保に関する法律（以下、「独占禁止法」という。）の課徴金制度は、カルテル・入札談合等の違反防止という行政目的を達成するために行政庁が違反業者等に対して金銭上の不利益を課すという行政上の措置である。平成17年に独占禁止法が4半世紀ぶりに改正され（平成18年1月4日施行）、課徴金の対象となる行為類型の追加、課徴金の算定率の引き上げ等のさまざまな改正が行われた。しかし、政府内では課徴金制度等についてはなお強化見直しの意見も強く、現在課徴金の対象となる違反行為の拡大、課徴金の引上げ等について審議が続いている[1]。

（1）　独占禁止法は、平成17年に昭和52年以来の大改正が行われた。課徴金制度に関わる改正の主たる内容については、諏訪園貞明編著『平成17年改正独占禁止法』49頁以下（2005・商事法務）石岡克俊「課徴金制度の改革」自由と正義56巻13号13頁以下（2005）、田辺治「私的独占の禁止及び公正取引の確保に関する法律の一部を改正する法律の概要について」NBL810号34頁以下（2006）等参照。改正後の議論については、2007年2月17日日経新聞「課徴金・審判制で綱引き（独禁法の改正議論本格化）」参照。平成18年1月4日より改正独占禁止法が施行され、課徴金制度についても、課徴金算定率の引き上げ、違反行為を繰り返した事業者に対する増額算定率の適用、調査開始前に短期間で違反行為を止めた事業者に対する算定率の軽減、課徴金と罰金との調整、課徴金の対象となる行為の明確化・拡大化、課徴金の裾切基準額の引き上げ、課徴金減免制度の導入

第1編　国内税法

　課徴金制度については平成17年改正後もなお論点が存しているところであるが、独占禁止法と租税法との狭間で十分に議論がなされていない問題として、「課徴金の算定において、取引代金とともに支払われる税額相当分が売上額に含まれるか否か」という問題が存する。課徴金は、事業者や事業者団体が一定の独占禁止法違反行為を行った場合に、当該事業者や事業者団体の構成事業者に対して、当該実行行為の実行期間における売上額に一定率を乗じて算定されるところ、「課徴金の算定において、取引代金とともに支払われる税額相当分が『売上額』に含まれるか否か」については、実務では当然に肯定的に解されているところ、審判や裁判等においては事業者側から「消費税は、売上額に含まれない」として主張されてきた問題である。この問題は、必ずしもこれまで学界等においては十分に論じられてこなかったものである。そこで、本稿は、「消費税等をはじめとする諸税が、売上額に含まれるか否か」という問題を論ずることとする。

2　課徴金額算定上の基本原則

　独占禁止法7条の2第1項は、「売上額」や「購入額」を「課徴金」の算定について、次のように規定する（下線部筆者以下同）。

　「事業者が、不当な取引制限又は不当な取引制限に該当する事項を内容とする国際的協定若しくは国際的契約で次の各号のいずれかに該当するものをしたときは、公正取引委員会は、第8章第2節に規定する手続に従い、当該事業者に対し、<u>当該行為の実行としての事業活動を行つた日から当該行為の実行としての事業活動がなくなる日までの期間（当該期間が3年を超えるときは、当該行為の実行としての事業活動がなくなる日からさかのぼつて3年間とする。以下「実行期間」という。）における当該商品又は役務の政令で定める方法により算定した売上額（当該行為が商品又は役務の供給を受けることに係るものである場合は、当該商品又は役務の政令で定める方法により算定した購入額）</u>に100分の10（小売業については100分の3、卸売業については100分の2とする。）を乗じて得た額に

　　等の見直し、改正が行なわれた。しかし、かねてより争いのあった、独占禁止法7条の2第1項、同法施行令5条、6条所定の課徴金算出の基礎である「契約により定められた対価の額」に消費税相当額を算入することが許されるかといった問題については明確化が図られていない。

3 課徴金算定における「売上額」と消費税の関係〔占部裕典〕

相当する額の課徴金を国庫に納付することを命じなければならない。ただし、その額が100万円未満であるときは、その納付を命ずることができない。
　一　商品又は役務の対価に係るもの
　二　商品又は役務について次のいずれかを実質的に制限することによりその対価に影響することとなるもの
　　　イ　供給量又は購入量
　　　ロ　市場占有率
　　　ハ　取引の相手方
　　　　　（以下略）」

　改正前における課徴金制度は、公正取引委員会が、事業者や事業者団体が一定の独占禁止法違反行為を行った場合に、当該事業者や事業者団体の構成事業者に対して、当該実行行為の実行期間における売上額に一定率を乗じて得た額を国庫に納付することを命ずるものであった。また、そこでの課徴金の計算方法は、カルテルの実行期間中の対象商品又は役務の売上額に一定率（原則100分の6）を乗じる方法で行われていた（改正前独占禁止法7条の2）。

　しかし、平成17年度改正独占禁止法では、課徴金制度について、課徴金算定率の引上げなどが行われ、たとえば大企業の製造業等では課徴金の算定率は6％から10％に引き上げられている。課徴金の算定方法及び水準については、従来経営指標を基礎として、一定率を設定して、これに違反行為の売上高を乗ずることで算定した額を不当利得として擬制して、当該金額を徴収することにより違反行為を防止することとしていた。しかし、改正にあたり、カルテルによって実際に得られているとみられる不当利得の割合を勘案して（約9割の事件で8％以上の状況である。）、公正取引委員会が不当利得相当額以上の金額を徴収する仕組みに改められた。

　独占禁止法7条の2第1項は、違反行為の「実行としての事業活動」を「行った日」（始期）から「なくなる日」（終期）までの期間（実行期間）が3年を超える場合には終期からさかのぼって3年のみが実行期間となると規定する。「実行行為としての活動」は、違反行為に基づいて行われる外部的事業活動とされる。実行行為としての活動は「不当な取引制限」を超えて、違反行為の目的を実現するための外部行為にむけて行う事業活動とされている。「当該商品

51

又は役務」とは競争の実質的制限が起こっているとされた検討対象市場において供給されるものでなければならない。「当該商品又は役務」は実行としての事業活動の対象であるか否かについては、かねてより実行不要説と実行必要説との対立が存するところである(2)。

課徴金の算定対象となる商品役務の範囲が明らかになれば、次に売上額又は購入額を算定することとなる。課徴金の対象行為は、不当な取引制限、支配型私的独占（17年度改正による付加）、8条1項1号・2号違反行為で、対価要件を満たすものであり（独占禁止法7条の2第1項・第2項、8条の3）、行為者が対象の商品又は役務について売上額（購入額）をもつような行為である必要がある。なお、平成17年度改正前は「購入額」は記載がなく、「売上額」のみであったが7条の2第1項には「購入額」が追加されている。平成17年度改正により、購入の競争の実質的制限が不当な取引制限とされた場合のために、「購入額」が規定された。

課徴金の算出基礎たる売上額（購入額）は、原則として引渡基準により実行期間中の総売上額を算定し、この額から値引き、返品及び割戻しなど一定の要件に該当する額を控除する（独占禁止法施行令5条～8条参照）(3)。独占禁止法

（2） 実行としての事業活動であることの要否については、白石忠志『独占禁止法』458頁以下（有斐閣・2007）参照。

（3） 基本的な課徴金額の計算については、白石・前掲書453頁以下参照。本稿で問題となる売上額（購入額）の算定方法（独占禁止法7条の2第1項の政令で定める売上額及び購入額の算定の方法）についての関係条文は以下のとおりである。

「第5条 法第7条の2第1項（法第8条の3において読み替えて準用する場合を含む。以下同じ。）に規定する政令で定める売上額の算定の方法は、次条第1項及び第2項に定めるものを除き、実行期間において引き渡した商品又は提供した役務の対価の額を合計する方法とする。この場合において、次の各号に掲げる場合に該当するときは、当該各号に定める額を控除するものとする。
一 実行期間において商品の量目不足、品質不良又は破損、役務の不足又は不良その他の事由により対価の額の全部又は一部を控除した場合 控除した額
二 実行期間において商品が返品された場合 返品された商品の対価の額
三 商品の引渡し又は役務の提供を行う者が引渡し又は提供の実績に応じて割戻金の支払を行うべき旨が書面によつて明らかな契約（一定の期間内の実績が一定の額又は数量に達しない場合に割戻しを行わない旨を定めるものを除く。）があつた場合 実行期間におけるその実績について当該契約で定めるところにより算定した割戻金の額（一定の期間内の実績に応じて異なる割合又は額によつて算定すべき場合にあつては、それらの

3　課徴金算定における「売上額」と消費税の関係〔占部裕典〕

うち最も低い割合又は額により算定した額）
2　法第7条の2第1項に規定する政令で定める購入額の算定の方法は、次条第3項及び第4項に定めるものを除き、実行期間において引渡しを受けた商品又は提供を受けた役務の対価の額を合計する方法とする。この場合において、次の各号に掲げる場合に該当するときは、当該各号に定める額を控除するものとする。
一　実行期間において商品の量目不足、品質不良又は破損、役務の不足又は不良その他の事由により対価の額の全部又は一部が控除された場合　控除された額
二　実行期間において商品を返品した場合　返品した商品の対価の額
三　商品の引渡し又は役務の提供を行う者から引渡し又は提供の実績に応じて割戻金の支払を受けるべき旨が書面によつて明らかな契約（一定の期間内の実績が一定の額又は数量に達しない場合に割戻しを受けない旨を定めるものを除く。）があつた場合　実行期間におけるその実績について当該契約で定めるところにより算定した割戻金の額（一定の期間内の実績に応じて異なる割合又は額によつて算定すべき場合にあつては、それらのうち最も低い割合又は額により算定した額）

第6条　法第7条の2第1項に規定する違反行為に係る商品又は役務の対価がその販売又は提供に係る契約の締結の際に定められる場合において、実行期間において引き渡した商品又は提供した役務の対価の額の合計額と実行期間において締結した契約により定められた商品の販売又は役務の提供の対価の額の合計額との間に著しい差異を生ずる事情があると認められるときは、同項に規定する売上額の算定の方法は、実行期間において締結した契約により定められた商品の販売又は役務の提供の対価の額を合計する方法とする。
2　前条第1項第3号の規定は、前項に規定する方法により売上額を算定する場合に準用する。
3　法第7条の2第1項に規定する違反行為に係る商品又は役務の対価がその購入又は提供に係る契約の締結の際に定められる場合において、実行期間において引渡しを受けた商品又は提供を受けた役務の対価の額の合計額と実行期間において締結した契約により定められた商品の購入又は役務の提供の対価の額の合計額との間に著しい差異を生ずる事情があると認められるときは、同項に規定する購入額の算定の方法は、実行期間において締結した契約により定められた商品の購入又は役務の提供の対価の額を合計する方法とする。
4　前条第2項第3号の規定は、前項に規定する方法により購入額を算定する場合に準用する。

第7条　法第7条の2第2項において読み替えて準用する同条第1項に規定する政令で定める売上額の算定の方法は、第1号に掲げる額と第2号に掲げる額とを合算する方法とする。
一　実行期間において被支配事業者に引き渡した商品又は提供した役務（当該被支配事業者が法第7条の2第2項に規定する違反行為に係る一定の取引分野において当該商品又は役務を供給するために必要な商品又は役務を含む。次条第1項において同じ。）の

53

第1編　国内税法

は売上額・購入額の算定に係る規定をおかず、その詳細を政令に委ねている（独占禁止法は、委任立法の範囲を具体的に規定していない。）が、独占禁止法における課徴金制度の趣旨からくる制約は当然あるものの、基本的には企業会計慣行を背景にしているといえる⁽⁴⁾。

売上額の算定にあたって、独占禁止法施行令は、「引渡基準」を原則として、「契約基準」を例外としている。前者は、実行期間中に引き渡された商品役務

対価の額の合計額（第5条第1項各号に掲げる場合に該当するときは、当該各号に定める額を控除した額）

二　実行期間において一定の取引分野において引き渡した商品又は提供した役務（当該被支配事業者に引き渡した当該商品又は提供した当該役務を除く。次条第2項において同じ。）の対価の額の合計額（第5条第1項各号に掲げる場合に該当するときは、当該各号に定める額を控除した額）

第8条　被支配事業者に引き渡す商品又は提供する役務の対価がその販売又は提供に係る契約の締結の際に定められる場合において、実行期間において被支配事業者に引き渡した商品又は提供した役務の対価の額の合計額と実行期間において被支配事業者と締結した契約（当該被支配事業者が法第7条の2第2項に規定する違反行為に係る一定の取引分野において当該商品又は役務を供給するために必要な商品の販売又は役務の提供に係る契約を含む。以下この項において同じ。）により定められた商品の販売又は役務の提供の対価の額の合計額との間に著しい差異を生ずる事情があると認められるときは、前条第1号に規定する額に代えて、実行期間において被支配事業者と締結した契約により定められた商品の販売又は役務の提供の対価の額の合計額（第5条第1項第3号に掲げる場合に該当するときは、同号に定める額を控除した額）を用いる。

2　一定の取引分野において引き渡す商品又は提供する役務の対価がその販売又は提供に係る契約の締結の際に定められる場合において、実行期間において一定の取引分野において引き渡した商品又は提供した役務の対価の額の合計額と実行期間において一定の取引分野において締結した契約（当該被支配事業者と締結した当該商品の販売又は当該役務の提供に係る契約を除く。以下この項において同じ。）により定められた商品の販売又は役務の提供の対価の額の合計額との間に著しい差異を生ずる事情があると認められるときは、前条第2号に規定する額に代えて、実行期間において一定の取引分野において締結した契約により定められた商品の販売又は役務の提供の対価の額の合計額（第5条第1項第3号に掲げる場合に該当するときは、同号に定める額を控除した額）を用いる。

（4）　売上額と企業会計との関係については、田中誠二ほか『コンメンタール独占禁止法』436頁以下（菊地元一執筆）（1991・勁草書房）、川越憲治「独占禁止法と課徴金制度(3)(4)」NBL189号37頁以下、190号26頁以下（1979）、相場照美・波光巌「課徴金制度における売上額の算定方法」NBL152号27頁（1979）、川井克倭『カルテルと課徴金』130頁（1986・日本経済新聞社）等参照。

3 課徴金算定における「売上額」と消費税の関係〔占部裕典〕

の対価の額の合計額を売上額とするものであり、後者は実行期間中に締結された契約の対価の額の合計額をもって売上額とするものである。契約基準を採るためには、引渡基準で得られる数値と契約基準で得られる数値との間に「著しい差異を生ずる事情があると認められる」ことが必要である。

ここでの1つの問題は、取引代金とともに支払われる税額相当分は売上額に含まれるか否かであるが、「売上額」への消費税相当額算入については、正面から議論になったことはなく、「消費税は、法律上は消費者からの預り金ではなく対価の構成要素であるために控除されない」[5]と言及したものがある程度に過ぎなかったところ、東京高裁（第1審）平成9年6月6日判決（判例タイムズ951号128頁、判例時報1621号98頁。〔社会保険庁シール談合課徴金事件〕）はこの問題を正面から取り上げた。判決の結論自体は「売上額」への消費税相当額算入について支持するところとなり、最高裁平成10年10月13日判決（上告審）によっても支持されている（東京地裁平成2年3月26日判決・判例時報1344号115頁、東京地裁平成4年3月24日判決・判例時報1430号74頁、東京高裁平成6年4月18日判決・判例時報1536号33頁も詳細な議論を展開することなく同様の結論を導く。）。なお、東京高裁（第1審）平成9年6月6日判決に係る審判審決（公正取引委員会平成8年8月6日審決）は、「法律上、事業者は、消費者から受け取る対価の中からあくまでも自らの義務として消費税を納めることが予定されているのであるから、消費税相当分も対価に含まれている」と述べて、この見解を支持していたところである。これらの判決は、シール談合課徴金事件以降の公取委実務をより積極的に根拠付けるものとなった。

しかし、このような見解に対する反論は、当該事件において被審人等からは常に主張されていた。このような実務の取扱いに対する疑義は強い。この問題をすでに最高裁判決により解決済みとして済ませるわけにはいかないであろう。

また、このような流れのなかで、東京高裁平成18年2月24日判決（未登載。〔東燃ゼネラル石油事件〕）[6]は、平成9年6月6日判決の理由づけとは異なる理

---

(5) 厚谷襄二ほか編『条解 独占禁止法』273頁（和田健夫執筆）（1997・弘文堂）。消費税に言及するものとして、伊従寛・矢部丈太郎『独占禁止法の理論と実務』135頁以下（2000・青林書院）、金井貴嗣・川濱昇・泉水文雄編著『独占禁止法（第2版）』442頁以下（2006・弘文堂）、白石・前掲書470頁以下等参照。

(6) 東京高裁平成18年2月24日判決（未登載）については、http://snk.jftc.go.jp/cgi-bin/showdoc.cgi?dockey=H180224H17G09000118_ 参照。

由づけで結論を支持しているところである。社会保険庁シール談合課徴金事件を結論において支持をしているところであり、公取委実務にはっきりとお墨付きを与えている。

II 東京高裁平成9年6月6日判決と東京高裁平成18年2月24日判決の比較

1 東京高裁平成9年6月6日判決

東京高裁平成9年6月6日判決は、「売上額」から消費税相当額を控除することの可否について、詳細に検討を加えたものであり、「消費税相当額を『契約により定められた対価の額』(施行令6条) に算入したことの相当性については疑問を払拭し得ないとはいえ、右の取扱いが直ちに独占禁止法7条の2、施行令6条に違反するとまでは未だに断定することができないというほかない」と判示している。

原告らの主張は多岐にわたるが、本件課徴金納付命令が二重処罰を禁じる憲法39条に違反するか否かは、課徴金制度の導入及びその後の法改正に際して最も活発に議論されてきた問題であったが、不当利得返還請求訴訟との関係をも含めて、裁判所はこの問題に初めて正面から判断を行った(課徴金と刑罰との関係については、東京高裁平成5年5月21日判決・判例時報1474号31頁等で争点となっている)。また、独占禁止法(改正前、以下同) 7条の2第1項、同法施行令5条、6条所定の課徴金算定の基礎になる「契約により定められた対価の額」又は「売上額」と民事実体法との関係(契約無効による売上額の存在)、売上額の算定基準(引渡基準と契約基準との関係)、売上額の内容(消費税相当額の算入の是非) などについても、裁判所の判断としては初めてのものであり、いずれも課徴金制度の本質に係わる論点であり意義があるといえよう。

(事実)原告X_1、X_2及びX_3 (以下、原告会社を「X」という。) は、社会保険庁において指名競争入札の方法により発注する国民年金、厚生年金等の各種通知書等に係る貼付用シール(以下、「本件シール」という。)の入札に関して、遅くとも平成元年11月11日以前から平成4年11月11日までの間、指名業者であるX及びAが談合を行い、予め受注予定者を定めることにより社会保険庁発注の本件シールの供給に係る取引分野における競争を実質的に制限した(以下、「本件カルテル行為」という。)、独占禁止法3条に違反した。

3 課徴金算定における「売上額」と消費税の関係〔占部裕典〕

 被告公正取引委員会（Y）は、平成5年9月24日付で独占禁止法7条の11、48条の11の規定にもとづき課徴金納付命令を発したが、Xの請求により審判手続が開始され、平成8年8月6日X_1に対して4109万円、X_2に対して9211万円、X_3に対して12736万円の課徴金を納付すべきことを命じる審決（以下、「本件審決」という。また、本件審決により納付を命じられた課徴金を「本件課徴金」という。）がなされた（公正取引委員会平成8年8月6日審判審決・判例時報1588号66頁）。本件は、これを不服としたXが本件審決の取消しを求めて提訴したものである。なお、X及びAは、本件カルテル行為について、平成5年12月14日に各々罰金400万円に処せられ、その後この刑事判決（以下、「本件刑事判決」という。）は確定している。また、国はXと締結した本件シール納入契約が無効であるとして、X_1に対して3億414万円余、X_2に対して8億5474万円、X_3に対して3億6383万円余を不当利得したとして、各返還を求める訴訟（以下、「本件不当利得返還請求訴訟」という。）を提起している。この訴訟は、本判決時、東京地裁に係属中であった。

 本件訴訟において、Xは、(1)本件カルテル行為について刑事罰が確定し、かつ不当利得返還請求訴訟が提起されている状況下で、本件課徴金の納付を命じる本件審決は、二重処罰を禁止する憲法39条に違反し、憲法29条、憲法31条の規定の趣旨にも反する、(2)本件不当利得返還請求訴訟において国の主張どおり本件シール給付契約が無効であるとすると、本件課徴金賦課の基礎となる「売上額」が存在しないこととなる、(3)本件課徴金の算出基礎に消費税相当額を算入することは、独占禁止法7条の2第1項に違反する、(4)本件カルテル行為に参加したAを課徴金納付命令の対象から除外してなされた本件課徴金納付命令は違法である、(5)本件審決が私的独占法施行令5条の規定する「引渡基準」によらず、施行令6条の規定する「契約基準」を適用して課徴金の額を算出したのは違法である、と主張していた。

（判旨）(1)課徴金の賦課等と憲法39条（二重処罰の禁止）について

 ① 「課徴金は、カルテル行為の反社会性ないし反道徳性に着目し、これに対する制裁として、刑事訴訟手続によって科せられる刑事罰とは、その趣旨・目的、性質等を異にするものであるから、本件カルテル行為に関して、Xに対し刑事罰としての罰金を科すほか、さらにYにおいて、独占禁止法7条の2、54条の2等の規定に基づいて課徴金の納付を命ずるとしても、それが二重処罰

を禁止する憲法39条に違反することになるものではない」。

② 国の提起した本件不当利得返還請求訴訟は、未だ第一審裁判所においてなお審理中であり、現段階では、国が主張しているXに対する不当利得返還請求権の存否ないしその範囲自体が全く未確定の状況にあり、「本件カルテル行為についての罰金刑と不当利得返還請求及び課徴金による経済的不利益の三者併科の違憲性を問題にするXの右主張自体、あくまでも将来の可能性を想定した立論にすぎないのであって」、本件課徴金の賦課が憲法39条の規定に反するか否かの判断において、考慮すべきではない。

③ 「民法上の不当利得に関する制度は、……前示の課徴金制度とはその趣旨・目的を異にするものであり、両者がその法律要件と効果を異にするものであることはいうまでもないから、実質的観点からも、不当利得制度の下において返還を求められている利得の具体的な内容が、賦課される課徴金と同一の性質のものとして、重複する関係に立つとみるべきか否かは、これを一般的、抽象的に論ずることはできず、個別的、具体的な検討を加えたうえ、判断することを要する」「また、課徴金については、独占禁止法上、同法の定める要件を充足するカルテル行為に関し、Yにおいて、カルテルに参加した事業者に対し課徴金の納付を命ずるか否かにつき裁量判断を行う余地はなく……同法の定める算出基準にしたがって、一律に所定額の課徴金の納付を命ずることが義務づけられているのである」「本件においても、当然には、本件課徴金と国がXに対し返還を求めている不当利得金が実質的に重複する関係にあり、Xが同一の事実関係を原因として二重の経済的な不利益を課される結果にならないように両者の調整を要するものといえないことは明らかである」。

(2) 本件シール納入契約が無効であるとの主張と売上額の存在

「独占禁止法は、『売上額』の算定上の控除の要因を施行令5条1号ないし3号が掲げる控除、返品、割戻に限定し、かつそれらはカルテル行為の実行期間中になされたものであることを要するとしていることは明らかである。……本件シール納入契約が無効であるとしても……本件カルテルの実行期間中に国の無効の主張に関連した本件シール納入契約に定められた対価の額の控除も、返品もされていないのであるから、……『売上額』の算定に何らの影響を及ぼすものでないことは明らかである」。

(3) 「売上額」への消費税相当額の算入

3　課徴金算定における「売上額」と消費税の関係〔占部裕典〕

「Xと国との間の本件シール納入契約においては、販売価格のうちの消費税相当額は、その旨が契約書に明記されているのであり、Xの企業としての規模、組織等にかんがみれば、Xは、国から支払いを受けた本件シールの販売価格のうちの消費税相当額を、税抜経理方式により、仮受消費税として、売上額とは区別して経理処理したうえ、消費税法の関係規定にしたがって中間申告及び確定申告を行い、所定の消費税を国に納付したものと推認されるところである。…消費税相当額は、契約書の記載から外形的に、本件シールの実質的な対価部分と明瞭に区別ができるものであり、経理処理の形式上も、売上額には含まれておらず、これらに対応する所定の金額が消費税として納付されているものと推認されることによりすれば、右の消費税相当額が実質的にXの収益の一部を構成しているものともいい難いと思われる。そうであるとすれば……消費税相当額をもって、本件カルテル行為によるXの現実の『不当な経済的利得』とみることができるかは疑問である……。したがって前示の課徴金制度の趣旨・目的に照らせば、Xが本件シール納入契約に基づいて国から支払いを受けた消費税相当額が、施行令6条の『契約により定められた対価の額』に含まれるものとして、課徴金の額を算出することの相当性については疑問が残るところである」。

「しかしながら、……Yが主張するように、一般に、商品の販売の対価とは商品の販売価格を指すものということができるばかりでなく、Xが本件シール納入契約に基づいて国から支払いを受けた消費税相当額は、直ちに国に消費税として納付されるわけではなく、法定の納付期限が到来するまではXのもとに留保されている仕組みであること、加えて、前示のように、そもそも、独占禁止法自体が、課徴金によって剥奪しようとする事業者の不当な経済的利得の把握の方法として、具体的なカルテル行為による現実の経済的な利得そのものとは切り離し、一律かつ画一的に算定する売上額に一定の比率を乗じて算出された金額を、観念的に、剥奪すべき事業者の不当な経済的利得と擬制する立場をとっていること等の諸点を考慮すると、Yが、本件審決において、Xに対し納付を命じた課徴金の額を算出するに当たり、Xが本件シール納入契約に基づいて国から支払いを受けた消費税相当額を『契約により定められた対価の額』（施行令6条）に算入したことの相当性については疑問を払拭しえないとはいえ、右の取扱いが直ちに独占禁止法7条の2、施行令6条に違反するものとまでは

未だ断定することができないというほかはない」。

(4) 課徴金納付命令の対象除外と本件課徴金納付命令の違法性

Xの主張は、「自己の法律上の利益に関係のない違法を理由として取消しを求めることができない旨を定める行政事件訴訟法10条1項の趣旨に照らし、相当なものであるかどうか疑義がある」のみならず、本件審決の適否は独占禁止法7条の2、54条の2等の関係規定に適合するかにより決せられるのであるから、Aが本件カルテル行為に参加した一員であるにもかかわらず課徴金納付の対象から除外することは違法であるとのXの主張は、主張自体として失当である。さらに、YとAとの間に本件シールの納入契約もなく、Aに「当該商品」の売上額がないことから、Aに課徴金を賦課すべき理由もない。

(5) 契約基準の適用要件

独占禁止法施行令6条が、売上額の算定につき、独占禁止法施行令5条が規定する原則としての引渡基準によらず、契約基準によることができるのは、「『著しい差異が生ずる事情がある』かどうかの判断は、施行令5条の定める引渡基準による場合の対価の合計額と契約により定められた対価の合計額との間に著しい差異が生ずる蓋然性が類型的ないし定性的に認められるかどうかを判断して決すれば足りるものと解する」。本件においては、「社会保険庁からの本件シールの発注額は時期ごとに均一ではなく、また、契約締結から本件シールの納入期限までの期間も、大部分は2か月半以上のものであ（る）」ことなどから、引渡基準では本件カルテルにもとづく事業活動を反映しない部分が大きくなる可能性が定性的外形的に認められる。よって、Yの判断が独占禁止法施行令6条に反する違法なものと断ずることはできない。

2 東京高裁平成18年2月24判決

東京高裁平成9年6月6日判決以後も同様の審判審決が続くが、東京高裁平成18年2月24判決はさらに東京高裁平成9年6月6日判決を押し進めたものとして留意をすべき判決であるといえよう。本件における争点も多岐にわたるが、ここでは課徴金の算定についてのみみていくことにする。

（事実）原告X_1は、石油類及びその副産物の製造・加工・売買及び輸出等を営む株式会社である。被告公正取引委員会（Y）は、X_1、A、B、C、D、E（なお、この6社を「X_1ら6社」という。）並びにF、G、H、I、J、K

3 課徴金算定における「売上額」と消費税の関係〔占部裕典〕

(以下、この6社とX_1ら6社と併せて「X_1ら12社」という。)が、共同して、防衛庁調達実施本部(以下、「調達実施本部」という。)が指名競争入札の方法により発注する陸上自衛隊、海上自衛隊及び航空自衛隊の基地等において消費される、自動車ガソリン、灯油、軽油(一般用及び艦船用)、A重油及び航空タービン燃料(以下、「本件石油製品」という。)について、遅くとも平成7年4月以降物件ごとに受注予定者を決定し、同予定者が受注できるようにすることにより、公共の利益に反して、調達実施本部発注に係る本件石油製品の油種ごとの取引分野における競争を実質的に制限していたものであり、かかる行為(以下、「本件違反行為」という。)は独占禁止法2条6項所定の不当な取引制限に該当し、独占禁止法3条に違反するとして、X_1ら12社(なお、X_1ら12社のうち1社は合併により解散した。)に対し、独占禁止法48条2項に基づき、勧告を行った。そこで、Yは、平成12年11月27日、勧告を応諾したX_1を含む8社に対し、独占禁止法48条の2第1項に基づき、課徴金の納付を命じたところ、X_1ら6社により審判手続開始の請求があったため、平成13年2月5日、独占禁止法49条2項に基づき、審判手続の開始を決定し、同手続で審理した結果、平成17年2月22日、X_1に対しては、5億527万円の課徴金を納付することを命じる審決(以下、「本件審決」という。)を行った。X_1は、独占禁止法3条違反の行為(不当な取引制限)の行為について、YからX_1に対してされた課徴金納付を命じる審決に対し、主位的には、課徴金納付義務の不存在を理由に全部取消しを求め、予備的には、仮に課徴金納付義務があるとしても、課徴金額の算定が憲法その他の法令に違反するとして、同審決により納付を命じた課徴金額のうち、7711万円を超えて課徴金の納付を命じた部分の取消しを求めて訴訟に及んだ。

X_1は、売上額に消費税及び石油諸税相当額が含まれるかについて(1)消費税及び石油諸税相当額は、売主が国に支払うべきこれらの租税を買主に転嫁するために製品を買主に販売する際にその対価に上乗せするにすぎないものであって、その性質は一種の預り金であり、そもそも売主の営業利益の源泉になるものではない。したがって、このような租税相当額が製品の対価の一部でないことは明瞭であり、社会的及び商慣習上の常識である。消費税法の法文上も、「対価」とは「課税資産の譲渡等につき課されるべき消費税額及び地方消費税額に相当する額を含まないものとする」と定義している(消費税法28条1項本文)、(2)企業会計上も消費税は売上と区別して仮受消費税等の勘定とされてい

る、(3)売上額に租税相当額を含めない点については、比較法的見地からも肯定される、と主張し、したがって、租税相当額分に対しても課徴金を課す被告の判断は、独占禁止法7条の2第1項、同法施行令にいう「対価の額」(独占禁止法施行令5条又は6条)の解釈を誤った違法があるだけでなく、違法な利得でないもの(そもそも利得になり得ないもの)を課徴金として没収することになるから、財産権を保障した憲法29条に違反し、また、実質上制裁金に相当するから、二重処罰となり憲法39条にも違反すると主張していた。

　(判旨)「課徴金の額の算出の基礎としての売上額の算出について、法施行令5条が原則として『引渡基準』によるべきことを定めているのに対し、法施行令6条において例外としての『契約基準』が設けられた趣旨は、法違反行為が実行期間において受注する商品等のみに係る場合においては、受注から引渡し等までに長時間を要するのが通常であるので、引渡基準に従って実行期間内に引き渡した商品等の対価の額を合計する方法で売上額を算定すると、実行期間前に契約がされた法違反行為に基づかないものであっても、実行期間内に引き渡した商品等である限り、その対価の額が売上額に含まれることになり、また、逆に、実行期間中に法違反行為の実行として契約したものであっても、実行期間後に引き渡されれば、その対価の額は売上額から除かれることになり、実行期間中の法違反行為に基づく事業活動の結果が反映されないことが生じ得るので、このような事態を避け、法違反行為の実行としての事業活動による不当利得が適正に反映するように、契約基準によって売上額を算定することとしたものである。

　このような法施行令6条が設けられた趣旨や、この契約基準によるべき場合は、『著しい差異があるとき』ではなく、『著しい差異を生ずる事情があると認められるとき』であるとしている同条の規定の文言、規定の仕方に照らせば、同条にいう『著しい差異が生ずる事情がある』かどうかの判断は、法施行令5条の定める引渡基準によった場合の対価の合計額と契約により定められた対価の額の合計額との間に著しい差異が生ずる蓋然性が類型的又は定性的に認められるかどうかを判断して決すれば足りるものと解せられる。しかも、原則としての引渡基準、例外としての契約基準といっても、いずれも政令に委ねられた売上額の算定に関する専門技術的な性質を有する基準であって、しかも、法施行令6条が規定する『著しい差異を生ずる事情があると認められるとき』とい

う文言やその点についての上記解釈の内容自体が一義的に明確な内容のものということはできないから、法施行令6条の適用の可否の判断については、行政委員会であるYに一定の範囲で裁量判断の余地があることは否定し得ないものと解される。したがって、審決取消訴訟における司法審査においては、上記被告の専門技術的判断がその裁量権の範囲を超え又は濫用にわたるものと認められない限り、これを違法とすることはできないというべきである。

そこで、これを本件についてみるに、本件審決は、以下に摘示する証拠（証拠の提示のないものは争いがない事実）に基づき次の事実を認定しているところ、同証拠によればこれを合理的な事実認定と認めることができる。」

「（消費税及び石油諸税を売上額から控除すべきかについて）法7条の2第1項は、課徴金算定の基礎となる『売上額』について定義を規定しておらず、法施行令5条は、同項の『売上額』から控除される対象にこれらの消費税及び石油諸税（揮発油税、地方道路税、石油税及び原油関税。ただし、軽油引取税を除く。）相当額を明示していない。そうすると、法7条の2第1項所定の『売上額』の中に上記消費税及び石油諸税が含まれるかどうかが解釈上問題となる。

そこで検討するに、一般に商品の『対価』とは商品の『販売価格』を指すものということができる。消費税については、消費税法が、商品の販売等の資産の譲渡については、当該商品を販売する事業者等の資産の譲渡を行った事業者を消費税の納税義務者としており、商品の購入者等の資産の譲受人は消費税相当額を経済的に転嫁されて負担する立場にとどまり、法律的には納税者ではない。商品の購入者が支払う消費税相当額は、商品本体等の代金額の金員と同一の法的性質を有する金員として一体的に事業者に支払われ、事業者が、消費者から受領した金員の中から自らの義務として消費税を納付することが予定されている。したがって、消費税相当額は、法的性質上、商品の『販売価格』の一部であり、法施行令6条にいう『商品の対価』に含まれていると解される。また、上記石油諸税の納税義務者は、揮発油税及び地方道路税が揮発油の製造者、原油関税が原油を輸入する者、石油税が原油若しくは石油製品又はガス状炭化水素を保税地域から引き取る者とされており、これらの税が課される製品の購入者は、消費税同様に納税義務者が支払った税金を経済的に転嫁されて負担する立場にとどまり、これらの税金については、販売に際して授受される代金額にその内訳として明示されることも一般的にはなく、当該製品の価額の一部を

構成するものとして社会的に認識されている。企業会計上も売上高及び売上原価双方の中に含めて処理されている（財務諸表規則取扱要領152条）。また、消費税基本通達10－1－11は、消費税の課税標準となる課税資産の譲渡等の対価の額には、酒税等と並び揮発油税、石油税、石油ガス税等が含まれるとしているが、これは上記社会認識と会計慣行を前提としていると考えられる。そうすると、消費税や上記石油諸税は、社会通念上も法律上も、商品の『対価』の一部に含まれると解するのが相当である。加えて、これらの税金は経営的、経済的に原材料等の費用と同様の機能を果たしており、これらの費用が「売上高」に含まれていることは明らかであることからもこの点は肯定される。その上、上記のとおり、法施行令5条が租税相当額を法7条の2第1項所定の売上額から控除される項目として列挙していないことも上記解釈を裏付けるものである。

　もっとも、これらの税金相当額は、X_1の営業利益の源泉とはならず、したがって本件違反行為に係る利得にはなり得ず、課徴金制度が法違反を行った事業者から不当な経済的利得の剥奪を目的とするものである以上、これらの税金相当額についても課徴金を課することになる上記解釈の合理性が問題となり、X_1もその不当性を主張している。

　しかしながら、法自体が、課徴金によって剥奪しようとする事業者の不当な経済的利得の把握の方法として、具体的な法違反行為による現実的な経済的利得そのものとは切り離し、一律かつ画一的に算定する売上額に一定の比率を乗じて算出された金額を観念的に剥奪すべき事業者の経済的利得と擬制する立場をとり、もって簡明かつ迅速な処理を指向する課徴金制度の基本的姿勢に立っている上に、各種各様に存在し今後も経済情勢の推移に応じて刻々変化する諸税金について、その一つ一つの税額を算定し、これを売上額の中から控除することは実務上極めて困難であり、これを求めることは上記基本的姿勢を踏まえれば課徴金制度の実効性を著しく減殺することになることからすれば、上記諸税金を売上金額の中から控除すべき合理性は認めることができない。

　X_1は、その他、消費税法28条1項の『対価』の点を主張するが、その定義は同条1項及び2項において妥当するところ、これが当然にはその他の法律における『対価』の意義を確定させる根拠とはなり得ず、また、比較法的見地をいう点についても、各国・各地域の法制度がそれぞれ固有の経済・社会・文化的背景を背景として、固有の規制目的を達成するために制定・施行されている

3 課徴金算定における「売上額」と消費税の関係〔占部裕典〕

ことを勘案すれば、他国での課徴金の算定の仕方や運用が我が国にそのまま妥当するものとはいえないのであるから、その点を直ちに本件解釈の根拠にすることはできないというべきである。したがって、X_1のこれらの主張も理由がない。

　X_1は、更に、上記諸税相当分に対して課徴金を課すことは、違法な利得でないものを課徴金として没収することになるから、財産権の保障を定めた憲法29条に違反し、また実質上制裁金に相当するから、憲法39条の二重処罰にも違反する旨主張する。しかしながら、法違反事業者の不当な経済的利得とはいい難い租税相当額についても法7条の2第1項所定の『売上額』の中から控除しない取扱いについては、上記のとおり、課徴金制度の趣旨を踏まえた実効性を図る観点からの行政上の合理性に基づくものであり、これは立法裁量の範囲内の問題として是認される。そうすると、憲法29条に違反する余地はなく、また、課徴金制度が刑事罰とは趣旨・目的・性格を異にする以上、二重処罰の禁止を定めた憲法39条に違反するものでないことも明らかである。したがって、この点に関するX_1の主張も理由がなく、採用することはできない。」

　なお、上記事案に係る公正取引委員会平成17年2月22日審判審決（審決集51巻292頁）〔防衛庁発注石油製品談合課徴金事件〕は、消費税については、売上額に含まれるものの、揮発油税等は売上額に含まれないものとして、Yの主張をそのまま支持していたところである。

「独占禁止法7条の2第1項は、課徴金の算定の基礎となる売上額について、政令で定める方法により算定するものとしており、施行令6条はこの方法について実行期間において締結した商品の販売又は役務の提供に係る契約により定められた対価の額を合計する方法とする旨規定している。一般に商品の『対価』とは商品の『販売価格』を指すと考えられるところ、消費税法は、商品の販売等の資産の譲渡義務者としており、商品の購入者等の資産の譲渡を行った事業者を消費税の納税義務者としており、商品の購入者等の資産の譲受人は消費税相当額を経済的に転嫁されて負担する立場にとどまり法律的には納税義務者ではない。」

「（揮発油税、地方道路税、石油税及び原油関税）の税の納税義務者は、揮発油税及び地方道路税が揮発油の製造者、原油関税が原油を輸入する者、石油税が

第1編　国内税法

原油若しくは石油製品又はガス状炭化水素を保税地域から引き取る者とされており、これらの税が課される製品の購入者は、消費税同様に納税義務者が支払った税金を経済的に転嫁されて負担する立場にとどまり法律的には納税義務者ではない。そして、これらの税金については、販売に際して授受される代金額にその内訳として明示されることも一般的にはなく当該製品の価額の一部を構成するものと社会的に認識され、企業会計上も売上高及び売上原価双方の中に含めて処理されている（財務諸表規則取扱要領第152条参照）。消費税法基本通達10－1－11は、消費税の課税標準となる課税資産の譲渡等の対価の額には、酒税等と並び揮発油税、石油税、石油ガス税等が含まれるとしているが、これは以上のような社会的な認識と会計慣行を前提とするものと考えられる。……これらの税を転売先に転嫁させることによって被審人らが利得を得ていないことは事実であるが、消費税の場合と同様に、そのことによってこれらの税が課徴金算定の基礎となる売上額に含まれないということはできない。」

「軽油引取税は、道路に関する費用に充てること等を目的とする地方税であり、地方税法において、特約業者又は元売業者から『軽油の引取りを行う者』が納税義務者、特約業者又は元売業者が特別徴収義務者とされ、元売業者は、特別徴収義務者として、納税義務者である販売先から軽油の対価とともに軽油引取税の支払いを受け、これに代わって当該軽油引取税を申告納付するものである。……軽油引取税相当額は、軽油の販売代金と同時に授受されてはいるが、販売代金部分とは法的性質をことにした金員であり、契約上もこれに従った処理が行われているのであるから、商品の対価に含まれず、よって、課徴金の算定の基礎となる売上額に含まれないと解するのが相当である。」

「沖縄県石油価格調整税の返納金については、……実質的には、平成9年度における航空タービン燃料の対価の額の変更であるから、変更による売上額の減額分に相当する返納額は、課徴金の算定の基礎となる売上額から除くことが相当である。」

「売上額」への消費税相当額の算入については、つまるところ次のような立場を公取委実務は採用しているところである。公正取引委員会平成17年2月22日審判審決と東京高裁平成18年2月24日判決における判断はほぼ同一であると解される。

(1) 消費税法が、商品の販売等の資産の譲渡については、当該商品を販売する事業者等である資産の譲渡を行った事業者を消費税の納税義務者としており、商品の購入者等である資産の譲受人は消費税相当額を経済的に転嫁されて負担する立場にとどまり、法律的には納税者ではない。

(2) 商品の購入者が支払う消費税相当額は、商品本体等の代金額の金員と同一の法的性質を有する金員として一体的に事業者に支払われ、事業者が、消費者から受領した金員の中から自らの義務として消費税を納付することが予定されている。

(3) 石油諸税の納税義務者（揮発油税及び地方道路税が揮発油の製造者、原油関税が原油を輸入する者、石油税が原油若しくは石油製品又はガス状炭化水素を保税地域から引き取る者）についても、これらの税が課される製品の購入者は消費税同様に納税義務者が支払った税金を経済的に転嫁されて負担する立場にとどまるにすぎない。

(4) これらの税については、販売に際して授受される代金額にその内訳として明示されることも一般的にはなく、当該製品の価額の一部を構成するものとして社会的に認識されている。

(5) 消費税法基本通達10-1-11（旧消費税法取扱通達10-1-10）は、消費税の課税標準となる課税資産の譲渡等の対価の額には、酒税等と並び揮発油税、石油税、石油ガス税等が含まれるとしている。

Ⅲ 売上額と消費税等の関係

1 東京高裁平成9年6月6日判決への疑問

東京高裁平成9年6月6日判決における、とりわけ主要な争点は、① 「売上額」への消費税相当額の算入、② 課徴金の賦課と二重処罰を禁じる憲法39条等との関係、であると考えられる。①と②の争点は深く関連する問題である。以下、これらの2点を中心に検討を加える[7]。

---

(7) 本判決の解説・批評として、植村吉輝・ジュリスト1178号96頁（2000）、占部裕典・判例評論476号（判例時報1646号）196頁（1998）、地頭所五男・平成9年度重要判例解説〔ジュリスト臨時増刊1135〕236頁（1998）がある。なお、上告審・最高裁平成10年10月13日判決（判時1662号83頁、判タ991号107頁）の解説等については、田口直樹・平成11年度主要民事判例解説〔判例タイムズ臨時増刊1036〕338頁（2000）、来生新・民商法雑誌121巻4・5号174頁（2000）、鈴木靖宏・関東学院法学10巻3・4号215

第1編　国内税法

(1)　「売上額」への消費税相当額算入について

(a)　消費税の会計処理方式

　企業会計において、消費税の処理は、税抜き方式（税抜経理方式・切放し方式）と税込み方式（税込経理方式）と呼ばれる会計処理方式が採られている。消費税は、多段階非累積型で最終的には消費者が負担することが予定されている税であり、各取引段階で納付された消費税は販売価格に上乗せされて、逐次転嫁されるもので（前段階税額控除方式）一種の経過勘定的な性格を有している。税制改革法11条1項は、「適正に転嫁するものとする」と抽象的に述べているにすぎず、消費税法上、明文で事業者に完全な転嫁を義務づけているわけではないが、消費税の法的構造は転嫁を前提としているといわざるを得ない[8]。よって、この経過勘定的性格を仮勘定として処理する方法と、さらに従来の間接税と同様に取引金額の中に含めて会計処理を行う方法とがある[9]。税抜き方式において、消費税は損益計算書を通さずに、貸借対照表科目で処理するものである。これに対して、税込み方式は本来の取引金額に含めて処理する方法で、消費税が売上高、仕入高に含まれるので当然損益に関係してくる。両者いずれの方法を採ろうと原則的には所得金額の計算には影響を及ぼさないが、売上額は税込み方式による方が消費税額分だけ大きくなる[10]。

　仮に税込み方式により算定していたとしても、最終的には仕入れ税額との差額（消費税の額）を納付することにより、損金として算入されることから、原則的には利益は生ずることはない（ただし、消費税額が算入されるのは、申告期

　　　頁（2001）、和田健夫・判例評論488号（判例時報1682号）185頁（1999）等参照。
（8）　柴田忠監修・大蔵省主税局税制第二課編『消費税の理論と計算』2頁（1992・中央経済社）。独占禁止法と消費税の転嫁の詳細については、大蔵省主税局税制二課『消費税のすべて』327頁以下（1989・大蔵省印刷局）参照。
（9）　「消費税の会計処理について」日本公認会計士協会、「消費税法の施行に伴う法人税の取扱いについて」（直21平成元年3月1日）、「消費税法の施行に伴う所得税の取扱いについて」（直3―8ほか1課共同平成元年3月29日）等参照。消費税の会計処理については、とりあえず、TKC税務研究所編『二次改定　詳解消費税』第12章（1989・第一法規）、岩下忠吾『総説　消費税法（改訂版）』483頁以下（2006・財経詳報社）参照。
（10）　TKC税務研究所編・前掲書358頁参照。わが国においては、原則として税抜経理方式によるべきと解されているにもかかわらず、消費税の導入にあたってわが国において消費税が初めての経験であること、帳簿処理により税額計算をさせることなどの理由により税込経理方式も認めることとしているのである。岩下・前掲書483頁以下参照。

3 課徴金算定における「売上額」と消費税の関係〔占部裕典〕

限が到来し、納付すべき税額が確定したときであり、期末の決算期には損金確定の要件を満たしていない。消費税の額を納付することにより所得金額の調整が行われるのが翌期にずれることになる。しかし、実務においては、法人税について、税込経理をしている場合であっても、未払消費税額として損金経理をしている場合には、これを認めるという取扱い(国税庁通達平成元年3月1日付け直法2-1の7)をしており、結果的には差が生じないこととなる。このような取扱は個人事業者についても同様に認められている(国税庁通達平成元年3月29日付け直所3-8の7)。)[11]。このようにみてくるならば、本判決の述べるように「消費税相当額が実質的に原告らの収益の一部を構成しているものとはいいがたい」との判断に異論はない。

本件において、Xは形式的にも税抜経理方式により売上額に含まれておらず、契約上も実質的な対価部分と明瞭に区別ができるにもかかわらず、本判決は、① 商品の販売の対価とは商品の販売価格を指すものということができるばかりでなく、② 国から支払いを受けた消費税額は直ちに消費税として納付されるわけではなく、納付期限まではXらの許に留保されており、また③ 独占禁止法自体が課徴金により剥奪しようとする事業所の不当な利得は、具体的なカルテル行為による現実的利得そのものとは切り放し、一律かつ画一的に算定する売上額に一定の比率を乗じて算出された金額を、観念的に剥奪すべき不当な経済的な利得と擬制している、などをその理由として、Yの判断を支持している。しかし、①②について、判決の理由とするところは必ずしも明確ではなく、なお疑問である。

消費税法自体において売上とは「課税期間中に引き渡した財貨及び貸付け並びに提供したサービス(又は財貨の輸入)の対価の額」(消費税法2条1項8号・28条参照)とされており、独占禁止法とおおむね同じ規定である。消費税法基本通達10-1-11は、個別消費税のうち、利用者等が納税義務者となっている軽油引取税、ゴルフ場利用税、特別地方消費税及び入湯税について、明確に相当する金額について区分されている場合には、「対価の額」に含まれないと規定する。また、企業会計における売上においては、取引金額に含まれている

---

(11) TKC税務研究所編・前掲書362頁、岩下・前掲書487頁、492頁等参照。

「個別消費税」も含まれるが、消費税の額は一般には含まれていないと解されている[12]。消費税は最終的に消費者に転嫁すべきものと考えられているが、単段階直接個別消費税であるゴルフ場利用税等と違い、消費税法は納税義務者である事業者と消費税の転嫁を受ける事業者又は消費者との間に実体法上の法律関係（納税義務）を直接規定していない（消費税の納税者が消費者であると直接消費税法に明記はされていない。これを明記せずに、これを実現するために多段階型一般消費税・付加価値税を採用するのが法制度的には一般的である。）が、価額に消費税を上乗せすることによって最終的に消費者に負担させるように仕向けており[13]、多段階型一般消費税を採用している消費税法の構造からして、消費税の負担者が明記されていなくとも消費税の転嫁が予定されていることをもって足りるであろう[14]。本件の場合、税抜き方式で消費税額が明確に区分されていることから、十分であろう。

また、②については、なぜ留保されていれば売上額に含められるのか不明である（課徴金算定の前提となる実行期間と消費税の事業年度とのずれを念頭においているものとも考えられるが、少なくとも税込み方式においても消費税を本質的には預り金と解している。消費税の「運用益」の問題については改正が進められてきている（消費税法第4章参照））。さらに、③については、消費税を観念的に剥奪すべき不当な経済的な利得と擬制していることは確かであるが、本件のように不当な経済的な利得といえないものまで擬制を及ぼすことは問題であろう。また、一般的にいって、カルテルに参加する事業者が消費税相当額を引っ被ることは通常考えにくいであろう。このような方式により計算される金額は、ある

---

(12)　TKC税務研究所編・前掲書368頁参照。
(13)　山田二郎「消費税をめぐる若干の問題」成田頼明ほか編『行政法の諸問題（上）654頁以下（1989・有斐閣）参照。その他、吉良実「消費税の転嫁」484号8頁以下（1991）は、税制改革法11条の「消費正に転嫁するものとする」というのは「転嫁することができる」任意規定とは異なり、それは「転嫁すべきである」という規定に近い、一種の義務規定と解すべきであると述べる。その他、占部裕典「消費税法における仕入税額控除の適用要件」総合税制研究6号39頁以下（1997）参照。
(14)　消費税の転嫁に係る公正取引委員会事務局『「消費税の転嫁と独占禁止法」についての手引き』（1989・大蔵省印刷局）参照。川越憲治「適正な転嫁と独占禁止法・下請法」税務弘報37巻7号16頁以下（1989）もあわせて参照。大阪地裁平成5年3月2日判決・税資194号591頁、大阪高裁平成6年12月13日判決・税資206号679頁は、消費税法が転嫁を義務づけていないと判示する。

3 課徴金算定における「売上額」と消費税の関係〔占部裕典〕

程度の擬制をはたらかせる必要があるとしても、カルテルによる利得を一応は反映させている必要があろう。消費税額は本件カルテル行為に起因して生じたものであるが、消費税額はそもそも観念的に剥奪すべき不当な経済的な利得には相当しないといえよう。

　よって、これらの理由には疑問が残る。本判決は、対価の額に消費税相当額を含めることに疑問を呈するが、そうであれば「疑わしきは国庫の不利益に」解釈すべきであり、また課徴金算定においても課税要件明確主義に準じた取扱いがなされるべきである(15)。

　なお、法人税法の売上額も独占禁止法と同様に企業会計原則によることから、税抜き方式と税込み方式いずれの方式も一般に公正妥当と認められる会計処理の基準に従ったものということができ（法人税法22条4項参照）、本件においても参考になろう。税抜き方式と税込み方式とは納付すべき（又は還付を受けるべき）消費税額の計算方式ではなく、会計方式であることから、いずれの方式によるにせよ、納付すべき（又は還付を受けるべき）消費税額に相違が生ずることはないが、企業利益（よって、法人税の課税所得金額）は、いずれの方式を採るかによって相違が生ずることがある（ただし、当該事業年度のみでなく、長期的にみれば全体として変わらないともいえよう。）。「資産の購入の代価」に消費税相当額を含むか否かが争点となった法人税法事件において、「消費税を取引の対価に含める会計処理の方法による経理をしていた場合には、当該減価償却資産の購入の際に支払う金額のうちの消費税相当額も、購入の対価と区別せずに、これに含めた経理処理をすることになるから、同号の『当該資産の購入の代価』は消費税相当額を含む価額をいうものと解すべきである」と判示している（静岡地裁平成7年10月13日判決・行裁例集46巻10・11号903頁）。このような論理からいえば、本件のように逆に税抜き方式を採用している場合においては、対価に消費税額が含まれないことになる。しかし、このような法人税法上の取扱いが独占禁止法における課徴金制度のもとで採れるであろうか。同じカルテルにより事業活動を行ったものが、その事業者の会計処理により課徴金算定方式を異にするのは不合理であろう。継続的な事業活動を背景とする企業課税とは、この点についてはパラレルに解することはできないであろう。

---

(15)　清永敬次『税法（第7版）』38頁（2007・ミネルヴァ書房）参照。

第1編　国内税法

(b) 取引が無効又は取消しとなった場合の「資産の譲渡等」

Xは、国が本件カルテル行為を理由として本件シール納入契約の無効を主張し、他方では本件シール納入契約を有効として課徴金を賦課するのは明らかに自己矛盾であると主張するが、本件課徴金の額は、本件シールの納入契約の有効・無効にかかわらず、独占禁止法7条の2ではその経済的な成果にもとづいて課徴金を賦課することを予定しており、判旨②にこの点では異論はないといえよう(16)。

しかし、このことは、売上額に消費税相当額が算入されるかという問題にも当然に妥当するものではない。契約の無効又は取消しという効力の不発生（結果的には対価性の欠如により課税（客体）要件を充足しない。）が消費税にどのような影響を及ぼすかは、特別な規定がない以上、まず消費税法の解釈によることとなる。

そこで、消費税の課税客体たる「資産の譲渡等」（消費税法4条、2条1項8号。資産の譲渡とは、「事業として対価を得て行われる資産の譲渡及び貸付け並びに役務の提供」である（消費税法2条1項8号）。）の原因たる私法行為に瑕疵があった場合、それは課税関係にどのような影響を及ぼすであろうか。消費税法において、そもそも譲渡が無効及び取り消された場合の取扱いについて、消費税の課税要件を充足しないと解すれば課税は行われないこととなり（消費税額は当然に還付される。）、それをも独占禁止法7条の2にもとづいて消費税額を売上額に含めることはできないであろう。課税の対象が私法上の行為それ自体である場合や私法上の行為の法的効果である場合には課税対象たる私法上の行為が無効であれば、消費税の課税要件は最初から充足されず、またそれが取消しうる瑕疵があったために取り消された場合には遡って消費税の課税要件は充足されなかったことになる(17)。この点について、実務は、課税資産の譲渡等

(16) 中山武憲「独占禁止法における課徴金規定の解釈上の諸問題」企業法研究2号56頁以下（1990）は、課徴金制度はカルテルによる不当利得を徴収しようとするものであることから、取引先の倒産により代金が回収できない場合には、不当利得の発生する余地はないので、実務上常識にそった処理をすることも止むを得ないものと思われるとされる。最終的に不当利得が存しない場合については実務上なんらかの対応が必要であることを示唆している。なお、独占禁止法違反行為の私法上の効果については、服部育生「独占禁止法の私法上の効力」独禁法審決・判例百選（第4版）250頁（1991）等参照。
(17) 金子宏『租税法　第12版』104頁以下（2007・弘文堂）参照。

を行った後に、その課税資産の譲渡等が無効であることが判明した場合あるいは取り消された場合においては、その課税資産等の譲渡の課税年度に当該行為が無効あるいは取り消された場合には、その課税資産の譲渡等はなかったものとして取り扱うとしている（消費税法基本通達14－1－11。旧消費税法取扱通達11－5－6）。しかし、その課税資産等の譲渡が譲渡の課税年度後に当該行為が無効あるいは取り消された場合には、その課税年度においてその課税資産の譲渡等はなかったものとして取り扱うとしている（売上に係る対価の返還として取り扱う（消費税法基本通達14－1－11。旧消費税法取扱通達11－5－6））。消費税法は、課税標準の算定にあたり費用収益対応原則が採られていないことから、売上に係る対価の返還等の規定を準用しているものと解される。通達は、現実に返還されたときとしていないことから、消費税法は所得税とは違って経済的な成果に課税されうる税であると解していないようにも解される[18]。よって、独占禁止法7条の2によって仮に対価の額に消費税相当額が含まれると解するならば、独占禁止法が消費税法の課税要件規定を侵害することとなる以上、消費税額を結果的に売上額に含めることは許されないものと解されよう（なお、仮に経済的な成果の発生に着目して課せられる税であるとすると、後日当該行為が無効あるいは取り消された場合に、その課税資産の譲渡等はなかったものとして対価の額が返還された場合にはその法的効果は遡ることなく、対価の返還等が行なわれた課税年度の課税関係に影響を及ぼすことになる。税抜き方式、税込み方式を問わず、そもそも対価の額に消費税相当額が含まれるとの立場からは、独占禁止法7条の2により、後日の法的な効果いかんにかかわらず課税が可能であることから、消費税額を対価の額に含めることは可能であるようにみえる。しかし、この場合においても独占禁止法と消費税法との優劣関係がなお問題として残る。）。

(c) 契約基準に基づく売上額の算定と消費税

売上額の算定は、原則として引渡基準において算定されるが、本件のように契約基準により算定した場合、契約基準に基づく売上額に係る消費税は、消費税の納税義務の成立時期が「課税資産の譲渡等をした時」（国税通則法15条2項6号）であることから、独占禁止法施行令6条は発生していない消費税をも売上額に含めることをも許容する規定となる（消費税法基本通達9－1－1、9－

---

[18] ただし、反対説として、清永・前掲書52頁参照。

第1編　国内税法

1－2、旧消費税法取扱通達9－1－1、9－1－2等参照）。このように解するならば、国税通則法の規定を無視し、独占禁止法等の規定により成立していない消費税額を売上額に含めて課徴金の対象とすることになり、疑問がある。上述したような点（企業会計における消費税の会計処理方法の尊重、売上額に消費税相当額を算入すると解した場合の現行規定の不合理）を考慮すると、独占禁止法7条の2はそもそも「対価の額」（売上額）に消費税相当額を算入することを予定していないといえよう。「対価の額」に間接税が算入されるか否かについては明文規定をおくことが望まれる。

(d)　比較法視点からの売上額

EU加盟国においては、我が国と比較的類似した付加価値税が採用されている。ただし、EUは付加価値税においてインボイス方式を採用しており、わが国のような仕入帳簿・伝票方式を採用しない（消費税法30条7項参照）。欧州共同体（EC）条約（ローマ条約）81条、82条、理事会規則2004年第139号（Council Regulation (EC) No.139/2004 of 20 January 2004 on the control of concentrations between undertakings、合併規制規則）は、EU競争法の根拠法であり、これらの規定は全加盟国において事業者に対して直接適用される。欧州委員会は、たとえば同条約82条違反（市場支配的地位の濫用）に対し、総売上額の10％まで制裁金（fine）を課すことができる（Council Regulation (EC) No 1/2003 of 16 December 2002 on the implementation of the rules on competition laid down in Articles 81 and 82 of the Treaty Art. 23. 2.同条約81条違反（競争制限的協定等）に対しても同様である。）。同条約82条における市場支配的地位の濫用する事業者の行為（たとえば、不公正な価格又は取引条件等）に対して制裁金が課せられるが、その算定における「総売上額」の算定にあたり、「販売に係る付加価値税及び販売に直接関係する税」を控除することとしている（Guidelines on the method of setting fines imposed pursuant to Articles 23(2)(a) of Regulation No 1/2003（2006/C210/02）17参照）。また、合併規制規則も同様に、同規則5条にもとづいて計算した総売上額の10％を超えない範囲の制裁金を賦課することを認めている（Council Regulation Art. 14. 2）が、同規則の総売上額の算定において、付加価値税等の控除を認めている（Council Regulation Art. 5. 3(a)）。

この点について、東京高裁平成18年2月24日判決は、前述したように、この比較法的な検討について、「各国・各地域の法制度がそれぞれ固有の規制目的

を達成するために制定・施行されていることを勘案すれば、他国での課徴金の算定の仕方や運用がわが国にそのまま妥当するものとはいえない」は判示するところであるが、消費税法（付加価値税法）による課税関係を排除する規定を明文で独占禁止法におかない以上は、消費税（付加価値税）を採用する国のもとでは理論的に同様の結論が導き出されることとなる。よって、このような理由づけは採用することができない。付加価値税の本質からの結論である。

(e) 契約基準と消費税の関係

東京高裁平成9年6月6日判決は、契約基準に係る独占禁止法施行令6条の適用の可否は、一定の範囲でYに裁量判断を付与しているとしたうえで、Yのその専門技術的な判断がその裁量権の範囲を超え、濫用にならない限り、適法であると判示するが、課徴金の算定手続きにおいてはできる限り、憲法31条、84条等の規定の趣旨が尊重されるべきであることから、疑問が存する。また、判旨②において、同裁判所は、「本件シール納入契約が無効であるとしても……本件カルテルの実行期間中に国の無効の主張に関連した本件シール納入契約に定められた対価の額の控除も、返品もされていないのであるから、……「売上額」の算定に何らの影響を及ぼすものでないことは明らかである」と判示するが、判決の論理を推し進めると同法施行令6条はそもそも契約が無効で返品された場合についても、契約基準の適用を許容することとなるが、そもそも取引が成立しなかった場合についても、そのような適用の余地を残すことは返品等の処理とのバランスからの余地があろう。

課徴金の算定に係る現行規定は企業会計を考慮したとしてもなお明確性に欠けるところがあり、将来的には立法的な対応が求められよう。

2 東京高裁平成18年2月24日判決への疑問

消費税及び石油諸税を売上額から控除すべきかについて、独占禁止法7条の2第1項は、課徴金算定の基礎となる「売上額」について定義を規定しておらず、独占禁止法施行令5条は、同項の「売上額」から控除される対象にこれらの消費税及び石油諸税（揮発油税、地方道路税、石油税及び原油関税。ただし、軽油引取税を除く。）相当額を明示していないことから、「売上額」の中に上記消費税及び石油諸税が含まれるかどうかが解釈上問題となるとしたうえで、以下のように理由づけを行う。ここでの理由づけは、前掲・東京高裁平成9年6月

6日判決と異なる。

(1) 消費税法が、商品の販売等の資産の譲渡については、当該商品を販売する事業者等である資産の譲渡を行った事業者を消費税の納税義務者としており、商品の購入者等である資産の譲受人は消費税相当額を経済的に転嫁させられて負担する立場にとどまり、法律的には納税者ではない。商品の購入者が支払う消費税相当額は、商品本体等の代金額の金員と同一の法的性質を有する金員として一体的に事業者に支払われ、事業者が、消費者から受領した金員の中から自らの義務として消費税を納付することが予定されている。

(2) 石油諸税の納税義務者は、揮発油税及び地方道路税が揮発油の製造者、原油関税が原油を輸入する者、石油税が原油若しくは石油製品又はガス状炭化水素を保税地域から引き取る者とされており、これらの税が課される製品の購入者は、消費税同様に納税義務者が支払った税金を経済的に転嫁されて負担する立場にとどまり、これらの税金については、販売に際して授受される代金額にその内訳として明示されることも一般的にはなく、当該製品の価額の一部を構成するものとして社会的に認識されている。

ここでは、消費税法や石油諸税に係る税法においてそれらの税が経済的に転嫁することを予定されているのみで、法律的な転嫁が予定されていないことを理由としている。東京高裁平成9年6月6日判決が、消費税額相当額が消費税として納付されているものと推認されるとして消費税額相当額が「不当な経済的利得」とみることに疑問を呈していたのとは異なる。

(3) 企業会計上も売上高及び売上原価双方の中に含めて処理されている（財務諸表規則取扱要152条）。また、消費税法基本通達10－1－11は、消費税の課税標準となる課税資産の譲渡等の対価の額には、酒税等と並び揮発油税、石油税、石油ガス税等が含まれるとしているが、これは上記社会認識と会計慣行を前提としていると考えられる。そうすると、消費税や上記石油諸税は、社会通念上も法律上も、商品の「対価」の一部に含まれると解するのが相当である。

(4) これらの税金は経営的、経済的に原材料等の費用と同様の機能を果たしており、これらの費用が「売上高」に含まれていることは明らかであることからもこの点は肯定される。その上、上記のとおり、独占禁止法施行令5条が租税相当額を独占禁止法7条の2第1項所定の売上額から控除される項目として列挙していないことも上記解釈を裏付けるものである。

3 課徴金算定における「売上額」と消費税の関係〔占部裕典〕

　(1)～(3)についてはいくつかの疑問が存する。企業会計上の処理としては前述したところであるが、税込処理及び税抜処理の双方ありうるところである。消費税法においては消費税の課税標準（国内取引）は、課税資産の譲渡等の対価の額（税抜き）である（輸入取引に係る消費税の課税標準は、関税課税価格に消費税以外の個別消費税及び関税額を加算した金額である。）。課税資産の譲渡等の対価の額は課税資産の譲渡等の対価として収受又は収受すべき一切の金銭又は金銭以外の物若しくは権利その他の経済的な利益の額として、消費税及び地方消費税に相当する額は含まないものとしている（消費税法28条1項）。消費税法において用いられている「対価」が通常の、社会通念上の対価として理解しうるところである。

　東京高裁平成18年2月24日判決は、消費税法28条1項にいう消費税の課税標準に消費税及び地方消費税を含まない旨規定をしており、ここでの「対価」の意義が当然にその他の法律の「対価」の意義と同一と解することはできないと判示する。この点については独占禁止法における売上額の意義について消費税法における「対価」を借用していない以上このような判示も肯定しうる。しかしそうであるならば、原告の主張する消費税法基本通達10-1-11も同様に売上額の定義にあたって参考とはならないものであるといわざるを得ない。

　消費税基本通達10-1-11は、消費税の課税標準となる課税資産の譲渡等の対価の額には、酒税等と並び揮発油税、石油税、石油ガス税等が含まれるとしているが、軽油引取税、ゴルフ場利用税、特別地方消費税及び入湯税は、利用者等が納税義務者となっていることから、課税標準に含まれないこととなっている。しかし、後者の税目においてもその税額に相当する金額について明確に区分されていない場合には含まれることとしている。納税義務者か否か（納税義務者徴収説）をもってそのメルクマールとすることも必ずしも意味のあることではないことは、税抜方式・税込方式との議論を重ね合わせれば明らかである。

　また、酒税法等については消費税とも大きく法制度的に相違があることに留意をしておかなければならない。酒税法は経済的な転嫁が予定されているが、消費税法は仕入税額控除方式による多段階控除方式を法的に採用しているという意味での転嫁である。消費税額は法的な意味での転嫁が要請されていることは前述したとおりである。経済的転嫁として位置づけることに誤りが存する。

第1編　国内税法

(4)についても疑問が存する。たとえば、100億円の資産を購入した業者が違反行為による売上額（消費税を除く。）が110億円である場合に仕入に係る消費税を4億円、売上に係る消費税4億4000万円とすると、売上に係る消費税の4億4000万円から仕入に係る消費税額の控除が予定されている。4億4000万円を原材料と同様の費用として「売上額」に含まれているということはできない。企業会計においても費用と同様に処理をすることはあり得ないところである。租税相当額について規定がないのは法律的な意味での源泉徴収税額についても控除項目として規定されていないのであり、規定からは前述したようにこの問題に対する解答はでてこないのである。原告の主張するように、これらの税金相当額は、原告の営業利益の源泉とはならず、したがって本件違反行為に係る利得にはなり得ず、課徴金制度が法違反を行った事業者から不当な経済的利得の剥奪を目的とするものである以上、これらの税金相当額についても課徴金を課することになる上記解釈の合理性が問題となるのである。

同判決は、「この点についても、事業者の不当な経済的利得の把握の方法として、具体的な法違反行為による現実的な経済的利得そのものとは切り離し、一律かつ画一的に算定する売上額に一定の比率を乗じて算出された金額を観念的に剥奪すべき事業者の経済的利得と擬制する立場をとり、もって簡明かつ迅速な処理を指向する課徴金制度の基本的姿勢に立っている上に、各種各様に存在し今後も経済情勢の推移に応じて刻々変化する諸税金について、その一つ一つの税額を算定し、これを売上額の中から控除することは実務上極めて困難であり、これを求めることは上記基本的姿勢を踏まえれば課徴金制度の実効性を著しく減殺することになることからすれば、上記諸税金を売上金額の中から控除すべき合理性は認めることができない」とするが、売上に係る消費税額等は簡単に算出することができ、このような理由づけに説得力があるとはいえない。

東京高裁平成9年6月6日判決においても上記の理由づけによって、消費税額が含まれないのではないかという疑問を払拭し得ないとしながらも独占禁止法7条の2に違反するものと断定することはできないとしたところである。東京高裁平成18年2月24日判決においては、東京高裁平成9年6月6日判決の疑問がすべて払拭された形で理由づけがなされている。

東京高裁平成9年6月6日判決や東京高裁平成18年2月24日判決等において、消費税や石油諸税相当分に対して課徴金を課すことは、違法な利得でないもの

を課徴金として没収することになるから、財産権の保障を定めた憲法29条に違反し、また実質上制裁金に相当するから、憲法39条の二重処罰にも違反する旨の主張はなされてきたところであるが、そもそも課徴金はカルテル行為による現実的な経済利益とは切り離して観念的に剥奪すべき経済的利益を算定するものであり、また違反事業者の不当な経済的利得とはいい難い租税相当額についても独占禁止法7条の2第1項所定の「売上額」の中から控除しない取扱いについても、課徴金制度の趣旨を踏まえた実効性を図る観点からの行政上の合理性に基づくものであり、これは立法裁量の範囲内の問題として是認されるとの立場をとっている。違法行為を行った者から課徴金として賦課すべき金額の算定は厳格な法律の規定を要しないとの立場であるが、問題が存する。課徴金の賦課は罪刑法定主義や租税法律主義の射程距離に存するものであるといえよう。

3　公正取引委員会平成17年2月22日審判審決に対する疑問

公正取引委員会平成17年2月22日審判審決（審決集51巻292頁）〔防衛庁発注石油製品談合課徴金事件〕は、買手の側が納税義務者である場合には、売手の側は特別徴収義務者としていわば、代行徴収し代行納付する立場にあることや、当該事件において当該税相当額が明確に区分されていたことなどを挙げながら、「売上額」に含まれないとしている。

揮発油税法及び地方道路税法における納税義務者は、製造場から移出した揮発油については、製造者、保税地域から引き取る揮発油については、引き取る者である（揮発油税法3条及び地方道路税法5条）。これに対して、軽油引取税は、特約業者又は元売業者から「軽油の引き取りを行う者」が納税義務者であり（地方税法700条の3）、特約業者又は元売業者が特別徴収義務者とされることから（同法700条の10参照）、軽油引取税は商品の対価に含まれず、したがって「売上額」には含まれないとする。

消費税については、この理でいくと「購入額」についても同様に購入額から控除できないと解される。仕入税額控除によって「仕入に係る消費税額」は消費税法30条7項による一定の要件を充足している限り「売上に係る消費税額」から控除されることになる。「仕入に係る消費税額」は控除されることとなっているのである。

第1編　国内税法

IV　課徴金、不当利得返還請求と刑事罰との併存

　昭和52年独禁法改正により導入された課徴金制度は、ヤミカルテルのやり得を防ぐその有効な排除措置として導入されたものであるが、カルテルの不当利得の剥奪を基本的な考え方として、実際の運用等を配慮して画一的な方法で一定額を国庫に納入させることとしており、制裁ではないと主張されていた[19]。課徴金制度は、不当な利得を剥奪することにより社会的公正を確保し、違反行為の抑止を図るという趣旨であるが、不当な利得を剥奪するだけのものであれば、課徴金に刑罰的な側面はないことから二重処罰の問題は一般的には起きない。しかし、平成3年改正によりカルテル禁止の実効性担保を強調して、従来の売上額に経常利益率を参考にして定められた一定率を乗じた額を11分の1にするという方法を改め、売上額に営業利益率を参考にして定められた[20]。この点で、課徴金のなかに不当利得の剥奪に止まらないものがあれば、制裁的な要素が問題となってくる余地がある。その際の制裁は、経済的利得と結び付けて説明のできる範囲内でのものでなければならないであろう[21]。しかし、重加算税と刑罰の併科が二重処罰にあたるか否かについて、最高裁（最高裁昭和33年4月30日判決・民集12巻6号938頁、最高裁昭和45年9月11日判決・刑集24巻9

---

(19)　独占禁止法の解説「別冊商事法務37号・昭和52年」58頁（1977）、実方謙二『独占禁止法（3版）』229頁（1995・有斐閣）。ただし、課徴金算定の前提は、一応の合理性のある算定基準により、カルテルによる不当利得を擬制するというものであり、制裁的な意味がまったくないとはいいきれなかった。正田彬『独占禁止法II』111頁以下（1976・同文館）、根岸哲「違法カルテルに対する課徴金制度」法律時報49巻11号50頁（1977）等参照。その他、二重処罰禁止との関係については、和田健夫「課徴金制度について」経済法学会年報第8号67頁以下（1987）、正田彬「カルテル禁止と公正取引委員会〜カルテル禁止違反の効果〜」今村成和ほか『現代経済法講座2　カルテルと法』161頁（1992・三省堂）、白石・前掲書437頁以下参照。

(20)　根岸哲「カルテルに対する課徴金制度の改正」ジュリスト977号31頁（1991）、和田健夫「課徴金制度の改正」商学討究42巻2・3号261頁以下（1991）、座談会「独禁法の強化と課徴金の引上げ」ジュリスト977号12頁（1991）、伯母治之「課徴金賦課規定に関する一考察」NBL564号65頁（1995）。課徴金に係る平成17年改正における不当利得剥奪論の位置づけについては、白石・前掲書538頁以下参照。

(21)　前掲座談会（京極発言）15頁以下、前掲座談会（実方発言）18頁以下参照。前掲座談会（正田発言）20頁は、全部又は大部分の被害者が損害賠償請求をする額、課徴金として納付する利得とが完全に重複する場合には問題が起こることも考えられるとする。

号1333頁、最高裁平成17年9月13日判決・民集59巻7号1950頁等）は、併科は二重処罰に当たらず憲法39条に違反をしないと判示しているが、この場合の重加算税はまさに制裁的な要素があることから直ちに二重処罰に該当しないとしており、これら最高裁判決の射程範囲は本件のような場合より広範囲なものを包摂しているといえようか（ただし、まれなケースであろうが、重加算税の対象となった取引が無効又は取消しとなった場合には重加算税等は還付されることになるのに対して、課徴金の場合は独占禁止法上、一切影響は受けないことになる。）。

東京高裁平成9年6月6日判決も課徴金制度にはカルテル行為に対する抑止効果が期待されている側面があり、制裁的機能をもつことは否定できないが、課徴金の基本的な性格は不当な経済的利益の剥奪であるとして、カルテル行為の反社会性ないし反道徳性に着目した制裁としての刑事罰とはその趣旨・目的・性質等を異にするものであるから、二重処罰禁止規定に違反しないとしている。

課徴金の性格をどのように考えるか、課徴金により科せられる不利益が刑罰とどのように違うのか、課徴金という形態でどの程度の不利益を課すことができるのか、といった視点から課徴金と刑罰、さらには損害賠償との関係を考慮しなければならない[22]。

東京高裁平成18年2月24日判決は、独占禁止法7条の2第1項の「売上額」から不当な経済的利得とはいい難い租税相当額を控除することは立法裁量の範囲内であるとする。課徴金制度は刑事罰とは異なるものであるが、同判決の述べるように消費税等は本来違法な利得でないものであることから、これを「売上額」に含めることが立法裁量であるといえども、明文規定をおくことが要請されていると解さざるを得ない。本件はそのような明文規定がそもそも存しないのである。

現行法の算定式は、なお一般に不法利得の剥奪という性格を維持する合理的なものとみなすことが許されよう。そして、不当利得からはみ出す場合もそれは部分的であり、不可避でもあるから、課徴金制度維持の必要性・合理性の高さとの比較で刑罰との併科を肯定することができるであろう[23]。

---

(22) この問題に係る文献については、原審の解説（判例時報1588号66頁以下）に網羅されている。

(23) 田中利幸「行政制裁と刑罰の併科」『団藤重光古稀祝賀論文集3巻』126頁以下

なお、平成17年改正においては、前述したように課徴金と罰金刑が併科されることは二重処罰の問題を生ずるものではないとしながらも、刑事罰においても違反行為の抑止という側面があり、課徴金と共通する部分があることは否定できないことから、課徴金と罰金を併科する場合においては、罰金の2分の1相当額を控除した金額を差し引いたものを課徴金の額とすることとしている（独占禁止法7条の2第14号、51条1項・4項等参照）。

しかし、罰金刑、課徴金及び不当利得返還請求権による経済的な不利益の三者併科はどのように解すべきか。東京高裁平成9年6月6日判決は、現段階では不当利得返還請求権の存否又は範囲は全く未確定であることから（そもそも独禁法違反行為の私法上の効果が問題となろう。）、罰金刑と課徴金の二重処罰の問題に還元されるとし、正面からの判断はさせているが、民法上の不当利得に関する制度が、専ら公平の観点から権利主体相互間の利害の調整をはかろうとする私法上の制度であって、前者の課徴金制度とはその趣旨・目的を異にするとしたうえで、実質的には個別具体的に検討することが必要であると判示する(24)。刑事罰との関係においては、目的・趣旨が異なる独自の制度であることをもって法的性質を異にする制度の導入は立法政策の問題であるとする形式論から一歩踏み出している点で一定の評価はできるが、この問題は留保されていたといえよう。

さらに、現行独占禁止法において規定された課徴金の算出基準により課徴金の納付を命ずることが規定されているのであり、このような段階でも判決後においても国の不当利得返還請求訴訟の判決との間で調整を採ることは予定されていない。しかし、課徴金制度の主たる理由が不当な経済的利得の剥奪であるとすると、課徴金の賦課は実質的には制裁的措置として機能することとなり、

（1984・有斐閣）参照。なお、来生新「排除措置と課徴金」経済法学会年報第13号42頁（1992）は、課徴金制度の限界について、これ以上増額するような算定方法は難しいと論ずる。諸外国の立法については、正田彬編著『独占禁止法と国際比較』（1996・三省堂）、和田・前掲論文（「課徴金制度の改正」）271頁以下等参照。

(24) 本件の審決については、中川直政＜公取委平成8年8月6日審判審決解説＞ジュリスト1113号238頁（1996）参照。この問題で興味ある判決は、東京高裁平成13年2月8日判決・判例時報1742号96頁［社会保険庁発注シール談合不当利得事件］である。同判決は、国を原告とする不当利得返還請求訴訟において、課徴金額を不当利得金額から控除しなかった。

この問題が改めて議論となろう。現行独占禁止法の枠組みのもとで、課徴金の主たる目的が不当な利得の剥奪にあると、別の方法により不当利得が剥奪された場合には、何らの実務上の調整が検討されるべきであろう(25)。

V おわりに

　東京高裁平成9年6月6日判決及び最高裁平成10年10月13日判決、さらに東京高裁平成18年2月24日判決は、結論において、独占禁止法7条の2第1項における「売上額」に消費税額が含まれると解する。ただし、東京高裁平成9年6月6日判決においてはこの結論はともかくもそのような実務の取扱いにはかなりの疑問が提示されているところであった。しかし、東京高裁平成18年2月24日判決は、東京高裁平成9年6月6日判決とはその理由づけを異にして、公正取引委員会の解釈を正面から支持するものであった。東京高裁平成18年2月24日判決は、「売上額」からいかなる税が控除されるかのメルクマールは「売主が納税義務者か徴収義務者か」(いわゆる納税義務者説あるいは特別徴収義務者説)である。しかし、特別徴収義務という制度は「売上額」からいかなる税を控除するかの決め手とはならない。特別徴収等はどのように税を徴収・納付するかといったレベルの問題であり転嫁とは別次元の制度である。特別徴収義務者である場合においても契約内容によって対価にその額が含まれている場合もあればそうでない場合もある。わが国においては消費税は仕入税額控除方式により租税を転嫁するシステムを採用しており、「対価」を構成しないことは租税理論的に明らかである。また企業会計においても消費税の取扱いは柔軟な対応が認められており、「売上額」に含めることが常に求められているわけではない。企業会計原則に依拠することによっても当然に裁判例のような結論が導かれるものではない。上記裁判例においては、わが国においては実質的にインボイスに相当する制度が採用されているが、このような制度に対する法的評価が欠落している。このことは、EU方式のインボイスを導入している海外の制度が立法政策の問題としてかたづけることができない理論的な問題を含んでいるのである。

---

(25)　中山・前掲論文56頁以下参照。地頭所五男＜本件判例解説＞ジュリスト1135号238頁（1997）は、国の損害額の範囲との関係で不当利得返還請求額を減額することはあり得るとする。

また、「引渡基準」のもとで消費税の納税義務が成立するのであり、「契約基準」のもとで消費税を「売上額」に含めることは問題であろう。課徴金制度は、不当利得相当額以上の金額を徴収する仕組みであることから、「売上額」からいかなるものが控除されるかは立法裁量の範囲内であるとの国庫主義的な見解は許されないものである。「売上額」については明確な定義規定が必要であろう。しかし、その際に消費税額を商品や役務の対価としての「売上額」に含めることは租税理論的にも、また消費税法の解釈からしても問題が存することに留意をしておくべきである。

4 同族会社の行為計算否認による
不平等課税とその課題

——所得税法・相続税法の行為計算否認により派生する基礎的疑問の解明——

中央大学商学部教授　大淵博義

Ⅰ　問題認識と本稿の目的　　Ⅲ　財産評価等と同族会社の行為
Ⅱ　同族会社の行為計算の否認規　　　計算否認規定との関係
　　定の判例理論とその理論的不整　Ⅳ　ま　と　め
　　合性

Ⅰ　問題認識と本稿の目的

1　租税回避行為の否認と問題点の認識

　最近の注目される租税判例の中には、広義の租税回避[1]に関する課税事例を巡るものが多いが、その中には、同族会社の行為計算の否認を巡る解釈を正解しているとはいえない判決が多く見られることに留意すべきであろう。

　その代表的な判例は、個人株主の同族会社に対する無利息融資について、所得税法157条1項（同族会社の行為計算の否認）が適用されて貸主の個人株主に対して多額な利息収入の認定課税を適法とした平和事件判決（東京地判平成9．4．25判時1625号25頁・東京高判平成11．5．31税資243号127頁、以下「平和事件判決」という。）であり、また、個人株主から同族会社の管理会社に対して支払われた過大管理料否認事件、個人株主から同族会社への低額家賃等による貸付につき適正賃料の認定課税が行われた事例などがある。

　ところで、所得税法157条1項が同族会社の行為計算に限定されているため

（1）　ここでの「広義の租税回避」とは、節税、事実認定の実質主義、さらに講学上の「狭義の租税回避行為」（同族会社の行為計算の否認規定の租税回避行為）を含む広義の概念として使用し、後に述べる租税回避行為否認の要件を充足する講学上の「狭義の租税回避行為」を「狭義の租税回避行為」又は単に「租税回避行為」という用語を使用することとする。

に、同様の行為計算が個人株主と非同族会社との間で行われた場合には、その株主の所得税が不当に減少している場合であっても否認できないという事態が生ずる。株主の個人が同一の経済実態にありながら、同族会社の個人株主にのみ課税されるという不合理、不公平な実態を招来させる現行制度の疑問は、非同族会社の個人株主に対して課税がなされないことによるものではなく、所得税法157条1項を適用して、同族会社の個人株主に課税している現行制度の解釈にこそ問題があるのではないかという疑問を提起させる。

また、最近では、相続税法64条1項（同族会社の行為計算の否認）を適用して、私法上、真実、存在する相続財産を他の相続財産にフィクション（擬制）して課税するという判決もみられるが、このことは、疑問のある同族会社の行為計算の否認事例が拡大しつつあることを示すものである。

2 平成18年度改正と本稿の目的

平成18年度の改正において、法人税法を初めとして所得税法及び相続税法における同族会社の行為計算の否認規定に、新たに対応的調整と思われる規定が創設されたが[2]、その改正に関する当局の解説はきわめて歯切れの悪いものとなっている。

それによると、所得税法157条1項により同族会社に対する過大管理料の過大部分を否認した場合には、法人税法132条1項の規定を準用して、同族会社においてその否認部分の減額更正を予定しているとしているようであるが、すべての同族会社の行為計算の否認の事例に適用されるものではないともいわれている。しかしながら、少なくとも、株主が同族会社に支払った過大管理料の必要経費控除が否認されたからといって、当該過大部分の管理料を同族会社が現実に受領し返還していない以上、その行為計算が行われた時を含む事業年度において、租税の不当減少を是正する増額更正の規定を準用して対応的調整のための減額更正を行なうことは困難であろう。これが可能となるのは、実体法

（2） この改正は、平成10年1月19日付・日税連税制審議会（座長　金子宏）「『租税回避行為について』の諮問に対する答申」において対応的調整の必要性が答申されていることに呼応したものとも思われる。個人の所得税等の課税において同族会社の行為計算の否認規定が適用されている現在の課税実務及び判例理論を前提とするのであれば、少なくとも、かかる対応的調整が行われるべきであろうが、筆者の見解に立つ場合には、かかる対応的調整は一切不要である。この点について後述する。

上、過大管理料の部分はなかったものとするみなし規定がある場合に、初めて可能になるというべきである。

本稿は、このような対応的調整が法律に措置されたところに、現在の同族会社の行為計算の否認規定の課税実務及び判例理論若しくは学説には解釈上の問題があるという認識に立って、先ず、課税事例の多い所得税の同族会社の行為計算の否認事例を素材として考察し、現行の課税実務及び判例理論によると、多くの不平等課税を招来する等の問題点を指摘し、次に、本来、相続税法64条1項の適用の場面ではない相続財産等に関する否認事例の問題点を考察して、同族会社の行為計算の否認規定が適用される射程範囲についてのあるべき解釈論を展開することを目的とする。

Ⅱ　同族会社の行為計算の否認規定の判例理論とその理論的不整合性——所得税法の同族会社の行為計算の否認規定適用による基本的矛盾——

1　所得税法157条1項の規定の性格

所得税法157条1項（同族会社の行為計算の否認）は、「同族会社の行為又は計算で、これを容認した場合にはその株主等の所得税の負担を不当に減少させる結果となると認められるものがあるときは、その行為又は計算にかかわらず、税務署長の認めるところにより課税標準及び税額を計算することができる。」とされている。

この同族会社の行為計算の否認規定は、従前から租税回避行為の否認の法理を租税回避行為が行われやすい同族会社の行為計算について法定したものと解されてきた[3]。この規定に関し、学説判例は、非同族会社についても適用できるという確認規定説と、同族会社の行為についてのみ否認できるという創設規定説とに見解が分かれているが、一般には創設規定とする説が多数説とされる。この点について、従前、課税当局は必ずしも明確にしてはいなかったが、前記平和事件判決において、課税庁は所得税法157条の規定は創設規定である

（3）　清永敬次『租税回避行為の研究』（ミネルヴァ書房1998年）388頁、武田昌輔「租税回避行為の意義と内容」所収：『租税回避行為』日税研論集 Vol.14（日本税務研究センター1991年）33頁、山田二郎「行為計算の否認規定の適用を巡る諸問題」所収：『杉村章三郎古稀記念論文集』（日本税法学会1970年）354頁、松澤智「個人の無利息貸付と同族会社の行為計算の否認」税務弘報41巻12号（1993年）118頁等。

ことを明言し、同判決もこの創設規定説を支持した。

そして、これが創設規定であることは、昭和10年当時、大蔵省主税局の国税課第一係長の職にあった片岡誠一氏の著書においても、否認権の性質は理論的否定ではなく、結果責任的否認であるとし、しかして、「所得税法はこの否認規定の適用範囲を同族会社の行為又は計算に限定している。」[4]と述べられており、同規定の創設当時においても同族会社の行為計算にのみ適用される創設規定として理解されていたことがうかがえる。

このような従前の両説の論議は、税務訴訟における同族会社の行為計算の否認事例が法人税法132条に関する事例であったことから、法人の不自然、不合理な行為は、広く租税回避行為の否認の法理により否認すべきであるという確認規定説に立つ解釈論が展開されていた素地があったということができる。

ところが、同族会社の行為計算の否認規定が、同族会社の経済的不合理な行為計算を否認して課税するに止まらず、個人の経済的不合理な行為計算が否認され所得税又は相続税が課税されている現在の課税実務及びこれを容認している判例理論を前提とするのであれば、同規定の性格を広く非同族会社に対する取引にも適用できるとする確認規定説によることは困難である。株主の所得課税につき同規定を適用した平和事件において、課税庁が創設規定説を主張したのはこのような背景がある。

すなわち、確認規定説に立つのであれば、同族会社の行為計算の否認規定は、個人株主と非同族会社の行為計算はもとより、非株主（役員）と同族会社との行為計算、非株主（役員）と非同族会社の行為計算、さらには個人と個人の取引にも拡大して適用されることになることは、その論理的帰結である。しかして、現在の同族会社の行為計算の否認規定をここまで拡大して適用することの不合理性は明白であるから、現在の同族会社の行為計算の否認規定は通説の創設規定であると解する以外にはない。

（4）　片岡政一『税務会計原論』（文精社1935年）271頁。同『会社税法の詳解』（文精社1935年）631頁から672頁は、同族会社の行為計算の否認規定が「租税回避を防止する規定」として解説されている。

2 所得税法157条1項の適用事例からみる判例理論の基礎的疑問と不平等課税

(1) 所得税法157条1項の適用事例の類型

現在の所得税法の同族会社の行為計算の否認規定の適用事例は、第1に過大管理料の否認に代表されるように、個人が支出する過大な費用の過大部分の必要経費性を否定するもの、第2に、転貸方式による低額家賃の適正家賃の収入認定や、平和事件判決にみられるように、無利息貸付等の利息収入の認定事例である。そして、第3には、有価証券の譲渡所得が原則非課税の時代に、個人株主が所有する株式を同族会社が高価で買い取ることにより、その株式の譲渡所得の全額を非課税とした行為計算について、所得税法157条1項を適用して高価買取りの場合の高価部分については同族会社から株主に対する贈与と認定して一時所得課税、同族会社に対しては高価部分の取得価額を減額（寄附金）して取得価額を減額した事例(5)がある。

このうち、第3の事例は、現在では、「事実認定の実質主義」により、その高価買取の売買契約の実体は株式の適正価額による売買契約と高額部分の贈与契約の混合した契約であると認定して、同族会社に限定されずに、法人が行った高価買入のすべてについて高価部分は買主の法人から売主に対する贈与（寄附金）として処理されている(6)。

したがって、現行では、第1の個人株主が同族会社に支出した過大経費の否認、第2の個人株主が同族会社に無償又は低額で金銭又は資産の貸付等（役務提供）を行った場合の低廉部分の収入認定の否認の場合が、現在、所得税法157条1項が適用されて課税されている事例である。

---

(5) この同族会社の高価買入れにつき同族会社の行為計算の否認規定を適用したものとして、東京地判45. 2. 20月報16巻5号456頁がある。この場合には、営利法人として経済的に不合理な行為である場合であるから、後に述べるように、同族会社にとって経済的に合理的な株主の無償又は低額な取引を所得税法157条1項を適用して否認する場合と正反対の事例である。

(6) 法基通7-3-1（高価買入資産の取得価額）では、高価買取の高価部分は取得価額含めないと規定して、高価部分を取得価額から減額することとしているが、この取扱いは非同族会社が高価買取りをした場合も当然に適用される。その意味では、高価買取りの税務上の否認は同族会社の行為計算の否認規定を適用して否認すべきものではなく、広く否認できる事実認定の実質主義の適用によるべきである。

第1編　国内税法

(2) 所得税法157条1項による過大経費の否認とその基本的矛盾

次のような同族会社の行為計算の否認規定の適用事例と不適用事例の設例の検討を通じて、その疑問点を明確にしたい。

個人・株主が所有する同一構造のマンション4棟の不動産管理をそれぞれ下記の関係者に管理させて管理料・月額50万円（適正額20万円）を支出して必要経費とした事例

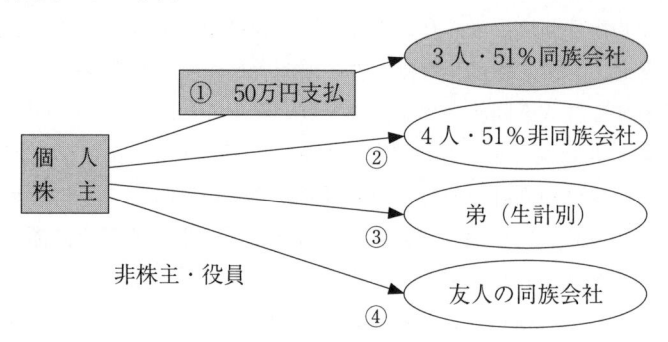

```
                    ① 50万円支払
                    ┌──────────→ 3人・51％同族会社
       ┌個　人┐─→─┤
       │株　主│ ②  └──────────→ 4人・51％非同族会社
       └────┘
              ③  ──────────→ 弟（生計別）
         非株主・役員
              ④  ──────────→ 友人の同族会社
```

支払管理料50万円のうち、過大な管理料30万円を支払った上記各事例をみると、①の事例は、株主から同族会社に対する不自然、不合理な過大な管理料の支出であるから、所得税法157条1項の同族会社の行為計算の否認規定を適用して否認するというのが現在の課税実務であり判例である。ところが、②の事例は株主の非同族会社に対する支払であり、③の事例は個人が個人（弟）に対して支払ったものであるから、同族会社の行為計算の否認規定は射程外の行為であり否認できない。また、④の事例は、同族会社の役員の同族会社に対する支出ではあるが、当該役員はその同族会社の株主ではないから、同族会社の株主に対して所得税の不当減少を規制する所得税法157条1項は射程外となり、当該役員については同族会社の行為計算の否認規定による否認は許されない[7]。

（7）　所得税法157条1項は同族会社の株主に対する課税であり、非株主である役員が勤務会社の同族会社に支出した過大管理料の場合には適用できないという解釈を導く現行法の解釈自体が自家撞着に陥っているということがいえよう。それは、後に述べるように、過大管理料のような過大経費の支出は、支出の相手方が同族会社であるか否かにかかわらず、当該過大費用を支出した過大管理料の個人の必要経費控除が否認されることは当然である。このことは、同族会社のみ所得税法157条1項により否認することが解釈として矛盾していることの証左であるということができであろう。この点についての

4　同族会社の行為計算否認による不平等課税とその課題〔大淵博義〕

　このように、個人が同族会社に対して支払った過大管理料が否認され、同族会社以外の同額の過大管理料の支払が必要経費として控除されるというのであれば、もとより、①との間での課税の不公平は明らかであり、かかる事態を許容する所得税法157条1項の適用自体に疑問が生ずることになる。ところが、現在の課税実務では、個人が支出する過大な経費の支出は、相手方の如何にかかわらず、所得税法37条の解釈によって、過大経費部分の必要経費の控除が否認されているところである[(8)]。

　この場合の必要経費否認の根拠は、(ア)所得税法37条の必要経費は通常かつ必要な費用に限られ、過大経費の部分は必要経費として控除はできないという必要経費の範囲の法律解釈として否認するか、(イ)過大経費の過大部分は、その個人が相手方に贈与したとして必要経費には含まれないという事実認定により否認する、という二つが考えられる。いずれにしても、必要経費に算入できない過大経費の金額は、個別の事実認定により確定させる必要があり、しかして、この場合には、所得税法157条1項による過大管理料の否認の場合の実務のように、類似会社における管理料の平均値を上回る管理料を過大管理料と認定して否認することは許されないと解する。適正管理料は同族会社である管理会社の実態と最も類似する管理会社の管理料、つまり個別具体的な証拠による厳格な証明に基づいた独立企業間価格によって求められるべきである。

　過大経費を支出した個人の相手方が同族会社であるということを理由として、所得税法157条1項による同族会社の行為計算の否認規定を適用して、従来の経費の平均値により過大経費を認定することは、当該個人が同一の過大管理料につき独立当事者間価格に基づいてその過大部分を否認している上記②ないし④における過大認定額と齟齬を来たすことになるが、かかる不平等課税は法の許容するところではない。

　したがって、個人の過大経費の支出の相手方のいかんにかかわらず、また、その個人が法人の株主であるかどうかにかかわらず、個人が支出する過大経費の支出は、所得税法37条の必要経費の解釈又は事実認定により必要経費控除を否認することで解決を図るべきである。

　　検討は本文参照。
（8）　山口地判平成7.6.27税資209号1169頁は、所得税法37条により従兄弟の派遣医師の過大報酬の必要経費控除か否認された事例である。

(3) 個人に収入金額をフィクションして課税する基礎的矛盾

次に、所得税法157条1項を適用して個人株主が収受していない収入金額の存在をフィクション（擬制）して課税している課税実務と判例理論の矛盾について、下記の設例を通して検討することとする。

（個人・株主が同一構造のマンション4棟をそれぞれ下記の関係者に20万円の低額賃料（適正賃料50万円）で貸し付けた場合）

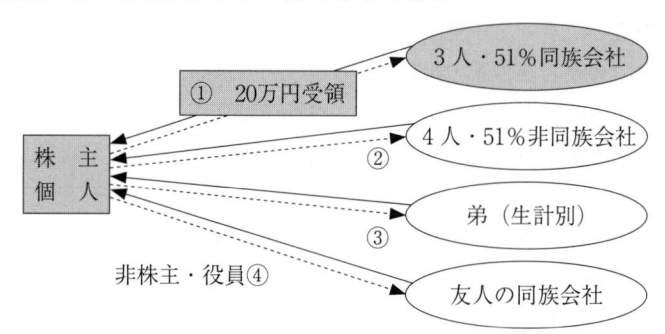

```
                    ┌─→ 3人・51%同族会社
                    │
         ① 20万円受領
株 主    │          ├─→ 4人・51%非同族会社
個 人  ──┤    ②
         │          ├─→ 弟（生計別）
         │    ③
         │
      非株主・役員④─→ 友人の同族会社
```

現在の課税実務及び判例理論は、この各事例のうち、①の個人株主の同族会社に対する低額家賃による貸付について、所得税法157条1項を適用して低額部分30万円の家賃収入をフィクション（擬制）して課税しているが、賃貸の相手方が同族会社でない②ないし③の事例は、創設規定である所得税法157条1項の規定は機能しないことになる。その結果、個人が所有している4棟のマンションの低額貸付については、いずれも、その経済的実体が同一であるにもかかわらず、①の同族会社に対してのみ通常の家賃収入の認定課税が行われるという税法上の水平的な公平違反が生ずることになるが、もとより、かかる不平等な所得課税に合理的な法益を認めることはできない。

ここに初めて、所得税法157条1項により同族会社の個人株主にのみ収入金額をフィクション（擬制）して課税するという課税実務及び判例理論、これを支持する論者の見解が不合理であり自家撞着に陥っていることが明らかとなる(9)。

（9） かかる課税実務及び判例理論を支持する論者が相当数いる。しかし、その論者の論説は、ここで指摘する論点に関する問題点を明確に意識してその矛盾点を解消する理論的正当性を論じたものは見られない。しかし、かかる重大な問題点を抱えたまま、所得税法157条1項が課税実務に定着し始めた感があるが、それは、不十分な理論構成によ

ちなみに、個人が同族会社に対して無償の役務提供を行ったことに対して、個人に発生していない収入金額をフィクション（擬制）して認定するという論理は、現実に収入を得ていないのであるから、擬制した収入金額を、さらに相手方の同族会社に贈与したということをフィクション（２段階説）する必要がある（そのことにより、無償取引の現実の経済的実態と合致するということである。）。かかる回りくどい方法が、個人が行う経済的合理的行為であるというのは、純経済人ではない個人（自然人）を前提とした議論ではない。改めて、個人は営利追及のみの主体ではなく、消費生活におけるボランティアが尊重される個人の特性に思いを致すべきである。

　しかして、すでに述べたような理論的矛盾点が省みられることなく、その問題点をかかえたまま、所得税法157条１項の規定は課税実務及び判決において支持され機能しているという現状は看過することはできない。かかる矛盾は、本来、私法上の事実である財産の存在やその種別について、同族会社の行為計算の否認規定（相法64①）を適用して、他の種類の相続財産にフィクション（擬制）して相続税が課税される事案について顕著である。以下では、相続税に関する相続税法64条１項（同族会社の行為計算の否認）の適用の是非について論じることとする。

Ⅲ　財産評価等と同族会社の行為計算の否認規定との関係

1　相続税法64条１項による同族会社の行為計算の否認規定の基礎的矛盾

(1)　相続税法64条１項適用に基因する不平等課税の実相

　相続税法64条１項（同族会社の行為計算の否認）は、同族会社の行為又は計算で、これを容認した場合においてはその株主若しくは社員又はその親族等の特別の関係がある者の相続税又は贈与税の負担を不当に減少させる結果となると

り個人に対して利息収入の存在をフィクション（擬制）して課税した処分の適法性を支持した「平和事件判決」が影響しているものと思われる。本稿では改めて平和事件について取り上げる余裕はないが、その判決の多くの問題点を指摘したものとして、大淵博義「個人の同族会社に対する無利息貸付と利息収入認定の可否（上・中・下）」税務事例32巻５号〜７号（2000）参照。なお、それ以外に所得税法157条１項の適用事例について批判的に論じたものとして、大淵博義「『所得なきところに課税なし』の原則と同族会社の『行為・計算』の否認」税理40巻９号（1997）63頁。同「同族会社の行為計算の否認規定における解釈論の検証」税務弘報47巻１号（1999）６頁他参照。

認められるものがあるときは、税務署長は、相続税又は贈与税についての更正又は決定に際して、その行為又は計算にかかわらず、その認めるところにより課税価格を計算することができる、と規定する。かかる規定は所得税法157条1項の規定と同様である。

したがって、ここでも、所得税法におけるのと同様の基礎的な矛盾が生ずる。すなわち、少数の株主によって支配されている同族会社にとって、法的、経済的に有利な行為は、営利法人（非同族会社）にとっても同様であるから、個人株主対同族会社に限らず、個人株主対非同族会社との間でも容易に行われるにもかかわらず、相続税の課税価格の計算上、前者の同族会社に対するものが否認され、非同族会社に対する行為が否認できないという不平等課税の事態を回避することができなくなる。

このような齟齬を来たしている現在の同族会社の行為計算の否認規定の解釈適用の法益が奈辺にあるのかを合理的に説明することができるのであろうか。それは困難であるといわざるを得ないといえよう。このことは、同族会社とその株主等との間の行為のみを否認することができるという相続税法64条1項の解釈が不合理であることの証左であるということができる。

(2) 相続財産の評価等と相続税法64条1項適用の是非
　——私法上の財産の存在・種類・時価を相続税法64条1項を適用して否認することができるか——
　(a) 「同族会社の行為計算の否認規定」の意義と適用の判断基準

同族会社の行為計算の否認規定は、少数の株主で支配されている同族会社であるがゆえに行われやすい租税回避行為を否認して課税の公平を図るための規定である。かかる「租税回避行為」とは、①合理的経済的理由もなく、異常、不合理な行為形式が採用されていること（行為の異常性、不合理性）、②採用した行為形式により顕現されている経済的意義・成果が通常採用される合理的な行為形式によるそれとほぼ同一であること（経済的意義・成果の同一性）、③通常の合理的行為による場合の租税負担と対比すると減免されていること（租税負担の減免）、以上の要件を充足する場合に、租税回避行為否認の法理（同族会社の行為計算の否認）が適用され、異常、不合理な法形式が否認されて合理的な行為形式に引き直されて課税要件の当て嵌めを行うということである[10]。

かかる要件のうち最も重要な点は、②の「経済的意義・成果の同一性」とい

う点である。すなわち、この要件は、合理的経済的な行為形式と不自然不合理な行為形式により得られる経済的成果がほぼ同一であるにもかかわらず、後者の行為形式による租税負担が前者のそれを下回り減免されているという点で、同族会社の行為計算の否認規定の「不当に減少させる結果となっている」という要件を充足するということである。

しかして、その前提として、①の「行為の異常性、合理性」の判断を要するが、従前の判例等において判断基準の主流を占めていたのが、非同族会社であれば行われない行為形式か否かという「非同族会社比準説」である。ところが、3人で51％の同族会社と4人で51％の非同族会社も存在する以上、租税負担の軽減という視座からみれば、当該同族会社と非同族会社との間の法人の行為形式の選択にそれほどの差異があるものではない。そこで、非同族会社比準説に比較して、より客観性のある経済的合理性基準説が登場するに至ったものである[11]。

したがって、非同族会社比準説と経済的合理性基準説との間には、底流において又は基本的な判断要素において差異があるものではなく、いずれによって判断したとしても、それほどの差異が生ずるというものでもない[12]。換言すれば、非同族会社比準説に立てば否認できないことが明白な行為形式については経済的合理性基準説によっても否認することはできないということである。このことは、同族会社の行為計算の否認規定の適用の判断に当たって極めて重要な意義を持つ。

現在、行われている過大管理料等の否認は、個人（株主）の同族会社に対する過大な支払いを否認するものであるが[13]、その金員を取得した法人は、対価的給付もなく無償で取得した利益（受贈益）であるから、営利法人として、これ以上に経済的合理的な行為は存しないといえよう。また、例えば、個人（株主）が同族会社に対して無利息貸付を行った場合も、営利法人としての同族会社は無償で資金を運用できるのであるから、その無利息借入の行為が経済

---

(10) 租税回避行為の概念につき、金子宏『租税法（第11版）』（弘文堂、2006年）127頁、清永敬次『税法（第5版）』（ミネルヴァ書房、1998年）43頁参照。

(11) 金子・前掲注(10)404頁参照。

(12) 金子・前掲注(10)404頁。

(13) この過大経費を法人が支出したとすると、法人税法では、過大経費部分は無償の金員の供与として「贈与」、つまり、寄附金（法法37①）として処理されることになる。

的合理的な行為であることは論ずるまでもない。

　かかる株主と同族会社の行為は、少数で支配している同族会社であるがゆえに行われる行為ではなく、営利法人たる非同族会社にとっても経済的合理的な行為であって、もとより、非同族会社とその株主であれば行われない行為というものでもないから、営利法人として何ら批判される余地のない行為である。このことは、従前の非同族会社比準説に立てば、当該個人（株主）と同族会社の無償等の役務提供行為は、株主と非同族会社との間でも行われる行為形式であるということができるから、否認できないという結論に到達する。

　換言すると、「同族会社の行為又は計算により」という文言の解釈は、同族会社の行為又は計算自体に着目して、その行為自体が経済的に合理性があるか否かという判断基準が、その文理解釈としても、趣旨解釈としても最も妥当する[14]。すなわち、「同族会社の行為が介在しないか、同族会社自体の意思決定としては合理的であるという場合には否認できない。」[15]ということが、同族会社の行為計算の否認規定の解釈として合理性を有するということである。

　しかるに、このような行為計算が何故に否認されることになったのか、この点は、平和事件判決が一つの「答え」を導いてくれる。というのは、同判決が、本件規定の同族会社の行為又は計算とは、「同族会社と株主等との間の取引行為全体として指し、その取引行為が客観的にみて経済的合理性を有しているか否かという見地から、その適用の有無を判断すべきでものである。」としたことに基因しているものと思われる。すなわち、ここでの「取引行為全体をみて」経済的合理性を判断すべきであるというのは、「同族会社の行為又は計算で」、その株主の所得税又は相続税等の租税が不当に減少させる結果となるという文理とはかけ離れて、同族会社と株主等の取引行為を全体として、その行為自体に経済的合理性がないと認められるものは、その適用対象とするというものである。

---

(14) 相続税法64条1項における「不当性」について、田中治「相続税の評価と租税回避行為」所収：北野弘久古稀記念論文集刊行委員会編『納税者権理論の展開』（2001年）387頁は、「そこにいう不当性は、軽減または排除された税額の大きさについてではなく、同族会社を利用してなされた行為や計算それ自体に着目したものということができる。」とされている。

(15) 碓井光明「相続税法64条1項にいう『同族会社の行為』の意義等」（判批）判例評論280号・判時1037号（1982）159頁。

換言すると、前述したように少数の株主で支配されている同族会社であるが故に行われる行為がどうか、換言すれば、非同族会社であれば行われない行為計算か否かという非同族会社比準説とは乖離した新たな基準が、平和事件等の先例判決により創設されたということである(16)。しかしながら、かかる基準によっても、前述したように、所得税法等の同族会社の行為計算の否認規定の射程範囲からはずれる、個人株主とその非同族会社との行為等には否認権は及ばないという矛盾点を解消できる法益を合理的に説明できないことに変わりはない。このことは、かかる判断基準の合理性を肯定することはできないということでもある。

(b) 相続財産の評価等と相続税法64条1項適用の可否

相続財産の存在、その種類及び時価の評価の認定に当たり、相続税法64条1項を適用して、その行われた行為を否認して相続財産の存在や不存在又はその財産の種類を認定（擬制）し、また、その財産の評価額を否認することができるか、というのがここでの論点である。

結論は消極である。その理由は、同族会社の行為計算の否認規定の適用は、私法上の取引行為（事実）を否定するというものではなく、その採用した外形

---

(16) 金子・前掲注(10)404～405頁では、同族会社の行為計算の否認の経済的不合理な行為の判断基準として、IRC482条の適用のメルクマールに基づいて「独立当事者間取引の基準」によるべきことが提唱されている。かかる金子論説は、その記述の前段部分において、経済的不合理性の判断基準として、「非同族会社比準説」以上に客観性ある「経済的合理性基準説」によるべきことを説かれており、そして、いずれの基準によっても、具体的な事案の適用においての違いはないであろうと述べていることに注意する必要がある。仮に、かかる論説が、無利息借入という行為を「取引全体をみて」、独立当事者間では行われない取引であると認定して所得税法157条1項を適用して利息収入をフィクションするという平和事件判決の趣旨と同様の論理であるというのであれば、営利法人たる非同族会社の行為としても経済的合理性のある非同族会社の無利息借入等の行為は、非同族会社においても行われる行為であり、したがって、非同族会社比準説と経済的合理性基準説とでは結論が正反対になる。つまり、「いずれの基準によっても、具体的な事案の適用において違いはないであろう」と論じていることと矛盾することになるということである。その意味では、「独立当事者間取引の基準による」という前記論説は、同族会社の行為計算が独立した当事者間の取引としては経済的に不合理であるという見解として評価せざるを得ない。一方、取引全体をみてその無償等の行為自体が不合理であるという平和事件判決の判断基準では、非同族会社であれば行われない取引行為か否かの「非同族会社比準説」は念頭にはなく、これとは異質の判断基準を採用したということになる。

上の異常不合理な法形式を、税法上においてのみ、経済的合理性のある法形式を選択したものとフィクション（擬制）して課税要件規定の当て嵌めを行い課税関係を律するというものだからである。つまり、同族会社の行為計算（租税回避行為）の否認は、私法上の取引事実を否認するものではなく、その採用された法形式により顕現されている経済的意義・成果（私法上の取引事実）に合致した経済的合理性のある行為計算に引き直すというものであって、私法上の「生の事実」である相続財産の存在・不存在の事実、財産の種類及び評価額という私法上の事実にまで介入してこれを否認する法理ではないということである(17)。

　換言すれば、相続税法の分野においては、相続財産の存在又は不存在、種類及び時価評価は、私法の分野の「生の事実」の認定判断にかかる問題であるから、課税の公平という税法固有の要請から規定されている相続税法64条1項を適用して、私法上の財産やその種類、評価額と異なる事実をフィクション（擬制）することは、当該規定の射程範囲を超えた許されない解釈ということである。私法上、相続財産の存在、種類及びその時価に関して、その納税者の申告内容を否認するのは、私法上の事実に基づく事実認定の問題であり、税法上のフィクション（擬制）によるものではない。

　なお、現実の経済的意義・成果と外形上の法形式とが齟齬を来たしている場合に、その経済的意義・成果に即した真実の法形式を認定する法理を「実質課税の原則（事実認定の実質主義）」というが、その適用による法形式の置き換えの問題は、仮装行為を否認して真実の法律行為等を認定する場合と同様に、私法に介入して、私法上の外形上採用された法形式等を他の真実に意図した法形式等として認定するものである。この法理は、税法上においてのみフィクション（擬制）する租税回避行為の否認規定（同族会社の行為計算の否認）の場合とは異質のものであるということが理解されるべきである。

　次に相続税について同族会社の行為計算の否認規定を適用した事例について

---

(17)　渡辺伸平『税法上の所得を巡る諸問題』司法研究報告書第19輯第1号（司法研修所1967年）10～11頁は、「わが国における同族会社等の行為計算の否認において見られるように、多くの場合、私人間の行為・計算を否認するという形で機能するが、これも所詮は税法上の個々の要件について正しい解釈適用の場面にすぎず、決して私法上の有効に成立した法律効果自体までも否定できる趣旨のものではない点に注意を要する。」とされている。

考察することとする。

2 相続税法64条1項を適用した事例の考察

(1) 相当地代による地上権の設定を相続税法64条1項により賃借権の設定として課税することの可否

大阪地判平成15.7.30（タインズZ888－0841）の事例は、高齢な株主とその同族会社との間で、当該株主の相続開始日に近接した時期に、相当の地代による60年間に亘る駐車場（構築物）の所有を目的とする地上権設定契約を締結したものであるが、その株主の死亡により相続した地上権の評価につき、相続人は当該地上権は法定評価方法（相法23条・残存期間50年以上の地上権の評価額は更地価額の90％、底地権は10％）によるべきであると主張し、課税庁は、当該地上権の設定は異常、不合理であり、通常の合理的行為は賃借権の設定であるとして、相続税法64条1項を適用して、納税者が選択した「相当の地代による地上権の設定」を「相当の地代による賃借権の設定」とフィクション（擬制）して、借地権の設定による場合の「相当地代通達」を準用し、当該底地の評価額を更地価額の20％減とすべきであると主張して争われたものである。

これに対して、本判決は、同族会社は被相続人が死亡前1年2ヶ月前に設立されており、また、95歳という老齢の被相続人であるにもかかわらず、60年という長期の存続期間を定めて締結された地上権であり、かつ、他人の土地に利用権を設定する場合は、賃借権の形態で行われるのが通常であるのに、敢えて用益物権である地上権を設定するという異例の形態が採られていること、本件土地はその形状からして利用価値が高いものと認められ、かかる土地上に、建設費用及び撤去費用がかさむ堅固な2階建ての駐車場を設置していること、Ｉ産業の平成8年5月期の損益計算書によると、その累積損失は2,889万3,554円と多大なものとなっていること、以上の事実が認められ、これらの事実を総合勘案するならば、本件地上権設定契約は、経済的・実質的にみて、明らかに不自然・不合理なものであって、およそ通常利害を異にする経済人同士の当事者間であればとうてい行われなかったであろうといわざるを得ないとし、本件地上権設定契約は、地上権者が同族会社であるが故に締結されたものというほかはなく、その社員である原告らの相続税の負担を不当に減少させる目的で行われたものといわざるを得ない、と判示した。

第1編　国内税法

　かかる判決の論旨は、経済取引の実態を省みない論外な判示であるといわざるを得ない。なぜならば、他人の土地に利用権を設定する場合は、賃借権の形態で行われるのが通常であり、地上権の設定は異例の形態が採られている、という判示は、地上権自体の設定行為を問題にしているようであるが、そうとすれば、権利金による地上権の設定自体を異例であるという論外な判示ということになるからである[18]。

　もとより、地上権と賃借権は物権と債権の相違があり、物権としての地上権は強固な土地使用権であるから、駐車場業を行う同族会社が相当の地代で地上権を設定することは、営利法人として経済的合理性のある行為であることはいうまでもない。しかも、相当の地代による地上権の設定は、土地の使用として正常な取引条件で行われたものとすることが明文で明らかにされているところであり（法令137条）、したがって、その正常な取引行為を行った同族会社の行為を異常不合理であるとした課税処分及び本判決の論理矛盾は明らかである。

　加えて、本判決及び課税庁は、相当の地代による同族会社の累積欠損を問題にしているようであるが、そもそも、更地価額の6％の相当の地代による取引を正常な取引条件で行われたものとされているのは、課税庁の基本通達である[19]。それに従った納税者の行為が異常不合理というのでは、課税庁及び本判決は著しい自家撞着に陥っているという謗りを免れない。しかも、その6％を下回る地代は低廉な地代であるとして、所得税法157条1項（同族会社の行為計算の否認）が適用されて6％の相当の地代を認定するというのが、すでに論じた所得税法における同族会社の行為計算の否認規定の課税実務の解釈であり判例である。もはや、学問的レベルでの議論は雲散霧消しているということである。

　以上のように、本件地上権の設定は、租税回避行為の否認要件である「行為の異常性、不合理性」が欠如しているほか、異常不合理とした地上権の設定と通常の合理的行為と認定した賃借権とは法的性質を異にする法律行為であるか

---

(18)　相続税法23条は、本判決がいう不合理な地上権の評価方法を法定しているということになるが、これが不当な解釈であることは論ずるまでもない。
(19)　この相当の地代の支払いにより欠損が生じているのは事実であるが、かかる欠損は、本判決が通常の合理的行為という相当の地代による借地権（賃借権）の設定の場合も同様に発生するものであり、地上権固有の問題ではない。

ら、その両者の「経済的意義・成果の同一性」という基本的要件を欠いているものであり、そもそも、同族会社の行為計算の否認規定を適用することは許されない。

この法理を図解で示すと、次のとおりである。

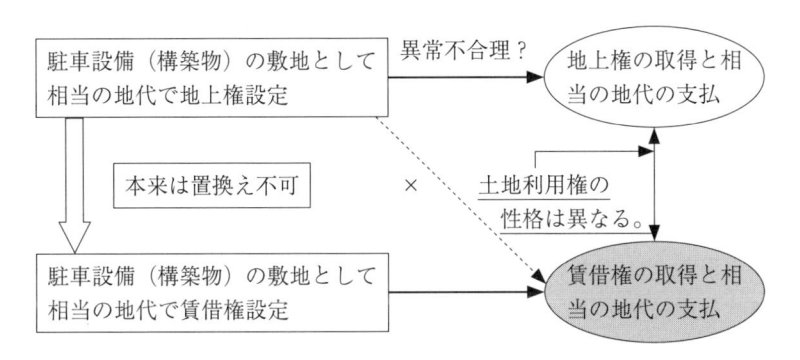

```
┌─────────────────────┐   異常不合理？   ┌──────────────┐
│ 駐車設備（構築物）の敷地として │ ─────────────→ │ 地上権の取得と相 │
│ 相当の地代で地上権設定    │                │ 当の地代の支払  │
└─────────────────────┘                └──────────────┘
         │                                    ↑↓
         ↓                                    
┌──────────────┐         ┌──────────────┐        
│ 本来は置換え不可 │   ×    │ 土地利用権の │        
└──────────────┘         │ 性格は異なる。│        
         │                └──────────────┘
         ↓                                    
┌─────────────────────┐                ┌──────────────┐
│ 駐車設備（構築物）の敷地として │ ─────────────→ │ 賃借権の取得と相 │
│ 相当の地代で賃借権設定    │                │ 当の地代の支払  │
└─────────────────────┘                └──────────────┘
```

すなわち、まず、相当の地代による地上権の設定が異常不合理であるということ自体疑問であるが、これを措くとしても、地上権と賃借権との法的性質が異なるから、納税者が採用した地上権の設定契約（外形上の法形式）という私法上の事実を「別段の定め」によることなく法的性質の異なる賃借権の設定にフィクション（擬制）することは許されない。したがって、地上権の設定は、そもそも租税回避行為を否認する相続税法64条1項の射程外の行為であるから、本判決は誤りである[20]。

ちなみに、地上権の法定評価方法は通常の権利金に代えて相当の地代を取得する場合を前提として規定されていないところに評価上の問題があることは事実であるが、それは法律改正により手当てすべきものであり、同族会社の行為計算の否認規定を適用して課税することによる理論的混乱を招来する課税手法は採用されるべきではない。

(2) 相続開始前に被相続人が同族会社の所有資産を高価で買い取って債務控

---

(20) 本判決と類似する先例判決として、大阪地判平成12．5．12税資247号607頁があるが、この判決を批判するものとして、田中・前掲注(14)参照。なお、同論文では、相続税法64条独自による適用事例はほとんどないのではないかと、と考えられるとしている。後述するように、筆者も全く同様に理解している。一方、独立当事者間取引と比較して判断したことについて評価するものに、増井良啓「相続税法64条1項を適用した事例」（判批）ジュリ No.1199（2001．）がある。

除した場合の相続税法64条１項適用の可否

　この事例は、相続開始前に、被相続人が同族会社の保有する土地建物（取得価額18億円）を同社の土地建物の取得の際の借入残高16億円で取得した後に相続が開始した結果、当該土地建物の時価（１億2000万円余）と買取価額の未払債務との差額が他の相続財産から控除された事例において、相続税法64条１項を適用して差額相当額の超過債務控除を否認した更正処分が行われたものである。その裁決（平成16.3.30裁決・裁決事例集第67集718頁）では、本件土地建物の売買代金債務は債務控除の対象となると認定した上で、路線価を公示価格に比準して算定した１億2,216万円の時価を大幅に超える売買価額で売買が行われたことは、経済人の行為として殊更不自然・不合理であり、利害関係のない経済人当事者の間では行われ得なかったものであると認定して、本件土地建物の売買代金債務のうち、当該時価を超える部分の金額は債務控除額が過大となるから、請求人の相続税を不当に減少しているとして、相続税法64条１項を適用して債務控除額を１億2,216万円と認定して課税価格を計算することは適法であるとして原処分を支持した。

　ここでも、本件事案の論点が土地建物の時価を超えた売買価額で売買されたという私法上の事実を税法固有の法理で否認することは許されないということを失念している。このことは、この売買契約による代金が自己資金又は借入資金で決済されている場合を考えれば理解できよう。つまり、相続開始前に時価を大幅に上回る売買代金が現金で支払われておれば、それが仮装でない限り、相続財産となるべき現金が同族会社に移転したものであり、また、借入資金による場合には、現金の移転とともに借入債務が増加し、結果として相続財産が減少することになる。

　ここでの論点は、時価を上回る金額での被相続人の高価買取は、時価による売買契約と高価部分の贈与契約との混合契約であり、その高価部分の金額は、被相続人が取得した土地建物の取得費を構成しないことになる。しかし、それが売買契約書の書面で行われている以上、被相続人の贈与債務を否定することはできないから、法形式上は贈与債務の債務控除は認めざるを得ない。

　しかしながら、この場合であっても、高価部分の当該贈与債務を履行することが予定されていない等、その高価買取の売買契約が仮装と認められる場合又は当該買取代金を支払う資金もなく、しかして、売買の意思はなく租税回避目

的のために売買契約の法形式を利用したと認定できるのであれば、事実認定の実質主義によって、その高価部分の売買契約を否定して、代金債務は私法上の事実として存在しないと認定して債務控除を否認することは可能である。

　すなわち、この事例の場合には、私法上のレベルでの事実認定によるべき問題であり、相続税法64条1項を適用して、真実、存在する売買契約による売買代金債務を、同族会社の行為計算の否認規定により、相続税法上、存在しないものとフィクション（擬制）することは許されないということである

　(3)　相続開始前に債権放棄した貸付金を相続税法64条1項により否認して相続財産と認定した事案

　被相続人が相続開始前に同族会社に対する貸付金を債権放棄した場合、その貸付金債権は消滅しているから相続財産を構成することはない。したがって、債権放棄しない情況と比較すれば、租税負担が減少することは当然のことであって、それを相続税の不当減少ということはできない。

　このような相続開始前の被相続人の債権放棄に関して、課税庁は、相続税法64条1項を適用して、放棄した貸付金の存在をフィクション（擬制）して相続財産に加算する更正処分が行われた訴訟事件の浦和地判昭和56．2．25税資116号294頁は、本件債権放棄は株主（債権者）の単独行為であるから、「同族会社の行為は介在してない」として、相続税法64条1項により同族会社の行為計算を否認した課税処分を違法として取り消した。

　この判決を文字通り解釈するとすれば、債権者と債務者である同族会社との間で当該貸付金の債務免除契約を締結して債務免除したとすれば、契約の一方当事者として債務者の同族会社が登場しその行為が介在することになるから、本判決の射程外になるということにもなる。

　しかしながら、仮に、同族会社行為が介在する合意に基づく債務免除の場合であっても、相続税法64条1項を適用して、放棄した貸付金を相続財産として認定することは許されない。すでに論じたように、同族会社の行為計算の否認は、私法上、存在する「生の事実」自体を否定するものではないから、抽象的納税義務が発生する相続税の課税時期において、真実、債権放棄が行われ貸付金が消滅している以上、税務において、私法上存在しない貸付金を存在するものとフィクション（擬制）することは許されないのであり、同族会社の行為計算の否認規定の射程範囲外の行為である。

換言すれば、同族会社の行為計算の否認規定の適用の場面は、異常不合理な行為計算に代わる他の合理的経済的行為の存在が必要であるが(21)、この債権放棄の場合には、異常、不合理な債権放棄に代えて通常行われる合理的経済的な行為は存在しないということである。すなわち、租税回避行為の要件の一つである納税者の採用した異常不合理な行為形式と通常の経済的合理的な行為により顕現される経済的意義・成果が同一性があるという要件の充足を検証すると、被相続人が、真実、債権放棄を行っている以上、相続税の課税時期において貸付金は法律上消滅し存在しないのに対して（課税庁の認定する異常不合理な行為）、被相続人が死亡するまでの間、債権放棄をしなかった（課税庁が認定する合理的行為）とフィクション（擬制）すると、その両者の法的、経済的実体は全く異質のものであるから、課税時期における「経済的意義・成果の同一性」の要件を充足せず、そもそも、相続税法64条1項の適用の場面ではないということである。

Ⅳ　ま　と　め

　以上の検討の結果、同族会社の行為計算の否認規定により、租税回避行為として否認することできる場合とできない場合を集約すると次のように整理することができる。
①異常な法形式を合理的な法形式に引き直すことが可能な場合

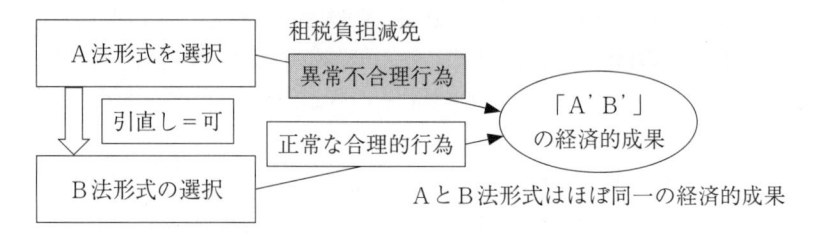

```
                         租税負担減免
  ┌──────────┐      ┌──────────┐
  │ A法形式を選択 │      │ 異常不合理行為 │──┐
  └──────────┘      └──────────┘  │  ┌─────┐
        │                              ├─→│「A'B'」│
     ┌─────┐          ┌──────────┐  │  │の経済的成果│
     │引直し＝可│          │ 正常な合理的行為 │──┘  └─────┘
     └─────┘          └──────────┘
        ↓
  ┌──────────┐             ＡとB法形式はほぼ同一の経済的成果
  │ B法形式の選択 │
  └──────────┘
```

　この場合は、納税者の採用した外形上のA法形式が異常、不合理な行為であり、その行為により得られたのは「A'B'の経済的成果」であり、一方、通常採用されるであろう経済的合理的行為はB法形式であり、それにより得られる経済的成果もA法形式とほぼ同様の「A'B'の経済的成果」であるという場合

---

(21)　田中・前掲注(14)388頁。

に、Ａ法形式による租税負担がＢ法形式によるそれよりも減免されている場合に、初めて、同族会社の行為計算の否認規定が機能することになる。

同規定に定める「租税負担を不当に減少させる結果になると認められるものがあるとき」というのは、「Ａ'Ｂ'の経済的成果」を獲得するために、異常、不合理なＡ法形式を採用した結果、同様の経済的成果を得られる経済的合理的なＢ法形式と比較すると租税負担が減少しているという意味である。また、「税務署長の認めるところにより」というのは、納税者の選択した外形上の「異常不合理なＡ法形式」に代えて、「経済的合理的なＢ法形式」を選択したものとフィクション（擬制）して、これを課税要件規定に当て嵌めて課税関係を形成するということである。

②異常な法形式を合理的な法形式に引き直すことが不可能な場合

これに対して、異常不合理な行為形式が同族会社の行為計算の否認規定によっても否認できない場合は次のような場合である。

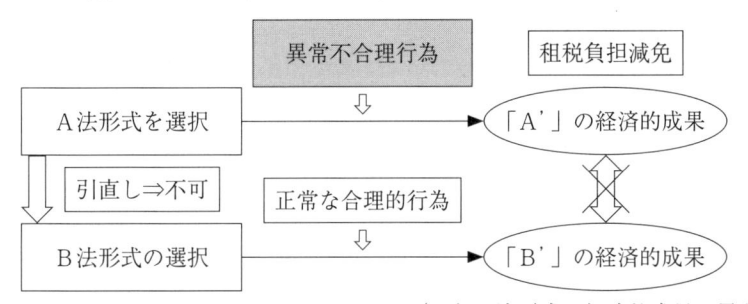

```
                    ┌─────────────┐      ┌─────────────┐
                    │  異常不合理行為 │      │  租税負担減免 │
                    └─────────────┘      └─────────────┘
  ┌─────────────┐        ⇩          ┌─────────────┐
  │ Ａ法形式を選択 │ ──────────────→ │「Ａ'」の経済的成果 │
  └─────────────┘                   └─────────────┘
      ⇩    ┌─────────────┐  ┌─────────────┐       ╳
           │ 引直し⇒不可 │  │ 正常な合理的行為 │       ╳
           └─────────────┘  └─────────────┘
  ┌─────────────┐        ⇩          ┌─────────────┐
  │ Ｂ法形式の選択 │ ──────────────→ │「Ｂ'」の経済的成果 │
  └─────────────┘                   └─────────────┘
```

（ＡとＢ法形式の経済的成果が異なる）

選択した異常不合理な「Ａ法形式」により発生している「Ａ'の経済的成果」と通常の経済的合理的行為である「Ｂ法形式」による「Ｂ'の経済的成果」が異なる場合であれば、その異なるところにより課税関係が形成されることになり、租税負担が減免されるからといって、現実に発生している「Ａ'の経済的成果」と異なる「Ｂ'の経済的成果」に置き換えることは許されないということである。

前述したように、地上権を賃借権に置き換えた事例、高価買取の高価部分の債務控除の否認及び債権放棄を否定した事例等の相続税の課税事案は、いずれも、介在した同族会社の行為計算は営利法人にとって有利な経済的合理的行為であり、かつ、経済的成果の同一性という租税回避行為の否認要件の二つの要

素を充足していない事例における課税処分であるということが理解できるであろう。

　同族会社の行為計算の否認規定が営利法人の同族会社にとって経済的合理的な有利な行為を否認する趣旨でないことは、同規定の立法当時の趣旨目的に照らしても明白である。すなわち、同族会社の行為計算の否認規定は、「法人をして積極的又は消極的に、個人に一時的利益を与ふる目的を以て、出捐又は犠牲を為さしむること」（傍点筆者）、つまり、「贈与その他の無償行為を以て、事ある毎に法人の利益の減殺を図り、因って個人に利益を与ふる等、容易に租税の回避が企図せらるる」[22]ことから、これを是正する規定であるとされているところである。

　つまり、かかる立法当時の課税当局者の解説によると、同族会社の行為計算の否認規定が創設された大正12年当時、個人が法人から贈与により受けた一時的・臨時的な所得は非課税とされており、一方、支出する寄附金はその全額が損金の額に算入される制度とされていたことから、この制度を利用して、法人（同族会社）からその株主への利益の移転を規制するために創設されたのが、同族会社の行為計算の否認規定であり、したがって、同否認規定は、少なくとも、株主（個人）から同族会社への利益の移転を不合理、不自然として株主（個人）に対して課税する趣旨の規定ではないということが明らかとなる。

　前記債権放棄の判決に対する判例評釈において、「同族会社の行為が介在しないか、同族会社自体の意思決定としては合理的であるという場合には否認できない」[23]とされる見解が、同規定の創設当初における立法趣旨に最も適った見解ということである。しかして、かかる見解に立てば、前述したような個人（株主）から同族会社に対する資産の低額又は無償の貸付は、同族会社が利益を享受しているから、「同族会社自体の意思決定としては合理的である」ということであり、したがって、同族会社の行為計算の否認規定は適用できないと解すべきである。

　また、相続財産等の存在、種類、時価等は私法上存在する財産の実体に基づいて認定されるものであるから、それを無視して、税法上、同族会社の行為計

---

[22]　片岡政一『税務会計原論』（文精社1935年＜昭和10年＞）283頁。同旨・山本貞作『営業収益税法釈義』（自治館1927年＜昭和２年＞）378〜379頁参照。

[23]　碓井・前掲注(15)159頁。

算の否認規定を適用して、その事実と異なる事実をフィクション（擬制）することは許されないということも留意すべきである。従前の平和事件や私法上の地上権の設定の事実を賃借権の設定と擬制した訴訟事件において見られる同族会社の行為計算の否認規定の適用事例の議論の中で、このような視座からの検討がなされていたのであれば、個人の収入認定や私法上の財産の種類（法律関係）を否定する課税処分は行なわれなかったのではないかと思料する。

5 少額減価償却資産の判定単位についての一考察

中央大学法学部・同法科大学院教授　玉國文敏

Ⅰ　はしがき
Ⅱ　沿革的考察
Ⅲ　少額減価償却制度の基本的スタンス
Ⅳ　少額減価償却資産の取得価額の判定方法に関する裁判例の検討
Ⅴ　おわりに

Ⅰ　はしがき

　事業の用に供される資産は、企業や事業の収益を生み出す源泉の一つであり、その取得や維持に要する費用は、一種の事業コストとして、課税上も取り扱う必要がある。ただし、長期間にわたって使用される（有形および無形の）固定資産に係る取得費については、「将来の収益に対する費用の一括前払い」としての性格をもっていることから、取得の年度に一括して費用に計上するのではなく、使用の状況や時間の経過に伴う減価の状況に応じて、徐々に費用化を図る制度（減価償却制度）が採用されている[1]。もっとも、各年度における具体的な減価償却の具体的金額を算定することは、きわめて困難であるため、減価償却額を「大まかに測定するためのなんらかの合理的（reasonable）で体系的（systematic）な方法が考案される必要」があり、企業会計上の種々の方法が、そのために考案され用いられてきた[2]。その中には、それぞれの減価償却資産について、その本来の効用に使用しうる期間（耐用年数）や残存価額を設定なども含まれるが、金子教授がいみじくも指摘されているように、「行政的便宜の観点から、画一的処理を図るため」、「客観的に測定することが困難な」耐

（1）　金子宏・租税法（第12版）（弘文堂・2007）271頁参照。
（2）　金子・同書272頁参照。また、減価償却は「投下資本を回収するための会計技術」であると言われる。

第1編　国内税法

用年数や残存価額については、省令（減価償却資産の耐用年数等に関する省令）で、資産の種類ごとに一律に定める規定が置かれている(3)。その意味では、「取得価額が十万円未満である」少額減価償却資産については、原則として、その取得価額相当額を「事業の用に供した日の属する事業年度」における損金に算入することを認める法人税法施行令133条の規定も、制度の存在理由やその本来の目的からみて、もっぱら行政的あるいは政策的見地に基づき定められた規定といわざるを得ない。

本稿では、携帯電話事業者へのPHS事業の譲渡に関連して法人税法施行令133条の趣旨と少額減価償却資産の単位認定のあり方が争われた裁判例（X会社中央事件・東京地裁平成17年5月13日判決・判例時報1902号33頁と同控訴審・東京高裁平成18年4月20日判決・タインズZ888-1077。以下「中央事件」として引用する）を素材としつつ、減価償却資産の判定単位をめぐって生じてくるいくつか論点を考察していきたい（中央事件訴訟で提起されているのと同じ問題をめぐって、同様の課税処分を受けたX会社の関連会社により何件かの同種訴訟が提起されている。それらの訴訟に対して、第一審を担当した東京地裁と控訴審の東京高裁は、いずれも納税者勝訴の判断を下してきた(4)。課税庁側からの上訴を受けて、現在、事案は最高裁に係属中である）。

さて、上記の事例では、原告X会社他が事業承継により取得した施設利用権のうち、15万3,178の基地局回線（エントランス回線）の資産（中央事件の場合

（3）　金子・同書273-4頁。
（4）　第一審判決としては、X会社中央事件（東京地裁平成17年5月13日判決・判例時報1902号33頁）の他、同年月日に東京地裁で判決が下された東北事件（タインズZ888-0957）、四国事件（タインズZ888-0958）、北海道事件（タインズZ888-0997）、東海事件（タインズZ888-1097）、北陸事件（タインズZ888-1098）、関西事件（タインズZ888-1099）、中国事件（タインズZ888-1100）、九州事件（タインズZ888-1102）の各判決がある。

控訴審判決としては、中央事件判決（東京高裁平成18年4月20日判決・タインズZ888-1077）の他、いずれも東京高裁で平成18年5月17日に判決が下された四国事件判決（タインズZ888-1093）、中国事件判決（タインズZ888-1131）、同年5月18日付の北海道事件判決（タインズZ888-1094）、同年5月25日付の東海事件判決（タインズZ888-1128）、同年6月18日付の北陸事件判決（タインズZ888-1129）がある（以下、これらの判決については、事件名で引用をする。）。これらの判決で取り上げられた論点や判示された内容には重なり合う部分と、微妙に温度差が感じられる部分との両方がある。本論稿では、中央事件判決を中心に、全体の考察を進めていきたい。

は譲渡価額の合計額は111億5,135万8,400円にのぼる）を、単年度で減価償却しうるか否かが裁判上の中心的な争点となっている。裁判では、とりわけ、資産の取得価額の判定の仕方に関連して、法人税法施行令133条に規定する「内国法人がその事業の用に供した減価償却資産で取得価額が十万円以下であるもの」（少額減価償却資産）の判定単位をどのように理解するか、また、何をもって事案での取得資産として捉えるか等が争われた。裁判例を含めて、これまで減価償却との関連で資産の単位評価のあり方が論じられる機会が少なく、少額減価償却資産とその「単位」に関しての理論的な検討が十分になされてきたとは言い難い現状において、本件各事例をめぐる判決は、今後の実務や課税理論に対しても、大きな影響力を与える可能性があると思われる。

租税訴訟で注目される最近の現象としては、これまでは税務に関する法的紛争に巻き込まれる事態を避ける傾向があった大資本企業や会社が、裁判の場で、課税の妥当性を徹底的に争うケースが増えてきたことが指摘されている。本稿で研究素材として取り上げる事例は、そのような大企業が提起した租税訴訟の一つであり、係争金額が多額に上る点でも社会的な注目を集めている。

II 沿革的考察

減価償却資産について、比較的早い段階から償却対象となる資産の「グループ」ないし「単位」が論じられてきた米国のケース[5]とは異なり、わが国の税制においては、減価償却資産を「単位」として捉えようとする意識が芽生えたのは、それほど昔のことではなかったように思われる[6]。たとえば、昭和

---

(5) たとえば、石油や石炭などの採掘施設の減価償却方法をめぐっては、1918年歳入法の下で、「生産物の単位（unit of product）」に基づく償却が可能か否かが、租税裁判所の前身である租税不服審査庁でしばしば争われた。cf. Edwin H. Brady v. CIR, 7 B.T.A. 818 (1927), Golconda Oil Co. v. CIR, 7 B.T.A. 955 (1927), Beacon Coal Co. v. CIR, 9 B.T.A. 280 (1927) etc.

(6) 戦後、米国の減価償却の制度や状況をわが国に紹介した例としては、大蔵省主税局編「米英日耐用年数と減価償却」（日本租税協会・1950）がある。同書では、「納税者は個々の資産について、それぞれ別々に減価償却を計算する必要はない。適当な条件の下では、納税者の全資産を示された型に一グループとして分類し、一グループ毎にこれを一単位として減価償却をすることもできるし、或いは又納税者の全資産を綜合的全体（a compositive whole）として取扱い、全資産を一つの減価償却勘定に入れて、その勘定を一単位として減価償却をすることもできるのである」ことを紹介する（同2頁）。

第1編　国内税法

　22年当時、わが国の法人税法の下で、「取得価額若しくは製作価額1,000円未満の固定資産を取得した場合」には一般の減価償却方法によらずに損金処理をすることを可能であるとする取扱いを法人税法施行細則が定めた際にも、減価償却資産の単位については、とくに言及されていない（同法施行細則第10条）。その後においても、わが国の法令を見る限りでは、減価償却資産の単位を意識的に規定した事実は見られない[7]。

　もっとも、国税庁編「昭和42年改正税法のすべて」では、「業務の性質上基本的に重要な」少額多量資産等の取扱い変更に関連して、「従来、1個、1組、1台または1基等の取得価額が3万円未満の減価償却資産については、原則としてその事業の用に供したときにその全額に算入することが認められ」ていた旨が書かれている。したがって、通達に書かれる前から実際には、「単位」を意識した税務が行われていたことは、想像に難くない。ちなみに、昭和42年の法人税法施行令改正では、それまでは少額減価償却資産の対象外とされていた、取得価額が3万円以下の資産で「業務の固有の必要性に基づき大量に保有されるもの（たとえばホテル、旅館等の浴衣、スリッパ、運送業者のパレット、ロープ、シート等）」や、「事業の開始または拡張のために取得した」資産についても、損金算入が認められることになった。上記の「改正税法のすべて」では、「（これらの資産）に該当するかどうかの範囲が必ずしも明確でないことから個々の資産がこれに該当するかどうかの判定をめぐってとかく紛争が多かった」ため、「このようなトラブルを解消する一方策」として、政令上の措置を執るようになったことが指摘されている[8]。

　その後、昭和45年の通達改正に伴い、法人税基本通達7-1-11（昭45直審（法）58改正）によって、実務上、取得価額5万円未満であるかどうかの判定に

　　また、米国の税務会計上の減価償却に関して、「固定資産税の償却額の算定に当たっては、原則として一件一物毎にそれぞれの耐用年数に基づいてなさねばならないが、このように各単位毎の償却率（unit rate）によって償却をなすことは、事業の種類又は資産の性質─例えば製鈑工場におけるプレートミルの如き─によっては極めて煩に堪えない場合が生ずる」ことを紹介している（同182頁）。

（7）　このような私の意見に対して、当時においても立法者は「単位」を当然意識していたとの考え方もあろうが、いかんせん、この点について「法令上の明文規定」がない事実は、否定しようがない。

（8）　国税庁編「昭和42年改正税法のすべて」83頁以下。

ついては取引単位毎にすべきことが明らかにされ、現在の取扱いの基本となる考え方が盛り込まれることになった。ちなみに、当時の通達は、以下のように定めていた。

法人税基本通達7-1-11（昭44．5．1直審（法）25，昭45直審（法）58改正）
——（少額の減価償却資産の取得価額の判定）
「令第133条（少額の減価償却資産の取得価額の損金算入）の規定を適用する場合において、取得価額が5万円未満であるかどうかは、通常1単位として取引されるその単位、たとえば、機械および装置については1台または1基ごとに、工具、器具および備品については1個、1組または1そろいごとに判定する。」

さらに、その後の通達改正では若干の字句修正がなされ、併せて「構築物のうち例えばまくら木、電柱等単体では機能を発揮できないものについては一の工事等ごとに判定する」との一文が加えられ、その内容は現在の法人税基本通達7-1-11に引き継がれている。

Ⅲ　少額減価償却制度の基本的スタンス

　法人税法上の課税所得算出の構成要素である益金や損金についていえば、法人税法や同法施行令、同法施行規則などでは、その算定基準を画一的に定めるために、かなり詳細な規定が置かれてきた。神戸大学の岸田雅雄教授によれば、それらの規定は、益金あるいは損金の概念が必ずしも明確でないことに由来しており、もし、これらを「企業の恣意的な判断に委ねる」とするならば、「不公平を生ずる」からだと説明されている[9]。さらに同教授の言を借りるならば、法人税法31条が減価償却制度の詳細を政令に委ねたのは、「課税要件の明確性のほか負担の公平・予測可能性・課税の執行の容易性の見地」に立っているからだ、ということになる。

　少額減価償却資産の損金算入についての取扱いも、基本的には、岸田教授が説明されると同様の考え方に基づいていると思われる。

（9）　岸田雅雄「法人税の課税ベース」租税法研究17号34頁以下参照。

第1編　国内税法

　前述したように、昭和22年の法人税法施行規則により、「取得価額若しくは製作価額1,000円未満の固定資産」については、一時に損金算入することを認めることになった。そのような少額減価償却資産の取扱いが、いかなる経緯や理由から、わが国の法人税制度に導入されてきたかについて、文献の中では必ずしも明らかにされていない。ただ、その後、わが国においては、数次にわたって損金算入限度額の引き上げが行われてきた。昭和49年度の改正では、それまでは一時に損金算入をすることが認められる資産の範囲から排除されてきた少額重要資産についても、減価償却を一時になしうることとされるに至っている。減価償却制度の基本的な成り立ちと同時に、その後の改正過程における説明を併せて考えると、少額減価償却資産の損金算入の取扱い自体は、法人所得課税の本質に関わる問題というよりも、便宜的、技術的側面からの必要性を背景として、政策的に組み立てられてきた事情が読み取れる。

　二、三の例を挙げると、昭和45年の損金算入限度額の引き上げに際して、当局の立場からなされた説明では、「工具、器具、備品等の相当部分について、償却費計算上の手数が不要となり、企業の事務簡素化、税負担の軽減に相当な効果がある」ことが挙げられている(10)。あるいは昭和49年に少額重要資産についての取扱いが変更されたときには、「企業経理等の簡素化に資する」ための改正である、とする税制担当者の説明(11)が添えられている。

　これらの説明などからすると、もっぱら申告納税をする企業側の便宜を考慮して制度が変革されてきた事情を窺うことができる。

　先に引用した岸田教授の論稿では、少額減価償却資産に関する取得価額の損金算入規定（法人税法施行令133条）の趣旨は、「課税所得に重大な影響を与えない重要性の低い項目についての簡素主義の立場から形式基準を採用」するこ

---

(10)　吉牟田勲＝伊藤弘邦「45年度の企業関係税制改正の細目（上）」旬刊商事法務525号9頁。

(11)　伊藤弘邦「49年度企業関係税制の重点解説」旬刊商事法務666号29頁。その他、少額重要資産計上特例の改正趣旨については、「企業会計上の重要性の原則等」を考慮したそれまでの取扱いに対して、「現実の税務執行に置いては、個々の資産が少額重要資産に該当するかどうかの範囲が必ずしも明確でなかったこともあって紛争が多いこと」、および、「少額資産は耐用年数の短いものが多く、その処理が繁雑であること」を考慮して、「税制簡素化の見地」から、一時の損金算入を認めることにした、との指摘も見られる。原田靖博「改正法人税法解説」税理17巻7号89頁。

とにあったことが指摘されている(12)。

以上のことを総合的な観点から考察するならば、その基となる減価償却制度自体が本来そうであったように、少額減価償却資産に関する取得価額をどのように損金算入するかという取扱いそのものも、きわめてアバウトで不明確な内容であったという実態が明らかになってこよう。すなわち、少額減価償却資産の取得価額を一時に損金算入することを認める取扱いも、減価償却制度あるいは償却資産などの本来的性質に根ざした制度というわけではなく、便宜的な取扱いをしてきたに止まる。理論的な見地からいえば、そのような取扱いを必然的にしなければならないような理由は、とくに存在しているようには思えない。むしろ、先にも指摘したように、政令あるいは通達で示された範囲で（あるいは基準に基づき）、納税者に課税上の特例を便宜的に認めた制度に止まるといって良い。この制度が本来もつ意義は、取扱いの統一を図ることで、納税者間の公平な取扱いを担保しようとする点にある。

IV 少額減価償却資産の取得価額の判定方法に関する裁判例の検討

1 中央事件第1審判決の論理構造

中央事件に関する東京地裁平成17年5月13日判決（判例時報1902号33頁）の論理構成では、まず、減価償却資産としての費用配分を行うためには、当該資産の事業への供用ができる状態、すなわち、当該企業の事業活動において、当該資産がその用役を提供しうる状態（資産としての機能を発揮できる状態）にあることの必要性を強調する。次に、少額減価償却資産の損金算入の制度についても、それ自体が減価償却の費用配分方法の特則であることから、「当該減価償却資産が、当該企業の事業活動において、資産としての機能を発揮することができる状態にあると評価できること」を求め、少額減価償却資産に該当するか否かは、「一般的・客観的に、資産としての機能を発揮できる単位を基準にその取得価額を判定」すべきであり、「業務の性質上基本的に重要であったり、事業の開始や拡張のために取得したものであったり、多数まとめて取得した」事実などは、取得価額を判断する上で考慮すべきでないとする(13)。

---

(12) 同上35頁。
(13) なお、中央事件の国税不服審判所裁決（平成15年3月18日裁決・タインズF0-2-126）は、「事業との関連からみた機能の実現」であることを強調する。

第1編　国内税法

　取得価額が10万円未満であるかどうかの判定基準を示す通達について東京地裁判決は、「一般的・客観的に、事業用資産としての機能を発揮することができるかどうかを基準として、減価償却資産の取得価額を判断すべきであるという判断方法につき、例を挙げて、これを具体的に示した」と評価し、これを正当であると判断した。また、同判決は、レンタルビデオ事業におけるレンタルビデオテープを例に挙げ、「事業のために多数そろえておくことが通常必要な資産であっても、一つ一つが独立して機能しているものについては、その一つ一つを単位として法人税法施行令133条の取得価額を判定するのが相当である」との立場を示している。

2　本件資産の機能と性質について

　次いで、中央事件・東京地裁判決は、施設利用権のうちエントランス回線に関する本件資産が少額減価償却資産に該当するか否かの検討に移っている。この点についての東京地裁判決の論理を追うと、(1)現在の複数の電気通信事業者が介在しうる電気通信においては、電気通信役務の提供に関する契約関係は、エンドユーザーと一つの電気通信事業者との間において成立しているのみならず、複数の電気通信事業者間においても、接続協定等により、一定の役務を行う権利義務関係や対価の支払を含む契約関係が発生していること、(2)システム全体を見れば、X社は、相互接続協定の締結およびエントランス回線の申込みと訴外会社の承諾に基づき、X社の設置した基地局と訴外会社所有のエントランス回線（基地局回線）の設置費用を含む一定の対価（工事費と手数料の合計金額）を負担することで、訴外会社所有のエントランス回線を利用して電気通信役務を提供させる権利（具体的なエントランス回線利用権）を取得したと理解できること、および、(3)X社の事業活動において、一般的・客観的には、1回線で、エントランス回線利用権の機能は、単体のエントランス回線の利用によって発揮することができることなどから、その取得価額は、まとめて譲り受けたとしても、エントランス1回線分の単価になると認定した。

3　単位の捉え方とその検討

(1)　「一般的・客観的に、資産としての機能を発揮できる単位」基準

　従来の課税サイドの「単位」意識では、どちらかといえば、ものの存在、あ

るいは集合体としてのまとまりなどを意識して論じることが多く、「機能を発揮できる単位」については、「構築物」以外の場面では、あまり意識されてこなかった視点のように感じられる。これに対して、中央事件・東京地裁判決は、「一般的・客観的」に、「資産としての機能を発揮できる単位を基準にその取得価額を判定」すべきであるとしており、従来の基準に比べて、その枠組みを一般的に拡大しようとしている点が注目される。ただし、機能あるいは機能を発揮できるか否かの視点だけでもって、すべての場合に対応しうるのかについては、いささか疑問の余地が存在すると言わざるを得ない。とくに科学技術の発達・進歩の度合いや、産業形態の変化等を考慮に入れると、これからの時代においては、技術的に見て、機能面でも単位の分割がかなり容易になし得ることが予想される。したがって、従来だと一体で扱うのが通常である資産についても、容易にかつ恣意的に分割が試みられたりする例が、今後においては、一層増えてくる可能性がある。

　もっとも、機能面からみて単位の分割がかなり容易になし得る点については、将来的な問題に止まるのみでなく、現在の状況においても、一部においては、すでに見られる現象であるとも言えよう。

　たとえば、コンピュータについていえば、ワンボックスに一体的に収まるタイプもあれば、各パーツに分かれて組合せで機能を発揮するタイプもある。通達がいう「通常一単位として取引されるその単位」、「機械および装置については１台又は１基ごと」、あるいは、「器具及び備品については１個、１組又は１そろいごと」の解釈の仕方によっては、全く同じ機能を有するにも拘わらず、製品の種類や製造者によって取扱いが分かれる可能性がある。そのことから、実際的な不都合さが生じることも当然予想されるし、とりわけ技術や産業形態の発達・変化の結果を考慮すると、あらゆる機械・器具について、同様の議論と疑問が生じてくる可能性もある。その意味で、現在の通達は、これまでの技術や産業形態を前提にした「一応の基準」であるにとどまり、本件のような通信網利用権についてはもちろん、将来的に生じてくる技術の変化すべてに対応しうる基準とまではなっていないことに注意を払う必要がある。

　(2)　レンタルビデオは、例として相応しいか

　中央事件・東京地裁判決が、「機能を発揮できる単位」を「新たな」一般的基準として持ち出そうとする姿勢も、全く理解できないわけではない。ただし、

第1編　国内税法

　同判決は、レンタルビデオ事業におけるレンタルビデオテープを例に挙げつつ、PHSにおけるエントランス回線の個別単体性と直接結びつけて論じようとする。果たしてその議論は説得力をもつのであろうか。

　レンタルビデオであろうと、貸本屋の場合であろうと、ビデオテープの一本、一本や、貸し出される書籍の一冊、一冊が、社会的に独立して存在しえて、それぞれの機能を十分に果たしうることには、全く異論の余地がない。

　ところが、エントランス回線については、それぞれの回線を完全に独立させて（分離して）使用したとすれば、それぞれがその機能を全く果たしえなくなることは、誰にとっても自明のことであろう。エントランス回線自体のサービス提供機能に着目するならば、イメージ的には、水道事業やガス事業、電気事業における、水道管やガス管、電線などに、より近いのではなかろうか。

　もちろん、エントランス回線の利用と、ガス、水道、電気などの「商品」提供の導管的役割を担う設備・装置類などとは、本質的に違う面もある。筆者としては、そのイメージの共通性を説いているに過ぎず、両者の違いを無視してまで、両者の共通性を強調するわけではない。ただし、そのような違いを考慮したとしても、ビデオテープの例を引き合いに出すよりは、水道管やガス管、電線の例で考えた方が、よほど適切にイメージを掴むことができるのではあるまいか[14]。

　いずれにせよ、中央事件・東京地裁判決が、本件エントランス回線の機能をレンタルビデオと対比しながら論じている点は、やはり奇異に感じる。機能的な面からいっても、その形態や事業における実際的役割からいっても、レンタルビデオ事業におけるレンタルビデオテープとPHS回線とではあまりにも違いすぎ、両者を引き合いに出して論じるには、例として適切ではなかったのではあるまいか。それなのに、同判決がレンタルビデオにこだわる唯一の理由は、「事業のために多数そろえておくことが通常必要な資産であっても、一つ一つが独立して機能しているものについては、その一つ一つを単位として法人税法

---

[14]　本文でも述べているように、私自身も、電気通信事業がガス・水道・電気事業と全く同じであると主張しているわけではない。ただ、基盤となる構造設備が存在し、基幹設備との接続部分でのみの関係しか持たないように見える末端利用者にとっても、実際には基幹設備の存在がサービスを受ける前提となっているという意味では、レンタルビデオよりもはるかに近い例であることは否定し得ない事実であろう。

施行令133条の取得価額を判定するのが相当である」とする結論を導き出すための、強引な理由付けであるとしか考えられない[15]。

ちなみに水道事業などで用いられる水道管などについては、一本一本を個別的に資産管理（減価償却を含めて）することもできるし、年度毎にまとめて総合方式で資産管理することも認められている。ただ、個別的な管理方式では対象が多くなりすぎるため、単に事務処理上の都合から、便宜的に全体をまとめて管理をするのが通常のようである。ガス事業におけるガス管なども、同様に、取得の年度毎に全体をまとめて、口径、管種、圧力毎の耐用年数に応じて減価償却の計算を行っているとのことである。この場合も、夥しい本数のガス管を個別に計算をするよりも、全体をまとめた方が手数や人件費を節約できるという、専ら企業側の便宜に基づく考え方によるところが大きい。高電圧鉄塔などは別として、電気事業における電柱や電線など、各家庭に電気を供給する設備についても、年度毎にまとめて計算を行っている。

---

(15) ちなみに、中央事件控訴審判決は、「レンタルビデオ事業におけるレンタルビデオとPHS事業における本件資産とが異なる側面を有することは否定できない」との認識を示しながらも、「レンタルビデオのように事業のために多数そろえておくことが通常必要な資産であっても、一つ一つが独立して機能しているものについては、その一つ一つを単位として法人税法施行令133条の取得価額を判定するのが相当であると解されるのであり、エントランス回線も1回線ごとに独立して機能し、エンドユーザーは1回線ごとに利用するとの点においてレンタルビデオテープと共通性を有する」ことから、「レンタルビデオテープと本件資産を比較することに意味がないとはいえない」と述べている（四国事件控訴審判決も同旨）。また、関西事件控訴審判決は、「PHS事業の営業地域内において、相当数の基地局を設置して、エントランス回線を設置することが必要である」ことが、「エントランス回線が単体として機能を発揮するものと認定する妨げにはならない」ことを示すため、「1本のみで一般的・客観的に事業活動における資産として機能している」レンタルビデオテープを例として挙げることは、必ずしも不適切な例とはいえない、とした。

これらのいずれの判決も、あくまでもエントランス回線の一本一本が独立して機能していることを前提として、それならビデオテープと共通性をもつことを指摘するにとどまり、それ以上に何かを証明しているわけではない。

これに対して、東北事件控訴審判決は、「有体物であるレンタルビデオ事業におけるレンタルビデオテープ（あるいはパチンコ業におけるパチンコ台なども同様と解される。）と無体財産である本件資産ないし本件エントランス回線利用権とを同列に比較して説明するところに、そもそも無理があり、同趣旨の批判を含む控訴人の主張にも一理あるといわざるをえない」として、不適切な例であることを率直に認める。そして、これはあくまでも「便宜的な説明」にすぎないとする。

第1編　国内税法

　要するに、電話サービスなどと基本的に類似する各種公共サービス機関における供給設備等に関しては、中央事件・東京地裁判決が言うように、「独立した機能」に応じて単位毎に計算するというような明確な基準が立てられているわけではなく、ごく便宜的な形で減価償却をされているに止まる。そのようなやり方が将来的に望ましいかどうかは別として、少なくとも現段階においては、「一つ一つが独立して機能している」ことが、直ちに「一つ一つを単位として」取り扱う必然性を示唆しているとは思われない[16]。

　(3)　単体としてのエントランス回線の機能について

　中央事件・東京地裁判決は、エントランス回線が、「一定範囲をカバーする1基地局のみを対象としてその機能を発揮する」こと、「一個のエントランス回線があれば、当該基地局のエリア内においてPHS利用者がPHS端末から固定電話又は携帯電話に通話すること」あるいは「固定電話又は携帯電話から当該エリア内のPHS端末との間で通話すること」に支障がないことを理由に、エントランス回線利用権の機能が「単体のエントランス回線の利用によって発揮」される（換言すれば、1回線で基地局とPHS接続との間の相互接続という機能を発揮する）として、1回線の単価で取得価格を計算することを正当化しようとする。

　同判決の論理に沿って考えると、本件におけるエントランス回線利用権は、あたかも駅と駅との間において鉄道線路を利用する権利、あるいは、インターチェンジとインターチェンジとの間だけで高速道路を利用する権利などの、区間毎の通行権に対応する、区切られた利用権として理解されているように感じられてならない。関西事件、東北事件、四国事件、九州事件各控訴審判決などでは、1基地局・1個のエントランス回線だけでも通話が可能である点が強調され、1回線でも機能を発揮している根拠とされているが、そのような利用可

---

[16]　東北事件、北海道事件の各控訴審判決は、電話サービス等における電線等の利用権などと「回線利用権の単位の問題」とは無関係と決めつける。しかし、エントランス回線が「1回線ごとに独立して機能し、エンドユーザーは1回線ごとに利用する」（四国事件控訴審判決）こと、「利用しているエントランス回線は常に1つであって、同時に複数のエントランス回線を利用しているわけではない」（北陸事件控訴審判決）こと、あるいは、「常に利用している回線は1つであって、同時に複数の回線が利用されるわけではない」（中国事件控訴審判決）ことを強調する裁判例を見る限り、電話回線等との共通性がむしろ際立ってくるように感じられる。

能性があることのみで、実際の社会においてより大きな役割を果たしており、事業の発展的可能性をも含んでいる移動型通信あるいは活用型通信としての役割を完全に無視して良いとは、とても思われない(17)。

　さらに、中央事件・東京地裁判決の論理では、①エンドユーザーと電気通信事業者間で、「電気通信役務の提供に関する契約関係」が成立すると共に、複数の電気通信事業者間でも「接続協定等により、一定の役務を行う権利義務関係や対価の支払を含む契約関係」が発生していること、②X社は、自己の設置した基地局経由で訴外会社所有のエントランス回線を利用してエンドユーザーに電気通信役務を提供させる権利を取得し、その一方で、訴外会社にその対価を支払う義務を負っていることから、X社が取得した権利は、「接続協定上の地位などといった抽象的ないし包括的なものではなく」、「個別のエントランス回線を利用して、訴外会社のPHS接続装置、共同線通信網等とを相互接続し、訴外会社のネットワークを利用して電気通信役務を提供させる権利」（エントランス回線利用権）を取得したのであり、その権利を得るための対価として、エントランス回線1回線毎に工事費（施設設置負担金）および手数料（契約料）を支払ったと解している。

　X社が実際に取得した権利が抽象的な権利か具体的な権利であるかについての議論はさて置くとして、中央事件・東京地裁判決では、「工事費（施設設置負担金）および手数料（契約料）」は、あくまでもエントランス回線の利用の対価であり、1回線毎に切り分けることができると解している。ただ、同判決のこのような理解の仕方は、工事の実施に伴い区間毎に掛かるであろう訴外会社の工事コストを「エントランス利用権の対価」あるいは「（本件での）減価償

---

(17) とくに、裁判所自身が「PHSの最大の特色は移動しながらの通話が可能であることであり、したがって、1つの基地局でカバーすることができる通信エリアの半径が数百メートルと狭いPHSにおいては、1本のエントランス回線だけでは到底PHS事業を成り立たせることはできず、また、ハンドオーバー機能を発揮させるためにも複数のエントランス回線が必要であり、さらには、そもそも被控訴人のような丁社網依存型PHS事業者においては、丁社の電話網の機能を活用できなければPHS事業を行うことが不可能である」X社網依存型PHS事業者であることを裁判所自身が認めている北陸事件・控訴審判決の場合には、何故に裁判所が「利用しているエントランス回線は常に1つであって、同時に複数のエントランス回線を利用しているわけではないから、機能しているエントランス回線は1つである」ことを強調して、接続権1個（1回線）を1単位として判断しようとしているのか、その理由が分からない。

却資産」そのものと混同しているのではないだろうか。

1工事ごとにコスト計算をすることは可能であるし、また、便宜的には、そのようなやり方で取得価格を計算する方が容易に原価を算出しうるというメリットがある。ただし、実際に支出した客観的な資産の取得価額を算出するための手法として、1工事ごと、あるいは一定の地域や1回線毎にコスト計算をするのが一般的であるとしても、そのことが直ちに資産単位の問題と直結してくるわけではない。減価償却資産として評価するに当たっての資産単位を考えるに当たっては、むしろ、X社が取得した権利全体の価値自体の資産性や、工事完了前後を通じた資産の全体的な価値をも考慮に入れながら、客観的な評価をしていく必要があろう。

4　無形減価償却資産の「単位」について

中央事件・東京地裁判決によって斥けられてはいるものの、電気通信利用権が不可分一体の「無体財産権」に該当すると考える国側の主張は、結論的には同意しうる見解ではないかと思われる。以下に、その理由を含めて、若干の見解を述べておきたい。

(1) 本件資産の性質と価値

中央事件・東京地裁判決では、X社が対価を支払って獲得したのは、本件エントランス回線の個別的、具体的な使用権であるのか、それとも、接続協定上の地位権利であったのか、さらには、X社が取得した資産はエントランス回線利用権であるのか、それとも電気通信役務の提供を受ける権利(電気通信施設利用権)であるのかが争われている。

一般的な電話通信事業についてはとくに言及しないとしても、少なくとも事案の事実関係に照らして言えば、訴外会社から接続協定上の地位を引き継いだことにより、集合的な電信網の利用をなしうるようになったこと自体が、電気通信事業者であるX社にとって、きわめて大きな資産的価値を生み出している事実は否定しえない[18]。

---

(18)　資産単位との関係で北陸事件控訴審判決は、少額減価償却資産の取得価額を判断すべき単位については、「当該資産が当該企業の事業活動において収益を生み出し得る資産として機能を発揮することができる単位」を基準とすべきであるとする。さらに同判決は、「当該資産が当該企業の事業活動において収益を生み出し得る資産として機能を

そのように判断する一つの理由は、この事案におけるPHSシステムの場合、PHS事業者であるX社が設置する基地局のすべてが、訴外会社のPHS接続装置を経由してその公衆通信網に接続することを認められる、既存の公衆通信網に依存したタイプのシステムとなっているからである。とりわけ、X社のようなPHS事業においては、無線基地のカバーできるエリアを100～300メートル程度と小さくすることで各種のメリットを追求している[19]。多数の無線局設置によるコストの引き下げもそのようなメリットの一つであろうし、また、技術的な面で、他のシステムを用いることに比べて多くのメリットを享受しうるとX社が考えた可能性も大いにありうる。X社にとっては、包括的利用契約の下で既存の公衆通信網を利用することが、それらの多くのメリットを生み出す原動力ともなっている。PHS方式の基盤や事業展開の前提には訴外会社が構築した通信網の利用があり、それが結果として多くのメリットを生み出したとすれば、そのような通信網の包括的利用権取得自体がX社にとっては大きな資産的価値を生み出したと考えるべきではなかろうか。そうであるとすれば、全体としての譲渡価額は、基地局回線1本1本の価値（とくに利用価値）の単なる合計を意味するというよりは、その全体的集まり、あるいは集合体としての資産の総合的価値を客観的に表していると理解する方が、物事の事理に照らして、ごく自然であると思われる。

これに対して、中央事件・東京地裁判決では、1回線で基地局とPHS接続装置との間の接続を行う機能を発揮することのほか、1回線ごとに基地局番号や回線番号を付して保守・管理をしていること、1回線ごとに移転工事や設置が申し込まれ設置負担金が支払われること、1回線ごとに網使用料を支払う義務があることなどを根拠に、「個々の」エントランス回線利用権の合計額を

発揮することができる」とは、「当該資産のみで直ちに当該企業の事業活動において収益を生み出す必要はないのであって、社会通念上独立の資産として当該企業の事業活動において収益を生み出し得る機能を発揮すればそれで足りる」と述べている。
　これに対して、九州事件控訴審判決は、「資産は事業に供されているもので、合理的な判断により社会通念上1つの資産と認められることで足りるものというべきであり、収益を生み出し得るとか利用目的に照らし社会通念上機能を発揮しているなどといった概念で決せられるべきものではない。」と述べ、資産単位判定に当たって「収益性」の要素を絡めることを端的に否定している。

(19) 小川＝小林編・やさしいパーソナルハンディホン（電気通信協会・1995）9頁。

もって、回線利用権全体の取得価額と捉えている。ただし、回線毎に工事をしたり、保守・管理をしているからといって、資産が必然的に個別化するわけではない（この点については、電気事業者、ガス事業者、水道事業者の供給施設についても同様であろう）。しかも、前述の如く、本件のような通信網についていえば、全体的にまとまってこそ、より大きな機能を発揮し、より大きな資産的価値を生み出しているともいえよう。

　電気通信業者にとって、公衆通信網を用いて一定の地域あるいはエリア全体を覆う形で業務を展開できるメリットには、とりわけ資産としての価値が大きいように感じられる。そのエリアの中にはX社との契約をせずに、他の電気通信事業者と契約を結ぶ通信サービス利用者の存在も予想されるが、そうだとしても、そのこと自体は、X社がエリア全体をカバーして業務を展開することによって獲得する業務上の有利さを何ら損なうことにはならない。とくに、電気通信事業にとっては、需要に応じて、どんな場所でもサービスを提供できることが事業の存立と成功にとっては、どうしても欠かせない条件となっている。訴外会社との間でX社が締結した本件接続協定は、まさに、このような条件を充たすための前提となっており、そのような協定に基づいて訴外会社の公衆通信網の包括的利用権を取得したことが、X社の事業展開を支える大きな原動力となっている事実は否定しえない。その意味では、そのような利用権が、全体としてX社の基礎的資産を構成すると解することについても、何ら不都合な点は見られない。

　しかも、この事案のX社のように、あくまでも「業者」としての立場から、公衆通信網の包括的利用契約を締結するようなケースでは、一般の個人の利用契約と比べて、甚だ異なる状況があると感じられる。業者がこのような包括契約を締結することによって得られる地位は、業者サイドからいえば、営業権にも類似する一種の法的地位であり、この種の営業権にも相当する法的地位を一種の無体財産として扱うべきことは、むしろ当然であろう。

(2)　少額減価償却資産の判定単位

　法人税法施行令133条は、減価償却資産のうち、当該事業年度の損金の額に算入しうる資産を「取得価額が十万円未満のもの」と定め、さらに同54条では、「減価償却資産の取得価額」（の計算方法）を定めている。ただ、これらの規定は、「資産の単位」の切り分け方までを明らかにしているわけではない。また、

通達で定める判定単位も、有体物である減価償却資産（あるいは有形減価償却資産）の存在をあくまでも念頭に置いてのことであり、本件のような無体財産権に関しては、ほとんど想定していなかったといってよい。

　先にも述べたように、少額減価償却資産取得価額の損金算入自体が、理論的な観点からの取扱いというよりは、むしろ「当事者の便宜」という、きわめて政策的な見地からの定めであることを考慮すると、その運用にあたっては、解釈作業によりその例外を拡大することを極力避けねばならない。そこでは、現在ある法律の意味内容にできるだけ沿う形で、どちらかといえば厳格に法令を適用していくこと、あるいは、そのような前提に立って、基本的な制度の運用を考えることが一層求められていると言ってよい。

　取得価額についてはともかく、現行法令は、減価償却資産の個数や「判定単位」については何らの規定も置いていない。したがって、法人税法が「資産の単位」として想定しているのは、いわば社会通念上、一つとして評価しうる資産単位、言い換えれば、社会的に見て、その存在が合理性をもって一つと評価されうる資産の単位ということになるのではあるまいか。その意味では、社会がその資産を一つあるいは一体の資産として取り扱っている状況があるなら、それについては一つの減価償却資産として扱うべきことになる。

　この場合、とくに注意を要するのは、本件で問題となっているような無体財産権（あるいは無形の固定資産）の取扱いについてである。無体財産権は、それ自体が抽象的な内容であるため、それぞれの納税者の取扱いの仕方によっては、技術的にも、実際的にも容易に分割をすることが可能な財産権であるといえよう。本来であれば、企業会計上も、明確な基準を立てて統一的取扱いを定めて、企業間で不公平な取扱いがなされないよう配慮をすべきであったろう。ところが、実際には、企業会計においても、無形減価償却資産の単位やその単位判定の基準については、全く考慮されておらず、具体的な取扱基準が示されているわけでもない。

　理論的な観点からすれば、本来、法人に対する課税の負担が終局的に個人に帰着する限りにおいては、「法人の負担に関する公平性を議論しても、そのこと自体、特に意味がない」との意見もありうる[20]。ただし、わが国の法人税

---

(20)　中里実「法人課税の再検討に関する覚書」租税法研究19号10頁。

法を前提とする限り、やはり、企業間の公平確保を念頭に置いて考える必要がある。とくに昭和41年に出された大蔵省企業会計審議会の中間報告書では、「企業間における課税の公平を維持するために、課税所得の計算に当たって企業の会計方法の抑制、会計方法の適用条件の規制、費用の損金算入額及び重要性の判断についての画一的基準の設定を［税法が］行っている」と指摘するが、その例の一つとしては、「減価償却資産の償却方法」や「少額多量の資産の資産計上」が挙げられている[21]。

また、法律あるいは政令が全く予定していないのに、企業の会計処理の仕方で課税上の取扱いが変わるとすれば、先に引用した岸田雅雄教授の「企業の恣意的な判断に委ねると不公平を生ずる」という批判[22]がそのまま当てはまり、同教授がいう「課税要件の明確性のほか負担の公平・予測可能性・課税の執行の容易性」が損なわれる危険性がある。たとえば、出版会社がある著者の著作に関する著作権を獲得して本を出版する場合に、獲得した著作権の資産価格を１冊１冊の図書に分割した上で、その少額減価償却としての評価をすることは、果たして妥当であろうか。あるいは、レンタルビデオテープを引き合いに出しながら、中央事件・東京地裁判決を支持する論者の立場からすると、ビデオ会社が映画の著作権を取得してビデオを作成し販売する例については、著作権は、ビデオテープの１本１本に分割して評価すべきであるとでも主張するのであろうか。私には、いずれの場合であっても、資産単位の細分化が、結局、恣意的で複雑な税務処理をもたらすとしか思えない。

一般論からすれば、本来的には一般の償却資産と同様に取り扱うべきである資産であるにも拘わらず、政策的な理由に基づき、法令上、例外的な取扱いを認められている少額減価償却資産のようなケースでは、その適用範囲をやたらに拡大すべきでないという議論も可能であろう。

とりわけ、現行法制の下では、「無体財産権」の資産の単位や、単位判定の基準に止まらず、その基本的取扱いについてでさえも、法文上の規定を欠いている。企業会計上も、無体財産権の単位やその判定基準に関して、確固たる慣習あるいは明確な会計処理上の基準が存在しているわけではない。そのことを

---

(21)　大蔵省会計審議会中間報告「税法と企業会計との調整に関する意見書（昭和41年10月17日）」（大蔵財務協会）6頁以下。

(22)　岸田・前出租税法研究17号34頁以下。

前提とするならば、資産価値を有する電気通信施設利用権の全体が一種の無体財産権を構成しており、社会的にみても一つの資産として評価されうる状況がある場合においては、企業間の公平の維持や恣意的取扱いを防ぐ意味でも、全体をまとめて一つと判断することの方がより合理的であると思われる。

(3) 資産価値の単位的評価—著作権の場合—

思うに、訴外会社との間でＸ社が締結した接続協定の下で行った支払い（とくに定額制あるいは従量制による網使用料）は、日本出版著作権協会が、利用者との間で締結する「包括許諾契約」の下で支払う著作権使用料、あるいは、社団法人日本音楽著作権協会が包括的利用許諾契約を締結し、ダウンロード形式やストリーム形式でインタラクティブ配信（インターネットや携帯端末を使っての音楽配信など）をする場合に受領する使用料とも一脈通じる性格をもっている。

前者の「包括許諾契約」について言えば、①１年間の複写を包括的に許諾する方式で、利用者が出版物の複写等の全記録をとり一定期間毎に協会に報告し複写量に基づいて使用料を支払う定額方式、②サンプル調査の結果に基づき年間推計複写使用量を決定し、推計複写量に基づいて使用量を算出する定額調査方式、③合理的な複写実態調査を基礎とした推定複写量、全コピー台数、全従業員数などに基づき年間使用量を決定する簡易方式の三方式が用いられている。ただ、いずれも使用料を決定するための方式に過ぎず、その対価として支払われる使用料は、個別的に著作権の対価を支払うというよりは、あくまでも、著作権あるいは著作物の複写権、複写物を第三者に供与する権利の、いずれも「使用料」とされているに止まる[23]。

インタラクティブ配信でも、商用配信（リスニング用、カラオケ用、着信音等、音楽の利用を主たる目的とした配信）においては、情報料や広告料収入を基準に使用料が算定されるが、送信可能日などを基準に、送信の有無にかかわらず最低使用料の支払いが求められている。

これらのケースにおける使用料は、あくまでも権利の使用対価（あるいは使用可能な状態に対する対価）を示すに止まり、そのような使用料の支払いと権利の資産的価値そのものとは切り離して考える必要がある。また、使用回数やリ

---

(23) たとえば、日本出版著作権協会（JPCA）使用料規程第8条参照。

クエスト回数毎に使用料が算出されるとしても、そのような事実毎に、著作権が切り分けられて、個別に存在したり、譲渡されたりするわけでもない。使用料の計算と著作権の資産単位ごとの評価とは別の問題であり、使用料そのものが著作権の資産単位ごとの価値を表わさないことは自明である。

対価を支払う利用者側にとっては個別に表示された料金であっても、それを受け取る日本出版著作権協会や社団法人日本音楽著作権協会にとっては、そのすべてが一つの著作権の対価として意識され、取り扱われることになる。

資産単位の観点から眺めるならば、上で述べた著作権などの無体財産権については、全体を一つとして取り扱う必要がある。使用対価（使用料）の授受が個別的になされているか否かの問題と、著作権の資産単位をどのように捉えるかという問題とは基本的には無関係であり、両者は切り離して論じるべきである。ちなみに、著作権全体を一つとみる取扱いは一般に定着しており、そのような取扱いは、社会的にも合理性があるとして認められている。

(4) 辻富久教授の評釈と考え方

中央事件・東京地裁判決に関する評釈[24]の中で、辻富久教授は、本件資産が「ネットワークを利用することができるという権利金の性格」と「基地局回線（エントランス回線）設置のための工事費等の実費の負担」という性格を併せもつことを指摘される。さらに同教授は、権利金的性格を併せもつ資産を工事単位で分割することの妥当性に触れて、①工事単位数を増やし一単位あたりの金額を可能な限り少額にするなどの制度悪用の可能性があることや、②本来の少額減価償却制度の意義に鑑み、総額111億5,000万円もの金額を一時に損金算入することに対しての疑問を呈する。もっとも辻教授は、その一方で、「個々のエントランス回線の設置がされなければ、相互接続は不可能」であり、「基地局の設備のみでは機能を果たさないこと」や、「設置負担金がエントランス回線設置のための工事費等の実費の負担」という性格をもつことなどから、本件設置負担金を含めて一単位の減価償却資産とみて資本的支出に該当することを主張する課税庁の見解にも無理がある、とされる。結局、辻教授は、基地局とエントランス回線設置は一体と考えられるから、基地局の設置費とエントランス回線設置負担金を合計した取得価額で考える必要性を示唆される。

(24) 辻富久・判例評釈「PHSのエントランス回線は少額減価償却資産に該当するか」ジュリスト1326号209頁以下。

思うに、原告X会社の取得対象が資産であることを前提とするなら、辻教授の考え方には、いくつかの点で疑問がある。まず、取得コストを個別的に計算しうるからといって、すべての資産がそれに応じて切り分けられたり、資産単位として個別化されたりするわけではない。しかも前述のごとく、通信網の包括的利用権取得自体がX社にとっては大きな資産的価値を生み出しているわけであろうから、個別工事費部分だけを切り分けて、その性格を論じることには意味があると思えない。これも、すでに述べた点であるが、電気事業者やガス事業者、水道事業者の供給施設についての例を挙げるまでもなく、回線毎に工事をしたり、保守・管理をしているからといって、資産が必然的に個別化するわけではないことは明らかである。

　それと共に、「ネットワークを利用することができるという権利金の性格」と解するのか、筆者のように一種の無体財産権としてその性質を捉えるかについては議論の余地がある。いずれの考え方をとるにせよ、その資産としての性格が不可分であることについては否定できないが、とりわけ、無体財産権の一種であるとして資産単位を考えるとすれば、全体を一つとして取り扱う必要が生じてくる。すなわち、前述のように、使用対価（使用料）の授受が個別的になされているか否かの問題と、無体財産権の資産単位をどのように捉えるかという問題とは基本的には無関係であって、両者は基本的に切り離して考えるべきであろう。

(5)　「単位」をめぐる控訴審の考え方について

　中央事件・控訴審判決は、「レンタルビデオ事業におけるレンタルビデオとPHS事業における本件資産とが異なる側面を有することは否定できない」としながらも、「レンタルビデオテープのように事業のために多数そろえておくことが通常必要な資産であっても、一つ一つが独立して機能しているものについては、その一つ一つを単位として法人税法施行令133条の取得価額を判定するのが相当であると解されるのであり、エントランス回線も1回線ごとに独立して機能し、エンドユーザーは1回線ごとに利用するとの点においてレンタルビデオテープと共通性を有するのであるから、レンタルビデオテープと本件資産を比較することに意味がないとはいえないし、レンタルビデオテープと本件資産に相違点があるからといって、本件資産の取得価額を全体として一つであると解すべきことにはならない」として、控訴人の主張を斥けた。

しかし、この中央事件・控訴審判決には、疑問の余地が多い。
　同控訴審判決のように、「エントランス回線も１回線ごとに独立して機能し、エンドユーザーは１回線ごとに利用するとの点においてレンタルビデオテープと共通性を有する」という議論の仕方を応用すれば、小説などの著作権や音楽著作権なども、本の１冊、１冊、レコードやテープ、ＣＤなどの１枚、１枚、あるいは１本、１本に切り分けられて利用され、独立して機能することになる。もっとも、レンタルビデオ店と同様、個々の本屋やレコード店毎に減価償却資産を計算する場合であれば、そのような計算方法でも、それほど不都合は生じないであろう。ただし、出版社が取得した著作権やレコード会社が取得する音楽著作権の資産評価をする場合にまで、そのような切り分けを行った上で著作権全体の取得価額を算定すべきことを求めるのだろうか。貸本店やレコード店、レンタルビデオ店の話ならばいざ知らず、それらの個別店舗と、地域全体にわたって広範囲に電気通信事業を展開する電気通信事業者の、地域全体にまたがる電気通信設備網の取得との間に同一性を強調する（あるいは両者に近似性を見出す）控訴審判決の論理構造は、どうしても納得がいかない。
　さらに、東北事件・控訴審判決は、エントランス回線利用権については、水道事業における水道管、ガス事業におけるガス管や電気事業における電線などに類似する点があること、また、契約の性質としては、日本著作権協会が利用者との間で締結する「包括許諾契約」や音楽著作権協会に対して包括的利用許諾契約の下で利用者が支払う著作権使用料の方がより近いのではないかと指摘する筆者の見解（鑑定意見書）に対して、「エントランス回線利用権の判定単位をどう解釈するかについての例として挙げるには、適切とはいえない」と批判する。
　その理由として、同判決は、「（取得資産の性質は）本件接続協定上の地位などといった抽象的ないし包括的なものではなく」、「自社の契約者に、個別の当該エントランス回線を利用して、（訴外会社の）ＰＨＳ接続装置、共同線通信網等と相互接続し、（訴外会社の）ネットワークを利用して電気通信役務を提供させる権利（本件エントランス回線利用権）」であり、この権利を得るための対価として、エントランス回線１回線分の工事費（施設設置負担金）及び手数料（契約料）を支払っていること、「エントランス回線は、一定の範囲内をカバーする１基地局のみを対象としてその機能を発揮するものであり、１個のエント

ランス回線があれば、当該基地局のエリア内においてPHS利用者がPHS端末から固定電話又は携帯電話に通話することに支障はないし、また、固定電話又は携帯電話から当該エリア内のPHS端末との間で通話することにも支障はないと認めることができる」こと、「前記工事費及び手続費からなる本件設置負担金を［訴外会社］に支払って取得した本件エントランス回線利用権の機能は、単体のエントランス回線の利用によって発揮することができる」ことなどから、「本件エントランス回線利用権は、［訴外会社］又は被控訴人の事業活動において、一般的・客観的には、1回線で、基地局とPHS接続装置との間の相互接続を行うという機能を発揮することができるものであるから、その取得価額は、［訴外会社］の場合も、また、これをまとめて同社から譲り受けた被控訴人の場合も、エントランス回線1回線の単価……であると認めるのが相当である」とする。その論旨は、ほぼ、中央事件・東京地裁判決と同様であり、目新しい論点は含まれていない。

　回線毎に工事をしたり、保守・管理をしているからといって、その対象資産が必然的に個別化するわけではない。しかも、本件のような電気通信網の場合には、全体的にまとまってこそ、より大きな機能を発揮し、より高い資産的価値を生み出しうることも容易に納得しうる点であろう。ところが、中央事件・控訴審判決は、それらの指摘や論点を正面から取り上げようとせず、投げかけられた疑問に対しても解答を示そうとしなかった。

　それどころか、中央事件・控訴審判決は、電気通信設備や電気通信網を全体的に維持・サポートしているはずの基本的な設備や構造基盤の存在を完全に無視している。同判決は、1回線分毎に工事費（施設設置負担金）及び手数料（契約料）を支払っている事実を必要以上に重視し、切り分けたエントランス回線あるいは基地局の存在のみで「機能を発揮」することができると結論づけようとしており、納得が出来ない[25]。

---

(25)　このような判決の考え方からすると、ケーブルテレビ局のネット網の資産価値についても、個々の視聴者宅に引き込まれる電線等の個別設備代金、あるいは個々の視聴者が支払う工事代金で切り分けられるべきことになる。しかし、テレビ網の資産的価値をそのような、個別の設備や工事費で分割計算することには、大いに疑問の余地がある。

第1編 国内税法

5 本件資産価値の評価の仕方

中央事件・東京地裁判決は、エントランス利用権の機能が「単体のエントランス回線の利用によって発揮する」ことができる点や、原告X社の事業活動において、「一般的・客観的には、1回線で、基地局とPHS接続装置との間の相互接続を行うという機能を発揮することができる」ことから、その取得価額は、エントランス回線1回線分の単価であるとする。それでは、同判決が理解するように、エントランス回線の設置にかかる工事費（施設設置負担金）と手続費（契約料）の合計額が、果たして通信網使用権の（各回線毎の）個別的な資産価値を示しているといえるのであろうか。

同判決では、本件資産の取得価額（権利を得るための対価）を算定する際に、その計算の基礎として、1本当たりの基地局回線（エントランス回線）設置に要する工事費や手数料などの取得コストが用いている。回線毎の設置費用を基礎にして、全体の工事コスト（あるいは取得原価）を計算しようとすること自体は、取得原価の総額を算定するための手段として、それほど不当なこととは思えない。ただし、この事案についていえば、同判決が、工事費である施設設置負担金と手数料の合計額を前提に、エントランス回線1回線分の資産価値の単価を算定しようとしている点については、どうしても疑問を抱かざるをえない。

工事コスト自体が、必ずしも資産の客観的価値を表さないことからすれば、使用料の支払いと同様、工事費用の負担ないしは設置に関連して生じた対価の支払いについても、権利の資産的価値そのものとは切り離して考えていく必要があろう。また、回線毎に個別的工事を実施しているとはいえ、そのことから直ちに、資産価値を個別工事費に区分して評価すべきである、あるいは、各回線の工事区分に切り分けて、X社が取得した包括的利用権の資産価値を単位ごとに取り扱っていくべきである、という結論を導き出す点でも、東京地裁判決の論理構造には、納得し難い点がある。

基地局回線の工事や保守・管理が個別的に行われているからといって、それらの工事単位を基準に、個別的な存在として、本件資産の価値を評価したり取扱ったりしなければならない必然性が生じるわけではない。部品コストの取得価額の合計額が組み立てられた製品の価値そのものを表さないと同様に、個別部品の数が組み立てられた製品の個数をそのまま示しているわけではないこと

も、また明らかであろう。

　前述したように、「投下資本を回収するための会計技術」である減価償却制度の下では、取得費を基礎としながら、減価償却資産の使用状態や時間の経過、その他、事業上用いられる資産が減価する状況に応じて、その費用化を図るという手法を用いることになる。その限りでは、税務処理上も、資産の取得費を当然意識せざるをえない。そうであるとしても、取得費あるいはコストの合計がそのまま客観的な資産価値を表すという帰結にまで至らないことは、言うまでもない。それと共に、取得コストを個別的に計算しうるからといって、すべての資産がそれに応じて切り分けられたり、資産単位として個別化されたりするわけではないことを、此処でも再度強調しておきたい。

　とりわけ、本件におけるエントランス回線利用権のような資産の本来的性質を無体財産権であると理解する以上、そのような資産の切り分けを考えること自体が、何の意味ももたなくなる。また、回線利用権の全体を、不可分一体の「無体財産権」として考えることにより、そのような回線利用権がX社の事業における重要な機能を果たしている事実は、より明らかとなる。したがって、機能論的基準によっても、エントランス回線利用権を一つの減価償却資産として扱うべきことになろう。

Ⅴ　おわりに

　金子宏教授は、本稿で取り上げた中央事件・東京地裁判決に言及しながら、「少額減価償却資産に当たるかについては、本来の機能を発揮しうる最小取引単位ごとに判定すべきであろう」と述べられる[26]。筆者自身も、機能論的な切り分け手法が、これまでの課税実務等において一般に合理的な手法として用いられてきた事実や、それが重要な社会的役割を果たしてきた事実自体を否定するつもりはない。ただし、これまでの法律・経済社会状況の下で、旧来の手法や基準が有体財産権を区分する手法や基準として有用であったとしても、それらが新しい法律・経済社会状況に対応する手法や基準として、十分有効に働きうるのか否かについては、新しい状況の変化などをも考慮に入れながら、さらに検討をしていく必要があると思われる。たとえば、現行通達の手法や基準

---

(26)　金子・前掲書275頁。

自体は、包括的な営業権などの無体財産権的な資産の登場を予想していなかったのではなかろうか(27)。

　本論文で取り上げた事例において論点となっているのは、地域全体をカバーする電気通信網の利用権であり、1回線ごとの使用権に切り分けて、限局的に処理ができるような問題ではない。その意味では、広範囲に及ぶ、いわば地域的な営業権に近い権利が取引の対象となっている。営業権を例に取れば、一軒一軒の取引相手や取引業者との取引毎に切り分けて、営業権の個別取引単位を考えることがナンセンスであることはいうまでもない。しかも、広範囲にわたっての取引であるからこそ一層の価値が生じる電気通信網利用権を切り分ける考え方自体が、その価値の本質を理解しない考え方であるといえよう。

　「機能」で分ける考え方は、有体財産権の切り分け（あるいは個別評価）の基準や手法としては有効であったとしても、権利そのものであって機能によって切り分けることを本来予想されていない無体財産権の切り分け手法としては、実際上十分な役割を果しえないのではないか、とも考えられる。これまでの機能的手法や基準によっては、この種の新たに生じてきた権利に対して十分に対応できないにもかかわらず、上で言及したいくつかの裁判例は、これまでの「機能」的手法や基準にこだわるあまり、物事の本質が見えなくなっているのではなかろうか。

---

　(27)　拙稿「現代租税法の一側面」租税研究689号126頁、148頁以下参照。

6 取引相場のない株式の評価に関する会社法と税法の接点
――株式評価モデル基準の提案――

税理士 山田和江

Ⅰ 取引相場のない株式の評価に関する会社法と税法の接点
Ⅱ 会社法における評価の基準
Ⅲ 税法における評価の基準
Ⅳ 株式評価モデル基準の提案
Ⅴ 結　語

Ⅰ 取引相場のない株式の評価に関する会社法と税法の接点

1 問題提起

相続税法22条は、「相続、遺贈又は贈与により取得した財産の価額は、当該財産の取得の時における時価により、当該財産の価額から控除すべき債務の金額は、その時の現況による。」と定め、相続財産の評価は、「時価」という2字によって、全ての財産の評価の基準を示唆している[1]。そして、この解釈通達として、財産評価基本通達（以下評価通達という）は、1から215までの詳細な定めをおいている。

法令の2字からは、種々の経済取引に対する課税上の課題に対する回答が用意されていないために、財産の評価は、この評価通達によって、つまり国税庁の解釈・運用に委ねられ、評価の基準に関して国税局に大きな権限を与えている[2]。

ところが、会社法における取引相場のない株式の売買価格を決定する訴訟において、基本通達は、大量発生する課税対象に対し国家が迅速に対応すべき目

---

(1) 相続税法における財産の評価の定めは、この22条から26条の2までの6条であるが、23条は、地上権および永小作権の評価、24条は、定期金に関する評価、25条は、定期金給付事由が発生していない定期金に関する権利の評価、26条は、立木の評価、26条の2は、土地評価審議会の定めである。
(2) 参照、金子宏『租税法』（第10版2005年弘文堂）479頁。

的で課税技術上の観点から考案された方式で、国家と国民の公権力の行使関係を律する基準であって、標本会社の公表がなく類似性の検証が不可能であり、利益の成長要素が考慮されず、原価率の合理性が疑わしい（大阪高判平元・3・28判時1324号142頁）と評価される事態が生じている。

一方、相続税における取引相場のない株式の評価額を決定する訴訟においては、「右通達の取扱いが個別的に不当となるというというためには、右基準によった場合の評価額が「時価」を超え、これをもって財産の価格とすることが法の趣旨に背馳するといった特段の事情が存することの立証が必要というべきである」（東京地判平成8・12・13訟月44巻3号413頁）。

つまり、評価通達は、会社法の側面から評価すると大変疑わしい評価方法であり、相続税の側面からは他に代替することのできない評価方法だというのである。

最決平成15・6・27（平成13年（受）850号）（判例集未登載）[3]（いわゆる八王子事件）は、上告不受理の決定を行い、出資持分の払戻額について定款変更した医療法人の社員が払戻請求できる持分の額は、純資産額に基づくものではなく、新定款9条に基づく出資額の範囲内であるとした東京高判平成13・2・28（平成13年（ネ）受150号）[4]の判決が確定した。

その理由について、一審である東京地判平成12・10・5（平成9年（ワ）1338号）[5]は、「医療法は、7条5項において営利を目的として病院を開設しようとする者に対しては開設の許可を与えないことができると規定するとともに、同法54条は解散した医療法人の残余財産の帰属につき、定款又は寄付行為の定めるところによるものとし、当然に出資者に帰属するものとはしていない。」と判示している。

ところが、国税庁の平成16年6月16日付の回答[6]によると、出資限度額法人の出資額に対する相続税法上の評価額は、その相続人が、現実に出資額の払戻しを受けたときには、その出資額により評価する。ただし、その法人が特定

---

(3) 参照、TアンドAマスター27号（2003年7月）8頁。
(4) 参照、税研107号（2003年1月）101頁。
(5) 参照、税研107号（2003年1月）100頁。
(6) 参照、平成16年6月16日付課審6-9外「持分の定めのある医療法人が出資額限度法人に移行した場合等の課税関係について」（平成16年6月8日付医政発第0608002号照会に対する回答）。

の同族グループによる同族支配等の可能性がある場合は、出資額の払戻しを受けた出資者から残存出資者への利益の移転と捉えることができ、相続税法9条に規定するみなし贈与の課税が生じる。また、この場合は、残存する他の出資者が被相続人（死亡した退社社員）からの相続等により他の財産を取得しているときには、そのみなし利益は、他の相続財産に加算して相続税の課税対象となる（相税法19）。

その相続人が、出資額限度法人の出資を相続等したとき、又は、出資払戻請求権を相続等により取得した相続人等がその払戻しに代えて出資を取得し、社員たる地位を取得する場合は、出資額によって評価するのではなく、財産評価基本通達194-2（以下評価通達という）の定めに基づき評価すると回答している。

2 会社法上の客観的交換価値に対する課税上の対応

(1) 国税庁の根拠

上記、国税庁の回答は、相続人が現実に出資額の払戻しを受けたときは、その出資は出資額により評価するとして、最高裁と同様の解釈をしているかのようである。しかし、基本的にはその出資額は、評価通達によって評価すると考え、相続人が出資を相続した場合又は特定の同族グループによる同族支配の可能性が認定された場合には、先の最高裁判決とは異なる見解を採っている。

この取扱いの問題点は、医療法人の定款の定め、そして、医療法人は営利を目的とするものではないこと、剰余金の配当が禁止されていることをどのように解釈するかによると思われる。

定款により出資額を受ける相続人は、自らの意志で出資額に限定したのではなく、その定款の定めは、出資者であった被相続人と医療法人の生前の契約であり、出資者全員も同様に定款によって出資払戻額を受ける契約を完了し、その契約時に、それぞれ他の出資者への贈与の意思はない[7]。出資者の一人の

（7） 定款で相続制限条項（特定の相続人又は第三者が社員の死亡によってその持ち分を直接に継承する旨の定められていること）が設定されている場合について、大野正道『企業承継法の研究』（信山社1994年）417頁では、「持分は、まずいったん死亡社員の相続財産に帰属することとなり、次に、受益者として定められた者に移転される……この場合、相続制限条項によって、持分は、死亡社員から受益者に遺贈されたと理解される。この遺贈は、事情によっては、遺留分権の減殺の対象となる。」。また、ドイツにおける議論には、「各社員は、自分が死亡して相続制限条項で定める要件が発生した場合に、

第1編　国内税法

　死亡によって、その死亡した者の持分に包含される剰余金が、他の出資者の持ち分の価値を引き上げたとしても、その利益は出資者が持分相当額の払い戻しを受けることになったときに初めて実現するのであって、相続人が出資額の払戻しを受けた時点では未だ実現していないし[8]その払い戻しは永遠に訪れないのである。

　死亡した者の課税済みの剰余金は、以下の図のように、次に第2の出資者に相続が発生した場合にも、第2の者の持分（課税済剰余金を含んだ持分）に係る剰余金にみなし贈与課税が行われ、次々と課税された後に、最終的にその社団が解散し、国等にその医療法人の財産が帰属して初めて剰余金の課税は完結する。

　　その持分を無償で残存社員に取得させるという冒険ないし危険を引き受けているが、他方で、自分が他の社員よりも生き延びた場合には、相続制限条項に従って、受益するチャンスが与えられている。この危険とチャンスは、総ての社員について均衡を保っている。したがって、相続制限条項は、実際には有償双務契約であり、その効力の発現が、ある社員の死亡という全くの偶然の出来事に依存しているのであるから、一種の射倖契約が存在している、と解するのである。」また、大野正道「定款による株式・持分の相続規制と補償条項」所収：竹内昭夫先生還暦記念『現代企業法の展開』（有斐閣1990年）173頁「相続制限条項を、定款による社員間の死因贈与の締結、と解する立場に学説が一致しつつあり、かつこのような定款によって締結された死因贈与には、遺言の方式に関する規定の適用はなく、実質的な相続法原則のみが適用されると解されている。」と評している。

（8）　大阪地判昭和31・4・16判決裁集7巻4号924頁は、「期待権の一種としての新株引受権は割当があるまでは親株主たる地位に付随し、それ自体としては独立の存在価値を有しないのであるが、その発生は直ちに親株の価値の増加となって現れることから、当該親株の価値の増加部分を課税対象として把握するを相当とする。」「そして一種の期待権としての新株引受権は、親株の価値の増加となって現れるから、あたかも値上げされた物資の場合と等しく増加価値の発生によって直ちに徴税の対象とすべきではなく、記帳又はその処分等その実現をまって初めて課税対象として把握できるに至るものとする。」「新株引受権は所謂、新株の取得によって窮極の目的を達するものであって、新株引受権の価値は新株の価額を見越してのもの、いわば観念的存在に過ぎず、結局払込によって最後的に新株に転化し、その価値の中に体現される運命をもとものである」とし、法人税法上の益金に算入しないと判示した。所得税法施行令84条は、新株引受権を株主等として与えられた場合、同法の適用から除いている。同法111条は、個人株主がその株式を発行する会社から無償増資を受けた場合のその株式の取得価額は、従前の株式の帳簿価額を増加することなく増資後の株式数合計で除して1株当たりの株価としている。このように、その他の出資者の出資額の増加は、その出資を譲渡等して移転したときに、譲渡所得等として課税することが法の趣旨ではないだろうか。

6　取引相場のない株式の評価に関する会社法と税法の接点〔山田和江〕

		第3の者の剰余金
	第2の者の剰余金	第2で贈与税の課税済剰余金
第1の者の剰余金	第1で贈与税の課税済剰余金	第1で贈与税の課税済剰余金
第1相続でその他の出資者にみなし贈与課税	第2相続で第1と第2の合計に対してその他の出資者にみなし贈与課税	第3相続で第1、第2、第3の合計に対してその他の出資者にみなし贈与課税

　一方、会社法144条による譲渡制限株式の売買価格を裁判所が定めた場合にも、先の医療法人と同様の問題が生ずることとなる。

(2)　会社法における譲渡制限株式の売買価格の決定

　株主は、株式の所有によって剰余金の配当を受ける権利あるいは残余財産の分配を受ける権利のいずれかを必ず付与される。株主は最低限これらの目的を持って株式を所有していると解されている（会社105②）。また、株主から委任を受けた株式会社の取締役等は、株主の利益の最大化を意図して会社の経営を行い、その利益を株主に分配する義務を有している[9]。

　ところが、非公開会社の支配株主にとっては、剰余金や残余財産の分配を受けることの他に、会社を直接支配することや取締役として会社の経営に関与すること等を株式の所有目的としている。

　しかし、非公開会社の株主に相続等が生じ、その結果、その株式が複数の相続株主間で分散化したり、その他の株主にとって経営権の移譲を余儀なくされる者にその株式が相続されたりした場合、その支配株主は、自ら所有する株式を放棄するか、或いは相続人の株式を高値で買い取るかの選択を余儀なくされる[10]。

　そこで、非公開会社は、株主がその株式を譲渡する場合には、その株式を発行する会社の承認を受けなければならないという譲渡制限を定款に定めることができ（会社136条）、相続によって相続人がこの譲渡制限株式を取得した場合

（9）　参照、江頭憲治郎『株式会社法』（有斐閣2006年）19頁。
（10）　江頭・前掲（9）48頁は、「株主の地位に留まる意味を失った少数派が株式を売却しようとしても、支配権の伴わないこの種の会社の株式は、事実上買手がなく、多数者によって買い叩かれる（少数派の「追出し」）。中小企業を舞台とする訴訟の非常に多くのものの背景には、右の事実がある。」と指摘している。

も、その株式を会社に売り渡すことを請求することができる旨を定款に定めることができる（会社174）。

会社法制定時に導入された174条は、非公開会社の円滑な事業承継等のため、特に強い実務上の要請によって実現され、その趣旨は、その会社が望まない者が株主にならないようにするためである。

定款でこの定めがある場合、会社は、相続人等の一般承継人の合意なしに、その請求によって売買契約が成立することとなる[11]。この場合の売買価格は、第一義的には相続人等との協議によって定め（会社177①）、その協議が整わないときは、第二義的に会社が買取りの通知をした日から20日以内に裁判所に売買価格の決定について申立てることによって裁判所が決定する（同法④）。会社が、20日以内にその申立てをしないときは、その売渡請求の効力を失う（同法⑤）。

一方、相続人等は、その会社が提訴した場合は、売渡を拒否することはできず、最終的には、裁判所で決定された売買価格でその株式を売り渡さなければならない[12]。

反対に、その相続人がその相続した株式を他に譲渡しようとする場合は、その会社の承認を受けなければならず（会社136）、その会社がその譲渡を承認しないときは、その会社がその株式を買い取らなければならない（会社140）。この売買価格は、会社法177条と同一の手続きによるが、20日以内にその申立てがないときは、その売買価格は一株当たりの純資産額に応じた額となる（会社144⑤）。

---

(11) 参照、江頭・前掲注（9）246頁。
(12) 江頭・前掲注（9）232頁は、従業員が退職したにもかかわらず、会社に株式を売り渡さない場合は、その株主の株券をあらかじめ株券不所持制度の下におく等の措置をとることができる。また、金沢地判昭和62・9・9判時1273号129頁は、議決権を行使することができない株式として取り扱うことができると判示している。最高裁昭和48年6月15日判決（民集27巻6号700頁）は、「定款をもって取締役会の承認を要する旨定めることを妨げないと規定し、株式の譲渡の制限を許しているが、その立法趣旨は、もっぱら会社にとって好ましくない者が株主となることを防止することにあると解される。そして、右のような譲渡制限の趣旨と、一方株式の譲渡が本来自由であるべきことに鑑みると、定款に前述のような定めがある場合に取締役会の承認をえずになされた株式の譲渡は、会社に対する関係では効力を生じないが、譲渡当事者間においては有効であると解するのが相当である。」判示している。

このように、売買価格の決定は、会社にとっても、株式の売渡しが強制される相続人にとっても重大な問題である。

3 本稿の課題

課税上の非公開会社の株式の時価（相法22）は、課税時期において、それぞれの現況に応じ、不特定多数の当事者間で自由な取引が行われる場合に通常成立すると認められる価額をいい、その価額は、評価通達の定めによって評価した価額によると定められている（財評通1①）。

前記のように、会社法174条による譲渡制限株式の売買価格を同法177条に基づき裁判所が決定した場合、この評価額は、裁判所において決定された客観的交換価値であり、相続税法上の客観的交換価値すなわち時価となる筈である。

ところが、裁判所が決定した売買価格は、評価通達に基づく評価額ではない。したがって、その株式の相続税上の客観的交換価値は、再度、評価通達によって評価し直すこととなる。

この取扱いの根拠について、会社法上の評価目的は、課税上の評価目的と相違するのであるから当然であって、評価通達は、厳密に株式の価額を探求するという理念だけが考慮されているわけではなく、過って評価を過大にし、納税者が過重に税を負担する事態が生じないようにする課税の安定性、簡便性等の政策的な要請を受けているのであって、それ故、他への流用に適さない要素を含むものである。申告納税制度での公平な課税の実現のために評価の統一性、画一性が要求されるという見解がある[13]。

しかし、会社法174条による売買価格以上の評価額によって相続税を負担するような事案については、この課税の安定性という論拠は妥当しない[14]。

取引相場のない株式に関して、裁判所で決定した会社法上の適正な時価が、何故、課税上の時価として適正でないのか。相続税法による時価の探求よりは、課税上の簡便性、統一性そして画一性を優先する理由は何であろうか。

---

(13) 参照、関俊彦『株式評価論』（商事法務研究会、1983年）133～137頁。

(14) 河本一郎・江頭憲治郎・生田治郎・中祖博司・川口勉・新井喜太郎「非公開会社の評価鑑定事例」別冊商事法務101号18頁（中祖博司発言）は、千切屋事件について「株式の評価がすごく高いものですから、ほかの相続財産は全部なくなって、土地建物を担保に入れてお金を借り、そして相続税を払ったと。ですから、相続税のためになにもなくなったので訴訟を提起したという事例だったのです。」と解説している。

II 会社法における評価の基準

1 会社法における評価の基準

会社法では、非公開会社の株式の売買価格を決定するための原則的な評価方法が定まっていない(15)。「取引相場のない株式について、買取請求により成立する売買の価格は、抽象的には買取請求の意思表示が相手方に到達したときにおける株式の客観的交換価値をいうことになるが、その金額的な把握確定は甚だ困難であって、できる限りその客観的交換価値を適正に反映した近似価格を評定する以外に方法がないところ、具体的な算定基準を定めた規定は存在しないのであるから、理論的操作によりこれを定めるほかない」（高松高判昭和50・3・31判時787号109頁）。

このように、会社法における売買価格とは、時価であり、それは、客観的交換価値をいう解されている。

この理論的な方法とは、以下のように純資産方式、収益還元方式、配当還元方式、類似会社比準方式、評価通達で定められている類似業種比準方式等がある。

これらの評価方法の選定は、評価の目的、会社の種類・規模・業種・配当性向、評価の対象となる株式が発行済株式総数に占める割合等により異なると考えられている(16)。

そこで、上記の各評価方法がどのような基準で選定されているか以下に検討する。

---

(15) 例えば、河本他・前掲注(14) 9頁（江頭憲治郎発言）では、原則的な評価方法がないと主張される方の論拠もいろいろあって、評価する者にとっての主観的価値はいろいろ違いうるからだ」。「原則的な評価方法があるということを強調する立場もいくつかの立場に分けられ……1つの立場は、理論的に、あるいは経済学的に正しい方法はある。それは何かといいますと……予想キャッシュ・フローをリスクを勘案した適正な資本還元率で還元する。非公開会社に関する限り、これ以外に理論的に正しい方法はないとする立場です。……それと全く異なる立場から……浜田道代教授がとなえられる考え方ですが、何か1つルールを作ることが大切なのだといわれる。」。

(16) 参照、東京地判平成7・4・27判時1541号134頁。

2 裁判所における評価方法の選定基準

(1) 純資産方式

最判昭和44・12・11民集23巻12号2447頁は、「一般に協同組合の組合員が組合から脱退した場合における持分計算の基礎となる組合財産の価額の評価は、所論のように組合の損益計算の目的で作成されるいわゆる帳簿価額によるべきものではなく、協同組合としての事業の継続を前提とし、なるべく有利にこれを一括譲渡する場合の価額を標準とすべきものと解するのが相当である。」と判示した。

本判決の「事業の継続を前提とし、なるべく有利にこれを一括譲渡する場合の価額を標準とすべき」という判断は、その後の裁判例に踏襲されている。

ただし、事業を清算したと仮定した場合の①未払退職金等、②未払法人税等については以下のように見解が分かれている。

最判昭和54・2・23民集33巻1号125頁は、「退職慰労金等の支給条件、受給対象となる退職者等について将来における変動が予想される以上、払戻持分計算の基準時である当期末現在の状況を基準として算出した退職慰労金等の額を計数上確定できるものではないから、これを負債として計上するのは相当でない」とし、「払戻持分の計算の基礎となる財産の評価は、当該協同組合の事業の継続を前提とし、なるべく有利にこれを一括譲渡する場合の価額を基準とするのであって、現実の解散による清算手続きの一環として行うものではないから、組合が解散した場合であることを前提とする所論清算所得に対する公租公課相当額なるものを想定し、これを負債として計上すべきものではない」と判示している。

ところが、東京地判平成15・11・18金商1191号46頁では、本件持分の払戻の計算は「被告の資産を個別に処分した場合の価額の合計によるべきではなく、被告の事業の継続を前提として、当該資産を特定の事業のために一括して譲渡する場合の譲渡価額（営業価格）を基準とするべきである。」「かつ持分払戻額の間に不平等が生じないように、処分する際に生じる必要経費を被告の純資産から控除するのが相当である。」「退職時点である平成8年9月から現実に解散が見込まれる将来の時点において土地の値下がり等により大幅に被告の時価評価による資産額が変動しており（弁論の全趣旨）、しかも現実には未だ換価していないにもかかわらず、当該時点での有利な価額を以て、公租公課等を考慮し

ないままで純資産額を定めるとすれば、原告には二重に有利な価格を定めたことになり、衡平の見地から許容しがたい。」「被告の有する資産について事業を継続したことを前提として第三者に対し処分したうえで清算する場合の平成8年9月時点での被告の清算所得にかかる法人税相当額を控除すべきである。」「また、未払退職金については、事業の継続を前提としてその譲渡価額を決定するに際し、買受人としては被告の従業員等の退職金については就業規則で定められている限り少なくとも当時算出される退職金を負担せざるを得ないものと想定するであろうから、これを減額要素として考慮することは当然である。」と判示している。このように、純資産価額の時価は、事業を継続したことを前提として第三者に対し一括して譲渡し清算する場合の価額であり、未払退職金、法人税等を控除した価額である。

(2) ディスカウント・キャッシュ・フロー方式（DCF方式）と純資産方式の併用

東京地判平成7・4・27判時1541号130頁では、非公開会社の株式や出資持分の評価については、「評価の目的、会社の種類・規模・業種・配当性向、評価の対象となる株式が発行済株式総数に占める割合等により異なり得ると考えられる」。「ところで、合資会社の社員が退社する場合、会社自体は継続するから、その払戻持分の評価は、原則として継続企業価値によるべきである。そして、継続企業価値は、収益を生み出す源泉としての企業の価値を評価しようとするものであるから、将来の収益を、直接、評価の基礎に据える収益方式は、……企業価値を評価する純資産方式よりも、継続企業の持分を評価する方法として、理論的には優れているといい得る。」最判昭和44・12・11（前出）の純資産方式について、「DCF法は企業買収の場合等に広く用いられる手法であるから、むしろ右判示に副う面もある。」「本件の場合、退社により持分払戻に会社資産の一部清算という側面があるとみられることなどを考慮し、清算処分時価純資産方式による評価をも算定の基礎とするのを相当と認めるものである」と判示して、合資会社の有限責任社員の退社による持分払戻価額を収益方式としての（DCF法）と純資産方式（清算処分時価純資産方式）とを併用し、社員の退社が会社資産の一部清算という側面があること、収益方式には不確実性を有すること等を考慮して6対4の比で加重平均した金額をもって払戻持分額とした。純資産額については、資産の処分価格から処分費用、法人税等相当額を控

除している。

(3) 収益還元方式と時価純資産方式の複合

　東京高判昭和51・12・24判時846号105頁では、「収益還元方式は、将来期待される当該企業の収益に基づいて算定するもので、これには企業利益のうち株主に配当される部分だけではなく内部留保分も含まれるため、一般投資家が株式を取得する場合の株式の評価には必ずしも適しない面があるが、経営支配株主又は経営参加株主にとっては適当な評価方法といえる。」「売買当事者が経営支配を目的としており、配当額よりも企業利益そのものに関心をもっているといえる」と判示して、配当の全く行われていない、経営支配を目的としている非上場である譲渡制限会社の株式を、収益還元方式と時価純資産方式の複合により評価した。この純資産額は、会社財産の実質的な取得に注目し、処分可能価額ではなく、再調達価額によって評価している。

　他に東京高判昭和46・1・19下民集22巻1・2号9頁が、収益還元法を選定している。

(4) 類似会社比準法と時価純資産方式の平均値

　高松高判昭和50・3・31判時787号109頁では、「類似会社比準法においては、類似業種の会社の株価が、その会社の前掲諸要素の評価を主たる契機とし、市場取引において現実に形成されたものと一応言えるであろうから、評価対象会社の同じ要素を類似会社に比準したうえ、両者の株式の市場流通性を勘案した修正を施して得た価格は、評価対象会社の株価の評定として、1つの重要な指標を提供するものであることは疑いない。」として、評価会社の株価を類似業種4社の平均値としたが、「抗告人会社は株式の譲渡制限をした閉鎖的会社であり、会社としての規模も常識的にいって未だ中程度の域を出ていないことを考慮すると、相手方が有する株式は、抗告人会社の純資産価値を反映した価値を帯有しているものと解するのが相当である。」と判示して、非上場の譲渡制限のある非支配株主の範疇に属する同族株主の有する株式を、類似会社比準法と時価純資産法の平均値により評定し、原判決を変更した。

　類似会社比準方式を採用した例として、神戸地裁昭和51・6・18判時843号107頁があり、新株発行価額が特に有利な発行価額に該当するか否かについて店頭気配相場のある非上場株式の株価を評定した事例である。「株価決定の大きな三要素（支配、投資、投機）を加味している類似会社比準方式が、標本会

社の選択が恣意的・不合理でない限り、正常な営業活動を行ない、営業成績の順調な会社の株式評価に適するものというべきである。」と判示している。

(5) 配当還元方式（ゴートン・モデル方式）

大阪高判平成元・3・28判時1324号140頁では、上場会社と同規模の譲渡制限会社の株式の売買価格について「継続企業は経済的に収益力により成長活動をなす側面と、土地等資産を所有する側面とに分かれ、株式の化体する株主権も右に対応して利益配当請求権と残余財産分配請求権に分かれるところ、後記の特段の事情のない限り、一般少数非支配株主が会社から受ける財産的利益は利益配当（特段の事情があるときは会社の純資産価額）のみであり、将来の利益配当に対する期待が一般株主にとっての投資対象と解される。」「本件においては将来の配当利益を算定基礎として評価する方法が最適というべきであって、……利益及び配当の増加傾向を予測するゴートン・モデル式によるのが適当をいうべきである。」として株価を評定した。

大阪地裁岸和田支部昭和47・4・19判時691号74頁は、新株発行価額が特に有利な価額であるか否かを判断する際に、配当還元方式を採用している。その理由は、「一般的にみれば、支配権をもたない株主の株式の価値はまったく配当請求権に帰一するといわれる。それは、支配権のない株主は株主権のうち配当請求権以外に実益をもった権利を有さないからであり、……大衆投資家の直接の利害はもっぱら配当請求権にあるからである。」

3 小　　括

上記の裁判例を検討すると、1の純資産方式を採用した事業協同組合等を除いて[17]、裁判所は株式の経済的利益の側面に焦点を当ててその株式の評価方法を検討していることが窺える。

上記3の例のように、売買当事者が経営支配を目的として企業利益をその株式の取得目的としている場合は、その者が将来の利益を資本還元する収益還元方式が適当な方法であるとし、会社財産の実質的な取得の面も考慮して、純資産方式との複合方式を採用している。また5の例は、将来の剰余金の配当に対する期待が一般株主にとっての投資対象とされる場合に配当還元方式が採用さ

---

(17) これらは、収益を目的として設立した会社ではなく、資本還元法による評価は妥当ではない。そこで企業の解体価値である時価純資産方式を採用したものと思われる。

れているが、株価の最下限値を確認するために純資産方式が検討されている。

　以上で共通することは、評価に当たっては、まず株式がもたらす利益を検討していること、その株式の受領者によって、例えば支配株式と非支配株式とでは評価方法が相違すること[18]、それぞれに純資産方式を併用していることである。

　ところで、柴田和史の機能的企業評価論[19]によると、1960年代頃のドイツにおける企業評価論は、従来客観的価値を算出するために様々な方法が試みられていた[20]。

　ところが、Jacobは、これらの方法はすべて収益価値と再調達価値（ドイツの資産価値はもっぱら再調達価値で評価する）との差額に零以上1以下の数値を乗じたものを再調達価値に加算していることを明らかにし、結局、どの算式によっても企業価値の最大値は収益価値法によって算出された価値であり、最小値は再調達価値法（解散・清算の場合は、清算価値が用いられる）により算定された価値であることを明らかにした[21]。

　現在では企業価値は、収益価値ないしは将来成果価値として把握され、決定価値についてもその算出方法は技術的には資本還元率が用いられる。この点について、現在のドイツの経営経済学ではほとんど異論がない[22]。

　そして、この発展は、機能的企業評価論に超克され統合されつつある。それは、目的が異なれば異なる評価方法が採用されるということであり、評価の目的によって企業評価の機能が異なり[23]、企業評価の機能には大別して、3つの主たる機能と2つの副次的機能があるとされた[24]。

---

(18)　参照、渋谷雅弘「資産移転課税（遺産税、相続税、贈与税）と資産評価—アメリカ連邦遺産贈与税上の株式評価を素材として」法協110巻10号110頁。
(19)　参照、柴田和史「機能的企業評価論」所収：竹内昭夫先生還暦記念『現代企業法の展開』（有斐閣1990年）440頁。
(20)　参照、柴田・前掲注(19)441頁。
(21)　参照、柴田・前掲注(19)441頁。
(22)　参照、柴田・前掲注(19)448頁。
(23)　ただし、留意することは、目的によって評価方法そのものが例えば収益価値を前提としないような方向に大きく流れが変わったものではない。企業価値は、収益価値ないしは将来成果価値として把握され、決定価値についてもその算出方法は技術的には資本還元率が用いられることが現在のドイツにおいて主流をなしているのである（柴田・前掲注(19)448頁）。

主たる機能の1つである仲裁的機能とは、特定の社員が有する持分の価値を確定するための評価価値である[25]。裁判所は、退社する社員の補償額について唯一の仲裁的な価額を決定しなければならない。それは、対立する当事者が抱く価値の上限および下限の範囲内でその価値を調整するのであり、いわば紛争を解決するための妥協的な価値と評価することができる。

強制的に退社する株主にとって、その株式によって毎年もたらす利益がその計算の要素となる。つまりそれは、その株主にもたらすであろう将来の利益に対する現在価値の総和に等しい額となる。

その価額は、補償される株主にとっては多いほど好ましいであろうし、補償義務者にとっては少ないほど好ましくなる。そこで、仲裁価値は、補償される株主の最小限要求額のうち最大のものとなる（Matschke 仲裁価額の引用）[26]。

株主の利益が配当だけであるか否かについては見解が分かれている。Moxterは、将来において可能な配当額の最高額から導かれる補償額は、連邦裁判所が樹立した完全賠償の原則に反すると指摘している。

以上から理解できるように、上記裁判例における併用方式の目的とは、株主の将来受けるであろう利益（それは配当だけであるか税引き後利益であるかを別として）の最大値を検討し、最小値の残余財産分割請求権としての純資産価値

---

(24) 参照、柴田・前掲注(19)445頁。主たる機能には、助言的機能、仲裁的機能、論拠的機能があるという。助言的機能を要約すると、投資の決定を行う場合に購入希望者が損失を被らないためには最大限いくらまでの対価を支払うことが許されるかという限界としての決定価値を調査し、事前の検討において利用される評価価値である。企業家が企業又はその持分を売却するときは、将来の利益を考慮して行う。売買の対象となる企業やその持分は企業家の利益獲得の目的を達成するための道具であり、このように理解すると、その決定価値は、将来成果価値のみを許すこととなる。これは、将来の利益の予測を資本還元率で除して求めることができる。また、論拠的機能とは、企業の持分を譲渡する際、交渉を有利にするために相手方の主張を譲歩させる機能を備えた企業価値である。

(25) 参照、柴田・前掲注(19)463頁。

(26) 参照、柴田・前掲注(19)457頁。464頁のSiebenの仲裁価値を要約すると、補償額は、社員が排除により逸失した予測利益額と正確に一致しなければならない。逸失した利益は、排除されなければ将来にわたって会社から支払われたであろう配当金の総額となる。理論的には、誰もが主観的利益率により算出される主観的価値を補償されるべきである。したがって、排除された各社員は適正な補償額についてそれぞれ異なった価額となるが、その価額は、将来得られたであろう配当の予想額を予想資本還元率で除して算出することができる。

を併用して、株価の仲裁価値を算出しようとしたからであった。

裁判所は、その仲裁価値を算出する過程で、客観的交換価値の探求をおろそかにするのではなく、その価値の追求の果てに、上記併用方式によって、補償される株主の最小限要求額のうち最大のものを選択したのである。

Ⅲ　税法における評価の基準

1　税法における時価とその乖離

(1)　相続税法と評価通達による時価の概念

「相続、遺贈又は贈与により取得した財産の価額は、当該財産の取得の時における時価により、当該財産の価額から控除すべき債務の金額は、その時の現況による。」（相税法22条）

この「時価とは、課税時期（〈括弧内略〉）において、それぞれの財産の現況に応じ、不特定多数の当事者間で自由な取引が行われる場合に通常成立すると認められる価額をいい、その価額は、この通達の定めによって評価した価額による。」（財評通1①）と定め、また、「財産の評価に当たっては、その財産の価額に影響を及ぼすべきすべての事情を考慮する。」（同②）と評価の基準を明らかにしている[27]。

ところが、同種類・同性質の財産が多く存在し、市場性のある財産については、意思表示が相手方に到達した時、この一時点に限定した時価の評定は容易であるが、財産に個別的な要素が強まり市場性が少なくなるにつれて、取引価格は相当の幅をもつようになり、時価の評定も必ずしも容易ではない[28]。特

---

[27]　評価通達によるこのような適用について、金子宏『租税法』（第10版2005年弘文堂）479頁は、「もちろん、通達は法令ではなく、また、個別の財産の評価は、その価額に影響を与えるあらゆる事情を考慮して行われるべきであるから、ある財産の評価が通達と異なる基準で行われたとしても、それが直ちに違法となるわけではない。」と、評している。

　また、品川芳宣『租税法律主義と税務通達』（2003年ぎょうせい）119頁によると、相続税の時価に関する解釈が評価通達に全面的に委ねられていることに対して、「所得税や法人税が課税標準（所得金額）の算定を有償取引を前提としながらも例外的に無償（低額）取引に係る資産の時価認定を要することに対し、相続税の場合、課税標準（課税価格）の算定の対象がすべて無償（低額）取引でありそれにより取得した財産のすべてについて時価評価を要することや相続税の課税（納税）が偶発的に生じることに鑑み、課税（納税）の便宜を図る必要があるからであると考えられる。」と評している。

に取引相場のない株式の売買実例は無いのが実情であるから、その株価に影響を及ぼすべきすべての事情を考慮するとなると、まさに会社法における評価方法と同一に理論的方法による以外に時価の評定の方法が無い。

ところが、課税上、その評定は、全面的に評価通達による評価方法に委ねられている。この評価通達は法令ではないが、その時々の課税上の課題[29]に即して改正されている[30]。しかし、その改正は、時々の課題に対処するあまり、様々な評価方法とその例外規定が定められ、ますます評価通達の拘束力を増大させ、その評価額が高額となり、相続税法22条の求める時価からは、あまりにも乖離している[31]。つまり法律の解釈の域を脱した新たな措置を定めているといっても過言ではない[32]。

(2) 取引相場のない株式に関する評価通達の主な改正

(a) 平成2年8月3日付改正（直評12・直資2-203）

株式保有特定会社の株式、土地保有特定会社の株式並びに開業後3年未満の会社等の株式は、原則として純資産価額方式によって評価することとされた。その理由は、評価会社の株式を評価会社以外の他の持株会社に移行することによって同族株主の持株割合を減少させ、同族株主以外の株主に該当させることによってその株式の評価額を下げることに対処するためであり、評価会社が多額の借入金によって株式や土地を取得し、或いは新設した会社に被相続人が所有している株式や土地を現物出資させ、純資産価額方式又は類似業種比準方式基づく評価額を下げるような行為に対処するためである。

(b) 平成6年6月27日付改正（課評2-8・課資2-113）

評価差額に対する法人税額等に相当する金額の計算上、評価会社の各資産の

---

[28] 参照、田中二郎『租税法』（法律学全集11・新版1985年有斐閣）494頁。

[29] 例えば、別表「取引相場のない株式の評価の裁判例（相続税関連）」の3に該当するA-B方式に対応するために課税の公平を志向する等の改正等をいう。

[30] 山田二郎『税法講義』（第2版2001年信山社）130頁には、平成評価通達の改正について、「このような重要な取扱いの改正が通達で行われたことについて、租税法律主義から疑問が投げかけられている。」と評している。評価通達の改正は、平成6年、12年、15年と行われ、それらに該当する株式の評価については、従来と相違する評価方法が採用されている。

[31] 同趣旨、品川芳宣「ゴーイング・コンサーンである会社の取引相場のない評価—租税法の視点」税研118号（2004年11月）13頁。

[32] 参照、新井隆一『税法判決評解』（敬文堂1972年）299頁。

中に、現物出資若しくは合併により著しく低い価額で受け入れた資産又は株式交換、株式移転により著しく低い価額で受け入れた株式（以下これらの資産又は株式を「現物出資等受入れ資産」という）がある場合は、現物出資等受入れ資産の移転のときの評価通達により評価した価額（被合併会社の帳簿価額を限度とし、課税時期の評価通達により評価した価額を限度とする）からその資産の帳簿価額を控除した価額は評価会社の純資産額の計算上控除しないこととされた。ただし、課税時期における評価通達による総資産価額のうち、現物出資等受入れ資産の評価通達により評価した価額の合計額が20％以下である場合は、この規定を適用しない（財評通186-2）。

その改正の理由は、評価会社で評価差額に対する法人税額等相当額が控除されることに着目して、別の法人に株式等を現物出資することで、別の法人でもさらに評価差額を作り、相続税の租税回避が行われたことに対処するためである。

(c) 平成12年6月13日付改正（課評2-4・課資2-249）

類似業種比準方式における「1株当たりの配当金額」、「1株当たりの利益金額」および「1株当たりの簿価純資産価額」の比重を1：3：1とした。その理由は、継続企業を前提とすると株式の価値は会社の収益力に最も影響されることから「1株当たりの利益金額」の割合を他の3倍にし、したがって分母の3は5に変更された。

また、上場企業に対する取引相場のない株式の評価は、その情報量や人材の確保、資金調達力等において劣勢にあり、その格差は拡大する傾向にあること、これらの会社の規模が小さくなればなるほど上場企業との格差は拡大するので、このしんしゃく率を考慮し、大会社には「0.7」、中会社については「0.6」、小会社については「0.5」とした。さらに、2要素以上がゼロの会社の株式については、比準する前提を欠くと考えられ、休業中の会社や清算中の会社の株式については、純資産価額方式により評価するとし、2要素以上ゼロの会社（比準要素数1の会社という）の株式については、類似業種比準方式のLの割合を0.25に引き下げて類似業種比準方式と純資産価額方式との併用方式により評価することとされた。

また、平成11年の商法改正によって株式交換等の制度が導入され、この制度を利用して時価よりも著しく低い価額で特定子会社の株式を受入れることが可

第1編　国内税法

能となり、株式交換又は株式移転のときの評価通達による株式の価額とその株式の受入れ価額との差額に対する法人税額等相当額は、控除しないこととされた。

2　評価通達に基づく取引相場のない株式の評価方法

取引相場のない株式の評価の原則は、評価会社を従業員数、総資産価額、期末一年間の取引金額から大会社、中会社および小会社の株式に区分して評価することとしている（財評通179）。その定められた主な評価方法は以下のとおり。

(1) 大会社の株式

納税義務者の選択により、類似業種比準価額又は1株当たりの純資産価額（評価通達によって計算した価額。以下(2)、(3)において同じ）によって評価する。

(a) 類似業種比準価額

類似業種比準価額は、類似業種の株価並びに1株当たりの配当金額、年利益金額および純資産価額（帳簿価額によって計算した金額。以下(b)において同じ）を基として次の算式で計算した金額とする（財評通180）。

$$A \times \left(\frac{(B)}{B} + \frac{(C)}{C} \times 3 + \frac{(D)}{D}\right) \times \frac{1}{5} \times 0.7$$

A、B、C、Dは、それぞれ類似業種の株価、課税時期の属する年の類似業種の1株当り配当金額、1株当りの年利益金額、1株当りの純資産価額である。

(B)、(C)、(D)は、評価会社の直前期末における1株当りの配当金額、直前期末以前1年間における1株当りの利益金額（ただし、(C)の金額が0の場合には、分母の「5」は「3」とする）、直前期末における1株当たりの純資産価額である。ただし、1株当たりの資本金の額を50円とした場合の金額として計算する。また、上記算式中の「0.7」は、中会社の株式にあっては「0.6」と、小会社の株式にあっては「0.5」とする。

(b) 純資産価額

1株当たりの純資産価額は、課税時期における各資産を評価通達に基づき評価した価額（時価）の合計額[33]から課税時期における各負債の金額および未

---

[33] 評価通達165には、営業権の評価について定めている。このように純資産額の算定は、帳簿価額に基づきながら税額が大きくなることには緩やかに、少なくなることには厳しく評価するような定めとなっている。

払法人税額相当額(財評通186-2の金額)を控除した金額とする。ただし、その評価会社が課税時期前3年以内に取得又は新築した土地等並びに家屋等の価額は、通常の取引価額相当額或いはその帳簿価額によって評価する。また、株式の取得者とその同族関係者の有する議決権の合計数が評価会社の議決権総数の50%以下である場合は、1株当たりの純資産価額は、100分の80を乗じて計算した金額とする(財評通185)。

　負債の金額は、課税時期の属する事業年度の法人税額、被相続人の死亡により確定した相続人への退職手当金等を除き、貸倒引当金、退職給与引当金(法人税法第54条2項に規定する退職給与引当金相当額を除く)、納税引当金その他の引当金および準備金は負債に含まれないものとする(財評通186)。

(2) 中会社の株式

　納税義務者の選択により、次の算式により計算した金額又は純資産価額によって評価する。

　　類似業種比準価額×L＋1株当たりの純資産価額×(1－L)

　算式中の「L」とは、評価会社の総資産価額(ただし、帳簿価額による金額)および従業員数又は直前期末以前1年間における取引金額に応じて相違する。

(3) 小会社の株式

　納税義務者の選択により、1株当たりの純資産価額又はLを0.50として(2)の算式により計算した金額によって評価する。

(4) 同族株主以外の株主等が取得した株式

　同族株主以外の株主等が取得した株式の価額は、その株式に係る年配当金額(その金額が2円50銭未満のものおよび無配の場合は、2円50銭とする)を基として、次の算式により計算した金額(その額が取引相場のない株式の評価に基づいて計算された金額を超える場合には、取引相場のない株式の評価による)によって評価する(財評通188・188-2)。

　　(その株式に係る年配当金額／10%)×(その株式の1株当たりの資本金の額／50円)

　　(注)　「その株式に係る年配当金額」は1株当たりの資本金の額を50円として計算する。

(5) 特定の評価会社の株式

　特定の評価会社の株式とは、評価会社の資産の保有状況、営業の状態等に応

じて定めた次の株式をいい、それぞれ別個の評価方法が定められている。なお、評価会社が、次の(b)又は(c)に該当する評価会社かどうかを判定する場合において、課税時期前において合理的な理由もなく評価会社の資産構成に変動があり、その変動が次の(b)又は(c)に該当する評価会社と判定されることを免れるためのものと認められるときは、その変動はなかったものとしてその判定を行うものとする。(財評通189)。

(a) 比準要素数1の会社の株式

「比準要素数1の会社」とは、類似業種比準方式で評価する場合に、「1株当たりの配当金額」、「1株当たりの利益金額」および「1株当たりの純資産価額(帳簿価額によって計算した金額)」のそれぞれの金額のいずれか2が0であり、かつ、直前々期末を基準にした類似業種比準価額のそれぞれの金額のいずれか2以上が0である評価会社(次の(b)から(d)に該当するものを除く)をいう(評価方法は、財評通189-2を参照)。

ただし、配当金額および利益金額は、直前期末以前3年間の実績を反映して判定する。

(b) 株式保有特定会社の株式

株式保有特定会社の株式とは、課税時期において評価会社の有する株式等の価額の合計額(評価通達によって計算した価額)が、その有する各資産の価額の合計額(評価通達によって計算した価額)の25％以上(中会社および小会社については、50％以上)である評価会社の株式をいう(評価方法は、財評通189-3を参照)。

(c) 土地保有特定会社の株式

土地保有特定会社の株式とは、課税時期において、以下に該当する株式をいう(評価方法は、財評通189-4を参照)。

① 大会社に区分される会社(ただし、小会社に区分される会社で帳簿価額の総資産価額が、卸売業に該当する場合には20億円以上、卸売業以外に該当する場合には10億円以上のものを含む)が、その有する各資産の価額の合計額(評価通達によって計算した価額)にしめる土地等の価額の合計額(評価通達によって計算した価額)の割合(土地保有割合という)が70％以上である会社

② 中会社に区分される会社(ただし、小会社に区分される会社で帳簿価額の総資産価額が、卸売業に該当する場合には7千万円以上、小売・サービス業に該当

する場合は4千万円以上、卸売業、小売・サービス業以外に該当する場合には5千以上で、①に該当しないものを含む。）で、土地保有割合が90％以上である会社

(d) 開業後3年未満の会社等の株式

開業後3年未満の会社等の株式とは、課税時期において以下に該当する評価会社の株式をいう（評価方法は、財評通189-4を参照）。

① 開業後3年未満のもの

② 類似業種比準方式で評価する場合に、「1株当たりの配当金額」、「1株当たりの利益金額」および「1株当たりの純資産価額（帳簿価額によって計算した金額）」のそれぞれの金額がいずれも0であるもの。ただし、配当金額および利益金額については、直前期末以前2年間の実績を反映して判定する。

3 会社法における評価方法と評価通達の固有性

(1) 会社法上の評価事案における評価通達の評価

会社法上の株式の買取請求価額となる時価は、客観的交換価値であり、課税上の評価額となる時価も、客観的交換価値である。つまり、両者は同一の時価を志向している。

ところが、会社法上においてその株式の評価方法を選定する際、この評価通達による評価方法は、裁判例でも学説でも次のように適切ではない解されている。

裁判例においては、基本通達は、大量発生する課税対象に対し国家が迅速に対応すべき目的で課税技術上の観点から考案された方式で、国家と国民の公権力の行使関係を律する基準であって、会社法における売買価格を決定する基準とはならないと評価されている[34]。また、この通達は昭和39年4月25日付で制定されたものであり、現在、本通達は実情にあわなくなっている[35]。

学説でも、類似業種比準方式は、上場会社のなかから選定することは相当困難であり、帳簿上の純資産額を比較することに実質的意味がないこと、各3つの要素の判断もきわめて短い期間であり、それぞれ比率は経験的に裏打ちされ

---

(34) 参照、大阪高判平元・3・28判時1324号142頁。
(35) 「当時は証券取引所上場審査基準が資本金1億円以上で本通達と合致していたところ、現在の上場審査基準は、……本通達は実情にあわなくなって」いる（大阪地裁岸和田支部昭和47・4・19判時691号78頁）、と判示する。

ているか疑問である(36)、類似性の検証ができないので、無責任な算定方法である(37)等の批判がされている。

評価通達の配当還元方式についても、直前期末以前2年間の各事業年度における年配当金額の平均に基づいているが、その根拠が明らかではない。また、無配の会社について、年配当金額を2.5円とみなしているが、同じ無配の会社も将来有望なものとそうでないものとがあるはずで、要するに、大量発生的な事象を画一的に処理するために作られた腰ダメ的基準にすぎない(38)。

(2) 評価通達の規範性

一般に通達は行政機関内の規律にすぎず、法規としての性質を有しないが、租税法における租税法律主義の原則からすれば、評価通達に基づいた評価方法が合理的なものである限り、全国一律にすべての納税者がこれを適用することによって租税負担の平等を実現することができ、特定の納税者あるいは特定の相続財産についてのみ評価通達に定める方法以外の方法によって評価を行うことは、租税平等主義に反し許されないと解されている(39)。

一方、評価通達に定められた評価方法を画一的に適用することによって、かえって実質的な租税負担の公平を著しく害するなどの特別の事情がある場合には、他の合理的な評価方法を採ることが許されると解されている(40)。

別表2の裁判例で分かるように、評価通達による配当還元方式から時価によ

---

(36) 参照、江頭憲治郎「取引相場のない株式の評価」法協百年論集3巻（1983）466頁。
具体的には、河本一郎他「非公開会社の評価鑑定事例」別冊商事法務101号19頁（江頭憲治郎発言）では、サッポロ、アサヒ、キリン「三社ともビールしかつくっていない。したがって三者間みる限りこれ以上の類似業種企業はない。そこで一社を非上場だと仮定する。そして他の二社を算式適用上の類似業種とする。そして数字を出してみましたら次の表のようなことになったのです。」「これをみると少なくとも証券市場では、類似業種比準方式とは相当違った評価をしていることが明らかとなります。」。

反対に、「会社法の要請に基づく裁判所による株式評価は、まさしく「第三者による評価」の典型例である。したがって課税目的による評価は、会社法に基づいて裁判所がなす株式評価と、この点において基本的な性格が類似している。」という意見もある（浜田道代「ゴーイング・コンサーンである会社の取引相場のない株式の評価—会社法の視点」税研118号（2004年11月）22頁）。

(37) 参照、中祖博司「取引相場のない株式の価格算定基準」判タ532号（1984）50頁。
(38) 参照、江頭・前掲注(36)454頁。
(39) 参照、東京地判平成10・5・29判タ1002号144頁。
(40) 参照、東京地裁平成11・3・25訟月47巻5号1185頁。

6 取引相場のない株式の評価に関する会社法と税法の接点〔山田和江〕

る評価方法を採用した例（東京地判平成11・3・25訟月47巻5号1185頁）、同じく配当還元方式から類似業種比準方式を採用した例（東京高判平成17・1・19訟月51巻10号2629頁）、評価通達に定める純資産価額方式を採用する場合に、控除すべき法人税額等相当額を控除しないことが相当とした例（東京高裁平成13・5・23判タ1126号114頁）等がある。

　法人税法及び所得税法における取引相場のない株式の時価を評定する場合も、必ずこの評価通達によるのではなく、評価通達を準用する場合も一定の修正を施すこととしている[41]。

　ところが、納税者が課税時点の法人税法基本通達[42]によって準用された評価通達の純資産価額方式に基づいて、取引相場のない株式を評価したところ、裁判所は、その会社が解散し、清算して残余財産を分配することが現実に想定されていない以上、法人税等相当額を控除することはできないと判断し[43]、所得税法の課税時期における所得税基本通達[44]によって準用された評価通達の純資産額方式については、評価通達185が純資産額の算定に当たり法人税相当額を控除することとしているのは、個人が財産を直接保有し支配している場合と、その財産を会社を通じて間接的に所有し支配している場合との評価の均衡を図るためであり、評価の対象となる会社が現実に解散されていることを前提としているものではない。したがって、営業活動を順調に行って存続している会社の株式の相続および贈与に係る相続税および贈与税の課税においても、法人税相当額を算定することは、一般に合理性がある[45]と正反対の判断をしている。以上のように、評価通達の規範性は、裁判例でも各税法間でも薄められている[46]。

---

(41) 法人税法における売買実例のない株式の評価は、①類似会社比準方式によって推定した価額とする。②①に該当しないものは、純資産価額等を参酌した価額とする。③①②によらない場合は、特例として課税上弊害がない限り一定の条件の下で評価基本の178から189-7までの例により算定した価額とする（法基通4-1-5）。所得税法におけるその株式は、類似会社比準方式によって評価する②①に該当しないものは、一定の条件の下で評価通達178から189-7までの例により算定した価額（所基通59-6）とする。
(42) 参照、平成12年課法2-7による改正後の法基通4-1-5。
(43) 参照、東京地判平成15・7・17判時1871号25頁。
(44) 参照、平成12年課所4-29による改正後の所基通59-6。
(45) 参照、最判平成17・11・8日判タ1198号121頁。
(46) 品川・前掲注(31)15頁は、この評価通達総則6の問題について「元々相続税及び贈

第1編　国内税法

4　第1章課題に対する整理

　第1章で提起した課題、取引相場のない株式に関して、裁判所で決定した会社法上の適正な時価が、何故、課税上適正でないのか。

　この課題に対する会社法上の回答は、会社法上における取引相場のない株式の評定について、裁判所は、その仲裁価値を算出する過程で、客観的交換価値の探求をおろそかにするのではなく、その価値の追求の果てに、補償される株主の最小限要求額のうち最大のものを選択していた。

　そして税法におけるその回答は、相続税法22条の時価に対する解釈通達である評価通達は、本章で検討したように、その規範性は、既に各裁判例においても各税法間においても薄められているにもかかわらず、納税者による客観的交換価値の探求を拒絶し、拘束性という呪縛だけをもたらしていた。また、財産の価額は、当該財産の取得の時における時価（相法22）であるという相続税法の例外的な取扱いを許容し、放置していた。

　このように、会社法上の客観的交換価値が、唯一無二の最高額の評定を目的としていたのではないにもかかわらず、課税の安定性や簡便性等の理由で、評価通達による評価額を肯定しているにすぎない。

　課税上の配慮、とりわけ、納税者間及び各資産間での課税の公平の維持、納税の配慮の観点は、重要であるが[47]、現状の課税上の評価通達の問題点は払拭しなければならない[48]。

　　与税のために設けられた評価通達が、それらの税目においてさえ規範性を弱めることになる。」と指摘している。
(47)　渋谷雅弘「資産移転課税（遺産税、相続税、贈与税）と資産評価―アメリカ連邦遺産贈与税上の株式評価を素材として」法協111巻6号800頁は、「徴税目的の評価」ということは、次のようないくつかの命題にさらに分解される。」として、第一に「各種資産間の評価の公平の必要性」、第二に「租税納税への配慮」、第三「国家と私人との間の利害対立」を挙げている。そして、「アメリカ連邦遺産贈与税上の株式評価においては、「評価の安定性」という議論は、ほとんどみられなかった。」（同802頁）、と評している。
(48)　櫻井四郎「現代税務と資産評価」所収：日本税理士会連合会編『現代税務の課題と展望』（現代税務全集40ぎょうせい1983年）235頁は、「財産の価額の評価に当って、2つの問題点がある。その1つは、財産の価額とはどのような価額をいうのかという租税法の時価ないし価額の解釈の問題であり、他の1つは、財産の価額評価の技術的方法である。」としてその問題点を整理し、評価額の統一化と評価方法の明確化を提言している。

IV　株式評価モデル基準の提案

　取引相場のない株価については、不特定多数の間における取引が存在しないことから、その客観的交換価値を測定することは困難であり、その評価方法は、理論的な方法に依拠せざるを得ない[49]。
　しかし、現状の評価通達には、前述のように多くの問題点を有しているため、その問題点を払拭し、評価通達に本来の目的を付与するためにも以下の株価評価モデル基準を提案する。
　この評価方法は、納税者による選択制とする[50]。評価の選定に当たっては、留意が求められるが、行政庁においてこの評価方法によらない方法によって更正を行う場合は、その合理性の立証が求められる。そして、本評価モデル基準には、課税の安定性、確実性を担保するために、法令上その調整率を明確化した。

1　取引相場のない株式の評価モデル基準の提案
(1)　評価の方法
　取引相場のない株式を評価する方法には、以下の方法を用いることとし、そ

---

(49)　櫻井四郎「現代税務と資産評価」所収：日本税理士会連合会編『現代税務の課題と展望』（現代税務全集40 ぎょうせい1983年）239頁は、「租税法における財産の価額は、客観的なものであることが要求され、客観的価値とは必ずしも実在する取引価額ではなく、いわば想定されるものであるから、租税法の論理的解釈において若干の相違があるとしても、たとえば租税法における土地の価額は、すべて公示価額とか……・財産の価額を統一的にみてもよいのではないかとも考えられる」さらにいえば、財産の価額が税務の上において重要な意義をもち、しかも、その解釈適用の上でもいろいろな問題を包蔵したものであるなら、その明確化のため、現行租税法のように単に時価又は価額と規定するだけではなく、その時価又は価額はどのような取引におけるものを前提とするものであるとか、その時価又は価額を求める具体的方法を法令の規定の上で明らかにし、評価規定の整備が図れないものかということにも問題があろう。」と評している。

(50)　移転価額税制においてその選択制が採り入れられている。納税者が届け出た合理性が確認された独立企業間価格の算定方法に基づいて申告が行われていれば、移転価格課税は行われないこととされている。その方法は、①独立価格比準法、②再販売価格基準法、③原価基準法、④①から③に準ずる方法、⑤その他の方法として利益分割法、取引単位営業利益法がある。このように、措置法においても納税者の選択を認める方法が採用されている。（措法68の4、措令39の12）

第1編　国内税法

れぞれの選択はそれぞれに定める基準に則して、その株主がその株式を取得する時の状況等を考慮して決定する。また、議決権或いは配当等に制限のある種類株式については、その株式に帯有する価値を総合判断して決定する。

(2)　課税上の調整率の勘案

取引相場のない株式の評価額は、課税の安定性を考慮して以下による評定額の80％の額とする。

(3)　取引相場のない株式の評価方法とその基準

取引相場のない株式の評価方法は、類似会社比準方式、純資産方式、収益還元方式、配当還元方式がある。以上の評価方法よって評定された株価は、処分価額に基づく純資産方式による最低価値を限度とする。

(a)　類似会社比準方式

類似会社比準法は、事業内容、営業規模などの面で当該会社と類似の会社一社以上を上場会社のうちから選び、収益力、配当水準、資産内容等を比較することでその会社の株価を算定する方法である[51]。比較の基準は、通常収益力に関連するものとして株価収益率、配当に関連するものとして利廻り、資産内容に関連するものとして株価資産倍率の3指標による[52]。この数値は過去5年間以上の平均値を批准することが望ましい。

この方法を選択する要件は、比準する上場会社の選定が適切でなければならないこと[53]、その比準価額の修正が適切に行われることである[54]。

(b)　純資産方式

純資産方式は、課税時期の時価による純資産額をもとに評価する方法である[55]。ただし、時価が、処分価額であるか、再調達価額であるかについては、

---

(51)　参照、東京高判昭和46・1・19下民集22巻1・2号11頁。
(52)　参照、東京高判昭和51・12・24判時846号113頁。
(53)　東京証券取引所一・二部の株券上場審査基準は、平成18年5月1日現在、上場時価総額は、20億円以上、純資産の額は、直前事業年度末日において10億円以上（原則として、連結貸借対照表による）、利益の額は、最近2年間について、最初の1年間は1億円以上、最近の1年間は4億円以上、最近3年間について、最初の1年間は1億円以上、最近の1年間は4億円以上、かつ、3年間の合計が6億円以上となっている。このような上場会社と比準できる非公開会社の数は限られている。
(54)　参照、神戸地裁昭和51・6・18判時843号107頁。
(55)　東京高判平成13・5・23判夕1126号114頁では、この評価の目的は、個人が株式の所有を通じて会社の資産を間接的に所有している場合と個人事業主として直接に事業用

純資産方式の評価の目的によって相違する(56)。

この評価の目的が株価の最下限値を確認するためである場合は、処分価額・正味売却価額で評価する(57)。

支配株式の評価を目的として、会社の資産を直接に使用・収益できるという価値を評価する場合は、事業の継続を前提として、一括して譲渡する場合の再調達価額による(58)。その際、個人が財産を直接保有し支配している場合と、その財産を会社を通じて間接的に所有し支配している場合との評価の均衡を図るために、処分費用、未払退職金、法人税等相当額を控除する(59)。ただし、

───────────────

資産を所有する場合とで両者の所有形態を経済的に同一の条件の下に置き換えて、その均衡を図る目的で、昭和47年に設けられた方法である。

(56) 資産を評価するための時価が、再調達価額であるか、処分価額であるかについては、渋谷雅弘「資産移転課税（遺産税、相続税、贈与税）と資産評価―アメリカ連邦遺産贈与税上の株式評価を素材として」法協110巻10号1518頁には、遺産の評価は、再調達価額であるか、処分価額であるかについて、「これを遺産贈与税上の資産評価に当てはめると、財産は、一般的には、再調達価額により評価されるべきである。但し、もし遺産が、移転直後に財産を処分した場合には、その処分をめぐる状況にかかわらず、実際の売却対価によって評価されるべきである。」110頁は、「Goldberg, id. at 850-51. ここで、受益者が遺贈又は贈与により取得した財産を、もし選択の余地があれば購入しなかったであろう、という場合が論じられている。この場合には、処分価値により評価すべきであるが、その認定が難しいという。」。

ただし、企業会計基準委員会が7月5日に公表した『棚卸資産の評価に関する会計基準』では、棚卸資産の評価基準について、原則として平成20年4月1日以後開始事業年度からは、会計上、原価法で計算した取得原価と正味売却価額（＝売価－見積追加製造原価－見積販売直接経費）を比較して、いずれか低い方の価額を期末棚卸資産の評価額とすることとなる。また、平成19年度税制の論議においても、法人税法上の棚卸資産の低価法は、正味売却価額となる。

(57) 江頭憲治郎「取引相場のない株式の評価」法協百年論集3巻（1983）470頁は、このような会社の解体価額（時価純資産方式）が企業を継続して得られる価値（配当還元方式）よりも高ければ、会社は解散した方が株主の利益にかなうこととなるであろう。このように、会社を支配すること等を目的にする株価もやはり、本来は、配当還元方式によって評価されることとなると評している。

(58) ただし、最判平成15・6・26民集57巻6号723頁は、固定資産税評価額については、賦課期日における土地の価格が同期日における当該土地の客観的な交換価値を上回る場合には、上記価格の決定は違法となると判示している。このように、再調達価額を採用する場合の資産の時価については再考の余地があると考えられる。固定資産税評価額の問題点については、山田二郎「固定資産税の評価をめぐる最高裁判決とその影響」税理2003年11月号16頁、品川芳宣「固定資産税における7割評価の虚構性」税務弘報45巻1号132頁等がある。

第1編　国内税法

非支配株式は、営業を継続している会社の株式の投下資本回収の手だては、株式を譲渡する以外に方法がないので、この評価方法は適さない[60]。

(c)　収益還元法

収益還元法は、会社の将来の或る時点を選び、損益状態および財務状況を推定して、その時点における1株当たり予想税引後純利益を試算し、この予想利益を一定の利率による複利計算で割引き、逆算して問題の時点における株価を算定する方法である[61]。

収益還元法の税引き後利益に内部留保分が含まれれるため、支配株式に妥当すると考えられる[62]。

しかし、内部留保相当額は、将来の利益獲得の原資となり、最終的には残余財産の分配によって株主に配当される。そこで、株主の利益を配当金に限定すると、将来において受取り可能な配当額の最高額から導かれる補償額、つまり、株主の完全賠償の原則に反する結果となる。

したがって、本来は、非支配株式も収益還元法によって評価することが妥当であるが[63]、非公開会社においては、支配株主による会社利益の調整の可能

---

[59]　法人税法62の8、企業会計平成17年7月29日公表の企業会計基準公開草案第5号「事業分離等に関する会計基準（案）」、平成16年3月31日公表の国際会計基準審議会による国際財務報告基準（IFRS）第3号「企業結合」でも、資産を時価で評価し、未払退職給与や短期重要債務見込額、未払法人税等を負債調整勘定に算入し、結果的に負債に算入することとしている。会社の事業を全部譲渡する場合にも、この方法によって処理される。

[60]　参照、江頭・前掲注(57)471頁。

[61]　参照、東京高判昭46・1・19下民集22巻1・2号9頁。また11頁には、「収益還元法は、会社の設立後日が浅く営業活動が本格化していない会社や、業績が悪く無配続きであるが再建計画が立てられ、その達成が確実視されているような、配当が安定的になされることが予想される会社の株式を算定するのに適している」と判示している。このように収益還元法は、将来の収益を資本還元する方法であるために、将来の収益に対する分析は不可避である。

[62]　東京高判昭和51・12・24判時846号106頁は、収益還元法の分子は、1株当たり予想税引後純利益であり、株主に配当される部分だけではなく内部留保分も含まれるため、一般投資家が株式を取得する場合の株式の評価には必ずしも適しない面があると判示している。

[63]　江頭・前掲注(57)455頁には、「支配株主は、会社の利益をいかに処分するかの決定権を有している。しかし、……内部留保は、運転資金等の形で利用されることにより何らかの形で将来の利益配当の額に寄与するという点においてのみ株主の経済的利益と関

性を否定できず、収益還元法はその意味で非支配株式に適用する場合のリスク・プレミアムの考慮が不可避となる。

また、拒否権付き株式については、収益還元法の資本還元率にそのプレミアムを、議決権を一部制限した株式については、リスク・プレミアムを考慮する。

(d) 配当還元方式

配当還元方式は、将来の各事業年度に期待される一株当たりの予測配当金額を一定の資本還元率で還元し、株式の現在価値を算出する方法である[64]。

この方式は、配当を受領する以外直接の経済的利益を享受することがなく、支配力のない同族株主以外の株主が保有する株式に適合する[65]。しかし、配当の有無によって株価が上下することは安易な株価操作を将来し、租税負担公平の原則からふさわしくない。そこで、配当が行われていない会社の株価については、資本還元率のリスク・プレミアムを調整することで収益還元方式を用いることが妥当である。

将来の利益の予測および資本還元率は、その決定が困難であるという問題点を有しているが、次のように取り扱う。

将来利益の予測は、5年から10年前の過去の期間利益が基礎となる。この利益には、将来においても発生する可能性にある臨時的又は営業外の損益を考慮する。また、不適切に計上された損益を除外し、一定の調整の下で将来の利益を予測する[66]。

資本還元率は、最善の代替投資として実行可能な投資対象の利益率と資金調達の可能性が資本還元率の基準となる。もし、その基準の算定が不可能である場合は、一般利子率を用いることができる[67]。

　　　連性を持つにすぎない。したがって、理論的には、支配株主の所有する株式の評価についても、収益還元法ではなく配当還元法が採用されるべきなのである。そして、支配株主には会社の収益をいかに処分するかの決定権限がある（第三者の意思により利益配当金額が左右されることがない）という点は、予想配当金額を資本還元する際の資本還元率の差（非支配株主の所有する株式に比してリスクがそのぶんだけ少ない）として考慮するのが、理論的には正しいのではあるまいか。」と評している。

(64)　参照、東京高判昭和51・12・24判時846号113頁。
(65)　参照、大阪高判平成元・3・28判時1324号140頁。
(66)　参照、柴田和史「機能的企業評価論」所収：竹内昭夫先生還暦記念『現代企業法の展開』（有斐閣1990年）450頁。
(67)　参照、柴田・前掲注(66)450頁。

第1編　国内税法

　ゴートン・モデル方式の資本還元率は、政府保証長期公社債応募者利回りに市場性欠如、譲渡制限によるリスク・プレミアムを加算した資本化率から企業独自の再投資利益率に内部留保率を乗じた額を控除して算出している。再投資利益率には通常、自己資本利益率が用いられ、内部留保率とは、税引き後利益のうち留保される部分の比率をいう[68]。

　ゴートン・モデル式

$$w（株価）=\frac{D}{i-br}$$

　i＝資本化率、r＝再投資利益率、b＝内部留保率、D＝1株当たり配当金
　i＝資本化率は、以下の金額の合計額0.1026とした。
　①　60年10月時の政府保証長期公社債応募者利回り、　　0.0622
　②　市場性欠如によるリスク・プレミアムとして①の50％、0.0311
　③　譲渡制限によるリスク・プレミアムとして①の10％、　0.0093

2　残されている若干の課題
(1)　評価通達との関連

　評価通達は、前述のように取引相場のない株式の評価にあたり、評価会社を従業員数、総資産価額、期末一年間の取引金額から大会社、中会社および小会社の株式に区分して評価する[69]。したがってこれらの区分を意図的に変更すると評価額が増減される構造となっている。

　また、同族株主以外の株主等が取得した株式は、配当還元方式で評価されるが、その判定に当たって詳細な定めがあり、同族株主の所有する株式の持分を他の非支配会社に現物出資等することで評価額が縮減でき、課税上の問題が耐えないものと思われる[70]。

---

[68]　参照、八ッ尾順一『時価課税の規定と事例研究』(2003年清文堂) 157頁。
[69]　財産評価基本通達179。
[70]　渋谷・前掲注(56)817頁は、評価通達に関して「この短所は、まさにその画一性の中に存在する。そもそも、あらゆる種類の会社の株式を適切に評価できる数式などは、存在しえないのであり、従って、実際に採用される数式は、せいぜい代表的・典型的な会社の株式評価に相応しいものに止まる。従って、その代表的な会社の範疇に属さない会社の株式は、不適切に評価されざるを得ない。そして、このことが一般に知られるにつて、代表的でない会社を利用したタックス・プランニングがはびこることになる。」。

6　取引相場のない株式の評価に関する会社法と税法の接点〔山田和江〕

　以上の課題は、その評価方法の選択の基準が画一的であること、納税者に拘束性を有すること、つまり納税者の選択の余地を排除したことに基因していると思われる[71]。

　確かに、株式の価値は、その評価対象となる株式数、支配の関係[72]等によって相違すると考えられる。また、過って評価を過大にし、納税者が過重に税を負担する事態が生じないように課税の安定性に配慮することも求められる。

　そこで、この評価方法の基準を具体的に法令に定め[73]、その解釈を評価通達に委任することによって、評価通達は本来の機能を回復するものと考える。

---

(71)　参照、関俊彦「アメリカ合衆国連邦遺産税・贈与税における株式評価—わが国の株式評価論と関係して—」所収：租税法学会編『租税実体法の判例と解釈』租税法研究8号（1980）117頁。「評価者の裁量を排除し、かつ、申告納税者に簡便な基準を提供しようと傾斜するあまり、評価基準の硬直化という新たな問題を発生させることを無視することはできない。」と評している。

(72)　東京地裁商事部研究会報告「株式売買・買取価格の決定(二)」判時1284号（1988）5頁は、「当該株主が会社を支配できるかどうかという観点からみる場合には、会社の規模より取得株式数を基準とすべきではないかと考える。」「株式取得者が会社支配権を有しない場合には、配当還元方式、支配権を有する場合には純資産価額方式又は収益還元方式のいずれかを選択すべきであろう。純資産価額方式と収益還元方式のいずれかをとるかについては、両方式の併用ということも考えられようが、併用の割合を根拠付けることが難しいことと、支配株主は、企業の存続・廃止のいずれか有利と思える方向を自ら選択できることを考えると、両方式のうち評価額の高い方を選択する方が妥当というべきであろうか。」と評している。

　しかし、江頭・前掲注(57)483頁は、「取引相場のない株式の任意の売買の場合、支配株主に対して非支配株主に対するよりも高い価格をつける当事者の意図は、通常は、第一の役員報酬に対する期待のみであろうから、非訟事件手続きにおける株式評価においては、支配株式の取引先例価格を採用するのであればそこから減価しないことを、原則的取扱いとすべきではなかろうか。」「支配株主グループから追い出された者の株式を支配株式なみに取り扱うことは、原則として無理があると筆者は考える。」と評している。

(73)　木村弘之亮『租税法総則』（成文堂2002年）146頁は、「法律に代わって、法規を変更・補充し、又は法規を発布する通達は違法となる。この評価方法の基準は、このように法律で定めるべきである。」。田中二郎『租税法』（法律学全集11・新版1985年有斐閣）76頁は、「租税に関する事項、殊に課税要件が法律自体で定められるべきことは、憲法の要求するところであり、租税法律主義の根幹をなす考えであるから、法律に根拠があり、法律の委任がありさえすれば、命令をもって課税要件等を定めることも許されるというルーズな考えをとるわけにはいかない。」。北野弘久『税法学原論』（第5版2003年青林書院）201頁は、「通達は、その本来的性質としては、行政規則の形式であって、法規の形式ではない。それゆえ、それは、行政内部において拘束力をもっても、国民および裁判所に対して拘束力をもたない。」。

第1編　国内税法

(2) 類似業種比準方式

　類似業種比準方式による評価額は、純資産価額方式よる評価額よりも低価となるという問題点である。この方式は、現在、大会社から小会社に至るまで併用方式として採用され、最も利用頻度が高い。このことは、これまで評価通達が改正される都度、このしんしゃく率等の改正が頻繁に行われた事情からも容易に推測することができよう。

　この評価方法の問題点が裁判上も学説においても指摘されているにもかかわらずなお継続する背景には、相続人は被相続人の一切の権利義務を包括的に一時に継承する（民法896）という要因があげられる。

　しかし、本来この課題は、相続税の基礎控除額の問題として、また、事業承継税制の問題として検討が望まれる[74]。そして、相続という特殊事情を考慮しすぎて、取引相場のない株式だけがいつまでもこの腰ダメ的基準で評価するというルーズを許容するわけにはいかない。

(3) 控除する債務

　「相続、遺贈又は贈与により取得した財産の価額は、当該財産の取得の時における時価により、当該財産の価額から控除すべき債務の金額は、その時の現況による。」（相税法22）。

　すなわち、財産は時価により、債務は現況によると定めている。この控除すべき債務は、確実と認められるものに限られている（相法14条）。

　このことから純資産価額の計算上控除する債務も、確定しているものに限る

---

[74] 取引相場のない株式の事業承継問題に配慮して、平成19年度税制改正で、相続時精算課税制度を拡充し、親から子へ自社株を贈与した場合の特例が追加されることとなった。また、この税制改正大綱第三検討事項6は、「事業の将来性、後継者不足、相続人間の遺産分割や遺留分、相続税の問題など、日本経済を支えるべき中小企業の事業承継には様々な課題があり、その解決を図ることは、雇用の確保や地域の経済活力維持の観点からも重要である。こうした観点から、中小企業の事業承継の実体を見極めつつ、事業承継の円滑化を支援するための枠組みを総合的に検討する。その際、非上場株式等に係る税制面の措置については、既存の特例措置も含め、課税の公平性に留意して、相続・贈与税制全体のあり方とともに、幅広く検討する。」と述べている。この検討において、中小企業の株式は高く評価される傾向にあり、親族内で事業を承継する場合に大きな障害となっていることが報告されている。イギリスの事業用資産は100％軽減され、ドイツのそれは35％、フランスは75％が軽減されている。また、アメリカでは130万ドルまで非課税となっている。一方日本は、非上場株式について10％の軽減であり、欧米に比しても低い率となっている。

と解されているが(75)、財産は、時価によって評価するのであるから、純資産方式によって算出された価額は、本来、時価でなければならない。

前記のように、純資産方式の評定に当たって控除する債務は、株価の最下限値を確認するために用いられる場合も、支配株式の評価を目的とする場合も、確実と認められる債務の他、処分費用、未払退職金、法人税等相当額を控除すべきである。

V 結　語

「右通達の取扱いが個別的に不当となるというためには、右基準によった場合の評価額が「時価」を超え、これをもって財産の価格とすることが法の趣旨に背馳するといった特段の事情が存することの立証が必要というべきである」（東京地判平成8・12・13訟月44巻3号413頁）。

納税者が合理的な基準で評価する場合は、評価通達で定められた評価額がその時価を超えているというその時価の立証が求められる。

しかし、取引相場のない株式の評価額は、理論的方法によって定める以外方法がないのであり、評価通達による理論的な評価額が時価であると裁判所が推認すれば、法令で定められた理論的評価方法が無い以上、納税者は時価を立証する手段はないこととなる。

評価通達には、時価とは、この通達の定めによって評価した価額であると明確に規定しているのである。

法令によって、納税者が選択できる基準とその評価方法が定められていたならば、納税者は、その基準に則した最も時価に近似する評価方法を選択し、法律に定められた要件を具備して主張立証することができる(76)。

---

(75)　参照、大阪地裁昭和54・10・17訟月26巻1号164頁。
(76)　関俊彦「アメリカ合衆国連邦遺産税・贈与税における株式評価—わが国の株式評価論と関係して—」所収：租税法学会編『租税実体法の判例と解釈』租税法研究8号（1980）108頁によると、「アメリカ合衆国における連邦遺産税、贈与税課税のための株式評価は、1954年に成立した内国歳入法典、連邦租税規則および、内国歳入庁細則の体系の中で規律されている。同法典2031条(b)によれば、非上場株式または市場価格の存在しない株式を遺産税課税のために評価する場合には、第一次的にはその株式の売買される価格により、それで確定できないときは、他のすべての評価要素に加えて同一または類似の事業に従事する上場会社の株式の価値を考慮に入れて決定しなければならない。」現在、遺産税、贈与税上の株式評価の細目は、内国歳入法典および遺産税・贈与税規則

第1編　国内税法

　租税は、一方的・権力的課徴金の性質を持ち[77]、相続税を算出するための財産の評価は、国家と納税義務者との間の債権・債務の関係を律する。だからこそ、それをいくらに評価するか、その評価方法の選択は、納税者の税額に直接に影響するという意味で大変重要である[78]。

　本稿は、取引相場のない株式の評価に関して、納税者において、合理性評価方法を選択する基準・理論的な根拠としての法令化が求められていながら、法令化を阻む要素が何であるか。会社法上及び相続税法上の判例を分析することで明確にしようとした。

　会社法上の株式の評価方法と税法上のそれは本来同一であってしかるべきだからである。

　また、評価通達を利用しての租税回避行為等が散見される要因は、法令として、客観的交換価値としての時価に関する基準が欠如していたことにも基因する。

　実務の上でも評価通達の枠組みに単純にあてはめて取引相場のない株式を評価するという危険を回避し、節税策として甘言する者から納税者を保護する手だてとして、そしてなにより、租税法が正義に適った秩序と安定性の性質を有する法として理解され、かつそのように形成された時に、税法は、あらゆる方面にわたる利益に適合するのである[79]。

　資産評価基準は、法治国家の原則、租税法律主義および法の支配の原則の要請から、法律によって制定されるべきである。さらに、株式の評価方法は、コーポレート・ファイナンスを駆使してさらに近代化されることが望まれる。

　　最後に、山田二郎先生には、過日、法廷において租税補佐人を命じて頂きましたこと、また、今回この拙い小稿を喜寿記念論文として献呈する機会を与えて頂きましたこと、心より感謝申し上げます。

をうけた1959年の細則による。これは評価を拘束するものではなく評価するについて考慮すべき基準を示したものである。」このようにアメリカ合衆国においては、画一的に評価の方法を定めるのではなく、そのよるべき基準を定める方法を採っている。
(77)　参照、金子宏『租税法』(第10版、2005年、弘文堂) 10頁。
(78)　参照、金子・前掲注(77) 478頁。
(79)　参照、木村・前掲注(73) 65頁。

6 取引相場のない株式の評価に関する会社法と税法の接点〔山田和江〕

（表1） 取引相場のない株式の評価の裁判例（会社法における買取請求の場合）

	出　典	請求の対象等	評価方法	評価選定の理由
1 (1)	最判昭和44・12・11民集23巻12号2447頁	事業協同組合の持分	時価純資産方式	「一般に協同組合の組合員が組合から脱退した場合における持分計算の基礎となる組合財産の価額の評価は、所論のように組合の損益計算の目的で作成されるいわゆる帳簿価額によるべきものではなく、協同組合としての事業の継続を前提とし、なるべく有利にこれを一括譲渡する場合の価額を標準とすべきものと解するのが相当である。」
1 (2)	最判昭和54・2・23民集33巻1号125頁	中小企業等協同組合法に基づく組合員の脱退による持分	時価純資産方式	純資産額方式の計算上、「上告組合の資産状態やそれに伴う退職慰労金等の支給条件、受給対象となる退職者等についての将来における変動が予想される以上、……これを負債として計上するのは相当でない」。また、「当該協同組合の事業の継続を前提とし、なるべく有利にこれを一括譲渡する場合の価額を基準とするのであって、現実の解散による清算手続きの一環として行うものではないから、清算所得に対する公租公課相当額なるものを想定し、これを負債として計上すべきものではない」。
1 (3)	東京地判平成15・11・18金商1191号46頁	医療法人の持分	時価純資産方式	「本件持分の払戻の計算は、……被告の事業の継続を前提として、当該資産を特定の事業のために一括して譲渡する場合の譲渡価額（営業価格）を基準とするべきである。」退職時点から「現実に解散が見込まれる将来の時点において土地の値下がり等により大幅に被告の時価評価による資産額が変動しており……当該時点での有利な価額を以て、公租公課等を考慮しないままで純資産額を定めるとすれば、原告には二重に有利な価格を定めたことになり、衡平の見地から許容しがたい。」「未払退職金は……就業規則で定められている限り少なくとも当時算出される退職金を負担せざるを得ないものと想定されるであろうから、これを減額要素として考慮することは当然である。」
2	東京地判平成7・4・27判時1541号130頁	合資会社の有限責任社員の持分	ディスカウント・キャッシュ・フロー方式と純資産方式の併用	「合資会社の社員が退社する場合、会社自体は継続するから、その払戻持分の評価は、原則として継続企業価値によるべきである。そして、継続企業価値は、収益を生み出す源泉として企業の価値を評価しようとするものであるから、将来の収益を、直接、評価の基礎に据える収益方式は、収益にとっては間接的な指標にすぎない純資産によって企業価値を評価する純資産方式よりも、継続企業の持分を評価する方法として、理論的には優れているといい得る。」また、「本件の場合、退社により持分払戻に会社資産の一部清算という側面があることなどを考慮し、清算処分時価純資産方式による評価をも算定の基礎とするのを相当と認める」
3 (1)	東京高判昭和51・12・24判時846号105頁	無配で非上場の譲渡制限会社の株式であるが、近年利益が上昇している会社の株式	収益還元方式と時価純資産方式の複合	収益還元方式に基づく評価に関して、「本件株式の評価は、本件株式の売買当事者が経営支配を目的としており、配当額よりも企業利益そのものに関心をもっているといえるので、この方法は本件株式の評価に適するものと考えられる。もっとも、本件株式売買の場合、抗告人は相手方両名から株式を取得することにより、宏和工業の全株式を取得することになり、一切の企業利益は勿論、会社財産も抗告人に帰属することになるので、このような場合、前述の収益還元方式だけによるのは妥当性を欠き、この方法のほかに、会社財産の実質的取得の側面から時価純資産方式にも相当程度のウエイトを置き、これを複合して適用するのが相当である。」
3 (2)	東京高判昭和46・1・19下民集22巻1・2号9頁	赤字が続き資本勘定は資本金を著しく下回っている譲渡制限株式の買取価額	類似会社比較に基づく収益還元方式	「赤字続きとはいいながら乗用車及び軽車輛部門が次第に成績を挙げてきているため、経営首脳部には会社解散の意向は全くなく、……昭和45年5月の決算期には10パーセントの配当を実現する五ヶ年計画を建てている事実が本件記録から窺われるので、会社の解散を想定して解散価値法によって株価を算定するのは妥当ではない。類似会社比較による収益還元法を採用するのが最も合理的である」
4	高松高判昭和50・3・31判時787号109頁	非上場の譲渡制限のある同族会社の株主で非支配株主の範疇に属する同族株主の株式	類似会社比準法と時価純資産法の平均値	「類似会社比準法においては、類似業種の会社の株価が、その会社の前掲諸要素の評価を主たる契機とし、市場取引において現実に形成されたものと一応言えるであろうから、評価対象会社の同じ要素を類似会社に比準したうえ、両者の株式の市場流通性を勘案した修正を施して得た価格は、評価対象会社の評定として、一つの重要な指標を提供するものであることは疑いない。しかし、実際には比準のもとになる諸要素の類似す

169

第1編　国内税法

	出　典	請求の対象等	評価方法	評価選定の理由
				る業種の選定は甚だ困難と思われる。」と判示し、相手方が被支配株主の範疇に属する同族株主であることを考慮して、「相手方が有する株式は、抗告人会社の純資産価値を反映した価値を帯有しているものと解するのが相当である。」「前記両方式による算出価格の平均値をもって、抗告人会社の株価とするのが相当である。」
5	大阪高判平成元・3・28判時1324号140頁	上場会社と同規模の非上場の譲渡制限のある会社の少数株主の株式	ゴートン・モデル方式	「一般少数非支配株主が会社から受ける財産的利益は利益配当（特段の事情があるときは会社の純資産価額）のみであり、将来の利益配当に対する期待が一般株主にとっての投資対象と解される。したがって、少なくとも会社の経営支配力を有しない（買い手にとって）株式の評価は右将来の配当利益を株価決定の原則的要素となすべきものというべきであるが、他方、現在及び将来の配当金の決定が多数者の配当政策に偏ってなされるおそれがないこともなく、右配当利益により算出される株価が一株当たりの会社資産の解体価値、営業価値に満たないこともありうるので、」「右解体価値に基づき算出される株式価格は株価の最低限を画する意義を有する」。本件は「利益及び配当の増加傾向を予測するゴートン・モデル式によるのが適当というべきである。」
6(1)	大阪地裁堺支判 昭和43・9・26下民集19巻9～10号568頁	上場株式に準ずる程度の非上場の譲渡制限のある会社の少数株主の株式	評価通達に定める類似業種比準方式	「株主としての経済的利益とは、主として議決権、利益配当請求権、利息配当請求権、残余財産分配請求権、株式自由処分権等をいうのであり、……議決権は会社の支配経営面における利益であり、利益配当請求権、利息配当請求権、残余財産分配請求権は投資面における利益であり、株式自由処分権は投機面における利益である」「右の支配、投資、投機の面での価格は、会社の現有財産価格、営業成績（特に収益力、配当率）および流通価格（市場価格ないし取引先例価格）に由来するものである。」「以上の見地から本件につき、「国税庁長官通達……」に基く株価の算定方式を相当として、これを採用する。」「被申請会社の如き流通市場を持たぬ閉鎖的な株式とはいえ、上場しうるに足る丈の実体を持つ、いわば上場株に準ずる程度の株式の価格の算定についてよく妥当するからである。」
6(2)	名古屋高判昭和54・10・4判時949号121頁	譲渡制限のある小会社の非同族株主の株式	評価通達に定める配当還元方式と純資産価額法等の平均値	「商法第204条の2に規定する株式買取請求は、営業の継続を前提とした投下資本の回収方法であり、その価格は、会社の現有資産、営業成績及び流通価格等に由来する。この観点から、一株当たりの純資産価格、営業成績（会社の安定性、将来性、収益力、配当率等）、流通価格（類似業種の市場価格、取引先例価格等）を総合した併用方式により算定するのが相当と考えられる。」として配当還元方式（相続税法上の評価方法）、純資産方式、類似業種比準方式、取引先例方式を加重平均した。
7(1)	熊本地判平成10・2・18判タ985号292頁	事業協同組合の払戻持分の定めが定款にある場合の持分	定款の定めによる	「中小企業等協同組合法は、「協同組合制度の趣旨に反しない限り、定款でどのように定めても差し支えないものと解される」「脱退した組合員の持分払戻についての利益を保護する必要があるが、その反面、協同組合の財産を維持して財産的基礎を堅実にするため、持分払戻請求権を制限する必要もあるので、これらの二つの利益の調整の見地から、定款において組合員が払戻を請求できる額を持分の一部に限定することができるものというべきである。」
7(2)	東京高判平成5・6・29判時1465号146頁	従業員持株会の従業員の株式	規約によって定められた価額	「被控訴人は、控訴人持株会設立の趣旨及び本件規定の内容を承認した上、自らの意思により同持株会に入会することとし、本件契約を締結したものというべきである。」「控訴人会社の株式については元来自由な取引及び価額形成の市場があるわけではないこと、控訴人会社の従業員に対し取得の機会に恵まれない同会社の株式を控訴人持株会の保有株式に対する持分の形で取得する機会を与えるため、会員資格を喪失した者等からその持株の回収を図るということは特に不相当とはいえないこと、控訴人会社では、毎年株式の額面金額の一割の利益配当を行ってきており、被控訴人は控訴人持株会からこれを受領している上、本件株式を額面金額で取得しているのであるから、右利益配当は被控訴人の投下資本に対する配当として相当の水準のものとなっていることなどを併せ考慮すると、……控訴人の利益を不当に侵害し民法90条に違反する無効なものとはいえない。」

［１］　この表は、判例にそって検討したが、取引相場のない株式の評価に関して中祖博司「取引相場のない株式の価格算定基準」判タ532号（1984）51頁の一覧表が詳しい。

6 取引相場のない株式の評価に関する会社法と税法の接点〔山田和江〕

（表2） 取引相場のない株式の評価の裁判例（相続税関連）

	裁判例	大・中・小会社等の区分	採用した評価方法	主たる争点	判決の理由	評価通達総則6(注)適用の可否
1	大阪地判昭和54・10・17訟月26巻1号156頁	同族株主が取得した中会社の株式	評価通達に定める、類似業種比準方式と純資産価額方式の混合方式	株式の評価方法及び純資産価額の計算において貸倒引当金の適否	「基本通達に定める方式は合理的なものといえる。」「また、シュツットガルト方式……が前記被告採用の評価方法より合理的であるとも認められないから右主張を容れることはできない。」「貸倒引当金は会計上の負債性引当金に相当するもの、現実に債務として確定しているわけではないから、相続財産としての株式の評価にあたってこれらを負債として計上すべきでない（なお、負債として……法人税法54条2項に規定する退職給与引当金額に相当する金額が計上されたものと認められるところ、退職給与引当金の特性にかんがみ、右の範囲で恩恵的、政策的に認められたに過ぎない。」	
2	最判平成11・2・23税資240号856頁 東京高判平成10・3・30税資231号411頁 東京地判平成8・12・13訟月44巻3号390頁	大会社に該当し、株式保有特定会社に該当	S1+S2方式	5親等の血族で、株式取得後の持株割合が、7.4％となった中心的な同族株主以外の同族株主の取得した株式は、配当還元方式によるべきか、S1+S2方式によるべきか（注1）	「評価通達の規定は、同族株主の中でも、まさに血縁の力の認められる範囲の者の持株割合から中心的な同族株主以外の同族株主のうち、取得後の持株割合が5パーセント未満の者の取得する株式については、「同族株主以外の株主等の取得する株式」として、特例的評価方法である配当還元方式を採用しようとするものである。」「株式取得後の持株割合が5パーセント未満という基準を設定した根拠には、会社経営者からみて親族関係が薄いと考えられる四親等以下の血族の持株割合が1人当たり5パーセント程度であるという実態調査の結果があることが認められ、右基準の合理性は一応肯定できるというべきである。」「評価通達が行政の公平を担保する一般的基準であることをも考慮すれば、原告の主張する事情があるとしても、評価通達によることを違法とならしめるものということは困難である。」	「右通達の取扱いが個別的に不当となるというためには、右基準によった場合の評価額「時価」を超え、これをもって財産の価格とすることが法の趣旨に背馳するといった特段の事情が存するとの立証が必要というべきである。」
3	東京地判平成10・5・29判タ1002号144頁	大会社に該当し、土地保有特定会社に該当	純資産価額方式	財産評価基本通達に定める純資産価額方式によるべきか、又は相続開始の約7ヶ月後に行われた売買価格によるべきか	「取引相場のない株式については、上場株式のように大量かつ反復継続的な取引が予定されておらず、また、取引事例が存在するとしても……その売買実例における価格は通常は売買当事者の主観的事情を離れた客観的交換価値を反映したものとは評価できないものである」。「土地保有株式会社の株式について評価通達が純資産価額方式を採用した趣旨は、土地保有特定会社の保有する資産の大部分が土地であることから、当該会社の資産性に着目し、その保有する土地等の価値を株価に反映させることにある。……会社の所有する土地の価格に着目して会社の身売り（株式の売買）が行われるなど租税回避行為に利用されるという事情があることにかんがみれば、、、土地保有の状	「相続財産の価格は、評価通達によって評価することが著しく不適当と認められる特段の事情がない限り、評価通達に規定された評価方法によって画一的に評価するのが相当である。」

171

第1編　国内税法

裁判例	大・中・小会社等の区分	採用した評価方法	主たる争点	判決の理由	評価通達総則6(注)適用の可否
				況に着目して純資産価額方式を適用するものとした右評価通達の定めを不合理なものということはできない。」	
4 東京地判平成11・3・25訟月47巻5号1163頁	同族株主に該当しないのその他の株主	時価	本件株式の評価は、財産評価基本通達に定める配当還元方式によるべきか、又は同通達によらずに時価で評価すべきか	・「評価通達に定められた評価方法を形式的に適用するとかえって実質的な租税負担の公平を著しく害するなど、右評価方法によらないことが正当と是認されるような特別の事情がある場合には、他の合理的な方法により評価することが許されると解される。」 ・「評価通達が、同族株主以外の株主の有する取引相場のない株式の評価に際して配当還元方式を採用しているのは、通常、少数株主が株式を保有する経済的実益は主として配当金の取得にあることを考慮したものであるところ、本件株式については、同族株主以外の株主がその売却を希望する場合には、時価による価額の実現が保障されており、本件株式に対する配当の額と比較して本件株式を売却する場合に保障される売却代金（時価）が著しく高額であることからすると、本件株式を保有する経済的実益は、配当金の取得にあるのではなく、将来純資産価額相当額の売却金を取得する点に主眼があると認められる。そうすると、同族株主以外の株主が保有する株式の評価について配当還元方式を採用する評価通達の趣旨は、本件株式には当てはまらないというべきである。」	「亡十太郎は、本件株式の評価を評価通達に従い配当還元方式で行うことによって、相続税の軽減を図るために本件株式を取得したものと認められるところ、右のように租税負担の実質的な公平を著しく害してまで相続税回避という意図を保護すべき理由はない。以上によれば、本件株式を評価通達を適用しないで評価した点において本件処分に違法はない。」
5 東京高判平成13・5・23判タ1126号114頁	A社B社方式により設立した小会社に該当する有限会社	純資産価額方式	財産評価基本通達に定めた純資産価額の計算上、評価差額に対する法人税額相当額を控除しなかったことは適法かどうか	・「評価基本通達は、純資産価額方式によって小会社の株式の時価を評価する際に、法人税額等相当額として評価差額の51パーセント相当額を控除することとしている……このような株式の時価の評価に当たって、個人が株式の所有を通じて会社の資産を間接的に所有している場合と個人事業主として直接に事業用財産を所有する場合とで、両者の所有形態を経済的に同一の条件の下に置き換えた上で評価の均衡を図る必要があるとの考えに基づき、昭和47年に設けられたものである。」 ・「評価基本通達が法人税額等相当額を控除すると規定しているのを利用し、ことさら評価差額を人為的に作出して相続税の軽減を図り、しかも、当初から会社を解散した場合の清算所得に対する課税が予定されていないような場合にまで、評価基本通達を形式的、画一的に適用して法人税額等相当額を控除することは、上記通達の趣旨に沿わないのみならず、このような計画的な行為を行うことのない納税者との間の租税負担の公平を著しく害し、……評価基本通達によらないことが相当と認められる特別の事情があると解」され	「相続税22条の趣旨は、課税の統一、公平のため、原則的には相続財産の時価を評価基本通達に基づく画一的な評価方法によって定めるものとしていると解されるが、他方において、評価基本通達による評価方法を画一的に適用することにより、課税の公平を明らかに害するなどの特別の事情が認められる場合は、評価基本通達の形式的な適用方法を修正し、あるいは、別の評価方法により相続財産の時価を算定することを許容しているものと解される。」

172

6 取引相場のない株式の評価に関する会社法と税法の接点〔山田和江〕

	裁判例	大・中・小会社等の区分	採用した評価方法	主たる争点	判決の理由	評価通達総則6(注)適用の可否
6	名古屋地判平成15・9・18判夕1160号131頁	企業組合の出資金	財産評価通達196（企業組合等の出資の評価）に基づき純資産価額方式	企業組合の出資持分の評価は、定款で定めた払込済出資額か、又は純資産価額方式によるべきか	・組合である企業体としての経済的実体は、会社とほとんど変わることがない。 ・定款には、組合脱退時の持分払戻額は、出資額を限度とすると制限されているが、定款は、組合の特別決議によっていつでも変更できるし、最終的に解散して清算する場合には、準資産額が出資額を上回っていると、その超える部分は、残余財産として分配され、組合の持分は、究極的には純資産価額を体現している。 ・また、本件持分を譲渡したときの価格決定は、組合の正味財産によって算定される。	
7	東京高判平成17・1・19訟月51巻10号2629頁 東京地判平成16・3・2訟月51巻10号2647頁	大会社の株式（同族株主を含めて48％の持分）	類似業種比準方式	財産評価基本通達に基づく配当還元方式によるべきか、又は本通達を適用することは著しく不適当と認められる「特別の事業」を認め類似業種比準方式によるべきか。	・評価通達188-2は、同族株主以外の株主等が取得した株式は、配当還元方式で評価することを定めている。この通達の趣旨は、非上場の同族会社において、同族株主以外の株主の意向が反映されることはなく、その株式を保有する目的は、会社経営に関わりを持ったり、株価の上昇によるキャピタルゲイン等の投機あるいは投資的動機によるものではなく、その会社との安定的な取引関係の維持、継続を図ること等数値的に表すことのできない無形の利益を期待して、取引上のつきあいで株式を保有する場合が多く、当面、配当を受領する以外直接の経済的利益を享受することがないという特別の例外的措置である。このように、配当還元方式は、評価会社の経営に関して実行支配力のない同族株主以外の株主の保有する株式に限って例外的に適用されるのであって、実行支配力のある同族株主の保有する株式については適用されない。	「被相続人が、その保有する同族会社であるH株式会社の株式を廉価な簿価により現物出資して本件有限会社を設立し、相続直前にその出資総数の52％相当分を有力な取引先に著しく廉価な価額で譲渡するという経済的合理性を欠いた行為をし、自らは出資総数の48％弱を保有し、引き続き本件有限会社の経営を実行支配しているような場合に、評価通達を形式的に適用したのでは、相続財産の価額が不当に減少し、相続税負担の実質的公平を損なうことは明らかであるから、このような場合には評価通達によらずに相続財産を評価することが許されるというべきである。」

注　評価通達総則6とは、「この通達の定めによって評価することが著しく不適当と認められる財産の価額は、国税庁長官の指示を受けて評価する」と定めている。

7 課税要件法定主義と役員給与

千葉商科大学大学院客員教授・税理士　山本守之

Ⅰ　租税法律主義の意義と機能　　Ⅲ　課税要件とその内容検討
Ⅱ　租税法律主義の構成　　　　　Ⅳ　租税法と司法判断

Ⅰ　租税法律主義の意義と機能

　租税法律主義とは、租税の賦課、徴収は必ず法律の根拠に基づいて行われなければならないとするものである。

　近代法治主義では、権力の分立を前提とし、公権力の行使は法律の根拠に基づいてこれを認め、これによって国民の自由と財産の保護を保障する政治及び憲法原理であるから、国民の富の一部を国家の手に移す租税の賦課、徴収は法律の根拠なくしてこれをなし得ないのである。したがって、租税法律主義は租税における近代法治主義の表れといってよいであろう。

　日本国憲法第84条は、「あらたに租税を課し、又は現行の租税を変更するには、法律又は法律の定める条件によることを必要とする」と規定している。これは、租税法律主義の諸原則のうち、課税要件法定主義を示したもので、狭義の租税法律主義と考えることもできる。

　また、同法第30条では、「国民は法律の定めるところにより、納税の義務を負う」と規定している。

　　（注）この規定は日本国憲法の制定過程において政府原案にはなかったものを議
　　　　会修正で挿入されたものである。

　このように、納税義務を憲法に規定しているのは、国際的にめずらしいといえるが、例えこの規定が存在しなくても国民が納税義務を負うのは法理論上自明のことといえよう。

　むしろ、この規定は「……法律の定めるところにより……」としているとこ

ろに意義を見出すことができ、国民の納税義務の限界と国の課税権の限界を示したものと考えることもできる。

ところで、明治憲法においても第21条で「日本臣民ハ法律ノ定ムル所ニ従ヒ納税ノ義務ヲ有ス」とし、同62条1項において「新ニ租税ヲ課シ及税率ヲ変更スルハ法律ヲ以テ之ヲ定ムヘシ」としており、現行憲法と差異がないようにみえるが、個別規定の内容を文理的に比較するのではなく、憲法全体の法構造から基本的な差異を見出さなければなるまい。

明治憲法では、第62条第2項で「但シ報償ニ属スル行政上ノ手数料及其ノ他ノ収納金ハ前項ノ限リニ在ラズ」とした例外規定を置いたり、緊急勅令の制度があるなど、民主的な租税法律主義ではなかったが、現行憲法下では「租税を除く他、国が国権に基づいて収納する課徴金及び法律又は事実上国の独占に属する事業における専売価格若しくは事業料金については、すべて法律又は国会の決議に基づいて定めなければならない」（財政法3）としており、一切の例外を設けることはできない。

つまり、現行憲法下では租税法は侵害規範であるから、納付すべき租税の限界を示したものであり、納税義務はこのような租税法の性格を前提として国民が主体的、かつ自立的に自らの生活と福祉のために税を負担することを明らかにしたと考えるべきなのであろう。

また、租税法律主義は、取引を決断するに当たって納税者の課税予測可能性を担保する機能も持っている。

納税者は、取引を行うに当たって、その取引の結果、どの程度の税を負担するかを事前に測定することによって取引を行うか否かを決断するものである。例えば、ある取引を行うに当たって、その取引がどの程度の利益をもたらすかは、税引後の利益をもって測定する。

つまり、その取引についてどの程度の税が課され、その税を納付したとしてもその取引が利益をもたらすか否かを予測した上で取引の決断をするのである。

その意味からすれば、租税が法律によって明確にされ、その課税要件が明らかになっていることが必要となる。

わが国の場合、ともすれば、課税要件が通達又は官庁内の情報等（「Q&A」を含む）によって示されていることが少なくないので、納税者の課税予測可能性を奪っている。

そこで、本稿では、平成18年度改正で、通達、Ｑ＆Ａなどで補強されたが、依然として不明確な点を残し、実務上多くの疑問が生じた役員給与を第３章以降で検討する。

Ⅱ 租税法律主義の構成

1 租税法律主義

租税法律主義とは、租税の賦課、徴収は必ず法律の根拠に基づいて行われなければならないとするものである。

近代法治主義では、権力の分立を前提とし、公権力の行使は法律の根拠に基づいてこれを認め、これによって国民の自由と財産の保護を保障する政治及び憲法原理であるから、国民の富の一部を国家の手に移す租税の賦課、徴収は法律の根拠なくしてこれをなし得ないのである。

したがって、租税法律主義は租税における近代法治主義の表れといってよいであろう。

ところで、租税法律主義は、次のような内容によって構成される。

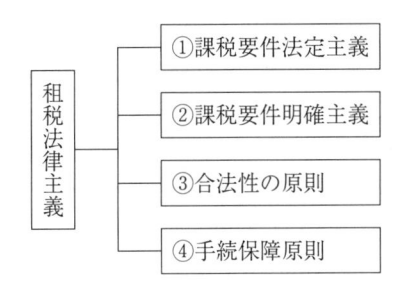

```
              ┌─ ①課税要件法定主義
租税法律主義 ─┼─ ②課税要件明確主義
              ├─ ③合法性の原則
              └─ ④手続保障原則
```

2 課税要件法定主義

課税要件法定主義とは、課税要件のすべてと租税の賦課・徴収の手法は法律によって規定されなければならないとするものである。もとより、税を課すという行為は財産権を侵害するものであるから、国が恣意的に行うことはできず、必ず法律の根拠を必要とするというもので罪刑法定主義とともに近代民主主義の根幹を構成している。

課税要件法定主義は判決例によってもふれられているが、例えば次のようなものがある。

第1編　国内税法

「日本国憲法は、第30条において『国民は、法律の定めるところにより、納税の義務を負う。』と規定するとともに、第84条において『あらたに租税を課し、又は現行の租税を変更するには、法律又は法律の定める条件によることを必要とする。』と規定しているが、これは日本国憲法がいわゆる租税法律主義を採用したことを明らかにしたものと解すべきである。したがって、納税義務者、課税物件、課税物件の帰属、課税標準、税率等の課税要件についてはもちろんのこと、税徴収の手続きも法律またはその委任に基づく政令等によって明確に定められていることを要するものといわなければならない。」(1)

注意したいのは、法律の委任なくして政令、省令等で新たな課税要件に関する定めを置くことも、法律に反する定めをすることはできず、これらに反した政省令は効力を持たない。

3　課税要件明確主義

租税法律主義を構成する第二の原則は課税要件明確主義である。

「課税要件明確主義」とは、税法の規定も、その委任を受けた政省令の規定も可能な限り一義的でしかも明確でなければならないとするものである。

これらの規定が明確でなければ、その規定を読む者によって解釈を異にするようになると、租税を法（又はその委任を受けた命令）によって規制する意味がなくなり、結果として行政庁に一般的・白紙的に委任をすることと同じとなり、租税法律主義に反するからである。

つまり、租税法において行政庁の自由裁量を認める規定を置くと、課税要件を法律にきていするという課税要件法定主義が形骸化するばかりでなく、権力を持つ課税庁の解釈が法そのものとしてワークしてしまう恐れがあるのである。

特に、我が国では、主要な税について申告納税制度を採用しており、租税債権、債務は第一義的には申告によって確定することになっているので、税法自体が納税者に理解しやすくなっており、しかも、簡明であることを要する。租税法解釈権は行政庁だけでなく、納税者にもあることを忘れてはなるまい。

政省令に委任する事項が無原則に拡大されていくことは納税者の権利が侵さ

---

(1)　東京地判昭40・6・22

れることになるので、少なくとも次の事項は政省令に委任せず、法律自体に明記されることが必要となる。
　① 誰に課税するのか（納税義務者）
　② どのようなものに課税するのか（課税物件）
　③ 基準となる金額や数量はなにか（課税標準）
　④ どれだけの税金になるか（税率）
　⑤ どのようにして納めるか（納付の方法）
　⑥ いつまでにおさめるのか（納付の期限）

4　合法性の原則
(1)　内　　容
　租税法律主義を構成する第三の要素は合法性の原則である。租税法はもともと強行法規であるから、課税要件が充足される限りは、租税行政庁には租税を減免する自由はなく、また、租税を徴収しない自由もない。これを「合法性の原則」という。
　この原則の適用に関して興味ある裁判例がある。
　この事件は、Ｉ税務署Ｆ事務官が村役場に村内農業者を集め、所得税確定申告の説明会の席上所得標準税率表を示し、「これに基づいて申告すれば原則として更正しない」と指示したため、納税者Ｘはその指示に基づいて申告したところ、後日更正を受けたので訴訟に及んだというものである。
　　（注）原告である納税者Ｘは「……は決して更正しない」という説明を受けたと主張している。
　納税者Ｘの主張に対して裁判所では、「元来、納税義務の成立とその内容、範囲は専ら租税法規によって定められ、私法上の金銭債務が当事者間の契約によって生ずるのは、まったく性質を異にし、私法上の契約に準ずる契約が有効に成立する余地はないのであるから、Ｘの主張は要するに独自の見解で、これを採用するに足らない。」[2]という合法性の原則を適用した。
　もともと、行政庁は法律の根拠なく租税の減免や徴収猶予を行うことは許されず、また、法の裏付けなくして行政庁と納税者の間で和解・契約・協定など

（2）　広島地判昭26・9・21

は許されない。もし、このようなものが存在したとしても、これらは無効であって何の拘束力ももたない。

　これは、納税義務の成立及びこれに基づいて負担すべき義務の内容が法律によって確定されるべきもので、当事者間の契約によって定まるものでないことからも明らかである。

(2) 合法性の原則の制約原理

　合法性の原則については次のような三つの制約原理がある。
① 　納税者に有利な行政先行例が成立している場合
② 　行政庁が納税者に有利な解釈・適用を広く一般的に行い、それを是正していない場合
③ 　信義則（禁反言の法理）が適用される場合

　①については、租税法において慣習法（行政先行例）が法源たり得るか否かについては議論の分かれるところであるが、租税法が侵害規範にある限り、納税者に不利益な慣習法は成立する余地はない。

　しかし、納税義務の免除、軽減、手続要件の緩和などが租税行政庁によって行われ、それが一般的に、しかも、継続、反復して行われれば、それが行政先例となり、納税者はそれに法的確信を得ることになるから、慣習法として行政先行例法になり得るし、行政庁はそれに拘束され、この先例を変更する場合は法改正を必要とすると解すべきである。

　②は、行政先例法として成立していないとしても、行政庁が納税者に有利な解釈・適用を広く一般的に行い、これを是正する措置をとっていない場合は、合法性原則の制約原理たり得るのである。つまり、一般の納税者については、有利な解釈・適用を行い、特定の納税者に対してだけ合理的な理由がないにもかかわらず不利益に扱うことは、例え行政先例法として成立していなくても平等取扱原則の観点から許されないと解すべきである。

　③は、租税法においても個別的救済の法理として信義則（禁反言の法理）が適用されるが、その適用についてはかなり厳しい要件を必要とする。

5　手続保障原則

　租税法律主義における手続保障原則は、憲法における各種の手続保障原則の租税法分野での適用という意味を持っている。租税の賦課・徴収は公権力の行

使であるから、それは適正な手続で行われなければならず、これに対する訴訟も公平な手続で解決されなければならないとするもので、これを手続保障原則という。

もともと、租税法律主義は、専制君主の恣意的課税に対して、税を負担する国民の側からこれを規制するための法理として発展してきたものである。この法理は、近代民主主義の時代でも行政庁の恣意的課税を抑制する機能を持っていることに変わりはない。

また、租税法律主義は、租税実体法の面だけではなく、手続法の分野においても適格に機能しなければならないはずである。

しかし、わが国では、課税要件を規制する実体法の分野では、ある程度法整備がなされているものの、手続法の分野ではほとんど整備されていないのである。

III 課税要件とその内容検討

1 租税法の定立と裁判所の立場

租税法における特例が憲法第29条又は憲法第14条１項に違反するか否かについて争われた事件において、裁判所は次のように判示している。

「租税は、今日においては、国家の財政需要を充足するという本来の機能に加えて、所得の再分配、資源の適正配分、景気の調整等の諸機能をも有しており、国民の租税負担を定めるについては、財政・経済・社会政策等の国政全般からの総合的な政策判断を必要とするばかりでなく、課税要件を定めるについても極めて専門技術的な判断を必要とするものである。そのため、租税法の定立については、国家財政、社会経済、国民所得、国民生活等の実態についての正確な資料を基礎とする立法府の政策的、技術的な判断にゆだねるほかなく、裁判所は、基本的には立法府の裁量的判断を尊重せざるを得ないものである。」[3]

ここでは、課税要件を定めることが専門的技術的判断を必要とする理由で立法府の判断に委ねるとして、裁判所がこれに関与することを否定している。税は国民生活に大きな影響を与えるだけに裁判所のこのような考え方は問題であ

---

(3) 東京地判平11・11・30

第1編　国内税法

る。
　むしろ、課税要件のあり方は、税務大学校の次のような考え方が納得できる。
　「租税は、国民の経済生活のほとんどすべての局面に関係をもち、その結果国民は税法に基づく納税義務を顧慮することなしには、いかなる経済的意思決定もすることができないので、国民の経済生活の法的安定を図る上で税負担の予測可能性の保証が欠くことのできない事項であるとする考え方に由来する原則である。この原則の主な内容は、法律の根拠なくして政令又は省令等で新たに課税要件に関する定めをすることができないこと、及び法律の定めに違反する政令又は省令等が効力をもたないことである。」[4]
　これらの考え方から租税立法における課税要件のあり方について裁判所の判決は以下のとおりとしている。
　「租税法の分野における課税要件の取扱いを区別する規定が、財産権を保証した憲法29条に違反するか否か、合理的理由のない差別を禁止する憲法14条1項に違反するか否かを判断するに当たっては、その立法目的が正当なものであり、その立法による具体的な規定内容が右目的との関連で著しく不合理であることが明らかでない限り、当該立法が憲法29条又は憲法14条1項に違反するということはできないと解するのが相当である。」[5]

2　役員給与に対する立法のあり方
(1)　立法手続の問題点

　役員給与に関する規定（法34条）が平成18年度改正で大きく変わったが、その理由について財務省の説明では、「（平成18年改正前までは）役員に支給する給与が定期のものか臨時的なものかという支給形態によって損金算入の可否を区別していたが、改正後は、役員給与がその職務執行前にあらかじめ支給時期・支給額が定められていたものに基づくものであるか否かによって損金算入の可否を区分することとされた。」[6]としている。

（4）　税務大学校監修『税法用語辞典』（大蔵財務協会）
（5）　東京地判平11・11・30
（6）　小崎純弥「法人税法，租税特別措置法等（法人税関係）の一部改正（平成18年度　改正税法詳解特集号）――（改正税法詳解・1　国税関係の改正について）」『税務弘報』54

これは明らかに課税要件の変更であるが、これが法律によらず、官僚の解説になっているところが問題である。

また、法人税法第34条では、役員給与（退職給与及びストック・オプション並びに不正経理によるものを除く）のうち、次の①から③に掲げる給与にいずれにも該当しないものの額は損金に算入しないとしている。

① 定期同額給与
② 事前確定届出給与
③ 利益連動給与

ここで注意したいのは、法人税法第34条は法人税法第22条（各事業年度の所得の金額の計算の通則）の損金の額に対する別段の定めという位置づけになっている。

役員の給与は役務提供の対価なのであるから原則的には損金であり、これに対して損金不算入の別段の定めをおくというのであれば納得できる。しかし、本来損金性のある役員給与を損金不算入とし、損金の額に算入するものだけを規定するという租税法の立法は納得できない。

最近まで財務省に勤務していた者からも次のような批判がある。財務省は反省して見直すべきであろう。

「平成18年度改正により、『役員給与』を恣意性排除を理由として原則損金不算入としたり、事前確定届出給与の仕組みを導入する等の改正が行われましたが、理論的にも問題があり、法制及び実態も十分に踏まえていない同改正には、多分に疑義があるため、改正の内容を再検討し、制度のあり方を抜本的に見直す必要があります。」[7]（『税経通信』2007年7月号）

理論的に問題であっても法律として制定されてしまえば、訴訟で争っても救済されない。法解釈と異なり、立法上の問題点は「法の支配」の論理で解決できないのであろうか。租税法律主義以前の問題のような気がしてならない。

(2) Q＆Aの役割

国税庁の業務執行として、法律でも政令でも通達でもない「Q＆A」が発表されることがあり、これで課税要件が実質に定められることが目立ってきた。

（7）（臨増）、（2006）
（7）朝長英樹「法人税制改革に向けて─取り組むべき課題の概要─」『税経通信』62（12）、（2007）116頁・117頁

第1編　国内税法

例えば、国税庁の平成18年6月の『役員給与に関するQ&A』では次のような記述がある[8]。

> （Q）事前確定届出給与について、所轄税務署長へ届け出た支給額と実際の支給額が異なる場合には、どのように取り扱われるのでしょうか。

例えば、A役員に事前に定められた給与及び実際支給額は次のようなものであったとしよう。

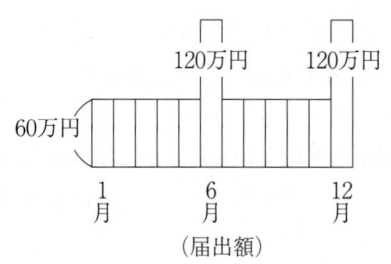

（届出額）

給与は毎月60万円であるが、6月と12月は120万円となっている。

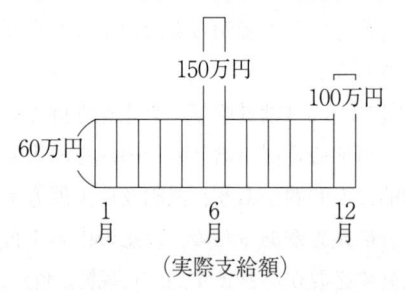

（実際支給額）

しかし、業績好調のため6月に支給したのは150万円で、12月には業績悪化のため、12月に支給することができたのは100万円だけであったとしよう。

これについて『役員給与に関するQ&A』における国税庁の答えは次のようになっている。

「事前確定届出給与として当該事業年度の損金の額に算入される給与は、所定の時期に確定額を支給する旨の定めに基づいて支給するもの、すなわち、支給時期、支給金額が事前に確定し、実際にもその定めのとおりに支

（8）　国税庁『役員給与に関するQ&A』2006. 6、7頁

給される給与に限られます。このことからすれば、一般的には、所轄税務署長へ届け出た支給額と実際の支給額が異なる場合には、事前に支給額が確定していたものといえないことから、事前確定届出給与に該当しないものとなります。したがって、それが増額支給であれば増額分だけでなく実際の支給額の全額が損金不算入となり、減額支給であれば実際に支給した金額が損金不算入となります。」[9]

この回答について、実務界では2つの考え方がある。

1つは6月に届出額に120万円に対して150万円支給したが、その150万円は全額損金不算入であり、12月は120万円の届出額に対して100万円の支給であるが、実際支給額の100万円が損金不算入とするというものである。

もう1つは、国民の実務家の考え方で、国税庁の回答は確定額届出給与であるから、定期同額分と区分して次のように考えるというものである。

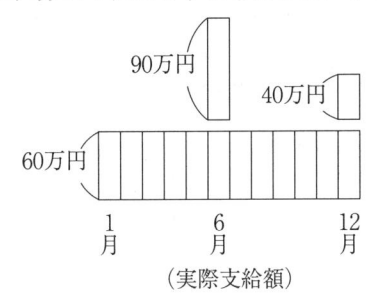

（実際支給額）

ここでは、6月では90万円が損金不算入12月では40万円だけが損金不算入（定期同額給与は6月、12月ともに60万円損金算入）というものである。

しかし、この考え方は給与の支給額はまず定期同額給与からなり、その上に事前確定届出給与があるという考え方である。6月又は12月の支給で見ると、次のようになっている。

しかし、実際に支給するのは定期同額と事前確定届出給与の合計額（6月150万円、12月100万円）で、支給した給与がまずどちらからなるか明らかでなければ計算できない。

例えば、12月の給与は事前確定届出分が60万円、定期同額分が40万円であるとすれば、否認対象は定期同額となってしまう。

（9） 同上、7頁

第1編　国内税法

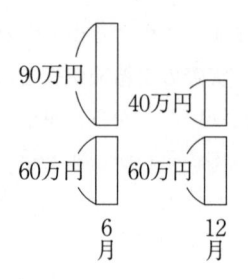

```
        90万円
              40万円
        60万円 60万円
          6   12
          月   月
```

　このような納税者の疑問を解決するため、国税庁では次のような『役員給与に関する質疑応答事例』を平成18年12月に発表した[10]。

（問）
　当社（年1回3月決算）は、平成18年5月に開催した定時株主総会において、取締役Aに対し月額50万円の役員給与を支給することを決議していますが、Aの統括する営業部門の業績が好調であることから、平成19年2月に臨時株主総会を開催し、同月分の給与から月額20万円ずつ増額して支給することを決議しました。
このように、定期給与の額を事業年度の中途で改定した場合には、その全額が定期同額給与に該当しないこととなるのでしょうか。
なお、当社は、事前確定届出給与の届出は行っていません。

　まず、「定期同額給与」とは、その支給時期が1月以下の一定の期間ごとであり、かつ、その事業年度の各支給時期における支給額が同額である給与（法34①一）ということになっている。
増額改定の場合は、その支給時期が1月以下の一定の期間ごとであるもの（以下「定期給与」という）の額につきその事業年度開始の日の属する会計期間開始の日から3月を経過する日（以下「会計期間3月経過日」という。）までにその改定がされた場合における次に掲げる定期給与（法令69①一）をいうものとされている。
　①　その改定前の各支給時期（当該事業年度に属するものに限る。②において同じ。）における支給額が同額である定期給与

---

(10)　国税庁『役員給与に関する質疑応答事例』2006. 12、1頁

② その改定以後の各支給時期における支給額が同額である定期給与

増額改定（3月決算法人で7月から給与が60万円から80万円に増額された）の場合を図解してみると次のようになる。

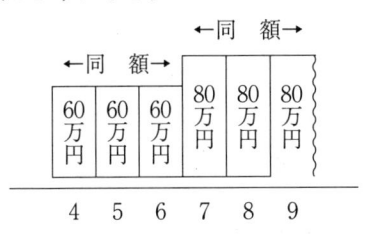

```
        ←同 額→ ←同  額→
        ┌──┬──┬──┬──┬──┬──┐
        │60│60│60│80│80│80│
        │万│万│万│万│万│万│
        │円│円│円│円│円│円│
        └──┴──┴──┴──┴──┴──┘
         4  5  6  7  8  9
```

なお、改定前、改定後が同額としているは、給与の増減で利益操作をしていないことを指している。

注意したいのは、事業年度の中途で定期給与の額を増額改定した場合であって、それが上記①及び②に該当しないときは、原則として、その事業年度における定期同額給与の支給額の全額が、定期同額給与に該当しないこととなり、損金不算入となるということである。

ここで問題になるのは、期中に給与を改定した場合である。定期同額の要件に該当するのは、①会計期間開始後3月以内の増額（又は減額）、②経営が著しく悪化した場合の減額に限られるという原則があるという考え方である。

事例では、3月決算法人が2月に役員甲の給与を増額したという事例である。

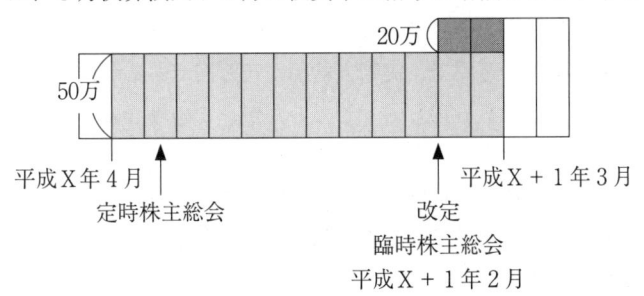

```
        ┌──────────────────┬──┬──┐
        │                    │20万│  │
    50万 │                    │  │  │
        └──────────────────┴──┴──┘
         ↑                    ↑
       平成X年4月            平成X+1年3月
       定時株主総会           改定
                            臨時株主総会
                            平成X+1年2月
```

これに対して、国税庁の発表した『役員給与に関する質疑応答事例』では次のように回答している。

「事業年度の中途の増額改定が行われた場合であって、増額後の各支給時期における支給額も同額であるようなときなどは、従前からの定期同額給与とは別個の定期給与が上乗せされて支給されたものと同視し得ることか

ら、上乗せ支給された定期給与とみられる部分のみが損金不算入になるものと考えられます。

したがって、貴社の場合には、当初、定期給与の額として定めていた金額（50万円）に、別途20万円を上乗せして支給するとのことですから、増額改定後の支給額（70万円）のうちの50万円部分に関しては、引き続き定期同額給与の支給が行われているものと考えられますので、平成19年3月期における損金不算入額は、40万円（平成19年2月分及び3月分の各20万円）となります。」(11)

課税要件からみれば全額損金不算入なのだが、これでは納税者に酷な場合があるから増額分だけ損金不算入とするというのは、租税法における合法性の原則を理解しない解説である。

このような法令解釈を無視した「温情解釈」ではなく、増額改定前の分は引き続き定期同額給与とみるのか正しく、以前は、増額支給額全額が損金不算入としていた解釈もあったのでこれを正しく改めたと考えるべきである。

平成18年6月の『役員給与に関するQ＆A』では、事前確定届出給与ついて、「所轄税務署長へ届け出た支給額と実際の支給額が異なる場合には、事前に支給額が確定していたものといえないことから、事前確定届出給与に該当しないものとなります。したがって、それが増額支給であれば増額分だけでなく実際の支給額の全額が損金不算入となり、減額支給であれば実際に支給した金額が損金不算入となります。」(12)としていた。

つまり、届出額が50万円で、実際支給額が70万円である時は、損金不算入となるのは支給額全額である70万円としていたが、この場合のQ＆Aの回答との違いをどのように解釈すればよいのであろうか。

課税要件が法定されず、官僚の答弁だけで定められている課税執行をみて、租税法律主義の危機を感じているのは私だけであろうか。

(3) 給与改定を巡る問題点

定期同額給与の改定については、定期同額給与に該当するための要件として次のように定められている（法34①一、令69①）。

① 事業年度開始の日の属する会計期間開始の日から3月経過日（保険会社

---

(11) 同上、2頁
(12) 前掲注（8）、7頁

はその会計期間開始の日から4月を経過する日)まで(継続して毎年所定の時期にされる改定で3月経過日後にされることについて特別の事情があると認められる場合は、その時期)にする改定
② その事業年度において役員の職制上の地位の変更、その役員の職務の内容の重大な変更その他これらに類するやむをえない事情(「臨時改定事由」)によりされた定期給与の額の改定
③ その事業年度において経営状況が著しく悪化したことその他これらに類する理由(「業績悪化改定事由」)によりされた定期給与の額の改定(ただし、その定期給与の額を減額した改定に限る。)

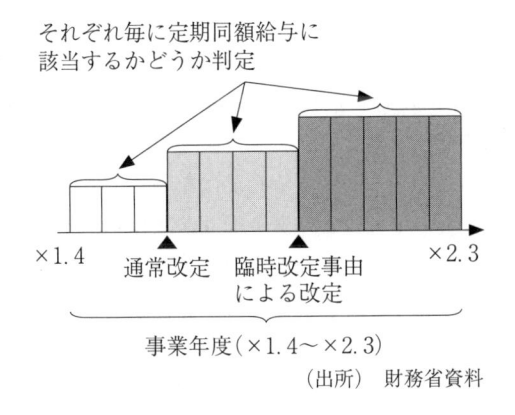

それぞれ毎に定期同額給与に該当するかどうか判定

×1.4　通常改定　臨時改定事由による改定　×2.3

事業年度(×1.4〜×2.3)
(出所) 財務省資料

ところで、筆者としてどうしても納得できないのは、国税庁の『役員給与に関する質疑応答事例』で次のような記述があることである。

「事業年度の中途で定期給与の額を減額した場合で上記①から③に該当しないとき、例えば、経営の状況が悪化したものの『著しい悪化』までは至らないケースについても、原則として、その事業年度における定期給与の支給額の全額が、定期同額給与に該当しないこととなります。」[13]

(注) 傍点部は、国税庁の回答は改正前のもので「①又は②」となっているが、平成19年度改正に合わせ著者が修正した。

ここで問題なのは、役員給与の減額理由である「経営状況の著しい悪化」は法解釈通達ではなく、政令に書かれているということである。

---

(13) 前掲注(10)、2頁

また、「経営状況の著しい悪化に類する理由」について通達では、「定期同額給与の範囲等（令69①一ハ）に規定する『経営の状況が著しく悪化したことその他これに類する理由』とは、経営状況が著しく悪化したことなどやむを得ず役員給与を減額せざるを得ない事情があることをいうのであるから、法人の一時的な資金繰りの都合や単に業績目標値に達しなかったことなどはこれに含まれない（法基通9－2－13）。」としている。

　ここでは、給与の減額要件を「経営状況の著しい悪化」としており、悪化ではあるが、著しい悪化でない場合は減額要件に該当しないとしている。

　給与を減額する理由を「法人の経営状況が著しく悪化したこと」としているが、これは給与減額の典型的理由として例示しているだけであるなら理解できるが、この理由が限定的なものとしている政令の規定は承諾できない。

　財務省は、「経営状況の著しい悪化」が給与を減額する限定的な要因としているが、法人は利益操作ではなく、さまざまな事情で役員給与を減額する場合がある。これを税の立場から制限する必要はない。例えば、経営状況は悪化していないが、設備投資の増大により資金繰りが悪化し、役員の給与を引き下げる必要がある場合もある。このような経営判断を税の立場から規制することはいかがなものか。法解釈をする者は、税の限界を承知しておかなければなるまい。

　財務省主税局は、法令を定める際に企業の実態としてどのような場合に役員給与が減額されるのかを勉強してほしい。

　例えば、鉄鋼会社が高炉を建設したり、自動車会社が画期的な新型車を開発する場合などは巨額の開発費用が必要になる。このような場合には、企業の業績（経営状況）に関係なく、役員の給与を減額して全社一丸となって経営に当たるのである。役員の給与の減額が経営状況の著しい悪化に限るというのは、経営を知らない役人の発想である。

　国税庁の『役員給与に関する質疑応答事例』では経営状況の悪化が「著しい」といえない場合に給与を減額した場合は定期の給与ではなくなって支給額の全額が損金不算入となるか否かという問題については、「定期同額給与として支給していた給与について減額改定を行い、減額後もその各支給時期における支給額が同額である定期給与として給与の支給を行っているときには、本来の定期同額給与の額は減額改定後の金額であり、減額改定前は、その定期同額

給与の額に上乗せ支給を行っていたものであるともみられることから、減額改定前の定期給与の額のうち減額改定後の定期給与の額を超える部分の金額のみが損金不算入となります。」[14]としている。

つまり、定期給与を期中に減額改定した場合、その理由が「著しい悪化」とはいえない場合でも、改定後の各支給時期における支給額が同額であるならば、「本来の定期同額給与の額は減額改定後の額であり、減額改定前は、定期同額給与の額に上乗せ支給を行っていたものともみられる」という理由で損金不算入額は、減額改定前の定期給与の額のうち、減額改定後の定期給与を越える部分の額に限定されるとしているのである。

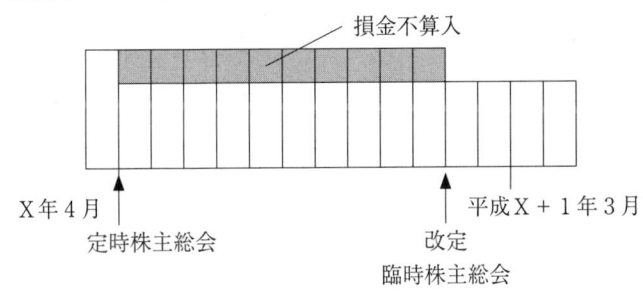

（図：損金不算入を示す棒グラフ。X年4月 定時株主総会 から 平成X+1年3月 まで、途中で改定（臨時株主総会）により減額される様子）

役員給与を増減させて利益操作をするということは許されないが、役員給与の増減は法人における経営上の判断である。これに課税庁が介入することは原則として許されないと考えている。

Ⅳ 租税法と司法判断

税務に関する実務家として、どのような素養が求められるであろうか。何しろ税理士試験における必修科目は簿記論と財務諸表論であり、大学においても幅をきかせているのは「税務会計」という科目であり、租税法ではない。

これでは計算の実務屋は存在するが、租税法を中心とする司法判断はでてこない。これでは意見を言わない計算屋としての税理士しか要求されないことになってしまう。

また、司法試験の場では選択科目でしか租税法は学ばれない。大学でも租税実体法が軽視されている。実は、私は某大学院の博士課程だけ担当している。

---

(14) 同上、2頁

第1編　国内税法

　入学試験の面接で修士論文を拝見するのだが、ほとんど租税実体法が取り上げられておらず、租税手続法が中心である。その理由を聞いてみたところ、修士課程を指導する教授が租税実体法を知らないということらしい。
　「税務は特殊な領域」というのが大学内での一般的評価らしい。
　税務の専門家は税理士であるはずだが、租税法の理論を語れる人は少ない。税調委員にも税の専門家がおらず、エコノミストがキャンパスの中の議論のようなことを行って日本の税制が決められている。しかも、選挙前は税制の議論はしないという特殊な国が日本である。
　弁護士、税理士という実務家を中心とした租税訴訟学会の存在は大きい。山田二郎先生には、まだまだがんばっていただきたい。

8 判決を後発的理由とする更正の請求の要件

東京国税不服審判所国税審判官　藏重有紀

I　はじめに
II　最高裁平成15年判決
III　更正の請求制度
IV　関連する裁判例等
V　判決の分析と解釈論の提案
VI　考察を終えて

I　はじめに

　最高裁平成15年4月25日(二小)判決（判時1822号51頁、訟務月報50巻7号2221頁。以下、「最高裁平成15年判決」という。）は、遺産分割協議に従って相続税の申告がなされた後、その納税者が遺産分割協議無効確認判決を受けたため更正の請求をし、これに対する更正すべき理由がない旨の通知の取消等を請求する訴訟を提起したところ、国税通則「法23条1項所定の期間内に更正の請求をしなかったことにつきやむをえない理由」があるとはいえないことが問題とされて同項による更正の請求が許されなかったというものである。

　同判決に対しては、①当初の遺産分割協議が通謀虚偽表示に当たり無効である旨の判決は同項1号にいう「判決」に含まれないとしたものであるとの理解[1]、②同項による更正の請求に新たな要件を付加する判断であるとの理解[2]、③こうしたケースでは、判決により「確定」（同号参照）したものとはいえないと解すべきであるとの評釈[3]などさまざまな評価がなされた。同判決が解釈論として明確に「判決」（同項1号）に該当しないと述べたものではなく、「同項による更正の請求をすることは許されない」と述べたものである

（1）金子宏「租税法」（第11版成文堂2006年）678頁他多数。
（2）高野幸大「遺産分割協議の無効判決等と国税通則法23条2項の『判決』の意義等」税務事例研究90号75ページ・日本税務研究センター2006年
（3）岡村忠生「自らの主導の下に通謀虚偽表示により遺産分割協議が成立した外形を作

193

ことからは、確かに、同項1号が直接明文で示す「判決（判決と同一の効力を有する和解その他の行為を含む。）」（以下、「判決等」という。）や「確定」の要件の該当性の問題なのか、直接明文にない新要件を付け加えたものなのかが直ちに明らかにならないので、種々に理解する余地があり、また、解釈論としても様々な可能性がある。

そこで、①この更正の請求制度利用について最高裁平成15年判決が要求した内容、②その要件としての要否を考察する。これらの問題を整理しなければ、納税者が更正の請求制度を利用する際、権利の適切な救済を妨げることになるからである。

なお、筆者は、執筆当時肩書き記載の職にあったが、本稿において意見にわたる部分はすべて筆者の個人的意見であり、法務省又は国税庁を含む政府の意見とは全く関係がないことをご承知おきいただきたい。

II　最高裁平成15年判決

1　事案概要

納税者Xは、昭和60年他の相続人らとともに父を相続した際、相続税法19条の2（配偶者に対する相続税額の軽減の特例）の規定の適用を受けたいがために、自ら主導して共同相続人全員で遺産分割協議の通謀虚偽表示をし、遺産がこの遺産分割協議のとおりに分割されたものとして上記特例を適用し、法定申告期限までに相続税申告書を、また、昭和61年には修正申告書を提出した。ところが、共同相続人間において上記遺産分割協議をめぐる争いが起こり、平成9年3月、通謀虚偽表示として上記遺産分割協議の無効を確認する判決が確定した。Xは、同年4月、遺産分割協議の無効確認判決の確定により課税関係の是正の必要性が生じたとして通則法23条2項1号による更正の請求をした。

すなわち、Xは、上記遺産分割協議による取得割合を積極財産につき被相続人の配偶者A約50パーセント、X約48パーセント、他の相続人は約1パーセントないし0とし、この割合により遺産分割済みとして申告及び修正申告をし、X自身が課税価格368,385,000円、納付すべき税額167,962,700円を負担していた（修正申告）のであるが、上記更正の請求においては、遺産分割協議の無効

出し、相続税の申告をした相続人は、同協議の無効確認判決による特別の更正の請求をすることができないとされた事例」判例評論551号3、173ページ

確認判決の確定により遺産が未分割に戻ったのであるから法定相続分により計算したという理由で、課税価格97,519,000円、納付すべき税額44,154,300円とした。

なお、この更正の請求の時点では、配偶者Ａの取得分について適用されていた上記特例の適用を否定して増額更正をすることは、更正の期間制限により不可能となっていた[4]。

この更正の請求に対し、更正すべき理由がない旨の通知がなされたため、Ｘは、不服申立てを経て、訴え提起した[5]。

(a) 第一審（Ｘの取消請求認容）

被告税務署長Ｙは、国税通則法23条2項による更正の請求の当否につき、納税者側の帰責事由の有無をも考慮するよう法律上の主張をしたが、熊本地裁[6]は、「客観的、合理的根拠を欠如しているといえない判決であれば」同項1号にいう「判決」に当たると解し、取消請求を認容した。

また、熊本地裁は、「計算の基礎となった事実についての事実変動につき納税者に帰責事由があるか否かは」上記「判決」に当たるという判断を左右しないとし、また、「納税者側の帰責事由の有無をも考慮することになれば、税務署長に不明確な裁量を与えることにもなりかねず、相当でない（その論旨によれば、本件条項の適用外となるのは、虚偽表示による無効を宣言する判決に限られないこととなる。）」旨説示して被告の上記主張を排斥した。

(b) 控訴審（処分取消請求棄却）

福岡高裁[7]は、同法23条2項1号の「判決」に基づいて更正を請求するためには「申告時、納税者が、申告等に係る課税標準又は税額等の計算の基礎となった事実と異なることを知らなかったこと」が必要であるとして、明文にない要件を付加し、Ｘについては、申告時に遺産分割協議が通謀虚偽表示により無効であることを知っていたものと認定し、同号に基づいて更正の請求を行うことはできないから通知処分は適法ということができる旨判示した[8]。

---

(4) 平成15年法律第8号による相続税法32条5号及び相続税法施行令8条並びに相続税法35条による更正の請求やいわゆる他の相続人に対する更正処分の「打ち返し」が整備されていない時期の事案である。
(5) 処分無効確認を主位的請求、処分取消を予備的請求とした。
(6) 熊本地判平成12・3・22税務訴訟資料246号1333頁。
(7) 福岡高判平成13・4・12税務訴訟資料250号順号8878

第1編　国内税法

2　上告審（Xの上告を棄却）

最高裁は、規範定立の形をとらなかったものの、事例判断として、原審である福岡高裁が確定した事実関係を「上告人（X）は、自らの主導の下に、通謀虚偽表示により本件遺産分割協議が成立した外形を作出し、これに基づいて本件申告を行った後、本件遺産分割協議の無効を確認する判決が確定したとして更正の請求をした」ものとみた上、「そうすると、上告人が法23条1項所定の期間内に更正の請求をしなかったことにつきやむを得ない理由があるとはいえないから、同条2項1号により更正の請求をすることは許されないと解するのが相当である」とし、更正すべき理由がない旨の通知は適法であるとした。

Ⅲ　更正の請求制度

1　国税通則法23条1項及び2項の各適用範囲

国税通則法上の判決を後発的理由とした更正の請求の要件としては、国税通則法23条2項1号に、納税申告書を提出した者又は国税通則法25条の規定による決定を受けた者は、「その申告、更正又は決定に係る課税標準または税額等の計算の基礎となった事実に関する訴えについての判決（判決と同一の効力を有する和解その他の行為を含む。）により、その事実が当該計算の基礎としたところと異なることが確定したとき」には、1項の規定にかかわらず、「その確定した日の翌日から起算して2月以内」において、その該当することを理由として、更正の請求をすることができる旨定められている。ところが、最高裁平成15年判決においては、同条2項1号の更正の請求の許否が「法23条1項所定の期間内に更正の請求をしなかったことにつきやむを得ない理由があるとはいえない」として同条1項に関係付けられて判断された。

更正の請求（国税通則法23条1項、同条2項）は、申告、更正又は決定によっていったん確定した課税標準等または税額等について、納税者が税務署長に対

（8）　控訴審において、Yは新たに、真実と異なる事実を税額の計算の基礎として申告し、税の軽減を図りながら、税務署長の更正の権限が消滅した後、申告時に税額の計算の基礎とした事実は真実と異なる旨主張して更に税額の軽減を受けようとすることは、納税者の申告を基礎として法律関係を形成した国の利益を著しく阻害する行為であり、信義則に反するとし、たとえ遺産分割協議無効確認判決が同条2項1号にいう「判決」に該当するとしても、Xがした更正の請求は信義則に反して許されない旨主張したが、福岡高裁は、この信義則による制約論を採らなかった。

し、減額更正の職権発動により自己に有利に変更すべきよう求める行為であり、共通する制度目的のために各々異なった適用範囲を有するので、同条1項と2項との関係を確認しておく。

(1) 通常の更正の請求

(ア) 制度趣旨

　更正の請求の制度は、申告期限内における正確な申告を求める申告納税制度の下においても申告に誤りがあり得ることを認識し、税額の減額変更について一定期間内に納税者から減額変更を請求させることによって税務官庁に減額更正させることにしたものである。

　更正の請求制度は、申告納税制度が採用された昭和21年当時から存在したが、所得税及び法人税での必要性に応じて設けられた制度であったものから一般的定めに改められたのは、昭和37年の国税通則法の制定の際のことであった。更正の請求制度が一般的定めとされたのは、所得税法及び法人税法上の更正請求制度の利用者が後を絶たない事情及び当時新たに設けられることになった間接税における申告納税制度においても同様にこれを設けることとすべきであると考えられたからである[9]。

　この一般的定めは、通常の更正の請求（現行法同条1項）に関して国税通則法23条に置かれた[10]。

(イ) 通常の更正の請求の要件

　国税通則法23条1項の通常の更正の請求によって減額更正の職権の発動を受けるには、同項各号が定めるように、減額更正の内容を根拠付ける事実関係にあること（実体法上の要件）に加え、同項が定める期間内に請求するという手続き上の要件を充足しなければならない。すなわち、通常の更正の請求の理由を定める1項各号は、いずれも「申告書に記載した課税標準等若しくは税額等の計算が国税に関する法律の規定に従っていなかったこと又は当該計算に誤りがあったこと」を理由とし、それによって、納付すべき税額が過大であるか

---

(9) 「国税通則法の制定に関する答申の説明」・「第4章第2節2・2」・「2　申告内容の変更」参照。

(10) なお、通常の更正の請求の期限は、「法定申告期限から一月以内」とされていた。現行法同条2項に相当する後発的理由による更正の請求は、各税目に特有の必要性に応じて各税法に定められるに留まった。

(1号)、純損失等の金額が過少であるとき、又は純損失等の金額を記載しなかったときか（2号）若しくは還付金の額に相当する税額が過少であるとき、又は還付金の額に相当する金額を記載しなかったときか（3号）という誤りが生じた場合である。

通常の更正の請求ができるのは、納税申告書を提出した者であるが、納税申告書を提出後、更正を受けた者は、当該更正後の課税標準等又は税額等につき更正の請求ができる。

無申告のため同法25条の決定を受けた者は通常の更正の請求をすることはできず、特別の更正の請求のみをすることができる。

(2) 後発的理由による更正の請求

(ア) 1項と2項との関係

後発的理由による更正の請求は、昭和45年法律第8号による国税通則法改正で整備されたものである。すなわち、昭和43年7月税制調査会「税制簡素化についての第三次答申」の「第三　権利救済制度改善のための具体的措置」においては、当時の国税通則法上の通常の更正の請求の期限が法定申告期限から1月以内と短期間に制限されていたのを「納税者が自ら誤りを発見するのは、通常は、次の申告期が到来するまでの間であるという事情を斟酌すれば、この請求期限を次のように改めることが適当であろう」ということから「原則として申告期限から1年」とされた上、「このように期限を延長しても、なお、期限内に権利が主張できなかったことについて正当な理由があると認められる場合の納税者の立場を保護するため、後発的な事由により期限の特例が認められる場合を拡張し、課税要件事実について、申告の基礎となったものと異なる判決があった場合その他これらに類する場合を追加するものとする」とされていた。これを受けて、昭和45年改正の際、法定申告期限から1年内という同条1項所定の期間を過ぎていても減額更正すべきであろうと考えられた理由が後発的理由としてとりあげられ、新たに国税通則法上の更正の請求の理由とされ、同法23条2項各号に定められたのである。それらは、法定申告期限後に生じた理由で、遡って先の申告又は更正決定を減額すべきことになる理由は、例は少ないが皆無ではないと認識され、当時の所得税法、法人税法及び相続税法においていわゆる後発的理由による更正の請求として規定されていたものが必ずしも網羅的ではなかったことから、国税通則法及び同法施行令に後発的理由を規定し、

これについて通常の更正の請求期間である１年の期間経過後も、当該後発的更正の請求理由が生じてから２か月間は、なおその理由により更正の請求ができることとされたものであった[11]。

したがって、同法23条２項各号所定の後発的理由は、１項所定の期間内に権利の主張をすることができなかったことについて正当な理由がある場合の類型であったということができる。これらの理由は、法定申告期限から１年内という上記延長された期限を過ぎてからも発生し、課税の基礎となった経済的効果を遡って奪うことがあるのであるから、そういう場合には、納税者は、正しく税額を減額する更正処分の職権発動を求める権利を有し、上記延長された期限内に権利が主張できなかったことについて正当な理由[12]があると認められるのである。

ところで、同項柱書には、「納税申告書を提出した者については、当該各号に掲げる期間の満了する日が前項に規定する期間の満了する日後に到来する場合に限る。」という括弧書きがある。

(a) 決定を受けた者

申告書を提出する義務があるのに提出しなかったため決定（同法25条）を受けた者の場合は、この括弧書きの適用はないから、23条２項各号に該当することを理由として各号所定の期間内においてのみ更正の請求をすることができる。

(b) 納税申告書を提出した者

納税申告書を提出した者の場合は、その申告又は更正に係る課税標準等又は税額等の計算の基礎となった事実に関する訴えについての判決により、その事実が当該計算の基礎としたところと異なることが確定し、①かつ、その確定した日の翌日から起算して２か月以内という期間満了日が法定申告期限から１年以内という期間の満了日後に到来したのであれば、括弧書きが定める要件をも充たすから、１項の規定にかかわらず、１号所定の「その確定した日の翌日から起算して２か月以内」という期間内に更正の請求ができる。すなわち、各号

---

[11] 昭和45年改正税法のすべて「国税通則法（不服審査以外関係）の改正」・「一２　後発的理由による更正の請求の場合」参照。
[12] 更正の請求が実体的真実に合致した課税を求める権利を行使するための制度であるとすると、権利行使の要件は「正当な理由」である。これは、しかたなく救われるための「やむを得ない理由」とは異なる。

所定の理由がある場合は、当該各号所定の期間内に更正の請求ができる。

これに対し、②その確定した日の翌日から起算して2か月以内という期間満了日が法定申告期限から1年以内という期間の満了日までに到来するときは、括弧書きが定める要件からはずれることになるが、そうすると、2項各号を理由とする更正の請求はできず、1項各号を理由とする更正の請求のみができると解するべきなのであろうか。すなわち、時期的に見て法定申告期限から10か月以内の場合には1項各号所定の理由により、10か月を経過することによって2項各号所定の期間の満了日が1項所定の期間の満了日の後になるような場合には2項所定の理由により更正の請求をすることができるというように、1項と2項を使い分けよということになるのだろうか。

しかし、2項各号所定の理由は、法定申告期限後に生じた理由で、遡って先の申告又は更正決定を減額すべきこととなる理由があると認識されて45年改正において更正の請求の理由に取り入れられたものであり、減額の必要性は、これらの理由が法定申告期限から10か月以内に発生したか、その後発生したかに左右されないはずである。また、2項各号の理由は、法定申告期限から10か月以内という期間が過ぎた後にも発生し得ることが考慮されたからこそ、1項所定の期間内に更正の請求をすることができない類型であると認められて1項とは別に更正の請求の期限が定められたものと考えられる。

そこで、2項各号の理由が生じた場合は、1項所定の期間内にはもちろん更正の請求をすることができるものと解される。したがって、上記括弧書きの実質的な意味は、2項各号所定の期限の適用場面を示したものであり、2項各号に定められた2か月の期間が満了する日が法定申告期限から1年内という期間の満了する日の後に到来する場合に限って2か月という期限が適用されることを定めたものと解される。

こう解する結果、例えば、法定申告期限の翌日に同条2項1号に該当する理由である「判決」を受けた場合であっても、判決後2項各号所定の2か月の経過により更正の請求ができなくなると考える必要はないから、そういう場合は同条1項によって法定申告期限から1年内という期限内であれば1号の判決を受けたという理由で更正の請求ができる。

(イ) 合意解除の問題

ところで、昭和36年7月5日税制調査会第二次答申では、その別冊である

「国税通則法の制定に関する答申の説明」において、更正の請求制度を実質課税の原則に関連する問題としてとらえ[13]、「課税の要件事実となる法律行為がいったん有効に成立した後に取り消されることがある。無能力又は意思表示の欠陥によって取消が行われる場合がその例である。これと課税との関係については、その取消が納税義務の確定前に行われた場合には課税上特に問題とすることはない。問題となるのは、当該法律行為に基づいていったん納税義務が確定した後に取消が行われた場合である。」と述べている[14]。これは、経済的効果の発生とその変動を生の事実としてみて課税するのではなく、無能力者の行為はたとえ経済的効果として何らかのものがあっても法的観点（遡及効）を反映させて消長を判断し、その上で課税するという前提を採るものである。また、前記答申の説明は、これに続けて「上記の問題は、……合意解除によって既存の契約がなかったと同一の状態になった場合においても、同様に問題となるものである。」「一般的には、行為の取消もしくは合意解除等が行われたとき又は無効の確認がされ、さきに生じていた経済的効果が除去されたときに、前にされた課税処分を取り消し、変更し、又は納付済額を還付しなければならないことになるべきである」[15]として、課税年度経過後の経済的利益の変動結果に応じた課税の是正について必要性を説いている。上記の答申の説明の記述からは、更正の請求の理由にできる合意解除には「契約成立後に生じたやむを得ない事情による」（国税通則法施行令第6条1項）という限定が本来なかったのではないかという問題が生ずる。合意解除が更正の請求の理由とされるのは契約関係の失効により、課税の基礎となった経済的効果が失われるからであるが、契約成立後に生じたやむを得ない事情の存否は、合意解除の法律要件ではないからである。

　しかし、こうした限定がないとすると、契約成立前から解除に至る事情が存在するのに敢えて契約を締結したものの、やはり契約を解除することになった場合又はやむを得ない事情がないのに合意解除した場合に更正の請求ができることになるが、そうしたことができるとすれば、前者の場合には本来、申告までの間に合意解除をし、契約による経済的効果を除いたところで申告すること

---

(13) 「国税通則法の制定に関する答申の説明　第2章」
(14) 同「第3節3・1」・「1　無効な法律行為又は取消うべき法律行為と課税(2)」
(15) 同説明「(3)」

ができたのに敢えてそれをしなかったのであるから、税額確定後に至って更正の請求をするのは恣意的であって、制度を利用する合理的必要性は乏しいし、後者の場合には経済的利益又は損失の存否や帰属年を自由に操作することができ、また、租税負担や滞納処分回避のために恣意的に合意解除をするという弊害が生ずることにもなる。そこで、更正の請求の理由にできる合意解除からはこれらの場合を排除しておくべきである。それに対して、契約成立時には合意解除すべき事情がなかったから契約したのに、後日になって解除せざるを得ない事情が生じたという場合に限って合意解除の法的結果を課税関係に反映させるのであれば、恣意を排除できるから、合意解除による経済的効果の除去という結果を課税場面で受け入れても弊害はない。したがって、昭和45年改正時に同条2項3号及び同法施行令6条1項2号が定めた「契約成立後に生じたやむを得ない事情による」ものという限定は、恣意を排除するために必要なものというべきである。

　そこで、この限定は、合意解除による更正の請求が法定申告期限から1年内に行われるものであっても、その後2項3号の更正の請求として行われるものであっても変わりなく必要であると解される[16]。

　なお、いわゆる無制限説が括弧書きの存在を理由として1項所定の期間内ならば2項各号所定の理由以外の理由（例えば上記限定を受けない合意解除の遡及効により1項各号の理由となる「申告書に記載した課税標準等若しくは税額等の計算が国税に関する法律の規定に従っていなかったこと又は当該計算に誤りがあったこと」が認められるとみる。）であっても更正の請求をしてよいとして、自由な更正の請求を許容しようとすることは、正しいこととは思われない。「契約成立後に生じたやむを得ない事情による」ものという限定のない合意解除は、契約当事者がいつでもできるから、合意解除によって経済的効果が生じた時期を変動でき、租税法律関係の安定に反して課税期間を超えた所得の付け替えによる租税負担の回避や滞納処分の阻止が容易に可能となるという弊害を起こす。合意解除については、国税通則法施行令6条1項2号が更正の請求の理由とな

---

[16] いわゆる制限説を採ったとして知られる東京地裁昭和60年10月23日判決・判時1174号62頁が23条2項について「納税義務の内容が具体的に確定すべき時期（注・法定申告期限）が経過した後に発生した事実については、その更正の請求を真にやむを得ない場合に制限したものと解するのが相当である」としている。

る合意解除を限定した趣旨を重視し、これに適合しない合意解除は「申告書に記載した課税標準等若しくは税額等の計算が国税に関する法律の規定に従っていなかったこと又は当該計算に誤りがあったこと」に当たらないため1項による通常の更正の請求の理由とすることができないと解すべきである。

2 判決を後発的理由とした更正の請求の要件
(1) 判決要件、基礎事実齟齬の要件及び確定の要件
23条2項1号では、

① 「申告、更正又は決定に係る課税標準等又は税額等の計算の基礎となった事実に関する訴えについての判決（判決と同一の効力を有する和解その他の行為を含む。）」によって（以下、「判決要件」という。）

② 申告に係る課税標準等又は税額等の計算の基礎となった事実が異なることとなったことが（以下、「基礎事実齟齬の要件」という。）

③ 「確定」すること（以下「確定の要件」という。）

及び所定の更正の期限の充足が要求されている。

これらの要件を充足した上、課税標準等又は税額等の計算の基礎となった事実が税額減少を根拠付ける状況にあること（実体法上の要件）が判明すれば、税務署長は、減額更正の職権を発動する（同条4項）。

(2) 判 決 要 件

①の判決要件を充足するには、更正の請求の理由が、判決だけでなく、判決と同一の効力を有する和解その他の行為（以下、これらと判決を併せて「判決等」という。）に該当するのでもよい。括弧書きの「判決と同一の効力を有する和解その他の行為」には、訴訟上の和解（民事訴訟法89条）、起訴前の和解（同法275条）、民事調停（民事調停法16条及び24条の3）、調停（家事審判法21条）、国税不服審判所長の裁決なども含まれると解されている。

2項各号が前記のとおり、1項所定の期間内に権利が主張できなかったことについて正当な理由がある場合の類型であることを前提とすれば、個別のケースにおいては、具体的事情によって、判決を得ていても1項の期間内に権利が主張できなかったことについて正当な理由があるとは認められないようなものが混入してくることもあり得、そうした場合には更正の請求をすることを許さないと解する余地もあるといえる。こうした場合には「判決」に当たらないと

解するべきであるかが問題となるが、1項の期間内に権利を主張することができなかったことについての正当な理由というのは、1項の期間内に判決が言い渡されなかったというような判決の属性に留まるものではなく、それを理由として更正の請求をしようとする者を取り巻く個別的事情により判断されるべきことがらであるから、一概に「判決」に当たらないと整理することは適当ではなかろう。むしろ「判決」には該当するが「正当な理由」がないため、同条2項各号による更正の請求が許されないという考え方をもあり得ると考えるべきである(17)。

(3) 基礎事実齟齬の要件の充足の仕方

②の基礎事実齟齬の要件を充足するには、和解においてはこれらの事実が①に該当する調書等に記載されていることを要すると解されている。

上記②の基礎事実齟齬の要件は、内容的には税額減少を根拠付ける事実関係にあること(実体法上の要件)にも関わることであるが、形式的には、更正の請求の理由とされた判決等が税額減少という結果に対していかなる関係にあるかという観点が重要である。

この要件が既判力の客観的範囲にある事実でもって充足されなければならないのかという問題があるが、判決同様に後発的理由となり得る訴訟上の和解について考えると、拘束力は当事者間における権利関係を変動させようとする意思に基礎をおくものではないかという問題があり、拘束力が既判力であるか否かにも疑問がある。その上、訴訟上の和解においては、訴訟物以外の権利関係の処分についても和解条項に記載され、これら全体が債務名義となり、執行力を有するに至る。こうして、訴訟上の和解においては、その手続の契機となった訴訟における訴訟物とは必然的な関係がないところで申告に係る課税標準等又は税額等の計算の基礎となった事実が異なるに至ることも多々ある。判決以外の「和解その他の行為」においては、このように訴訟物と関係のないところで「申告に係る課税標準等又は税額等の計算の基礎となった事実が異なる」という要件が充たされ得る。そうすると、判決においても、上記②の要件は、既

---

(17) なお、こうした1項の期間内に権利の主張をすることができなかったことについての正当な理由は、同条2項2号のいわゆる帰属の誤りによる更正処分が行われた場合には必ず存在することにつき、岡村論文。課税関係の一貫性を確保するための当然の減額だからである。

判力とは関係なく充足し得るものであって、判決理由中の判断においてもこの要件を充足する可能性があると解すべきである。

例えば、不動産売買契約の存在を前提とする譲渡所得の申告後、納税者が買主から売買代金の無効を理由に残代金の支払いを拒否され売買代金支払請求訴訟を提起したが、判決理由中の判断で当該売買契約が無効である旨判断された上、請求が棄却されたというときには、更正の請求の内容（更正の請求書の「更正の請求をする理由」欄の記載）としては、単に、請求に係る売買契約が無効であって代金債権が存在しなかったから譲渡所得がなかったという場合と、請求にかかる売買契約Aはなかったが代わりに売買契約Bがあり、譲渡所得はより少額であったという場合とが考えられる。後者を前提として上記請求棄却判決を理由として更正の請求をしたとしても、上記①②③の要件は一応充たされる。そして、調査（同条4項）によって判明した売買契約Bの状況から、他の売買契約Bによってより少額な譲渡所得が生じていたことが認められることによって更正の請求が受け入れられ、最終的には減額更正されるということも容認する余地があろう。

(4) 確定の要件

(a) 「確定」の意義

③の「確定」の要件については、民事訴訟における確定判決の効力が意識された解釈論が採られることがあるが、文言上は和解その他の行為に関しても判決と区別されることなく併せて「確定」と表現されていることからは、同号にいう「確定」（上記③の要件）というのは、民事訴訟法上の判決の「確定」より広い租税手続法上の固有概念であると考えられる。

同条2項の後発的理由に基づく更正の請求が「確定」という上記③の要件を充たすには、納税者が任意に異なった判断をすることができない形で経済的利益を取得又は喪失することが定まったことを要すると解される。

「確定」の判断においては、更正の請求の内容的適否を調査（同条4項）により解明し、判決等に記載された上記②の要件を充たす事実が、申告の前提とされなければならなかった課税標準等又は税額等の計算の基礎となった事実そのものを変動させたか、それとも課税標準等又は税額等の計算の基礎となった事実のさらに前提となる事実を変動させたに過ぎないものであるかどうかについて検討した上で、基礎事実の変動が上記の意味で「確定」しているのか否か

を判断するべきである。
　(b)　相続税特有の更正の請求制度の影響
　そして、遺産分割済みとしてなされた相続税の申告についてみれば、真実は遺産は未分割であったとしてなされる更正の請求を同法23条の適用によって処理するならば、申告当初から遺産は未分割であったということが納税者にとって任意に変更することができない形式で「確定」したのでなければ、確定の要件を充たすことにはならないが、判決によって遺産分割協議が無効とされ、真実、別途遺産分割協議が行われた事実も不見当であれば、遺産が未分割で各相続人が共有持分を有する状態に確定したものといわざるを得ないであろう。ただし、遺産分割未了という状態を税務署長に対して主張するには、相続税法55条所定の申告をしておかなければならなかったものであるから、結局、一般的には、同条所定の申告を欠くということで遺産分割未了という状態は主張できなくなると考えられる。

　仮に、どうしても遺産分割未了と認めて救済したいというのであれば、国税通則法23条2項所定の要件に加え、相続税法55条所定の申告をしなかったことにつきやむを得ない理由の吟味をすべきではないだろうか。遺産分割が未了であるとして相続税の申告がなされた場合には、後日の遺産分割に合わせて、相続税法特有の更正の請求（同法32条）が認められている。このように遺産分割には特別な配慮がなされていることからすると、遺産分割が未了であったか否かが問題となるケースにおいて更正の請求の問題を国税通則法23条の解釈問題としてのみ解決しようとすること自体、相続人らが遺産の未分割状態と分割済み状態とを自在に行き来することによる弊害を防ぐことができなくなるからである。

　遺産分割協議が無効である場合、相続税法55条所定の申告をしなかったことにつきやむを得ない理由が認められなくなる場合としては、真実は未分割であることを当初から知っているのに無効な遺産分割協議に基づく申告をしてしまった上、相続税法32条による更正をしたなら生ずる他の相続人に対する税額の増加に見合った他の相続人に対する増額更正ができなくなる時間を経過した者など、実体的真実に即した課税ないし是正を妨げた場合が考えられる[18]。

---

(18)　したがって、平成18年法律第10号による改正後の相続税法32条、35条3項の適用のある相続の場合には、他の相続人に対する増額更正ができることから、相続税法55条所

わが国の相続税は遺産税ではなく、遺産取得税である以上むやみに分割前の遺産全体を基準として各相続人からの税収の合計額を問題とするべきではないが、だからといって、更正の期間制限を逆手に取るような納税者に対する課税関係を個別にみて他の相続人に対する是正可能性（更正）と関係なく更正の請求を許容するなら、相続一件ごとにみれば実体的真実から乖離した課税結果となるのである。逆に、他の相続人との交流がないなどの事情により、当初から遺産分割協議が無効であるとは全く分からない立場にあった共同相続人の場合は、同条所定の申告をしなかったことにつきやむを得ない理由があったと認められる余地も出てこよう。

したがって、同条所定の申告をしなかったことにつきやむを得ない理由が認められない場合は、真実、未分割の状態にあったとしても、未分割として増額更正又は減額更正を受けておいて後日有効な遺産分割協議をしたとして更に税額の是正を求めることが許されず、結局23条による更正の請求自体が許されない結果となる。その場合、無効な遺産分割協議を有効として申告してしまったことによる税額の誤りは是正されず、共同相続人間においては、不当利得返還請求による調整が試みられることになろうが、脱税工作遂行のためになされた納税の場合は不法原因給付としてこうした調整が不可能となることがあろう。これは、出捐行為自体が脱税工作そのものであるため、これを取り戻そうとしても法律上の救済が拒否されるものであって、やむを得ない結果である。

Ⅳ 関連する裁判例等

1 判決要件が争われた例

(1) 東京高裁平成10年判決のケース

これまで、23条2項の該当性が争われた事案として、東京高裁平成10年判決が存在し、これは、租税を免れる目的で納税者が馴れ合いで得た判決は、同法23条2項1号にいう「判決」には含まれないとするもの[19]、また、客観的合理的根拠に欠ける判決は「判決」に含まれないとするもの[20]等と評価される

　定の申告をしなかったことにつきやむを得ない理由が認められないとまではいえないと思われる。
(19) 金子宏「租税法」（第11版2006年成文堂）677頁
(20) 神山弘行「虚偽の遺産分割協議の無効確認判決と後発的理由による更正の請求」

(2) 最高裁平成15年判決と東京高裁平成10年判決との事案の違い

　最高裁平成15年判決は、形式的には確定判決を得ていた場合において、判決を後発的理由とした更正の請求が許される要件を厳しく設定して消極的な処理をしたという意味では東京高裁平成10年判決と同様の方向性を有する。しかし、最高裁平成15年判決のケースは、判決は真実に合致したものである。すなわち、申告が不正で、判決が真実を反映しているという点で「馴れ合い」による東京高裁平成10年判決の場合とは正反対の状況にある事案ともいえる。

　このような両判決の違いは、これまでにも多くの解説や研究で指摘されてきた。すなわち、遺産分割協議無効確認判決は「馴れ合い」ではなく、真実遺産分割協議が通謀虚偽表示であったことを反映したものとして、形式的には同条2項の「判決」に該当するとみることができるケース[21]である点が、前記の「馴れ合いで得た判決」のケースとは異なり、これまで、こうした違いは、納税義務者が自ら真実とは異なる虚偽の事実を作出しこれに基づいて申告を行った後に、上記事実が真実とは異なることを確定する判決等を得た場合、あるいは納税義務者が申告後に申告の基礎とした事実とは異なる虚偽の事実を自ら作出したうえで、申告の基礎とした事実が真実とは異なることを確定する判決等を得た場合というように区別され[22]、また、「馴れ合い」判決や和解が問題となったいずれの事件についても、問題となっている判決や和解により確定された権利関係と、真実の権利関係とが食い違っているから、実体的真実主義によれば、「馴れ合い」判決や和解が同号にいう「判決」に含まれないとした東京高裁平成10年判決等の判決は当たり前のことを判示していると言えるが、最高裁平成15年のケースでは遺産分割協議の無効確認判決は真実の課税要件事実を反

　　ジュリ1266号209頁。同研究は、判決の「客観的・合理的根拠」を「真正判決要件」（第1のハードル）と名づけ、さらに、東京高裁平成10年判決の第一審である横浜地判平成9・11・19訟務月報45巻4号789頁につき「納税者が申告時に、課税標準・税額等の基礎に変更を生じる事由を予想し得、同条1項の期間内に更正の請求をすることが可能であった場合には、同条2項の適用は許されないと述べて『善意無過失要件』（第2のハードル）を課しているように解される」旨論ずる。

(21) 遺産分割協議が通謀虚偽表示によって無効であっただけなのか、それとも、仮装の遺産分割協議の裏に真実の遺産分割協議が隠されているのかという事実認定上の問題があるかもしれないが、本稿では事実認定については論じない。

(22) 判時1822号52頁の解説による。

映しているから「馴れ合い」判決や「客観的・合理的根拠」を欠く判決の問題はそもそも問題とならないことはいうまでもないという分析も行われている[23]。

2 評釈等（最高裁平成15年判決の分析論）
(1) 「判決録」判例時報1822号51頁

最高裁の上記判断については、同法2項の後発的理由による更正の請求制度が、納税義務者が同条1項所定の期間内に更正の請求をしなかったのもやむを得ないと考えられる特段の事情がある場合には、期間経過後であっても更正の請求を認めて納税義務者の権利救済の途を拡充しようとした制度であることにかんがみると、納税義務者が自ら真実とは異なる虚偽の事実を作出し、これに基づいて申告を行った場合には、同項所定の期間内に更正の請求をしなかったことにつきやむを得ない理由があるとはいえないから、後発的理由による更正の請求をすることは許されないと解するのが相当であるという見地から、原審の判断を是認したものである旨解説されている[24]。

そして、「やむを得ない理由」の解釈から最高裁平成15年判決の射程を念頭において理解すれば、納税者の保護と悪質な納税者の排除の調和を図ることができるとして評価する研究も存在する[25]。

(2) 租税法律主義の見地等からの批判

同法2項が租税実体法的機能を有するという理解を前提とする立場から[26]、最高裁平成15年判決が明文にない「やむを得ない理由」の要件を立てたことに対し、明文の根拠のない曖昧な要件を追加要求するものであって租税法律主義

---

(23) 高橋祐介「判例研究（相続税申告の基礎となった遺産分割協議が通謀虚偽表示により無効であることを確認する判決が確定した場合、国税通則法23条2項1号による公正の請求ができないとされた事例）」税法学550号143ないし144頁。
(24) 判時1822号52頁。
(25) 神山判例研究
(26) 前掲高橋論文138頁。事業所得及び法人税において1年目の資産売却により得た代金を受け取り収入金額を生み出したものの2年目にその売買の無効の判決を受け、代金を払い戻した場合、2年目の返金は必要経費や損失を計上する形で納税者が救済されているが、雑所得などの損失の控除が制限されている所得種類については更正の請求が損失控除の拡大規定、つまり課税要件規定として機能しているというように、後発的事由による更正の請求を踏まえた上で所得税の解釈が行われているから、租税実体法的機能を有するという。

の見地からすると妥当ではない(27)とする研究も存する。控訴審の福岡高裁判決が要求した「申告時、納税者が基礎事実と異なることを知らなかったこと」についても、答申の当初の意図よりも厳格に過ぎ、また、実体的真実主義と租税法律関係の早期安定を調整する後発的事由による更正の請求の制度趣旨からすると妥当ではない(28)として、両判決の立場が批判されている(29)。

しかし、不正行為の当事者には救済制度を利用することが許されないとすることについては、立法論としては、公序理論等が濫用されないように、税法に個別の規定を置くことが望ましい旨指摘されている(30)。

(3) 「確定」という要件の該当性の問題として考察する説

岡村教授は、更正の請求制度が租税法律関係の実体的真実主義を制約する結果となっていることを分析し、平成15年判決が同項1号の「判決」要件を狭くしようというものではなく、「判決」に絞りをかけた前記東京高判平成10年7月15日のいわゆる「馴れ合い」判決のケースとはアプローチが異なることを示し、国税通則法23条全体に「やむを得ない理由がある」という黙示の要件をかけたものという分析をし、こうした要件を全体にかける必要がないこと等を指摘し、解釈論としては「確定」の要件の該当性の判断によるべき旨論じた。

V 判決の分析と解釈論の提案

1 留意したい点

熊本地裁判決によれば、通謀虚偽表示による真実存在しない遺産分割を前提

---

(27) 山田二郎・税務事例10巻1号28頁は、仙台地判昭和51・10・18訟務月報22巻12号2870頁につき、こうした要件を求めることを批判する。

(28) 高橋論文139頁。こうした主観的要件を要求すると、納税者が取引の相手方の帰責事由による無効原因を通常の更正の請求の期間内である取引直後に把握して訴訟を起こしたものの申告は当該取引を有効として行った場合には、後発的事由による更正の請求が認められないのに、通常の更正の請求の期間を長期間過ぎてから無効原因を把握して訴訟を起こした場合には認められるという結果となる旨指摘している。

(29) 通常の更正の請求の期間内に同項列挙事由が生じたとして1項の通常の更正の請求をするための要件としてはいわゆる制限説(東京高判昭和61・7・3訟務月報33巻4号など)が実務における多数説である。これを前提とすればそもそもXは通謀虚偽表示による遺産分割協議をしたときから更正の請求ができない立場にあったとする高橋論文145ページ、また、渡辺前掲論文147頁。

(30) 渡辺前掲論文

としてなされた課税の結果について、更正の請求をした納税者の分に限ったことではあるが確かに是正することができる。しかし、他の相続人に対する是正ができない状況下において不正を主導した者に救済制度の利用を許すという同判決の結果に対しては、果たして法定の救済手段である更正の請求制度の趣旨に合致した解釈といえるかという疑問はある。

　熊本地裁判決は、納税者の帰責事由は客観的かつ合理的な判決の「判決」の要件該当性を左右しない、また、これを考慮すれば税務署長に不明確な裁量権を与えることになるという一見もっともな理由を述べるが、後発的理由による更正の請求制度が23条1項所定の期間内に更正の請求をしなかったことにつき正当な理由がある場合の是正手段であったという趣旨及び目的を有していたことからかけ離れた運用を招く判断といわざるを得ない。こうして未分割状態への復帰を許容した結果は(31)、一見、租税法律関係の実体的真実に合致したように見えるが、更正の期間制限によって他の相続人（配偶者特別控除を受けないこととなった配偶者）に対する増額更正がもはや不可能となっていた時点における解決方法として実体的真実に近づいたといえるかという疑問が生じる。その上、租税法分野において信義則の適用や権利濫用が論ぜられる状況下において、更正の請求の局面で敢えて税務署長には帰責事由存否の判断を許さないこととした実質的根拠が示されてはいない。

　そこで、熊本地裁判決のような制度の趣旨及び目的から乖離した判断を受け入れるべきではなく、制度の趣旨及び目的によりふさわしい解決方法を考察するべきであるが、福岡高裁判決及び最高裁平成15年判決は、不正な遺産分割による課税結果の是正よりも熊本地裁判決に対する疑問の解決を優先したものと思われる。実体的真実（不正な遺産分割による結果の是正）を犠牲にしてまで更正の請求制度の趣旨を重視する以上、両判決が立てた明文にない要件の要否並びに必要とした場合の内容及び位置づけを合理的に説明する必要があろう。

　ただし、税務署長が帰責事由を判断して更正の請求を受け入れるか否かを決することとすることに対しては、あいまいな要件であるという批判がある。やむを得ない理由又は正当理由を要件とすることに対しても同様の批判がなされ

---

(31) また、これが相続税事案であって、前記のとおり、相続税法55条の申告によることなく未分割状態を税務署長に主張する結果となることの弊害を考慮していないという問題もある。

るであろう。

　これらの規範的要件を用いるならば、その要件定立の指向を明示し、要件該当性判断内容をできる限り明瞭にしておく必要がある。

　また、明文にない帰責事由などを要件に取り込む場合、その要件を必要とする根拠を示さない限り、その具体的内容すなわち何を評価根拠として充足の判断をするべきであるかも示すことができないため、租税法律主義違反の疑いが生ずる。

　ただし、信義則や権利濫用を根拠とするなら、柔軟である反面、適用対象ないし妥当範囲を示す工夫が必要である。

　したがって、できる限り、直接明文で具体的に与えられている規範を解釈することによって新たな要件の要否及び内容を検討するべきであり、更正の請求制度の趣旨及び目的に合致した結論を模索するなら、まず、明文にない要件は判決による更正の請求制度を定める23条2項1号の解釈論として直接明文のどの要素をどういう方針で解釈したことによって導出されたのか、明らかにしなければならない。

　そして、結論としては、更正の請求制度が法的安定性を理由として実体的真実の実現をある程度制限したものと考えられるとしても、その制限が大きなものとならないよう留意しなければならない。

　さらに、定立した規範の妥当範囲には適切な応用可能性をもたせたい。

(1)　「確定」の要件の解釈論とする立場について

　そういう観点からは、「確定」の要件の解釈論として解決することは、遺産分割協議無効確認判決の場合には適切妥当な結論が得られたかもしれない。しかし、例えば、譲渡所得を生んだ売買契約につき更正の期限が過ぎた後に滞納処分を受けたため、これから逃れたくて更正の請求に及んだような場合には直接用いるのが困難ではなかろうか。

　むしろ、真実は無効な外形を敢えて維持して更正の期限を徒過させた者を適切に扱う規範を探求する方針を採り、相続財産が未分割となる点はクローズアップしない方向で解釈を検討してみたい。

(2)　「判決」に当たらないとする解釈の問題点

　Xが主導した通謀虚偽表示による遺産分割協議無効確認判決が「判決」に当たらないと解することによってXの更正の請求を許さないとして解決すること

は、同じ判決をもって通謀虚偽表示を主導したとはいえない共同相続人らが更正の請求をする手段を完全に奪いはしないだろうか。国税通則法23条1項の期間内に更正の請求をしなかったことにつき正当な理由があるか又はやむを得ない理由があるかという問題は、各人の具体的立場に依拠する個別的なことがらであるから、各人の具体的立場を考慮できる解釈論を採るべきである。

また、法23条2項1号が規定する「判決」を「やむを得ない理由がある判決」というように評価的要件として構成しなおすことは、判決概念の一般的なコンセンサスから逸脱する危険性があるし、この理解が規範的要件には弁論主義の適用がなくなるという立場と組み合わせられる場合には、更正の請求制度を利用する納税者に対する不意打ちにより、権利実現を事実上妨げる結果にもなりかねない。

(3) 最高裁は「自ら主導して通謀虚偽表示による申告をした者が遺産分割協議の無効確認判決を受けた」という状況を「判決」の該当性の問題としているだろうか

平成15年判決が「法23条1項所定の期間内に更正の請求をしなかったことにつきやむを得ない理由があるとはいえない」という記述をし、そういうものが同条2項1号の「判決」に当たらないとは述べなかったことからみると、最高裁が「1項所定の期間内に更正の請求をしなかったことにつきやむを得ない理由」を同項1号の判決要件の該当性そのものの問題としなければならないとまでは要求してはいないように思われる。

また、最高裁が、自ら主導して通謀虚偽表示による申告をしたものが遺産分割協議の無効確認判決を受けたという状況を同項1号の判決要件該当性の問題とみているとは思われない。なぜなら、仮にこれを判決要件の該当性の問題であるとしたものとみるならば、最高裁としては「判決」等に当たらなくても「法23条1項所定の期間内に更正の請求をしなかったことにつきやむを得ない理由がある」と言える場合については2項による更正の請求を許容するという前提を採っており、事例判断としてはXにはやむを得ない理由があるとはいえないから結論として更正の請求を認めなかったものであるとみることになってしまうからである。これでは「自らの主導の下に、通謀虚偽表示により本件遺産分割協議が成立した外形を作出し、これに基づいて本件申告を行った」という感心できない行為が、同条2項の更正の請求による救済の可能性を広げると

いう不合理な事態が前提とされてしまう。

2　1項と2項との関係から「やむを得ない理由」が導き出されること
(1)　「判決」要件及びそれによって備わる「やむを得ない理由」という評価
　23条2項各号の後発的理由は、前記のとおり、1項所定の期間内に権利の主張をすることができなかったことについて正当な理由があるとされる場合の類型であり、これらの場合に更正の請求が認められるのは、これらの場合には、類型的にみて、その実質に1項所定の期間内に権利の主張をすることができなかったことについて正当な理由がみられるからである。昭和43年7月税制調査会「税制簡素化についての第三次答申」においては「1項所定の期間内に権利の主張をすることができなかったことについて正当な理由」として記述されていたが、最高裁が「1項所定の期間内に更正の請求をしなかったことにつきやむを得ない理由」と述べるのと大きな差異はないと解される。いずれにせよ、類型としての判決要件を具備するということは、原則として、判決要件が本来備えるべき正当な理由ないしやむを得ない理由を具備するものとして扱うことができる。
　したがって、判決要件に該当する場合は、類型的に「やむを得ない理由」が存在するという構造になっており、2項の更正の請求は、こういう意味で直接明文の根拠はないものの、「1項所定の期間内に更正の請求をしなかったことにつきやむを得ない理由」を要件とすると解される。
(2)　2項各号該当性と、1項所定の期間内に更正の請求をしなかったやむを得ない理由との関係
　そして、同項各号所定の後発的理由に類型的に上記「やむを得ない理由」が備わっていることからは、同項各号に該当する事実が存在すれば「1項所定の期間内に更正の請求をしなかったことにつきやむを得ない理由」という評価がなされるべき状態にあることが、いわば推定される関係にあるものと解される。法が「甲事実（前提事実）があるときには権利又は法律効果乙があると推定する」旨定めているときは、これは「法律上の推定（権利の推定）」と呼ばれるが、同項各号所定の理由が前記のように1項所定の期間内に権利の主張をすることができなかったことについて正当な理由があるとされる場合の類型であることからは、この類型に該当する事実が前提事実であり、上記「やむを得ない理

由」という評価が推定されるということができるからである。

　こうして評価が推定される関係にあることから、通常は、23条2項各号所定の後発的理由が存在するという主張には上記「やむを得ない理由」という評価の主張も当然含まれているので、評価が推定される効果として、上記「やむを得ない理由」の評価根拠事実を別途主張立証する必要もなくなるのである。

　しかし、遺産分割協議がXの主導による通謀虚偽表示により当初から無効であったなら、申告時から無効を認識していたXとしては、1項所定の期間内（判決を受ける以前ということになり、更正の期間制限にも関わらない時期であるから、Xの通常の更正の請求を拒否する必要はない。）に遺産分割協議の無効を理由として、1項による更正の請求をすることができたはずである(32)。こうした事実関係は、推定された上記「やむを得ない理由」の評価障害事実となる。

(3) 評価障害事実として十分な具体的事実関係

　判決要件を具備していながら前記「やむを得ない理由」が認められないこととなる場合としては、最高裁が前提とした「自らの主導の下に、通謀虚偽表示により本件遺産分割協議が成立した外形を作出し、これに基づいて本件申告を行った」という事実関係全てが不可欠なのか、それとも、控訴審が示したような「納税者が申告時において、課税標準等の基礎となった事実と申告とが異なること」に対する認識で足りるのかが問題である。

　必ずしも「自らの主導の下に、通謀虚偽表示により本件遺産分割協議が成立した外形を作出し、これに基づいて本件申告を行った」とまではいえなくても、上記のような認識を有するのであれば、前記のとおり、申告時から無効を認識していたXとしては、1項所定の期間内に遺産分割協議が無効であったことを

---

(32) 被告は、Xには1項による更正の請求ができたことを指摘し、いわゆる「通常の更正の請求」により、申告を是正できる機会があったことを第一審において主張していた。被告は、同条2項は、「納税申告時には予想し得なかった事由が後発的に生じ、これにより課税標準等に変更を生じ、税額を減額すべき場合にも更正の請求を認めないとすると、帰責事由のない納税者に酷な結果が生じる場合等があると考えられることから、例外的に、一定の場合に更正の請求を認めて、保護されるべき納税者の救済の途を拡充した規定である。」というように、更正の請求の時期ではなく、その理由が後発的であることを中心として同項を理解しているから、おそらく制限説を採用したものと思われる。そのため、Xの採りうる是正手段として上記のとおり、本件申告の時点で無効を認識していた原告が1項によるいわゆる「通常の更正の請求」をするべきことをあげていたものであろう。

打ち明け、1項による更正の請求をすることができたはずであるから、上記のような認識は、上記「やむを得ない理由」という評価の推定を覆すのに十分である。したがって、上記のような認識の存在が認められた場合は、実は個別具体的には「1項による更正の請求をしなかったことにつきやむを得ない理由」がなかったというべきである。

したがって、「納税者が申告時において、課税標準等の基礎となった事実と申告とが異なること」に対する認識という評価障害事実が存する場合に敢えて同条2項による更正の請求をするには、「1項による更正の請求をしなかったことにつきやむを得ない理由」を別途根拠付ける評価根拠事実が必要となると解される。

3 立証責任
(1) 客観的立証責任

行政事件においても、抗告訴訟を中心として主張立証責任の所在が研究されてきた。更正すべき理由がない旨の通知処分取消請求では、税額が申告額を下回ることを基礎付ける事実の立証責任を更正の請求をした原告（X）が負うというのが実務における通常の扱いであるが、通知処分が正しいことすなわち更正の請求に理由がないことを基礎付ける事実を被告において主張立証すべきものとする説もある[33]。しかも、国税通則法23条1項による更正の請求をしなかったことにつきやむを得ない理由というのは、基礎事実齟齬の要件とは別個の税額の是正に至る経緯であるから、税務署長に同法23条4項や24条の調査義務があるからといって、課税要件等や税額等の基礎となる事実と同様の調査を求めることは適切とは思われない。さらに、やむを得ない理由のような規範的要件については、客観的立証責任や弁論主義が適用される範疇にはないのではないかという問題もある[34]。

したがって、本件においても客観的立証責任の問題は容易に回答が出せるこ

---

[33] 藤山雅行「行政事件と要件事実」、所収：伊藤滋夫他（編）「民事要件事実講座2」（青林書院2005年）320頁。
[34] 課税訴訟において、評価的要件に客観的立証責任の原則が機能しない場合につき、小柳誠「税務訴訟における立証責任―裁判例の検討を通して」税務大学校論叢50・339ページ以下

とがらではないので、判決要件とやむを得ない理由との関係については主観的立証責任についてのみ検討しておく。

(2) 法律上の権利推定と類似の構造

平成15年判決は、主張立証責任を明示的に説示していないが、上記「やむを得ない理由」があるとはいえないことを理由として更正の請求を許さなかったのであるから、上記「やむを得ない理由」があるならば同項による更正の請求が許容されたはずであるというすじ道を採るものとみることができる。

前記のとおり、判決要件と「1項による更正の請求をしなかったことについてやむを得ない理由」との関係は、判決要件に該当する事実を前提事実とし、上記「やむを得ない理由」という評価が推定されるという形の「法律上の推定（権利の推定）」に類似した構造を有する。更正の請求をする納税者としては、自己の更正の請求が適法になるための法律効果を生ずる事実を主張立証するべきであるから、請求原因として、2項各号所定の後発的理由、基礎事実齟齬の要件及び更正の請求が所定の期限内であることを充足する具体的事実を主張立証する必要があるが、同項各号所定の後発的理由に当たる事実の存在を証明すれば、それが上記「やむを得ない理由」を具備することについては評価が推定される。

評価的要件には客観的立証責任が観念できない、または、弁論主義の適用の範囲外にあり評価根拠事実及び評価障害事実について当事者が主張していない事実を裁判所が裁判資料とすることができるという見解が存在し、評価的要件の存在を認定するには経験則の体系化と同様の困難が伴うと思われる、。したがって、最高裁平成15年判決が求めた国税通則法「23条1項所定の期間内に更正の請求をしなかったことについてやむを得ない理由」という評価的要件の存否検討も、同様に、困難な問題を包含することになる。

こうした困難に対しては、権利の推定ないしそれに類似した、法律関係の存在の推定という考え方を用いることによって、少なくとも出発点とすべき前提事実を法が示している場合があるということを認識することができ、法23条2項1号の場合は、法23条1項所定の期間を経過した後に判決等が下されたという事実が、「23条1項所定の期間内に更正の請求をしなかったことについてやむを得ない理由」の存在を推定する関係にあるということができるのではなかろうか。

第1編　国内税法

　法律上の推定を争うには、前提事実の存否を不明にするか、権利発生原因の不存在または権利消滅事実の存在を証明することを要する。したがって、課税庁は、上記「やむを得ない事実」の評価根拠事実の不存在または評価障害事実の存在を証明することを要する。

　前記のとおり、申告時から遺産分割協議の無効を認識していたXとしては、1項所定の期間内に遺産分割協議が無効であったことを打ち明け、1項による更正の請求をすることができたはずであるから、上記のような認識は、上記「やむを得ない理由」という評価の推定を覆すのに十分な評価根拠事実であり、これが抗弁となる。

　(a)　評価根拠事実を証明できないとXは権利行使が許されない

　抗弁となる評価障害事実を前提にその事実と両立し評価障害事実が当該評価を妨げる効果を更に妨害する事実は、再抗弁に位置づける[35]のが相当と解される。

　そこで、納税者は、申告時から遺産分割協議が無効であったことを認識していたとしてもなおかつ、前記「やむを得ない理由」が認められるような評価根拠事実[36]を再抗弁として主張立証する必要がある。

　(b)　否　認　説

　ところで、前記「やむを得ない理由」を「自らの主導の下に、通謀虚偽表示により本件遺産分割協議が成立した外形を作出し、これに基づいて本件申告を行った」という事実の主張に伴って請求原因に位置づけるという考え方が提案されるかもしれない。

　判決を後発的理由とする更正の請求において、判決を証拠方法として提出することから、判決理由中に記載されたような評価障害事実を請求原因段階から露せざるをえないと考えるとすると、このように評価根拠事実を請求原因と

---

(35)　民事要件事実講座1総論I要件事実の基礎理論・難波孝一「5　規範的要件・評価的要件」2005年青林書院、222ページ

(36)　例えば、幼いころから他の共同相続人と別れて暮らし疎遠であった共同相続人のひとりが、遺産分割協議の通謀虚偽表示は自己が関与した部分にはなく、通謀の事情は知らないということで更正の請求をするのであれば、そうした状況が上記「やむを得ない事情」の評価根拠事実となる可能性があるのではなかろうか。この場合、たとえ遺産分割協議の通謀虚偽表示による無効確認判決であっても、23条2項1号の「判決」には該当するというべきである。

しなければ主張自体失当となるからである。そうすると、上記「やむを得ない理由」がないことが否認となる。

しかしながら、これは「自らの主導の下に、通謀虚偽表示により本件遺産分割協議が成立した外形を作出し、これに基づいて本件申告を行った」という事情のない一般的な同条2項1号該当による更正の請求と、こうした事情のある更正の請求とで請求原因が異なることになる。すなわち、①同項1号に該当するものの、②「自らの主導の下に、通謀虚偽表示により本件遺産分割協議が成立した外形を作出し、これに基づいて本件申告を行った」という事情があるため、③上記「やむを得ない理由」があることまで請求原因とせざるを得なくなってしまったという類型を観念することになり、同項1号にこのように一般的な類型とそうでない類型が含まれているというべきかどうかが疑問である。また、「自らの主導の下に、通謀虚偽表示により本件遺産分割協議が成立した外形を作出し、これに基づいて本件申告を行った」という事情ゆえにこれが新たな類型となって更正の請求の機会が広がったということとなり、到底合理的であるとは思われない。

(c) 実際の事案における攻撃防御方法の構造

平成15年判決のケースのように、判決理由中に、納税者が自らの主導の下に、通謀虚偽表示により本件遺産分割協議が成立した外形を作出した旨記載されている場合には、納税者としては、請求原因において、判決により課税標準等又は税額等の基礎となった事実が申告から変動したことを具体的事実として主張するなら、「自らの主導の下に、通謀虚偽表示により本件遺産分割協議が成立した外形を作出し、これに基づいて本件申告を行った」という経緯を主張に含めざるを得なかったのであろう。しかし、この現象をもって、自らの主導の下に、通謀虚偽表示により本件遺産分割協議が成立した外形を作出し、これに基づいて本件申告を行ったことが請求原因となったというべきではない。前記のとおり、この事実関係は、これによって新たに更正の請求の類型を増殖させるに値するようなものではないのである。

この場合も、本来、一般的な23条2項1号による更正の請求と同一の類型として、請求原因としては、判決要件（通謀虚偽表示だという経緯は請求原因としては不要）、基礎事実齟齬の要件（数額だけで足りる）及び所定の期限内に請求したことだけでよいはずである。個別具体的なケースにおいて訴状の請求原因

に「通謀虚偽表示による遺産分割協議の無効」と記載されていたとしても、それは証拠方法として判決書が用いられた関係上、抗弁に当たる事実関係が先行自白されたものであり、そうすると主張自体失当になってしまうものであるから、再抗弁である前記「やむを得ない理由」の評価根拠事実を請求原因に併せて主張する必要があったものである。

これは、仮に遺産分割協議の通謀虚偽表示の経過が記載されていない判決書でもって更正の請求がなされた場合の攻撃防御方法の配置を例にとれば明らかである。この場合には、納税者としてはわざわざ自己に不利な通謀虚偽表示主導の経緯などを訴状に記載するはずはなく、判決により基礎事実に齟齬が生じたことと期限内の請求であることを主張するに留めるであろうが、それでも同項1号による更正の請求の請求原因としては足りるはずである。そして、判決書に記載がなくても課税庁が事実調査によって通謀虚偽表示が納税者の主導の下に成立し、納税者がこれに基づいて本件申告を行ったという経緯を把握したなら抗弁として「納税者が申告時において、課税標準等の基礎となった事実と申告とが異なること」に対する認識を有したことを主張し、納税者の再抗弁が前記「やむを得ない理由」の評価根拠事実となるであろう。

Ⅵ 考察を終えて

平成15年判決は、あたかも新たな要件を付加したようにも見えるが、実は、本来隠れていた23条1項所定の期間内に更正の請求をしなかったことにつきやむを得ない理由が表れたものであったと考える。

租税法分野においては、要件事実論の研究は比較的進んでいるが、評価的要件が非常に多く、具体的事実の主張立証のあり方などについてはさらに広い範囲を対象とした分析研究をし、適切な主張立証と審理を目指す必要があると思われる。

⑨ 税務官庁の対応に起因する「正当な理由」と最近の最高裁判決の問題点

早稲田大学大学院客員教授（専任）・筑波大学名誉教授　品川芳宣

Ⅰ　はじめに
Ⅱ　加算税制度の趣旨（性質）
Ⅲ　「正当な理由」の意義とその事由
Ⅳ　税務官庁の対応と「正当な理由」
Ⅴ　税務官庁の対応に関する最高裁判決
Ⅵ　各最高裁判決による「正当な理由」の再検討
Ⅶ　むすびに

Ⅰ　はじめに

　最近、最高裁判所は、国税通則法65条4項に定める過少申告加算税の賦課が免除されることとなる「正当な理由」に関し、注目すべき判決を相次いで下している。それらは、いずれも税務官庁側の納税者に対する対応の不手際から納税者の過少申告を招いたものと認められる事案に関するものであるが、「正当な理由」に関してそれぞれ重要な判断を示している。しかし、それらの判断は、必ずしも斉合性があるものとも認められない。

　そのことは、国税庁が平成12年に各種加算税の取扱い[1]を公表して以来未だ数年しか経ていないこともあって、関係条項の解決が定まっていないこととも無縁ではないようである。また、最近の最高裁判決が、「正当な理由」の解釈、認定に明確な指針を与えたというよりも、むしろ当該解釈等に波瀾を起しているようにも考えられる。

　そこで、本稿では、加算税制度の趣旨を踏まえ、従前の「正当な理由」に関

（1）　国税庁（長官）は、平成12年7月3日付けで、ほぼ税目別に各種加算税、青色申告の承認の取消し等に関する取扱い通達を事務運営指針の形式で発出している（それらの内容と問題点については、品川芳宣「附帯税の事例研究　第三版」（財経詳報社）72頁、163頁、228頁、278頁等参照。

する解釈論を整理し、それらと本稿で取り上げる各最高裁判決との関係を検討し、主として、税務官庁の納税者に対する対応の不手際に起因する「正当な理由」の解釈・認定のあり方を論じることとする。

II 加算税制度の趣旨（性質）

1 租税の性質と制裁措置

　租税とは、「国家が、特別の給付に対する反対給付としてではなく、公共サービスを提供するための資金を調達する目的で、法律の定めに基づいて私人に課する金銭給付である」[2]と解される。かくして、租税は、国民の富の一部を強制的に国家の手に移す手段であるから、国民の財産権の侵害という一方的・権力的課徴金の性質を有し、また、特別の給付に対する反対給付を伴わない非対価性という性質を有する。

　そのため、租税の運用に当たっては、一方では、国民の権利保護と経済取引の予測可能性と法的安定性を与えるために、租税の賦課・徴収は必ず法律の根拠に基づいて行わなければならないという租税法律主義の要請があり、他方では、国の賦課・徴収を確実にするために、不誠実な納税者に対して何らかの制裁措置も必要とされる[3]。

　この制裁措置については、逋脱犯に代表される刑事制裁（刑事罰）と行政制裁（行政罰）に区分される。このうち、刑事制裁については、国家の租税債権を直接侵害する脱税犯（逋脱犯）と、国家の租税確定権及び徴収権の正常な行使を阻害する危険があるために可罰的であるとされる租税危害犯に大別される。また、行政制裁については、納税申告において不誠実な納税者を制裁するための加算税制度と租税の納付遅滞を正すための延滞税制度に大別される。その中でも、我が国の租税の確定手続が基本的に申告納税方式を採用していることもあって、加算税制度が一層重視されている。

2 加算税の性質

　加算税には、納税申告（納付）の不誠実な態様に応じて、過少申告加算税、無申告加算税及び不納付加算税の3種類があり（通法65～67）、それらの不誠実

　（2）　金子宏「租税法　第11版」（弘文堂）9頁等参照
　（3）　品川芳宣「税法上の行政制裁の論点」税51巻12号18頁参照

な申告等に不正行為（隠ぺい・仮装）が伴った場合には、前記各加算税に代えて重加算税が課される（通法68）。

この重加算税は、その負担が重く、かつ、その賦課要件と逋脱犯の構成要件が類似していることもあって、逋脱犯との関係（二重処罰性）が問題視される。この点、昭和36年の「国税通則法の制定に関する答申の説明」では、次のように述べている[4]。

「重加算税の性質について、それが税として課されるところから形式的には申告秩序維持のためのいわゆる行政罰であるといえようが、その課税要件や負担の重さからみて、実質的に刑事罰的色彩が強く、罰則との関係上二重処罰の疑いがあるのではないかという意見がある。

前記一・1にみたように重加算税は、詐欺行為があった場合にその全部について刑事訴追をすることが実際問題として困難であり、また必ずしも適当でないところから課されるものであることは否定できない。

しかし、そのことから同一事件に対し懲役又は罰金のような刑事罰とを併科することを許さない趣旨であるということはできないであろう。

むしろ、重加算税は、このような場合において、納税義務の違反者に対してこれを課すことにより納税義務違反の発生を防止し、もって納税の実をあげようとする行政上の措置にとどまると考えるべきであろう。したがって、重加算税は、制裁的意義を有することは否定できないが、そもそも納税義務違反者の行為を犯罪とし、その不正行為の反社会性ないしは反道徳性に着目して、これに対する制裁として科される刑事罰とは、明白に区別すべきであると考えられる。

このように考えれば、重加算税を課すとともに刑事罰に処しても、二重処罰と観念すべきではないと考える。」

このように、重加算税制度が刑事罰（逋脱犯）と二重処罰に当たらないとする考え方は、最高裁判所において支持されており[5]、かつ、申告秩序維持のための行政制裁であることについては、各種加算税に共通しているものと解さ

（4）　同説明第6章第2節二・三・三。
（5）　国税通則法制定前のものとして、最高裁昭和33年4月30日大法廷判決（民集12巻6号938頁）、同法制定後のものとして、最高裁昭和45年9月11日第二小法廷判決（刑集24巻10号1333頁）等参照。

れてきた[6]。そのため、後述する最高裁平成18年4月20日第一小法廷判決（民集60巻4号1611頁）も、次のように判示している。

「過少申告加算税は、過少申告による納税義務違反の事実があれば、原則としてその違反者に対して課されるものであり、これによって、当初から適法に申告し納税した納税者との間の客観的不公平の実質的な是正を図るとともに、過少申告による納税義務違反の発生を防止し、適正な申告納税の実現を図り、もって納税の実を挙げようとする行政上の措置であり、主観的責任の追及という意味での制裁的な要素は重加算税に比して少ないものである。」

かくして、過少申告加算税の賦課とその賦課を免除することとなる「正当な理由」の存否については、このような加算税制度の趣旨（性質）に照らして、関係規定の解釈を要することになる。

Ⅲ 「正当な理由」の意義とその事由

1 従前の裁判例

国税通則法65条4項は、同条1項及び2項の規定によって過少申告加算税の賦課要件を充足する場合であっても、「納付すべき税額の計算の基礎となった事実のうちにその修正申告又は更正前の税額（還付金の額に相当する税額を含む。）の計算の基礎とされていなかったことについて正当な理由があると認められるものがある場合」には、その正当な理由が認められる事実に基づく税額相当額に対応する過少申告加算税を免除すると定めている。

この場合の「正当な理由」の意義については、従前、国税庁の取扱いも明らかにされていなかったので、多くの争訟事件において検討されてきたところである。その代表的な裁判例である東京高裁昭和51年5月24日判決（税務訴訟資料88号841頁）は、次のように判示している。

「右にいう「正当な理由がある場合」とは、例えば、税法の解釈に関して申告当時に公表されていた見解がその後改変されたことに伴い修正申告し、また更正を受けた場合あるいは災害または盗難等に関し申告当時損失とすることを相当としたものがその後予測しなかった保険金等の支払いを受けあるいは盗難品の返還を受けたため修正申告し、また更正を受けた場合等申告当時適法とみ

---

[6] 神戸地裁昭和58年8月29日判決（税務訴訟資料133号521頁）、神戸地裁平成5年3月29日判決（同194号1112頁）等参照。

られた申告がその後の事情の変更により納税者の故意過失に基づかずして当該申告額が過少となった場合の如く、当該申告が真にやむをえない理由によるものであり、かかる納税者に過少申告加算税を賦課することが不当もしくは酷になる場合を指称するものであって、納税者の税法の不知もしくは誤解に基づく場合は、これに当たらないというべきである。」

かくして、前掲東京高裁判決の考え方は、その後の裁判例[7]にも引き継がれることとなった。

2 通達の取扱い

前述のように、「正当な理由」の意義については、主として、裁判例の中で明らかにされてきた。しかし、課税庁側における加算税の取扱いが明らかにされるべきである旨の納税者側の要請が強いこともあって[8]、国税庁は、平成12年7月、各種加算税の取扱いを明らかにした。

その通達の一つである「申告所得税の過少申告加算税及び無申告加算税の取扱いについて」(事務運営指針、課所4-16ほか、以下「過少申告加算税通達」という。)は、「正当な理由」の意義について、次のように定めている[9]。

① 税法の解釈に関し、申告書提出後新たに法令解釈が明確化されたため、その法令解釈と納税者の解釈とが異なることとなった場合において、その納税者の解釈について相当の理由があると認められること。
　(注) 税法の不知若しくは誤解又は事実誤認に基づくものはこれに当たらない。
② 所得税の確定申告書に記載された税額につき、国税通則法24条の規定に

---

(7) 神戸地裁昭和58年8月9日判決（税務訴訟資料133号521頁）、浦和地裁昭和63年12月19日判決（同166号932頁）、東京高裁平成元年11月30日判決（同174号807頁）、大阪高裁平成2年2月28日判決（同175号976頁）、名古屋高裁平成4年4月30日判決（同189号428頁）、東京地裁平成6年1月28日判決（同200号430頁）、千葉地裁平成6年5月30日判決（同201号375頁）、東京地裁平成7年3月28日判決（同208号1015頁）、東京高裁平成7年11月27日判決（同214号504頁）、大阪高裁平成10年4月14日判決（同231号545頁）、大分地裁平成10年12月22日判決（同239号618頁）、東京地裁平成12年4月25日判決（同247号486頁）等参照。
(8) 例えば、日本税理士会連合会税制審議会（会長金子宏）は、平成12年2月14日付の答申で、国税庁が重加算税等の加算税の取扱いを公表する必要性を指摘している。
(9) 前出注(1)書73頁等参照

よる減額更正（更正の請求に基づいてされたものを除く）があった場合において、その後修正申告又は国税通則法26条の規定による再更正による税額が申告税額に達しないこと。
　（注）　当該修正申告又は再更正による税額が申告税額を超えた場合であっても、当該修正申告又は再更正により納付することとなる税額のうち申告税額に達するまでの税額は、この②の事実に基づくものと同様に取り扱う。
③　法定申告期限の経過の時以後に生じた事情により青色申告の承認が取り消されたことで、青色事業専従者給与、青色申告特別控除などが認められないこととなったこと。
④　確定申告の納税相談等において、納税者から十分な資料等があったにもかかわらず、税務職員等が納税者に対して誤った指導を行い、納税者がその指導に従ったことにより過少申告となった場合で、かつ、納税者がその指導を信じたことについてやむを得ないと認められる事情があること。

3　「正当な理由」が生じる事由

　以上のような従前の裁判例や過少申告加算税通達の取扱いに照らすと、「正当な理由」の意義については、究極的には、当該過少申告等が、「真にやむをえない理由によるものであり、かかる納税者に過少申告加算税等を賦課することが不当若しくは酷になる場合を指称するものであって、納税者の税法の不知若しくは誤解に基づく場合は、これに当たらない」と解されることになる。
　かくして、このような「正当な理由」がいかなる事由から生じるかが、実務上問題となる。そこで、課税の実務に照らし、そのような事由を区分すると、次のようになる(10)。もっとも、これらの事由は、単独で生じるというよりも、複合的にかつ相互に関連しているので、留意する必要がある。
　①　税法解釈の疑義に関するもの
　一般に、税法の解釈は極めて難解なものとされているが、税法が広範でかつ流動的な経済取引をその規制対象とし、全納税者の課税の公平を図ろうとしているため、その条文数も多く、その法律構造も複雑で、法令改正の機会も多く、

---

(10)　前出注（1）書86頁以下参照

かつ、多大な税務通達によって運営されているので、その難解さが宿命的となっている。そのため、税法解釈について納税者の誤解が生じることも多く、その誤解が真にやむを得ないものか否かをめぐって、「正当な理由」の存否が争われることになる。

② 事実関係の不知・誤認に関するもの

税法の解釈・適用においては、経済取引等の事実関係が前提となるので、納税者がその事実関係を誤認したり不知の場合には、必然的に過少申告等が生じる。この場合に、その実態いかんによって当該納税者にとって真にやむを得ない事情が存するかが問題となる。

③ 税務官庁の対応に関するもの

①及び②で述べたように、申告納税制度の下では、過少申告等は、第一次的には、納税者側の対応によって生じ、そこに、納税者側に真にやむを得ない事情の存否が問題となる。しかし、税法が難解であること等もあって、現実の申告・納税は、納税相談等にみられるように、納税者と税務官庁の相互作用によって行われることが多い。その場合に、税務官庁側の対応の不手際によって、過少申告等が生じることがある。つまり、税務官庁側の対応の不手際が「税法の不知若しくは誤解」に加担した場合に、「正当な理由」の存否が問題となる。

Ⅳ 税務官庁の対応と「正当な理由」

1 信義則等との関係

前述のように、「正当な理由」のなる事由の一つとして、税務官庁の対応の不手際があげられる。この場合、「税法の不知若しくは誤解」が納税者側の過失ではなく、税官庁側の対応に起因していること、すなわち、税務官庁側の対応が納税者の「税法の誤解」に加担している場合には、信義則の適用を含む種々の法解釈問題が生じる。

すなわち、税法の解釈適用又は納税申告においては、税法それ自体が難解であることと税務官庁側の解釈に逆らった納税申告を行うと、行政制裁を伴う追徴課税（本税のほか、加算税及び延滞税）を受けることになるので、納税者としては、税務官庁の見解を予め承知して置くことが極めて重要である。そのため、実務では、納税相談、個別意見照会、取扱い通達の確認、当局担当者の解説書等が、多く活用されることになる。そして、その過程において、税務官庁の対

応いかんによって、納税者側に税法の解釈適用について誤解が生じ、過少申告等という結果をもたらすこともあり得る。

このような過少申告等が生じてその是正が求められる場合には、まず、税務官庁側に対する信義則の適用問題が生じる[11]。しかし、この信義則の適用は、租税法律主義（合法性の原則）が要請される租税法律関係において自ずから制限されることになるが、同様な税務官庁側の不適切な対応が過少申告等についての「正当な理由」として容認されることが考えられる。しかも、「正当な理由」についての解釈と事実認定は、国税通則法上の解釈適用に関わる事柄であるので、税法の明文規定を超えて適用される信義則よりも一層弾力的に扱われるべきこととなる[12]。

なお、税務通達の運用について違法性（不当性）が争われる場合には、信義則の適用問題のほか、平等原則又は公平負担の原則、行政先例法、適正手続の原則等との関係が問題となる[13]。

2 「正当な理由」が生じる事由

税務官庁側の対応の不手際等が原因となって過少申告等が生じた場合には、当然のことながら、「正当な理由」の存否が問題となる。

その場合の「正当な理由」が生じる具体的事由としては、納税相談等における税務職員の誤指導、納税者の事前照会に対する税務官庁の不作為、税務官庁の税法解釈の不当な変更、公刊物における担当職員の見解に対する課税処分等が挙げられる。

これらの事由のうち、税務職員の誤指導については、前記の過少申告加算税通達においても、「正当な理由」の一つとして掲げられているので、当該誤指導の事実が認められれば、加算税の賦課決定が取り消されることになろう。もっとも、納税相談等においては、納税者と税務官庁担当者との間に意思疎通を欠く場合もあるので、「誤指導」の存否それ自体が当事者間で争われる場合

---

(11) 租税法における信義則の適用は、租税法律主義（合法性の原則）の要請があるので極めて制限されることになるので、その適用要件が重要である。適用要件については、最高裁昭和62年10月30日第三小法廷判決（訴訟月報34巻4号853頁）、品川芳宣「税法における信義則の適用について」税務大学校論叢8号1頁等参照
(12) 信義則の適用と「正当な理由」の関係については、前出注（1）書107頁参照
(13) 詳細については、品川芳宣「租税法律主義と税務通達」（ぎょうせい）145頁参照

9　税務官庁の対応に起因する「正当な理由」と最近の最高裁判決の問題点〔品川芳宣〕

が多い(14)。

　また、税務官庁の不作為に関しては、例えば、名古屋地裁昭和37年12月8日判決（行裁例集13巻12号2229頁）では、税務官庁が株主優待金の損金算入の可否を長らく確定させなかったことを「正当な理由」として認定する一つの根拠としており、昭和57年2月17日裁決（裁決事例集23号7頁）では、他の同様な事案において登録免許税の損金算入が黙認されていたので、その旨申告したことについて「正当な理由」があるとされている。そのほかの事案においては、納税者の「正当な理由」の主張が否定される場合が多い(15)。

　次に、税法の解釈に関して申告当時に公表されていた税務官庁の見解がその後変更されたため、修正申告等を余儀無くされた場合が正当な理由に当たることは、前掲東京高裁昭和51年5月24日判決等多くの判決が容認するところである。後述するストックオプションの権利行使益に係る所得区分の取扱も、一時所得から給与所得へ変更されているので、平成10年分所得税までは過少申告加算税は賦課されていない。そして平成11年分以降についても、後掲の最高裁平成18年10月24日第三小法廷判決等は、「不当な理由」を容認している。

　また、実務上、このような課税問題が直接生じることは稀であろうが、それに類似する事例が生じることがある。例えば、名古屋地裁昭和37年12月8日判決（行裁例集13巻12号2229頁）では、株主優待金の損金性について国税庁の取扱いが不明確であったところ、昭和28年3月にその損金性を否定する取扱いが明らかにされたが、昭和28年5月期分法人税について株主優待金を損金算入して過少申告したことについて「正当な理由」を容認している。

　なお、大阪地裁昭和45年5月12日判決（税務訴訟資料59号831頁）では、ゴルフボールの加工行為につき、それが「製造」に当たるとして通達の取扱いを改正し、改正された通達を遡及適用して物品税を課税したことが公平負担の原則に反するとして、本税の課税処分それ自体が取り消されている。

---

(14)　誤指導の存否が争われた事例としては、札幌地裁昭和50年6月24日判決（税務訴訟資料82号238頁）、札幌高裁昭和51年10月19日判決（同90号227頁）、東京地裁昭和54年12月12日判決（同109号689頁）、名古屋地裁昭和55年3月24日判決（同110号666頁）、岡山地裁平成8年9月17日判決（同220号761頁）等参照。

(15)　大阪地裁昭和63年11月29日判決（税務訴訟資料166号530頁）、東京地裁平成6年1月28日判決（同200号430頁）、京都地裁昭和39年4月21日判決（行裁例集15巻4号571頁）等参照。

第1編　国内税法

　いずれにしても、税務官庁における課税上の取扱いの変更はまま存することであるが、その変更後の課税処理のあり方（納税者に対する周知等）が問題となる。

　また、納税者は、税法が極めて難解であるため、納税申告等において多くの解説書に依存することが多い。この場合、その解説書が国税庁（国税局）の担当者によって執筆されている場合（かつては、執筆者の上司等の監修等によることが多かった。）には、それらの担当者が直接取扱い通達の作成等に携わっていることもあって、納税者がその内容を一層信頼することになる。また、そのことが、当該解説書のセールスポイントとなっていた。かくして、このような解説書を信頼して過少申告等をした場合、信義則の適用の有無と「正当な理由」の存否が問題となる。この問題については、後述する最高裁判決等において詳しく検討する。

V　税務官庁の対応に関する最高裁判決

1　題材とする最高裁判決

　前述したように、納税者の過少申告等は、それが納税者側の事情によって生じるばかりではなく、税務官庁の対応の不手際が納税者に対して税法の誤解を与えることによっても生じることがある。しかも、最近のように、経済取引の複雑化等に対応して租税法の法律構造も複雑化し、かつ、その解釈が極めて難解になってくると、本来、納税者の自主的判断で済むはずの納税申告も、税務官庁側の介入を不可欠にしている。

　その税務官庁側の介入又は対応が不適切であると、租税法の解釈について納税者に誤解を与え、過少申告等を招来することになる。また、このような問題は、最近、特に、増加しているようである。そのため、当該過少申告等をめぐって、「正当な理由」の存否が争われるケースも増加することになる。

　そこで、本稿では、税務官庁側の対応の不手際から「正当な理由」が争われた事例の中で、最近、最高裁判所まで争われた次の3例を題材にして、それらの問題点を検討することとする。

　①　平和事件（最高裁平成16年7月20日第三小法廷判決（平成11年（行ヒ）第169号））

　②　ストック・オプション事件（最高裁平成18年10月24日第三小法廷判決（平

9　税務官庁の対応に起因する「正当な理由」と最近の最高裁判決の問題点〔品川芳宣〕

成16年（行ヒ）第317号）等）

③　松尾（M）事件（平成18年4月25日第三小法廷判決（平成16年（行ヒ）第86号）（判例時報1939号17頁）等）

2　平和事件

(1)　事案の概要

この事件では、パチンコ器メーカーの会社経営者が自己の経営する同族会社に対して多額な無利息貸付をし、所得税法157条の適用により受取利息の認定課税を受けた場合に、当時の国税当局の担当者の解説書によると個人が法人に対して無利息貸付した場合には課税関係（所得税及び法人税）が生じない旨説明されていたため、信義則の適用の有無及び「正当な理由」の存否が争われた。一審の東京地裁平成9年4月25日判決（税務訴訟資料223号500頁）は、かかる場合には公的見解の表示があったものと認められないから、信義則の適用も認められないし、かつ、「正当な理由」の存在は認められない旨判示した。

これに対し、控訴審の東京高裁平成11年5月31日判決（税務訴訟資料243号127頁）は、信義則の適用は認められないものの、次のとおり判示し、その解説書が税務当局の業務ないし編者等の職務関連性からみて、その内容を信頼することに無理からぬものが認められるから、「正当な理由」は認め得ると判示している。

「本件解説書は、正確にいえば私的な著作物であり、個人から法人に対する無利息貸付について本件規定の適用が一切ないことを保証する趣旨までは記載されていないが、各巻頭の「推薦のことば」、「監修のことば」等において、東京国税局税務相談室その他の税務当局に寄せられた相談事例及び職務の執行の際に生じた疑義について回答と解説を示す形式がとられていることが記載されており、税務当局の業務ないし編者等の税務当局勤務者の職務との密接な関連性を窺わせるものである。したがって、税務関係者がその編者等や発行者から判断して、その記載内容が税務当局の見解を反映したものと認識し、すなわち、税務当局が個人から法人に対する無利息貸付については課税しないとの見解であると解することは無理からぬところである。」

この事案は、「平和事件」と称せられるものであり、課税当局担当者の解説の法的性格が問題となったものであるが、一審判決と控訴審判決が判断を異に

第1編　国内税法

したため、上告審の判断が注目されていた。

(2) 最高裁判決要旨

「このような規定（筆者注：所得税法157条）の趣旨、内容からすれば、株主又は社員から同族会社に対する金銭の無利息貸付けに本件規定の適用があるかどうかについては、当該貸付けの目的、金額、期間等の融資条件、無利息としたことの理由等を踏まえた個別、具体的な事案に即した検討を要するものというべきである。そして、前記事実関係等によれば、本件貸付けは、3455億円を超える多額の金員を無利息、無期限、無担保で貸し付けるものであり、被上告人がその経営責任を果たすためにこれを実行したなどの事情も認め難いのであるから、不合理、不自然な経済的活動であるというほかはないのであって、税務に携わる者としては、本件規定の適用の有無については、上記の見地を踏まえた十分な検討をすべきであったといわなければならない。

他方、本件各解説書は、その体裁等からすれば、税務に携わる者においてその記述に税務当局の見解が反映されていると受け取られても仕方がない面がある。しかしながら、その内容は、代表者個人から会社に対する運転資金の無利息貸付け一般について別段の定めのあるものを除くという留保を付した上で、又は業績悪化のため資金繰りに窮した会社のために代表者個人が運転資金500万円を無利息で貸し付けたという設例について、いずれも、代表者個人に所得税法36条1項にいう収入すべき金額がない旨を解説するものであって、代表者の経営責任の観点から当該無利息貸付けに社会的、経済的に相当な理由があることを前提とする記述であるということができるから、不合理、不自然な経済的活動として本件規定の適用が肯定される本件貸付けとは事案を異にするというべきである。そして、当時の裁判例等に照らせば、被上告人の顧問税理士等の税務担当者においても、本件貸付けに本件規定が適用される可能性があることを疑ってしかるべきであったということができる。

そうすると、前記利息相当分が更正前の税額の計算の基礎とされていなかったことについて国税通則法65条4項にいう正当な理由があったとは認めることができない。」

(3) 論　　点

前述したように、税務官庁側の対応が納税者の「税法の誤解」に加担する例として、課税当局の担当者又は幹部が執筆等した解説書に従って納税申告等を

したことが挙げられる。本件は、正にその典型的な例である。本件が問題（訴訟）になるまでは、国税当局の担当者が執筆し、その組織の責任者が監修又は推薦する解説書が、大蔵省（財務省）の外郭団体（財団法人大蔵財務協会）から出版される場合が多かった[16]。そして、それらの解説書には、個人が法人に対して無利息融資をした場合に、当該個人に対して収入すべき金額が生ぜず（所法36）、かつ、当該法人にも受贈益が生じない（法法22②）ということで、課税関係が生じない旨解説されていた。

そのため、本件のような無利息融資が行われ、申告すべき所得も認識されなかったものであるが、それが「税法の誤解」であるとしたら、税務官庁側が加担したようにも考えられる。

かくして、本件においては、「正当な理由」の存否に関し、一審判決と控訴審判決が判断を異にし、最高裁判決は、当該解説書の記述内容からみて、納税者側が当該課税処分が適用される可能性があることを疑ってしかるべきである旨判示し、「正当な理由」の存在を否定している。しかし、この最高裁判決は、同族会社等の行為計算の否認規定の適用の認識まで納税者側に対して要求するということでは酷であるように考えられる。

いずれにしても、本件のような場合には、納税者の税法解釈上の誤解について税務官庁側の加担の程度の評価が問題となる。この点、控訴審判決は、当該加担の程度を重視したのであろうが、最高裁判決は、当該加担の程度よりも納税者側の注意義務を重視したことになろう。

3 ストック・オプション事件
(1) 事案の概要

ストック・オプションの権利行使益の所得区分（給与所得か一時所得か）については、100を超えるとも言われる訴訟事件において争われ、下級審段階では、その判断が分かれていた。しかし、最高裁平成17年1月25日第三小法廷判決（民集59巻1号64頁）[17]が、これを給与所得に当たると判断したことにより、一応の解決をみた。

---

(16) そのような国税関係者であることを明記した解説書は、本件を契機に姿を消すようになり、最近では、全て個人名による解説となっている。
(17) 品川芳宣「重要租税判決の実務研究　増補改訂版」（大蔵財務協会）113頁等参照

ところが、この所得区分については、課税当局は、当初は一時所得として課税してきたところであるが、その後ストック・オプション制度の発展につれて、課税の取扱いを変更し、平成10年の所得税基本通達の改正以降、原則として、給与所得課税を実施し、平成14年の同通達の改正において外国法人から付与されたストック・オプションであっても、同様に給与所得課税が行われることを確認的に明記した。

かくして、平成11年分以降の所得税について、一時所得として申告したことに「正当な理由」があるか否かも訴訟で争われることとなったが、下級審段階では判断が分かれることとなったものの、最高裁平成18年10月24日第三小法廷判決（平成16年(行ヒ)第317号）[18]が、「正当な理由」を認めたことにより解決をみた。そこで、本稿では、この判決を題材とする。

この事件の一審の東京地裁平成14年11月26日判決（税務訴訟資料252号9235順号）は、当該権利行使益を一時所得に当たると判断して当該更正処分を取消したので、過少申告加算税の賦課決定も取り消した。

控訴審の東京高裁平成16年8月4日判決（平成14年(行コ)第313号）は、当該権利行使益を給与所得に当たるとして、当該更正処分を適法と認めるとともに、過少申告加算税の当該賦課決定処分についても、「控訴人が、課税庁の公的見解に対する信頼に基づいて行動したが故に当該過少申告の事態に陥り、これにより積極的な経済的損失を被ったりしたわけではない」旨判示して、適法と認めた。

もっとも、この東京高裁判決に先立って、例えば、横浜地裁平成16年1月21日判決（平成14年(行ウ)第61号）[19]は、類似の事案において、「正当な理由」を認めて、当該賦課決定処分を取り消しており、最高裁において最終的な判断が求められていた。

(2) 最高裁判決要旨

「前記事実関係等によれば、外国法人である親会社から日本法人である子会社の従業員等に付与されたストックオプションに係る課税上の取扱いに関しては、現在に至るまで法令上特別の定めは置かれていないところ、課税庁におい

---

[18] 品川芳宣・評釈・T&Amaster2007年1月15日号24頁等参照
[19] 前出注(15)106頁、品川芳宣「ストックオプションの所得区分と過少申告の「正当な理由」」税研2004年5月号93頁等参照

9　税務官庁の対応に起因する「正当な理由」と最近の最高裁判決の問題点〔品川芳宣〕

ては、上記ストックオプションの権利行使益の所得税法上の所得区分に関して、かつてはこれを一時所得として取り扱う例が多かったが、平成10年ころから、その取扱いを変更し、給与所得として統一的に取り扱うようになったものである。この所得区分に関する所得税法の解釈問題については、一時所得とする見解にも相応の論拠があり、最高裁平成16年(行ヒ)第141号同17年1月25日第三小法廷判決・民集59巻1号64頁によってこれを給与所得とする当審の判断が示されるまでは、下級審の裁判例においてその判断が分かれていたのである。このような問題について、課税庁が従来の取扱いを変更しようとする場合には、法令の改正によることが望ましく、仮に法令の改正によらないとしても、通達を発するなどして変更後の取扱いを納税者に周知させ、これが定着するよう必要な措置を講ずべきものである。ところが、前記事実関係等によれば、課税庁は、上記のとおり課税上の取扱いを変更したにもかかわらず、その変更をした時点では通達によりこれを明示することなく、平成14年6月の所得税基本通達の改正によって初めて変更後の取扱いを通達に明記したというのである。そうであるとすれば、少なくともそれまでの間は、納税者において、外国法人である親会社から日本法人である子会社の従業員等に付与されたストックオプションの権利行使益が一時所得に当たるものと解し、その見解に従って上記権利行使益を一時所得として申告したとしても、それには無理からぬ面があり、それをもって納税者の主観的な事情に基づく単なる法律解釈の誤りにすぎないものということはできない。

　以上のような事情の下においては、上告人が平成11年分の所得税の確定申告をする前に同8年分ないし同10年分の所得税についてストックオプションの権利行使益が給与所得に当たるとして増額更正を受けていたことを考慮しても、上記確定申告において、上告人が本件権利行使益を一時所得として申告し、本件権利行使益が給与所得に当たるものとしては税額の計算の基礎とされていなかったことについて、真に上告人の責めに帰することのできない客観的な事情があり、過少申告加算税の趣旨に照らしてもなお上告人に過少申告加算税を賦課することは不当又は酷になるというのが相当であるから、国税通則法65条4項にいう「正当な理由」があるものというべきである。そうすると、本件賦課決定は違法であることになる。」

(3) 論　　点

以上のように、ストック・オプションの権利行使益に係る課税問題は、本税に関する所得区分のみならず、一時所得として過少申告したことの「正当な理由」の存否についても、最高裁判所において結論が下されることになった。

しかも、後段の問題については、当該納税者は、平成11年分以降の所得税について課税庁側が給与所得として課税することを認識しながらも（課税庁側から給与所得に当たる右の指導を受けながらも）、あえて一時所得として過少申告したものであるだけに、最高裁判所がどのような判断を下すかが注目されていた。

結局、最高裁判所は、平成14年の所得税基本通達の改正において、同通達23〜35共-6の注書で「外国法人」から付与されたストック・オプションについても給与所得課税を行う旨確認的に明記されたことを主たる理由として、「正当な理由」を容認した。しかし、このような判断は、永年課税上のトラブルが続いたストック・オプション課税であるが故に個別的になされたのか、あるいは普遍的かつ一般的に考えられるのかについて疑問が残る。また、後者の場合には、他の事例との課税上のバランス問題も生じるものと考えられる。

4　松尾(M)事件

(1) 事案の概要

この事件は、税務署勤務を経験したいわゆるOB税理士が、納税者から納税申告を負担し、納税資金も預りながら、実際には過少申告と過少納付を行い、かつ、税務職員と共謀等して、当該過少申告等が発覚しないように工作（脱税）したものであるが、それが訴訟になったものだけでも数件にのぼって、同税理士の名をもって松尾事件又はM事件と称せられている。

そのため、この一連の事件の中では、主として、重加算税の賦課要件（隠ぺい、仮装）の充足の有無や更正の期間制限の延長の可否（偽りその不正の行為の有無）が争われることになったが[20]、重加算税の賦課要件の充足がないと認められて当該賦課決定が取り消される場合に、過少申告加算税部分を維持すべきか否かに関し、当該過少申告に税務官庁側が加担しているか否かが問題とさ

---

[20] これらの論点については、関連事件のうち、最高裁平成17年1月17日第二小法廷判決（判例時報1887号36頁）等を評釈した品川芳宣・TKC税研情報2006年8月号27頁、同・T&Amaster 2006年8月7日号22頁等参照

れた。
　そこで、本稿では、松尾事件と称せられる中でも、過少申告における「正当な理由」を容認したことの先例と目される最高裁平成18年4月25日第三小法廷判決（判例時報1939号17頁）を題材にする。
　(2)　最高裁判決要旨
　「これを本件についてみると、前記事実関係によれば、確かに、一審原告には、A税理士から税務相談において教示された金額よりも180万円近く低い税額を示されながら、その根拠等について確認をすることなく、本件確定申告書の控え等の確認をすることなどもしていないといった落ち度が見受けられ、同税理士が本件不正行為に及ぶことを予測し得なかったからといって、それだけで、国税通則法65条4項にいう「正当な理由」があるということはできない。
　しかしながら、本件においては、税理士が本件不正行為のような態様の隠ぺい仮装行為をして脱税をするなどとは通常想定し難く、一審原告としては適法な確定申告手続を行ってもらうことを前提として必要な納税資金を提供していたといった事情があるだけではなく、それらに加えて、本件確定申告書を受理した税務署の職員が、収賄の上、本件不正行為に積極的に共謀加担した事実が認められ、租税債権者である国の、しかも課税庁の職員のこのような積極的な関与がなければ本件不正行為は不可能であったともいえるのであって、過少申告加算税の賦課を不当とすべき極めて特殊な事情が認められる。このような事実関係及び事情の下においては、真に納税者の責めに帰することのできない客観的な事情があり、過少申告加算税の趣旨に照らしてもなお納税者に過少申告加算税を賦課することが不当又は酷になる場合に当たるということができ、本件修正申告によりその納付すべき税額の計算の基礎となった事実が本件確定申告において税額の計算の基礎とされていなかったことについて、国税通則法六五条四項にいう「正当な理由」があると認められるものというべきである。」
　(3)　論　　点
　本件は、税務官庁の対応の中でも、納税者の過少申告に税務職員が加担したという特殊な事件である。そして、本件の最高裁判決は、前述のように、税務職員の不正加担の事実を認めて、過少申告加算税に係る「正当な理由」も容認した。
　しかしながら、同じ松尾事件の中でも、最高裁平成18年4月20日第一小法廷

判決（民集60巻4号1611頁）では、OB税理士と税務職員の共謀の事実を否認し、それによって当該過少申告に係る「正当な理由」も存しないと判示している。

また、同じ松尾事件の中でも、東京高裁平成14年1月23日判決（税務訴訟資料252号9050順号）は、OB税理士と税務職員が共謀して行った脱税工作を重視し、これは課税庁自体が加害者に等しいとして、当該重加算税賦課決定処分の全額を取り消している[21]が、上告審の最高裁平成17年1月17日第二小法廷判決（判例時報1887号36頁）は、これを破棄、差し戻している。そして、差し戻し審の東京高裁平成18年1月18日判決（平成17年(行コ)第25号）は、そのような共謀による不正工作があったとしても、それが当該過少申告の「正当な理由」に当たることはないと判示している[22]。

以上のように、税務職員の不正加担についても、「正当な理由」に関する判断が各裁判所において分かれており、その解釈の難しさを示唆している。もっとも、この問題についての裁判所の考え方は、本稿で題材とした最高裁平成18年4月25日判決の考え方に収斂して行くものと考えられる。

VI　各最高裁判決による「正当な理由」の再検討

(1)　各最高裁判決の対比

以上のように、納税者の過少申告が税務官庁側の対応の不手際等に起因しているということで、「正当な理由」が問題となった最近の最高裁判決を3例概説した。それぞれの最高裁判決の問題点については、それぞれ指摘したところであるが、3案件を対比すると次のような問題点が生じる。

まず、平和事件とストック・オプション事件については、いずれも納税者の過少申告（税法の誤解）について税務官庁側が何らかの形で加担していたことは事実である。すなわち、平和事件においては、個人が法人に対して無利息融資をした場合に課税関係が生じないことは、国税担当者の解説書（その多くは、当局責任者の監修又は推薦されていた。）において説明されていたことであり、ストック・オプション事件においては、かつての所得税基本通達では、当該権

---

[21] この東京高裁判決については、国税通則法68条1項のみが重加算税の賦課免除として「正当な理由」を定めていない（因みに、同条2項及び3項には定めている。）ことの問題を指摘しているとも言える。

[22] 詳細については、注(18)各書参照

9 税務官庁の対応に起因する「正当な理由」と最近の最高裁判決の問題点〔品川芳宣〕

利行使益を原則として一時所得として課税することを定め、国税担当者の解説書（当局責任者による監修又は推薦は同様）によってその旨説明されていた。

しかし、後者においては、その後、所得税基本通達が遂次改正され、平成10年の改正によって原則として給与所得として課税することが明らかにされ、平成11年分以降の所得税については、その旨課税されることが税務署の窓口でも説明されてきた。これらの事実は、平成11年分以降の所得税を申告した本訴の当事者を含む多くの納税者において承知したことである。

これらの事実を総合して考察してみると、むしろ平和事件の納税者の方が、過少申告について止むを得ない事情があったものと認められ、ストック・オプション事件の納税者の方は、給与所得として課税されることを承知した上で確信的に一時所得として申告したことが窺える。

ところが、最高裁判所は、前者について、「正当な理由」を否定し、後者について、それを容認した。その理由について、最高裁判所は、前者については、極めて高額な無利息融資によって租税負担を回避するような事案については一般的解説とは別に行為計算の否認規定（所法157）の適用があり得ることを予知しなかったことに過失があるとし、後者については、当該権利行使益の課税の変更を通達によっていたことに問題があるとし、外国法人がストック・オプションを付与した場合にも給与所得に該当することを通達上明文化したのが平成14年であることを挙げている[23]。

これらの最高裁判決を比較すると、「正当な理由」について論理的な解釈論が展開されて判断されたというよりも、平和事件については、巧妙な節税方法が採用されていることに対する一種の反感が作用し、ストック・オプション事件については、当該権利行使益の所得区分の取扱いの変遷に翻弄されてきた納税者に対する同情が作用しているように推測できる。その意味では、これらの最高裁判決の分岐には、正に裁判における自由心証主義の妙が表われているようにも考えられる。

他方、松尾事件については、税務職員の過少申告に係る不正加担という極めて異例な事件であるが故に、「正当な理由」の解釈論に一般論として結び付けることは必ずしも適切ではない。しかし、税務官庁側の不正工作があった場合

---

(23) 平成14年の所得税基本通達の内容と趣旨については、前出注(16)34頁参照

には、納税者の過少申告に対して加算後の賦課という行政制裁を課し難いということを惹起することになる。その点では、松尾事件は、「正当な理由」の事由を拡張する一例を示していると言える。

(2) 各最高裁判決が「正当な理由」に及ぼした影響

本稿で取りあげた平和事件、ストック・オプション事件及び松尾事件に係る各最高裁判決は、過少申告加算税の制度の趣旨を改めて確認し、同税の賦課が免除されることになる「正当な理由」の意義を改めて明らかにするとともに、それぞれの事案において、税務官庁側の対応に何らかの不手際があった場合の「正当な理由」の存否を判断したものである。このような「正当な理由」の意義と存否が最高裁判所で明らかにされることは、従来非常に数が少ないだけに、それぞれの最高裁判決は先例として重視されている。

しかしながら、それらの各判決を悉に検討してみると、前述したように、各判決相互には相矛盾した点も見受けられ、今後の「正当な理由」の解釈について明確な指針を示したものとも評価し難い。むしろ、各判決は、理論的な解釈論を明示したというよりも、それぞれの事案に応じて、個別具体的な解決を図ったものと評価し得る。

もっとも、行政制裁たる過少申告加算税（又は無申告加算税と不納付加算税）を免除し得ることとなる「正当な理由」の解釈・規定は、結局は、当該加算税制度の趣旨に照らし、各事案の事実関係に応じて個別妥当なものであるべきであろう。然すれば、本稿で題材とした各最高裁判決も、理論的な解釈論としてよりも、そのような個別妥当な判断を示したものと評価すれば足りるものと考えられる。

Ⅶ　むすびに

申告納税制度の下においては、納付すべき税額の確定については、第一次的には、納税者の申告によって行われるのであるから、そこに過少申告等が生じても、通常、納税者側に責任がある。そのため、過少申告等に係る加算税の賦課を免除することとなる「正当な理由」の存否については、納税者側の事情のみによって判断されることが多い。

しかしながら、租税法の解釈・適用の難解さが、年々解消されるというよりも度を増して行く状態が続いている現状では、申告段階から税務官庁側が関与

してくることが増加している。その場合に、税務官庁側の対応に不手際があって過少申告等が生じた時に、「正当な理由」の存在も問題となる。

本稿では、それらの問題を取り扱った最高裁判決を題材とし、「正当な理由」の解釈のあり方を検討した。その検討では、題材にした各最高裁判決によって、「正当な理由」の解釈・規定について理論的に明確な指針が与えられたものと評価することはできなかった。

もっとも、各加算税における「正当な理由」の存否は、加算税制度の趣旨や「正当な理由」に関する従前の解釈論に照らし、当該事案において個別妥当に判断せざるを得ないものでもある。その意味では、本稿で題材とした各最高裁判決から学ぶ所も多い。

よって、今後の課税実務においても、これら最高裁判決を適切に位置付けて（過大に評価することなく）、それぞれの事案における「正当な理由」の存否を判断して行く必要があるものと考えられる。

10 後発的事由による更正の請求についての一考察

聖学院大学大学院教授　岸田貞夫

I　はじめに
II　沿　　革
III　昭和45年以前の事案に係る判例
IV　昭和45年改正法による創設
V　後発的理由の例について

I　はじめに

　近時、更正の請求の後発的事由について、拡大される方向での改正がなされた。平成18年の改正法により、国税通則法施行令第6条1項に5号を追加して、「申告・更正又は決定に係る課税標準等又は税額等の計算の基礎となった事実に係る国税庁長官が発した通達に示されている法令の解釈が、更正又は決定に係る審査請求若しくは訴えについての裁決若しくは判決に伴って変更され、変更後の解釈が国税庁長官により公表されたことにより、当該課税標準等又は税額等が異なることとなる取扱いを受けることとなったことを知ったこと」が加えられた。この変更の直接の起因となったのは、最高判平成17年2月1日判決において、贈与により取得したゴルフ会員権を譲渡した場合のゴルフ会員権の名義書換えに要した手数料は、譲渡所得の計算上において取得費に当たる、として従来の通達とは異なる考え方を採用されたことによる。
　しかし、この改正によって、後発的事由による更正の請求の持つ問題点の全てが解決されたわけではない。従来、上記のような場合には、課税庁側は、正しい解釈であっても、遡及するものではないとして、更正の請求の事由にならない、と解していた。判決においても同様であった。このような見解については従来からも疑問が存在した。正しい解釈ならば遡及して適用されるのは当然である（運用の問題であれば別である）との見解が有力であった。こんどの改正は、当然のことであると思われる。

第1編　国内税法

　その他、検討すべき事項として後発的事由につき、一般的に、解釈上、時効による場合や保証債務に係る場合などの場合があげられているとされている。さらに、判決によっては、条文上、規定されていないことを要件として加重し、更正の請求の行使を制限しているように思えるものである。

　また、後発的事由による更正の請求については、規定上も制限的であることについては、問題が存在しているとされていた。

　判例の傾向をみてみると、昭和37年または45年に後発的更正の請求が立法化されて以後のものと、それ以前の判決とを比較した場合に、以前の方が門前却下された事案の割合が、非常に低い、ということが、後述するように認められる。

　このことは納税者の権利救済の趣旨でもって23条2項が創設されたのに、逆に、権利救済に制限的という結果になっているように思える。これは、この規定の仕方、内容に問題がある、あるいは、その解釈、運用に問題があること、などが考えられる。そこで、本稿では、この後発的更正の請求の規定のあり方あるいは、解釈について検討してみたい。

Ⅱ　沿　　革

　まず、更正の請求の制度の立法化における過程等における問題点を検討してみる。

1　一般的な更正の請求制度の立法化

　後発的更正の請求の制度は、昭和45年に創設された。

　それ以前においては、一般的な更正の請求（23条1項相当のもの）と同趣旨のものは、税務署長に対する嘆願等の形で事実上、認められていた。昭和21年財産税法48条に申告期限後1月以内に課税価格の更正を求める制度が創設され、その後、昭和22年に所得税法に、昭和25年二相続税に、昭和34年に法人税法に、更正の請求を認める規定が設けられた。しかし、一般的には、「沿革的には、申告の過誤の是正には、必ず更正の請求を要するとはされていなかったのであるが、納税者の権利の保護と税務の円滑な運営を図るため、昭和37年の国税通則法の制定に際して一般的に更正の請求制度が採用されたのである。」（DHCコンメンタール国税通則法1425頁）とされている。この改正に先立ち、昭和36年

7月の税制調査会の「国税通則法の制定に関する答申」において、
「(1) 申告期限後1月以内の更正の請求を申告納税方式のすべての税目について認めること、(2)いったん確定された国税の課税標準の基礎となった行為が取消され又は無効が確認された場合には、その日から3月以内に、申告額等減少のときは更正の請求をなしうるものとし、逆に増加すべきときは修正申告をしなければならないものとすること、」としている。この説明において、「……納税者がその期限内に充分な検討をした後申告を行うことを期待する建前をとっていることを考えれば、特に更正の請求の制度を設ける必要はないとの意見もあろうが、納税者による期限内申告に全く誤りがないとは保証し難いし、また現にこの制度の利用者が後を絶たない事情からも……、この制度を維持することが適当であると考えられる。」、と述べている。

このような趣旨から、国税通則法に、各税法を統一する更正の請求制度の規定（23条）が設けられたが、その内容は、一般的な更正の請求に関するものについてのみであり、後発的事由に基づく更正の請求制度はなかったようである（前掲、コンメンタール国税通則法1425頁）。

この更正の請求の効果は、申告や更正処分とは異なり、直ちに法的効果を生じるのではなく、ただ、減額更正を求める申立に過ぎず、課税庁側は、それを認める又は認めないなどを、応答する義務を負うに過ぎないこと、従来と同様である。

後発的更正の請求について、昭和37年の改正の前提である、昭和36年答申では、後発的事由に基づく更正の請求を認める趣旨ものべられている（「課税標準の基礎となった行為が取消され又は無効が確認された場合には、3月以内に……更正の請求をなしうるものとし」）が、昭和37年に立法化される段階では、何故か除かれている（各税法に固有の事由に基づく後発的事由による更正の請求制度が規定されていることから、それで足りると考えたのであろうか）。

以上のことから、一般的な更正の請求の事由は、課税標準の計算に影響を及ぼす可能性のある納税者の単純な計算誤り等であるが、答申における後発的事由とは、課税標準の計算の対象となりうる私法上の取引行為等に取消、無効等が生じたことにより税額等の減少に対応すること、を意図していたことが窺われる。すなわち、後発的事由としては、申告時における売買契約等に係る経済的利益の取得が、その後1年以上経過した後に当該契約の取消、無効等によっ

てその申告に係る経済的利益が失われたことに対応するものである。そこには、申告時までに遡及すべき経済的利益の喪失、換言すれば、取得した所得の遡及的喪失によって、遡及的に申告内容が過大となるような理由を予定している、というべきである。

2 後発的事由による更正の請求制度の立法化と、その問題点

昭和45年に、国税通則法の大幅な改正に伴い、後発的な理由に基づく更正の請求の制度は創設された。この趣旨につき、昭和43年の税制調査会の「税制簡素化についての第三次答申」の第三、「権利救済制度改善のため具体的措置」において、「② このように期限を延長しても（編注 一般的な更正の請求期間を2月から1年にすること）、なお、期限内に権利が主張できなかったことについて正当な事由があると認められる場合の納税者の立場を保護するため、後発的な事由により期限の特例が認められる場合を拡張し、課税要件事実について、申告の基礎となったものと異なる判決があった場合その他これらに類似する場合を追加するものとする。」と述べられている。

(1) 請求事由の制限

その内容は、現在までの若干の改正を除き、現在の規定とほぼ同様である。

主な理由としては、2項各号に該当する場合として、課税標準等の計算の基礎となった事実に関する判決等により課題となった場合、所得や課税物件の帰属が異なることが明らかになったことにより過大な申告となったこと、あるいは、かかる基礎的事実に含まれていた官公署の許可等が取消されたこと、押収等にかかる帳簿書類が返還されて正確な計算が改めて可能となったこと、など制限的である。また、請求期間は、かかる事情の発生後3ヶ月ではなく、2月と短縮されている。

このような請求事由を限定している趣旨は、租税回避を目的とする恣意的な契約解除を認めることによって生じる滞納処分の効力にも影響するという、関連する手続きの不安定の排除という要請に基づいていることが推察できるところである。しかし、そのような趣旨であるならば、「減額申告」ではなく、更正の請求という申立という形にすれば十分、その目的を達するところであろう。

(2) 更正の請求期間の短縮

また、請求期間を事由発生後3月から2月に短縮したことについて、その趣

旨が理解できない。後発的事由は、申告後2、3年後あるいは、減額更正の期間である5年を経過した後にも、生じるうるのであり、それでも対応すべきであるのだから、3月案を2月に短縮した理由が理解できない、ところである。

3 規定の性質

次ぎに、規定の性質についてみてみる。

租税回避目的の契約解除等を排除するという要請に対応するとすれば、上述したように、申立方式で十分対応できることである。更正の請求は請求に過ぎず、それ自体によって何の効果を生じることではないから、特に、請求事由を一定の場合に限定する必要もない。むしろ、実体的判断に入る途を、不当に制限しているような感がする。また、行使期間も3ヶ月から2月へと減少されている。この点についても、上述したように、合理的な理由が明らかではなく、従来よりも、権利救済を制限している結果となっている。

なお、更正の請求を認めることによって生じる還付加算金の計算については、後発的事由による更正の請求が賦課権の除斥期間経過後になされることも少なくないことから、上記答申では、「一般の不当利得の法理によれば、善意の受益者は、利益の存する限度において利得を返還すれば足り、利息を付する必要はないものとされているが、現行制度が上述のようになっているのは、更正の請求の期限が短期に限定されていることにも由来するのであろう。

しかし、上述のように更正の請求の期限を改定する場合には、今後は税金納付の時からかなり遅れて更正の請求がされることも十分予想されるので、還付加算金は、更正の請求後3ヶ月を経過した日後の期間について附するように改めることが適当であろう。」、と提言している。ここに、後発的理由による更正の請求が賦課権の除斥期間経過後でもなされる可能性を示しており、さらに、この制度が、実質的に不当利得による救済方法の代替的なものであること、を窺われせるものである。

以上、昭和45年の改正法による23条2項には、若干の問題点を残して立法されたものであり、この点については後述する。

第1編　国内税法

Ⅲ　昭和45年以前の事案に係る判例

1　判例の傾向

当時においては、申告内容を遡って是正することを望む納税者は、錯誤や不当利得を理由とする場合が多い。

(1)　錯誤の主張を適用があるとした事例

昭和29年10月12日名古屋地裁判決（行集5巻10号2315頁）（申告においては民法の意思主義の原則が妥当し、民法の錯誤の類推適用あるものと解するを相当とする。）。同旨、昭和31年8月30日名古屋地裁判決（行集7巻8号2008頁）、昭和33年12月9日盛岡地裁判決（行集9巻12号2681頁）、昭和35年5月7日仙台高裁判決（税資33号632頁）、等においては、錯誤による主張を認めている。

(2)　錯誤の主張の適用自体を否定した判決としては、名古屋高裁昭和30・12・28判等（行集6巻12号649頁）（所得税修正申告は、私人のなす公法上の行為であって、該行為に対しては民法95条の規定の適用はないものと解するを相当とするから、これによって生じる不当の救済は、例えば更正の請求（所得税法27条6項）による外はないと考えられるので、申告に要素の錯誤のあることを前提としてその無効確認を求めることは失当である。）、同旨、昭和37年4月28日和歌山地裁判決（行集13巻4号623頁）、昭和37年12月22日京都地裁判決（行集13巻12号2292頁）、昭和38年1月22日大阪高裁判決（行集14巻1号34頁）、昭和39年11月28日東京地裁判決（税資38号877頁）、昭和42年4月27日東京高裁判決（税資47号836頁）、等においては、公法関係において私法上の錯誤による是正を求めることは、それ自体不適切とする、却下的棄却を行っている。

(3)　錯誤の主張が内容的に認められなかったもの

昭和30年3月4日福岡高裁判決（他人の財産を相続財産として申告したから、無効であると主張しても、財産税調査当時において自己の財産であった以上、無効とはならない。）（税資20号43頁）、同旨昭和31年1月31日最高裁判決（税資26号41頁）、（なお、昭和45年以後においても同様な趣旨の判決は少なくない。昭和60年10月25日大阪地裁判決（税資147号154頁）、昭和61年8月28日大阪高裁判決（税資153号576頁）等）、等においては、錯誤を理由とすることは不適切とはいえないが、内容的に理由がないとする、通常の棄却判決を行っている。

2 不当利得を認めたもの

注目すべきは、昭和49年3月8日最高裁判決（民集28巻2号186頁）である。この判決では、雑所得として課税された貸金の利息債権がその申告後貸倒れにより回収不能となった場合に、不当利得を理由に返還を請求した事件において、最高裁は、「貸倒れの発生と貸倒額とが客観的に明白で、課税庁に格別の認定判断権を留保する合理的必要性がないと認められるときは、当該課税処分そのものが取消又は変更されなくても、国は、徴収した税額のうち右貸倒額に対応する税額を不当利得として納税者に変化する義務を負うものと解すべきである。」、として更正の請求を認めた。この判決は、行政行為が有効に存在する限り不当利得は生じない、とする従来の通説、判例とは異なり、不当利得の適用を認めた点においても高く評価されている。

以上、見てきたように、却下的な判断を下したのは、少数であり、内容的に審理の対象とした判決の方が多いようである。当時の判例の考え方としては、却下という門前払いをするのではなく、内容的に審理するというものが少なくなかったと思われる。また、民事法上の錯誤によるもの、その他不当利得の返還請求によるものなど、納税者の主張を認めた判決の考え方には、結果的に不当利得になるということであろう。換言すれば、不当利得を放置することは、半面、所得なきところに課税をする、という不合理な状況を放置することになる、ということであろう。このようなことは、納税者の権利救済に欠けることだけではなく、税務行政に大いなる不信感を抱かせることになる、と思われる。

Ⅳ　昭和45年改正法による創設

この内容は、平成18年の改正にいたるまで、ほぼ当時の規定そのままである。

この規定については、昭和45年以前の判決、学説と比較すると、次のような相違点が認められ、そこに種々の問題を生じている。

1　更正の請求の排他性

後発的理由に基づく更正の請求は、この規定による以外には、認められない、ということである（一般的な更正の請求も同様である）。このような考え方は従来からも、公法上の理論として存在していたが、23法2項の規定の立法化により、余ほど、特段の理由がない限り、認めない、という態度を堅持するように

なった。課税庁側は、この態度を頑なに堅持しており、例外的に、特段の理由の存在によるのではなく、全て、嘆願、陳情に対する任意的、裁量的に対応するという姿勢を堅持している。裁判所では、この立場を原則的なものとしながら、それを放置することが著しく納税者の地位に回復しがたい不利益を生じる場合などは例外的に認める、としているが、この例外的な救済は殆ど認められていない（申告の過誤が課税庁の職員の誤指導等による場合などの場合は認められる）のが実情である。例えば、最高裁昭和53年3月16日判決は、税法上の更正の請求という是正手段が設けられている場合には、納税者は、その是正手段により救済を受けるべきであり、このような手段によることなく直ちに民法上の不当利得返還請求権を行使することは許されない旨を述べている（月報24巻4号840頁）。

2　規定の制限性・後進性

　規定上、更正の請求が認められる事由が、23条1項による場合とは異質のものであり、かつ、制限的である、ということができる。

　すなわち、23条2項1号から3号までにおいて、申告等に係る課税標準等の計算の基礎となった事実に関する判決等の存在、所得帰属の認定の過誤、その他やむを得ない理由として官公署の許可等の取消、解除権の行使による契約の解除、押収されていた帳簿書類の返還、租税条約の改正等である。

　(1)　これらは、23条1項において通常予定している、納税者の計算誤りなどの過誤による是正を前提としているのとは異なり、それ以外の申告後の事情変更があったことによる遡及的理由等が中心となっている（もっとも、所得の帰属認定の是正は当初の理由の過誤的なものといえよう。）。このことは、1項と2項とは存在意義が異なるよう規定すべきであるから、妥当なことである。

　(2)　2項が、上記のような性質のものであれば、これら以外にも、同様な理由は考えられるので、これらの事由は制限的ではなく、例示に過ぎない、というべきであろう。また、後述するように、本制度が単に申立自体を認める手続き規定であると理解するならば、これらの規定上の理由は例示的であって、限定的である必要はない、と思われる。

　(3)　そして、この限定的であることが、さらに、解釈上も、規定に存在しないような要件を加えて、さらに制限的になること（「申告時に予想もしていな

かったような理由が後で生じたこと」、「基礎事実と異なったことを知らなかったこと」、「23条1項期間内に更正の請求をしなかったことにつきやむをえない理由があること」など）になった、と思われる。そして、この付加された要件は、内容的にも、疑問があるのみならず、租税法律主義の見地からも、申立要件を不当に加重するものとして問題であると思われる。

以上を、具体的に述べれば次のごとくである。

(4) まず、2項1号の「判決」には、多くの判決では、課税標準等の変動を直接的に生じさせる、民事上の判決の意と理解している。そこで、刑事事件の判決は当初から含まれないとしている（最高裁昭和60・10・26判、税務事例17巻9号28頁「ここにいう「判決」とは、申告等に係る税額等の計算の基礎となった事実についての、私法行為又は行政行為上の紛争を解決することを目的とする民事事件の判決を意味し、犯罪事実の存否範囲を確定するに過ぎない刑事事件の判決は、これに含まれない。」旨を述べている。）。しかし、他に証拠資料がない場合には、刑事事件における同一事件についての事実認定は十分参考になり得る場合もあるであろう。また、平成10・7・15東京高裁判では、「実質において客観的、合理的根拠を欠くものであるときはここにいう判決ではない。」、としている。しかし、判決自体を否定するのではなく、実体的に、判決を検討して、「この判決は課税標準等の変動を生じさせるものではない」、とすべきであろう。

(5) 横浜地裁平成9年11月19日判決は、「申告時に予想もしなかったような事態の発生」ではない、という理由で却下的棄却の判断を行っている。しかし、申告時において、その事態（例えば時効の完成、援用）の発生が確定的に、明確でない限り、課税標準の計算上、扱うことができないものもあり、予想可能の有無は重要性を持つものではない、と解される。

(6) また、「23条1項期間内に更正の請求をしなかったことににつきやむを得ない理由のあること」などについては、23条1項の場合と、同条2項の場合とは、原則的に、別の趣旨に基づくものと、理解すべきであるから、上のような要件は意味のないものである。さらに、「やむをえない」ということを要件とするとしても、それは、租税回避の目的で恣意的な契約解除を排除するためなどにおいてのみ、意味があるのにすぎない（合意解除は、通常、遡及効を有せず、従って課税標準の変動を生じるものではない、との立論も可能である）。

3 規定の性質——手続き規定か、実質的規定か

この規定の性質が明確ではない。すなわち、手続き規定なのであるか、あるいは、実体的なものか、明確ではない。このことが規定の解釈上、無用な混乱を生じている。

すなわち、この種の規定は、本来、申立に関する手続き規定であるべきである、と解される。なぜならば、更正の請求自体は、申告や、更正処分とは異なり、その申立によって新たな法的効果を直ちに発生させるものではなく、単に、課税庁に調査や、新たな処分（減額更正）を求め、それに基づく課税庁側に対応する義務を認める申立に過ぎないからである。その意味で、一定の職権発動を求める申立に過ぎないのである。課税庁側では、この申立に基づき、期限徒過である場合は、却下をし、それ以外の場合には、実体的な審理をして、「更正の請求に理由がない旨の通知処分」あるいは「減額更正処分」でもって対応する義務を負うのである。

ところが、現在のように、実体的な内容のものとして理解する立場によると、「更正の請求に理由がない旨の通知処分」という実体的に審理すべきものを形式要件を審理するだけで、却下扱いで行っているという、訴訟手続きとしては、通常ではない手続きを行っている、のではないか、思われる。このことは、納税者の実体的な真理を求める、という目的、（それは当然の目的であり、司法制度の目的でもある。）について、正面から対応していない。場合によっては不十分な審理で申立てを斥ける、ということになる、と思われる。現在の判決では、事案審理に行い、ある程度、実体に立ち入って判断して、いわば、棄却的却下をしているので、実害は殆どないと思われるが、申立要件（期限内であること、当事者適格のあること、取消等を求める利益のあること、）の外に、余分な要件を加重すべきではない、と思われる。

なお、この規定は、濫訴の防止のため、課税標準等の誤りに係る主張事由、立証事由を制限する趣旨のものという反論も考えられる。しかし、自己の申告内容が後発的事由の発生によって、過大となったと思われる場合に、濫訴のおそれがあるとして、その主張、立証事由を制限しなければならないか、合理的な理由は存在しないように思われる。

V 後発的理由の例について

　後発的更正の請求の理由としては、23条1項の場合の理由（当初申告における計算誤り等の過誤など）とは異なり、申告経過後1年以上経過した後に、当初申告の課税標準の計算に影響をおよぼすような事態が発生し、遡及的に是正することが必要とされるものである、といえよう。要するに、当初の申告の課税標準等の計算に影響を与えるような事情の発生または確定が事後にあって、それにより当初の申告が過大となるようなもの、というべきである。当初申告後に新たに生じた理由（例えば相続財産として取得した株価の著しい下落など）は、後発的事由には含まれない。相続財産として取得した債権がその後債務者の倒産が確実になった場合などにおいて、その下落が申告当時から予想されていたが、債権の申告当時、評価減がゆるされないため、額面で評価したときなどは、後発的理由になると思われる（前述の最高裁昭和49年3月8日判決参照）。また、被相続人が保証人となっていたが、相続開始後に、債権者からの保証債務の履行請求によってその義務が具体化したような場合なども、ここにいう理由に含まれるべきであろう。また、申告後に消滅時効が完成した場合に、私法上、効力が遡及するために、相続財産に含まれていた資産の所有権を喪失したときなどは後発的理由に含めるべきである。

　以上、上に述べた趣旨に基づき課税標準等又は課税価格が減少した場合には、すべて、後発的理由になると思われる。

　後発的理由について、事後に課税標準等の減額が生じた場合には、原則的に認めるべきであろう。

11 二層的構造認識論と事実認定
——課税の基礎となる「真実の法律関係」の模索——

国士舘大学法学部教授　酒井克彦

I　はじめに
II　内心的効果意思に基づく租税法律関係の再構成
III　私法上の法律構成による否認と内心的効果意思の合致に基づく課税
IV　私法上の法律構成による否認論の限界
V　結びに代えて

I　はじめに

　表示行為から推断される効果意思と真の内心的効果意思とが合致する場合には、かかる表示行為が示す法律関係を前提として課税が行われることに何ら問題はないが、例えば通謀虚偽表示による脱税の場合には法律行為そのものが無効あるいは不存在であるから、その場合には、表示された法律関係によってではなく、真実の法律関係に基づいた課税がなされるべきとするのが通説である。
　その一方で無効な法律行為を基礎として生じた経済的利得については、その基礎となる法律行為の存在が否定されているにもかかわらず、かかる利得に対する課税が許容されている。この点について、通説は前者と後者を峻別し、後者は所得概念の問題として整理する。かように学説上この点については整理が付けられているところであるが、執行上は、無効な行為によって生じた経済的な利得が単なるウィンドフォールゲインとして課税されるのではなく、その基礎となる事実関係を模索した上で、税目の確定や所得区分の確定作業が行われる。その際、租税法への当てはめを行うべき「事実」の認定に当たっては、何が「真実の法律関係」かということを見極めることが必要である。この作業は極めて難しく、その作業に当たっては慎重さが要請される。
　そこで、本研究では、租税法の解釈適用における「真実の法律関係」とは何かについて若干の考察を加え、差し当たりの所見を示すことを目指したい。そ

の際、近時盛んに議論されている「私法上の法律構成による否認論」についても触れることにしたい。

II 内心的効果意思に基づく租税法律関係の再構成

1 虚偽表示

契約の無効又は不存在の場合には、その表示された「無効な契約を無視して」課税することが相当であると考えられている。しかしながら、一方で、例えば、売春斡旋契約のような無効な契約であったとしても、その契約を無視することはせずに課税を行うことが是認されている[1]。この両者の一見すると相反する課税ルールはどう整合的に説明されるのであろうか。ここでは、通謀虚偽表示による無効の場合と、公序良俗違反による無効の場合を例にとって考えてみたい。

仮に、通謀虚偽表示によって金銭消費貸借契約（表示行為）を締結していたとしても、真の法律行為が贈与契約（秘匿行為）であるとすれば、贈与税課税がなされるべきとするのが通説であろう。我が国民法学の分説にそって考えれば、通謀虚偽表示の場合の課税ルールには、2つの構成が考えられる[2]。すなわち、第一に表示行為から推断される効果意思と真の内心的効果意思が合致しない点に注目して、虚偽性を有する表示行為に基づく課税をなすべきではないとする考え方である。その場合には表示行為から推断される効果意思と真の

（1） 金子宏「租税法における所得概念の構成」同『所得概念の研究』93頁以下（有斐閣1995）。

（2） 民法94条の法律構成は、秘匿行為の有効性の視点と、外形行為の無効性の視点という論理上の2つの視点から行うことを可能とするが（川島武宜＝平井宜雄『新版注釈民法(3)総則(3)』315頁〔稲本洋之助〕（有斐閣2003））、これまでの多数説が、意思理論からの帰結として、法律行為の効力の規準をその要素としての意思表示における意思の不存在又は瑕疵に求め、外形行為の虚偽性に注目をしてきたと思われる。これに対して、私見は意思理論からのもう1つの帰結として、法律に代わる合意の効力を強調する立場から、秘匿行為の真正性に注目をする立場である。前者の考え方が虚偽の行為によって第三者を誤信させるが故にその行為が本来的に詐欺的性格を有するという認識に到達しやすくなる。これに対して後者の立場は、例えば、刑事上の有責性は私法上の効力に影響を及ぼさないとする原理と整合的であり、当事者の法律行為の自由を確保し、当事者の私法的関係に他法領域における諸制限からの相対的な独立を保障する立場に近い（脱税のための仮装譲渡につき東京高裁昭和46年10月19日判決・下民集22巻9＝10号1043頁参照）。

内心的効果意思の合致する贈与契約に基づく課税が行われるべきであると考える。第二は秘匿行為の真正性に注目する。贈与契約という当事者の内心的効果意思の合致したところに合意の効力を見出し、それを基礎とした贈与税の課税が実現されるべきであるとする考え方である。これらの見解の相違は大きく差異を有するものではないと思われるが、本稿は、法律に代わる合意の効力に注目し、当事者の内心的効果意思の合致に基づいて課税を構成する後者の立場に立ちたい[3]。

次に公序良俗による絶対的無効[4]の場合を考えてみたい。基礎となる私法上の法律行為が無効の場合に、真の法律関係に基づいて課税をすべきであるとすると、例えば、売春斡旋契約が締結されており、かかる契約を基礎とした役務提供と対価の支払があった場合には当然に当該契約は無効とされることから、結果的には、何らの契約もないところに単に一方当事者から他方当事者への金銭の移動のみがあったことになる。したがって、当該金銭の対価性の基礎が否定されることになるから、贈与税課税がなされるべきか、あるいは不当利得返還請求権との相殺により課税がなされるべきではないということになるのであろうか。この点、通説は「ある利得が所得であるかどうかは、その利得の原因をなす行為や事実の法的評価をはなれて、実現した経済的成果に即して判断すべきである。……合法な利得であるか不法な利得であるか、有効な利得であるか無効な利得であるかを区別せずに、それが個人または法人の担税力を増加させるという事実に着目して所得の意義をきめてゆくべき」とする[5]。見方によっては、無効な法律関係の上に「契約の不存在を無視して」課税を行うことになるのである。

---

(3) 前者の観点はとりわけ取引安全の保護の私法プロパーにおける要請に適う考え方であると理解できる。

(4) 川島＝平井・前掲注(2)216頁〔森田修〕、平野裕之『民法総則』151頁（日本評論社2003）。

(5) 金子宏『租税法〔第11版〕』123頁（弘文堂2006）。同・前掲注(1)193頁は、所得概念の経済的把握説を支持される。すなわち、これは、「それが私法上有効に保有しうるものであるかどうかとは関係なく、経済的に見て、利得者が現実にそれを支配し、自己のために享受している限り、不法利得も課税対象たる所得を構成する、とする考え方」であり、この考え方によれば、「詐欺・強迫による利得や不法原因給付に該当する利得のみでなく、窃盗や横領による利得も所得に含まれる」ということになる。同「市民と租税」加藤一郎編『岩波講座現代法8』319頁（岩波書店1966）も参照。

第1編　国内税法

　これらは同じように無効な法律関係を前提としているが、通謀虚偽表示があったケースでは、「契約を無視」して課税を行っているのに対して、公序良俗違反の契約が締結されていたケースでは、「契約の不存在を無視」し、あたかも依然として無効な契約が正当に存在しているかのようにみて課税を行っている。

　また、売春斡旋契約が発覚することを避けるため、通謀してタレント斡旋契約と表示していた場合にはどのように考えるべきであろうか。タレント斡旋契約という通謀虚偽表示のみを無視して、民法上無効である売春斡旋契約を基礎とした課税を行うということになるのか。

　民法90条と同法94条を基礎とするこの2つの無効な法律行為を前提とした事例では、タレント斡旋という通謀虚偽表示では当事者の内心的効果意思の合致がないのに対して、売春斡旋契約は当事者の内心的効果意思の合致があるという点に差異がある。すなわち、この2つの無効契約の間に介在する大きな差異は、当事者間に内心的効果意思の合致があるのかないのかという点であると思われる。無効契約の両当事者は、通謀して形式上タレント斡旋契約を締結しているものの、かかる表示行為には当事者の内心的効果意思の合致がみられない。

　かように考えると、契約の無効や不存在の場合には真の法律関係に基づく課税を行うとする枠組みを再構築することができるのではないかと思われる。すなわち、当事者の内心的効果意思の合致に依拠するという契約成立論の考え方をトレースして、内心的効果意思の合致するところに法律関係を構成し(6)、その関係の上に課税を行うとする枠組みである。そして、この見地からは、かかる契約が私法上有効であるか否かには左右されないという極めて租税法的な見方をベースにした法律行為として構成し直すことを可能にする。けだし、経済的成果たる所得移転の根拠は、法律行為の法的有効性にあるのではなく、当事者の内心的効果意思の合致したところにこそあるからである。かような理解こそが、真の法律関係に基づく課税の実現であるといえるのではなかろうか。

　さすれば、契約が無効の場合には、真の法律関係に基づく課税が行われるべきという際の真の法律関係とは、法律効果の有効無効を問わず、当事者の内心

（6）　表示行為から推断される効果意思と真の内心的効果意思との合致にあるところに法律関係を構成することも考えられるが、ここでは、秘匿行為の真正性に着目した法律構成を前提としている（前掲注（2）参照）。

的効果意思の合致したところの法関係（法律構成）に基づいて課税を行うという意味であると理解すべきであろう[7]。

このような考え方は、後発的事象に係る更正の請求についての考察からも確認をすることができる。

国税通則法23条2項1号は、「その申告、更正又は決定に係る課税標準等又は税額等の計算の基礎となった事実に関する訴えについての判決（判決と同一の効力を有する和解その他の行為を含む）により、その事実が当該計算の基礎としたところと異なることが確定したとき」には、「その確定した日の翌日から起算して2月以内」に更正の請求をすることができると規定している。文理が示すとおり、判決が下されたということが問題とされるのではなく、判決によりその事実が計算の基礎としたところと異なることが確定したときをいうのである。

したがって、例えば、タレント紹介契約であったと外形が作出されていた行為が判決により売春斡旋行為であると判断されたとした場合に、売春斡旋行為であるという判断が下され無効との判決が下りたとしても、事実が計算の基礎としたところと異ならないのであれば、更正の請求をすることはできないのではなかろうか。

そのことを明確に判示した事件として、東京地裁平成14年5月24日判決（税資252号順号9126）がある。同判決は、「所得税法は、一定期間内に生じた経済的利益について、これに担税力を認めて課税の対象とするものであり、経済的成果の原因となった行為について、私法上は無効、取消し、解除といった理由により、その効力がないものとして取り扱われることとなる場合であっても、このような行為に基因する経済的成果が実際に発生し、納税義務者の側においてこれが存続している事実が存するときは、かかる経済的成果に担税力を認めて所得税を課税すべきものと解するのが相当である。」とする。

事件は、売買契約に基づいて売買代金を受領した後に、条件が成就しなかったとしてかかる売買契約を解除する旨の意思表示が示されたものの、原告が、受領した売買代金を返還しなかった事案である。その後、不動産について真正な登記名義の回復を原因とする原告への所有権移転登記手続を命ずる旨の判決

（7） 中里実「課税逃れ商品に対する租税法の対応（上）」ジュリ1169号118頁。

が確定したが、原告が現時点までに売買代金等の返還をしていなかった。判決は、「以上の事実を踏まえれば、原告が本件売買契約に基づいて得た売買代金による経済的成果は、依然として原告の側において存続しているものといわざるを得ない。」として、納税者の主張を斥けたのである。

国税通則法22条2項1号は、「計算の基礎となった事実」が「当該計算の基礎としたところと異なることが確定したとき」に更正の請求ができると規定されており、上記事件においては、ここにいう課税計算の基礎となった事実が異なることが確定していないという判断が示されたわけである。

2 仮装行為

金子宏教授は、「仮装行為が存在する場合に、仮装された事実や法律関係ではなく、隠ぺいしないし秘匿された事実や法律関係に従って課税が行われなければならない。これは特段の規定をまつまでもなく、課税要件事実は外観や形式に従ってではなく、実体や実質に従って認定されなければならないことの、当然の論理的帰結である。」とされる[8]。

ここでは、通謀虚偽表示の有無ではなく仮装行為の有無を問題としていることから[9]、仮装とされた法律行為が私法上無効か否かは問われていない[10],[11]。にもかかわらず、私法上の法律行為の効力の如何にかかわらずに隠蔽ないし秘匿された事実や法律関係に従って課税をし得るとする理論的根拠は奈辺にあるのか。

---

(8) 金子・前掲注(5)140頁。

(9) 金子・前掲注(5)140頁は、通謀虚偽表示を仮装行為の典型例とされている。

(10) 仮装行為とは、もともとはドイツ法上の概念であり（木村弘之亮「節税と租税回避の区別の基準」小川英明＝松沢智＝今村隆『新・裁判実務大系租税争訟』324頁参照）、我が国の民法上の概念ではないため、その外延が明確ではないと思われる（今村隆「租税回避行為の否認と契約解釈(1)」税理42巻14号209頁も参照）。

(11) サンヨーオートセンター事件控訴審大阪高裁平成14年10月10日判決（訟月50巻7号2065頁）は、「本件各売買における代金の配分・割付は仮装の金額に過ぎないとすると、次に本件不動産について当事者が合意した真の譲渡価格はいくらであるかが問題となる。その点は、売買の目的物の市場価格、取引当事者の必要性等を考慮して当事者の合理的な意思を探索するよりほかはない」と判示する。判例評釈として、差し当たり、渡邉幸則・ジュリ1256号203頁など参照。なお、原審は神戸地裁平成12年2月8日判決（訟月50巻7号2110頁）。

やはりここでも、仮装行為が当事者の内心的効果意思の合致したところを表示していないという点から、表示行為から離れて内心的効果意思の合致したところにある法関係に基づく法律構成を再構築し、その上に課税を行うルールであるとみることもできる。

かくして、通謀虚偽表示や仮装行為の場合に表示された契約によらずに課税を行うという考え方は、課税の基礎とすべき法律行為が有効に成立しているか否かということよりも、当事者の内心的効果意思が合致しているところにこそ課税の基礎たる法律関係を見出すべきとの考え方を看取することができるのではなかろうか[12],[13]。かように考えると、一方で無効な法律関係を無視して課税を行い得るとする考え方と無効な法律行為であってもその法律行為を基礎として課税を行うという考え方が矛盾なく説明できるのではないかと思われるのである。なお、しばしば実質主義ということがいわれるが、それが許容されるとしてもせいぜいこの意味で認められるに過ぎず、かかる考え方は単なる経済的実質主義を基調として課税をするという理解には繋がり得ない[14]。

---

[12] 中里実教授は、「たとえ契約が虚偽表示にあたる旨を裁判所が正面から認定していないような場合であっても、(終局的には裁判所による)事実認定の結果として、(当事者の主張と異なる)課税要件に該当するような事実認定がなされれば、当該事実認定にしたがった課税が行われるのは当然のことである」とされる(中里・前掲注(7)118頁)。

[13] しばしば、私法上の法律構成による否認論が有効に成立している私法上の契約を無視することを許容するか否かという点から議論されることがあるが、例2の場合には、私法上の無効を無視して課税を行うことになるし、仮装行為の場合には、民法上有効に成立しているか否かが問われていないように思われる。

[14] 占部裕典教授は、前掲大阪高裁平成12年1月18日判決について、「内心的効果意思(主観的意思)を判断するもので、これは私法で行われている意思表示の解釈、法律行為の解釈を超えたものであり、租税法における実質主義による否認を行おうとしているにすぎない。」とされ、内心的効果意思の判断を実質主義による否認と位置付けられる(占部「最近の裁判例にみる『租税回避行為の否認』の課題─実体法的・証拠法的視点から─」税法553号292頁)。また、同教授は、オープンシャホールディング事件東京高裁平成16年1月28日判決(訟月50巻8号2512頁)が、法人税法22条2項の適用について、「本件スキームを事実認定の名のもので当事者の意思の合意を擬制するものであり、これまでの実質主義(経済的観察法)による否認と実態は変わらない」とし、私法上の法律構成による否認の範疇をも超えていると批判される(同稿323頁)。なお、同判決の判例評釈として、差し当たり、水野忠恒・『租税判例百選〔第4版〕』122頁以下、品川芳宣・TKC税研情報15巻3号60頁以下、大淵博義・TKC税研情報13巻6号1頁以下、長谷川俊明・国際商事法務34巻3号371頁以下、渡辺充・税務事例36巻8号1頁以下など参照。なお、原審東京地裁平成13年11月9日判決(訟月49巻8号2411頁)の判例評釈

Ⅲ 私法上の法律構成による否認と内心的効果意思の合致に基づく課税

1 私法上の法律構成による否認論

このような当事者の内心的効果意思の合致するところに法律構成をする考え方は、私法上の法律構成による否認論とどのような関係にあるのであろうか。

中里実教授は、「課税は、第一義的に私法の適用を受ける経済取引の存在を前提として行われる」ことから、課税を考えるに際しては、当該取引に関する私法上の法律構成のあり方が重要となると説かれる[15]。そして、「課税の前提となる私法上の当事者の意思を、私法上、当事者間の合意の単なる表面的・形式的な意味によってではなく、経済的実体を考慮した実質的なかたちにしたがって認定し、その真に意図している私法上の事実関係を前提として法律構成をし、課税要件へのあてはめを行えば、結果として、狭義の租税回避否認と同様の効果をもたらすことが可能となろう。」と主張される。

また、今村隆教授は、「課税要件事実の認定は、外観や形式に従ってでなく、真実の法律関係に即して認定がなされなければならない」とし、「その結果、当事者が用いた法形式が否定されることがある」とされる[16]。そして、「①そもそも当事者の選択した法形式での契約が民法上成立していると認定できるのか、②あるいは、契約が成立したとしても、その真実の法的性質は、当事者の選択した法形式と一致するか否かが問題とされるべきである」として、契約の法的性質決定による否認の可能性を論じられる。

映画フィルム訴訟パラツィーナ事件大阪高裁平成12年1月18日判決（訟月47巻12号3767頁）[17]は、「課税は、私法上の行為によって現実に発生している経済

として、武田昌輔・税務事例34巻10号1頁以下、川端康之・税研106号87頁以下、品川芳宣・税研104号102頁以下、川田剛・税務事例34巻6号1頁以下、大淵博史・TKC税研情報13巻6号1頁以下、高須要子・『平成14年度主要民事判例解説』判タ1125号244頁以下など参照。本件は上告され最高裁平成18年1月24日第三小法廷判決（判時1923号20頁）において破棄差戻しが判断されたが、差戻ししたのは、原審の株式評価方法についてのみである。

(15) 中里・前掲注（7）117頁。
(16) 今村・前掲注(10)209頁。
(17) 判例評釈として、差し当たり、藤谷武史・租税29号165頁以下参照。原審大阪地裁平成10年10月16日判決（訟月45巻6号1153頁）においても、映画フィルムの所有権の取

効果に則してされるものであるから、第一義的には私法の適用を受ける経済取引の存在を前提として行われるが、課税の前提となる私法上の当事者の意思を、当事者の合意の単なる表面的・形式的な意味によってではなく、経済実体を考慮した実質的な合意内容に従って認定し、その真に意図している私法上の事実関係を前提として法律構成をして課税要件への当てはめを行うべきである。したがって、課税庁が租税回避の否認を行うためには、原則的には、法文中に租税回避の否認に関する明文の規定が存する必要があるが、仮に法文中に明文の規定が存しない場合であっても、租税回避を目的としてされた行為に対しては、当事者が真に意図した私法上の法律構成による合意内容に基づいて課税が行われるべきである。」と説示する。そして、「各事業年度に負担すべき租税を後の事業年度に繰り延べる課税繰延も、租税負担の回避に当たることは明らかであるから、課税繰延も租税回避と同様、法文中に明文規定がない場合でも、事実認定・私法上の法律構成による否認という方法により真実の法律関係に基づき課税が行われることには変りはない。」として、私法上の法律構成による否認論を支持する判断を行った。

2　私法上の法律構成による否認論と真実の法律関係

このように私法上の法律構成による否認論では、民法における契約の法的性質決定の手法を用いて、両当事者の意思がどこまで合致していたかを探求することにより、真実の法律関係を構成しそれを基礎に課税を行おうとする考え方であるといえよう。

ところで、一般に、契約の無効又は不存在の場合には、その表示された「無効な契約を無視して」課税することが相当であると考えられているが、私法上

得等を内容とする契約に基づく取引は、その実質において、原告が映画製作会社による映画興行に対する融資を行ったものであって、原告は、映画フィルムの所有権を真実取得したものでなく、租税負担を回避する目的のために、契約書上、映画フィルムの所有権を取得するという形式、文言が用いられたにすぎないことから、映画フィルムの減価償却費を損金の額に算入したことは相当でないとされている。判例評釈として、品川芳宣・TKC税研情報8巻4号1頁以下、渕圭吾・ジュリ1165号130頁以下など参照。本件は上告されたが、最高裁平成18年1月24日第三小法廷判決（民集60巻1号252頁）において、本件映画は、本件組合の事業において収益を生む源泉であるとみることはできず、本件組合の事業の用に供しているものということはできないから、平成13年改正前の法人税法31条1項にいう減価償却資産に当たるとは認められないとされた。

の法律構成による否認論は、これらの理論とは異なる解釈論を示したものなのであろうか。筆者は、私法上の法律構成による否認論が当事者の内心的効果意思を反映した法律関係に基礎を置く理論と理解される限りにおいては、通謀虚偽表示や仮装行為の場合の課税ルールと必ずしも異ならないのではないかと考える。

　例えば、私法上の法律構成による否認を肯定したといわれているりそな銀行事件大阪地裁平成13年12月14日判決（税資251号順号9035）(18)は、「所得に対する課税は、私法上の行為によって現実に発生している経済効果に則して行われるものであるから、第一義的には私法の適用を受ける経済取引の存在を前提として行われる。しかしながら、その経済取引の意義内容を当事者の合意の単なる表面的、形式的な意味によって判断するのは相当ではなく、裁判所は、私法上の真実の法律関係に立ち入って判断すべきであって、このような裁判所による事実認定の結果として、納税者側の主張と異なる課税要件該当事実を認定し、課税が行われることは私法上の真実の法律関係に即した課税であり、当然のことであるといえる。」と判示する。そして、「当事者間の契約等において、当事者の選択した法形式と当事者間における合意の実質が異なる場合には、取引の経済実体を考慮した実質的な合意内容に従って解釈し、その真に意図している私法上の事実関係を前提として法律構成をして課税要件への当てはめを行うべきである。」とするのである。

　これまでの整理を前提とすれば、通謀虚偽表示や仮装行為の課税ルールと私法上の法律構成による否認はいずれも経済的成果である所得を経済的実質に基礎を置くのではなく、何らかの法的関係に基礎付けて課税を行うという二層的構造認識論を採用する立場にあることを確認することができる。また、そのことは私法上の有効な契約関係を前提とした課税をするという意味ではなく、契約成立論と親和性を有する当事者の内心的効果意思の合致した法的関係に基づいて課税を行うという点にあるという点を確認し得るのではなかろうか。

---

(18) 判例評釈として、近藤雅人・税通59巻15号246頁以下。控訴審大阪高裁平成15年5月14日判決（民集59巻10号3165頁）の判例評釈として、占部裕典・金法1730号32頁以下、同1731号36頁以下参照。上告審最高裁平成17年12月19日第二小法廷判決（民集59巻10号2964頁）の判例評釈として、杉原則彦・曹時58巻6号177頁以下参照。

3 私法上の法律構成による否認論が解決すべき問題点

私法上の法律構成による否認論について、次の3点において更に留保すべき点が残る[19]。1つは、当事者の内心的効果意思の合致を探るのは、先にみたとおり通謀虚偽表示や仮装行為の場合であり、これらに当たらない場合にまで、表示主義を無視して意思を探った課税を行い得るのかという問題がある。

また、当事者の内心的効果意思の合致に基づく法的関係に基礎付けられる課税ルールが租税法律主義の要請に反するおそれはないかという問題もあろう。更には、租税回避目的を重要な間接事実とする私法上の法律構成による否認論特有の問題として、そもそも租税回避が重要な間接事実たり得るのかという点である。

まず、1つ目の問題については、既に岡村忠生教授が、私法上の法律構成による否認論を仮装行為による否認の適用領域の拡大を目指す手段であると指摘されている[20]。上記の検討は、租税回避の否認の手法とされている私法上の法律構成による否認論の判断枠組みの基礎と考えられる当事者の内心的効果意思を模索する手法自体が、そもそも通謀虚偽表示や仮装行為の場合における課税の基礎となる事実の模索手法と同根であることからすれば、当然の批判論であるように思われる。

2つ目の問題については、上記りそな事件大阪地裁判決が、「上記の解釈は、要件事実の認定に必要な法律関係については、表面的に存在するように見える法律関係に則してではなく、真実に存在する法律関係に則して要件事実の認定がなされるべきことを意味するに止まり、真実に存在する法律関係から離れて、その経済的成果や目的に則して法律要件の存否を判断することを許容するものではない。この限度で、かかる解釈も、租税法律主義が要請する法的安定性、予測可能性を充足するものである。」と説示している。当事者の真の内心的効果意思に基づいて真の法律関係に基づく課税が行われる限りは、法的安定性や予測可能性に反することにはならないとする説示が示されているが、もっとも、

---

[19] 更にいえば、筆者の見解が意思主義に基礎付けられているという批判が起こり得よう。この点については、表示主義から出発したとしても見解に差異はないと理解している。表示主義に立てば、表示行為から推認される効果意思と真の内心的効果意思に不一致があることを前提に真の法律関係の模索に向かうことになるが、かかる立場に立ったとしても何ら結論を左右するものではない。

[20] 岡村忠生「租税負担の回避の意図と二分肢テスト」税法543号7頁。

真実に存在する法律関係から離れているかどうかが判然としないという点が問題なのであって、租税法律主義が要請する法的安定性や予測可能性を充足するかどうかについては、更に深慮ある検討が要請されよう。

また、3つ目の問題について考えると、私法上の法律構成による否認論を租税回避目的を重要な間接事実とする裁判官推論ルールと理解すれば、通謀虚偽表示や仮装行為の課税ルールとは異なるという見方もできよう。私法上の法律構成による否認論をそのように捉えるとすれば、問題は、真の内心的効果意思の合致したところを基礎とする課税の是非ではなく、むしろ当事者の内心的意思の合致についての認定作業を、租税回避目的に結び付けて行うことの是非にあるというべきなのかも知れない。

上記3つの問題点のうち、前の2つの問題については、これを論じる学説が存在するので、ここでは、これらの問題点のうち、最後の問題について検討を加えることとしたい。

Ⅳ 私法上の法律構成による否認論の限界

1 租税回避目的の考慮をすることの是非

谷口勢津夫教授は、私法上の法律構成による否認論について、租税回避を当事者が真に意図した私法上の法律構成ではないという経験則を前提として、裁判所の推論ルールを措定する理論的な試みであると位置付けられる[21]。

私法上の法律構成による否認論は、次のような判断枠組みを提示する。すなわち、租税回避目的という経済的に不合理・不自然な目的をもって当事者が選択した法形式は、経験則によれば、取引通念上特段の事情のない限り選択したであろう法形式とは異なる。したがって、取引通念に照らし通常の法形式を想定して定められた課税要件への該当性の判断においては、反証のない限り、真実の法律関係に合致しないものとの経験則が認められるのであれば、通常の法形式に引き直すべきであると考えるのである[22]。この考え方を前提にすれば、

---

[21] 谷口勢津夫教授は、私法上の法律構成による否認とは、当事者の租税回避目的が「当事者が選択した法形式が真実の法律関係に合致しないことを推認させる『重要な間接事実』であり、当該法形式とは異なる真実の（合理的・自然な）法律関係が別に存在することを強く推認させる」という見解と結びついた解釈理論であると論じられる（谷口「司法過程における租税回避否認の判断構造―外国税額控除余裕枠利用事件を主たる素材として―」租税32号53頁）。

当事者が租税回避目的をもってある法形式を選択した場合、その法形式が真実の法律関係と異なることが強く推認されるので、反証のない限り、その法形式とは異なる、課税要件法上想定されている通常の法形式を規準にして課税の適否を判断すべきであるというような推論ルールが成立する。

なるほど映画フィルムパラツィーナ事件大阪高裁判決では、契約書上、単に原告ら組合員の租税負担を回避する目的のもとに、映画投資事業組合が映画の所有権を取得するという形式、文言が用らいれたに過ぎないとの認定が裁判における結論を大きく左右したのではないかと思われる。

かように、私法上の法律構成による否認論は、租税回避目的を重要な間接事実として捉えた上での裁判規範としての一般的否認規定を措定しようとする試みであるという指摘もできそうである[23]。

このように租税回避目的という取引の意図や目的を持ち込んで契約を解釈することには批判があり得る[24]。例えば、岡村忠生教授は私法上の法律構成による否認論を仮装行為による否認の適用領域の拡大を目指す手段と位置付けられ、かかる理論に対して批判的な見解を示される。そして、当事者の真実の意思を否認における構成要件にはないと断じた上で、「なぜ仮装行為の説明では、当事者の意思や意図という語が繰り返され、それこそが課税の基礎を決めてしまうとさえ読めるのか、釈然としない思いが残る」とされる[25]。

動機が私法上の意図ではなく、その前提たる意思に過ぎないという指摘はあり得るし[26]、その辺りは、例えばいわゆる航空機リース事件第一審名古屋高裁平成17年10月27日判決（判例集未登載）[27]が「課税額の減少それ自体を取引

---

(22) もっとも、この点について、松原圭吾「租税回避行為の否認に関する一考察―『私法上の法律構成による否認』論の功罪―」税法553頁138頁は、「『私法上の法律構成による否認』論は租税収入極大化を目指す課税庁が主張しているため、予定調査的にまず真実の意思を虚構し、その後それに対応した法形式に引き直すという可能性がある」とし、そのことから、「真実の意思を探求した後、納税者の選択した法形式を引き直すのではなく、その法形式を検討した上で、意思を探求すべきである。」と主張される。
(23) 谷口勢津夫・『租税判例百選〔第4版〕』41頁。
(24) 谷口・前掲注(23)41頁参照。
(25) 岡村・前掲注(20)7頁。
(26) 藤谷武史教授は、租税回避目的を、私法上の意図ではなく、その前提たる意思であると論じられる（藤谷・前掲注(17)166頁）。
(27) 第一法規TKC判例等データベース28102494号。主な判例評釈として、差し当たり、

の手段として本件各事業の当事者の利益を図るものであるとの点は、……契約締結の動機、意図などの主観的要素と効果意思とを混同するものであり、このことを言葉を変えて述べているにすぎ」ないとするところである(28)。

しかしながら、動機たる事項の内容や法律行為と動機との間の牽連性の強さを問題とした上で、その相関関係を基礎として内心的効果意思の模索がなされるということは十分にあり得ると考える(29)。例えば、倒産隔離の議論においても、倒産法の適用を免れるという目的のために売買等の契約形式をとって資産を移転した場合に、真実は売買ではなく、担保権の設定にすぎず、倒産法の適用を受けるとする議論が展開されているようである(30)。

また、このような考え方は、映画フィルム訴訟のほか、他の近時の租税訴訟においても採用されているといえよう。例えば、納税者の主張を認めた三井不動産販売事件東京高裁平成14年3月20日判決（訟月49巻6号1808頁）(31)におい

細川健・税弘54巻8号152頁以下など参照。なお、原審名古屋地裁平成16年10月28日判決（判タ1204号224頁）を扱ったものとして、宰田高志・税研119号96頁以下、品川芳宣・税研120号86頁以下、細川健・税弘53巻2号146頁以下、大淵博義・税務事例37巻7号1頁以下、同37巻8号10頁以下、川田剛・税通60巻3号35頁以下、酒井克彦・税務事例37巻5号1頁以下、同37巻6号8頁以下など参照。

(28) 更に同判決は、「控訴人らは、本件各事業は、我が国の租税歳入それ自体を取引対象とし、本件各事業の当事者の利益を図る事業であり、本件各組合契約は、契約当事者の認識や実体と法形式とが大きく齟齬する異常な法形式であるかのように主張する。しかし、上記主張も、……動機等の主観的要素と効果意思とを混同し、本件各組合契約は、課税減少効果を目的とする契約であるとして、当事者の認識等をその動機等や経済的側面のみに着目してこれを理解し、動機等とは別の効果意思の検討を放棄するものである。」と判示している。

(29) 民法の公序良俗論における有力説として、動機たる事項の不法性の強さと、当該法律行為と不法動機との間の牽連性の強さを問題として、その相関関係を民法90条に照らして判断すべきと説く「動機の不法」論がある（幾代説）。また、虚偽表示論においても無目的な外形作出の場合には民法94条の適用が想定されておらず、表意者の追求する目的との関係が議論されている（稲本・前掲書（2）315頁）。

(30) 山本和彦「証券化と倒産法」ジュリ1240号17頁以下など参照。

(31) 原審東京地裁平成13年3月28日判決（訟月49巻6号1820頁）においては、所得税法が自由に選択可能な売買と交換という法形式間において譲渡所得の計算上の差異を設けている以上、納税者が選択した法形式に従った課税をするのが法の趣旨であるとみるのが相当であり、納税者が選択した法形式を否認して他の法形式を前提として譲渡価額を算定して課税をすることは明文の根拠がないかぎり許されないと判断されている。判例評釈として、品川芳宣・TKC税研情報10巻6号1頁以下、谷口豊『平成13年度主要民

ても、「当事者によって用いられた契約文言や契約類型が不当に課税を回避すること等を目的としてされた、当事者の真の意図を隠蔽する仮装のものである場合には、当事者の真の意図による取引が存在するものとして扱われるべきことは、意思表示の合理的解釈の見地からも、また実質課税の原則からも、当然のことである。」とするのである[32],[33]。

このように当事者の主観的意図が重要な間接事実足り得ないという点についての批判が必ずしも妥当するとはいえないとしても、問題は、むしろ「租税回避目的＝真の法律関係でない」という経験則が成り立ち得るのかという点にこそあるのではないかと思われる。

2 自由心証主義に対する拘束と経験則の相克

そこには「租税回避目的」という経済的に合理的な目的をもって当事者が選択した法形式は、経験則によれば、当然に選択した法形式であろうという反論が待ち構えているといえよう。そのことは最近の判決が意識してこれを判示しているところである。

例えば、前出の岩瀬事件東京高裁判決は、「むしろ税負担の軽減を図るという観点からして、本件譲渡資産及び本件取得資産の各別の売買契約とその各売買代金の相殺という法形式を採用することの方が望ましいと考えられたことが認められるのであるから、両者において、本件取引に際して、真実の合意としては右の補足金付交換契約の法形式を採用した上で、契約書の書面上はこの真の法形式を隠ぺいするという行動を取るべき動機に乏しく、したがって、本件取引において採用された右売買契約の法形式が仮装のものであるとすることは困難なものというべきである。」と判示するのである。

また、最近では、オランダ法人である原告が、原告を含む企業グループが成立した日本法人である訴外Ａ社から受領した金員は、匿名組合契約に基づく利益分配金であり、所得に対する租税に関する二重課税の回避のための日本国政

事判例解説』判タ1096号236頁以下など参照。
(32) ここにいう「実質課税の原則」とは法的実質課税のことであると思われる（谷口・前掲注(23)41頁参照）。
(33) なお、岡村忠生教授は、選択された法形式こそが納税者の真実の意思そのものであるとされ、意思表示の合理的解釈の余地を与えない（岡村・前掲注(20) 7頁）。

府とオランダ王国政府との間の条約23条に規定する「一方の居住者の所得で前諸条に明文の規定がないもの」に当たるから、我が国には課税権がないなどとして、係争各年度分の各法人税賦課決定等の取消しを求めた事案で、原告がA社から匿名組合分配金という名目で受領した金員は、前記条約23条に該当する所得に該当するから、我が国には課税権がないとして、請求を認容した事例において東京地裁平成17年9月30日判決（判例集未登載）(34)が、「A社は、……課税を免れる目的で、B社とA社の間に匿名組合契約を成立させ、また、日本の課税当局から本件契約が匿名組合契約であることを万が一にも否定されないようにするための措置として、B社の匿名組合員の地位をA社の親会社ではない会社に承継させるために、原告を設立し、修正後の本件契約書を作成したということができる。」と認定した上で、「当事者間に匿名組合契約を締結するという真の合意がある場合には、税負担を回避するという目的が併存することから、直ちに当該匿名組合契約の成立を否定することはできない。」と判示する。

　これらの判決においては、むしろ「租税回避目的」は、経済的に合理的な目的であると位置付けられている。すなわち、租税回避目的が真の内心的効果意思であり、それが表示されているということであれば、内心的効果意思に基づく課税自体を否定することが困難にもなろう。この点については、品川芳宜教授も、「契約自由の世界の中で、経済人であれば当然税金のコストが少なくて済む契約を締結するのは、ある意味では合理的な話」とされる(35)。

　かように近時の判決をみると、「租税回避目的」による取引が経済的に非合理的であるとの経験則が本当に成立し得るかについては、慎重な検討が要請されるように思われる(36)。

　租税回避目的を合理的取引と位置付けることが妥当かどうかについては、結論を留保せざるを得ないが、ここでは、合理的な取引に反する目的とまでは言い切れないとの一応の結論は導出できよう。

---

(34)　LEX/DB 文献番号28111331号。

(35)　品川芳宜「租税回避否認の法理と問題点—最近の学説、裁判例—」『第56回租税研究大会記録』4頁（日本租税研究協会2004）。

(36)　経験則上、経済合理的な取引であるということになるとその前提は、「あるべき法律行為」の押付けに近いものと評価されることにもなるのではなかろうか。同様の危惧を示す論稿として、末崎衛「『私法上の法律構成による否認』についての一考察」税法550号25頁以下。

V 結びに代えて

　租税回避事案において裁判所が私法上の法律構成による否認論が採用されるかについては注目を集めているが、外国税額控除余裕枠利用事件においても、フィルムリース事件においても、最高裁は同理論を採用しておらず、未だ判例形成には至っていない。

　これまでみたように、私法上の法律構成による否認論は、当事者の内心的効果意思の合致するところを探るに当たって、租税回避の経済的不合理性や異常性を基点として裁判官の推論ルールの成立に則る構成を採る理論であると思われる。自由心証主義とはいっても、裁判官は論理則と経験則に縛られる。経験則的には、租税回避目的に基づく取引が経済的合理性を有しない取引とされるのか、あるいはその反対に経済的合理性を有する取引とされるのかという経験則の相克がある。そのような中においては、租税回避目的が重要な間接事実となり得るとしても、租税回避目的を強調することが、場合によっては、極めて微妙な結論を導き出してしまうという反作用さえあり得る。そのことは最近の下級審裁判例が示しているとおりであり、決してこのことを等閑視することはできないように思われるのである。

12　租税法における不遡及原則と期間税の法理

立命館大学法科大学院教授　三木義一

Ⅰ　はじめに
Ⅱ　遡及効と我が国の学説・判例
Ⅲ　不利益遡及と構成要件の遡及的結合の違い
Ⅳ　いわゆる「期間税の法理」
Ⅴ　おわりに

Ⅰ　はじめに

　ここ数年間の税制改革は、本来の租税立法のあり方から見て「異常」と思われる事態が続いている。例えば、次のようなことがあった。

(1)　自治体窓口大混乱

　2006年6月、住民税の負担増に驚いた年配者が、各地の自治体に殺到し、京都新聞（2006年6月25日号）によれば、京都市の場合は、前年比2倍の約6,400人が訪れ、「増税のことは聞いておらず、納得できない」等と抗議したようである。

　しかし、この増税は地方税の問題というよりは、近年の所得税改正の余波にすぎないので、文句を言われても自治体もたまらないかもしれない。

　しかし、年配者の「増税のことは聞いていない」という素朴な疑問はわからないでもない。老年者控除廃止の是非についてきちんとした国民的議論がなされたわけではないからである。

(2)　役員報酬

　2005年12月15日の自民党の税制改革大綱も衝撃を与えた。会社法改正に伴う役員報酬等の税制上の扱いについての十分な議論もなしに、突如実質一人会社に係るオーナー役員給与の損金算入制限が導入されたからである。さらに、2006年1月17日の閣議決定で、損金算入できる業績連動型役員報酬制度も導入され、法律案はその後の2月3日に国会に提出され、3月27日に可決、4月か

ら施行となった。これにより、法人税法34条は従来の原則損金算入から、原則損金不算入へと180度変わり、35条に「特殊支配同族会社の役員給与の損金不算入」も加えられた。これらの新規定の適用要件については不明確なものも少なくなく、国税庁は2006年6月20日なってようやく「Q&A」を公表した。すでに事業年度が始まっているのに、その具体的要件が明確ではなく、しかも専門家が右往左往させられたのである。

(3) 損益通算

このような近年の改正動向を予告していたのが、2003年12月17日の自民党の税制改正大綱であろう。この大綱で、突如「土地、建物等の譲渡損」の損益通算が否定され、しかもその適用が翌年からとされた。従って、この制度の適用を予定していた納税者や税理士はあわただしい年末の2週間以内に対応せざるをえず、投げ売りもあったといわれている。しかも、法案が成立したのは3月26日であるのに、譲渡損規制の適用が1月1日に遡及されたのである。

本稿では、以下において、この3) 改正の違憲性、つまり租税法律主義違反、とりわけ遡及拘禁止違反の有無について検討したい[1]。争点は、平成16年3月26日に成立した法律により、所得税における「土地、建物等の譲渡損」の損益通算（他の所得と譲渡の損を通算すること）が否定され、譲渡損規制の適用が1月1日に遡及適用されたことである。（以下、「本件」という）立法に関与した人々は、これを後述の期間税の法理を根拠に違憲ではないとしているが、通常の期間税の法理が適用される事案ではないことを、本稿で具体的に示したい。

なお、本件で問われている問題は、よりわかりやすくいうと、次のような事例と同じなのである。

Aさんは、親の介護資金捻出のため、2005年12月10日に、自己所有の物件の譲渡益が非課税であることを確認した上で、売却することを決意し、

（1） この問題を直接扱った論稿としては、高野幸大「不動産譲渡損益通算廃止の立法過程にみる税制の不利益不遡及の原則」税務弘報2004年6月号154頁、首藤重幸「租税法における遡及立法の検討」税理2004年6月号2頁等があり、日弁連は2004年9月18日付の「土地建物等の譲渡損益通算禁止についての意見書」で違憲の主張を展開している。

不動産業者に仲介を依頼したが、譲渡できたのは2006年1月30日であった。Aさんは、当該収入金額全額を親の介護資金として支出した。ところが、同年3月26日に国会で成立し、4月1日から施行された改正所得税法では、当該物件の非課税措置は撤廃され、しかも、同年1月1日からの譲渡行為に課税措置が起用されることになった。そのため、2007年3月の確定申告義務が生じ、予期していなかった高額な所得税負担も強いられ、親の介護措置を中断せざるをえなくなったが、財務省の説明によると、所得税は期間税であるから、2006年12月31日の暦年修了時までの改正がなされていれば新法の規定が当該年度の所得に適用されるので「期間税の法理」により憲法上問題ないという。

このような説明が憲法上許されるのかが、問われていることになる。なお、本件は上記の非課税措置廃止とは異なるように受け止められるかもしれないが、他の課税所得と相殺でき、減額できることは、単なる非課税以上に、当該金額相当額がマイナスにできるという点でより軽減効果の強いものであり、それが事後の法律によって課税されることの負担効果がより強いものであることに留意いただきたい。

Ⅱ 遡及効と我が国の学説・判例

憲法第84条の定める租税法律主義は、納税者の法的安定を図り、予測可能性を与えることを目的の一つとしており、行為時に非課税だった取引が事後の法改正により遡及的に課税されるのでは、納税者は税負担のない取引を安心して選択することはできない。そのため新法（改正法）を公布日より前に遡及して施行し又は適用することはこの目的に反し、納税者の不利益に変更する租税法の遡及効は租税法律主義に違反すると解されている。このことは、学説や裁判例においてほぼ異論がないといってよい[2]。

しかし、遡及効が絶対的に禁止されるとは解しておらず、納税者に有利な遡及や、予測可能性を損なうとは言えない程度の遡及や、期間税などの場合には

---

(2) 例えば、金子宏『租税法（第12版）』（弘文堂、2007年、99頁）、北野弘久『税法学原論（第5版）』（青林書院、2003年、95頁）など。裁判例では、東京高判平成11年11月11日・税務訴訟資料245号261頁、等

第1編　国内税法

遡及効禁止を緩和して解する傾向が強い(3)。近時その論拠とされつつあるのが、民主主義の原理であり、「国民の代表者である国会が国民の納得の上で租税法の遡及を認めたという場合に、これを予測可能性という一事のみから否定してよいものか」という議論であろう(4)。

確かに、この議論は一般論としては検討されるべき内容を有している。しかし、他方で現実の租税法の制定過程が、この前提と著しく異なり、租税の専門家ですらその具体的内容がわからないまま、突如改正され、しかもその後も申告時期までに具体的適用基準が不明確なまま、改正日以前の納税者の経済活動にも遡及的適用されている実態も重視する必要がある。

その意味で、民主主義の抽象論ではなく、租税立法の専門性と非専門家である一般納税者の予測可能性確保という観点から、遡及効禁止を検討すべきであろう。

遡及効禁止の法理から、具体的法規を無効とした裁判例としては、福岡高裁那覇支部昭和48年10月31日判決（訟務月報19巻13号220頁）があり、これは過年度の誤って課税した租税の還付を不要にするために事後立法するという不合理な内容の高等弁務官布令17号改正3号の効力を否定したものであった。

その他の裁判例では、結論としては租税法律主義違反が退けられているが、それは不利益遡及が肯定されたわけではなく、争点が不利益遡及には見えても、実は遡及ではなく、後述のように、過去の事実と構成要件が結合しているにすぎない事案であったからである。

この点を上記東京高裁平成11年判決（注2参照）は原審判決を引用して次の

（3）　税法上の遡及効に言及したものとしては、吉良実「税法上における不遡及の原則」税法学100号114頁（1959年）、石島宏「租税回避への立法措置と不利益不遡及の原則」税理32巻2号90頁（1989年）、碓井光明「租税法律の改正と経過措置・遡及禁止」ジュリスト946号120頁（1989年）、浦東久男「地方税における遡及立法禁止の問題」総合税制研究1巻2号（1992年）、宮原均「税法における遡及立法と憲法」法学新法104巻2＝3号95頁（1997年）、岩崎政明「租税法規・条例の遡及立法の許容範囲」税57巻3号4頁（2002年）、高橋佑介「租税法律不遡及の原則についての一考察」総合税制研究11号76頁（2003年）、等がある。行政法における議論については、室井力「行政法令不遡及の原則」名古屋大学法政論集109号329頁（1986年）も参照。

（4）　前掲・碓井論文や宮原論文がそうした視点を強調されている。

ように説明している。

「しかしながら、租税法規不遡及、遡及課税立法禁止の原則は、過去の事実や取引を課税要件とする新たな租税を創設し、あるいは過去の事実や取引から生ずる納税義務の内容を納税者の不利益に変更するいわゆる遡及立法を許さないとする趣旨のものである。そして、相続税において、納税義務を生じさせる過去の事実に当たるのは、被相続人の死亡等及びこれらに伴う財産の取得という事実であると解される（相続税法1条）。

したがって、本件特例の効力発生前に被相続人が死亡したことにより財産を取得した相続人に課される相続税について、本件特例を適用するという場合は、行政法規不遡及、遡及課税立法禁止の原則に反することになり許されないと解されるが、本件特例の効力発生前ないし本件中間答申の日の前に被相続人が一定の財産を取得したという事実は、相続税法における納税義務を生じさせる過去の事実には該当しないのであって、相続人に課される相続税の課税価格の算定に当たって、右財産に本件特例を適用することが直ちに行政法規不遡及、遡及課税立法禁止の原則に反するということにはならないというべきである。」

この判断は基本的に正しいといえよう。課税要件は、過去の行為と何らかの関連を有している以上、過去の行為等との結合は避けられないからである。ただし、改正後に課税要件を充足した場合にしか課税できないのであって、改正前に遡及することはできないのである。これに対し、本件の場合は、真の遡及効が問題となっている事案であり、新たな課税要件を改正前の事実に遡及させている点で重大な憲法問題を引き起こしているのである。

Ⅲ　不利益遡及と構成要件の遡及的結合の違い

遡及効禁止の問題を検討する際に、まず留意しなければならないのは、新しい租税法規の構成要件は必然的に過去の行為等と連動しているということである。例えば、2006年3月26日に国会で成立し、同年4月1日から施行された新税法により、同年4月1日現在の不動産所有者に新たな保有税が課せられた場合、納税者は4月1日以前に不動産を購入した者であり、購入当時そのような不動産税はなかったが、2006年4月1日以後新たな負担が課されるようになる。

第1編　国内税法

このような場合、購入当時の税制をその後も維持しなければならないという憲法規範はないし、一定期日まで非課税であるという特別措置が存在していたような特殊事例でないかぎり、購入時の信頼を裏切ったわけでもない。なぜなら、購入時から新法制定までの間の不動産保有には新法規の下でも税負担がないからであり、購入時の保有税非課税が将来の保有の非課税まで保証しているわけではないからである。

このように、租税の構成要件は過年度の行為等と必然的に係わらざるを得ないが、そのことが直ちに遡及禁止に抵触するわけではない。つまり、遡及適用と見える場合でも、構成要件の遡及的結合といえるにすぎない場合があり、これは違憲な遡及効とを区別しておかねばならない。

そこで、税法上の遡及効の問題を、具体的事例を示しながら、憲法上許容されているものと、違憲といわざるを得ない遡及効を示していきたい。

【不動産取得税の場合】

> (1) Aさんは2006年1月4日に、不動産取得税は非課税とされている物件を購入したところ、2006年3月26日に成立し、同年4月1日から施行されることとなった改正不動産取得税法により非課税措置が廃止され、その適用が同年4月1日からの不動産取得に適用され、そのため、Bさんはもう一つ不動産購入を考えていたが、断念した。

> (2) Bさんは2006年1月4日に、不動産取得税は非課税とされている物件を購入したところ、2006年3月26日に成立し、同年4月1日から施行されることとなった改正不動産取得税法により非課税措置が廃止され、その適用が同年1月1日からの不動産取得に適用され、Aさんの不動産取得行為も課税されることとなった

「不動産取得」という「行為」を課税対象にしている場合には、当該行為が行われた時の租税規範が適用されることはいうまでもない。行為時に納税者が租税負担も考慮して、私法上の行為を選択するのであるから、それが事後の租

税法規によって変更されては、租税法律主義の予測可能性は根底から覆されることになるからである。しかし、改正後の行為については新たな租税法規が適用されるのも当然であり、その意味で(1)は全く遡及的要素がない事例である。これに対して、(2)は典型的な遡及効であり、購入時課税標準に含まれていなかった行為が、事後の立法により遡及的に課税要件に組み込まれ、課税標準が事後的に拡大したケースである。同時に、非課税であったわけであるから、行為時に租税債務は抽象的にゼロとして成立したにもかかわらず、事後法によって成立した租税債務の変動がもたらされたことになる。このように、憲法が遡及禁止で要請している内容は、一旦成立した租税債務及び行為時の課税標準の事後立法による遡及的変更である。

　行為時を基準とするのは、その時点で債務が成立するからだけではなく、納税者が行為時に納税義務の有無を考慮して自己の処分権限を行使するからである。自らの処分行為に伴う税負担とその限界をあらかじめ法律で定めて、予測可能性を保証するところに最大のポイントがある。

【相続税の場合】

> (3)　Cさんは2006年5月4日に父親がなくなり、2002年10月10日の契約に基づき当時は相続税が非課税とされていた保険金を受け取った。ところが、2006年3月26日に成立し、同年4月1日から施行されることとなった改正相続税法により非課税措置が廃止され、その適用が同年4月1日からの相続に適用され、そのため、Cさんは多額の相続税負担を余儀なくされた。

> (4)　Dさんは2006年1月4日に父親がなくなり、2002年10月10日の契約に基づき当時は相続税が非課税とされていた保険金を受け取った。ところが、2006年3月26日に成立し、同年4月1日から施行されることとなった改正相続税法により非課税措置が廃止され、その適用が同年1月1日からの相続に適用され、そのため、Dさんは多額の相続税負担を余儀なくされた。

(3)の事例は相続開始が5月4日であり、その前に成立・施行されている相続税法が適用されるが、保険契約を締結した当時は相続税非課税であったという事例である。このような事例は、構成要件の遡及的結合といえる事例であり、課税対象となるものが過去の契約に基因しているとはいえ、相続時にはすでに新法が成立・施行され、相続開始時の租税法規によって課税標準が確定し、課税されている事例に過ぎない。このようなものまで、租税法律主義が納税者の予測可能性担保のために禁止しているというわけにはいかないであろう。新しい課税要件といえども過去の行為とは無関係ではあり得ないからである。

これに対して、(4)は相続開始時の相続税法では非課税であったものが事後的に課税標準に組み込まれ、租税負担の増加をもたらしたケースである。2002年の契約締結が問題なのではなく、2006年1月4日に相続開始があり、その時点の租税法規に基づく課税標準及び租税債務が事後法で遡及的に変更されたことになる。このような遡及的税負担は憲法が禁止している遡及効になることは異論がないと思われる。

Ⅳ　いわゆる「期間税の法理」

これらに対して、期間税、つまり一定の期間の所得等を課税標準にしている税制については、やや異なる議論が展開されてきた。

---

(5) 2005年12月10日に成立し、同年末までに公布され、翌年1月1日から施行される所得税法では、従来非課税であった一定の譲渡行為も課税されることになり、税率も引き上げられた。そのため、Eさんは2006年に予定していた譲渡行為を断念した。

---

(6) Fさんは2006年3月までの勤労による収入が300万円で、源泉所得税も徴収されてきたが、2006年3月26日に成立し、同月31日に公布され、翌4月1日から施行されることとなった改正所得税法により税率が引き上げられたため、2006年度の年末調整では3月までの徴収額が少なかったことにより手取額が例年より少なかった。

これらは期間税といわれている所得税についての事例である。所得税は暦年を課税期間とするものであるから、暦年開始までに適用される租税法規が確定しているのが望ましいことはいうまでもなく、本来であれば期間開始前に改正措置をとっておかねばならない。

ところが、所得税法のような期間税については期間終了時点、つまり租税債務の成立時点までに改正法が成立していれば、違憲ではないかのような説明がなされてきた(5)。しかし、その当否については慎重な検討を要する問題である。

確かに、期間税の場合は、(5)のように期間開始前の改正が望ましいとはいえ、一定の行為時点で租税債務が成立する租税と全く同じとはいえない側面もある。期間中の継続的な収入が課税対象となっている点や源泉徴収制度の存在なども考慮すると、租税債務の成立時点で新法が成立・施行されていれば、遡及効が生じていると解する必要はないかのようにもみえる。

しかし、(6)のケースでも厳密には、3月までは旧法が適用されており、旧法の下での所得稼得行為に対して遡及的に新法が適用されている側面は否定できない。それが、何故憲法的にもある程度許容されるかというと、期間税は期間中の所得を集計するという所得計算の手法を採り入れているからにすぎないのであり、納税者の予測可能性を否定することまで許容しているものではないことに留意すべきである。つまり、所得税法の課税標準は所得であり、3月までの所得について所得税の納税義務が生じることは予測されており、その後の所得の増大、あるいは経費の増大如何によって、税負担の具体額も変わることが前提となっている。したがって、納税者としては当該行為を行った場合、仮にその当時の租税法規が改正されなかったとしても、租税債務が抽象的に発生しうることが予測できるものの、具体的租税債務額は未定であることには変わりがないからである。

このような期間税の性格を考慮した場合、適用税率については暦年終了時点

---

(5) この問題については、比較的厳格な租税法律主義論を展開されてきた北野教授の指摘が注目される。教授は「期間税についてはその性質上厳密には租税法規不遡及の一種の例外が許されるのである」とされ、確定申告が翌年であることや期間の中途では課税物件が生成途上であること等を理由に「納税者の法的安定性をはなはだしく害することになるとはいえないからである」とされている(北野・前掲書99頁)。教授の立場からしても、本件の場合には、期間税とはいえ「法的安定性をはなはだしく害する」場合に該当すると言えるようにも思われる。

第1編　国内税法

の租税法規に基づいて課税するのは、期間中の所得を集計して計算することの反映に過ぎず、納税者の予測可能性や取引により獲得している過去の経済的成果を否定することまでを合理化するものではないといえよう。

　期間税という性格から来る遡及効の緩和は以上のような意味にとどまるのであって、それ以上ではない。期間税という理由だけで、期間終了時までいつでも遡及改正が許されるとしたら、ある年の11月まで非課税としていた所得を年末の改正で課税所得に変更することも許されることになる。このような改正を憲法が許容すると強弁するのはあまりにも不合理であることは明らかであろう。かかる観点から、次の(7)を検討してみよう。

---

　(7)　Gさんは、所得税法では譲渡損が生じた場合、他の所得と損益通算できる制度になっているので、思い切って損失覚悟で2005年12月1日に所有する不動産を譲渡市場に出したが、なかなか買い手がつかず、12月15日にようやく買い手が見つかり、翌年2月に譲渡契約を完了した。ところが、翌年3月26日に成立し、同月31日に公布され、翌4月1日から施行された改正所得税法により1月1日に遡って譲渡損の損益通算が認められないことになり、損失で相殺できる所得額については税負担がかからないとされていた行為時の租税規範が覆ってしまった。

　これは二つの意味で期間税の法理で合理化できない。第1に、事後法で行為時の課税標準が変動されている。行為時に「損益通算」が認められているということは、当該損失で相殺される所得額は非課税とされており、課税標準がその分だけ圧縮されているのである。それを事後の法律で拡大するのは、期間税の法理でも許容できるものではなく、真の不利益遡及である。

　第2に、本件の不動産の譲渡行為というのは期間中に継続的に生じるものとは異なり、一般の納税者にとっては一生に数回しかない例外的「行為」である。つまり、本件で問題となっている所得税の負担は単なる期間税という要素だけでは説明できず、行為税の要素も含まれているので、行為時に納税者が適正に税負担を判断できるものでなければならない。

　課税庁は、このような遡及立法でも、立法目的が正当で、目的との関係で不

合理でないかぎり合憲というが、何故このようにいえるのか、全く不可解である。立法目的が正当であれば、確かに、当該改正は合憲である。しかし、納税者が行為時に前提とした租税負担を覆す効果を持つような遡及適用を正当化するだけの立法目的は見出すことはできず、かかる遡及立法はやはり憲法的に許されないのである。期間税は期間終了時に債務が成立するとはいえ、終了時に集積される所得は期間中の個々の行為の積み重ねであることに留意しなければならない。個々の行為の選択に際しての納税者の予測可能性は憲法が保証しており、これと抵触しない範囲での構成要件の遡及的結合のみが許されるのである。所有権保障と租税法律主義を明記している現行憲法の下で、納税者の予測可能性を覆えし、事後的に課税標準を変質させる立法が正当目的を持つというのは、少なくとも現行憲法が許容するものではない。

なお、ドイツでは、不真性遡及効（＝要件事実への遡及的結合）と真性遡及（＝法効果の遡及効）とを区別しており、後者を違憲としている。期間税でも、真性遡及であれば違憲になる場合があり、具体的には次のような事例などがある。

1972年の9月に公布された改正法により、ドイツ国外に住所を移動していたドイツ人については、その年の1月1日からの所得について、従来ドイツの課税対象にしていなかった所得も課税対象に含めるように改正した。憲法裁判所は、伝統的な租税債務の成立時点を基準とする考え方を採用しながらも、制限納税義務者の場合は、改正以前の所得について源泉徴収により納税義務が完了しているものがあり、この既に完了した租税債務が事後の立法により変更されることになるので、違憲であるとした[6]。源泉分離の対象となって一旦成立した租税債務が事後的に変更されたことに根拠を求めているが、実質的には課税標準が事後的に変動させられたことにあるといってよい。また、ビルク教授は、船舶の特別償却制度を導入し、船舶の取得を誘導していた所得税法が年末の改正で、その年の1月1日に遡って特別償却を廃止する例などを違憲の例に

（6）　1986年5月14日決定。詳細は、首藤重幸「法律規定における遡及効の類型と憲法原則」（ドイツ憲法判例研究会『ドイツの憲法判例（第2版）』信山社、2003年）377頁以下参照。

あげている(7)。

　また、ティプケ教授はドイツの憲法裁判所が、期間税について遡及効禁止を十分に配慮していないとして、次のような批判をされている。

　法治国家及び基本法に保証されている信頼保護の対象となるのは、信頼に基づく活動であり、税法の場合は、課税にとって重要な行為である。連邦財政裁判所及び連邦憲法裁判所の判例もこのことを認めている。連邦憲法裁判所1997年12月3日決定は信頼保護を自由権的に法的に重要な行為の時点に関連づけている(8)。したがって、租税計画の安全性をもたらす制度としての遡及効禁止は、（納税者の）処分権（Disposition）保護の目的のために展開されねばならない。

　（期間税の場合に基準とされている）法律効果の成立と租税要件の実現だけに向けられてきた遡及効という用語はこの目的を損なっている。法律効果は、例えば特別償却の効果のように、信頼に基づく行動からかなり後に生じることがあるし、他方で、市民が改正を考慮せざるを得ない場合は、法律の施行前に信頼保護がすでに失われることもありうる。

　正しくは、信頼の保護の上で重要な処分権を遡及効概念の基礎に据えねばならない。したがって、遡及概念のためには原則として次の二つの時点が決定的に重要となる。一つは処分権が経済的、法拘束的に行使される時であり、他の一つは、立法措置によって信頼保護が失われる時点である。このことから、法律効果と結びつけられた遡及概念は次のように修正されることになる。

　もしある法律が、法律の成立（もしくは法の公布）前に決定したと評価しなければならない信頼に基づく行動に対してその法律効果を変更する場合には、

（7）　Vgl, Dieter Birk, Steuerrecht 8 Aufl., S. 49
（8）　この事案は、1996年12月7日に可決された法律により、1996年4月24日より後に締結された造船契約に基づいて製造された商船について、それまでの法律によって認められていた特別償却が認められなくなったことが問題となった。この特別償却は、その商船に関して購入または製造の事業年度とそれに続く4事業年度に40％までの償却を認めるというものであり、改正案は当初1996年4月30日より後に締結された契約から特別償却を認めないということで、一般には知らされていた。しかし、議会での審議過程でこの期日が4月25日以降ということに変更された。多数意見はこれを合憲としたが、違憲とする少数意見もあったものである。

一般的な遡及禁止という意味での遡及効が存在することになる、と⁽⁹⁾。

　これらの学説は、私見と同様に、期間税というだけで、租税債務の成立以前であれば改正法を期間当初に遡らせて良いとするのではなく、期間税であっても行為時の信頼を覆すことを違憲とする主張であり、その理論的基礎は期間税であっても課税標準自体を遡及的に変更する措置は憲法上許されないという私見と同趣旨であるといえよう。

　なお、本件について立法者側は土地市場への不測の影響を及ぼすおそれをあげて本件のような異常な遡及立法を合理化しようとしているが⁽¹⁰⁾、それは改正作業を急ぐことの合理的理由にはなっても、遡及適用することの合理的根拠とはならない⁽¹¹⁾。このような理由で、遡及効が許されるならば、国会での審議が長引くので、贈与税の駆け込み節税対策を規制するために、改正前の贈与行為にも遡及適用するような改正法も許されることになる。

V　おわりに

　以上のように、私は本件の改正措置は違憲であったと裁判所が明確に示すべきものであると考えている。これまでの租税立法でも、憲法的に見ておかしいと思われるものがあったが、期間税の法理の安易な利用と訴訟の困難さが重なって、本件のような真の遡及効事案が争われることが少なかった。とりわけ、近年の租税法改正においては、前述のような不意打ち課税が多く、しかも、大事な改正項目が納税者に目立たないように行われるケースが目立っていた。不意打ち課税に加えて、本件のような遡及的課税まで憲法上許されていると解すべきではない。民主主義の論理といえども、一旦約束した負担を後日多数決の論理で遡及的に少数者に押しつけることまで許容するものとは言えないであろ

（9）　K. Tipke/J. Lang, Steuerrecht, 18 Aufl. S. 111f.
（10）　この点に関する国会での議論については、「実務解説／国会審議から、土地等の譲渡損の損益通算、繰越控除の廃止及び不利益遡及問題』を追う」T&Amaster 57号（2004年）16-21頁等参照。
（11）　高野・前掲論文は「土地取引の活性化」という政策目的からすると、むしろ損益通算を認めるべきで、改正を急ぐ合理的理由はないと、指摘する（157頁）。これに対して、首藤・前掲論文は改正の根拠には理解を示しつつも、総合的に見て疑問があることを指摘している（7頁）。

う。日本の税制立法をより民主主義社会にふさわしいものに変えていくためにも、安易な遡及立法の禁止を明らかにすべき時期にきているように思われる。

13 更正の予知と税務調査

椙山女学園大学教授・税理士　林　仲宣

Ⅰ　問題の所在
Ⅱ　「更正の予知」の要件
Ⅲ　「更正の予知」の主体
Ⅳ　「調査があったこと」の要件
Ⅴ　減免規定の展望

Ⅰ　問題の所在

　修正申告書の提出があった場合において、その提出がその申告に係る国税についての調査があったことにより、その国税について更正があるべきことを予知して行われたものでないときは、過少申告加算税は課せられない（通則法65⑤）。無申告加算税及び不納付加算税に関しても同様であり、更正又は決定、告知があるべきことを予知して行われたものでないときには、加算税の割合は、5％に軽減される（通則法66③、67②）。さらにこれらの規定が適用されるときには、重加算税も課せられない（通則法68各項かっこ書き）。これが、国税通則法に規定される、更正等を予知しないで修正申告書を提出した場合における加算税の減免規定（以下、減免規定）である。
　この制度の趣旨は、創設された当初から、「政府に手数をかけることなくして自ら修正又は申告をした者に対しては、過少申告加算税額、無申告加算税額、重加算税額の如きもこれを徴収せず、政府の調査前における自発的申告又は修正を歓迎し、これを慫慂せんとして右の如き規定となったものと解するのが相当である」[1]と理解されてきた。申告納税による手続きの下では、納税者の自主性を尊重し、同時に課税の公平を維持することで、徴税事務の能率的・合理的な運用を図る必要がある。そのなかでこの制度は、納税者の自発的・自主的

（1）　大阪地判昭和29・12・24行裁判集5巻12号2992頁（（TKCデータ21006240・TAINSZ016-0238）【大阪高判昭和33・11・27行裁判集9巻12号2631頁（（TKCデータ21010860】

意思によって行われた修正申告書の提出した納税者にも、それを条件として、適正な確定申告にしたがい納税義務を履行した納税者に準じた課税政策上の配慮を、実施することを示したものといえる。

本稿では、過少申告加算税（以下、加算税）の賦課に焦点を当てるが、減免規定は、「調査があったこと」と「更正を予知しないこと」という、相互に関連し、因果関係にある2つの要件で構成される。

通常、納税者が課税庁から接触を受ける前に、自発的・自主的に修正申告を行うということは、課税庁からの確定申告に関する是正の指摘を予想して行うことが多い。実務における修正申告の慫慂・勧奨の実態を踏まえれば、是正の指摘が即、更正につながるとは必ずしも思われない。それに是正の指摘を受けてからの後の「更正を予知しない修正申告」もありえない。結局、減免規定の適用には、課税庁からの「調査」という接触を受けてから後の状態で、「更正の予知」があったかどうかが判断されることになる。要するに、「調査」以前に修正申告を行えば加算税は課せられないわけであり、そうなると、減免規定における「調査」の意義が重要となる。

修正申告という納税者の行為に対する自発性・自主性の判断と「調査」の相関関係には、厳しい制約があることをすでに指摘した[2]。この傾向は衰えるどころか、ますます厳しい状況となっている。

従前においては、「調査」の位置付けに関する議論が先行した嫌いがあった。ところが、最近では、争点が、「更正を予知しないこと」の判断に終始される事例が、目立ってきている。その要因として「調査」開始後における納税者側の言動が複雑多岐に亘っており、それを背景とした納税者の主張が影響を及ぼしていると感じられるのである。

II 「更正の予知」の要件

1 「更正の予知」の意義

「調査」を受けた納税者が、修正申告を行った場合に、「更正を予知」していたかどうかの判断は、本来は納税者の主観に依拠するものであるから、客観的

（2） 拙稿「修正申告における『更正の予知』とその問題点」税理37巻9号（1994）169頁、拙稿「租税における"行政制裁"関係主要判例・裁決例〜その概要と評釈〜」税51巻12号（1996年）56頁

に判定することは難しい。そのため、いうなれば形式的に判定できる方策を課税庁は模索し、多くの裁判例の下で、いくつかの論議がなされてきた。

　税務訴訟における課税庁の典型的な主張は、おおむね次のような内容である。すなわち、「更正を予知」していないこととは、納税者が提出した修正申告書は、「調査」により課税庁が従前の申告に不適正な申告漏れの存することを発見し、その結果、更正がなされることを納税者が予見したものではないということでなければならない。「調査」の開始前に自ら従前の申告の誤りがあることを認識し、これを修正することを進んで決意して修正申告を提出するのであるのなら、まったく疑義は生じない。結局、「調査」が開始された以上、「調査」の進展状況、例えば税務職員が申告内容の適正か否かを把握する程度に応じて、「更正の予知」の判断に差異が生ずるものではない。

　現行の税務の取扱いでも(3)、その納税者に対する臨場調査、その納税者の取引先に対する反面調査又はその納税者の申告書の内容を検討した上での非違事項の指摘等により、納税者が調査のあったことを了知したと認められた後に修正申告書が提出された場合は、原則として、「更正があるべきことを予知してされたもの」に該当するとしており、また臨場のための日時の連絡を行った段階で修正申告書が提出された場合には、原則として、「更正があるべきことを予知してされたもの」に該当しない、としている。

　ここで示された、「非違事項の指摘等」について、後述する客観的確実説に立ち、調査開始の後に税務職員が脱漏の端緒を把握したことなのか、あるいは具体的発見説に基づき具体的な事項を発見したことなのかは、明確ではない。つまり非違事項の顕在化を納税者が認識する必要があるのか否かが曖昧である。少なくとも「日時の連絡を行った段階」での、「調査」は、含まれないとされているが、原則論の範囲が不明瞭である。「調査」の開始は、臨場調査の期日のみが焦点となるものでもない。

　これに対して裁判所の判断はさまざまである。その区分方法、名称、内容の取扱いについては識者によって微妙な違いが感じられるが、通説として分類するならば、①調査開始説（積極説）、②客観的確実説（中間説）、③具体的事項発見説（消極説）、の3説が挙げられる。

（3）「過少申告加算税及び無申告加算税の取扱いについて（事務運営指針）」（平成12年7月3日）〈所得税等国税共通〉第1-2

第1編　国内税法

2　調査開始説（積極説）

「調査」開始後に提出された修正申告をもって「更正を予知」したものと推定する見解。調査着手説という表現もあるが、「調査」の意義が争点となる。

調査開始説は、「調査」の開始後に提出された修正申告のすべてを自発的・自主的な申告ではないと否定する。この見解は減免規定の文理・構成から見て、条文を狭く解釈し過ぎるような気がしないでもない。確かに形式基準を設けようとする立場からすれば、「調査」の開始は、明確な判断基準にほかならない。しかしながら、「調査」の意義について、明確な定義が示されていない実情を踏まえると、一概に賛成できない。

この調査開始説の背景には、実務上、調査が行われるとほぼ同時に、悪質な脱税等を行っている納税者はその段階でやがては更正に至るであろうことを当然予知するのであり、調査即更正の予知となる場合がきわめて多いという考え方がある[4]。これは課税庁の主張とほぼ同様の見解といえる。

もちろん、加算税の減免の範囲を拡大することを意図するものではないが、修正申告の要因は、会計処理の不備、計算ミス、法令適用の誤解など悪質な事案のよるものとは限らない。

3　客観的確実説（中間説）

課税庁の調査開始後にその申告が不適正であることを発見するに足りるか、あるいはその端緒となる資料を発見し、これにより更正に至るであろうことが客観的に相当程度の確実性をもって認められる段階でされた修正申告書の提出をもって「更正を予知」したものとする見解である。従前では、端緒把握説と称されていた。

客観的確実説の根拠は、例えば、税務職員が不正計算（あるいはそう思える）の端緒を発見した場合、その点を納税者に質問し説明を求めるのが一般的であり、納税者の側は、自己の所得計算に誤りがない場合、税務職員が不審とした点についてその原因をつまびらかに説明するであろうし、逆に不正計算を行っている場合には、その時点で不正の発覚を恐れ、やがて更正に至るであろうことを認識しうるであろうから、「不正計算の端緒発見」以後に提出された修正

（4）　石倉文雄「過少申告加算税・無申告加算税・不納付加算税」日税研論集13号（1990年）54頁

申告は、納税者をして更正のあることを予知してなされたものであると推認することもあながち不合理といえないというものである[5]。

これに対して、調査開始説の立場から批判もある[6]。すなわち、調査に臨場する税務職員がどのような課税資料を有し、調査の進行に伴って、どのような心証を形成しているかは、一般的には納税者として知り得る事柄ではないのであるし、税務職員がこれを開示すべきものでもない。つまり、端緒の把握を客観的に明示されることは難しいのである。

思うに、「更正の予知」が納税者の主観によるとするならば、端緒把握の認識も税務職員の主観に属するものである。調査の過程で納税者と税務職員が互いに心のうちを探り合うことは、実務の上では日常的である。その主観と憶測の交錯という抽象的な判断の結果が、加算税の賦課という重大な結果をもたらすという客観的確実説は、客観的な形式基準の構築を目指す立場からは疑問を禁じ得ない。

ところで、修正申告の提出が更正があるべきことを予知してなされたものでないということの主張と立証責任は、納税者側にあるということが通説となっている。確かに納税者にとって有利となる場合や特例の適用を受ける場合には、その選択の意思表示は納税者の判断と責任とすることが、税法上の手続きでは多い。

客観的確実説に対する疑問として、税務職員が調査の過程で端緒の把握の時期等を開示しなかった場合に、納税者が自分の主観に基づいて「調査により不適正の端緒となるものは発見されなかった」と主張した場合には、課税庁としては「どのような端緒を、いつ発見したか、そして、それはなぜ端緒といえるのか」等について反論・立証責任を行わざるを得ないであろうという指摘がある[7]。

そうなると、最終的な主張と立証責任は、課税庁側に求められることになるのだろうか。ともかく、「更正の予知」に関する3つの見解のどの場合であっ

（5）　小野雅也「税務調査の着手と更正の予知」税務事例24巻5号（1992年）9頁
（6）　荻野　豊「仮名預金口座の調査が行われた後にされた修正申告と更正の予知」税務事例35巻12号（2003年）17頁
（7）　上田幸穂「調査着手の3日後にされた修正申告書の提出が更正があるべきことを予知してされたものとして重加算税の賦課決定が相当とされた事例」税務事例18巻9号（1986年）30頁

ても、「調査」があった際の修正申告については、迅速な判断と対応が、納税者には必要となることはいうまでもない。なお、「調査」があったことにより更正を予知した納税者が、新たな事実を自ら明らかにして修正申告書を提出したとしても、自発的に修正申告書を提出した場合に当たらないとされた事例もある(8)。

4　具体的事項発見説（消極説）

　課税庁の実地又は呼出等の実際の「調査」により所得金額等に脱漏など具体的事項が発見された後にされた修正申告書の提出をもって「更正を予知」したものとする見解である。課税庁の指摘であるため、脱漏などの要因が法令の解釈による場合もあることを考慮すると、不足額発見説という名称では混乱が出る。

　具体的事項発見説では、「調査」により脱漏などがあることが発見され、過少申告が余儀なくされた段階で、更正を予知してなされた修正申告についてのみ加算税を賦課することが許されると解される。そうなると、税務職員の「調査」において資料を発見された後であっても、税務職員がその資料に基づく脱漏などを具体的に計算し、提示される前に、修正申告書を提出すれば加算税の賦課をのがれ得る場合もあり、立法趣旨に反するという批判がある。

　極めて実務的な例を挙げるならば、2日間が予定される「調査」の初日において、問題とされる資料等が発見され、その資料等の精査により増差税額が発生することに気がついた納税者が、2日目の「調査」の開始前に、修正申告書を提出した場合でも減免規定が適用されるのとになる。

　しかし客観的な形式基準の構築を目指すとするならば、脱漏などの具体的事項の指摘がされるまでの時点を形式基準とすることが、極めて明確である。納税者の自発的・自主的な申告が減免規定の趣旨であるとするならば、その客観性から評価できるのである。

　ただ具体的事項発見説にしろ客観性確実説にしろ、「更正の予知」に至る事柄の内容、つまり修正申告の具体的内容を踏まえての議論は少ない。確かに会計処理の不備、計算ミス、法令適用の誤解、明らかな所得隠し等という事由な

---

(8)　鳥取地判平成4・3・3訟月38巻10号1960頁（TKCデータ22005561・TAINSZ188-6863）

らば、「更正の予知」は当然の帰結である。しかし、法令解釈と適用、いわゆる「見解の相違」による事態が生じた場合には、納税者にとっては、不本意な修正申告の慫慂・勧奨が伴う「更正の予知」になる。いわば、明らかに税務職員の指摘や発見による是正事項が、法令解釈と適用の上で適正であるという前提での議論が、行われてきたである。もっとも、この是正適正論が進展しないのは、減免規定の適用が争点となる事例においては、修正事項の事由に「見解の相違」が登場してこないのも一因と思える。

なお、「調査」の過程での未発覚の部分に対する納税者の申告意識についての論議がある。「調査」において不足額・不正額のすべてが完全に判明することは不可能なことから、納税者は具体的な事柄を指摘されるまで、なんら意思表示をしないこともありがちである。その結果、修正申告が課税庁の機先を制するために行われることが多いと考える見解もある(9)。

しかしながら、減免規定の趣旨である納税者の自発性・自主性を重要視するならば、具体的な事実が判明するまでに、修正申告を行う納税者の態度にこそ、その自発性・自主性を評価すべきである。税務職員が必ずしも、その事実の全貌を発見するとは限らない。仮に納税者が機先を制したつもりの修正申告であっても、税務職員の予想と異なる内容の修正申告、いわば「やぶ蛇」的申告になる可能性も否定できない。「調査」は、密行性を本旨とし、直接、納税者に対する「調査」において、事前にどのような資料を得ているかを開示することは、とりわけ過少申告の疑いがある納税者に対しては得策ではないというのが(10)、税務職員の意識だからである。

ところで、「更正の予知」に関する最近の判例では、裁判所は客観性確実説を前提とする傾向にある。例えば事実認定において、相続税申告に関して納税者宅における実地調査の結果、申告漏れが指摘され修正申告の慫慂を受けた事例(11)、譲渡所得の特例における減価減価償却の計算ミスを説明し修正申告の勧奨を受けた事例(12)、相続税申告に関する調査において、申告漏れ財産につ

---

(9) 品川芳宣『附帯税の研究』(第3版)(財経詳報社2002年)167頁
(10) 荻野　豊前掲論文17頁
(11) 東京地判平成7・3・28訟月47巻5号1207頁（TKCデータ28020278・TAINSZ208-7487)；東京高判平成7・11・27訟月47巻5号1222頁（TKCデータ28021516・TAINSZ214-7614) 最判平成11・6・10判時1686号50頁（TKCデータ28040919・TAINSZ243-8420)

き具体的に指摘し、修正申告の慫慂を受けた事例(13)などである。これらの事例は、実際は、すでに課税庁の実地の具体的調査により所得金額等に脱漏があることが指摘され、修正申告の慫慂・勧奨が行われている。いわば具体的事項発見説をも超えた領域であり、客観的確実性説はもちろん、具体的事項発見説すらも検証できる事案ではない。

Ⅲ 「更正の予知」の主体

「更正の予知」の主体、すなわち「更正を予知」するのが、納税者自身ではなく、代理人である税理士の場合には、通常の納税者の場合と異なる検討が必要であろうか。4つの事例を検討してみる(14)。

(1) 減免規定が適用されなかった事例

第1の事例は、税務職員が納税者の長男及び関与税理士の事務員に対し、法人成りに伴い棚卸資産等を引き継ぐ場合、有償による引継ぎの場合には資産の譲渡として消費税の課税の対象となる旨を電話で説明し、申告の内容について検討を依頼したところ、翌日、税理士から、有償による資産の譲渡であり課税の対象となる旨の電話による回答があり、さらに関与税理士等が来署した際、法人成りに伴う消費税の課税関係について説明し修正申告の慫慂を行ったというものである。審判所は、「調査担当職員が当該消費税確定申告書に疑惑を抱き、調査の必要性を認めて、現実に請求人に対する質問により当該申告が適正でないことを把握するに至ったものであり、このことは請求人が本件修正申告書を提出する時点で更正のあるべきことを予知していたものと認められる」(15)と示している。

第2の事例は、無申告加算税に関するものであるが、資産課税担当職員は、地価税の法定申告期限を経過したにもかかわらず、納税者から地価税の申告書

---

(12) 大阪地判平成9・11・25日税資229号752頁（TKCデータ2804278・TAINSZ229-8035）

(13) 名古屋地判平成12・7・12税資248号131頁（TKCデータ28091338・TAINSZ248-8693）

(14) 添付書面制度における意見聴取との関係については、拙稿「税務相談を受けた事項書面に記す場合の効果と責任」税理45巻9号（2002年）26頁、杉田宗久「更正を予知した修正申告か否かの判断」税理47巻15号62頁

(15) 平成6・3・30裁決・裁決事例集47巻31頁（TKCデータ26010935・TAINSJ47-1-05）

の提出がなかったため、納税者の前年の関与税理士の事務所に連絡したところ、同税理士が同申告書の提出を失念していたことが判明したという事例である。

第1審裁判所の判断は、「税務職員が申告に係る国税についての調査に着手して無申告が不適正であることを発見するに足るかあるいはその端緒となる資料を発見し、これによりその後の調査が進行したことから、原告がやがて決定に至るべきことを認識した上で期限後申告を決意して期限後申告書を提出したものと判断してなした本件処分については相当というべきであり、違法であるということはできない」(16)というものである。

第1の事例は、法令適用の誤解によるものである。署内における消費税確定申告書の精査に基づき、誤解の可能性を課税庁から指摘を受けた後に、税理士が誤解に基づく申告である旨、回答している。ただ、納税者への説明・説得に時間が係ったことから修正申告書の提出が遅れたことから、納税者は、「税法の不知・誤解」を主張しているが、排斥されている。「税法の不知・誤解」は、納税者の責任という論理は、論議があるにしても申告納税制度の性格上、容認されるべきであろう。また電話による問い合わせでは、具体的な指摘が行われており、またその後、納税者らは署内で担当職員と面談をしていることを踏まえれば、「調査」に該当する。

第2の事例は、申告書提出を失念したという明らかなミスであるが、納税者側は、地価税の性格上、実地調査が必要である旨を主張している。これに対して課税庁は、過年度の申告書を確認した上で、前年の申告書を作成した税理士に申告の有無を電話で問い合わせており、裁判所の判断は、「調査」概念を包括的に捉えている。この事例では、法的期限内に納税が完了していることから、さらに複雑化している。

両事例とも、具体的事項が課税庁より指摘された後の申告手続きであることから、具体額発見説を評価する立場からしても容認しうる結論といえるだろう。ただ課税庁による「調査」の当初の対象が税理士であることについて、留意すべきこともある。つまり減免規定の趣旨は、納税者の自主性・自発性に立脚す

---

(16) 静岡地判平成11・2・12日訟月47巻2号369頁(TKCデータ28051188・TAINSZ240-8341)【東京高判平成11・9・29訟月47巻2号351頁(TKCデータ28051189・TAINSZ244-8496);最判平成12・3・14日税資246号1261頁(TKCデータ28082947・TAINSZ246-8607)】なお、一審の判例研究として、拙稿・ひろば53巻5号(2000年)

る申告納税制度の下において、課税の公平と徴税事務の能率的・合理的の運用という2つの命題で構成されている。この2つの命題の比重のかけ方で大きく方向性が異なると思えるが、次の2つの事例は、その意味で象徴的である。

(2) 減免規定が適用された事例

第3の事例は、相続税の調査中に基礎控除額の計算ミスに気づき、税務職員からの指摘前に申し立てたものであるが、裁判所は、修正申告が「更正があるべきことを予知してされたものでないとき」に該当するとして減免規定の適用を認めている。第1審裁判所の見解は、「K税理士は、税務調査が開始されたことを受け、当初申告の申告内容を見直したところ、本件基礎控除額の計算誤りに気付き、調査担当職員から指摘を受ける前に、本件基礎控除額の計算誤りにつき申し立て、原告以外の共同相続人については過大申告分につき還付するよう要請した、というのであり……K税理士が現実に修正申告書を提出したのは右の時点から2か月弱後のことであるが、それは、K税理士が、申告漏れと指摘された財産等につき検討し、調査担当職員に説明等をしていたためであり、K税理士は、本件基礎控除額の計算誤り以外に原告の納付すべき税額が増額される事情があればその是正も合わせて修正申告するが、そのような事情がなければ本件基礎控除額の計算誤りのみを是正した修正申告をしようと考えていたものと推認される」[17]としている。

第2審では、裁判所は、「調査担当職員の申告漏れの指摘は一部理由があったことに帰するのであるが、結果的に課税価格の一部増額はあっても納付すべき税額の増額に反映されていないから、この点からみても、調査の開始により直ちに控訴人(課税庁)主張の客観的確実時期が到来しているとは認められない。なお、右の判断は、通則法65条5項の解釈に関し、修正を要する事項ごとに更正のあるべきことの予知の存否を判断すべきものとする見解に立つものではなく、具体的な事案に照らし、また、最終的な更正処分の結果をも踏まえて控訴人のいうところの客観的確実時期を個別に判断した結果である」と付け加えている。

第4の事例は、譲渡所得による高額な公示を逃れるために、税理士の助言にしたがい、譲渡所得を記載しない確定申告をした納税者の事例である。

---

(17) 神戸地判平成12・3・28税資247号62頁 (TKCデータ28090239・TAINSZ247-8626); 大阪高判平成12・11・17日税資249号644頁 (TKCデータ28091508・TAINSZ249-8774)

第１審判決では、「これらの事情からすると、被告による調査がなされなくても、原告らがいずれは修正申告をしたであろうことが推認できるから、本件における被告の調査の程度がいかなるものとしても、調査なければ修正申告なしという関係は認め難いといわざるを得ない。そして、本件各修正申告が、被告の調査がなされたことによって、当初の計画より早くあるいは逆に遅く提出されたというような事情もうかがわれないところ、たとえ、原告らが、本件各修正申告書の提出時においては、自らが過少申告の状態にあることを知っていたため、本件についての被告の調査を認識したことにより、将来の更正の可能性を予測したとしても、それは、原告らが当初から修正申告書提出の意図（動機）を有していたことからするとむしろ当然のことであって、被告の調査を認識したことが本件各修正申告書提出の決定的な意図（動機）になったものとは認め難い」(18)と明示している。
　この２つの事例も「調査」の当事者は税理士である。第３の事例においては、「調査」の続行中に税務職員よりは早く税理士自身が計算ミスの気づき、是正を申し出た事案である。基礎控除額の計算ミスであるから、極めて単純なミスという指摘も出そうであるが、税理士が速やかに対処したことは明らかである。徴税事務の能率的・合理的の運用に重心を置けば、結論は明確といえる。
　一方、第４の事例は、その背景に税理士が主導した事実がある。公示制度は、周知のように廃止されたが、当時としては制度の存在価値も認められていた状況の下で、税理士がその趣旨・機能を無視したことについては、批判を免れない。その結果、判旨について、過少な確定申告の段階において修正申告を決意さえしていれば加算税を賦課する必要はないことになるが、このような論理は、申告納税制度の秩序維持を目的とする加算税からも容認し難い(19)、という批判となる。ただ加算税の賦課が、「かえって納税者の自発的修正申告の意欲を減退させる」結果をもたらすという判決の指摘も、自発的申告を奨励するという趣旨からすれば、画期的な見解として評価できる。

---

(18) 鳥取地判平成13・3・27日訟月50巻10号3044頁（TKCデータ28061401・TAINSZ 250-8865）【広島高判平成14・9・27日訟月50巻10号3033頁（TKCデータ2808094・TAINSZ250-8865）】なお第１審の判例研究として、拙稿ひろば55巻3号（2002年）。
(19) 品川芳宣「公示逃れの過少申告と加算税免除に係る更正の予知」税研101号（2002年）103頁

IV 「調査があったこと」の要件

1 「調査」の意義

国税通則法では、「調査」の意義についてなんら規定していないが、一般に理解されている税務調査と同様のものと考えられる。通常、税務調査は、①課税処分のための調査、②徴収処分のための調査、③犯則処分のための調査に区分される。減免規定に関わる税務調査は、結果として課税処分を対象とする調査であり、いわば修正申告と直接関係のない調査は、含まれないことに異論はない。

課税処分を対象とする税務調査は、さらに①純粋の任意調査、②間接強制を伴う任意調査、③強制調査（査察）に大別される。ここでいう「調査」とは、税務職員が、各個別税法に規定される質問検査権に基づいて行う間接強制を伴う税務調査と理解されるが、国税犯則取締法に基づく強制調査も、「調査」の範疇に合まれるとされてきた[20]。

なお、純粋の任意調査を、質問検査権の対象以外の者に対する任意調査と定義する[21]。この質問検査権の対象となる者を、①納税義務がある者、②納税義務があると認められる者、③納税義務がある者などと取引関係にある第三者と考えるならば[22]、税務調査自体の範囲は、確かに広範なものとなるが、純粋の任意調査は、「調査」に該当しない。

ところで、税務調査に関する論議は、膨大な判例と多様な学説が示すように長く歴史のあるものであり、申告納税制度の下で課税庁にとっても納税者にとっても極めて重要な問題とされてきた。対象となるテーマも、質問検査権の法理、調査の必要性、調査の受認義務、調査の対象者、事前通知、理由開示、調査の対象物、立入りとプライバシー、調査官の行為、第三者の立会い、反面調査、違法調査に基づく課税処分の効力など、調査の進行・進度にしたがって、それぞれの段階で様々な争点が提示されている。その背景にあるのは、法規定の不備や手続規定の欠如といった問題について、一向に法改正などの立法措置

---

(20) 例えば、昭和46・8・9裁決・裁決事例集3巻1頁（TKCデータ26000250・TAINSJ 03-1-01）
(21) 山田二郎『税法講義』（第2版）（信山社2001年）198頁
(22) 山田前掲書203頁

による対応がとられてこなかったことに起因する[23]。

つまり、広範な税務調査の理論と実際が交錯する論議は、税務調査の内容に関する問題が占める割合が高い。それは課税の公平を根底におく課税庁の対応に対する受動的な納税者の、自身の権利に基づく反論でもある。これに比べて「調査」の論議には、納税者の修正申告が、自発的・自主的な意思を前提とすることから、「調査」に対する納税者の能動的な認識が必要となる。調査対象となる納税者の意識が、税務調査に対する理解度の尺度といえる。具体的には、税務調査の認識と程度を検討することになるが、対象となるのは納税者であるべきである。

2 「調査」の認識

国税通則法は、「税務署長は、納税申告書の提出があった場合において、その納税申告書に記載された課税標準等又は税額等の計算が国税に関する法律の規定に従っていなかったとき、その他当該課税標準等又は税額等がその調査したところと異なるときは、その調査により、当該申告書に係る課税標準等又は税額等を更正する」(通則法24)と規定している。

重ねて例えば所得税法は、国税庁、国税局又は税務署の当該職員は、所得税に関する調査についで必要かあるときは、納税義務者等に質問し、又はその者の事業に関する帳簿書類その他の物件を検査することができると規定する(所法234①)。この規定は、「税務署等の調査権限を有する職員において、諸般の具体的事情にかんがみ、客観的必要があると判断される場合に、質問し、調査を行う権限を認めた趣旨である。この場合の質問検査の範囲、程度、時期、場所等の実施の細目については、質問検査の必要があり、かつ、これと相手方の私的利益との衡量において社会通念上相当な限度にとどまる限り、権限のある税務職員の合理的な選択に委ねられている」[24]と説示される。

したがって税務調査は、極めて広範な概念と考えられるが、これらの調査概念と減免規定における「調査」を同質のものと考えるか否かは議論のあるところである。減免規定では、納税者が、「調査があったこと」と「更正を予知しないこと」との２つの要件が相互に関連する。すでに述べたように、「更正を

---

(23) 増田英敏「申告納税制度における租税調査の現状と課題」税法学555号 (2006年) 135頁
(24) 京都地判平成4・6・29税資189号797頁 (TKCデータ22006552・TAINSZ189-6928)

予知しないこと」については、主観的、観念的な要素があるが、少なくとも「調査があったこと」については、納税者が客観的に認識しなければならないことを、考慮に入れるべきである。つまり納税者自身が、「調査」の対象となっていることを外部から認識することができる具体的な調査を指す[25]のである。したがって、課税庁の内部で行われる机上調査や準備調査は、納税者がその状況や結果を認識できない限り、「調査」に含まれない。

これに対して、査察部の内偵調査を「調査」とする判断がある[26]。その背景は、1審判決では、「その間、原告らは、査察部が調査している旨の匿名の手紙を受け取って、取引銀行に調査の有無を問い合わせ、調査対象者は明らかにならなかったものの、取引銀行の行員から国税局の査察部が調査を行っていることを聞き及んでいること、その結果、原告らは、原告らに対し、査察部による調査及び更正が行われるおそれがあるとの危惧感を抱き、顧問税理士に相談を持ちかけ、修正申告を行うことを決意したという経緯がある」となっていることから、客観的認識はあったといえるだろうか。もっとも、査察部の銀行調査は、「準備調査」であり、「調査」に該当しないという見解もある[27]。

3 「調査」の程度

「調査」について、納税者が客観的に認識することに対して、税務調査の事前通知、照会及び呼出しについては論議が分かれる。従前においては、事前通知の階段では、「調査」があったことには該当しないとする見解があった[28]。

しかし、事前通知や呼出し調査であってもそれらの調査手続きの事前又は併行して取引先調査、銀行調査、概況調査、同業種調査等が行われている場合に

---

[25] 品川芳宣前掲書147頁、昭和46・3・25裁決・裁決事例集2巻1頁（TKCデータ26000130・TAINSJ02-1-01）

[26] 松山地判平成13・4・18税資250号順号8886（TKCデータ28101100・TAINSZ250-8886）【高松高判平成16・1・15訟月50巻10号3054頁（TKCデータ28091638・TAINSZ888-0956】

[27] 中野百々造「課税調査と犯罪調査の峻別、査察内定調査後の修正申告と更正予知」ジュリ1272号（2004年）167頁

[28] 後藤喜一「加算税について」会計ジャーナル1982年5月号119〜120頁。また電話による税務調査の取り決め後2日後になされた修正申告について、更正を予知したものではないとした事例もある（昭和57・3・26日裁決・裁決事例集23巻15頁（TKCデータ26003180・TAINSJ23-1-03）。

は、それらの事実関係を総合した上で調査があった判断するという説示がある(29)。

確かに最近の事例ではその方向にある。

納税者が確定申告書を提出する以前にA物件及びB物件に係る「譲渡所得の計算明細書」を提出しているものの、確定申告書にはその内のA物件のみの譲渡所得の金額を記載し申告したが、その後、資産税担当職員は、納税者の確定申告書の申告内容を精査検討したところ、B物件の譲渡所得が申告されていないことを把握し、その時点において、納税者からB物件の譲渡所得を含めたところの修正申告書の提出もなかったことから、納税者に対して本件来署依頼状を送付したという事例がある。

審判所は、「調査とは、課税庁が行う課税標準又は税額等を認定するに至る一連の判断過程の一切を意味するところ、資産税担当職員が請求人の申告内容を精査検討した結果、B物件の譲渡所得の申告洩れを把握し、指摘していることから、質問検査権の行使を受けていないなどのことをもって『調査があった』ことを覆し得るものではない」という見解を示した(30)。

争点は、「来署依頼状」の性格である。容認する立場としては、「来署依頼状」の発送は、質問し、B物件が申告漏れになっていることを確認する作業であり、当然、記載内容から納税者は申告漏れに気づく契機となったと指摘する(31)。

しかしながら、来署依頼状の発送をもって「調査」があったと判断することは難しい。審判所の説示によれば、課税庁は精査検討した結果、申告漏れを把握したというが、判断材料は、ともに納税者が提出した資料に過ぎない。課税庁が登記簿を閲覧するなど独自の活動をしていないことも明らかである(32)。

同様に、税理士に対する電話照会後のなされた修正申告が、「更正を予知」したものとされた事例がある。審判所の判断は、「調査」とは、「課税庁が行う

---

(29) 品川芳宣前掲書148頁。
(30) 平成8・9・3裁決・裁決事例集52巻31頁（TKCデータ26011133・TAINSJ52-1-03）
(31) 垂井英夫「来署依頼状と『更正の予知』」税務事例31巻10号（1999年）7頁
(32) 課税庁が、「調査」の開示要件を示す必要があるとすると、来署依頼状だけでは、「更正を予知」した時点が「調査」開始と同時点であると解せるだけの十分な開示要件を備えていない、という批判がある（浪花健三「『調査』の範囲と『更正の予知』の関係」税理41巻1号（1998年）54頁

課税標準等又は税額等を認定するに至る一連の判断過程の一切を意味するものであり、課税庁の証拠書類の収集、証拠の評価あるいは経験則を通じての課税要件事実の認定、租税法その他の法令の解釈適用を経て更正処分に至るまでの一切の思考、判断を含む包括的な概念であって、実地調査等の納税者に対する直接的かつ具体的な調査である、いわゆる外部調査はもちろんのこと、課税庁が、提出された申告書の内容を検討して、納税者に対して電話、文書等による質問をしたような場合も『調査』に該当する」という見解である[33]。

この事例のおける電話照会の内容は、相続財産に適用される小規模宅地等の課税価格の特例における特定居住用宅地等の選択に当たって、納税者が被相続人との同居の有無である。同居の有無如何によっては、財産評価の減額率が異なるが、被相続人と納税者の住所が異なることから、課税庁が疑問を呈したということである。電話連絡時に非違事項の指摘があったとする指摘もあるが[34]、電話を受けた税理士自身は同居の有無を承知しておらず、納税者に同居の有無を確認した結果、修正申告を行った経緯がある。来署依頼状の場合と同じく、課税庁の判定が出されているのではなく、納税者の回答を待たざるを得ない状況にあったといえる。納税者の回答が修正申告をもってなされと考えれば、結果として課税庁の指摘が適正であったということが明確になったに過ぎない。

また代理人である税理士に対する連絡・質問が、納税者に対する質問と同視し、納税者においても更正の予知があったと判断することへの疑問もある[35]。少なくとも電話を受けた時点で税理士自身が独自に判断できる状況ではない。

4 「調査」の主体

「調査」については、納税者が客観的に認識する必要がある。納税者自身が、「調査」の対象となっていることを外部から認識することができなくてはならない。この場合に、反面調査をどう理解するかは議論がある。反面調査を、

---

[33] 平成14年2月25日裁決・裁決事例集63巻37頁（TKCデータ26011634・TAINSJ63-1-04）

[34] 中江博行「調査担当者の電話質問の後に提出された修正申告書と更正の予知」税務事例35巻12号（2003年）28頁

[35] 内藤和夫「税理士に対する電話照会後にした自主修正申告書の提出が『更正を予知』したものとされた事例」税務弘報2004年4月号88～89頁

「調査」に含める根拠は、反面調査〜事前通知・呼出し〜臨場調査を一連の税務調査として把握する見解である。税務調査は本人調査から先に行わなければならないとする原則はなく、反面調査は、本人に対する調査ではないが、本人の所得に対する調査であるからということになる(36)。

金融機関の仮名預金口座の調査について、1審判決は、「課税庁が当該納税者を具体的に特定した上でする直接的な調査でなくても、当該調査が、客観的にみれば当該納税者を対象とするものと評価でき、納税者が自らの申告に対して更正のあるべきことを予知できる可能性があるものである限り、『調査』に該当するというべきである」(37)と判示する。裁判所の判断は、納税者本人以外のへの取引先、金融機関など第三者への調査であっても、その調査内容が納税者の修正申告の内容に適合する場合には、「調査」であり、「調査」が行われていることを納税者が認識していると認められるときは、減免規定の適用はないという考え方である。この裁判所の判断は、「調査」の範囲について、明確な解釈を示している。

確かに、反面調査が行われることで、外部から認識することが可能になるといえるが、例えば、関係者から納税者に調査の事実を通報されない限り、納税者は自身への調査の事実を確認できない。したがって、反面調査が行われたことで、一律に、「調査」を、納税者が認識していると推定する考え方は賛成できない。

本来、減免規定は、当初から適正な確定申告を行った納税者との均衡と納税者の修正申告の自発性・自主性とを比較検討することをポイントとしている。そのため、後者に重きを置き修正申告の奨励を目指す場合に、「調査」と「修正申告」との関連性が薄いときには、「調査」の主体も再考する余地がある。

例えば課税庁の接触の相手が、納税者の代理人である場合と、納税者自身である場合とでは、「調査」と「修正申告」関連・波及について不知・無知な場合もあり、考慮すべきことが法の趣旨といえよう。

---

(36) 石倉文雄前掲論文56頁
(37) 東京地判平成14・1・22訟月50巻6号1802頁(TKCデータ28072015・TAINSZ252-9048)【東京高判平成14年9月17日訟月50巻6号1791頁(TKCデータ28092030・TAINSZ 252-9191)】

V　減免規定の展望

　加算税制度は、申告納税制度が導入した際に、その担保機能を果たし、正当な納税義務を履行した者とそうでない者との負担の公平の見地から[38]導入された。この中で、減免規定の趣旨は、再言するならば、申告納税制度の下において、納税者の自主性の尊重と課税の公平を維持することで、徴税事務の能率的・合理的な運用を図ることにある。

　ここでいう課税の公平もしくは負担の公平とは、単に納税額という経済的な公平のみではなく、申告納税制度のおける手続的・事務的な負担の公平も含まれることはいうまでもない。しかしながら、納税者の自発的・自主的意思による修正申告で、課税庁の徴税事務の負担を軽減するという施策には、徴税コストの軽減による能率化・合理化という方針は希薄だったような気がする。少なくとも徴税事務の能率性・合理性の判断基準は、個々の納税者を対象としており、その基準に合致しない場合に加算税という経済的制裁を個別に課すという考え方が採られてきた。税務行政全体としての視点に欠けていたといえよう。

　いうまでもなく申告納税制度の円滑な運用には、納税者間の不公平感を払拭しなければならないことは否定しない。しかし、昨今、時間的にも人員的にも大仰な調査の結果、「大山鳴動して鼠一匹」的な調査も少なくない。コスト意識が欠如した税務行政を奇異に感じる納税者も増えている。

　たとえ機先を制する修正申告であっても、納税者の自発性・自主性を重視することで、徴税コストを念頭に置く課税政策の転換を望む必要がある。減額規定である無申告加算税及び不納付加算税に比べて、免除規定となっている過少申告加算税にも段階的な減額措置というような柔軟な規定の創設も、その対策の1つといえるだろう。いずれにしても納税者の自発的・自主的申告に依拠する申告納税制度の維持と活性化には、納税者の経済的、時間的、心理的な負担の改善も極めて重要であることを忘れてはならない。

（38）　DHC 国税通則法コンメンタール3534頁

14　税法における「価格」の証明責任

駿河台大学法科大学院教授・弁護士　今村　隆

I　はじめに
II　規範的要件
III　所得税の推計課税における「所得金額」の証明責任
IV　固定資産税における「価格」の証明責任
V　相続税における「価額」の証明責任
VI　結　び

I　はじめに

　課税訴訟において、証明責任論が重要な意味をもつものであることはいうまでもないが、最近、移転価格税制やタックス・ヘイブン対策税制の事件が訴訟で本格的に争われるようになり、これらの課税要件における証明責任論も問題となっている(1)。筆者は、以前から課税訴訟における証明責任論に強い関心をもっており、課税訴訟においては、他の行政訴訟と比べてより法律要件分類説が妥当することから、法律要件分類説を軸にすべきであると考えており、また、課税訴訟における規範的要件の意義を明らかにしていくことが重要と考えており、これらの点については、別稿で論じたところである(2)。

　本稿では、最近、固定資産税の「価格」について最高裁平成15年6月26日判決（民集57巻6号723頁）や最高裁平成17年7月11日判決（民集59巻6号1197頁）などの重要な判例が出ていることから、課税訴訟における要件事実の中でも、税法における「価格」の要件事実や証明責任について研究することとしたい。特に、固定資産税における課税標準である固定資産の「価格」とは、「適正な時価」であるとされ（地方税法341条5号）、相続税における課税標準である相

---

(1)　移転価格税制における「独立企業間価格」の証明責任について、拙稿「判批」ジュリ1289号236頁以下を参照されたい。
(2)　拙稿「課税訴訟における要件事実論の意義」税大ジャーナル4号1頁以下

続財産の「価額」とは、「取得の時における時価」にするとされ（同法22条）、これらの「価格」や「価額」は、評価を含むとも考えられることから、これらの要件が規範的要件であるのかについて考察することとする。

　結論からいうと、筆者は、固定資産税の「価格」や相続税の「価額」は、所得税の推計課税における「所得金額」と同様、規範的要件ではなく、その立証の構造は、課税要件の特殊な構造に由来するものと考える。このことを論証するため、まず、規範的要件の意義などについて明らかにし、所得税の推計課税における「所得金額」の要件事実や証明責任を検討した上で、固定資産税における「価格」や相続税における「価額」の要件事実や証明責任を明らかにすることとしたい。

　なお、本稿では、「要件事実」とは、「法律要件に直接該当する具体的事実」を意味し、「要件事実」は、弁論主義で問題となる「主要事実」と同義のものとして用いることとする[3]。

II　規範的要件

1　規範的要件の意義

　規範的要件とは、規範的評価の成立が法律効果の発生要件となっているものである[4]。例えば、不法行為における「過失」（民法709条）、表見代理の「正当な理由」（同法110条）や借家の更新拒絶の「正当の事由」（借地借家法28条）がこれに当たる。また、実体法上の明文はないものの、賃借権の無断譲渡の場合に問題となる「背信行為と認めるに足りる特段の事情」も規範的要件である。

（3）　司法研修所（編）『増補民事訴訟における要件事実第1巻』（法曹会1998年）3頁。これに対し、要件事実とは、各実体法規に示された類型的事実をいい、法的概念であるのに対し、主要事実とは、弁論主義において意味をもつものであり、要件事実に当てはまると評価された具体的事実をいい、事実的・経験的概念であるとする見解（山木戸克己「自由心証と挙証責任」民事訴訟法論集（有斐閣1990年）49頁）もある。この見解は、法律要件が規定する個別的要件自体とそれに該当する事実とを区別すべきとするものである。確かに、要件そのものとこれに該当する事実は区別すべきである。しかし、個別的要件自体を「要件事実」というのは、あたかも事実であるかのような誤解を招く。したがって、「要件事実」との用語は、個別的要件に該当する具体的事実を意味すると考えるべきであり、そうすると、「要件事実」は主要事実と同じ意味となる（伊藤滋夫『要件事実の基礎』（有斐閣2000年）61頁）。

（4）　司法研修所・前掲注（3）30頁

これに対し、事実の存在が法律効果の発生要件となっているものを「事実的要件」という。なお、規範的要件は、①「過失」のように規範的要素を含むものと、②そこまでの要素はなく法的評価にとどまるものもある。実務上は、②も「規範的要件」と呼ばれているが、①は、②の一種であり、法的評価にとどまるものも対象となっていることを明確にするために、②を「評価的要件」という論者もいる(5)。ただ、通常は、このような評価的要件も含めて、「規範的要件」との用語が用いられており、本稿もこの用語例に従い、「規範的要件」との用語を用いることとする。

このような規範的要件は、不確定概念であるが、不確定概念のすべてが規範的要件となるのではない。不確定概念の場合には、特定概念よりは、法的当てはめが困難とはなるが、法的当てはめ自体に異なるところはない。規範的要件は、例えば、「過失」の場合には、具体的事実が確定された場合に、これを法的価値判断として過失として扱うというかどうかの判断（規範的評価あるいは法的評価）が必要とされる点に特徴がある(6)。

2　規範的要件の要件事実と証明責任

規範的要件について、当該法的評価自体が要件事実であるとする見解がかつては有力であったが、現在は、法的評価の成立を基礎づける事実（評価根拠事実）が要件事実であると考えられている(7)。規範的要件には、当該評価の成立を基礎づける事実とは逆に評価の成立を妨げる事実もある。このような事実を「評価障害事実」というが、この評価障害事実は、評価根拠事実と両立する事実であって、当該評価の成立を妨げる事実であることから抗弁と考えられている(8)。この評価障害事実の証明責任は、評価の成立を争う者に移るが、これは、評価障害事実を要件事実であると考えるからであり、そうすると、自己に有利な法律効果をもたらす法規について証明責任を負うとする法律要件分類説における考え方に基づき、評価の成立を争う者が、自己に有利な法的効果をもたらす事実である評価障害事実について証明責任を負うことになるのである。

（5）　伊藤・前掲注（3）126頁
（6）　吉川愼一「要件事実序説」司法研修所論集110号162頁
（7）　司法研修所・前掲注（3）33頁
（8）　司法研修所・前掲注（3）34〜36頁

第1編　国内税法

　規範的要件は、要件事実としては、評価根拠事実と評価障害事実に分かれるが、法律要件としては不可分であり、全体的な規範的評価が不可欠であることから、他の要件事実とは異なる扱いを受ける。第1に、要件事実は、本来は、法律効果が同じ範囲内で必要最小限の事実のみを考慮すべきであるが、評価根拠事実と評価障害事実については、裁判所による総合的評価の対象となる事実であるから、必要最小限度の事実に限定する必要はなく、過剰主張も許される(9)。第2に、規範的要件は、評価根拠事実と評価障害事実の総合判断によってその評価の成否が決まるのである。言い換えると、規範的要件は、単なる不確定概念や価値的評価を要する要件と異なり、評価根拠事実のほかに評価障害事実を観念することができ、評価根拠事実と評価障害事実の総合判断によってその評価の成否が決まる要件ということもできる(10)。なお、規範的要件が総合判断といっても、評価根拠事実と評価障害事実とでは、前者が論理的に先行する関係にあり、評価根拠事実に基づけば当該規範的評価が成立するとの判断が先行しなければならず、この評価の成立を前提として、評価障害事実が問題となるのである(11)。

　筆者は、このような意味での規範的要件が、課税訴訟における課税要件にもあり得るのではないかと考えており、例えば、所得税157条の同族会社の行為計算否認の場合の「不当と減少させる結果となると認められること」は、規範的要件であると考えている(12)。

Ⅲ　所得税の推計課税における「所得金額」の証明責任

1　実額課税における「所得金額」の意義

　所得税の「所得金額」の要件事実が何であるかについては争いがあり、(A)所得税法22条1項の課税標準の規定等を根拠に、「総所得金額又は課税所得金額」が要件事実であるとする見解（所得説）、(B)各種の所得金額は、収入金額から必要経費を控除して算定されるものであることを理由に、「各種の所得の収入金額と必要経費の額」を要件事実とする見解（収入・経費説）、(C)課税標

（9）　吉川・前掲注（6）167頁
（10）　伊藤・前掲注（3）125頁、吉川・前掲注（6）163頁注（33）
（11）　司法研修所・前掲注（3）36頁
（12）　拙稿・前掲注（2）11頁

準たる所得金額は、計算の結果算定される抽象的なもので具体的事実ではなく、所得金額の算定に必要な所得発生原因事実を要件事実とする見解（具体的事実説）に分かれている。

　上記のように見解の対立があるが、そもそも要件事実は直接証拠により証明し得る「事実」をいい、「所得金額」、「収入金額」・「経費の金額」というのは計算上算出される金額であって、直接証拠による証明ができる具体的な事実ではない。なお、これは、「所得」が評価的事実であるという意味ではなく、計算上の金額にすぎないという意味である。そうすると、「所得金額」は、事実そのものではなく、計算上算定される数値にすぎないので、実額課税においては、所得の発生原因に該当する具体的事実を要件事実と考えるべきであり、C説が相当と考える(13)。そのような理由から、課税訴訟の実務においても、現在では、C説の考え方で主張・立証が行われている。

2　推計課税における「所得金額」の立証の構造と証明責任
(1)　推計課税の立証の構造

　一方、推計課税の場合には、実額課税と異なり、個々の所得発生原因事実ではなく、総体としての「所得金額」が問題となる。また、推計課税の場合には、推計課税の合理性を基礎づける具体的事実、すなわち、①推計方法の一般的合理性、②基礎資料の正確性、③原告への適用の合理性（選択した具体的な推計方法自体できるだけ真実の所得に近似した数値が算出され得るような客観的なものであること）が要件事実となるとされている。

　例えば、実務上よく行われているところの売上金額を柱に同業者の所得率を用いた比率法で推計した場合、①推計方法自体の合理性、②反面調査の売上金額の正確性、③同業者率が適正であることが要件事実となる。すなわち、真実の所得金額を I とし、反面調査による売上金額を x とし、同業者率を α とすると、$I = \alpha \times x$ と表せるが、①は、$I = \alpha \times x$ という算式自体が合理性を有するかの問題であり、②は、反面調査の売上金額である x が正しい金額であるかの問題であり、③は、α が I に近似するように算定されているか、言い換えれば、同業者率 α が適正であるかの問題である。そして、③の同業者率が適正で

---

(13)　拙著（共著）『課税訴訟の理論と実務』（税務経理協会1998年）133頁、拙稿・前掲注（2）7頁

あることを立証するために、課税庁は、①同業者を抽出する基準自体が合理的であること（抽出基準の合理性）、②その抽出の過程（抽出作業）が合理的であること（抽出過程の合理性）、③　抽出された同業者の件数が平均値を求める上で合理的であること（件数の合理性）、④得られた同業者率の内容自体が合理的であること等の同業者比率が適正であること（比率の合理性）を担保する事実についての主張・立証をしなければならないこととなる。このように推計課税の場合、課税標準は「所得金額」ではあるが、「推計により計算される所得金額」は、推計の合理性を問題とするのであり、評価を含んでいるといわざるを得ない。そこで、推計課税における「所得金額」の要件事実と証明責任について検討することとしたい。

(2)　推計課税における「所得金額」の要件事実と証明責任

(a)　事実上推定説と補充的代替手段説

これまで、推計課税の本質については、事実上推定説と補充的代替手段説の対立がある。事実上推定説は、推計課税は、所得金額の算定のための事実上の推定にすぎないとする見解であり、補充的代替手段説は、推計課税は、実額課税ができない場合に課税の公平を確保するために課税庁に認められた代替的な算定方法であるとする見解である[14]。補充的代替手段説は、課税標準は、あくまでも真実の「所得金額」であるとするものであり、そうすると、推計課税による所得金額はこれを上回ることは許されず、納税者が真実の所得金額を主張・立証すれば、これによることになるとするものである。この補充的代替手段説は、推計課税の本質を的確にとらえるものであり、一方で、課税標準を変更するものでもなく、非常に巧みな見解である。しかし、これに対しては、所得税法156条や法人税法131条の規定をこのような創設的規定と読むことができるか、あるいは、このような規定のない消費税の場合にも補充的代替手段説が妥当するといい得るのかなど租税法律主義の観点で問題があるとの批判がなされている[15]。

一方、固定資産税における「価格」の場合には、地方税法403条1項が固定資産評価基準によって決定されなければならないとし、法律上、代替手段といってもいいこの評価基準によって算定することが規定されている。それで、

---

[14]　拙著（共著）・前掲注(13)169頁以下
[15]　司法研修所編『租税訴訟の審理について改訂新版』（法曹会2002年）202頁

固定資産税における「価格」の場合には、租税法律主義に反するのではないかとの問題が少ないと考えられる。

(b) 推計課税の要件事実と証明責任

以上の検討に基づき、「所得金額」の推計課税による更正処分の取消訴訟において、「所得金額」が争われる場合の要件事実を整理すると、下図のとおりとなると考える。

(請求原因)
　①更正処分の存在
　②当該更正処分が違法であること
(抗弁)
　①推計方法の合理性
　②基礎資料の正確性
　③原告への適用の合理性
(再抗弁)
　Ⅰ　特別の事情の存在
　　　原告には、推計による金額が当てはまらない特別の事情があること
　又は
　Ⅱ　他により合理的な推計方法があること
　　①当該推計方法の合理性
　　②当該基礎資料の正確性
　　③原告への適用の合理性
　　④抗弁の推計方法より合理的であること
　又は
　Ⅲ　当該更正処分の所得金額が真実の所得金額を上回ること（実額反証）
　　①当該収入金額が全収入金額であること
　　②当該経費が全経費であること
　　③①と②が対応していること
(再々抗弁)
　再抗弁Ⅰに対し、他の推計方法があること

すなわち、被告である課税庁が推計課税の合理性を基礎づける事実として①ないし③に該当する具体的事実を要件事実として主張・立証するが、これらは、推計を成り立たせるための不可分の事実であり、その意味で1個の評価的事実である。

一方、原告は、再抗弁として、Ⅰの特別の事情の存在、Ⅱの「他により合理的な推計方法があること」、Ⅲの実額反証が可能である。まず、Ⅰの特別の事情とは、例えば、売上金額を柱に同業者の所得率を用いた比率法で推計する場合、抗弁事実の③の原告への適用の合理性として、同業者率が適正であるための具体的事実として、(1)で述べたとおり、抽出基準の合理性、抽出過程の合理性、件数の合理性や比率の合理性を主張立証しなければならないが、それ以上に原告に同業者と異なる事情が存在しないことまでを主張立証する必要はなく、原告が同業者にみられない営業条件の劣悪性があったとの事実は、原告に主張立証責任があるとされており、再抗弁となる[16]。この場合、原告に証明責任が移るのは、推計課税の性質上、課税庁の主張が類型的主張にとどまるのはやむを得ないからである。なお、被告は、理論的には、この再抗弁に対し、原告に特別な事情があっても、他の推計方法があることを主張立証することが可能である。しかし、実際上はこのような立証は困難であろう。

　また、原告は、Ⅱの「より合理的な推計方法によれば、被告が採用した推計による金額より少額になること」を主張立証して争うことができ、再抗弁である。この場合、被告の採用した推計方法と原告の主張する推計方法とのどちらがより合理的なものといえるかの主張立証責任が原告にあるのか被告にあるのかが問題となる。これについては、争いはあるが、推計課税は、実額課税ができない場合にやむなく採られる方法であって、間接資料に基づく立証である以上、常に複数の方法を想定し得るのであり、このような方法の中から課税庁の主張する推計方法が最適であることの証明をさせることは無理を強いることであり、一応の合理性が認められれば足り、原告に、その主張する推計方法がより合理的であることの主張立証責任があると考える[17]。なお、補充的代替手段説に立つと、Ⅱの主張は、主張自体失当となる。

　次に、Ⅲの実額反証は、補充的代替手段説に立つと、推計課税は、代替手段であり、これを覆すためのものであり、再抗弁Ⅲにあげているように真実の所得金額であることの完全な立証が要求されることになる。これに対し、事実上推定説に立つと、そもそも実額反証は、推計課税による推認を揺るがすものに

---

(16) 司法研修所・前掲注(15)205頁、佐藤繁「課税処分取消訴訟の審理」新実務民事訴訟法講座10巻（日本評論社）68頁

(17) 大阪地判平成2・4・11判時1366号28頁、司法研修所・前掲注(15)207頁

すぎなく、再抗弁と位置づけることができるかが問題となり、さらに、再抗弁Ⅲにあげている完全な立証を要するかも問題となる。最も古典的な事実上推定説に立つと、推計課税の場合も、主要事実は、「所得金額」そのものであり、推計課税の合理性を基礎づける事実は、事実上の推認を働かせるための間接事実にすぎないこととなる。そうすると、いわゆる実額反証は、間接反証ということになる。また、推計課税の合理性を基礎づける具体的事実を要件事実と考える立場に立っても、実額の主張は、推計課税の合理性を覆すものとして間接反証であるとする見解もある[18]。しかし、推計課税と実額との関係は、本来、課税標準は実額であり、どのように合理的な推計方法であっても、実額が優先するとの関係であり、いわゆる「実額は推計を破る」関係に立っているのであり、再抗弁と考える[19]。さらに、実額反証が有効であるためにどの程度の立証を要するかは裁判例で争いがあるが、筆者は、部分的実額反証は主張自体失当であり、再抗弁Ⅲにあげている完全な立証を要すると考える[20]。

(3) 所得税の推計課税における「所得金額」と規範的要件

所得税の推計課税における「所得金額」が規範的要件であるかが問題となる。そもそも所得金額は、Ⅱ1で例示したような「過失」や「正当な理由」といった規範的要件と異なり、オール・オア・ナッシングではなく、数額であり、更正処分が所得金額1000万円としているのに対し、裁判所は、所得金額500万円との一部認容をすることも可能である。その意味で、所得金額は、通常の規範的要件とはかなり異なっている。

一方、推計課税の立証の構造は、前記(2)で分析したとおりであるが、抗弁である推計による所得金額は、推計の合理性を基礎づける具体的事実が要件事実であり、しかも、評価的事実である。しかし、これらの合理性を基礎づける事実は、不可分の1個の評価的事実であり、並立的な事実でなく、過剰主張が許されるわけではない。また、再抗弁は、複数考えることができ、しかも、いずれも評価障害事実ではない。すなわち、Ⅰの特別の事情の存在は、抗弁である推計課税が成り立つとしても、原告にはこれによる推認が働かなくするもので

---

[18] 佐藤繁・前掲注(16)71頁
[19] 司法研修所・前掲注(15)217・218頁、東京高判平成6・3・30訟務月報41巻4号823頁
[20] 拙著（共著）・前掲注(13)217頁、司法研修所・前掲注(15)220頁も同旨と思われる。

あり、特別の事情の存在と総合判断して、所得金額を算定するものではない。さらに、この特別の事情の存在には、前記(2)(b)のとおり、再々抗弁も成り立つのであり、この意味でも評価障害事実ではなく、単なる再抗弁である。

また、Ⅱの「より合理的な推計方法の存在」も、抗弁である推計課税と総合判断して所得金額を算定するのではなく、単なる再抗弁である。

さらに、Ⅲの実額反証も、抗弁である推計課税と総合判断して所得金額を算定するのではなく、所得金額が、元々真実の所得金額を意味し、いくら推計課税による値が合理的であっても、真実の所得金額を超えると違法であり、その意味で本来的な課税標準であることから、抗弁である推計課税を覆すのである。

このように推計課税における「所得金額」は、抗弁については、推計の合理性を基礎づける具体的事実であり、1個の評価的事実ではあるが、再々抗弁については、規範的要件における評価障害事実とは異なっていることから、規範的要件ではないと考える。一見すると、抗弁の推計課税と実額反証とは、評価根拠事実と評価障害事実の関係のようにもみえるが、実額反証の主張立証責任が原告に移るのは、所得金額という課税要件が、推計課税によることも許容しているものの、最終的には、実額を超えることはできないとの課税要件の特殊な構造に由来しているのであり、規範的要件だからではないと考える。

Ⅳ 固定資産税における「価格」の証明責任

1 固定資産税における「価格」の意義

(1) 固定資産税における課税標準及び争訟の方法

固定資産税の課税標準は、課税客体である当該固定資産の「基準年度に係る賦課期日における価格」であり（地方税法349条1項）、この「価格」とは、「適正な時価」とされている（同法341条5号）。そして、固定資産の「価格」は、固定資産評価員による評価（地方税法409条）を経て、市町村長がこれを決定し（同法410条1項）、固定資産課税台帳に登録されなければならない（同法411条1項）。この固定資産課税台帳に登録された「価格」を「登録価格」という。

他方、総務大臣は、固定資産の評価の基準並びに評価の実施の方法及び手続を定めなければならないとし、この定めを「固定資産評価基準」と定義し（地方税法388条1項）、市町村長は、この固定資産評価基準によって固定資産の「価格」を決定しなければならないとしている（同法403条1項）。

また、当該固定資産の所有者がこの登録価格に不服である場合には、固定資産評価審査委員会に審査の申出をすることができ（地方税法432条1項）、同委員会は、審査決定をするが、これに対し、不服があるときには、審査決定の取消訴訟を起こすことができる（同法434条1項）。この登録価格の争訟の方法は、いわゆる裁決主義が採られ、この審査決定の取消訴訟のみがルートしか認められず（地方税法434条2項）、原処分である市町村長の登録価格の決定についての取消訴訟を起こすことは許されない。

(2) 審査決定の実体法上の適法要件

審査決定の取消訴訟の訴訟物は、審査決定の違法性一般であるが、審査決定の実体法上の適法要件が何かが問題となる。この点、冒頭で述べた最高裁平成15年6月26日判決（以下「平成15年最判」という。）は、「土地に対する固定資産税は、土地の資産価値に着目し、その所有という事実に担税力を認めて課する一種の財産税であって、個々の土地の収益性の有無にかかわらず、その所有者に対して課するものであるから、上記の適正な時価とは、正常な条件の下に成立する当該土地の取引価格、すなわち、客観的な交換価値をいうと解される。したがって、土地課税台帳等に登録された価格が賦課期日における当該土地の客観的な交換価値を上回れば、当該価格の決定は違法となる。」とした上、「他方、法（筆者注・地方税法）は、固定資産の評価の基準並びに評価の実施の方法及び手続を自治大臣の告示である評価基準にゆだね（法388条1項）、市町村長は、評価基準によって、固定資産の価格を決定しなければならないと定めている（法403条1項）。これは、全国一律の統一的な評価基準による評価によって、各市町村全体の評価の均衡を図り、評価に関与する者の個人差に基づく評価の不均衡を解消するために、固定資産の価格は評価基準によって決定されることを要するものとする趣旨であるが、適正な時価の意義については上記のとおり解すべきであり、法もこれを算定するための技術的かつ細目的な基準の定めを自治大臣の告示に委任したものであって、賦課期日における客観的な交換価値を上回る価格を算定することまでもゆだねたものではない。」とし、「適正な時価」とは、客観的な交換価値であることを明らかにした[21]。この平成15

---

(21) なお、「適正な時価」について、収益還元価格でないかも問題となるが、最判平成18・7・7（判時1949号23頁）は、平成15年最判を引用して、「適正な時価とは、正常な条件の下に成立する当該土地の取引価格、すなわち、客観的な交換価値をいうと解さ

年最判は、地方自治法403条1項が「よって」となっている文言や昭和37年の地方税法の改正の趣旨を重視するものであり、固定資産評価基準を客観的交換価値を測定するための方法あるいは手段であり、この評価基準に従って価格を決定している場合には、客観的交換価値と推認されるが、客観的交換価値を上回ると認められるときには、覆るとするものであり、当該登録価格が客観的交換価値を上回らないことが実体法上の適法要件であることを明らかにしたものである[22]。

また、平成15年最判は、1審の東京地裁平成8年9月11日判決（判時1578号25頁）や原審の東京高裁平成10年5月27日判決（判時1657号31頁）と併せて読むと、審査決定の実体法上の適法要件を、①当該登録価格が、客観的交換価値を上回らないこと、②当該登録価格が固定資産評価基準により決定された価格であることの2つであるとしていると考えられる[23]。

冒頭で述べた最高裁平成17年7月11日判決もこのような考え方を前提とし、平成15年最判を引用して、「土地課税台帳等に登録された基準年度の土地の価格についての審査決定の取消訴訟においては、審査決定の実体上の適法要件として、固定資産評価審査委員会の認定した価格が基準年度に係る賦課期日における当該土地の適正な時価又は評価基準によって決定される価格（以下、両者を併せて「適正な時価等」という。）を上回るものでないかどうかが、審理され、判断される」と判示しているものと考えられる。

2　固定資産税における「価格」の立証の構造と証明責任

(1)　固定資産税における「価格」の立証の構造

(a)　固定資産評価基準によって決定された価格と客観的交換価値との関係

平成15年最判の1審の東京地裁平成8年9月11日判決は、登録価格の違法に関する判断の枠組について、その後の裁判例の先例となった判決であり、重要な判決である。この東京地裁判決は、登録価格の違法性の判断は、①具体的な

---

(22)　拙稿「判批」自治研究83巻1号116頁
(23)　阪本勝「解説」最高裁判例解説民事篇平成15年度（上）（法曹会2006年）373頁

評価が評価基準等に適合しているか（基準適合性）、②評価基準等は一般的合理性を有するか（基準の一般的合理性）、③標準宅地の価格はその適正時価であるかの順に判断し、これらが満たされれば、登録価格が適正な時価と推認されるが、この場合でも、登録価格が客観的時価を上回るときは、この推認が覆されるとした。すなわち、比喩的にいうと、登録価格をPとし、標準宅地をxとすると、評価基準等を標準宅地を変数とする方程式f(x)とみることができる。そうすると、①は、Pがf(x)どおり算定されているかの問題であり、②は、f(x)が合理性を有するかの問題であり、③は、xが正しい数値であるかの問題となる。そして、P＝f(x)⇒適正時価との推認が働くが、Pが客観的時価を超えるときには、適正な時価でないこととなるから、Pが客観的時価を超えることを推認させる事実が立証されれば、上記推認は覆ることになる[24]。

　この東京地裁判決は、平成15年最判と同様に、固定資産評価基準を地方税法が定めた客観的交換価値を測定するための方法あるいは手段と考えた上で、固定資産の課税標準はあくまでも客観的交換価値であり、たとえ評価基準に従って価格を決定していたとしても、覆るとするものである。この東京地裁判決の上記のような考え方は、固定資産評価基準が法律の定めた算定方法とした上、客観的交換価値の立証によって覆るとするものであり、Ⅲ2(2)で論じた所得税の推計課税における補充的代替手段説がヒントになっているのではないかと思われる[25]。

　平成15年最判は、このような東京地裁判決の考え方を是認しているものと考えられ、そうすると、この固定資産評価基準による価格と客観的交換価値との関係は、Ⅲ2(2)(b)で論じた推計課税による金額と実額反証との関係と同じであり、すなわち「実額が推計を破る」関係に立っている。このように考えると、市町村長が固定資産評価基準によって決定した価格が客観的交換価値を上回ることは、納税者に証明責任があり、再抗弁であると考える[26]。

---

[24]　判時1578号26頁匿名コメント
[25]　拙稿・前掲注(22)116頁
[26]　最判平成16・10・29（判時1877号64頁）は、不動産取得税において、固定資産課税台帳に固定資産価格の登録されていない不動産について、地方税法73条の21第1項の「課税標準となるべき価格」につき、固定資産税の場合と同様、客観的交換価値であるとしているが、「法（筆者注・地方税法）73条の21第2項に規定する固定資産課税台帳に固定資産の価格が登録されていない不動産等については、同項に基づき評価基準に

第1編　国内税法

(b)　固定資産評価基準によって決定された価格と特別の事情の存在

また、固定資産税の「価格」の要件事実を考える上で、最高裁平成15年7月18日判決（判時1839号96頁）も重要である。この最高裁判決は、固定資産税において、固定資産評価基準により、再建築価格基準法によって算定した家屋の価格が問題となった事案であるが、「Y市長が本件建物について評価基準に従って決定した前記価格は、評価基準が定める評価の方法によっては再建築費を適切に算定することができない特別の事情又は評価基準が定める減点補正を超える減価を要する特別の事情の存しない限り、その適正な時価であると推認するのが相当である。」とした。

この判決については、平成15年最判が、評価基準に従って算定された評価額であっても個別鑑定によって明らかとなった「適正な時価」を超える部分を違法であるとしているのに対し、上記最高裁平成15年7月18日判決が、特別な事情がない限り、評価基準に従って算定された評価額が「適正な時価」と推認すべきであるとしているのは、矛盾であるとするとの山田先生の鋭い批判がある(27)。

確かに、両最高裁判決の整合性が問題となるが、上記最高裁平成15年7月18日判決は、固定資産評価基準に合理性があり、特別の事情がない限り、P＝f(x)⇒適正時価との推認が働くことを判示しているのであり、客観的価格の立証によって上記推認が覆ることを否定するまでの趣旨とは考えられない。この最高裁平成15年7月18日判決の事案では、Xは客観的価格を立証するための鑑定書を提出しているが、上記推認を覆すほどの特別の事情があるとは認められないとしているものであり、個別鑑定による立証を上記推認が働かないための特別の事情とみているものであり、矛盾はしていないと考える。

よって決定された価格が適正な時価を上回る場合にはその決定された価格に基づいてされた賦課決定処分は違法となる。したがって、道府県知事が同項に基づき評価基準によって不動産取得税の課税標準となるべき価格を決定し、賦課決定処分をした場合には、不動産取得税を賦課された者は、当該価格が適正な時価を上回ると主張して課税標準たる価格を争うことができると解するのが相当である。」と判示している。すなわち、この判示から、当該決定された価格が適正な時価（客観的交換価値）を上回ることを不動産取得税を賦課された者が主張・立証責任を負うと読み取ることができる。

(27)　山田二郎「財産評価をめぐる救済手続」新・裁判実務体系18巻（青林書院2005年）485頁

この最高裁平成15年7月18日判決が「特別の事情の存しない限り」としているのは、Ⅲ2(2)(b)で論じた推計課税の場合に置き換えると、推計課税における再抗弁Ⅰと同じである。そうすると、固定資産税におけるこの「特別の事情」も納税者に証明責任があると考える。

(2) 固定資産税における「価格」の要件事実と証明責任

以上の検討に基づき、固定資産税の審査決定の取消訴訟において、「価格」が争われる場合の要件事実を整理すると、下図のとおりとなると考える。

(請求原因)
　①審査決定の存在
　②当該審査決定が違法であること
(抗弁)
　①当該評価基準が一般的合理性を有すること（基準の一般的合理性）
　②当該登録価格が評価基準に適合していること（基準適合性）
　③標準宅地の価格が適正であること
(再抗弁)
Ⅰ　当該固定資産が上記評価基準によりがたい特別な事情があること
　又は
Ⅱ　当該登録価格が当該固定資産の客観的交換価値を上回ること
(再々抗弁)
　再抗弁Ⅰに対し、他に合理的な評価方法があること又は客観的交換価値

まず、抗弁に挙げた①ないし③は、「評価基準により決定された価格」という要件を立証するための不可分の事実であり、その意味で1個の評価的事実である。また、この抗弁は、前記最高裁平成17年7月11日判決が、「審査決定の取消訴訟においては固定資産評価審査委員会の認定した価格の適否が問題となるところ、裁判所が、審理の結果、基準年度に係る賦課期日における当該土地の適正な時価等を認定した場合には、当該審査決定が金額的にどの限度で違法となるかを特定することができるのである。そして、上記の場合には、当該審査決定の全部を取り消すのではなく、当該審査決定のうち裁判所が認定した適正な時価等を超える部分に限りこれを取り消すこととしても何ら不都合はなく、むしろ、このような審査決定の一部を取り消す方が、当該土地の価格をめぐる紛争を早期に解決することができるものである。」と判示するとおり、例えば、

市町村長が標準宅地の価格を100として算定していたところ、裁判所において、標準宅地の価格を80であると認定したときには、訴訟物となっている審査決定のうちこの価格で計算した価格を上回る部分のみを取り消せば足りるのである(28)。

一方、納税者は、再抗弁として、Ⅰの特別な事情の存在やⅡの客観的交換価値の主張・立証をすべきと考える。Ⅲ 2 (2)(b)の推計課税の場合には、もう一つ再抗弁として、「より合理的な推計方法があること」がある。しかし、固定資産税の場合には、課税の公平性から、地方税法403条が固定資産評価基準を法律が定めた評価方法としている以上は、固定資産評価基準が不合理であるかあるいは当該固定資産がこれによりがたい特別な事情がない限りは、この固定資産評価基準によって算定しなければならず、固定資産評価基準より合理的な評価方法があるとの主張は、主張自体失当と考える。これは、推計課税において補充的代替手段説をとった場合と同じ結論となる。

(3) 固定資産税における「価格」と規範的要件

固定資産税における「価格」が規範的要件であるかが問題となる。そもそも「価格」は、Ⅲ 2 (3)で検討した所得税における「所得金額」と同様、オール・オア・ナッシングの要件ではなく、数額であり、審査決定が価格1000万円としているのに対し、裁判所は、価格500万円との一部認容をすることも可能である。その意味で、価格は、通常の規範的要件とはかなり異なっている。

一方、固定資産税における「価格」は、最終的には、客観的交換価値であり、これは、理論上は一義的に認定されるべきものであり、事実についての判断であると考えられる。しかし、この客観的交換価値の認定が実際上は困難であり、納税者間で不公平となるおそれもあることから、地方税法は、固定資産評価基準によるとしているのである。この固定資産評価基準によって決定された価格は、前記2のとおり、評価基準自体の合理性など評価を含むものであることは明らかである。しかし、これらの合理性を基礎づける事実は、不可分の1個の評価的事実であり、並立的な事実でなく、過剰主張が許されるわけではない。また、再抗弁は、複数考えることができ、しかも、いずれも評価障害事実ではない。すなわち、Ⅰの特別の事情の存在は、抗弁である固定資産評価基準によ

---

(28) この最高裁判決の詳細については、拙稿・前掲注(22)110頁以下を参照されたい。

る価格が合理的であるとしても、原告にはこれによる推認が働かなくするものであり、特別の事情の存在と総合判断して、価格を算定するものではない。さらに、この特別の事情の存在には、前記(2)のとおり、再々抗弁も成り立つのであり、この意味でも評価障害事実ではなく、単なる再抗弁である。

さらに、Ⅱの客観的交換価値が下回ることも、抗弁である固定資産評価基準による価格と総合判断して「価格」を算定するのではなく、「価格」が、元々客観的交換価値を意味し、いくら固定資産評価基準による価格が合理的であっても、客観的交換価値を超えると違法であり、その意味で、本来的な課税標準であることから、抗弁を覆すのである。

このように固定資産税における「価格」は、抗弁については、固定資産評価基準の合理性を基礎づける具体的事実であり、1個の評価的事実ではあるが、再々抗弁については、規範的要件における評価障害事実とは異なっていることから、規範的要件ではないと考える。これは、推計課税における「所得金額」と同じであり、「価格」という課税要件が、固定資産評価基準による算定を許容しているものの、最終的には、客観的交換価値を超えることはできないとの課税要件の特殊な構造に由来しているのであり、規範的要件だからではないと考える。

Ⅴ 相続税における「価額」の証明責任

1 相続税における「価額」の意義
(1) 相続税の課税標準

相続税の課税標準は、納税義務者が相続又は遺贈により取得した財産の合計額であり、これを「相続税の課税価格」という（相続税法11条の2第1項）。

相続税の課税価格は、相続人又は受遺者が相続又は遺贈によって得た財産の価額の合計額であるが（相続税法11条の2第1項）、相続人及び包括受遺者の場合は、その合計額から、その者の負担に属する被相続人の債務（相続開始の際に現に存するもの）の金額及び葬式費用の金額を控除した金額が課税価格となる（同法13条1項）。

そして、相続税法は、相続財産の「価額」について、特別の定めのあるものを除き、当該財産の「取得の時における時価」による旨を定め（同法22条）、いわゆる時価主義を採用している。この「時価」については、「不特定多数の

当事者間で自由な取引が行われる場合に通常成立すると認められる価額」とされていて（財産評価基本通達第1の1(2)）、客観的な交換価値のことであり、不特定多数の独立当事者間の自由な取引において通常成立すると認められる価額を意味する(29)。

(2) 財産評価基本通達の意義

相続税の課税標準の基礎となる相続財産の「価額」は、時価であるが、このような価額を算定することが実際には困難であることから、国税庁は、相続税・贈与税における財産の評価について（地価税の土地等の評価についても共通）、財産評価基本通達（以下「評価通達」という。）を定め、課税庁の財産評価の基本的な方針及び各種財産の評価方法を明らかにし、実際の評価もこれにより行われている。このような評価通達に基づいて評価することについて、下級審の裁判例で合理性があるとされている(30)。

評価通達は、固定資産評価基準と異なり、法令又は法令によって委任を受けたものではないが、それが合理的なものである限り、形式的にすべての納税者に適用されることによって、納税者間の実質的公平を実現することができる。したがって、評価通達は、国税庁長官による税務署職員に対する内部的な命令ではあるが、特段の事情がないのに、これに反する認定をすることは、平等原則に反することから、外部効果をもつと考える。

これに対し、評価通達の内容が、不特定多数の納税者に対する反覆・継続的な適用によって行政先例法となっている場合には、特段の事情がない限り、それと異なる評価を行うことは違法であるとする見解(31)もある。しかし、法律による行政の原理が強く支配する領域においては慣習法の成立は認め難く(32)、行政先例法といった慣習法を認めるのは疑問があり、平等原則を介しての外部的効果と考える。

---

(29) 東京地判昭和53・4・17行集29巻4号538頁、金子宏『租税法第12版』（弘文堂2007年）459頁

(30) 例えば、土地の評価について、東京高判昭和56・1・28行集32巻1号106頁、取引相場のない株式の評価について、大阪地判昭和54・10・17行集30巻10号1699頁、貸付信託の受益証券、預貯金及び配当期待権の評価について、名古屋地判昭和61・1・31税資150号132頁等がある。

(31) 金子・前掲注(29)460頁

(32) 塩野宏『行政法Ⅰ第4版』（有斐閣2005年）55頁

2 相続税における「価額」の立証の構造と証明責任
(1) 相続税における「価額」の立証の構造
(a) 財産評価基本通達によって算定された価額と客観的交換価値との関係

　土地の評価につき、国税庁は、評価通達で、評価時点をその年の1月1日とし、例えば、宅地の評価方法であれば、路線価方式（市街化地域）又は倍率方式（市街化地域以外の地域）により評価するとしている（評価通達11）。路線価方式とは、ほぼ同額と認められる一連の宅地が面接している路線の中央部の標準的な宅地の1単位あたりの価額を基準とし、これに各宅地の特殊事情を加味してその価額を算出する方法である（評価通達13以下）。その場合に、各路線の路線価は、毎年、売買実例価額・精通者意見及び公示価格の仲値の範囲内で、各国税局長が評定する。

　この路線価方式による評価は、固定資産評価基準と類似しており、相続税の「価額」の立証の構造は、固定資産税における「価格」と類似し、①当該価額が評価通達に適合していること（基準適合性）、②当該評価通達が一般的合理性を有すること（基準の一般的合理性）、③標準宅地の価格が適正であることが要件事実になると考えられる。

　また、相続税における「価額」が客観的交換価値であることは、前記1(1)のとおりであり、したがって、評価通達による価額が客観的交換価値を上回る場合には、課税庁が認定した「価額」は違法となる。この構造は、固定資産税における「価格」と同じである。相続税の場合、評価通達によっていれば、客観的交換価値であると推認されるのであるから、当該課税庁の認定した「価額」が客観的交換価値を上回ることは、納税者に主張・立証責任があり、再抗弁であると考える。

　また、相続税の場合も、固定資産税における「価格」の場合と同様に、当該相続財産が評価通達によりがたい特別な事情があって、評価通達による「価額」より低い価額であることは、納税者に主張・立証責任があり、再抗弁であると考える。

(b) 財産評価基本通達によって算定された価額とこれによることが著しく不適当と認められる事情の存在

　ところで、相続税の場合には、一般には、評価通達による「価額」が客観的

交換価値を下回ると考えられ、それを利用した租税回避が多く行われている。そのようなこともあり、評価通達6項は、「この通達によって評価することが著しく不適当と認められる財産の価額は、国税庁長官の指示を受けて評価する。」規定している。そこで、課税庁において、抗弁として、当該相続財産について評価通達によりがたい特別な事情があり、言い換えると、評価通達によって評価することが著しく不適当と認められる場合には、他の評価方法又は客観的交換価値が上回ることを主張・立証することもできるとされている。このような取扱いは、裁判例によっても認められている[33]。なお、この「評価通達によって評価することが著しく不適当と認められる場合」というのは、租税回避の否認をするのではないから、必ずしも租税回避であるということではなく、評価通達どおり算定すると、当該財産の客観的交換価値との乖離が甚だしく、評価通達の謙抑性を考慮する必要はない場合を意味すると考える。

　課税庁が、このように評価通達によることが著しく不適当な場合には、他の評価方法又は客観的交換価値が上回ることを主張・立証するのは、被告である課税庁において、評価通達によりがたい特別の事情があるとの不利益陳述をした上での、再々抗弁の「せり上がり」と考える[34]。

(2) 相続税における「価額」の要件事実と証明責任

　以上の検討に基づき、相続税の更正処分の取消訴訟において、宅地である相続財産の「価額」が争われる場合の要件事実を整理すると、下図のとおりとなると考える。

(請求原因)
　①更正処分の存在
　②当該更正処分が違法であること
(抗弁)
　Ⅰ　当該相続財産の価額が評価通達による価額であること
　　①当該価額が評価通達に適合していること（基準適合性）
　　②当該評価通達が一般的合理性を有すること（基準の一般的合理性）

---

[33]　東京地判平成7・4・27判タ921号178頁
[34]　攻撃防御方法のせり上がりについては、司法研修所・前掲注（3）62頁以下を参照されたい。

③標準宅地の価格が適正であること
　又は
　Ⅱ　特別の事情の存在
　　①評価通達によって評価することが著しく不適当な場合
　　②他の合理的な評価方法があること又は客観的交換価値
（再抗弁）
　Ⅰ　当該相続財産が上記評価基準によりがたい特別な事情があること
　又は
　Ⅱ　他により合理的な評価方法があること
　又は
　Ⅲ　当該相続財産の価額が当該相続財産の客観的交換価値を上回ること
（再々抗弁）
　再抗弁Ⅰに対し、他に合理的な評価方法があること又は客観的交換価値

　まず、被告である課税庁は、Ⅰの評価通達の合理性を基礎づける事実として①ないし③の事実を主張・立証するが、Ⅱの特別の事情（評価通達によって評価することが著しく不適当であること）の存在を主張・立証すればこれによらないこともできると考える。これは、前記(1)で述べたとおり、再々抗弁のせり上がりである。

　一方、納税者は、抗弁Ⅰに対する再抗弁として、Ⅰの特別事情、Ⅱの「他により合理的な評価方法があること」、Ⅲの当該価額が客観的交換価値を上回ることを主張・立証することができると考える。Ⅱの再抗弁は、固定資産税の場合には、Ⅳ2(2)で述べたとおり、固定資産評価基準が法律で定められた算定方法であり、「他のより合理的な評価方法がある」との主張は、主張自体失当と考えるが、相続税の場合には、評価通達はあくまでも推計であり、法律上定められた算定方法ではないので、「評価通達より合理的な評価方法がある」との主張は、有効であると考える。

(3)　相続税における「価額」と規範的要件

　相続税における相続財産の「価額」が規範要件であるかも問題となるが、Ⅳ2(3)において、固定資産税における「価格」で分析したことが同様に当てはまると考える。すなわち、相続税の相続財産における「価額」は、客観的交換価値であり、理論上は一義的に認定されるべきものであり、事実についての判断である。しかし、評価通達によって算定された価額は、評価通達の合理性など

の評価を含むものである。しかし、これらの合理性を基礎づける事実は、不可分の1個の評価的事実であり、並立的な事実でなく、過剰主張が許されるわけではない。また、再抗弁は、複数考えることができ、しかも、いずれも評価通達によって算定された価額との総合評価によって判断される評価障害事実ではない。

このように相続税における「価格」も、抗弁は、評価通達の合理性を基礎づける具体的事実であり、1個の評価的事実ではあるが、再々抗弁は、規範的要件における評価障害事実とは異なっており、規範的要件ではないと考える。これは、固定資産税における「価格」と同じであり、「価格」という課税要件が、評価通達による算定を許容しているものの、最終的には、客観的交換価値を超えることはできないとの課税要件の特殊な構造に由来しているのであり、規範的要件だからではないと考える。

(4) 固定資産税における「価格」と相続税における「価額」との関係

以上、固定資産税における「価格」と相続税における「価額」の要件事実や証明責任を検討してきたが、同一の不動産等が両者で問題となり得る場合もあり得る。一般には、固定資産評価基準により算定された「価格」は、客観的交換価値の7割であり、相続税の評価通達により算定された「価額」は、客観的交換価値の8割であるといわれている。これは、固定資産税や相続税の課税根拠からくる課税の謙抑性の範囲内にとどまっている限りは、合法性の原則にも反しないと考えられる。

そうすると、同一の不動産に対し、固定資産税における「価格」と相続税における「価額」の2つがあるのではないかが問題となる。しかし、両税とも、客観的交換価値を上回ることは許されないのであり、この客観的交換価値自体は、両税において同一であると考える。したがって、両税の「価格」と「価額」は、究極的には一致するものの、それぞれ固定資産評価基準や評価通達で算定された具体的金額が異なっていたとしても、これは、これまで述べた両税の立証の構造に由来するに違いにすぎないと考える。

Ⅵ 結 び

以上、固定資産税における「価格」や相続税における「価額」の要件事実や証明責任について論じてきた。ここで述べた見解は、山田先生の見解とは異な

る点もあるかもしれないが、先生の論文や租税判例研究会での先生の意見に大いに啓発されたものであり、ここに山田先生に感謝の意を表して、結ぶこととしたい。

15 「裁判を受ける権利」の実効的保障
―― 委任行政立法と解釈改憲 ――

大宮法科大学院大学教授・弁護士　山下清兵衛

Ⅰ　はじめに
Ⅱ　行政立法による課税
Ⅲ　税法領域における解釈による憲法改正
Ⅳ　憲法判断の回避と違憲判断の回避
Ⅴ　裁判を受ける権利の実効的保障と裁判の公正

Ⅰ　はじめに

　裁判を受ける権利は、独立かつ公平な司法機関に対し、権利・自由の救済を求め、基本的人権の保障を確保し、法の支配を実現する上で不可欠の前提となる権利である。基本的人権が真に保障されているかは、裁判を受ける権利の実効的保障にかかっている。そして、国民の権利・自由の救済の穴のないところが、法の支配の存する国である。

　憲法は、国の最高法規であるが、法律等の下位の法規範や違憲的な権力行使によって、違憲状態が生じることがある。事後是正の憲法保障制度として重要なものは、裁判所による違憲審査制（憲法81条）である。

　ところで、2007年5月13日午前10時から、テレビ朝日の番組において、司法の不公正問題が取り上げられた。「人質司法」「判検交流」等の存在が、不公正な判決を招来しているとの指摘であった。又、2007年6月19日閣議決定により「年金記録確認第三者委員会令」発令され、国民の年金が確実に支払われる制度がスタートし、国民の権利の実効的保障が具体的に議論される時代が到来した。

　ところで、行政の規制が緩和されるべきとする政策が政府によって採用され、約十年が経過し、これに伴い、事後規制としての司法手続の見直しもなされ、行政事件訴訟法改正などの司法改革関連法が多く成立した。規制緩和の社会は、公正な社会でなければならないが、公正な基準をもたらすものは司法手続であ

る。しかし、肝心の司法が不公正であっては、乱れた規制緩和社会となってしまう。従って、規制緩和社会においては、裁判所による司法審査が十分機能していることが必要である。司法審査制は、憲法81条に基づく制度であり、その核心は裁判所の公正性の確保である。

そして、主権者国民が、憲法や法律によって付与された基本的人権は、公正な裁判所によって、迅速かつ確実に認められなければ、絵に画いた餅となってしまう。いかなる国家においても、民間の争いを公正に裁定する国家システムはほぼ存在する。しかし、公権力を行使する主体と国民間の紛争が公正に裁定される司法機関が機能している国家が、真の法の支配の国家である。司法制度改革の議論の中で最も重要なことは、国民の権利が実効的に救済されることである。形式的な「裁判を受ける権利」の保障ではなく、これの実効的保障がなければ、憲法32条を形骸化した違憲の状態がもたらされてしまう。主権者国民は、多くの基本的人権を有するが、これが、迅速・確実に実現されるためには、「裁判を受ける権利」の保障が一番重要であり、しかも、その実効的保障が必要である。

しかしながら、国会は行政庁に課税要件を委任する法律を多く制定するから、課税庁や徴税庁に有利な租税法規が出来上がってしまう。租税法を含む行政法の多くは、重要な法律事項を行政立法に委任しており、憲法41条（国会が唯一の立法機関とするもの）や憲法84条（租税法律主義）は形骸化している。せめて、裁判所が、憲法41条や憲法84条に照らし、行政立法を厳しく制限すればよいのであるが、裁判所の行政立法に対するコントロール度は緩やかすぎる。又、憲法73条6号は、実施命令のみを許容しているが、憲法上明文の根拠がないのに膨大な数の委任命令が存在し、我国の行政は、法律によるのではなく、殆んどが、行政命令に従って行われている。受任を受けた政省令は、不確定概念を多用し、事実上憲法41条や84条は、形骸化している。政省令を直接統制する訴訟は許容されておらず、裁判所も、不確定な課税要件について、違法判断を避ける傾向が強い。結果的に税法領域は、司法権の及ばないアンタッチャブルなところとなっている。

以下、委任行政立法を題材として、憲法41条、73条6号、84条の「解釈改憲」の是非について論じたい。国会による授権行政法は、一般的白紙的委任をなすものが多いが、裁判所は、これを違憲と言わず、多くの行政法研究者も異

議を唱えない。「政省令の定めるところにより非課税とする」、「政省令の定めるところにより減免規定を適用する」、「政省令の定める資料を添付して申告した場合に限り、減免規定を適用する」とする内容の課税要件は、我国の税法の中に見られるものであるが、社会通念からみて、一般的・白紙的委任であり、どうみても憲法41条や84条に違反すると思われるが、多く放置されている。このような違憲状態が是正されない理由を分析し、本稿は、憲法の視点から委任立法の限界を論じるものである。

Ⅱ　行政立法による課税

　現在、日本においては、行政立法による課税が広く行われている。行政立法による課税が多く見られるのは、国会による立法の怠慢である疑いもある。
　更にわが国における租税訴訟過程における救済率の低さも問題である。ドイツでは税法分野において不服申立て段階の救済率が6割を超え、租税訴訟においては実質20～30％程度の納税者勝訴率で行政に対する司法審査が及んでいる。韓国でも不服申立て段階の救済率が3割を超える。これに対し、わが国では、この数年の平均的統計数値を計算すると、不服申立て段階の救済率が1割台であり租税訴訟における納税者勝訴率は10％程度（一部勝訴を含む）しかない。日本の裁判所は、違憲審査においてアメリカのような「司法積極主義」の経験がなく、もっぱら「司法消極主義」的運用を行っているのが実際であり、全般的にもう少し「司法積極主義」の方向での運用がなされることが望まれる。
　国の税金の使途についても、アメリカ合衆国では納税者訴訟により司法審査が及ぶのに対し、日本では国の公金支出に対して、国民が利用できる監査制度が何も準備されていない。そこで公金支出を監視するため住民訴訟的な制度が国レベルでも必要とされる。
　法律が与えた授権範囲を逸脱して制定された委任立法の限界について、木更津木材事件（納税者勝訴の憲法訴訟事件）判決等を紹介しながら明らかにし、法律によらない課税に対し憲法上の問題点を指摘したい。

1　委任立法による憲法無視
(1)　法の支配の形骸化
　国民に対する課税は国民の同意無しには行使できないはずである。この憲法

原理は1215年のマグナ・カルタにその萌芽を見出すとされ、日本国憲法84条でも「あらたに租税を課し、又は現行の租税を変更するには、法律又は法律の定める条件によることを必要とする」と規定し租税法律主義を宣明している。

しかし、現在の日本においては法律の委任に基づくことを根拠にして、おびただしい数の政令、省令、通達等の新設及び変更がなされている。その結果、国会を通過した法律ではなく、政令等の改変により大きな増税が実施されている。問題は、このような法律によらない増税対して国会議員を含めた多くの国民が何の疑問も抱いていないことである。

現在、国会議員の提出する議員提出法案は、提出される全法案の一割にも満たない。そして、その中で成立する法案は更に少ない結果、大部分の法案が内閣提出法案である。官僚の作成による内閣提出法案は、不確定概念が多用されたあいまいな表現が多く、課税要件等の重要部分が委任立法により、政令以下に委ねられている。その結果、委任立法により課税が実施されている。更に、法令だけでは、具体的な税額計算ができず、具体的税額の算出は、本来行政庁のみを拘束するはずの通達に従って行われている。

税務当局も、法律に基づくよりは、政省令や通達に依拠しているのが現状であり、憲法41条や84条は無視され、法の支配は形骸化している（このような税法は、「骸骨税法」と称して批判されている）。

(2) 行政裁量に対する統制

裁量行為に対する司法審査密度は、伊方原発事件最高裁判決で示された「判断過程審査方式」のように深化している。近年ではさらに一歩進めて学説が提唱してきた費用便益分析の司法審査が、小田急線高架化訴訟判決（東京地判平成13年10月3日）でも採用され、鉄道騒音についての違法状態を前提とした場合、地下式と高架式との事業費の比較について結論が逆転する可能性等があるとし、事業認可を取り消した（同判決は、上級審で取り消されたが、行政裁量の司法審査の程度は深化しつつある）。

警察行政の領域においては、人権尊重の見地から、法令でこと細かに行為要件を定め、これに該当する場合には、必ず定められた行為をすべきものと覊束する例が増え、行政庁の裁量の余地は狭められた。さらに、民事事件であるが、医師に対する医療過誤訴訟における過失責任について、裁判所は、医師などの専門職に対し、採用されるべき治療方法について自由裁量を認めない。

行政裁量に対する司法審査密度は深化し、国民の自由を統制する警察行政に対する統制は厳しくなり、又、専門職に対する責任の追及は厳しくなったのに、なぜ国民の財産から金銭を徴収する租税関係において、法律が与えた授権基準を満たさない委任立法に対する統制が全く緩やかなのかが大きな疑問である。

(3) 委任立法に対する司法審査

裁判所は行政の専門性・技術性を盾にその行政立法の違法性の判断に踏み込もうとせず、国会議員の多くも法律によらない政令などの行政命令の恣意的な変更に対し、何の問題意識も抱えていない。しかし、委任立法の濫用が議会の立法権を有名無実にし、ナチの授権法に見られるごとく憲法体制の崩壊をも招来させる危険性を孕んでいることを考えると、委任立法の範囲、限界について慎重な吟味が必要とされよう。

確かに租税分野については、サラリーマン税金訴訟判決（最大判昭和60年3月27日）をリーディングケースにして、裁判所は広い立法裁量論に依拠する司法審査の姿勢を示している（戸松秀典「憲法訴訟」有斐閣2005年度版251頁）。

しかし、専門性、技術性から、行政立法の必要性を認めるとしても、委任立法によって重要な増税を行うことを許すことにはならない。

行政事件訴訟法30条によれば、裁判所は、「裁量権の範囲をこえ又はその濫用があった場合」行政庁の裁量処分を、取り消すことができる。そして法律が多義的、概括的、不確定な概念（「正当な理由」、「正当な補償」、「不相当に高額」、「著しく低廉」など）を用いて、行政庁の行為要件を定めている場合、行政庁に裁量が与えられているようにみえるが、これらの概念は、いずれも経験則などの客観的な判断基準により確定可能であり完全な司法統制が及ぶとされている（判断代置可能説）。

従って、法律と同じように、不確定概念を多用した委任立法にもより強い司法統制を及ぼさなければならない。平成16年6月行政事件訴訟法の改正案が国会で承認されたが、その附帯決議で「国民の権利・利益の救済を拡大」し、「憲法で保障された裁判を受ける権利を広く実質的に保障」することが、政府と最高裁判所に要望されたことを考慮すると、法律が与えた授権基準を超え、不確定概念を多用した憲法41条、84条に違反する委任行政立法に対し、厳正な司法審査を及ぼすべきであろう。

現在、裁判官の多くは、新たな基準や救済を司法判断によって創造すること

に対しては、きわめて消極的である。しかし司法改革の目標は、日本における法の支配を確立し、国民の権利・利益を実効的に救済することである。裁判所は、自己の権利の法的擁護を求める主権者国民の要求に応えて、積極的に司法判断を下し、公権力行使を統制しなければならない。

2 委任行政立法の一般的限界を示す裁判例

(1) 委任された行政機関が、委任の範囲を超えれば、委任命令自体が違法となるが、これは委任命令の内容の問題である。

委任の範囲を超えたかどうかは、委任の趣旨目的を勘案して判定することとなるが、その際、規律の対象となる私人の権利利益も重要な要素となる。最高裁判所は、14歳未満者の在監者との接見禁止を定めた監獄法施行規則120条（1991年に削除）が旧監獄法50条の委任の範囲を超えているとした（幼児接見不許可事件、最判平成3年7月9日民集45巻6号1049頁）。これは在監者の接見の自由に対する裁判所の判断を示したものである。

この判決は、旧監獄法50条は、同法45条1項が認めている接見を全く不許可にすることを委任しているのではなく、接見の時間や手続などの制限を定めることを委任する趣旨であるとして、14歳未満の者には一切接見を認めないとする本件規則は、法律の趣旨を逸脱しているので、旧監獄法50条の委任の範囲を超え無効であるとした。

(2) 又、最近の判例では、児童扶養手当法による委任を受けて規定された児童扶養手当法施行令1条の2第3号が違法としたものがある。児童扶養手当の支給対象となる児童については児童扶養手当法4条1項各号が定めているが、5号がその一部を政令に委任している。これを受けた同法施行令1条の2第3号は、「母が婚姻（婚姻の届出をしていないが事実上婚姻関係と同様の事情にある場合を含む。）によらないで懐胎した児童（父から認知された児童を除く）」という括弧書が法律の委任の範囲を超えた違法・無効なものではないかが争われたのである。

この判決は、児童扶養手当法4条1項各号は、世帯の生計維持者としての父による現実の扶養を期待できない児童を支給対象として類型化したものであるとして、父から認知されただけで、依然として父による現実の扶養を期待できない児童を除外する本件括弧書は、法の趣旨や、目的に照らし両者の間の均衡

を欠き、法律の委任の趣旨に反し、無効であるとした（本件括弧書は平成10年に削除された）。この判例は、委任立法権の行使にも平等原則が及ぶとした。（児童扶養手当事件、最判平成14年1月31日）

(3) 更に農地法80条の委任に基づき政府保有農地売払いの認定基準を定めた農地法施行令16条を無効とした最高裁判所判決がある。（最大判昭和46年1月20日民集25巻1号1頁）。この判決は、自創法三条に基づく買収農地が、自作農創設等の目的に供しないことが相当と認められる場合には、旧所有者に売却されなければならない旨を既定する農地法80条の委任に基づき定められた同法施行令16条は、右「相当と認められる場合」を公共等の用に供する緊急の必要があり、かつ、その用に供されることが確実な場合に限定するが、相当と認められるのはこの場合に限られないから、同施行令16条は、委任の範囲を超えて無効であるとした。

これらの判決に共通するのは、委任立法の内容が法律の授権の範囲を超えているとした点である。

3　委任立法の一般的授権基準について

(1) 授権基準

日本国憲法は、行政権による立法を全面的に排除する趣旨ではなく、一定の範囲でそれを認めていると解されている（73条6号）。憲法73条6号の本文で、執行命令が許容され、その但書で、委任命令が許容されるというのが、一般的憲法解釈である。ただし、憲法が、「国会は国権の最高機関であって、国の唯一の立法機関である」（41条）と定めていることからすると、行政立法で定めうる事項の範囲と内容には、おのずから限度があり、法律の委任による命令（委任命令）と法律の規定を執行するための命令（執行命令）のほかは許されないと解されている。しかも国会の立法権を放棄するのに等しいような大幅な委任は許されないと解すべきであろう。

憲法は、「法律による行政」や「法の支配」の原則を採用し、国民の権利を制限し、または、義務を課すには、法律の定めを要する（内閣法11条、国家行政組織法12条3項、地方自治法14条2項参照）のであるから、国民の権利を制限し、または、義務を課すことを内容とする法規命令には、法律による授権が必要である。ドイツ基本法80条は、法律の委任に関して、「授権の内容、目的、

程度が法律の中に規定されていなければならない」と定め、授権基準を示している。

行政立法への委任の許容性については、憲法30条、31条、32条、41条、73条6号、84条、その他ドイツ基本法80条を参考にし、後に掲げる裁判例の中に記述された基準を総合してまとめると、次の基準がその判断の指針とされるべきであろう。

　イ．委任目的が法律の中に規定され、委任立法の趣旨目的からみて、委任の必要性があり、委任方法も合理的で委任の範囲を超えていないこと。

　ロ．委任内容が法律の中に規定されて、法治主義の見地から法律事項を委任することが法の趣旨に反しないとの観点から、具体的・個別的であること。

　ハ．委任の程度が法律の中に規定され、それが規律対象である私人の権利・利益を不当に害しないとの観点から、行政機関の裁量の幅が狭いこと。

　ニ．受任機関の裁量の濫用に対する救済方法が明瞭で、国会による委任の撤回・修正が自由になし得る制度とされていること。

(2)　限定の必要性

授権の範囲は、委任立法を授権する法律の明文で指示されるのが本筋であるが、法律の明文で授権の範囲が明示されていないこともある。そうした場合には、法律の全体構造や趣旨・目的、他の法文との整合性・比例原則等を勘案して、授権の範囲を限定して解釈するほかはない。とくに国民の権利自由を制約する委任立法の場合には、条理上の諸原則（比例原則等）を厳格に適用するなどして、行政権力の濫用を招かないよう配慮しなければならない。法律の目的や全体構造を考慮しても授権の範囲を限定できない場合には、そうした委任は白紙委任というほかないから、授権法律自体が違憲無効となる。最大判昭和46年1月20日（民集25巻1号1頁）では、最高裁が、法の趣旨解釈によって行政庁に授権された委任立法権の範囲を限定的に解釈し、委任命令が法律の授権の範囲を逸脱した内容を含むときには、たとえそれが政令であっても無効となる旨を明示した。

4　罪刑法定主義、租税法律主義の適用がある領域に対する委任立法の厳格な授権基準

(1)　侵害規範に対する厳格な基準

　委任立法を規制する規範については、侵害規範と受益規範に分けて考察する必要があり、侵害規範である刑事法・租税法領域のおいては、より厳格な規範が必要とされよう。

　委任の限界確定の具体的、各論的な判断材料としては、委任の目的・対象の範囲および受任者が準拠すべき基準・要件等、考慮されるべきいくつかの要素がありうる。憲法上の原則としては、委任立法が規制の対象とする基本的人権の性質・対応する違憲審査基準、例えば、精神的自由の優越的地位の原則をはじめ、罪刑法定主義（31条）、租税法律主義（30条・84条）の原則等があり、いずれも通常の委任に比してより厳格な基準・要件が求められる。

(2)　租税法律主義

　課税の作用は国民の財産権への侵害であるから、課税要件の全てと租税の賦課・徴収の手続きは課税要件法定主義に基づき法律によって規定されなければならない。いわゆる租税法律主義を規定したとされる憲法84条のもとにおいては、租税の種類や課税の根拠のような基本的事項のみでなく、納税義務者、課税物件、課税標準、税率などの課税要件はもとより、賦課、納付、徴税の手続きもまた、法律により規定すべきものとされている（最大判昭和30年3月23日）。

(3)　租税法律主義と委任立法

　憲法の租税法律主義の趣旨からすると、法律が租税に関し政令以下の法令に委任することが許されるのは、徴収手続きの細目を委任するとか、あるいは、個別的、具体的な場合を限定して委任するなど、租税法律主義の本質を損なわないものに限られるものといわねばならない。すなわち、もし仮に手続的な課税要件を定めるのであれば、手続事項を課税要件とすること自体は法律で明示し、その上で課税要件となる手続きの細目を政令以下に委任しなければならない。

　そして、租税法律主義のもとで租税法規を解釈する場合には、ある事項を課税要件として追加するのかどうかについて法律に明文の規定がない場合、通常はその事項は課税要件ではないと解釈すべきである。それにもかかわらず、『政令の定めるところによる』との抽象的な委任文言があることを根拠として、

加重事項を課税要件として追加し、政令以外の命令においてその細目を規定することは、租税関係法規の解釈としては、許されるべきものではない。

この点で最も問題になるのは、法律と行政立法（政令・省令等）との関係である。課税要件法定主義の要請からして、法律の根拠無しに政令・省令等で新たに課税要件に関する定めをなしえないことは言うまでもない（法律の留保の原則）。また、法律の定めに違反する政令・省令等が効力を持たないことも明らかである（法律の優位の原則）。

もちろん、租税立法においても、課税要件および租税の賦課・徴収に関する定めを政令・省令等に委任することは必要であり、許されると解すべきであるが、課税要件法定主義の趣旨からして、それは一般的委任基準よりも厳格な具体的・個別的委任に限られると解すべきである。

この租税委任立法においては、より厳しい具体的・個別的委任でなければ許容されないが、その許容条件は、委任の目的・内容及び程度が委任する法律自体の中で明確にされていなければならないと解すべきである。それゆえ、この基準に該当しない委任規定は、憲法84条違反として無効であり、したがってそれに基礎をおく政省令の規定も無効となると解される。

(4) 政令への委任の限界の事例

(a) 木更津木材事件（東京高判平成7年11月28日、千葉地判平成7年2月22日）

法律による政省令への委任が租税法律主義に反し違憲と判断された重要な先例的意義を有する画期的な判決として木更津木材事件を挙げることができる。租税関係の行政訴訟は勝訴率が低く、特に違憲判断による勝訴確定案件は、第三者所有物没収刑事事件（最判昭和37年11月28日）とこの木更津木材事件のみである。

木更津木材株式会社は、土地建物の移転登記を受けるに際し通常の登録免許税を納付して登記が完了した。しかし、その登記は租税特別措置法によれば軽減税率の適用が可能なもので、もし、この軽減税率を適用すると登録免許税額は770万円あまり少なくなるはずであった。木更津木材株式会社は登記後にこのことを知って登記官に還付を求めたが租税特別措置法施行規則によれば登記申請時に所定の要件を満たす知事の証明書が添付されるべきであるとし、登記後に証明書を取得して提示しても還付はできないとして還付を拒否された。

これに対し一審・千葉地裁（平成7年2月22日）と控訴審・東京高裁（平成7

年11月28日）は、租税法律主義と委任立法のあり方について述べた後、租税特別措置法が登録免許税に関する法定の軽減税率を「政令の定めるところにより」適用する旨の規定は、一般的・白紙的委任であり、政令である租税特別措置法施行令が大蔵省令に再委任し、大蔵省令である租税特別措置法施行規則により登記申請書に知事の証明書を添付しなければならないとし、後に証明書を提出しても軽減税率の適用がないとする部分は、法律の有効な委任がないのに税率軽減の要件を加重したものとして無効であるとした（別冊ジュリスト「租税判例百選」第4版10頁）。

(b) 阪神淡路大震災特例法事件（最判平成17年4月14日）

この事件の原告は、阪神・淡路大震災により損壊した建物の保存登記を受けるに際し通常の登録免許税を納付して登記が完了した。しかし、その登記は阪神・淡路大震災特例法によれば登録免許税の免除の適用が可能なものであった。同法37条1項によれば「阪神・淡路大震災の被災者であって政令で定める者等が、同大震災によって滅失した建物等に代わるものとして新築又は取得した建物で、政令で定めるものの所有権の保存等の登記については、大蔵省令で定めるところにより……登録免許税を課さない」とされていた。原告は登記後にこのことを知って登記官に還付を求めたが、特例法の委任を受けた大蔵省令である規則によれば、登記申請時に所定の要件を満たす市町村の証明書が添付されるべきであるとし、登記後に証明書を取得して提示しても還付はできないとして還付を拒否された。

そこで原告は①国に対しては登録免許税額相当額の不当利得の返還を、②登記官に対しては還付拒否通知の取消を求めて出訴した。

一審は省令への委任を白紙委任として無効と判断し、原告の請求を認容したが、控訴審は①については同一審判決や、木更津木材事件の東京高裁及び千葉地裁判決が委任立法を無効とした判断と全く逆の判断をなし、一審原告の請求を棄却し、②については登記官の還付拒否通知に処分性を認めず訴えを却下した。控訴人は①については上告せず、②についてのみ上告した。最高裁は②について、その処分性を認めたが①について原告が上告しなかったので、通知処分を取り消しても原告が還付を受けられる地位にないことを理由に訴えの利益を認めず上告人の請求を棄却した。

この最高裁判決の特徴は、上告人が①についても上告していた場合には木更

津木材事件と同様に上告人の請求が認容された可能性があったということである。木更津木材事件及び本判決では登記官に対する還付請求は登録免許税法31条1項に基づく1年間の期間制限内の請求であった。このような場合、登録免許税法31条1項と別に、国税通則法に基づき登記から5年間還付金請求訴訟ができるかが問題になっていたが、同判決は、これが認められることを明らかにしたことにより、納税者の権利救済範囲を拡大した画期的な判決と評価されよう。

Ⅲ 税法領域における解釈による憲法改正

租税に関する課税要件の多くは、行政立法に委ねられている。憲法41条は、国会が唯一の立法機関としているが、我国の国会は、憲法73条6号の本文及び但書を根拠に、課税要件を行政に委任する立法を多く制定している。同号の本文が執行命令を認め、同号但書が委任命令を許容すると解釈されている。同本文は、憲法と法律を実施するため、政令の制定を内閣の権限としているが、あくまで、実施命令を許容するものである。又、但書は、実施命令の許容と憲法・法律の実施に必要な罰則の制定を内閣に許容するものであり、受任行政立法には、「憲法・法律の実施」という限定がなされていることを看過してはならない。多くの憲法学者は、憲法73条6号但書を根拠に、委任行政立法が許容されると拡張解釈となすが、但書は、委任行政立法について、少しも触れていない。憲法41条や84条の例外を認めるのに、明文の根拠が必要というべきであろう。憲法の保障にとって重大な危機は、憲法規範は改正されないのに、その本来の意味が国家権力による運用によって変化することである。司法制度改革によって国民の意識が変化し、仮死状態にある憲法41条や84条の復活が期待される。次に、阪神・淡路大震災事件の最高裁判決（平成17年4月14日最高裁第一小法廷判決、以下本件判決という）と木更津木材事件判決（東京高裁判決平成7年11月28日、以下別件判決という）を参考にして、立法の委任問題を更に分析する。

1 課税要件の分析
(1) 登録免許税法の課税要件

登録免許税法（以下、「登免法」という）によると、登録免許税は、登記等を受けることを対象として課される租税であり（法2条）、その納税義務者は登

記等を受ける者となっている(法3条)。

(2) 課税減免要件

阪神・淡路大震災の被災者等に係る国税関係法律の臨時特例に関する法律(以下、「特例法」とする。)37条1項により、「阪神・淡路大震災の被災者であって政令で定めるもの又はその者の相続人その他の政令で定める者が阪神・淡路大震災により滅失した建物又は当該震災により損壊したため取り壊した建物に代わるものとして新築又は取得をした建物で政令で定めるものの所有権の保存又は移転の登記については、大蔵省令で定めるところにより平成7年4月1日から平成12年3月31日までの間に受けるものに限り、登録免許税を課さない。」と規定し、阪神・淡路大震災の被災者に関して登録免許税の免税措置を定めている。

また、同規定を受けて、平成7年政令第99号による改正後の阪神・淡路大震災の被災者等に係る国税関係法律の臨時特例に関する法律施行令(平成7年政令第29号。以下「特例法施行令」とする。)29条1項は、「特例法第37条第1項に規定する政令で定める被災者は、阪神・淡路大震災によりその所有する建物に被害を受けた者であることにつき、当該建物の所在地の市町村長から証明を受けた者とする。」と規定し、大蔵省令である阪神・淡路大震災の被災者等に係る国税関係法律の臨時特例に関する法律施行規則(平成7年大蔵省令第12号。以下「特例法施行規則」とする。)20条1項は、「特例法第37条第1項の規定の適用を受けようとする者は、その登記の申請書に、令第29条第1項又は第2項第2号若しくは第4号の市町村長の証明に係る書類で阪神・淡路大震災によりその所有していた建物に被害を受けた者の氏名又は名称及び住所又は本店若しくは主たる事務所の所在地並びに当該建物の所在地の記載があるもの(当該登記に係る建物が同条第3項第2号に掲げる建物に該当する場合には、当該書類及び同号に規定する証明に係る書類)を添付しなければならない。」と規定して登記申請書に市町村長の被災証明書を添付しなければならない旨定めている。

2 法律による委任

(1) 憲法84条が規定する租税法律主義は、課税が国民の財産権に対する侵害であることに鑑み、課税要件の全てと租税の賦課・徴収の手続は、法律によって規定すべきことを明らかにしたものである(最大判昭和30年3月23日民集9巻

3号336頁、同昭和60年3月27日民集39巻2号247頁）が、このことは、特例法37条1項のように、通常の課税要件よりも納税者に有利な特例措置を定めるものについても、同様に妥当すると解される。

　もっとも、租税関係の立法においても、課税要件及び租税の賦課・徴収に関する定めを政令・省令等に委任することは許されるが、憲法84条の趣旨からすると、それは厳格な具体的・個別的委任に限られる。

　したがって、法律による委任は、その規定自体から委任の内容が一義的に明確でなければならないと解される。

(2)　手続的課税要件の委任

　手続的課税要件として想定される事項は多様であり、手続を課税要件とするのは自由でよいとすると、行政機関の無制限の裁量を認めることと同様になり、租税法律主義の目的に反する。従って、手続要件の委任についても、自由であるとすることはできない。

　そこで、本件判決を検討するに、特例法37条1項は、「阪神・淡路大震災の被災者であって政令で定めるもの又はその者の相続人その他の政令で定める者が阪神・淡路大震災により滅失した建物又は当該震災により損壊したため取り壊した建物に代わるものとして新築又は取得をした建物で政令で定めるものの所有権の保存又は移転の登記については、大蔵省令で定めるところにより平成7年4月1日から平成12年3月31日までの間に受けるものに限り、登録免許税を課さない。」と規定している。よって、この特例法37条1項の委任文言が、何を委任したのか、又、その委任が個別・具体的であるかどうかが問題となる。

　思うに、この「大蔵省令で定めるところにより登記を受けるものに限り」という表現からすると、書面による登記手続の中では、ある一定の書面の添付を必要としたものと考えられる。そうであるならば、特例法37条1項による大蔵省令への委任は、一般的・白紙的な委任をしたものではなく、法律及び委任を受けた政令の定める免税の実体的要件を証明すべき添付書類の内容の定めに限り、大蔵省令に委任したものと解される。しかし、これは、手続事項の委任規定であるとする限定解釈をなすものであるが、上記委任文言は無限定であるから実体要件を委任していないとはいえない。

　本件において、控訴審大阪高裁平成12年10月24日判決（民集59巻3号558頁）は、特例法施行規則20条1項により添付すべき証明書類を、特例法の定める

「阪神・淡路大震災の被災者」及び特例法施行令29条1項の定める「阪神・淡路大震災によりその所有する建物に被害を受けた者である」との要件を立証するための書面とし、同規則の定めは、法律の委任の範囲に属する合理性のある規定で、有効かつ合憲だと解した。しかし、このような白紙的・包括的委任を救済する限定解釈は、憲法保障の立場からみると大いに問題がある。特例法37条1項は、被災者の取得した建物を非課税とする実体要件を規定しており、その実体要件該当事実を証明する手続要件を規則に委任していると解釈すれば、その手続の懈怠は、実体要件をクリアーした非課税権を失権させることはできない。この点については、一審判決や前記木更津木材事件における東京高裁判決及び千葉地裁判決の判断が正しい（演習ノート「租税法」中村芳昭、三木義一編5頁において、首藤重幸教授も同旨である。又、平成19年7月13日金子宏教授も、日弁連租税法研修会において、前記大阪高裁判決よりも木更津木材事件判決が正しいと説明された）。しかし、阪神・淡路大震災事件において、行政立法の委任範囲の逸脱問題について上告理由とされなかったから、最高裁は、これについて判断していない。

3 過誤納金還付請求に対する拒否通知
(1) 本件判決における過誤納付還付請求について、理由がない旨の拒否通知がなされたが、この拒否通知は、行政処分にあたるかが問題とされた。

ここで、行政処分とは、公権力の主体たる国または公共団体がなす行為のうち、その行為によって、直接国民の権利・義務を形成し、またはその範囲を確定することが法律上認められているものである（最判昭39年10月29日民集18巻8号1809頁）。

これを、本件判決における登録免許税法（以下、「法」とする）31条2項の拒否通知についてみると、仮に、登録免許税に係る過誤納付金の還付は、同条の規定によらなければならないとする手続きの排他性があると、登記機関がする拒否通知は、登記等を受けた者の過誤納付還付請求の具体化を妨げるものとなるので、上記の行政処分の要件である「直接国民の権利義務を形成し」に該当するため、行政処分にあたることとなる。

(2) そこで、法31条2項が拒否通知について、手続の排他性を認めたものかどうかが問題となる。

この点、本件判決は、法31条1項及び2項制定の趣旨を、過誤納金の還付が円滑に行われるようにするために簡便な手続を設けることにあるとし、同項が上記還付請求につき1年の期間制限を定めているのも、登記等を受けた者が上記の簡便な手続きを利用するについて、その期間を画するためであり、当該期間経過後は還付請求権が存在していても一切その行使をすることができず、登録免許税の還付を請求するには同項所定の手続によらなければならないとする手続きの排他性を定めたものではないと判断した。

同最高裁判決は、法31条2項が、登記等を受けた者に対し、簡易迅速に還付を受けることができる手続を利用することができる地位を保障していると解するのが相当であると述べ、そうすると、上記拒否通知は、登記等を受けた者に対する手続上の地位を否定する法的効果を有することになるとした。

したがって、結果として抗告訴訟の対象となる行政処分にあたると判断し、拒否通知の行政処分性を肯定したのである。

4 二つの還付請求権の関係

(1) 登録免許税の納税義務者は、過大に登録免許税を納付して登記等を受けた場合には本来、そのことによって当然に還付請求権を取得し、国税通則法56条、74条により5年間は過誤納金の還付を受ける立場にある（登免法31条6項4号）。よって、過大に登録免許税を納付して登記等を受けた者は、その還付がなされないときは、これらの規定を排除する特別の規定がない限り、還付請求訴訟を提起できることなる。

そこで、本件判決において、法31条2項が上記の特別の規定に当たるかどうかが問題となる。

確かに、登記等後の登録免許税をめぐる法律関係を早期に確定させようとする趣旨を根拠として、法31条2項が特別の規定に当たると解することもできる。

(2) しかし、法がそのような趣旨を達成しようとしているかどうかは、端的に決定されるわけではないので、以下のような点をどのように説明するかによって判断すべきである。

(a) 法31条1項には、2項のような期間制限はないので、同条1項により、登記機関は、過大に登録免許税を納付して登記等を受けた事実があると判断したときは、職権により遅滞なく所轄税務署長に過誤納金の還付に対する通知を

しなければならず、同条2項に期間の徒過を理由に、この通知をしないでよいということにはならない。よって、仮に同項所定の手続によらなければ過誤納金の還付を受けることが出来なくなるとしても、過大に登録免許税を納付し登記等を受けた者は、同項所定の期間である1年間を過ぎても、登記機関に対し、同条1項の通知をするように求めることができるようになると考えられること。

(b) 仮に同条2項所定の手続によらなければ過誤納金の還付を受けることが出来なくなるとすると、税務署長が登記等を受けた者から納付していない登録免許税の納付不足額を徴収する場合には、国税通則法72条所定の国税の徴収権の消滅時効期間である5年間はこれを行うことが出来るにもかかわらず、登録免許税の還付については、同法74条所定の還付金の消滅時効期間である5年間が経過する前に、1年の期間経過により、その還付を受けることが出来なくなること。

(3) まず(a)に関して、登記機関は、常に法に適合して行政を行う職務上の義務があるから、登録免許税について真実過誤納があることを発見した場合は、直ちに職権で過誤納金が還付されるようにしなければならない。

(4) また、(b)に関して、過大に登録免許税を納付し登記等を受けた者が、同条2項所定の1年間の期間経過後には、過誤納金の還付を受けることが出来なくなると解するのは、納付不足額の徴収との間の権衡に失する結果となり、妥当性を欠く。

(5) よって、専ら同項所定の手続きによらなければ、過誤納金の還付を受けることができなくなると解することはできないので、法31条2項の趣旨は、登記等後の登録免許税をめぐる法律関係を早期に確定させようとするものではないと考えられる。

登免法31条1項及び2項の趣旨は、過誤納金の還付が円滑・迅速に行われるようにするために、簡便な手続を設けたものである。そして、同項が請求につき1年の期間制限を定めているのも、登記等を受けた者が簡便な手続を利用するに当たり、その期間を画するためであると解される。

したがって、過大に登録免許税を納付して登記等を受けた者は、登録免許税法31条2項所定の請求の手続によらなくても、国税通則法56条に基づき、過誤納金の還付を請求することができ、本件最高裁判決もこのように解している。

第1編　国内税法

5　木更津木材事件との比較

(1)　阪神・淡路大震災事件（以下本件と云う）における納税者が、上記4で説明した過誤納付還付請求権とは別に、民法上の不当利得返還請求権も保有しているといえるかどうかは、公法上の還付請求権が私法上の請求権を排除するものかどうかで決定される。

まず、木更津木材事件（以下別件と云う）の東京高裁は、「登録免許税法（以下、法とする）31条1項の還付通知及び同条2項の還付通知請求に対する還付通知できない旨の通知も、単に還付の事務を円滑ならしめるための認識の表示に過ぎず、過誤納税額の還付請求権者の法律的地位を変動させる法的効果を有することはない。したがって、還付通知できない旨の通知は抗告訴訟の対象となる行政処分に当たらないのであり、その取消しを求める訴えは不適法である」とし、その処分性を否定した。この見解は、自動確定方式のもとでの登録免許税が、確認行為によって公定力をもって税額を確定されるものではないことを出発点にし、法31条2項の請求に対する拒否通知が行政処分であり、それによって公定力をもって税額が確定することは、自動確定方式をとる登録免許税の性質上からして、合理的ではないと解するものである。

よって、これによれば、拒否通知に処分性は認められないので、拒否通知に対する取消訴訟は提起できず、国に対する還付請求又は、不当利得返還請求が直接認められることになる。

(2)　この点、本件の場合、最高裁は、「登録免許税法31条2項は、登録免許税の還付を請求するには専ら上記の請求の手続によるべきであるとする手続の排他性を規定するものということはできない。したがって、登記等を受けた者は、過大に登録免許税を納付した場合には、同項所定の請求に対する拒否通知の取消しを受けなくても、国税通則法56条に基づき、登録免許税の過誤納金の還付を請求することができるものというべきである。」とし、登録免許税法31条2項による還付請求手続の排他性を否定している。そうすると、別件と同様に、国に対する不当利得返還請求権も認められることを示唆していると云えよう。

しかし、最高裁は、拒否通知による納税者への不利益に着目し、「上記の拒否通知は、登記等を受けた者に対して上記の手続上の地位を否定する法的効果を有するものとして、抗告訴訟の対象となる行政処分に当たると解するのが相

当である」旨述べ、結果として拒否通知に処分性を認めている。

つまり、本件における最高裁は、拒否通知に、税額を実質的に公定力をもって確定させるという行政処分としての性質は認められないが、当該拒否通知によって、出訴期間を徒過した場合、過大納付の納税者が法31条2項による簡易迅速な手続を利用できない状況に陥っているという点には、取消訴訟の排他性、すなわち処分性が認められるので、取消訴訟の対象となると判断したのである。本件最高裁判決は、二つの還付請求権が相互に排他的ではないとした画期的判断をなしたが、その考え方を演繹すれば、納税者側は、税法上の還付請求権とは別に、民法上の不当利得返還請求権も有していると考えられよう。最判昭和49年3月8日（民集28巻2号186頁）は、後発的貸倒れが発生した場合についてであるが、「課税庁による是正措置がなくても、不当利得関係が成立する」と判示したことも参考となろう。

6　実体要件と手続要件の委任の範囲

別件における東京高裁は、委任授権法について租税債権の実体要件を委任していると認定していない。

そもそも、憲法84条に規定されている租税法律主義においては、租税の種類や課税の根拠のような基本的事項のみではなく、納税義務者、課税物件、課税標準、税率などの課税要件はもとより、賦課、納付、徴税の手続もまた法律に規定すべきものとされ、租税の優遇措置を定める場合や、課税要件として手続的な事項を定める場合も同様に、法律により定めることが要求されている。

この憲法の趣旨を考えると、法律が租税について政令以下の法令に委任することが許されるのは、租税法律主義の本質を損なわないものに限られる。つまり、手続的な課税要件を定めるのであれば、手続事項を課税要件とすること自体を法律で明示し、その上で課税要件となる手続の細目を政令以下に委任することとなる。

そして、租税法律主義に基づいて租税法規を解釈する際、ある事項を課税要件に追加するかどうか法律に明文規定がない場合は、その事項は課税要件にはあたらないと解釈すべきである。それにもかかわらず、税特法（平成4年法律第14号による改正前のもの）の「政令の定めるところによる」との抽象的な委任文言があることを根拠とし、解釈によってある事項を課税要件として追加し、

政令以下の法令でその細目を規定することは、上記租税法規の解釈としては、許されるものではない。

　これを別件についてみると、別件の「政令の定めるところによる」との委任文言は、抽象的で限定のない文言であり、これを限定的に解釈することはできず、追加的な課税要件として手続的な事項を定めることの委任や、解釈により課税要件を追加しその細目を決定することの委任を含むものと解することはできない。

　別件の東京高裁判決は、別件における委任授権法について租税債権の実体要件を委任しているとは認められないと判断し、更に、法の委任範囲を超える加重的手続要件を政省令で規定することは、違法とした。

　別件の東京高裁判決によれば、実体要件に比較して、手続要件の委任は、緩和されるべきということもできない。手続要件も、納税義務の範囲に直接影響するものであり、手続保障の重要性を考慮すれば、手続要件を軽視するべきではない。

7　国家賠償請求と過誤納付金還付請求と不当利得返還請求

　固定資産税や都市計画税について、過誤納付があった場合、過誤納金還付請求と国家賠償法に基づく請求は、同一内容とされるが、この二つの請求権の関係について、問題となった事件がある。一審は神戸地方裁判所で、判決は平成17年11月16日になされ、二審は大阪高等裁判所で、平成18年3月24日に判決がなされている。一・二審判決共に、過誤納金の還付請求権と国家賠償請求権は、併存することを認めた。

　又、固定資産課税台帳の登録事項について、救済方法が、固定資産評価審査委員会に対する審査の申し出及び同委員会の審査決定の取り消しの訴えに限定されているのは、税法上の手続制限であり、国家賠償請求訴訟提起の制限ではないとした。

　前記阪神・淡路大震災事件の最高裁判決とこの大阪高裁平成18年3月24日判決の内容を総合すると、税法上の過誤納付還付請求権が、二個存在する場合、そのいずれも併存し、かつ、国家賠償請求権も併せて行使が可能であることになろう。

　又、木更津木材事件の東京高裁判決は、民法の不当利得返還請求権が、税法

上の過誤納付金還付請求権とは、別に存在することを認めたものであった。

最高裁は、「所得の過大評価が抗告訴訟上違法であることは、必ずしも国賠法上の違法を意味するものではない」としている（最高裁平成5年3月11日第1小法廷判決、民集47巻4号2863頁、判例時報1487号124頁）。

更に又、最高裁は、租税の過大な源泉徴収納付について、時効が完成するまで、支払者は国等に対して過誤納金としてその返還を請求することができる旨判示している（最判昭和53年2月10日訟務月報24巻10号2108頁）。そして、

不当利得に関する民法703条以下の規定が、公法関係に適用されることは、一般に肯定されている（小早川光郎著法律学講座双書行政法上巻154頁）。国民が法律によって付与された請求権や救済ルートは、明示の法的根拠がない限り消滅しないと云うべきであろう。神戸地裁平成17年11月16日判決は、固定資産税に関する過誤納金の還付請求権が時効期間経過により消滅しても、国家賠償請求を認めたもので、公務員の合法性原則に従う義務を強調した点は、注目に値する。

IV　憲法判断の回避と違憲判断の回避

1　司法消極主義

(1)　付随的審査制

裁判所に適法に訴訟が係属し、憲法上の争点が提出されている場合であっても、当該事案に必要がない限り憲法判断は行わないという、「必要性の原則」に基づくルールである。この論拠として、附随的審査制の下では、もともと事案の解決に必要な限りで審査権行使すべきであることなどが挙げられる。これには、憲法判断そのものの回避と、違憲判断の回避とがある。

(2)　憲法判断そのものの回避

この準則は、憲法問題を判断しなくとも事件の法的解決ができるときは、憲法問題に立ち入らないというルールである。

これを適用した代表的な例として、恵庭事件判決がある（札幌地裁昭42年3月29日下刑集9巻3号359頁）。この判決は、問題となった自衛隊法の構成要件を限定解釈することで適用をはずし、その結果、当該法律の憲法判断を行う必要はないとした点に特徴がある。

行政処分の取消しについてその処分が違法であって取り消される以上、原告

の権利救済は満たされるから、処分のもととなる法律の違憲性を判断する必要はないとした例もある（東京高判昭50年12月20日行集26巻12号1446頁）。

違憲審査制の有する憲法保障的機能に鑑みて、事件の重要性、違憲状態の程度や影響、侵害されている人権の性質などを総合的に考慮して、場合によっては憲法判断に踏み切るべきであるとするのが、今日の多数説といってよい。

(3) 違憲判断の回避

この準則は、憲法に違憲の疑いがあるときでも、違憲判断を回避する解釈が可能であるときは、その解釈に従うべきであるというルールである。すなわち、争われている法律について、複数の解釈が論理的に成り立ち、そのうちでAという解釈をとると違憲になるが、別のBという解釈をとると合憲になるときは、裁判所はBという解釈をとって法律の違憲判断を回避するというものである。この準則によれば、たとえば裁判で争われている国家行為がAを前提として行われ、Bによれば行い得ないのであれば、裁判所は、この国家行為をAによって違憲と判断するのではなく、Bによって合憲と判断するべきことになる。

しかし、限定解釈をつうじて、新たな立法を裁判所が行ったことにもなり、あるいは限定解釈が法令の意味を不明確にするといった問題点も指摘されている。したがって、合憲限定解釈の人権保障機能、憲法保障機能を生かすために、この手法自体の有用性を踏まえた上で、具体的事例においては、合理的で明確な基準を示す解釈に努めるべきであろう。

2　立法委任範囲の逸脱と憲法判断回避（第一事例）

(1) 事　　案

行きずりの関係で懐妊・出産した児童（婚姻外懐胎児童）を監護していたXは、その子について、県から児童扶養手当を受けていた。ところがその子が、父から認知されたことにより、県知事は、Xに対し、児童扶養手当受給資格喪失処分をなした。Xは、同処分の取消しを求め、提訴した。

奈良地判平成6年9月28日は、本件政令括弧書（下記政令1条の2第3号括弧書）は憲法14条に違反し無効であるとし、また、同処分は違法で取り消されるべきであるとした。しかし、その上告審において、最高裁第一小法廷平成14年1月31日判決は、「本件政令括弧書は法の委任の範囲を逸脱した違法な規定として無効と解すべきである」とした（控訴審は、本件政令括弧書を設けたことは

違憲、違法なものとはいえないとした)。本件政令括弧書については、法律の委任範囲を超えると判断される場合、違憲というべきか、あるいは違法というべきであろうか。

(2) 関 係 法 規
イ．児童扶養手当法
1条
　　この法律は、父と生計を同じくしていない児童が育成される家庭の生活の安定と自立の促進に寄与するため、当該児童について児童扶養手当を支給し、もつて児童の福祉の増進を図ることを目的とする。
3条3項
　　この法律にいう「婚姻」には、婚姻の届出をしていないが、事実上婚姻関係と同様の事情にある場合を含み、「配偶者」には、婚姻の届出をしていないが、事実上婚姻関係と同様の事情にある者を含み、「父」には、母が児童を懐胎した当時婚姻の届出をしていないが、その母と事実上婚姻関係と同様の事情にあつた者を含むものとする。
4条1項
　　都道府県知事は、次の各号のいずれかに該当する児童の母がその児童を監護するとき、又は母がないか若しくは母が監護をしない場合において、当該児童の母以外の者がその児童を養育する(その児童と同居して、これを監護し、かつ、その生計を維持することをいう。以下同じ。)ときは、その母又はその養育者に対し、児童扶養手当(以下「手当」という。)を支給する。
　　1　父母が婚姻を解消した児童
　　2　父が死亡した児童
　　3　父が政令で定める程度の障害の状態にある児童
　　4　父の生死が明らかでない児童
　　5　その他前各号に準ずる状態にある児童で政令で定めるもの
ロ．同法施行令(平成10年政令第224号による改正前のもの)
1条の2
　　法第4条第1項5号に規定する政令で定める児童は、次の各号のいずれかに該当する児童とする。

第1編　国内税法

　　　1　父（母が児童を懐胎した当時婚姻の届出をしていないが、その母と事実上婚姻関係と同様の事情にあった者を含む。以下次号において同じ。）が引き続き1年以上遺棄している児童
　　　2　父が法令により引き続き1年以上拘禁されている児童
　　　3　母が婚姻（婚姻の届出をしていないが事実上婚姻関係と同様の事情にある場合を含む。）によらないで懐胎した児童（父から認知された児童を除く。）
　　　4　前号に該当するかどうかが明らかでない児童
(3)　本件児童に関する児童手当
イ．法令によれば、児童には次の3種類がある
　(a)　婚姻関係による児童
　(b)　事実婚関係による児童
　(c)　婚姻（事実婚を含む）外児童
ロ．本件児童に関する法4条1項本文の支給要件
　　5号に該当する児童の「母がその児童を監護するとき」であり、Xは、その支給要件を具備している。
ハ．本件児童に関する法4条1項5号の支給要件
　　「前各号に準ずる状態にある児童で政令で定めるもの」である。
ニ．委任範囲
　　法4条1項1〜4号に準ずる状態にある児童の範囲を画定することを委任している。
(4)　施行令1条の2第3号括弧書が委任範囲を逸脱するか
イ．婚姻外懐胎児童である本件児童の監護者に対する児童手当の支給要件は次の通りで、(a)、(b)の要件を充足することである（法4条1項5号）。
　(a)　前各号に準ずる状態にある児童であること
　(b)　政令で定めるもの
ロ．本件は、法4条1項本文の「母がその児童を監護するとき」に該当する。ただし、1〜5号のいずれかに該当する児童であることが必要である。
　　また、法1条は、「父と生計を同じくしていない児童」に児童扶養手当を支給するとして、基本的支給要件を定めている。本件は、この基本的支給要件に該当する。また、本件は法4条1項5号に該当するが、同5号は

基本的支給要件を更に限定する。

　法4条1項5号は「政令に定めるもの」として、支給要件を政令に委任しているが、施行令1条の2の3号は、認知された場合、手当が支給されないことにして加重要件を政令で付加している。本件では、Aが父から認知されたので、施行令1条の2の3号括弧書によれば、手当が支給されないことになる。

　法4条1項は、「1～4号に準ずる状態にある児童で、母が監護するときはその母に児童扶養手当を支給する」としている。要するに、関連法律及び政令によれば、婚姻（事実婚を含む）外児童であるAの母に手当を支給できる要件は、Aが「父から認知されていないこと」である。かかる政令による加重要件の付加は、法4条1項5号が定める「1～4号に準ずる状態にある児童」の範囲を不当に狭めるもので、委任範囲を逸脱している。逸脱判定の基準は、憲法14条や児童扶養手当法の趣旨、目的（同法1条参考）に求められよう。

(5) 憲法14条違反性

施行令1条の2の1号によれば、父が引き続き1年以上遺棄している児童に対し、手当を支給できるのであるから、本件においても、これに該当すれば、手当を受けられると思われる。しかし、「引き続き1年以上遺棄されていない場合」は、手当の支給が受けられないが、これは不当である。要するに、父母が婚姻（事実婚を含む）関係にある児童で、父と生計を同じくしていないものには手当が支給されているが、そのことと、婚姻（事実婚を含む）外の児童で、父から認知された児童に手当が支給されないことを比較した場合、後者は不合理な差別を受けることになろう。認知されても、父から扶養されないこともあるから、認知を扶養手当の欠格事由として加重することは、実質的な根拠を欠くのみならず、法律の委任範囲を逸脱する。施行令1条の2第3号について、その規定全体は不可分一体のものではないから、末尾の括弧書のみを無効とすることが可能である。

(6) 違憲か違法か

　イ．本件事案において、奈良地判は違憲説であり、その上告審判決は違法説であった。憲法41条、73条6号によれば、「憲法及び法律を実施するため、内閣は政令を定めることができる」が、法律の委任範囲を超えるのは、憲

法73条6号に違反するから、違法かつ違憲というべきであろう。しかし、この上告審判決は、法律の委任範囲を超える政令は、違法であって違憲としなかった。

ロ．違憲判断の対象を法律に限定することができるかについて、最判平成14年1月31日は、本件の政令の受任範囲の逸脱について違憲ではなく違法とする。授権法律が、政令に対し、白紙的・包括的に立法を委任する場合、授権法が違憲であるとするのが通説である。一方、法律によって個別具体的な立法の委任がなされている場合、授権法は憲法に違反しないとされている。

ハ．しかし、受任行政立法である政令が、授権法の委任範囲を逸脱する場合、授権法は違憲ではないが、政令が違憲といえるのかが問題となる。政令が、法律の委任範囲を逸脱した場合、法律事項を政令によって定めたことになるから、法律に違反するだけではなく、憲法73条6号、同41条に違反するといえよう。

ニ．「違憲判断の対象」と「立法の委任範囲」は別問題である。例えば、政令で増税する場合、当該政令は、憲法84条違反で無効といえよう。したがって、法律の委任範囲を超えた政令が法律事項を定めるときは、違法かつ違憲というべきであろう。しかし、次の第二事例に関する最高裁平成18年9月28日決定も上記最判と同様で、法律の委任範囲をこえるという上告理由は、違憲の主張ではなく違法の主張であるとし、上告を認めなかった（同様の最高裁判決は他にも存在する）。最高裁は、法律の委任範囲を超える政令は違法であるが違憲ではないとする。違憲判断を謙抑的に行い、具体的事件の解決を違法判断によって達成できる場合、違憲判断を回避するべきとする考え方を採用したものと思われる。

3　憲法判断回避（第二事例）

(1)　事　　案

被相続人の建物賃貸業を相続した相続人が、所得税につき建物の償却費として不動産所得の金額の計算上必要経費に算入する金額（以下「減価償却算入額」という）の計算に当たり、減価償却資産である相続により取得した建物について、償却の方法として定額法を選定した上、確定申告をした後、減価償却費参

入額の計算に当たり、前期建物について償却の方法として被相続人が選定していた定率法によると、総所得金額及び納付すべき税額が減少するとして更正の請求をしたが、税務署から所得税法施行令120上1項1号イにいう「取得」には、相続による承継取得が含まれるので更正をすべき理由がない旨通知処分を受け、その取り消しを求めた事案である。

(2) 法令等の定め

所得税法（以下「法」という）49条は、減価償却資産の償却費の計算及びその償却方法について、同上1項で、「居住者のその年12月31日において有する減価償却資産につきその償却費として第37条（必要経費）の規定によりその者の不動産所得の金額、事業所得の金額、山林所得の金額又は雑所得の金額の計算上必要経費に算入する金額は、その者が当該資産について選定した償却の方法（償却の方法を選定しなかった場合には、償却の方法のうち政令で定める方法）に基づき政令で定めるところにより計算した金額とする。」と規定し、同上2項で、「前項の選定をすることができる償却の方法の種類、その選定の手続きその他減価償却資産の償却に関し必要な事項は、政令で定める。」と規定している。

所得税法施行令（以下（令）という。）120条は、減価償却資産の償却の方法（以下「減価償却方法」という。）について、同上1項で「減価償却資産の償却費（法49条1項（減価償却資産の償却費の計算及びその償却の方法）の規定による減価償却資産の償却費をいう。以下この款において同じ。）の額の計算上選定をすることができる償却の方法は、次の各号に掲げる資産の区分に応じ当該各号に定める方法とする。」と規定し、同項1号で建物について、同号イとして「平成10年3月31日以前に取得された建物」については、「定額法」または「定率法」が、同号ロとして「イに掲げる建物以外の建物」については、「定額法」が、それぞれ選定できる減価償却方法である旨規定している。

(3) 相続による不動産事業の承継

相続によって減価償却資産（不動産）を取得した場合、相続人はその事業を包括的に承継したのであり、新たに事業を開始したのではないので、その減価償却方法は、当該資産について被相続人が選定していた減価償却方法を承継しうるべきである。

現在、売買のような特定承継の場合には、所得税法施行令120条1項1号イ

にいう「取得」に売買は当然街頭するので、同項１号で建物について、同号イとして「平成10年３月31日以前に取得された建物」については、「定額法」または「定率法」が、同号ロとして「イに掲げる建物以外の建物」については、「定額法」が、それぞれ選定できる減価償却方法である旨規定しているので定額法の適用を受けている。

　しかし、相続のような例外的な承継の場合にまで、「取得」に含め「定額法」を適用させなければ所得税法の目的を達成することができないとは到底考えられず、「取得」に相続を含めるという解釈に合理性があるとは認め難い。したがって、法49条の令120条に対する委任は、特に相続による事業の承継において、被相続人が選定していた定率法を承継できないとする解釈については、憲法84条が立法府に付与した裁量の範囲を逸脱したものといわざるを得ない。令120条はほかの相続による承継の規定と同様な一定の期間内に相続人が定率法を承継できる届出の規定を欠く点において特に違憲と思われる。

　更に、平成10年３月31日以前に相続が発生した場合において、相続人が取得した建物につきその包括承継人たる相続人に被相続人が選定していた定率法の承継を認めていることと比し著しく不合理な差別的取り扱いをするものと認められ憲法14条１項に違反して無効であると解されよう。

　(4) 上記事件は、一、二審判決共、上記施行令は違法ではないとした。上告申立がなされ、その理由とし、政令が、法律の委任範囲を超えて規定されているから違憲であるということが上告理由として主張されたが、最高裁判所は、平成18年９月28日、このような主張は、違憲主張ではなく違法主張であって、上告理由ではないとして、上告を棄却した。

　これは、違憲判断の審理を怠るものであり、最高裁は、憲法32条の保障する裁判を受ける権利を侵害したものと言えよう。

　政令が、法律の委任範囲を超えているという主張は、違憲かつ違法の主張であって、これに対して違憲かどうかの判断をしないのは、判断の遺脱である。原告の主張する違憲事由と違法事由の両方に答えなければ、裁判を受ける権利を実効的に保障したことにはならない。

Ⅴ　裁判を受ける権利の実効的保障と裁判の公正

　国会が立法的コントロールを怠っている場合、憲法41条や84条による人権保

障は、つまるところ、裁判所に期待するしか方法はない。そこで、次に、裁判所が採用するべき公正な判断基準などについて検討する。

1　司法消極主義

現行の租税訴訟には問題点が多い。現行の税理士制度は租税に関する課税要件の多くは、行政立法に委ねられている。憲法41条は租税に関する課税要件の多くは、行政立法に委ねられている。憲法41条は、国会が唯一の立法機関としているが、我国の国会は憲法73条6号の本文及び但書を根拠に、課税要件国会が唯一の立法機関としているが、我国の国会は憲法73条6号の本文及び但書を根拠に、課税要件司法手続の利用を前提としていない。納税者は、税務行政の是正を求めようとしても、税理士を通して司法へアクセスすることが困難である。又、租税法は納税者の救済ルールを明示していない。更に現行税理士制度と租税法の不公正性は、裁判所の司法消極主義と制度的補完の関係にある。

我国の裁判所は、憲法第81条（司法審査制）に依拠した憲法の番人とされるが、最高裁判所における納税者救済率は零に近いと言う意図せざる結果がなぜ生まれるのかが問題である。成文法は人々の行動に影響を与えるが、法律はその施行メカニズムや法以外の社会的規範等に依存し、意図しない結果を生むことがある。

昨今の経済構造改革の潮流の中で、司法制度改革が推進され、癒着談合型社会から司法監視型社会への脱皮が叫ばれ、これまで当然とされてきた司法手続に関与することが予定されていない税理士制度や欠陥租税法は、裁判所の司法消極主義と共に、社会の中において均衡するのではなく、「制度的危機」と把握されるようになった。

多くの国民は、民意が反映される社会を期待しており、既存の司法制度は、この方向で新しい制度に変容してゆかねばなるまい。租税訴訟における裁判所の行政追随判決の傾向（司法消極主義）は、租税調査官制度・判検交流制度・現行税理士制度に支えられ、財産評価等の不確定概念の解釈問題等において、自由心証主義と言う、いわばブラックホール（裁判官の意識）の中で発生している。

租税訴訟において、裁判官は、一般に納税者や証人の尋問申立があってもこれを採用しないし、納税者側の提出する鑑定書よりも、課税庁側の提出する鑑

第1編　国内税法

定書を信用する傾向が強い。又、課税庁側にある文書資料の提出についても、極めて消極的である。

2　司法審査制

司法制度は、ナチスのファシズム体制の法治主義の深刻な反省から、「人権は法律からも保障されなければならない」とされ、又、憲法の最高法規性を前提として、「個人の人権保障を裁判所によって実現させる」と言う司法権への信頼の思想が基礎にある。

この司法権優位の思想は、憲法の最高法規性の実質的根拠に求められる。憲法は、前国家的な自然権や自然的正義の基本的価値原則を実定化したものであるから、国の全ての権力機関を拘束し、その番人として裁判所に司法審査権を付与したのである。

司法審査制度は、憲法の最高法規性（憲法第98条）を手続的に保障しようとするものであり、権力相互の抑制を確保し、これによって、基本的人権を保障することが制度目的である。しかし、この司法審査制が、租税訴訟において、裁判官の司法消極主義によって、憲法秩序や基本的人権を否定する機能を営むことが有り得る（杉原康雄「憲法Ⅰ総論」328頁以下）。裁判所も一種の法創造機能を有しているが、これは司法権の裁量行為として位置付けられるが、司法権行使も又濫用されることがある（奥平康弘・杉原泰雄編「憲法を学ぶ」331頁以下参照）。

租税訴訟における裁判所の司法消極主義は、社会の中で、自己拘束的にルール化された制度（社会の中に発生した均衡状態）であり、既述した税理士制度、租税調査官制度、判検交流制度と相互補完関係にある。租税訴訟の様な基本的人権の侵害が問題とされる訴訟で、司法消極主義が行われたのでは、司法審査制の否定に繋がるから、積極的な審査権の行使が要請される（芦部信喜「憲法訴訟の理論」277頁）。裁判所による行政追随判決傾向は、三権分立が目指す基本的人権の尊重に反するものであり、この司法消極主義は、租税調査官制度を裁判所が調査官を自主的に養成する制度に改革し、判検交流を直ちに廃止し、更に、税理士制度を改革（出廷陳述権の活用等）し、更に又、納税者が租税判決を批判するシステムを創設してゆくことによって改善されるであろう。そして、裁判官が判決の際、依拠する租税法が公正で明確なものとされるべきであ

3 裁判の客観性

　法が成立し、単なる社会規範の域を超えて機能するためには、法を強制する組織が必要である。これが裁判所であり、裁判は、国家の権力の恣意に左右されてはならず、公正に行われなければならない。この様に裁判が公正に行われるためには、客観的な判決の基準が必要となるが、かかる裁判の客観性を確保する方法は、歴史的に次のものがある。

① 裁判所が、人民の意思によって制定された公正な法（実体法）のみに従って判決をすること。
② 裁判所が他の国家権力から独立していること。
③ 公正な裁判規範たる実体法とは別に適正な手続法が整備されること。

　法が裁判によって公正に行われるという事は、法秩序の安定を確保するための最重要な要件である。裁判所が、司法権を濫用したり、行政権力の影響を受ける社会では、人民は裁判所を信用せず、行政権力の動向を見て行動するから、法の支配の原則が否定されてしまう。我国の租税法の領域では、納税者や税理士は、課税庁の発する通達に従って行動する、いわゆる「通達行政」がまかり通り、司法手続を利用しなくなり、三権分立が否定され、立法権と行政権のみの「二権分立」状態が実現している。

　我国の租税訴訟における司法消極主義は、租税法領域における法の支配を否定し、癒着談合型制度を温存する弊害を招来している。裁判所が、租税訴訟において公正な判決をせず、行政追随判決を繰り返す事は、法的安定性と確実性を阻害している事が、強く指摘されなければならない。裁判の客観性を担保する為には、上記①乃至③の措置に加え、裁判官の自由心証主義に一定の制約があることを法理論として確立する事と、納税者が裁判批判を積極的に行う事が必要である。立法府や行政府が裁判批判をする事は、三権分立原則を侵害する事になるが、裁判の公正を実現し、司法権の濫用を規制する為には、納税者やマスコミが裁判批判を積極的に行うことが必要であろう（芦部信喜「憲法」第16章274頁参照）。

　司法権の裁量についてこれをコントロールする理論として、次の様なコントロール法則が憲法原則から導かれる。

第1編　国内税法

(1)　実体的コントロール法則

　平等原則や比例原則、その他の経験則や条理に反する、事実認定や法適用を行ってはならない。「疑わしきは納税者の利益に」事実認定を行うべきである。例えば、財産評価や所得計算について、謙抑主義的に行うべきであり、「最少限の価格」「最少限の金額」を認定するべきであろう。租税債権には、その他生存権保障や財産権保障による限界も有り得る。

　行政追随判決の多くは、この法則に反するものが多い。課税物件のないところに課税はできないと云うべきであり、更正の請求の排他性を拡大して真実に反する課税をなしてはならない。

(2)　手続的コントロール法則

　構成その他において、偏頗の惧れなき裁判所によって審理・判断しなければならない。租税調査官の関与は適正手続保障に違反するし、法律によらない増税は、憲法84条に反するものと言えよう。裁判と言う専門判断に対するコントロールは、中立的組織で、且つ、適正な手続保障を履行したかが重要である（最高裁平成4年10月29日第一小法廷判決・民集46巻7号1174頁）。

4　司法の公正性確保

(1)　弁護士・税理士等の租税訴訟における役割

　国民（納税者）が主権者であると言うためには、その納税に関する基本的人権が保障され、裁判所を利用してこれらの諸権利が実現し得るシステムの存在が必要である。憲法第32条の「国民の裁判を受ける権利」の保障は、国民が主権者として遇されていることの証しであり、これが、実質的に機能していない国家においては、国民が主権者として扱われていないと言っても過言ではない（山村恒年編「市民のための行政訴訟制度改革」信山社発行・25頁）。

　租税訴訟は、平成14年4月1日から、税理士の出廷陳述権が付与された事により、弁護士と税理士が協力して行われる方向に推移した。これら二士業が、裁判外業務においてのみ、税法の解釈を行っていたのでは、裁判所の税務行政に対する審査は及ばないから、税法の領域には、法の支配が行き届かないことになる。弁護士・税理士が、司法手続に関与することによって、税法の領域に法の支配が及ぶのである。又、租税訴訟に関与する弁護士・税理士の課税権力からの独立も、確保される事が必要である。

これらの法の運用者が、課税庁から独立していることが、法の支配を税法領域に及ぼすために必要である。又、課税庁に関与する不動産鑑定士や研究者の独立や客観的良心も確立されなければならない。三権分立や法の支配の原則と言う形式的な建前だけでは、納税者の権利を擁護することは出来ず、法の運用者の公正性の確保が必要である。

(2) 租税訴訟における裁判官の行政からの独立

租税訴訟を担当する裁判官は、国税庁から派遣された調査官の補助を受けて多くの判決を作成しており、又、判検交流を通じて、訟務検事になることが多く、又、法務省に出向することが多いので、行政に特別の配慮をしがちである。裁判所の外から見ても、この様な裁判所と行政との関係は、我国の癒着・談合型社会の象徴と映る。裁判所が、行政に対し、一般的に司法消極主義を採る事は、主権者たる国民の裁判を受ける権利の侵害となろう。東京地方裁判所民事第三部の納税者救済率はピーク時において、75％であったが、これは租税訴訟を担当する裁判官の意識一つで、司法消極主義を排除できることを証明している。

租税訴訟における司法消極主義は、司法手続を不要とする「通達行政」「二階建税理士顧問制度」「OB税理士紹介制度」等の社会現象が、我国社会に長く定着する原因となっており、裁判官が税務行政から独立するシステムを確立する事が急がれる。

又、行政追随判決傾向は、司法権の濫用であり、裁判官の自由心証主義の中で行われる官僚主権主義に歯止めをかける理論が必要である。租税訴訟において、裁判所に事実上の法源として法理論を提供する学者の客観的良心や、公正性も必要と言うべきであろう。租税訴訟における司法権の独立は、裁判官のみならず、法の運用にかかわる弁護士・税理士・研究者・不動産鑑定士らの独立性と、客観的良心を確保することによって実現される。

司法手続に関与する者は全て、一体となって、あらゆる権力から独立し、且つ、正義・公正を内容とする客観的良心に従って法の運用に携わることが必要であり、裁判官の独立だけでは、司法権の独立を実現出来ない。そして、法の運用者が、客観的良心に従って行動させるためには、マスコミによる裁判批判が常になされることが必須であり、加うるに、マスコミは納税者の代理人的立場で多くの租税情報を収集し、公正・中立を維持し、納税者の人権擁護の視点

に立つ報道姿勢を貫徹するべきであろう。
(3) 租税訴訟における課税実体法要件

　租税訴訟において、裁判官に、法のみに忠実に判断させるには、租税法の中の課税実体法要件を分析して主張することが有益である。課税実体法要件と課税手続法要件とを厳格に区分し、これによって、租税債権の範囲を限定することが出来る。租税法規定は、実体法要件と手続法要件が混在しており、又、下位の政省令に課税要件を委任している場合が多いが、実体法要件の委任か、手続法要件の委任か、を吟味し、法律による委任範囲を特定する事が必要である。これは、裁判官の客観的な良心（判断に際し、法のみに従い、裁判官が依拠するべき基準）を導き、行政追随判決を否定することに極めて有用である。

　租税訴訟において、賦課決定が、課税実体法要件の枠からはみ出た処分であり、これを指摘した場合は、裁判官が容易に行政処分の違法性に気付き、納税者が勝訴する確立は高くなると思われる（既述した東京高等裁判所第2民事部平成7年11月28日判決はかかる事案に関するものであった）。しかし、課税実体法要件に不確定概念があり、裁判官が自由心証主義の下に判断する場合、納税者は不利に扱われる傾向がある。この場合も、裁判官に専横的判断を許しているのではなく、自由心証主義にも制約があるというべきである。

　租税債権の存否を判断する為には、事実を認定し、これに租税法規を適用することになる。事実認定には、経験則（日常生活における経験から帰納して得られる事物に関する知識・法則のことで、事実上の推定を可能ならしめる法則である）が必要である。

　裁判官は、証拠により事実を認定しなければならず、民事・刑事訴訟のみならず、行政訴訟においても同様である。裁判官は、証拠により心証形成する事になるが、租税債権の存在については、「通常人なら誰でも疑いを差し挟まない程度に真実らしいとの確信を得る程度」までの証明の必要性が要求される。裁判官は、租税債権の存在について、確信を抱いた状態までの心証を形成しない限り、その存在を否定しなければならない。裁判官は、証拠調べによって得られた情報を総合して、経験則を適用して事実関係を構築する。裁判官は、通常人が、常識に照らし、有り得る判断を考える様な証拠判断と推認を行って事実を認定し、これを判決の中に明示しなければならず、これを誤るときは、理由不備又は理由齟齬の違法（民事訴訟法第312条第2項第6号参照）となる。

又、経験則に違反し、判決に影響を及ぼすことが明らかな場合も、違法な判決で上告受理の申立理由となろう（民事訴訟法第318条・行政事件訴訟法第7条参照）。租税債権の存否を判断するためには、事実を認定し、これに租税法規を適用することになる。事実認定には、経験則（日常生活における経験から帰納して得られる事物に関する知識・法則のことで事実上の推定を可能ならしめる法則である）が必要である。経験則には、一般的経験則と専門的経験則があり、後者は証拠調手続によって証明されることが必要である。

租税判決の中には、近代訴訟の大原則である証拠裁判主義を無視するものが、少なからず存在する事を、指摘しなければならないくらいに、租税訴訟における司法権の濫用は著しい。国税庁から職員を受け入れ、調査官として裁判官の補助をさせ、そして又、納税者と敵対する検察官と判検交流を行っている裁判所を、納税者は信頼出来ないであろう。裁判官を含めた法の運用者が、あらゆる影響者から独立して、主権者たる国民の立場で公正な法解釈を行うことが、憲法31条や84条によって要求されていると云うべきであろう。

5　行政主体と国民間の紛争における裁判を受ける権利（まとめ）

(1)　憲法32条は、国民に対し、「裁判を受ける権利」を、又、同37条1項は「公平な裁判所の迅速な公開裁判を受ける権利」を保障している。

この裁判を受ける権利は、単に既存の裁判制度を前提として、国民は裁判を拒絶されないというだけではなく、国民が実効的な権利保護を受けるということを保障しているというのが、最近の憲法学における考え方である。

この裁判を受ける権利は、裁判所において適正な手続きによる裁判を受ける権利であり、かつ、裁判所へのアクセスが実質的に保障されていなければならない。

行政事件においては、行政活動による権利侵害に対して、国民が実効的救済を受ける権利でなければならない。

(2)　公権力の行使による違法状態が放置されるのではなく、これが迅速に是正され、国民の行政主体に対する権利が迅速かつ実効的に実現されることが、法の支配の実現と言えよう。裁判を受ける権利についても憲法の理念（国民主権や人権擁護）に適合していることが、検証されなければならない。恣意的な事実認定や法解釈がなされる裁判の仕組みであれば、公平な裁判を受ける権利

の侵害になる。

　(3)　白紙委任的な立法の委任に対し、憲法41条に依拠して、明確な対応をすることが、裁判所に求められている。行政に白紙委任する行政法が多いが、裁判所は合憲限定解釈をすることが多い。又、憲法判断をせず、違法判断をして、憲法判断を回避することも多いが、かかる裁判所のあり方は、国民の裁判を受ける権利を実質的に侵害していることになろう。既に紹介した木更津木材事件における東京高裁判決は、法律による立法の一般的白紙的委任について、法律の委任範囲を超えたとするものであり、同判決が作ったかかる立法の委任制限基準を死守しなければ、租税法律主義は形骸化し、法の支配は死滅してしまうといっても過言ではない。そして、私法改革関連法が多く成立した今こそ、憲法41条と84条の復活の方法を考え、又、憲法73条6号が「憲法と法律を実施するための命令」だけを許容していることの意味を再考する時機が到来したと云えよう。

　(4)　平成18年4月1日から改正行政手続法が施行され、意見公募手続が法制化された。

　行政手続法39条1項は「命令等制定機関は、命令等を定めようとする場合には、当該命令等の案およびこれに関連する資料をあらかじめ公示し、意見の提出先及び意見の提出のための期間を定めて広く一般の意見を求めなければならない」と定める。しかし、同条4項は、「納付すべき金銭について定める法律の制定又は改正により必要となる当該金銭の額の算定の基礎となるべき金額及び率並びに算定方法についての命令等その他当該法律の施行に関し必要な事項を定める命令等を定めようとするとき」は、適用除外としている。しかし、税に関する命令について、これを適用除外する理由は全くない。税に関する命令こそ、国民の広範囲に対して、強い影響を及ぼすものであるから、十分な意見公募が適正手続保障原則から求められていると云うべきであろう。

16 審判所の裁決と訴訟での主張制限
――「行政部内における最終判断」の危機――

弁護士・税理士　山本洋一郎

Ⅰ　問題の所在――執筆の動機
Ⅱ　裁決と訴訟での主張制限が問題となった二つの事例
Ⅲ　学説・判例
Ⅳ　検　　討

Ⅰ　問題の所在――執筆の動機

一　筆者は、弁護士・税理士の実務家として申告・調査立会・異議申立・審査請求・税務訴訟等の一連の流れに二十数年携ってきた者であるが、最近、国税不服審判所より、国税不服審判所の現状と今後期待される役割について現場からの声を反映したいとの依頼を受け、一文をしたためた[1]。

その中で、「審判所の今後期待される役割、あるべき姿」として、「裁決が行政部内での最終判断である」ことが徹底さるべきであると唱え、「国税不服審判所長の裁決が行政部内での最終判断である」と言う以上、採決後のいかなる訴訟形態であっても、裁決の内容自体が誤りであるとの主張を原処分庁側がすることは許されないと徹底すべきであり、さもないと審判所・審査請求制度に対する国民の信頼は確立しない旨を指摘し、徹底さるべき具体的事例として、次の二つを挙げた（もっとも、紙面の都合でその詳細は後日を機すこととした）。

二　この二つの事例とも筆者が訴訟代理人として担当した事例で、とくに【事例その1】は、筆者が控訴審を担当し、山田二郎先生に私的鑑定意見書の作成をお願いしその中に本稿でとりあげる論点が含まれている経緯がある。こ

---

[1]　山本洋一郎「審判所の現状と今後期待される役割――弁護士の立場から」国税不服審判所編「国税不服審判所の現状と展望」判例タイムズ社、2006年・82頁以下に収録

れが、拙稿を山田二郎先生の記念論文集へ捧げる動機である。

【事例その１】　審判所の裁決で、原処分庁の主張した事由が認められず、その結果、課税処分を取消す裁決が下された。その後に提起された国家賠償請求訴訟（納税者から原処分庁の課税処分が不法行為に当ることを理由とするもの）において、被告側（原処分庁）が、原処分庁の主張した事由を認めなかった裁決自体が誤りであるかのように、当初の原処分庁の主張をむし返す事例

【事例その２】　審判所の裁決で、原処分庁の主張した事由が認められなかったが、原処分庁の主張してなかった別の事由が認められ、その結果、課税処分は取消されず棄却する裁決が下された。その後に提起された課税処分取消訴訟において、被告側（原処分庁）が、原処分庁の主張した事由を認めなかった裁決自体が誤りであるかのように、当初の原処分庁の主張をむし返す事例

Ⅱ　裁決と訴訟での主張制限が問題となった二つの事例

　二つの事例の事案の概要、審査請求・訴訟での双方の主張、裁判所の判断を、今回のテーマに関連する限度で紹介すると、次のとおりである。

一　【事例その１】　取消裁決後の国家賠償請求訴訟における主張制限（福岡高判平成18年7月6日、確定）

　１　事案の概要
　　(1)　天草税務署長は、X会社の取締役会長N氏の役員報酬及びこれを基に算定された役員退職金が過大役員報酬（法人税法34条）、過大役員退職金（同法36条）に当るとして損金否認する更正処分をした。
　　(2)　審査請求での双方の主張
　　　①　審査請求人は、Nに常勤役員としての職務従事の実態があるとし過大ではないと主張した。
　　　②　原処分庁は、常勤役員としての職務従事の実態がなく非常勤役員にすぎないとし過大であると主張した。
　　(3)　審判所の判断
　　　裁決では、各証拠から複数の（間接）事実を認定したうえで、常勤取締

役としての職務従事の実態があるとの（主要）事実を認定し、他にX会社の収益状況、他の使用人の給与の支給状況、同種・類似法人の常勤取締役会長の報酬の支給状況（同法施行令69条1号の4要件に該当する事実）を併せ考慮すると、N氏の役員報酬及び役員退職金は不相当に高額とは認められないとの理由を示して、本件更正処分を取消す裁決をした[2]。

2　国家賠償訴訟での双方の主張

(1)　その後、X会社が、天草税務署長が本件更正処分をしたことはその職務上通常尽すべき注意義務を尽すことなく漫然と行った違法な行為であり、これにより審査請求の費用（税理士費用・人件費）及び国賠訴訟の費用（弁護士費用）相当額の損害を被った旨主張して、国家賠償請求訴訟を提起した。

(2)　当該訴訟で、X会社は、本件更正処分が取消しうべき瑕疵をおびた違法なものであったとの裁決を前提としたうえで、本件更正処分前の調査において、N氏の入院中の病院での状況や執務状況等について納税者・税理士が説明を重ね、疑義があれば病院関係者や他の会社役職員等の裏付け調査をするよう求めたのにこれを怠り、保険会社の入院記録等だけから本件更正処分等をしたことが、国賠法上の違法・過失に当ると主張した（以上要旨のみ）。

これに対し、被告側（原処分庁）は、上記1(2)②の原処分庁の主張した事由を認めなかった取消裁決自体が誤りであるかのように主張し、常勤役員としての職務従事の実態がないとの主張、つまり裁決で排斥された原処分庁の主張をむし返した。

(3)　そこで、X会社は次のとおり主張した。

本件の役員報酬・役員退職金が過大でなかったこと自体を争うことの不当性

①　本件では「Nの役員報酬・役員退職金が過大である」とした原処分（更正処分）は、国税不服審判所の裁決で違法である（取消うべき瑕疵がある）として取消され、同裁決は確定している。従って、後記の拘束力の趣旨及び審判所の制度趣旨からすると、国家賠償訴訟の裁判所

（2）　平成14年6月13日裁決（裁決事例集63巻309頁、福岡耕二「過大報酬をめぐる実務的検討」「税法学」552号、2004年、75頁）

といえども、(裁決に重大かつ明白な過誤があったとの立証がない以上)裁決と異なる事実認定をすること、つまり「N氏の役員報酬・役員退職金はやっぱり過大であった」との事実認定をすることはできないことになる。

② そうすると、本件更正処分が取消うべき瑕疵を有したものであったことは争いの余地がないことになる。行政処分の違法性（取消うべき瑕疵）と国賠法上の違法性との二元論をとる最高裁判決を前提として、残る争点は、国賠法上の違法（過失と事実上同義）があるか否かだけとなる。その判断は、「税務署長が資料を収集しこれに基づき課税要件事実を認定、判断する上において、職務上通常尽すべき注意義務を尽すことなく漫然と更正したと認められるような事情がある」(最判平5・3・11民集47巻4号2863頁) か否かを焦点とすることになる。

(4) そして、X会社は、「訴訟で、原処分庁が裁決に反する主張をむし返すことは制限され、裁判所も裁決と異なる事実認定をすることはできない」とする理由について、

① 「裁決は、その主文で処分を取消すと述べることにより、当然にその処分の効力を失わせる（裁決の形成力）。しかし、この形成力だけでは審査請求人の救済にとって充分でない。取消裁決の後、原処分庁が裁決の趣旨に反した行動をとると、裁決が実質的に無意味となる恐れがある。裁決の拘束力は、このような事態を生じないよう、裁決の趣旨（すなわち、裁決の主文及びこれを根拠づける理由）に従った行動を関係行政庁に義務づける効力である」(室井力・芝池義一・浜川清編『コンメンタール行政法・行政手続法・行政不服審査法』日本評論社) と主張したうえで、

② 山田二郎先生の私的鑑定意見書のうちこの点に関する部分、つまり「国税通則102条等に定めている『裁決の拘束力』は、いわゆる既判力を定めているものではなく、関係行政庁に対する拘束力を定めているものであるが、裁決で原処分を違法として取り消していることは、原処分が違法であることについて裁決の理由と一体となってその違法性を判断しているものであり、裁決の判断が本件事実関係の認定において大きな影響力を与えるものである。裁決の判断に明白な過誤を指摘

できない以上、裁決の判断と異なる事実認定をすることは紛争解決の一回性の要請に反するものばかりか、国税不服審判所の裁決という公権力による判断が示されている場合に裁決と異なる事実認定をすることは紛争解決の一回性の要請に著しく反するものであるといえる」との見解を引用した。

③　他の理由付けとして、前掲拙著のうちこの点に関する部分、つまり「『裁決は行政部内での最終判断』との国税不服審判所の制度の趣旨から、訴訟で原処分庁が裁決に反する主張をむし返すことは制限される」との見解を引用した。

④　そして、「『裁決で課税処分が維持され後に課税処分の取消訴訟において、原処分庁が裁決で事実誤認として排斥された事実をむし返し主張することは制限されないのか、裁判所が裁決で排斥された事実を是認できるのかという事案』についてはともかく、『裁決で課税処分が取消されて確定したのに、後に国賠訴訟において、原処分庁が裁決で事実誤認として排斥された事実をむし返し主張することは制限されないのか、裁判所が裁決で排斥された事実を是認できるのかという事案──本件の事案』について、これを制限されない・是認できるとした判例は全くなく、学説もない。判例は、これを許容・是認しないことを当然の前提としている（最判平5・3・11他）」と主張した。

3　控訴審の判断

控訴審の判決では、この争点の当否を正面から採り上げることはなかった（納税者敗訴、確定。1審では、この点が争点として浮上せず納税者敗訴）。ただし、

①　結局、過大役員報酬と認定できるか、とくに勤務の実態があったかについての事実認定に立入っている点

②　具体的には、審査請求段階で審判官が審査請求人側から収集した関係者の申述書などにつき「そこで述べられている事実の信用性の検討はしばらく措くとして」として疑問視している点、審査請求段階で提出された資料においてもNが取締役として行っていた具体的執務の内容を示した客観的な資料が見当たらないとしている点、Nが他の代表取締役と連絡しながら取締役としての執務を行ったとのことに甚だ疑問を抱かせるも

第1編　国内税法

のであるとした点

などからすると、この争点につき「訴訟で、原処分庁が裁決に反する主張をむし返すことは制限されず、裁判所は裁決と異なる事実認定をすることができる」との見解を暗黙の前提としていると解されるが、その理由は全く示されてない。

二　【事例その２】　棄却裁決後の課税処分取消訴訟における主張制限（福岡地裁平成17年(行ウ)第26号事件）

　1　事案の概要

　　(1)　宮崎税務署長は、Ｋ名義の土地上に、平成９年４月にＫ名義の銀行住宅ローン借入によりＫ名義の建物の建築がされ、その後平成10年６月にＫ名義の建物につきＫからその娘Ｏへの贈与登記がされ、平成11年７月に、Ｋ名義の土地につきＫからＯへの贈与登記がされ、またＫ名義の借入につきＫからＯへの免責的債務引受契約がなされた事案で、Ｋ名義の土地につき平成11年７月にＫからＯへの（単純）贈与があったとして贈与税を課税する更正処分をした。

　　(2)　審査請求での双方の主張

　　　①　審査請求人は、a本件建物の所有者はＫであり、b本件借入の借主はＫであると主張したうえで、c平成10年６月頃に本件建物・本件土地の贈与と本件借入れの免責的債務引受との手続を銀行に依頼したのに、本件建物の贈与登記がなされたものの、本件土地の贈与登記・本件借入れの免責的債務引受の手続が未了であることに平成11年に気付き、この二つの手続を平成11年７月に行ったと主張し、d法律構成として平成11年７月に本件建物・本件土地の贈与が本件借入れの免責的債務引受の負担付きで行われたと主張した。

　　　②　原処分庁は、a本件建物の所有者は実質上はＯであり、b本件借入の借主は実質上はＯであるとしたうえで、c従って、もともとＫからＯへの債務引受の対象となる債務が存在してなかった。dよって、平成11年７月の本件土地の贈与は、本件債務引受の負担付きではなく、単純な贈与であると主張した。

(3) 審判所の判断

　裁決では、原処分庁の上記ａｂの主張について、各証拠からこれを事実誤認とした。そのうえで、審査請求人の上記ｄの主張について、これも否定し（否定の理由は、本件建物の贈与の時期が平成11年7月ではなく10年6月であったと認定したこと）、最後に、平成11年7月の本件土地の贈与が本件債務引受の負担付きであったかについて、これも否定し（否定の理由は、本件債務引受の時期が本件土地の贈与の日より数日先行していたと認定し、本件土地の贈与時には引受ける債務は不存在だったと認定したこと等）、結局、本件贈与税の更正処分は違法でないとして審査請求を棄却する裁決をした[3]。

2　課税処分取消訴訟での双方の主張

(1)　その後、Ｏが本件贈与税更正処分の取消訴訟を提起した。

(2)　当該訴訟で、Ｏは、「審査請求では、原処分庁のａｂの主張の成否が専ら争われ、裁決で事実誤認とされたが、裁決が最後に採り上げた点（つまり本件債務引受の時期が本件土地の贈与の日より数日先行したか、数日先行したとして負担付きといえないのかの成否の点）は不意打ちであるので、訴訟では、裁決が最後に採り上げたこの点を主な争点とすべき」と主張した。

(3)　これに対し、被告側（原処分庁側）は、「裁決が原処分庁の上記ａｂの主張を事実誤認としたこと自体が誤りであり、原処分庁の上記ａｂの主張をむし返し」主張した。

(4)　そこで、Ｏは、次のとおり主張した。

① まず、本件訴訟の争点は、第1に「本件建物の所有権が建築当初より実質的にＯに帰属し、本件借入債務が借入当初より実質的にＯが負担するものであったか」否か、第2に「否の場合、本件土地の贈与は負担付といえるか」否か、の2点である。この第1の争点については、既にこれを否とする判断が「行政部内の最終判断である審判所裁決」において認定済みであり、この第1の争点について原処分庁の主張を訴訟で蒸し返すことは許されないと主張し、

---

[3]　平成17年3月9日裁決（裁決事例集未登載。裁決要旨登載。）

第1編　国内税法

　　②　そして、「訴訟で、原処分庁が裁決に反する主張をむし返すことは制限され、裁判所も裁決と異なる事実認定をすることはできない」とする理由について
　　　ア　行政不服審査法43条1項、国税通則法102条1項に定める「拘束力」の解釈論として許されないと解する学説（例えば、浦東久男著「裁決の拘束力による主張制限」、(4)）を引用し、
　　　イ　他に、理由の差替えの制限として許されないと解する学説（例えば、占部裕典著「青色申告の理由差替えと主張制限─租税確定・租税訴訟手続の基本構造との関係において」、(5)）を引用し、
　　　ウ　他にも、『裁決は行政部内での最終判断』との国税不服審判所の制度の趣旨から、ないし訴訟における信義則・権利濫用の法理から、訴訟で原処分庁が裁決に反する主張をむし返すことは制限されるとの（当訴訟代理人の）見解を主張した。
　3　裁判所の判断
　　本件は、本稿執筆時点（平成19年8月）で係属中で裁判所の判断は示されていない。

Ⅲ　学説・判例

一　従前の判例
　1　従前の判例については、この問題を一早く論じられた浦東久男教授の論文(4)(6)にその要旨が整理されているので、以下、年代順に引用する。
　　a　宇都宮地判平成1年4月20日（税務訴訟資料170号55頁）
　　　「原告らは国税不服審判所の裁決はその主文及び理由において被告を拘束するものであるから、本件訴訟においても右裁決と異なる理由を主

（4）　浦東久男「裁決の拘束力による主張制限」「税法学」549号、2003年、3頁以下に収録
（5）　占部裕典「青色申告の理由差替えと主張制限──租税確定・租税争訟手続の基本構造との関係において」山田二郎編集代表、松沢智先生古稀記念論文集『租税行政と納税者の救済』中央経済社、平成9年、53頁以下に収録。とくに66頁以下「審査裁決の理由附記と異なる主張（裁決の拘束力からの主張制限）」
（6）　浦東久男「裁決の拘束力について─訴訟における主張制限との関係」「税法学」490号、1991年、15頁以下に収録

張して本件課税処分の適法性を根拠付けることはできない旨主張する。しかしながら、国税不服審判所の裁決は、原処分について異議が申し立てられた場合に原課税処分の当否を判断してそれを是正するものであって、被課税者が国税不服審判所の裁決に不服のない場合には、それが原処分を拘束して課税処分が確定することになるが、裁決の拘束力はその限りにおいて認められるにすぎない。被課税者が裁決に不服であるとし原課税処分の内で裁決において容れられなかった部分の取消しを求める行政訴訟においては、そもそも被課税者は裁決の主文についてはもとより、そのような裁決をした理由についても争っていることになり、その当否を判断する受訴裁判所がそのような裁決の主文及び理由に拘束されるいわれはないのみならず、受訴裁判所は、総所得金額に対する課税の違法一般を審理の対象とし、裁決により取消されなかった課税処分の課税額が総所得金額に対する課税総額を超えていないか否かを、口頭弁論終結時までに提出された資料に基づいて判断すべきものであるから、総所得金額及びそれに対する課税総額の判断については、被課税者が不服とするところの裁決の効力が及ばないのは当然のことである。」

b 名古屋地判平成4年4月6日（判例タイムズ823号168頁、税務訴訟資料189号24頁、シュトイエル363号47頁・364号8頁）

「国税通則法所定の裁決の拘束力は、裁決によって原処分が取消しないし変更された場合に、原処分庁を含む関係行政庁は、同一の事情下において、その裁決で排斥された原処分の理由と同じ理由で同一人に対し同一内容の処分をすることが許されないというにとどまり、原処分を維持した裁決の結果になお不服があるとして提起された原処分の取消訴訟において、原処分庁が原処分を根拠付けるためにする主張が裁決の理由中の判断と同一でなければならないものではく、裁決はそのような意味での拘束力をもつものではない。」

c 大阪地判平成13年5月18日（判例時報1793号37頁、訟務月報48巻5号1258頁）

「（国税通則法102条の）規定は、裁決によって原処分が取消しないし変更された場合には、原処分庁をも含む関係行政庁は、同一の事情下でその裁決で排斥された原処分の理由と同じ理由で同一人に対して同一内容

の処分をすることが許されないというにとどまり、もとより行政処分の審査請求手続と行政処分の取消訴訟手続とは全く別個の手続であるから、処分を維持した裁決の結果になお不服があるとして提起された処分の取消訴訟において、処分庁が処分を根拠づけるためにする主張が裁決の理由中の判断と同一でなければならないものではなく、裁決はそのような意味での拘束力を持つとは解されない。」

「確かに、不服申立の前置を要求するのは、訴訟に先立って行政内部で見直しを行うことにより、税務行政の統一的運用を図るとともに訴訟に移行した場合の事実関係の明確化に資することにあり、被告が裁決庁により排斥された主張を処分の取消訴訟で主張することは、行政の統一的運用に反する面があるが、国税通則法は、前記102条の規定を超えてこれを禁ずる規定をおいておらず、不服申立前置主義もこれを禁ずるものではないと解される。また、訴訟に移行した場合に上記のような主張がなされても事実関係の明確化に反するものとはいえない。」

d 上記浦東論文の他に松沢智著書[7]では、大阪地判昭和48年5月14日税務訴訟資料71号1105頁もbと同旨としている。

2 上記a、b、c、判決はいずれも「裁決で課税処分は取消されず棄却裁決が下され、その後に提訴された課税処分取消訴訟において」の事例、つまり、本稿の【事例その2】の事例であって【事例その1】の事例ではない点に共通性がある。

また、「原処分庁が裁決の理由中の判断と異なる主張を訴訟ですることが制限されるか」について、制限されないとする税を以下「無制限説」と呼び、制限されるとする説を以下「制限説」と呼ぶとすれば、上記a、b、c 判決はいずれも「無制限説」である点に共通性がある。

二 従前の学説
 1 無制限説
  ① （国税通則法101条1項の）審査裁決に理由が附記されるのは、裁決処分が他の行政処分と異なり実質的な確定力（不可変更力）を有すること

---

(7) 松沢智『新版 租税争訟法』中央経済社、平成13年、215頁以下

から、訴訟手続それ自体の必然的な要請として、理由附記が要請されているのであり、処分理由の差し替えを訴訟法上制限することまで意味するものと解されず、(国税通則法102条1項の)裁決の拘束力は原処分の取消又は変更裁決の実効性を確保するための効力であり、審査庁が審査請求を棄却しまたは却下するにあたり、いかなる判断をし、またいかなる理由を附記しようと、なんら課税庁を拘束するものではないと解する説(8)。

② (国税通則法102条1項ではないが)行政不服審査法43条1項の拘束力が示す内容は、同条2項以下で規定されているものに限られる。裁決に(訴訟法上の実質的確定力と同様の)「実質的確定力」を認めることには、裁判制度と行政上の不服申立制度の間の制度としての意味・機能の相違から考えて、賛成できないとする説(9)。

2　制　限　説

① (所得税法155条2項・法人税法130条2項の)青色申告の理由附記制度は原処分に理由附記を要求するものであるが、(国税通則法101条1項で84条4項5項を準用する)審査裁決の理由附記は…実質的には不服審査段階という慎重な原処分庁さらには審査庁(不服審判所)の判断を経たものであることから、課税庁を拘束する力は、青色申告の理由附記にかかる処分理由の差替えよりも手厚く保護される必要があろう。裁決の拘束力は、主張制限にまで及ぶと解せざるをえないであろうとする説(注5の67頁)。

② わが国の税務訴訟制度において、不服申立前置主義が採用され、不服申立手続を経なければ課税処分の取消を求める訴訟を提起できないことを原則としている以上、その不服申立手続で出された裁決はそれなりに重い意味をもつものでなければならないはずである。また、実定法の定める「裁決の拘束力」のもつ主たる機能が「繰り返し禁止効」であると

---

(8) 南博方編「注釈国税不服審査法・訴訟法」第一法規、昭和57年、102頁以下、南博方・小高剛『全訂　注釈行政不服審法』第一法規、昭和63年、290頁以下、本文は注5の66頁より引用

(9) 市原昌三郎著『行政法講義改訂第2版』法学書院、1996年、288頁以下、本文は注4の9頁より引用

しても、裁決はそれ以外の効果をも有することは、判例やいくつかの学説が認めるところであり、「訴訟における主張制限」というかたちで効果を認める余地は十分にある。さらに裁決の拘束力は、行政事件訴訟法33条が定める「取消判決の拘束力」に準ずるものとして議論されることが多いが、共通する点がある一方で異なる面もあると考えられ、そのひとつとして、後続の訴訟における（被告）行政庁の「主張の制限」を考える余地がある「裁決の拘束力」は、原告納税者が争うかどうかにかかわらず生じているのであり、関係行政庁を拘束することには変わりないと考える。原処分庁を含む関係行政庁は、裁決に不服があってもそれを訴訟に持ち込むことはできないことを、想起すべきであるとする説(4)(6)

③　被告課税庁が原処分の正当性を主張するにあたり、裁決において示された原処分を正当とする理由以外の理由を主張できるとすれば、裁決にそのような理由を附記すべきことを強制した国税通則法101条１項の規定の意義が失われる。また現行制度が（国税通則法115条１項で）不服申立前置を強制しておきながら、反対説（無制限説）のように裁決手続と訴訟手続が別箇のものであるから被告課税庁の主張に連続性がなくとも構わないというのは納税者の救済を著しく阻害するとする説(10)

④　裁決で示された理由が「行政の最終的な理由」であるとして、裁判ではそれを対象に審理するべきであるとする説(11)

Ⅳ　検　　討

一　問題点の整理

　従前の判例・学説を総覧すると、適用事例の区別、拘束力自体の適用範囲

---

(10)　竹下重人「理由が明示された処分に対する不服審査及び訴訟」日本税法学会『杉村章三郎先生古稀祝賀税法学論文集』三晃社、昭和45年、152頁以下に収録。竹下重人「課税処分取消訴訟における処分理由の差替えについて」「税法学」400号、昭和59年、61頁以下に収録、本文は注５の66頁より引用

　　なお、理由附記制度と不服申立前置制度から理由の差し替えを制限すべきとする学説判例の詳細は、金子宏『租税法第12版』弘文堂、平成19年、731頁

(11)　兼子仁『行政法学』岩波書店、1997年、187頁以下、高橋滋『行政手続法』ぎょうせい、1996年、428頁以下、交告尚史『処分理由と取消訴訟』頸草書房、2002年、75頁以下、本文は注４の９頁より引用

等々、議論の整理が必要と思われる。整理すべき主要な問題点は以下のとおりである。
1 適用事例の区別
 (1) 従前の判例は、いずれも本稿の【事例その2】の事例である（前記Ⅲ－2）。
　　従前の学説は、本稿の【事例その2】、【事例その1】のいずれか又はその両方を念頭に置いたものか必ずしも判然としない。
 (2) 私は、【事例その1】は、【事例その2】以上に、原処分庁の主張が制限されるべきと解しており、従前の判例は【事例その1】につき主張制限を当然の前提としていると解している（前記Ⅱ－2⑷④）。いずれにせよ、同じ主張制限の結論であってもその理由付けが必ずしも同一でないと解するので、適用事例の区別をする必要がある。
2 拘束力自体の適用範囲
 (1) 行政事件訴訟法33条1項は「処分又は裁決を取消す判決は、その事件について、当事者たる行政庁その他の関係行政庁を拘束する」と定めている。これに対し、国税通則法102条1項は「裁決は、関係行政庁を拘束する」と定め（行政不服審査法43条1項も全く同一文言の定め）、その拘束力を認容裁決に限定する文言になっていない。しかし、棄却裁決については拘束力の観念は及ばないと通説[12]・判例[13]は解してる。
 (2) このように「棄却裁決には拘束力自体の適用がない」と解する以上、本稿の【事例その2】について、原処分庁の主張制限説の理由付けとして、裁決の拘束力自体を持ち出すことは説得力を欠く。正にこの点を、前記 a、b、c、判決は無制限説の根拠として挙げている。
　　前記学説の制限説①②は、この点に限っては説得力を欠くと言わざるをえない。
3 「理由のむし返し」と「理由の差替え」との相違

---

[12] 塩野宏『行政法Ⅱ第二版』有斐閣、2000年、33頁、注8の南博方・小高剛297頁以下
[13] 最判昭和33年2月7日民集12－2－167「審査請求を却下または棄却した裁決には拘束力は生じない」（注7の216頁で引用）、最判昭和49年7月19日民集28－5－759「審査請求を棄却する裁決には拘束力がない」（注5の78頁で引用）

第1編　国内税法

(1)　「理由の差替え」の問題は、原処分庁が原処分時又は意義棄却時に主張した理由をAとすると、これと異なる理由Bを訴訟になって主張することを許すかの問題である。「理由のむし返し」の問題は、原処分庁が原処分時又は異議棄却時に主張した理由Aが（認容又は棄却の）裁決で排斥されたにもかかわらず、これと同じ理由Aを訴訟になって主張することを許すかの問題である。

(2)　従って、「理由の差替え」の判例・学説の対立（注10金子宏著）は、本稿の「理由のむし返し」の問題に直接関係するわけではない。

二　判例のもう一つの流れ

e　大阪高判昭和46年11月11日（行裁例集22巻11・12号1806頁、判例タイムズ276号184頁、判例時報654号25頁）

　　事案は、国民健康保険の保険者たる普通地方公共団体が国民健康保険審査会のした裁決の取消訴訟を提起する資格を有するかが主に争われたものである。判決は資格を有しないと結論づけたものであるが、その理由中で、次のように判示している。

　　「行政不服審査法は、その第43条第1項において『裁決は関係行政庁を拘束する』旨を明記し、右文言の意図するところは、行政内部において、ある意思がすでに批判、修正された場合に、それ以前の元の意思について行政外部に対する独立の存在、行動を許さない点にあるものと見られるから、同条項の趣旨は、他に特段の根拠があれば格別、さもなければ、裁決の相手方となった行政庁は、訴訟その他如何なる手段によるとを問わず、右裁決そのものを争うことができないことを意味すると解するを相当とする。

　　以上の文理解釈に加えて、行政不服審査の制度が、行政権が行政監督的方法をもって、広義の行政機関内部の意思を統制する目的に奉仕する手段として設けられたものであって、このことは審査庁がいわゆる第三者機関であると否とに拘わらず、審査の対象たる原処分を行った者より、別に審査に対する抗争手段を認めることは、右行政上の統制を破る自壊作用を肯定することに外ならない」

f　東京高判平成18年9月28日（TAINS収録、週刊税務通信平成18年10月16日

16 審判所の裁決と訴訟での主張制限〔山本洋一郎〕

発行№2939に要旨)

　事案は、白色申告者に対して行った推計課税の取消訴訟で、裁決において業態が異なるとして類似性を否定された同業者について、原処分庁が訴訟で類似同業者に含めるべきだとの主張をむし返したものである。

　「裁決の理由中において、本件各課税処分に際し類似同業者として抽出された者のうち、業態が異なるとして同業者としての類似性を否定された同業者については、国税不服審判所での不服審査手続において業態の類似性を否定された以上、上記同業者を除外して推計を行うべきである。

　なぜなら……国税不服審判所は、税務署長、国税局長等の税務の執行機関内から独立した機関であり、法律で定められた手続を経れば国税庁長官通達に示された法令の解釈に拘束されずに裁決を行うことができ、国税不服審判長を始め国税不服審判官等の一部が裁判官、検察官、大学教授等外部から任命されてきた実績があるというように、公平な裁決が行われるように制度設計と運用がされている側面はあるが、国税庁の附属機関であり、大多数の国税審判官等の構成員は国税庁管下の税務官署での税務行政の経験者からなり、税務行政の内、審査請求の審理裁決に当たる行政機関として、税務に関する専門知識に基づく判断をしているものであり、具体的事件の処理においては、審査請求人のみではなく原処分庁も主張を記載した書面や原処分の理由となった事実を証する書類を含む書類を提出することができる（裁判所に顕著な事実）。このような国税庁の附属機関の税務行政機関が、専門知識と具体的事件についての原処分庁提出の主張、証拠をも検討したうえで、業態が被控訴人と異なるとの理由を付して、約定の同業者か類似同業者として相当でないとした行政機関の最終判断に、原処分庁が不服であるからといって、同じ課税処分の裁決によって取り消されなかった部分の取消訴訟において、同じ業者を類似同業者に含めて所得又は売上高の推計を行うよう主張することは、被控訴人はもとより国民一般の税務行政の統一性、一貫性についての信頼を損なうものであり、そのような主張を採用するのは相当ではない。」

三　不服審判所自身の見解
　1　裁決は行政内部における最終判断との見解

第1編　国内税法

現職の国税不服審判所国税審判官は「国税不服審判所長がする裁決は、行政内部における最終的判断であるので、原処分庁が納得しようとしまいと、原処分庁としてそれに従わざるを得ない」と述べている（注1の23頁の久米眞司氏の論文）。

2　審査請求手続のスクリーニング機能との見解

前大阪国税不服審判所長・元大阪地裁租税・行政部判事は「質的にも審判所は裁判所の負担軽減に寄与している。審査請求の調査審理の過程で争点整理及び証拠収集が行われ、その結果は取消訴訟が提起された場合の基礎資料となる。従来は、審判所が職権で調査した資料は、直接訴訟の場合に出ることはなかったが、行政事件訴訟法の改正により、裁判所は、釈明処分として裁決の記録の提出を求めることができることになった（行政事件訴訟法23条の2）ため、訴訟の基礎資料としての役割は高まったと言える。また、青色申告の場合を除いては課税処分段階で処分の理由が示されないが、審査請求段階では原処分庁によって処分の根拠が明確化されるとともに、裁決が原処分を維持する場合にはその理由が詳細に示されるため、取消訴訟が提起された場合の争点が早期に明確になることが期待できる。審査請求事件の審査審理及び裁決が充実すれば、審判所が実質的に第一審の役割を果たし、取消訴訟の審理期間の短縮及び内容の充実に貢献することになる。」（注1の74頁の山下郁夫判事の論文）

四　私　　見

1　私は、まず本稿の【事例その1】と【事例その2】とを区別して考えたい。
2　本稿の【事例その1】については、制限説を採る。その理由は次のとおり。

(1)　裁決は行政部内における最終判断

この点は、前記学説の制限説④、前記判例のｅｆ、前記審判所の見解1、2、に支えられたものである。

(2)　理由附記制度（国税通則法101条1項）の趣旨及び不服申立前置制度（同法115条1項）の趣旨

前記学説の制限説③、前記審判所の見解1、2、に支えられたものである（前記学説の制限説①②はそれぞれ理由附記制度と不服申立前置制度と

を挙げるが、結局は「裁決の拘束力」に結びつけようとする点で論理の飛躍を感ずる）

(3) 裁決の拘束力（国税通則法102条1項）

　裁決の拘束力の内容として、前記判例 a 、 b 、 c はいずれも、「行政庁は同一事情の下では同一理由に基づく同一内容の処分をすることができない」とのいわゆる反復処分禁止効のみを有すると解している。

　しかし、それ以外の効力として、「行服法43条1項、国税通則法102条1項の趣旨は、行政内部の裁決においてある意思が批判、修正された場合には、原処分庁が、訴訟その他如何なる手段によるとを問わず、裁決で排斥されたそれ以前の意思を行政外部に表示することを禁ずる効力」をも有すると解すべきである（前記判例 e 、 f 、）

3　本稿の【事例その2】についても、制限説を採る。その理由は、前記2の ((3)を除く)(1)(2)である。

4　私は、不服審判制度、国税不服審判所制度が今後も維持され国民の信頼を得ていくためには、以上の点を現行法の解釈論として提唱するものであると共に、今後の立法改正論として明記することを期待するものである。

第2編
行　政　法

17 指定確認検査機関のした建築確認に係る国家賠償請求訴訟
——横浜地判平成18年8月9日を契機として——

同志社大学法科大学院教授　金子正史

Ⅰ　はじめに
Ⅱ　本件各確認処分の国家賠償法上の違法性
Ⅲ　国家賠償請求訴訟
Ⅳ　訴訟資料の収集方法
Ⅴ　おわりに

Ⅰ　はじめに

(1)　平成17年6月24日の最高裁決定（判時1904号69頁。以下「最高裁決定」という）は、「指定確認検査機関の確認に係る建築物について確認をする権限を有する建築主事が置かれた地方公共団体は、指定確認検査機関の当該確認につき行政事件訴訟法21条1項所定の『当該処分又は裁決に係る事務の帰属する国又は地方公共団体』に当たる」と判断した。

最高裁決定は、次のような経緯の下でなされた。この経緯を簡単に説明しよう。

すなわち、横浜市中区のインターナショナルスクール跡地に、地上5階、地下1階、総戸数224戸の共同住宅の建築が予定された。この共同住宅の建築に対し近隣住民らが日照権の侵害、住環境権の侵害等を主張して指定確認検査機関のした建築基準法（以下「建基法」あるいは単に「法」という）6条の2の建築確認処分及び計画変更確認処分（以下、両者をまとめて「本件各確認処分」という）の取消訴訟が提起された。

ところが、本件各確認処分の取消訴訟の係属中に建築物が完成したので訴えの利益が消滅してしまった。そこで、原告らが行訴法21条1項に基づき、本件各確認処分の取消訴訟を、横浜市を被告とする国家賠償請求訴訟への訴えの変更の申立てを求めたところ、横浜地裁がこれを認めた（平成16年6月23日）。これに対し、横浜地裁決定により訴えの変更後の被告となるとされた横浜市から、

第2編 行 政 法

横浜地裁決定では今後の地方公共団体の建築確認事務に多大の混乱をもたらすことは必至であり、その影響は計り知れないものがあるとの立場から、訴えの変更後の被告は、取消訴訟と同様に指定確認検査機関ではないのかとの主張の下、即時抗告がなされたが抗告は棄却された。これが最高裁まで争われ、平成17年6月24日に至り、最高裁決定が、原告らの申立てを認め、冒頭で述べたように訴え変更後の国家賠償請求訴訟の被告は地方公共団体（横浜市）であることを認めたのであった。

(2) 最高裁決定の判断に関しては、その妥当性について若干の疑問があるとする見解がなくはない(1)。しかし、とにかく、最高裁決定により指定確認検査機関のした建築確認の取消訴訟を、行訴法21条1項により地方公共団体を被告とする国家賠償請求訴訟に訴えを変更することができることに関しては決着がついたといえる。

このように、最高裁決定により指定確認検査機関のした建築確認の取消訴訟の訴えの変更後の国家賠償請求訴訟の被告は、地方公共団体となることが確定したのである。この訴えの変更後の国家賠償請求訴訟（以下。適宜「本件訴訟」という）では、本件において建築確認をした指定確認検査機関が補助参加人として加わることとなった。

(3) 本件訴訟では、指定確認検査機関がした本件各確認処分が違法であることを理由とする国家賠償請求訴訟とともに、新たに被告の開発許可担当職員が本件各確認処分に先立ってした開発許可不要の判断が違法であることを理由と

（1） 最高裁決定を否定的にとらえる見解として、阿部泰隆「対・行政の戦略法務＝第8回耐震強度の偽装」ビジネス法務2006年4月号100頁（2006年）、小幡純子「建築基準法と耐震構造偽装事件」学術の動向2006年6月号58頁（2006年）、米丸恒治「判批」民商133＝4号860頁（2006年）、同「『民』による権力行使──私人による権力行使の諸相とその法的統制」小林武ほか編『新たな公共性の再構築──「民」による行政』72頁（2005年）、金子正史「指定確認検査機関に関する法的問題の諸相(二)」自研81巻7号3頁（2005年）、同「判批（一審決定）」法資273号108頁（2004年）、同「判批（最高裁決定）」法資285号121頁（2005年）等。肯定的にとらえる見解として、白藤博「【法律時評】マンション耐震偽装問題にみる『構造改革』政策の歪み」法時78巻2号（通巻966号）1頁（2006年）、見上崇洋「判批」判例評論568号2頁（判時1925号172頁）等。なお、仲野武志「判批」平成17年度重要判例解説（ジュリ1313号）43頁（2006年）、野口和俊「法務」日経アーキテクチュア2005年10月3日号（2005年）をも参照。また、塩野宏『行政法Ⅲ［第三版］（行政組織法）』152頁（2006年）も参照。

する国家賠償請求訴訟が追加して提起された。

　本件訴訟について、平成18年8月9日、横浜地裁による本案判決（判例集未登載。以下「本判決」という）が下された。本判決では、原告らの請求は棄却された。

　ところで、指定確認検査機関のした建築確認の違法を理由とする地方公共団体を被告とする国家賠償請求訴訟に関しては、すでに横浜地判平成17年11月30日判自277号31頁（以下「平成17年横浜地裁判決」という）が下されていた[2]。平成17年横浜地裁判決は、訴えの変更に係る国家賠償請求訴訟ではなく、当初から地方公共団体を被告とする国家賠償請求訴訟であった。したがって、本判決は、平成17年横浜地裁判決とは事案が異なるが、指定確認検査機関のした建築確認の違法を理由とする国家賠償請求訴訟としては、2番目の判決といえる。

　(4)　さて、本稿での検討の内容であるが、以下の通りである。

　本判決は、本件訴訟について4つの争点があるとして、これをまとめている[3]。

　本稿では、この四つの争点のうちの中心的とも思われる争点、すなわち「補助参加人がした本件各確認処分は、国家賠償法上の違法行為といえるか」について、検討することとする。

（2）　平成17年横浜地裁判決については、金子正史「指定確認検査機関のした建築確認の法的問題(上)(下)」自研92巻9号3頁、10号34頁（2006年）を参照。
（3）　本判決がまとめた本件の争点は、以下の通りである。
　1　補助参加人がした本件各確認処分（建築確認処分及び計画変更確認処分）は、国家賠償法上の違法行為といえるか。
　　①　本件建築計画につき、開発許可を要しないとしてされた本件確認処分は違法か（建築基準法2条、6条違反の有無）。
　　②　本件建築計画が建築基準法19条4項に適合しているとしてされた本件確認処分は違法か。
　　③　本件建築計画が建築基準法20条1項、同法施行令38条1項、3項に適合しているとしてされた本件確認処分は違法か。
　2　本件各確認処分が違法であった場合、被告はこれによる損害を賠償すべき義務を負うか。
　3　被告担当職員が本件建築計画について開発許可を要しないと判断したことは、国家賠償法上の違法行為といえるか。
　4　原告らが主張する損害は、法律上保護される利益か。

第2編　行　政　法

II　本件各確認処分の国家賠償法上の違法性

1　本件各確認処分の違法事由

(1)　「補助参加人がした本件各確認処分（建築確認処分及び計画変更確認処分）は、国家賠償法上の違法行為といえるか」について、原告らは、補助参加人のした本件各確認処分は、建基法上違法であり、したがって国家賠償法上も違法である。補助参加人は本件各確認処分をするに際して職務上の注意義務を尽くしたとはいえないと主張した。

原告らは、補助参加人のした本件各確認処分の違法事由は、次の三点にあると主張している。

違法事由その一は、被告担当職員がした本判建築計画には都市計画法（以下「都計法」という）29条の開発許可を伴わないとした判断には違法がある。

その二は、本件各確認処分は、建基法19条4項に違反している。

その三は、本件各確認処分は、建基法20条1項、同法施行令38条1項、3項に違反している。

本判決は、以上の原告らの主張する三点の違法事由をすべて退けるものであった。

(2)　さて、違法事由その一は、建築確認が違法であることを理由とする国家賠償請求訴訟であるが、建築確認の違法を、被告担当職員がした開発許可を伴わないとの判断に瑕疵があるとするものである。このような建築確認の違法を争う国家賠償請求訴訟は、これまでほとんど見られなかったと言って良いであろう。おそらく、本件訴訟が初めてではないかと思われ、興味深いものがある。違法事由その二、その三は、それぞれ建基法19条4項、建基法20条1項等に係る事実の認定、解釈論であり、目新しい判断はないと思われる。そこで、本稿では紙幅の関係もあるので、違法事由その一に関してのみ検討することにしよう[4]。

（4）　違法事由その二は、建基法19条4項「建築物ががけ崩れ等による被害を受けるおそれのある場合においては、擁壁の設置その他安全上適当な措置を講じなければならない。」に関する違法性の問題である。本判決は、横浜市はこの点に関して建基法40条に基づいて横浜市建築基準条例を定めており、同条例3条1項の解釈からすると、本件建築計画には建基法19条4項の違法はないとしている。違法事由その三は、建築物の構造耐力を定めている建基法20条の1号「建築物の安全上必要な構造方法に関して政令で定

2 原告らの主張

原告らの違法事由その一に関する主張は、以下の通りであった。

(1) 開発許可を要しないと判断した違法

「当該行為が開発行為に該当するかどうかについては、建築主事等に実質的な審査権が認められていると解すべきあるし、仮にこの点、建築主事等には形式的な審査権しか求められていないとしても、開発行為該当性は形式的な審査権の範囲内の事項というべきである。」

「建築主事等は申請された建築計画について、開発行為を伴うかどうかを審査、判断し、開発行為を伴うと判断した場合には都市計画法29条1項所定の許可を受けたことを確認しなければならない。」

「しかし、本件確認処分では、……本件敷地で行われる切土等が開発行為に該当するにもかかわらず、補助参加人は自らこの点について審査、判断せず、開発行為を伴わないとする被告担当職員の判断に依拠して、横浜市長による都市計画法29条1項所定の開発許可がされたことを確認しないままに本件確認処分をしている。」

「なお、建築基準法施行規則1条の3第9項には、建築確認申請には都市計画法29条の開発許可が不要である旨の証明書の添付を要する旨が規定されており、本件確認申請に同証明書の添付がなかったことは補助参加人も認めている。補助参加人は、被告担当職員が開発許可を要しないと判断していることを建築主の代理人から提出された書面で確認した旨を主張しているが、いずれも建築主側の書面に過ぎず、上記証明書の添付がない場合の確認の方法としては不十分である。」

(2) 開発行為の存在

「本件建物の建築による安全性を確保するには法地の切土及び擁壁の改修が不可欠である。この法地の切土及び擁壁の改修は、土地の形の変更であり、開発行為にあたる。」

「本件建築計画では、本件敷地において機械駐車場ピットの築造及び通路、車道を造るための切土が計画されており、これらは土地の形の変更であり、開

める技術的基準に適合すること」、2号「……政令で定める基準に従った構造計算によって確かめられる安全性を有すること」及び同法施行令38条1項、3項に関する違法性の問題であるが、本判決はこの点にも違法はないとしている。

発行為に当たる。」

「A建物と本件建築物は、給水施設、受水槽、駐車場等を共同利用するなど、一体として開発された上で建築されるものである。しかるに、これを恣意的に区分して、A敷地については開発行為が行われるが、本件敷地では開発行為は行われないといったことは許されず、敷地全体を一体として取り扱い、本件敷地についても開発許可を要すると解すべきである。」

(3) 「開発許可制度のしおり」の問題点

「補助参加人は、被告担当職員において本件敷地について開発許可を伴わないと判断したことの妥当性について、被告が作成している『開発許可制度のしおり』(……) に基づいて点検したと主張している。」

「しかし、『開発許可制度のしおり』は、あくまで『しおり』であって、開発許可制度上の法的な基準として定められているものではないし、被告がそのような基準を定め得る法的な根拠はない。被告においては、敷地規模を500㎡まで切り下げて開発許可の対象を拡大している以外に、区画形質の変更についての法的な基準は定めていない。」

「(『開発許可制度のしおり』で示されている——筆者) 基準は、宅地造成等規制法施行令3条の『土地の形質の変更』基準と同一である。宅地造成等規制法 (以下「宅造法」という。) と都市計画法とは、目的も規制対象も異なるのであるから、都市計画法の開発許可の対象を宅造法の規制対象と同一の基準で画することは開発許可制度の趣旨に反して許されない。」

「補助参加人が『開発許可制度のしおり』に基づいて、開発行為に該当しないことを点検したとしても、都市計画法29条1項適合性を適正に審査したことにはならない。」

「以上のとおり、本件建築計画については開発許可が必要であるにもかかわらず、補助参加人はこの点を審査せず、開発許可のないままに本件各確認処分をしたのであり、同確認処分は違法である。」

3 被告及び補助参加人の主張

つぎに、被告及び補助参加人 (以下、両者をまとめて、適宜「被告等」という) の主張について述べよう。

17　指定確認検査機関のした建築確認に係る国家賠償請求訴訟〔金子正史〕

(1)　開発許可を要しないと判断した違法の主張について

　補助参加人（指定確認検査機関）の確認審査に関する権限は、「本件建築計画が開発行為を伴うものであるかどうか、また、開発許可を要するかどうか、といったことについての実質的な審査権はなく、開発許可権者である横浜市長が開発許可を必要と判断しているか否かについて形式的、外形的に審査をすれば足りる。」

(2)　補助参加人が横浜市長の判断を確認した経緯

　「横浜市では、従前から、規則60条による証明書を交付しない扱いであったから、補助参加人は、本件確認申請の事前相談（……）及び本件確認申請を受理した際（……）に、建築主の代理人である設計者株式会社（……）から事情を聴取し、本件建築計画について許可権者である横浜市長が開発許可を不要と判断していることを確認した。」

　その際、補助参加人は、設計者から「被告担当職員との打ち合わせ議事録（……）及び同職員が開発許可は不要であると判断した前提となった資料（……）の提出を受け、Ａ敷地についての同月11日付けの開発許可申請書の控えも見せられた。」

　「これらのことから、補助参加人は、被告担当職員が本件敷地については開発許可を要しないと判断していると確信した。」

(3)　横浜市の開発許可基準について

　「原告らは、これ（『開発許可制度のしおり』──筆者）を『しおり』であって、参考資料に過ぎないと主張するが、この『開発許可制度のしおり』は、許可基準をわかりやすく解説したものであって、そこに記載されていることが開発許可の許可基準であることに変わりはない。」

(4)　本件建築計画について開発許可を要しない理由

　「本件敷地に東側には、……切土が予定されていたことは認める。」「しかし、……既存擁壁を改修するための切土及び既存擁壁の築造替えは、土地の物理的形状の変更を生じるものではなく、これ（形の変更──筆者）に当たらない。」

　「本件敷地において機械駐車場ピットの築造のための地下掘削及び車路部分における切土が予定されていたことは認める。」しかし、これも開発行為には当たらない。

　「Ａ敷地及び本件敷地は相互に独立した敷地であり、一体の開発としての開

発許可が必要になるものではない。」

4　本　判　決
(1)「原告らは、補助参加人がした本件各確認処分が違法であるとして、被告に対して、国家賠償法１条１項に基づき、同処分により被ったとする損害の賠償を求めている。」
「国家賠償法１条１項は、国又は公共団体の公権力の行使に当たる公務員が個別の国民に対して負担する職務上の法的義務に違背して当該国民に損害を加えたときに、国又は公共団体がこれを賠償する責めに任ずることを規定するものである（最高裁判所昭和60年11月21日第一小法廷判決・民集39巻７号1512頁）。したがって、国家賠償法１条１項にいう『違法』とは、国又は公共団体の公権力の行使に当たる公務員が個別の国民に対して負担する職務上の注意義務に違背することと解されるところ、これを本件についてみると、補助参加人が、本件各確認処分を行うについて、原告ら個々人に対して負担していた職務上の法的義務に違反することをいうものである。」
「補助参加人が本件各確認処分を行うについて、その負担していた職務上の法的義務、すなわち、建築基準法等に従って適正に建築確認ないし計画変更確認の処分を行うという義務に反したといえるかどうかという点から検討する。」
(2)「開発許可を要しないとする知事等の判断が行政処分とは認められない以上は、これに後続する建築確認処分の取消訴訟において、その点を違法事由として主張し得ないとする理由は見出し難いというべきである。また、上記知事等の判断の誤りを理由とする損害賠償の請求が妨げられないことはいうまでもない。」（傍線筆者。以下「Ａ部分」という）
「本件確認申請を受けた補助参加人が本件確認処分をするにつき、都市計画法29条１項との関係で尽くすべき職務上の法的義務の内容は、開発許可権者である横浜市長、実際的には、その事務を処理している被告担当職員が本件建築計画について開発行為を伴うものと判断しているか否か、開発行為を伴うものと判断している場合には開発許可がされているか否かといった形式的、外形的な事実の存否の確認であって、その判断の当否にまで立ち入って審査する義務はないということになる。」（傍線筆者。以下「Ｂ部分」という）
補助参加人が、被告担当職員が開発許可を要しないと判断したことは、規則

60条による証明書によって確認したのではなく、補助参加人が建築主の代理人からその旨を聴取したり関係資料の提出を受けたりして確認したことが認められる。

「本件確認申請書には規則60条による証明書が添付されていないが、開発許可を要しない場合に、必ず同書面によってその点を確認するまでの必要があるとも解されないから、この点を理由に補助参加人の上記確認を違法ということはできない。なお、原告らは、上記書面の添付がない以上、補助参加人の確認方法は不十分であった旨主張するが、上記の事情からすれば相応の根拠があったものと認められるし、そもそも結果として被告担当職員の判断を誤って認識したわけではないから、この点を詮索することにあまり意味はない。」

「以上のことからすれば、<u>補助参加人が本件建築計画について、被告担当職員の開発許可を不要とする判断を前提として本件確認処分をしたことに違法があるとは認められない。</u>」（傍線筆者。以下「C部分」という）。

5　判決の検討

(1)　建築確認申請に係る建築計画が開発行為を伴うかどうかについての建築主事又は指定確認検査機関（以下、両者をまとめて、適宜「建築主事等」という）の審査権について、「積極説」と「消極説」の二つの考え方がある。

積極説とは、建築主事等は、建築確認申請の審査に際して、建築計画に開発行為を伴うか否かを実質的に審査しうるとする考え方である。一方、消極説とは、建築主事等は、建築計画に関し開発許可権者による開発許可に関する判断がなされているか否かを審査するに過ぎないとする考え方である。具体的いえば、積極説は、建築主事等は、建築確認申請書に添付されている開発許可権者の60条証明書[5]の交付行為の適法・違法にまで実質的審査を及ぼしうるとす

---

(5)　建基法施行規則1条の3第11項は、建築主らが建築確認を受けようとする場合は、確認申請に係る計画が「都計法29条第1項の規定に適合していることを証する書面」を確認申請書に添えなければならないと定めている。確認申請者の、この「証する書面」の添付義務に対応して、都計法施行規則60条は確認申請者の都道府県知事等（開発許可権者）に対する「証する書面」の交付請求権を定めている。この「証する書面」は、通常、「60条証明書」と呼ばれているが、「適合証明書」と呼ばれることもある。60条証明書には、①開発行為非該当証明書（盛土・切土等が都計法4条12項の定める開発行為に該当しないことを証する書面）、②開発行為許可不要証明書（盛土・切土等が開発行為

るものである。これに対し、消極説は、建築主事等は、建築確認申請書に60条証明書が添付されているか否かという形式的、外形的審査にとどまるとするものである。

　本件訴訟における原告らは、積極説に立っているが、本判決は、消極説に立っているといえよう。

　(2)　しかし、本判決は、建築主事等の審査権に関しては消極説であるとしているが、建築確認取消訴訟においては、司法裁判所は本件建築計画に開発許可を伴うか否かについて実質的な審査を及ぼしうるとして、本件建築計画には開発許可を伴わないと判断している。

　本判決の考え方によると、建築確認申請の際に、開発行為を伴うか否かという建築主事等の審査が及ばない部分にまで司法裁判所が審査を及ぼし建築確認を取り消すことがある場合を認める結果になる。したがって、司法裁判所の審査の範囲も建築主事等と同じで、開発行為を伴うか否かという実質的審査にまでは及ばないとすべきではないかとする考え方がある。確かに、このような見解の判決は、これまでかなり見られたところではある[6]。

　しかし、開発行為を伴うか否かについての判断には、一般的理解として処分性が認められないと解されているので、もし、司法裁判所もこの点について審査できないとすると開発行為を伴うか否かについての適法性について何ら審査されないということになりかねない。これでは、違法な開発許可行政に対する司法的統制を欠くことになるし、違法な開発行政により侵害された者の権利救済の途を閉じることにもなりかねないと解される。本判決と同様の考え方は、すでに平成17年2月23日の横浜地裁判決（判自265号83頁）で採られていたものであるが、本判決の考え方は妥当と考えられる[7]。

　　に該当するが都計法29条1項但書きに該当するので開発許可が不要であることを証する書面)、③（狭義の）適合証明書（盛土・切土等が開発行為に該当し開発許可の基準に適合しているとして開発許可がなされたことを証する書面）の三種類があるとされている。たとえば、荒秀＝小高剛編『都市計画法概説』63頁［安本典夫］(1998年)、金子正史「建築確認取消訴訟と60条証明書(上)」自研82巻3号56頁（2006年））等を参照。

（6）　横浜地判平成11年10月27日判自198号59頁、仙台高決昭和58年8月15日判タ511号181頁、仙台地判昭和59年3月15日行集35巻3号247頁、水戸地判平成3年10月29日行集42巻10号1695頁、この控訴審判決・東京高判平成4年9月24日行集43巻8＝9号1172頁。

（7）　金子正史「建築確認取消訴訟と60条証明書(下)」自研82巻5号60頁（2006年）。

(3)　ところで、本判決は、建築確認の申請に際しての建築主事等の審査については、消極説に立っていることは前述した。すなわち、建築主事等は60条証明書（本件の場合は、「開発行為非該当証明書」）が添付されているか否かという形式的、外形的審査を行うのみであるとしていた。ところが、本件の場合、60条証明書の添付がなかったのである。

　この経緯は、判決によると以下のとおりである。

　すなわち、調査嘱託の結果によると、開発許可が必要か否かの判断をした被告担当職員は、建築主からの事前相談書の提出を受けて、口頭で、開発許可は不要と回答していた。そして、補助参加人は、建築確認申請の事前相談等で建築主の代理人である関係者から被告担当職員の開発許可不要の判断について聴取したり関係資料の提出等を受けていたことなどから、被告担当職員が開発許可を要しないと判断していることを確認した。これらのことから、本判決は、すでに引用したように、本件においては60条証明書である開発行為非該当証明書の添付がなくとも、これで違法性はないと判断したのである。

　(4)　本判決のこのような見解は妥当であろうか。検討しよう。

　まず、本判決によると、横浜市では、従前から、60条証明書を交付しない扱いであったということである。確かに、これまで、横浜市以外の多くの地方公共団体でも、必ずしも60条証明書を交付していた訳ではなかったようであったし、また、確認申請を受ける建築主事等の側も、あえて60条証明書の添付を要求していなかった場合があったようである。

　しかし、建基法施行規則1条の3第11項によれば、建築確認申請書には60条証明書の添付が義務付けられているのである。また、行政手続法（以下「行手法」という）7条によれば、申請書に必要な書類が添付されていない申請は、法令に定められた申請の形式上の要件に適合しない申請ということになり、このような申請をした者に対しては申請書の補正を求めるか申請を拒否しなければならないと解されている。この規定からすると、開発行為非該当証明書の添付がない確認申請書の提出では、申請に形式上の瑕疵があることになり申請が有効に成立したとはいえないと解される。

　指定確認検査機関制度が導入される以前は、建築主事や開発許可権者は、60条証明書制度が建築主事と開発許可権者という行政組織の内部的な制度と考えていた節があり、したがって内部的に確認できれば60条証明書の交付及びその

添付は、かならずしも必要ないと考えていたようである。しかし、現在は、指定確認検査機関制度が設けられたのである。したがって、指定確認検査機関と開発許可権者は内部関係ではなくなったのである。

以上のことを考慮すると、建築主等が開発許可担当職員から開発許可不要の判断の回答を口頭で得て、指定確認検査機関がその建築主等の代理人から口頭あるいは関係資料により開発許可権者が開発許可不要の判断をしていることを確認することで60条証明書の添付に代えるということは、違法の疑いが生ずると考えられないだろうか。

建築主等の建築確認申請者は、開発許可権者に対して60条証明書の交付を要求すべき（都計法施行規則60条）であろうし、建築主事等は、60条証明書の添付がないときは、建築主等に対しては速やかに補正を求めるか建築確認の申請を拒否すべきであろう。これが正しい法制度の運用と思われる。

本判決は、書面の添付がないとする原告らの主張に対して、「そもそも結果として被告担当職員の判断を誤って認識したわけではないから、この点を詮索することにあまり意味はない」としている。本判決は、結果が誤っていなければ、法令で要求されている手続き（形式）要件を欠いていても違法はないというのであろうか。本判決、補助参加人及び開発許可権者である被告・横浜市の考え方であると、法制度の趣旨に反する実務の運用ということになるのではないかとの疑問がある。

(5) もっとも、本判決は、必ずしも明確ではないが、建築計画には開発行為を伴わないとの判断に係る60条証明書、すなわち開発行為非該当証明書は60条証明書には含まれないと解しているように感ぜられなくもない。というのは、本判決は、すでに引用したように「本件確認申請書には規則60条による証明書が添付されていないが、開発許可を要しない場合に、必ず同書面によってその点を確認するまでの必要があるとも解されない」と述べているからである。開発行為非該当証明書は、他の60条証明書と違って60条証明書に含まれないという見方は、ない訳ではない[8]。

しかし、本判決は、開発許可不要の判断の瑕疵は建築確認取消訴訟の取消事由となると述べ、補助参加人は被告担当職員の開発許可不要の判断の確認して

---

(8) たとえば、仙台地判昭和59年3月15日行集35巻3号256頁、仙台高決昭和58年8月15日判タ511号183頁などを参照。

おく必要があるとしているのである。すなわち、補助参加人は添付書類ではなくとも何らかの手段で、開発許可不要の判断の確認を得ておくことが必要であるとしているのである。であるならば、他の60条証明書と同様に開発行為非該当証明書の添付を要求すべきだと解されないであろうか。開発許可不要の場合だけ60条証明書の添付が不要とする点について、本判決は説明が足りないように思われる。

Ⅲ 国家賠償請求訴訟

1 職務行為基準説

(1) 本判決は、「国家賠償法1条1項にいう『違法』とは、国又は公共団体の公権力の行使に当たる公務員が個別の国民に対して負担する職務上の注意義務に違背することと解される」とし、職務行為基準説の代表的な判決とされている最判昭和60年11月21日民集39巻7号1512頁（在宅投票制度廃止違憲訴訟）を引用していることから、職務行為基準説に立っていると解される。

本判決は、原告らの主張する三つの違法事由をすべて退け、本件各確認処分に違法があると認めることはできないとし、このことから「補助参加人が本件建築計画が建築基準関係規定に適合しているとして本件確認処分をしたことについて職務上の法的義務に違背した点があると認めることはできず、その行為を違法ということはできない（また、平成14年7月8日付けの変更確認処分についても、同処分固有の違法が主張されているわけではないから、同様に同処分をした補助参加人の行為を違法ということはできない）。」（傍線筆者。以下「D部分」という）としている。

職務行為基準説は、行政処分の違法（取消違法）と国家賠償法上の違法（国賠違法）は異なるとする違法性相対説で、国家賠償法上の違法の判断の中に注意義務違反の要素を含むものである。したがって、行政処分は違法であっても、国家賠償法上は違法ではないということはありうる。しかし、行政処分が、実体的に適法と認められれば、違法性一元説はもとより職務行為基準説においても国家賠償責任は生じないであろう。行政活動は、それが適法であれば、たとえ国民の利益を侵害したとしても賠償責任を負わないからである。

そうすると、本判決は、本件各確認処分が適法であると判断しているのであるから、この段階で国家賠償法上の違法はないと言い切って良いのではなかろ

うか。本判決は、本件各確認処分が適法であることを認めながら、これに加えて「本件確認処分をしたことについて職務上の法的義務に違背した点があると認めることはできず、その行為を違法ということはできない」(傍線「D部分」を参照) と述べているが、この部分は、述べる必要はなかったように思われる[9]。

本判決がこのように述べたのは、被告及び補助参加人が、国家賠償法上の違法について、「行政処分が違法であるからといって直ちに国家賠償法上も違法であるということはできないのであり、本件各確認処分に関していえば、補助参加人において職務上尽くすべき注意義務を尽くすことなく漫然と確認処分等をしたと認め得るような事情がある場合に限って国家賠償法上の違法性が認められるべきである」と述べ、職務行為基準説よって国賠法上の違法性を否定する主張をしたことに応えたのであろうか。

(2) ところで、建築主事等のした建築確認の違法を理由とする国家賠償請求は、建築主事等のした不法行為責任を地方公共団体が代位するという仕組みである。本件の場合は、横浜市が指定確認検査機関である補助参加人の不法行為責任を代位することになるのである。

本件において、補助参加人が働いたとされる不法行為責任とはどのようなものなのであろうか。

この点について、本判決は、補助参加人は、開発許可不要の判断について、形式的、外形的審査をすればよい、すなわち開発許可不要の判断の当否にまで立ち入って判断する必要がないとしている (傍線「B部分」、「C部分」を参照)。しかし、本判決の立場からすると、この審査では充分とは言えないと解されるであろう。

何故ならば、本判決の立場は、建築確認の違法を理由とする国家賠償請求訴訟で、開発許可を要しないとする知事等の判断の当否について実質的審査をす

---

(9) 違法性相対説には、結果不法説の立場から、取消違法が認められない場合にも国賠違法が認められるとする考え方があるが、本判決の立場は、このような違法性相対説ではないであろう。結果不法説からする違法性相対説については、たとえば、秋山義昭『国家賠償法』68頁 (1985年)、村重慶一「国家賠償訴訟」『実務民事訴訟講座10』327頁 (1971年)(『国家賠償研究ノート』196頁 (1996年)) を参照。なお、結果不法説と行為不法説に関する、学説・判例の整理として、宇賀克也『国家補償法』45頁以下。園部逸夫監修・西埜章著『国家賠償法』55頁 (1997年) などを参照。

るという立場(積極説)であるからである(傍線「A部分」を参照)。本判決は、この点を実質的判断すべきであるとしているのにしていないのである。このような、本判決の考え方には、疑問がある[10]。

要するに、本判決の考え方(傍線「A部分」を参照)に立つならば、本件訴訟では、開発許可不要の判断をした開発許可権者である知事等(実際には開発許可担当職員)の判断の適否が実質的に審査されなければならないと解される[11]。

そして、本件訴訟で開発許可不要の判断の適否が問われているのであるから、本件訴訟で問われているのは、開発許可権者(横浜市長)の不法行為責任だと考えられる。

以上のように、本件のような国家賠償請求訴訟において、不法行為責任を負うものは、開発許可権者と解される。したがって、開発許可権限を有する者が訴訟に加わることが要請されよう。本件の場合は、特定行政庁が置かれた地方公共団体である横浜市の市長が開発許可権限を有しているので横浜市の開発許可担当者が補佐人(民訴法60条)として訴訟に加わることが合理的と解される。したがって、本件の場合、もし横浜市が敗訴すれば、終局的には、横浜市が賠償責任を負わなければならないと解される[12]。

(3) 最近は、ほとんどの特定行政庁は開発許可権者であるとされているようであるが、まだ、もし、かつてのように市長等が特定行政庁でありながら、都

---

[10] 本判決によれば、本件訴訟において、建築主事等が60条証明書に関して負いうる責任は、せいぜい60条証明書の添付の存否について確認し損なったという手続き上の瑕疵があったときということになるのであろうが、この考え方は、本判決の傍線「A部分」で述べた立場とは異なると解される。

[11] 本判決は、訴え変更後に追加して提起された、被告担当職員が本件建築計画について開発許可不要の判断をしたことについて違法があるとする国家賠償請求訴訟についても判断している。そこでは、被告担当職員の開発許可不要の判断には国賠法1条の違法はないと判断している(前掲注(3)の3を参照)。この判断が、開発許可不要の知事等の判断の瑕疵を建築確認の違法事由として主張する本件訴訟でなされる必要があったと解されるのである。本判決は、追加的に提起された開発許可不要の判断の違法を理由とする国家賠償請求訴訟において、この点の判断をしているのであるから、本件各確認処分の違法の判断に、この国家賠償請求訴訟の判断を取り込めばよかったと思われる。

[12] 実際は、横浜市が賠償責任を果たし、指定確認検査機関に対し国家賠償法1条2項の求償権を行使し、故意・重過失があるとしてこれに応じた指定確認検査機関が横浜市に求償すると言うことになるのであろうか。

道府県知事が開発許可権者であって、当該市長等が開発許可権者でない地方公共団体があるとすれば、本件のような指定確認検査機関のした建築確認について開発許可不要の判断の瑕疵を違法事由として主張する国家賠償請求訴訟は、次のようになると思われる。

　被告は、指定確認検査機関の確認に係る建築物について確認をする権限を有する建築主事が置かれた地方公共団体、すなわち特定行政庁の置かれた市町村であり、開発許可権者は都道府県知事ということになる。したがって、訴訟には、開発許可権者（具体的には、知事ではなく当該都道府県の開発許可担当職員）が補助参加（民訴42条）するということになるのであろう。この場合、訴訟において、実質的な役割を担うのは、被告である市町村ではなく、また、おそらく補助参加人として参加するであろう指定確認検査機関でもなく、都道府県の開発許可担当職員ということになろう。被告である市町村が敗訴した場合は都道府県に求償することになると解されよう(13)。

2　不適合通知

(1)　建基法は、指定確認検査機関が建築確認申請を審査し、確認済証を交付したときは、「その旨」を特定行政庁に「報告」しなければならない。そして、特定行政庁は、「報告」を受けた場合において、確認済証の交付を受けた建築物の計画が建築基準関係規定に適合しないと認めるときは、建築主及び指定確認検査機関にその旨を「通知」しなければならず、「通知」を受けた場合において、当該確認済証は「効力を失う」と定めている（6条の2第第3項、4項）(14)。この制度は、失効手続と呼ばれることがあり、この失効手続における特定行政庁の建築主及び指定確認検査機関に対する通知のことを、「不適合通

---

(13)　それとも、この場合、建築確認をしたのは、指定確認検査機関であるから、市町村が賠償責任を果たし、指定確認検査機関に対して、国家賠償法1条2項の求償権を行使し、故意・重過失があるとして指定確認検査機関が求償に応じた場合、指定確認検査機関が開発許可権者の置かれている都道府県に求償するということになるのであろうか。

(14)　建基法は、平成18年6月21日に改正交付（平成19年6月施行予定）されたが、改正法によると、確認済証の交付をしたときは、「確認審査報告書」の作成が義務付けられ、これを特定行政庁に「提出」することが義務付けられた。確認審査報告書の内容は、国土交通省令の定めるところ（本稿脱稿時においては、まだ制定されていない）によることとなっている。改正前の「報告」は、建築計画概要書（建築法施行規則3条の4第1号）によっていたが、この報告程度の情報では、特定行政庁は、主に集団規定を中心と

知」と呼ぶことがある。

　不適合通知の法的性格がどのようなものであるかは、必ずしも定かでないが、具体的には、指定確認検査機関に対し、ある種の監督機能を果たしていることは事実であろう[15]。失効手続の存在が、指定確認検査機関のした建築確認の取消訴訟の訴えの利益が消滅し国家賠償請求訴訟へ訴えの変更がなされた場合、被告が地方公共団体となるとした最高裁決定の根拠となっていると解されていることは周知のことである。

　(2)　ところで、本件では問題とされていなかったが、指定確認検査機関がした建築確認に関して国家賠償請求訴訟が提起された場合に、特定行政庁が建築物の計画が建築基準関係規定に適合しないと認めていたとしたら、不適合通知を発する権限を有する特定行政庁は、この権限の行使に関し、どのような態度を採るべきかに関しては検討されなければならない問題があるように思われる。

　すなわち、国家賠償請求訴訟で被告となる地方公共団体の代表者は知事等であるが、知事等は特定行政庁なのである。そこで、知事等は、被告として国家賠償請求訴訟に対応しつつ、それにもかかわらず特定行政庁としての立場から、建築物の計画が建築基準関係規定に適合しないということで不適合通知を発しなければならないのかである。

　(3)　この場合、被告である知事等が、国家賠償請求訴訟での敗訴を避けるため、裁量判断で不適合通知を発しないとすることはできるのであろうか。

　建基法9条1項の是正命令は、建築物が建築基準法令の規定等に違反してい

　　した外形上の適合性の判断くらいしか審査できず、単体規定、特に構造関係規定に対する審査が不十分で、偽装などを見抜くことが不可能に近かったので改正されたとされている。戸田敬里『Q&A平成18年　改正建築基準法等のポイント』69頁（2006年）、平野正利「建築基準法改正のポイント」建築知識2006年年10月号（611号）113頁（2006年）。

[15]　最高裁決定は、「以上（失効手続について——筆者）の建築基準法の定め方からすると、同法は、……指定確認検査機関をして、上記の確認に関する事務を特定行政庁の監督下において行わせることとしたということができる。」と述べている。一方、塩野・前掲注(1)153頁は、「不適合認定権限を監督とみるのは問題である……。」と述べておられる。また、米丸恒治「建築基準法改正と指定機関制度の変容」政策科学7巻3号（通巻16号）263頁（2000年）は、失効制度は、「法令上、建築主事による取消がなされないことを条件とした、いわゆる解除条件つきの行政処分権限が与えられているということができよう。」と述べておられる。

第2編　行　政　法

たとしても、それを発するか否かに裁量があると解されている。しかし、不適合通知については、建基法は「建築物の計画が建築基準関係規定に適合しないと認めるときは、……その旨を通知しなければならない。」（4項）と定めているので、不適合通知を発するか否かについては裁量性がないと解されないだろうか(16)。もし、裁量性がないとすると、特定行政庁が、建築物の計画が建築基準関係規定に適合しないと認めるときは、必ず不適合通知を発する義務があると解される。不適合通知を発しないことは法的義務違反になるのである。

　もしこのように、不適合通知を発することに裁量性はないと考えられるのだとすると、本件訴訟のような場合は、訴えの変更により国家賠償請求訴訟で被告となった地方公共団体の代表者たる特定行政庁は、建築物の計画が建築基準関係規定に適合しないとの前提の下で不適合通知を発しなければならないと解される。しかし、一方では、被告として、国家賠償請求訴訟に対応せざるを得ないと解される。この点をどのように解決したら良いのであろうか。このような状況が、今後、生じないとも考えられなくはないであろう。この点に関する検討が必要と思われる(17)。

───────────────

(16)　不適合通知を発するか否かについて裁量が認められないとすると、特定行政庁が建築物の計画が建築基準関係規定に適合しないと認めるときは、必ず不適合通知を発しなければならなくなる。しかし、不適合通知を発するか否かに裁量性が認められないとすると、次のような不都合が起きることがある。すなわち、建築物が建築基準関係規定に適合していないといっても、その状況は様々で、きわめて些細な違法でしかない場合がある。そこで、大規模な工事がかなり進捗した段階で建築物の計画にきわめて些細な違法が発覚した場合でも、不適合通知を発しなければならなくなり、不適合通知が発されると建築確認が失効することになる。これでは、建築確認が失効した後の、後始末が大変である。そこで、最近の行政実務では、このような不都合を避けるため、不適合通知を発するか否かには特定行政庁には裁量が認められると解し、不適合通知を発する代わりに特定行政庁が違法部分を是正する行政指導を行い、建築主も建築確認を要しない軽微な変更や変更計画でこれに応えるという措置が採られているようである。状況に応じた妥当な措置とも考えられなくはないが、法理論的に考えるとこれは誤っていると解されないであろうか。
(17)　この場合、建築物の計画が建築基準関係規定に適合しないと認めている特定行政庁が、国家賠償請求訴訟の被告としてどのような主張をすることになるのかも興味ある問題であろう。特定行政庁は、建築確認の違法は認めてしまい、故意・過失がないと主張する、あるいは職務行為基準説に拠り、建築確認は違法であるが指定確認検査機関は職務上尽くすべき注意義務を尽くしたので、国賠法上の違法はないと主張することになるのであろうか。

(4) もっとも、本件のように、建築物の完成により、訴えの利益が消滅し、訴えが変更されて地方公共団体が国家賠償請求訴訟の被告になった場合は、訴えの利益が消滅したのだから、不適合通知は発し得ないという考え方がありそうである。しかし、訴えの利益が消滅したとしても不適合通知を発し得なくなるとは、必ずしもいえないのではないかとの見方もあり、この点についても更に検討の余地があろう[18]。

(5) ところで、近隣住民が、建築確認の違法を主張し建築確認の取消しを求める事例は多く見られたが、本件訴訟のように地方公共団体を被告として国家賠償請求訴訟を提起した事例も、これまで、少なからず見られたようである[19]。しかし、筆者の検討では、わずか二件の例外[20]を除いて、請求は棄却され原告は敗訴していた。この理由として、まず、建築確認が違法であるとの主張が、なかなか認められにくいこと、また、たとえ建築確認の違法が認められたとしても、建築主事等の故意・過失が認められることが難しかったことがあげられよう[21]。

---

[18] 金子・前掲注（1）「指定確認検査機関に関する法的問題の諸相（三）」自研81巻8号18頁（2005年）を参照。

[19] 筆者の検討によれば、その事例は以下の通りである。①横浜地判平成17年11月30日判自277号31頁、②横浜地判平成15年3月12日判タ1182号164頁判自255号102頁、この控訴審判決・東京高裁平成15年11月25日判例集未登載（金子正史「判批」法資268号79頁（2004年））、③横浜地判平成15年1月15日判自249号95頁（馬橋隆紀＝後藤由喜雄「判批」判自251号4頁（2004年））、この控訴審判決・東京高判平成15年6月5日判例集未搭載、④横浜地判平成13年6月13日判自227号99頁、この控訴審判決・東京高判平成14年1月28日判時1790号101頁、⑤神戸地判平成13年12月26日判自233号71頁、⑥東京地判平成13年2月28日判時1748号110頁、⑦東京地判平成11年12月15日判自202号91頁、⑧横浜地判平成10年7月29日判自184号60頁（加藤了「判批」判評196号43頁（2000年））、⑨水戸地龍ヶ崎支判平成5年8月13日判自123号81頁、⑩京地判平成4年9月21日判時1465号102頁、⑪東京地判昭和52年4月22日判時873号70頁、この控訴審判決・東京地判昭和54年9月27日判時939号26頁、⑫山口地岩国支判昭和42年8月16日下民12巻2号320頁、訟月13巻11号1333頁（山口地岩国支判昭和36年2月20日下民12巻2号320頁（中間判決））。

[20] ⑥東京地判平成13年2月28日判時1748号110頁（関哲夫「判批」日大法学67巻4号229頁（2002年））、⑫山口地岩国支判昭和42年8月16日訟月13巻11号1333頁（山口地岩国支判昭和36年2月20日下民12巻2号320頁（中間判決））。

[21] 盛土・からぼりがなされた場合の地盤面の算定についての、①横浜地判平成17年11月30日判自277号31頁は、指定確認検査機関のした建築確認は違法であるが、故意・過失がないとした。また、敷地のいわゆる重複使用についての、⑪東京高判昭和54年9月

第2編　行　政　法

とくに、本件のように開発許可不要の判断の瑕疵を建築確認の違法事由として主張し、地方公共団体に対し国家賠償請求訴訟を提起するという事例は、これまでまったく見られなかったといってよい[22]と思われる。本件では、原告の請求が認められた訳ではなかったが、この意味で珍しい事案であったといえる。

Ⅳ　訴訟資料の収集方法

1　問題の所在

(1)　訴えの変更後の国家賠償請求訴訟の被告は、地方公共団体であるとする平成17年の最高裁決定に対する疑問のひとつに、被告となった地方公共団体は指定確認検査機関のした建築確認についての情報、すなわち文書・図書等の資料に乏しく国家賠償請求訴訟に対応できるかということであった。

すなわち、最高裁決定が下された時の法制度では、地方公共団体が国家賠償請求訴訟の被告となった段階においては、地方公共団体は、指定確認検査機関のした建築確認についての資料は、指定確認検査機関による確認済証を交付した旨の報告に係る報告書（建基法施行規則3条の4第1項によると報告書は「建築計画概要書」であった）しか保有していないと考えられたのである。平成19年6月施行予定の改正建基法（改正内容については前掲注(14)を参照）であっても、この認識には大きな相違はないと解される。

(2)　ところで、前述の確認済証を交付した旨の報告に係る報告書以外の資料について、地方公共団体が建築確認をした指定確認検査機関から収集方法する手段としては次のような方法が考えられる。

一つの方法は、近隣住民などから、建築されようとしているあるいは建築中

27日判時939号26頁は、建築不確認処分をなした建築主事の行為は違法であるとしても、故意・過失がないとした。判批として、荒秀「判批」判時985号26頁（判例評論264号163頁）(1981年)、西谷剛「判批」『街づくり・国づくり判例百選〔別冊ジュリスト103〕』46頁（1989年）を参照。

(22)　開発許可不要の判断の瑕疵を建築確認取消訴訟で違法事由として主張し建築確認の取消しを求める事例はこれまでかなり見られた（たとえば、前掲注(6)であげた判決等を参照）が、原告の主張が認められた例は少なかった。この主張が認められた数少ない事例として、たとえば横浜地判平成17年2月23日判自265号83頁。この判決の検討として、金子・前掲注(5)、(7)「建築確認取消訴訟と60条証明書(上)(下)」自研82巻3号49頁、同82巻5号51頁（2006年）を参照。

の建築物に違法の疑いがあるとの通報を受け、この通報により、特定行政庁が、建築物全体について審査が必要と判断して、建基法12条5項により、指定確認検査機関等に対し「建築物の敷地、構造、建築設備若しくは用途又は建築物に関する工事の計画若しくは施行の状況に関する報告」を求めること、あるいは、同条6項により建築物等に立ち入り、検査し、質問をすることである。

もう一つの法方は、建築確認取消訴訟には審査請求前置主義（建基法96条）が採られているので、地方公共団体に設けられている建築審査会が審査請求に係る審理に必要な資料を入手している場合が多いと解される。建築審査会の資料の入手方法としては、処分庁、参加人等に対する行政不服審査法（以下、適宜「行審法」という）に基づく、処分庁の弁明書の提出（22条）、証拠書類等の提出（26条）、参考人の陳述及び鑑定の要求（27条）、物件の提出要求（28条）、検証（29条）、審査請求人又は参加人の審尋（30条）、処分庁からの物件の提出及び閲覧（33条）などがある。

しかし、以上の二つの方法で収集した資料は、前者は、主として、建築物の使用開始後の適法性維持という特定行政庁の建築基準監督行政の観点からの資料収集であり[23]、後者は、建築審査会の審査請求の審理のための資料収集である。

したがって、以上の二つの方法で収集した資料を訴訟資料として用いることは、当該地方公共団体の個人情報保護条例で禁止されている目的外利用に該当することになりかねないと解される。したがって、それらの資料を地方公共団体が、当該地方公共団体の個人情報保護条例で定められた本人同意等の手続きを採ることなく、そっくりそのまま全部訴訟資料として用いることは疑問である。

2 本件訴訟

(1) 本件訴訟は、平成17年横浜地裁判決とともに、地方公共団体が、指定確認検査機関がした建築確認の違法を理由とする国家賠償請求訴訟の被告とされた最初の事案であった[24]。この意味では、本件訴訟は、国土交通省、多くの

---

[23] 荒秀ほか編著『改訂建築基準法』247頁以下［大竹米三・荒秀］（1990年）、建設省住宅局監修・財団法人日本建築センター編『詳解建築基準法』128頁（1992頁）。

[24] 平成17年横浜地裁判決は、平成16年3月31日に指定確認検査機関を被告とする国家

地方公共団体、指定確認検査機関あるいは研究者から注目されていたと言って良い。

本件訴訟においては、本件各確認処分をした指定確認検査機関が補助参加人として本件訴訟に参加している。判決文を読む限りで、地方公共団体（横浜市）と補助参加人（指定確認検査機関）は協力して、補助参加人がした本件各確認処分は国家賠償法上の違法行為とはいえないと主張していたことが窺われる。補助参加人である指定確認検査機関の協力があったのであろう(25)。

(2) しかし、今後、指定確認検査機関の協力が得られない場合がないとは限らないであろう。すなわち、指定確認検査機関が、特定行政庁に対し詳細な資料を提出することにより建築物の計画が建築基準関係規定に適合しないことが発覚し不適合通知が発されることを恐れて、資料の提出を躊躇することがないとは限らないからである。

このような場合、指定確認検査機関による資料の任意の提出は期待できないので、資料の入手は文書提出命令（民訴221条1項）によることになると解される。

また、本件訴訟のように指定確認検査機関が任意に補助参加人（民訴法42条）として訴訟に参加している場合は問題ないが、指定確認検査機関が任意に補助参加してこない場合は、訴訟告知（民訴法53条）をして補助参加を求めることになると解される。

賠償請求訴訟が提起されたが、平成16年5月17日に横浜市を被告とする国家賠償請求訴訟に変更が申し立てられた事案である。一方、本件訴訟は、基本事件（近隣住民が指定確認検査機関を被告として平成14年12月6日に提起した建築確認処分取消請求事件）に係る訴えの変更の申立がなされ、平成17年6月24日の最高裁決定によりが横浜市を被告とする国家賠償請求訴訟に訴えが変更されたものである。本件訴訟の訴えの変更は、平成16年5月7日の訴えの変更の申立て、横浜地決（平成16年6月23日）、東京高決（平成16年10月5日）、最高裁決定（平成17年6月24日）というプロセスでなされたが、平成17年横浜地裁判決に係る弁護士の一人が本件訴訟の弁護士を兼ねていることから、平成17年横浜地裁判決に係る訴えの変更は、本件訴訟の訴えの変更の状況を見つつなされたものであろうことが推測される。

(25) 平成17年横浜地裁判決では、国家賠償請求訴訟で被告・横浜市は、国家賠償法の違法性を否定する主張については建築確認処分取消訴訟における被告・指定確認検査機関の主張にまったく依拠しているだけで、独自の主張はしていない。これは、平成17年横浜地裁判決が、建築確認処分取消訴訟と国家賠償請求訴訟が併合して審理されていたという事情があったからであろうか。

以上のように、地方公共団体が国家賠償請求訴訟の被告となり訴訟を追行するためには、指定確認検査機関の積極的な協力が不可欠といえよう。

V　おわりに

(1)　本件訴訟は、①地方公共団体が、指定確認検査機関のした本件各確認処分の違法を理由とする国家賠償請求訴訟の被告となっていること、②指定確認検査機関のした建築確認の違法事由として開発許可不要の判断の瑕疵が主張されていること、という二つの点において特徴的である。

しかし①、②について次のような疑問がある。

まず、①についてである。原告らは、本件訴訟では、違法性相対説に立ち職務行為基準説によって、本件各確認処分には国賠法1条1項の違法があると主張している。このような主張で良かったのであろうか、若干の疑問がある。

すなわち、職務行為基準説では、国賠法の違法性の判断の中に故意・過失の判断が含まれるので、もし本件各確認処分が違法であったとしても判決文には違法の文言が表記されない可能性がある。原告らにとって、国家賠償請求訴訟は訴えの利益の消滅による次善の策ではなかったのではなかろうか。原告らは、本件各確認処分に係る国家賠償請求訴訟において本件各確認処分が違法であることを確定する、すなわち国家賠償請求訴訟の違法行政抑制機能に期待したのではなかったか。このように考えると、国賠法上の違法性に関しては、原告らは違法性一元説に立ち本件各確認処分に違法があることを主張すべきではなかったかと思われるのである。すでに、基本事件（本件各確認処分取消請求訴訟）で、取消訴訟の違法を主張しているのであるから、これとは別の国賠法1条1項の違法を主張する必要はなかったのではないかと思われるのである。

次に、②であるが、建築確認処分の違法を理由とする国家賠償請求訴訟において、その違法事由として開発許可不要の判断の瑕疵を主張したことは、これまでほとんど見られなかったと言って良く、おそらく、本件訴訟が初めてではないかと思われる。しかし、本判決は、開発許可不要の判断の適否という実質的判断をしていないという点で、十分な審査とは言えないと解されることは前述させて頂いた（Ⅲ　国家賠償請求訴訟　1　職務行為基準説(2)）。

(2)　ところで、本件訴訟では、訴えの変更後に追加的に提起されたもう一つの国家賠償請求訴訟が併合審理されているが、この国家賠償請求訴訟は被告担

当職員が本件建築計画について開発行為が存在しないとして開発許可不要の判断をした、この判断には違法があるとしてなされた訴訟である。すなわち、この国家賠償請求訴訟は、開発行為非該当の判断が違法だと主張するものである。

これまで、開発行為非該当の判断すなわち開発行為非該当証明書の交付行為自体が、直接、取消（無効確認）訴訟で争われた場合があったが、この交付行為には処分性がないとされたことがあり(26)、開発行為非該当証明書の交付行為自体を、直接、取消（無効確認）訴訟で争うことは難しいのではないかと考えられなくはなかった。したがって、開発行為非該当証明書の交付行為自体を訴訟で争うには、国家賠償請求訴訟か、最近、行訴法改正後は確認訴訟によると考えられていた。この意味で、本件のこの国家賠償請求訴訟は、原告敗訴に終わったが、開発行為非該当証明書の交付行為自体を、直接、国家賠償請求訴訟で争ったものとして珍しい事案といえよう。

（26） 横浜地判平成11年10月27日判自198号59頁、この控訴審判決・東京高判平成12年4月13日判自204号68頁、訟月47巻9号2771頁。なお、開発行為許可不要証明書の交付行為の処分性を否定した判例として、大分地判昭和59年9月12日判時1149号102頁、浦和地判平成4年10月26日判自111号84頁を参照。

第3編
比較税法

第四篇

比较神话

18 グレゴリー事件判決：税考古学的立場からの考察

弁護士・公認会計士　大塚正民

- I　はじめに
- II　グレゴリー事件判決の原因となった納税者グレゴリーの行為
- III　グレゴリー事件判決の第1審である租税訴願庁の裁決
- IV　グレゴリー事件判決の第2審（控訴審）である第2巡回区連邦控訴裁判所の判決
- V　グレゴリー事件判決の第3審（上告審）である連邦最高裁判所の判決
- VI　グレゴリー事件判決に関与した裁判官達の特徴
- VII　グレゴリー事件判決が行われた当時の社会的状況
- VIII　アンドルー・メロンの脱税裁判事件（The Andrew Mellon Tax Evasion Trial）
- IX　おわりに

I　はじめに

　本稿は、グレゴリー事件判決を税考古学的立場から考察しようとする試みである。グレゴリー事件判決とは、租税回避行為をいわゆるプロパー・ビジネス・パーパスの法理（proper business purpose doctrine）を用いて否認したアメリカ連邦最高裁判所の1935年1月7日の判決（Gregory v. Helvering, 293 U.S. 465）である[1]。税考古学（tax archaeology）的立場とは、「税法に関する特定

（1）　もっとも金子宏教授は、グレゴリー事件判決は、租税回避行為の否認の例ではなく、税法規定の縮小解釈ないし限定解釈の例として理解すべきであるとして、次のように述べている。金子宏、租税法第11版（平成18年5月）131頁：一定の政策目的を実現するために税負担を免除ないし軽減している規定に形式的には該当する行為や取引であっても、税負担の回避・軽減が主な目的で、その規定の本来の政策目的の実現とは無縁であるという場合がある。このような場合には、その規定がもともと予定している行為や取引には当たらないと考えて、その規定の縮小解釈ないし限定解釈によって、その適用を否定することができると解すべきであろう。これは、アメリカのグレゴリー事件の判決によって認められた法理（プロパー・ビジネス・パーパスの法理）であるが、わが国でも、解釈論として同じ法理が認められてしかるべきであろう。この法理を適用すると、

の立法および判決を1つの歴史上の出来事」として理解しようとする立場であって、Simpson がコモン・ロー上の判例を分析する1つの方法論として提唱した法考古学（legal archaeology）という新しい方法論を税法（ただし後に述べるように、税法の場合、特定の判決だけはなく特定の立法も分析対象となる）に適用したものである(2)。グレゴリー事件判決を税考古学的立場から考察しようとする試みとは、Simpson 流に言えば、1935年1月7日のグレゴリー事件判決文を「あたかも古代の遺跡のように取扱う必要がある。考古学者のように、これらの遺跡から法律的解釈論（legal dogmatics）という表土を徐々に振り落としていくのである。そして、外的証拠、つまり、法律図書館にある法律的文献ではない証拠を見つけて、そのような外的証拠に基づいて」グレゴリー事件判決を歴史上の出来事として理解しようとする試みである。そもそもグレゴリー事件判決とは何か。何故グレゴリー事件判決は有名になったのか。グレゴリー事件判決の当時の社会的背景はどのようなものであったのか。これらの疑問を解くために、法律解釈論的立場からすれば、とるに足らない瑣末的な歴史的事実にこだわるのである(3)。

　　結果的には租税回避行為の否認を認めたのと同じことになるが、それは理論上は否認ではなく、縮小解釈ないし限定解釈の結果である。
（2）　大塚正民、著書紹介、税金物語、アメリカ法2005-1、86頁：編者 Caron は、A.W.Brian Simpson, Leading Cases in the Common Law, Oxford University Press (1995) から次のような箇所（同書12頁）を引用している。「判決文はいくつかの点で過去の人間活動の痕跡に似ている。－　収穫の痕跡、柱の跡穴、防壁の足場、パイプの軸、陶器の破片、貝塚などなどは、考古学者が、発掘、科学的実験、比較、分析などによって、過去を再構築し、理解しようと試みるための素材である。判決文もまた、あたかも古代の遺跡のように取扱う必要がある。考古学者のように、これらの遺跡から法律的解釈論（legal dogmatics）という表土を徐々に振り落としていくのである。そして、外的証拠、つまり、法律図書館にある法律的文献ではない証拠を見つけて、そのような外的証拠に基づいて、これらの判決文を法の発展段階における歴史上の出来事として理解しようと試みるのである。」Simpson は、このような方法論を法考古学（Legal Archaeology）と呼んでいるが、Caron は、このような方法論を税法研究に適用した結果を税考古学（Tax Archaeology）と呼んでいる。
（3）　Stephen Jay Gould, What is history all about if not the exquisite delight of knowing the details and not only the abstract patterns? スティーブン・ジェイ・グールド、抽象的なパターンだけでなく精細なディテールまでも知らなければ、歴史の醍醐味はない。－　バーンスタイン著（青山・山口訳）「証券投資の思想革命」における引用から。

もっぱら依拠した論文

税考古学という独特の方法論に基づく画期的な税法教科書としての第1弾は、Caron の編集による Tax Stories: An In-Depth Look at Ten Leading Federal Income Tax Cases, Foundation Press（2003）であるが、その第2弾ともいうべきものが、Bank と Stark の共同編集による Business Tax Stories, Foundation Press（2005）である(4)。本稿は、この Business Tax Stories の第3章である Likhovski, The Stories of Gregory: How Are Tax Avoidance Cases Decided?(5)にもっぱら依拠している。

II グレゴリー事件判決の原因となった納税者グレゴリーの行為

1 納税者グレゴリーの目的

納税者エヴィリン・グレゴリー（Evelyn F. Gregory）はニューヨーク市のブルックリン地区（Brooklyn）に住む主婦であった。彼女の夫、ジョージ・デイ・グレゴリー（George D. Gregory）は、億万長者の銀行家で慈善家のヴィ・エヴィリット・メーシイの私設秘書（private secretary of multi-millionaire banker and philanthropist, V. Everit Macy）であったが、夫ジョージ・グレゴリー自身も百万長者であった(6)。納税者エヴィリン・グレゴリーは UMC（United

---

(4) Foundation Press からの Tax Stories（税金物語）のシリーズの第1弾である Caron の編集による Tax Stories: An In-Depth Look at Ten Leading Federal Income Tax Cases, Foundation Press（2003）は、もっぱら判例を分析対象としていたが、第2弾ともいうべき Bank と Stark の共同編集による Business Tax Stories, Foundation Press（2005）は、分析対象を判例だけではなく立法その他にも拡大し、その理由を次のように述べている。同書2頁： 本物語シリーズの他の著作と異なって、本書の各章は、ある特定の連邦最高裁判決だけ、または、ある特定の連邦控訴審判決だけを論じるというような方法を採っていない。事実、事業課税法の分野（the field of business taxation）においてそのような方法をとるならば必ずや不完全な分析となるだろう。この分野における最も重要な法律の展開のいくつかは、裁判所の判決とは全く関係がなく、むしろ法律の改正、行政的取扱いの変更、取引の革新に関係している。このような事実を踏まえて、事業課税における最も重要な「物語」を検討すべく、より広範囲な背景を選んだ。

(5) 以下で引用するにあたっては、単に Story of Gregory と略称する。

(6) Story of Gregory 90頁の注4によれば、夫ジョージ・グレゴリーが1931年に死亡した時の遺産はおよそ40万ドルであったが、この40万ドルという金額は、今日の400万ドル以上である。

第3編　比較税法

Mortgage Corporation）の全株所有の株主であった。UMC は、別の会社 MS（Monitor Securities）の少数株主として少数の株式を所有していた。1928年、UMC が所有する MS の株式の価額が133,333ドルであった時、彼女はそれを銀行家のグループに売却することを決意した。

2　納税者グレゴリーの選択肢

グレゴリーが UMC の所有する MS の株式を処分する方法には、次の3つの方法が考えられた。（厳密には、4つの方法があったが、後記の注10にあるように、第4の方法は第3の方法と税務上の結果は同じとなる、と考えられた。）

第1の方法：UMC は MS の株式を第三者に売却し、UMC の段階で売却利得についての法人所得税を支払い、税引き後の売買代金をグレゴリーに分配する。このグレゴリーへの分配は配当所得となり、グレゴリーの段階でキャピタル・ゲインではなく通常所得としての個人所得税を支払う。これらの両段階では、利得額の全額が課税所得となる。かくして、UMC の段階で売却利得について14,750ドルの法人所得税を支払い、グレゴリーの段階で配当所得について少なくとも17,269ドルの個人所得税を支払うこととなり、合計すれば30,000ドル余の所得税負担となる[7]。

第2の方法：UMC は MS の株式をグレゴリーに現物配当として分配し、グレゴリーが MS の株式を第三者に売却する。この場合には、UMC の段階での課税はなく、グレゴリーの段階で受領した MS の株式の時価相当額（133,333ドル）が配当所得となる。グレゴリーが支払うべき個人所得税は20,000ドル余となる[8]。

第3の方法：MS の株式を UMC から非課税 spin-off を利用して分離した上で、第三者に売却する方法である[9]。非課税 spin-off とは、日本でいう適格分

---

(7)　Story of Gregory 91頁。なお同頁の注8によれば、当時の①通常所得税の最高税率（the maximum normal tax rate）が5％、②超過所得税率の最高税率（the maximum surtax rate）が20％、③キャピタル・ゲイン所得税の税率（the capital gains tax rate）が12.5％、④法人所得税の税率（the tax on corporations）が12％であった。1928年歳入法§§11、12、13。

(8)　Story of Gregory 91頁。

(9)　Story of Gregory 91頁。なお同頁の注11によれば、Spin-offs は1924年に課税繰延べ措置として導入され、爾後10年間、1934年まで、会社の留保所得をキャピタル・ゲイン

414

割型分割（適格人的分割）に相当する取引である。つまり、分割法人であるUMCが自社資産としてのMSの株式を分割承継法人（新設会社）に移転し、分割法人UMCが交付を受ける分割承継法人（新設会社）の株式をUMCの株主であるグレゴリーに分配する、というものである。この非課税spin-offの後に、グレゴリーは、分割承継法人（新設会社）を解散し、同社の資産であるMSの株式を清算配当として受領し、そのMSの株式を第三者に売却する、という方法である。

　この第3の方法には、4つの税務上の利点があった。第1、MSの株式の移転に関して所得税の課税は1回のみであること。つまり、MSの株式がUMCから新設会社に移転し、新設会社の株式がグレゴリーに移転する取引は非課税spin-offとなり、グレゴリーが新設会社を解散してMSの株式を清算配当として受領する取引のみが課税取引となること。（ただし、後記の第4にあるように、清算配当として受領したMSの株式を第三者に売却する取引も課税取引ではあるが、取得原価が時価相当額であるから、結局において利得がゼロとなる。）第2、グレゴリーがMSの株式を清算配当として受領する取引はキャピタル・ゲイン課税の適用を受けること。つまり、通常所得よりも低い税率の課税を受けること。第3、分割法人であるUMCの株式の取得原価の一部を分割承継法人である新設会社の株式の取得原価に割り当てることができるから、清算配当として受領したMSの株式の時価相当額（133,333ドル）から新設会社の株式の取得原価を控除した残額がキャピタル・ゲインとなり、それだけキャピタル・ゲインの金額が減少すること。第4、清算配当として受領したMSの株式を第三者に売却する取引は課税取引ではあるが、グレゴリーは受領した当日に即時に売却しているから、取得原価が売却価格と同額となり、結局において利得がゼロとなる[10]。

3　納税者グレゴリーの最終的選択

　グレゴリーは、第3の方法を選択した。この方法というのは、グレゴリーの

　　税率で株主に分配する便利な方法として利用された。
(10)　Story of Gregory 91頁。なお同頁の注12によれば、第4の方法もあった。すなわち、UMCを解散・清算する方法である。この第4の方法は、第3の方法と税務上は同じ結果になった、と考えられた。

事業上の支配人であった Henry F. Lippold が他から受けた助言に基づくものであった[11]。この助言に従って、1928年9月18日、グレゴリーは新会社 Averill を設立した。その唯一の目的は彼女の所得税の減額であった。この設立日から3日後の1928年9月21日、UMC は同社の所有する MS の株式を Averill に移転した。その代価として UMC は Averill の株式を取得し、その Averill の株式を同社の唯一の株主であるグレゴリーに分配した。

グレゴリーの主張によれば、ここまでの取引は非課税組織再編成としての非課税 spin-off に該当する、という。その理由は、次の通りである。

① 当時の1928年歳入法§112(i)(1)(B)は、組織再編成を次のように定義している。すなわち、「組織再編成とは、以下の〔(A)(B)(C)(D)の〕いずれかを意味する。……(B)一方の会社の資産の全部または一部を他方の会社に移転した場合において、その資産移転の直後に、その資産移転会社、その株主、または、これら両者が、その資産受領会社を支配している場合の資産移転をいう[12]」資産移転会社 UMC またはその株主としてのグレゴリーは資産受領会社としての Averill を支配していたのであるから、UMC が同社の所有する MS の株式を Averill に移転し、その代価として UMC が Averill の株式を取得し、その Averill の株式が同社の唯一の株主であるグレゴリーに分配されたという資産移転は組織再編成に該当し、その結果、1928年歳入法§112(g)の適用がある。

② 当時の1928年歳入法§112(g)は、組織再編成取引の場合に株主に対する課税繰延べを認めている。すなわち、同条は、次のように規定している。「組織再編成の計画に基づき、その組織再編成の一方の当事者である会社の株主に対しその組織再編成の他方の当事者である会社の株式が分配された場合には、そのような株式を受領した株主は何らの利得も当期計上（認識）しないものとする[13]。」資産移転会社 UMC の株主としてのグレゴリー対し資産受領会社と

---

(11) Story of Gregory 91頁。

(12) Section 112(i)(1)(B) -The term "reorganization" means... (B) a transfer by a corporation of all or a part of its assets to another corporation if immediately after the transfer the transferor or its shareholders or both are in control of the corporation to which the assets are transferred..., reprinted in 98 Reams, U.S. Revenue Acts 1909-1950 (1979).

(13) Section 112(g) -If there is distributed, in pursuance of a plan of reorganization, to a shareholder in a corporation a party to the reorganization, stock or securities in anoth-

しての Averill の株式が分配されたのであるから、Averill の株式を受領した株主は何らの利得も当期計上（認識）しない。

なお、グレゴリーは、次の諸事実は認めている。すなわち、Averill は何らの事業も行っていなかったこと、その設立目的が MS の株式をグレゴリーに移転し、課税を軽減することを唯一の目的としていたこと、Averill は設立日から 6 日後の1928年 9 月24日に解散していること、グレゴリーは Averill の唯一の資産である MS の株式を受領し、それを受領した当日に売却していること[14]。

1929年 3 月にグレゴリーは所得税申告書を提出したが、その中で、上記の第 3 の方法による 4 つの税務上の利点を活用していた。第 1 、MS の株式は、UMC→Averill→グレゴリー→第三者 Anchor へと移転し、Averill の株式は、UMC →グレゴリーへと移転したが、これらの株式移転の中、MS の株式が Averill→グレゴリー→第三者 Anchor のへと移転した取引のみが課税取引であること。つまり、MS の株式が UMC → Averill へと移転した取引および Averill の株式が UMC →グレゴリーへと移転した取引は非課税 spin-off となるから、グレゴリーが Averill を解散して MS の株式を清算配当として受領した取引およびグレゴリーが MS の株式を第三者 Anchor に売却した取引のみが課税取引となること。第 2 、グレゴリーが MS の株式を清算配当として受領する取引はキャピタル・ゲイン課税の適用を受けること[15]。つまり、1928年歳入法§115(c)の適用により、Averill の完全清算に伴って清算配当として受領した

---

er corporation a party to the reorganization, ...no gain to the distributee from the receipt of such stock or securities shall be recognized., reprinted in 98 Reams, U.S. Revenue Acts 1909-1950（1979）.

(14) グレゴリーから MS の株式を購入したのは、I. R. Stewart が社長である Anchor Cap Corporation であった。同社は、MS の株式の全部の買受会社として新たに設立された会社であった。

(15) いわゆる清算配当条項は、1918年歳入法で採用されたものの、その後はいったん廃止されていたが、1924年歳入法§201(c)として再導入され、1928年歳入法§115(c)に引き継がれていた。1928年歳入法§115(c)：Distribution in liquidation-Amounts distributed in complete liquidation of a corporation shall be treated as in full payment in exchange for the stock, reprinted in 98 Reams, U.S. Revenue Acts 1909-1950（1979）. なお、大塚正民、キャピタル・ゲイン課税制度：アメリカ連邦所得税制の歴史的展開、44頁（2007年）を参照。

MSの株式は、グレゴリーが清算に伴って手放したAverillの株式との交換によって取得した対価であるから、この交換による利得はキャピタル・ゲインと見なされる。従って、通常所得よりも低い税率の課税を受けること[16]。第3、UMCの株式の取得原価の一部をAverillの株式の取得原価に割り当てることができるから、清算配当として受領したMSの株式の時価相当額（133,333ドル）からAverillの株式の取得原価を控除した残額がキャピタル・ゲインとなり、それだけキャピタル・ゲインの金額が減少すること。すなわち、1928年当時、MSの株式の時価相当額は133,333ドルであり、UMCの株式（MSの株式の時価相当額を含めて）の時価相当額は814,064ドルであったから、MSの株式の時価相当額はUMCの株式の時価相当額の約16.3％に当たる。グレゴリーが1920年から1928年にかけて取得したUMCの株式の取得価額は350,000ドルであったから、MSの株式の取得価額は350,000ドルの約16.3％の57,325ドルとなる。かくてグレゴリーのキャピタル・ゲインの利得金額は133,333ドルマイナス57,325ドル＝76,008ドルとなる。この利得に対する個人所得税は約9,500ドルであること。第4、MSの株式を第三者Anchorに売却する取引は課税取引ではあるが、取得原価が時価相当額であるから、結局において利得がゼロとなること。

内国歳入庁長官は、グレゴリーの上記のような所得税申告を否認した。同長官の否認の理由は、次の通りである。

①　Averillは何らの実体もない法人であるから、税務上、その存在を無視すべきである。

②　グレゴリーがAverillからMSの株式を受領したのは、税務上、UMCがグレゴリーに対してMSの株式の現物配当を行ったものと見なすべきである。つまり、本件で採用された上記の第3の方法は、税務上、上記の第2の方法と見なすべきである。

③　MSの株式の時価相当額の全額が通常所得としての課税に服すべきである。

かくして、内国歳入庁長官は、キャピタル・ゲイン課税を根拠とするグレゴリーの9,500ドルの所得税申告を否認し、MSの株式の時価相当額133,333ドル

---

(16)　キャピタル・ゲインに対する当時の税率は12.5％であった。大塚正民、前掲書、44頁。

をグレゴリーの通常所得とし、1931年2月、つまり、グレゴリーが1928年度所得税申告書を1929年3月に提出してから約2年を経過した後、追加所得税額10,678ドルの支払いを要求する更正通知書を発した。

グレゴリーはこの更正通知書を争い、1931年4月、事件は今日の合衆国租税裁判所（United States Tax Court）の前身である租税訴願庁（Board of Tax Appeals）に係属することとなった[17]。

Ⅲ　グレゴリー事件判決の第1審である租税訴願庁の裁決

租税訴願庁は、1932年10月に審理を行い、1932年12月に裁決を下した[18]。租税訴願庁の審理官 John M. Sternhagen は、その裁決で、内国歳入庁長官とは異なって、Averill の存在を無視しなかった。同審理官は、次のように述べている。「法人がいやしくも法律上は実体を有するものとして認められている以上、Averill を他の無数の法人、それらが租税回避を目的として一時的に設立されようと、他の正当な目的のために設立されようと、と区別すべき根拠はない。連邦議会は、詐欺またはその他の止むを得ない事情が無い限り、法人を存在を無視すべき法人と存在を無視できない法人とに区分する権限を内国歳入庁長官に与えたとは考えられない。」同審理官は、更にこう述べている。「細心の注意を払って立法した法律（1928年歳入法はその例である）は、租税政策を文言どおりに表現したものとして解釈すべきであって、司法的解釈を許す余地はあまり無い。」つまり、Averill が存在する以上、組織再編成の文言上の要件はすべて満たされており、従って不足税額は存在しない、との裁決であった。

Ⅳ　グレゴリー事件判決の第2審（控訴審）である第2巡回区連邦控訴裁判所の判決

内国歳入庁長官側が控訴し、事件は第2巡回区連邦控訴裁判所で審理されることとなった。

---

(17) 田中英夫編　英米法辞典　840頁：1924年に創設された Board of Tax Appeals（租税訴願庁）は、1942年にその名称を Tax Court of the United States（租税裁判所）と変更したものの、その実体は引きつづき行政部内の独立機関であった。1969年にいたり、さらに名称を United States Tax Court（合衆国租税裁判所）に変更するとともに、その実体もいわゆる legislative court（法律によって創設された裁判所）となった。

(18) Gregory v. Commissioner, 27 B.T.A. 223 (1932).

第3編　比較税法

　第2巡回区連邦控訴裁判所の3名の裁判官は、判決を下す前に、各自が短い覚書を作成した。

　まず、Thomas W. Swan 裁判官が1934年2月26日付けの第1覚書を作成した。同裁判官の覚書は、「租税回避（tax avoidance）は脱税（tax evasion）とは異なっており、租税回避は適法である」との書き出しで始まっており、この見解を支持する先例として連邦最高裁判所の古い判例2件を引用している。1873年の United States v. Isham 事件判決と1916年の Bullen v. Wisconsin 事件判決である。Swan 裁判官は、他の2名の裁判官（Augustus Hand 裁判官および Learned Hand 裁判官）に対し、租税訴願庁の裁決を維持すべきことを求めている。すなわち、内国歳入庁長官は Averill が租税回避の目的で設立されたという理由だけで Averill の存在を無視すべきであると主張しているが「内国歳入庁長官のこのような主張は容認できない」という。「ある法人が租税を軽減する目的で設立されたが故にその存在を無視できるという主張を認めたら、その行き先はとんでもないことになってしまうだろう。(I don't know where it will lead us to hold that a corporation may be disregarded if its purpose was to minimize taxes.)[19]」

　2人目の裁判官である Augustus Hand 裁判官の覚書には日時の記載がないが、同裁判官の見解は Swan 裁判官の見解と全く逆であった。Augustus Hand 裁判官は、内国歳入庁長官の主張を認め、Averill は架空（sham）であるから存在を無視すべきであるとの見解であった。同裁判官はいう。「何等の事業も行う目的を有せず、単に資産の移転を受けた後に解散して、その資産を分配することを目的とする組織再編成は、結局は、無であって、Averill は架空以外の何物でもない。(A reorganization that is not carried out for the purpose of doing any business, but merely to make a formal transfer succeeded by a liquidation of assets, is nothing at all... the Averill corporation was nothing but a dummy.)[20]」

　3人目の裁判官で（Augustus Hand 裁判官のいとこである）Learned Hand 裁判官の1934年2月27日付け覚書は、Swan 裁判官の見解と Augustus Hand 裁判官の見解を妥協させた見解を提案していた。同裁判官は、Augustus Hand 裁判官の見解に従って租税訴願庁の裁決を破棄すべきものとしながら、Swan

---

(19)　Story of Gregory 95頁。
(20)　Story of Gregory 95頁。

裁判官の見解に従って Averill の存在を無視することをしなかった。同裁判官の覚書は「そもそも取引の動機が税務上の効果を左右しないことは当然である (it is of course true that the motive of a transaction has no effect upon taxes.)」との書き出しで始まっている。しかしながら、本件の取引は「文理解釈からすれば、1928年歳入法§112(i)(1)(B)で定義されている諸要件のすべてを満たしているのであるが、それだけでは十分ではない。同条項は、何等かの事業を行うための法人同士の取引であることを規定しているのである。もっぱら節税目的のために株式を保有することは事業とはいえない。」「この条項を読むに当って、そこで使用されている言葉にみなぎっている明白な目的を一切無視して、ただ辞書だけを片手に読むということはしない。」既に述べたように、Swan 裁判官が内国歳入庁長官の立場に反対した主な理由は、内国歳入庁長官が、Averill の存在を無視し、グレゴリーが Averill から MS の株式を受領したのは、UMC がグレゴリーに対して現物配当を行ったものと見なすべきであると主張した点であった。Learned Hand 裁判官は、この点を克服する方法を提案した。すなわち、グレゴリーが UMC から Averill の株式を受領したのは、組織再編成の一環としてではないから、UMC がグレゴリーに対して Averill の株式の現物配当を行ったものと解釈し、結局は、内国歳入庁長官の結論と同じ結果になる方法である[21]。

Learned Hand 裁判官の覚書は、Swan 裁判官を説得したようである。というのは、第2巡回区連邦控訴裁判所は、(Learned Hand 裁判官の1934年2月27日付け覚書の) 2週間後である1934年3月19日に判決を言渡したが、3名の裁判官全員が租税訴願庁の裁決を破棄すべきものとしたからである。Learned Hand 裁判官が全員一致の法廷意見を書いている[22]。この法廷意見は、一般論として、次のように判示している。「当裁判所は、租税訴願庁および納税者の次のような主張に同意する。すなわち、ある取引が、租税回避を目的として、あるいは、脱税を目的として、行われたとしても、非課税規定の法律要件を満

---

(21) つまり、内国歳入庁長官の立場は、Averill の存在を無視して、UMC が MS の株式を直接グレゴリーに現物配当したものと解すべきとの立場であったが、Learned Hand 裁判官の立場は、UMC が Averill に対し MS の株式を移転し、その対価としての Averill の株式を UMC の株主であったグレゴリーに分配したといういわゆる分割型分割 (人的分割) を非適格分割型分割 (人的分割) と解すべきとの立場であったのである。
(22) Helvering v. Gregory, 69 F.2d 809 (1934).

たしている限り、非課税たる効果を失うものではない、との主張である。誰でも、租税負担を出来るだけ少なくするように物事を運ぶことが許されるし、最大限の国家収入になるように物事を運ぶ義務はないし、いわんや租税負担を増加させる愛国的義務など全く存しない。」ところが、この法廷意見は、個別論として、次のように論理を展開している。「しかしながら、ある取引が、辞書的な意味では、非課税規定の法律要件を満たしている場合であっても、その取引が非課税たる効果を有すると連邦議会が意図したとは考えられない場合がある。」かくして、この法廷意見は、次のような結論に至る。「当裁判所は、(内国歳入庁長官とは異なって) 本件取引を次のように取扱う。すなわち、その設立目的の如何を問わず、Averill は法人格を有していた。MS の株式は Averill に移転し、納税者グレゴリーは Averill の株主となった。このような本件取引はすべて現実に生じたものである。ただし、このような本件取引は、非課税規定が本来意味するところの組織再編成に該当しない。」

　当時の革新派と見なされていた Learned Hand 裁判官の書いた「まるでロンドンの霧のような判決」は、当時の法曹界には評判の悪い判決であった[23]。当然のことながら、連邦最高裁判所によって破棄されるであろうことが期待された。

V　グレゴリー事件判決の第3審 (上告審) である連邦最高裁判所の判決

　納税者グレゴリー側が上告し、連邦最高裁判所は、1934年12月3日と4日に口頭弁論を開き、1935年1月7日に判決を言渡した[24]。当時の連邦最高裁判所の裁判官達の中でもっとも保守反動的な裁判官の1人と見なされていた Southerland 裁判官の書いた「原審判決を賞賛する判決」は、当時の法曹界を驚かせた[25]。この全員一致[26]の法廷意見は、次のように結論している。「本

---

(23) Story of Gregory 128頁。ただし、当然のことながら、税務当局には好評であった。内国歳入局の当時の法務次長 (the assistant general counsel of the Board of Internal Revenue) であった Robert H. Jackson は、グレゴリー事件判決こそは「税法を解釈するに当っての形式的文言解釈の不当性を裁判所が次第に認めるようになった事例」と解している。

(24) Gregory v. Helvering, 293 U.S. 465 (1935).

(25) Story of Gregory 128頁。

件における問題は、本件取引が、その動機はさておき、当該非課税規定が意図した取引であるか否か、である。この問題に対して否定的判断をした原審判決は誠に正当であって、これ以上付加すべきものは無い位である。」とはいうものの、この法廷意見は、次のような理由を述べている。「1928年歳入法§112(i)(1)(B)は、一方の会社の資産の全部または一部を他方の会社に移転した場合において、と規定しているが、この移転は『組織再編成の計画に基づく』移転を意味する。……本件取引は、たしかに1928年歳入法§112(i)(1)(B)の文言上の要件を満たしているが、実際は組織再編成を装った財産の精巧な迂回譲渡に過ぎない (in fact an elaborate and devious form of conveyance masquerading as a corporate reorganization, and nothing else.)」

Ⅵ　グレゴリー事件判決に関与した裁判官達の特徴

　全員一致の連邦最高裁判所の判決に参加した裁判官は、法廷意見を書いたSutherland の　外、Hughes, Van Deventer, Cardozo, McReynolds, Brandeis, Butler, Roberts, Stone である。Sutherland 裁判官は、当時のいわゆる保守派裁判官の巨頭であって、この「当時の連邦最高裁判所の裁判官達の中でもっとも保守反動的な裁判官の１人 (one of … the most reactionary and conservative Supreme Court Justices of the time) と見なされていた裁判官[27]」が、当時の革新派と見なされていた Learned Hand 裁判官[28]の書いた第２巡回区連邦控

---

(26)　Story of Gregory 101頁。
(27)　Story of Gregory 120頁。なお、Congressional Quarterly's Guide to the U.S. Supreme Court (1979) によると、Sutherland 裁判官の人間像は、次のようなものである。(同書の789頁によると) George Sutherland は、1862年３月25日、イギリスの Buckinghamshire に生まれた。父親がモルモン教徒であったことから (後に離宗している)、Sutherland の出生直後に、イギリスからアメリカ (当時の Utah Territory) に移住した。Sutherland は Brigham Young University で学び、1896年に Utah が州に昇格すると、州議員に選出され、1900年に連邦の下院議員となり、1905年から1917年まで２期にわたって連邦の上院議員となったが、３期目に落選した。上院議員時代、オハイオ州選出の上院議員 Harding と親交があり、後に Harding が大統領となると、1922年、Sutherland は連邦最高裁判所裁判官に任命された。ルーズベルトのニューディール政策の不倶戴天の敵の１人 (one of the justices known as implacable foes of President Franklin D. Roosevelt's New Deal) であった。(同書の845頁によると) 上院議員時代に、連邦憲法第16修正 (いわゆる所得税修正) に反対し、ブランダイスの連邦最高裁判所裁判官の就任に反対した。

訴裁判所の判決を目して「この問題に対して否定的判断をした原審判決は誠に正当であって、これ以上付加すべきものは無い位である。」と賞賛しているのである。

そもそも納税者の租税回避的行為に対する裁判官の態度は、その裁判官の有するイデオロギーによるとする考え方からすれば、このようなSutherland裁判官の態度は謎である、という(29)。すなわち、保守的なイデオロギーを有する裁判官は、一般的に納税者に好意的な文言解釈をする傾向があるのに対し、革新的なイデオロギーを有する裁判官は、その逆の傾向がある、という考え方(30)からすれば、そもそも連邦憲法第16修正（いわゆる所得税修正）に反対するほどの保守的イデオロギーを有するSutherland裁判官の態度は謎である、というのである。

Ⅶ　グレゴリー事件判決が行われた当時の社会的状況

Story of Gregoryの著者リホフスキー（Likhovski）は、この謎を解く鍵を当時の社会的状況に求めている(31)。リホフスキーによれば、「グレゴリー事件判決が下された当時の社会的状況は、1929年の証券市場の大暴落で始まった大恐慌の影響の下に様々な経済的困難が山積していた時代であった。1932年の大統領選挙では民主党のフランクリン・D・ルーズヴェルト（Franklin D. Roosevelt）が当選し、それまでの政治を変革する機運が生じていたものの、失業者

---

(28) Story of Gregory 120頁。なお、Congressional Quarterly's Guide to the U.S. Supreme Court（1979）によると、Learned Hand裁判官の連邦最高裁判所裁判官に任命に反対した当時の連邦最高裁判所の首席裁判官TaftはHarding大統領に対して、次のように警告したという。（同書の686頁によると）「Learned Handは、ほぼ間違いなくBrandeisと一派を組んで、少数意見ばかり書く裁判官になりますよ。」

(29) Story of Gregory 120頁。

(30) Story of Gregory 120頁に引用されているLowndes, Tax Avoidance and the Federal Estate Tax, 7 Law & Contemp. Probs. 309, 328, 330（1940）によれば、次のような考え方が1930年代には支配的だったようである。「概して弁護士や裁判官は、既得権（the status quo）を擁護する傾向がある。……その理由は、つい最近までは（つまり、1930年代までは）連邦裁判所の裁判官のほとんどは、成功した弁護士出身だったからである。弁護士として成功したということは、依頼者に金持ちが多いということであり、そういう金持ちの依頼者の利益を擁護することを仕事とする弁護士は、自ずからそういう金持ちの依頼者と同じ考え方をするようになるからである。」

(31) Story of Gregory 123頁。

数は増大し、地方財政は逼迫し、大規模な反税闘争（organized tax revolts）が起こり、これに対抗する『適正納税』推進運動（"pay your taxes" campaigns）は1933年および1934年初頭にその頂点に達していた。このような社会的状況において１つの事件が生じ、その事件こそはグレゴリー事件判決の引き金となった、と言えるかも知れない。その事件とは、「世紀の税金裁判」と呼ばれるアンドルー・メロンの脱税裁判事件である。」

Ⅷ　アンドルー・メロンの脱税裁判事件
（The Andrew Mellon Tax Evasion Trial

アンドルー・メロンは、1921年３月４日から1932年２月12日まで財務長官（Secretary of the Treasury）であった(32)。つまり、ハーディング（Harding 1921年３月４日から1923年８月２日まで大統領）、クーリッジ（Coolidge　1923年８月２日から1929年３月３日まで大統領）、フーヴァー（Hoover　1929年３月４日から1933年３月３日まで大統領）の３代にわたる共和党政権時代の財務長官であった。ただし、フーヴァー政権時代の1932年２月12日に財務長官の職を辞し、駐英大使に転じた。

1920年代の中頃、当時の財務長官メロンとデトロイト出身の共和党上院議員James Couzens との間で軋轢が生じていた。億萬長者であった Couzens は、膨大な非課税公債（tax-exempt bonds）を所有していた。メロンは、かねてから非課税公債制度に反対し、1924年初頭には、この制度の濫用の典型として Couzens の蓄財方法を公然と非難する声明を出していた。逆に Couzens は、当時の内国歳入局 the Bureau of Internal Revenue（現在の内国歳入庁 the Internal Revenue Service の前身）に不正があり、メロン関係の企業を不当に厚遇しているという疑惑があるとの理由で、上院にその調査のための特別調査委員会を設置するように裏面工作した。その結果、一方において、内国歳入局は、1925年３月、報復的な措置として、Couzens の1919年度所得税申告書を調査し、1,000萬ドルの追加所得税を支払うべしとの更正を行い、他方において、上院の特別調査委員会は、1925年12月、メロン関係の企業が巨額の不正な税務上の

---

(32)　なお、大塚正民、キャピタル・ゲイン課税制度：アメリカ連邦所得税制の歴史的展開（有斐閣学術センター、2007年）33頁および50頁を参照。ただし、33頁で、メロンが財務長官の職にあった期間が、「1941年まで」とあるのは、「1932年まで」の誤りである。

利益を得ているとの調査報告書を公開した。しかしながら、この調査報告書は、当時は、ほとんど問題にされなかった。幾人かの民主党の上院議員は、民主党の政権になれば、メロンの帳簿を徹底的に調査する、と息巻く者もいた。その機会は、ついに1933年にやって来た。

　1933年2月初頭、1929年の証券市場の大暴落の原因を調査していた銀行委員会の元調査員であったDavid A. Olsonが、メロンを被告として2億2,000萬ドルの支払い求める国家代位訴訟（informer action）を提起した。その理由は、メロンが外国の汽船会社の脱税（evade taxation）を幇助した、というものであった。続いて1933年3月、Olsonは、メロンを含めたGulf Oil Corporationの役員達を被告として、租税回避（tax avoidance）を理由とする同様の訴訟を提起した。丁度時を同じくして、1929年の証券市場の大暴落の原因を調査していた上院調査委員会の調査が終了した直後の1933年5月、National City Bank of New Yorkの取締役会の会長であったCharles E. Mitchellが、1929年度の所得税を脱税したとの理由で刑事訴追された。（ただし、1933年6月、無罪の判決が下されている。）

　1933年3月4日、ルーズヴェルトが大統領に就任した。駐英大使であったメロンは、その頃帰任したが、そのタイミングが良くなかった。急進派上院議員（Populist Senator）Huey Longが、「Mitchellのような雑魚（small fry）ではなく、Morgan, Rockefeller, Mellonのようなもっと大物の悪（the real lions）を狙うべし」との運動を展開していた。上院での決議に基づき、法務長官（Attorney General）Cummingsは、メロンの個人所得税およびメロン関係の企業の法人所得税の調査を約束した。調査の対象の1つに、組織再編成条項を利用した租税回避の問題があり、この調査は、1933年の夏から秋にかけて行われた。

　1933年の夏、各新聞はこぞって、メロン、メロンの親類縁者およびメロン関係の企業ならびにその他の政財界の有名人達の税務取引を問題視する記事を掲載した。同時に、急進的なジャーナリストであるHarvey O'Connorが執筆した暴露本としてのメロン伝がベストセラーとなった。O'Connorは、このメロン伝の普及版ともいうべきパンフレット「メロンはいかにして金持ちになったか（How Mellon Got Rich）」も出版した。このメロン伝およびパンフレットでO'Connorが主張したのは、メロンはその財務長官たる地位を利用して、自分および仲間の資本家達のために、減税および税金還付を行うことによって、膨

大な蓄財をした、ということであった。この O'Connor の著作は、上院の特別調査委員会が、1925年12月に公開した、メロン関係の企業が巨額の不正な税務上の利益を得ているとの調査報告書で指摘した問題を再燃させた。

　1933年12月30日に、司法省（Department of Justice）に新しい税務部門（a new tax division）が創設され、この税務部門は、脱税退治運動を効率的に調整することを任務としていた。この税務部門の最初の大仕事（the first major case of the new division）がメロン事件であった。法務長官（Attorney General）Cummings は、1934年3月10日に、メロンならびに3名の著名人（ニューヨーク市の前市長 Walker、J.P. Morgan のパートナー Lamont および弁護士 Sidlo）に対する脱税の嫌疑で大陪審が調査を開始したことを公にした。時を同じくして、「抜け穴を塞ぐ」税法改正案（"loophole-plugging" tax bill）が1934年2月に下院を通過し、上院での審議が3月の第1週に始まった。まさにこの時期に、つまり、1934年3月19日に、第2巡回区連邦控訴裁判所の判決が下されたのである。

　1934年3月19日の第2巡回区連邦控訴裁判所のグレゴリー事件判決から1935年1月7日の連邦最高裁判所のグレゴリー事件判決までの間、メロン事件は新聞紙上を賑わした。1934年5月8日、ピッツバーグ市の大陪審は、メロンが1931年度の所得税を約200万ドル脱税したとの嫌疑で調査した結果、不起訴との決定を行った。この不起訴決定だけでは満足しなかったメロンは、逆に、1931年度の所得税について約14万ドルの還付を求めるべく、1934年5月25日、租税訴願庁にその旨の申請を行った。この租税訴願庁における審理の過程において、内国歳入庁側が、次のような主張をした。すなわち、メロンは財務長官時代に租税回避行為に関する覚書を用意させ、その覚書に記載されていた10個の租税回避行為の中の5個を自己の所得税の軽減に利用したことは、倫理的に到底許されるべきではない、という主張であった[33]。

　Story of Gregory の著者リホフスキー（Likhovski）は、「メロンの脱税裁判事件は、グレゴリー事件判決にどのような影響を与えたであろうか？」との問いに対し、以下のような議論を展開している。グレゴリー事件判決に影響を与えた要因として、次の3つがある。すなわち、第1の要因は、いわゆる「リアリズム法学」の台頭に代表される1930年代の法曹界の潮流の変化である[34]。第

---

(33) Story of Gregory 127頁。
(34) 「リアリズム法学」については、田中英夫編『英米法辞典』東大出版会（1991年）

第3編　比較税法

　2の要因は、1929年の証券市場の大暴落で始まった大恐慌の影響の下に財政逼迫が生じた結果、租税回避行為に対する社会的な反感の増大である(35)。第3の要因が、メロンの脱税裁判事件である(36)。

　税法学者であるリホフスキーとは別に、歴史学者であるカナダイン（Cannadine）は、「メロンの脱税裁判事件」について、今日的立場から、次のように述べている(37)。「財務長官としての在任中、メロンは、所得税の申告に当って、規則および慣習を忠実に順守した。メロンにとって不運だったことは、1932年より後になって、ルーズベルト政権が(38)、これらの規則および慣習を変更し

　　509頁に、legal realism（リーガル・リアリズム）として、次のような説明がある。－アメリカにおいて1920年代から30年代にかけて盛んになった法学の一潮流。伝統的な概念的法学の形式論理を批判し、法的判断の基準と考えられている準則が、真に基準となっているのかに対して懐疑の目を向け、法的安定性ということは幻想にすぎないとし、さらにその一部の人びとは、法的判断の基準となる事実認定の客観性にも疑問を提起した。

(35)　1934年1月3日の連邦議会の召集に先立って、下院歳入委員会の中に特別小委員会が設けられ、様々な調査、とりわけ租税回避防止策の調査にあたった。－　大塚正民、キャピタル・ゲイン課税制度：アメリカ連邦所得税制の歴史的展開、有斐閣学術センター（2007年）55頁。

(36)　1934年9月16日付けのニューヨーク・タイムズは、次のような記事を載せている。「税務当局は主張する：メロンは財務省経験を所得税回避に悪用した。税務当局は、メロンに対し、3,075,103ドルの不足税額を請求。税務当局は、メロンが利用した6,525,263ドルの損失控除を否認。メロンが行った贈与にも疑念。メロンが保有していたメロン一族の会社の株式の移転にも疑念。以上の税務当局の主張に対し、メロンは激しく反論。メロン曰く、歪曲された事実に基づく政府側のメンツを守るためだけの行動に過ぎない。9月15日ワシントン発－内国歳入局は9月15日付けで租税訴願庁に対し準備書面を提出した。この準備書面において、内国歳入局は、アンドリュー・メロンは財務長官時代に自己の連邦所得税を免れる方法を創案し実行した結果、1931年度の所得税として3,075,103ドル23セントを脱税したので、この脱税額に加えて課徴金を請求する、と主張している。メロン氏の1931年度の所得税に関しては、去る5月7日に、内国歳入局と司法省がピッツバーグ市の大陪審に対して刑事訴追の調査を求めたが、同大陪審は、簡単な調査だけで、証拠不十分による不起訴決定を行った。メロン氏は、その直後に租税訴願庁に対し、1931年度の所得税に関して、脱税どころか逆に130,045ドルを過払いしているので、その還付を求める請求を行ったものである。内国歳入局が本日提出した準備書面は、メロン氏のこの還付請求に対する反論である。」

(37)　David Cannadine, An American Life Mellon, Alfred A. Knopf（2006）513頁以下。

(38)　メロンの財務長官の在任は、共和党政権下の1921年3月4日から1932年2月12日までであり、民主党のルーズベルトが大頭領に就任したのは、1933年3月4日である。

ようとし、しかも、そのような変更をできることなら遡って適用しようとし、そのための手段として、特定の金持がどのような租税回避行為を行っているかを公開し、貪欲な金持連中の実態を暴露し、評判を落とす、という方法を用いたことであった。上院銀行通貨委員会（the Senate Committee on Banking and Currency）が公開した資料によれば、J.P. Morganの経営者達は、1931年度と1932年度の所得税を1セントも納付していなかった。これらの経営者達は巨額の給与を得ているのに、所有株式の買い替えによって名目上蒙ったキャピタル・ロスを控除することによって、課税所得をゼロとしたのであった。このような租税回避行為は、当時の規則および慣習からすれば、適法とされるべきものであったかも知れないが、当時は多くのアメリカ市民が苦境に喘いでいたことからすれば、かかる金持連中が1セントの所得税も納付しないということは非良心的な行為と考えられた(39)。メロンも同じように、当時の規則および慣習からすれば適法とされるべき限度で所得税を納付したのであるが、やはり攻撃の対象となった。まさにフォーチュン誌が述べているように、『この事件の明白な事実は、メロン氏は、1つの経済時代に行った所得税申告について、別の経済時代に非難されたということである。』もっとも「1つの経済時代」と「別の経済時代」というよりは「共和党政権下の政治時代」と「民主党政権下の政治時代」というがより適切であろう。」

アメリカ連邦租税小史の著者である歴史学者ブラウンリーも、ほぼ同趣旨のことを述べている(40)。

IX　おわりに

以上が、グレゴリー事件判決を税考古学的立場から考察しようとした試みである。その結果、そもそもグレゴリー事件判決とは何か、何故グレゴリー事件判決は有名になったのか、グレゴリー事件判決の当時の社会的背景はどのようなものであったのか、について、いささか知るところがあった。そこで次のような疑念が湧くのである。そもそもグレゴリー事件判決なるものは、メロンの

---

(39) なお、大塚正民、キャピタル・ゲイン課税制度：アメリカ連邦所得税制の歴史的展開、有斐閣学術センター（2007年）53頁以下を参照。

(40) W. Elliot Brownlee, Federal Taxation in America A Short History, New Edition p. 96（2004）.

第3編　比較税法

脱税裁判事件に代表される当時の特殊な社会的事情の産物であって、租税回避行為に関する一般的な法理を宣明した判決とは言えないのではないか、との疑念である。

　ちなみに、グレゴリー事件判決に影響を与えたと考えられるメロンの脱税裁判事件のその後（1935年1月7日の連邦最高裁判所のグレゴリー事件判決の後）の経過は、次の通りである。すなわち、1934年5月8日、ピッツバーグ市の大陪審は、メロンが1931年度の所得税を約200万ドル脱税したとの嫌疑で調査した結果、不起訴との決定を行ったが、この不起訴決定だけでは満足しなかったメロンは、逆に、1931年度の所得税について約14万ドルの還付を求めるべく、1934年5月25日、租税訴願庁にその旨の申請を行ったことは、すでに述べたところである。

　①　1937年8月26日、1855年3月24日生まれのアンドルー・メロンは、82歳7ヶ月の生涯を閉じた。

　②　1937年12月7日、つまり、メロンの死去から約3ヶ月後に、租税訴願庁は、「申請人アンドルー・メロンは、脱税を目的として偽りその他の不正な所得税申告書を提出したことはなかった」との裁決を下した。メロンの多くの友人達、親類縁者達、崇拝者達は、メロンがこの裁決を知ること無くして死去したことを悔やんだ、という[41]。

---

(41)　David Cannadine, An American Life Mellon, Alfred A. Knopf（2006）583頁。

19 生活保護法と所得税法の統合モデル
：生活保護法は法の支配下か

Income Supplement-Oriented Negative Income Tax Models

日本大学大学院総合科学研究科教授　木村弘之亮

I　問題提起　所得税法と生活保護法の不整合
II　租税・所得支援交付金システムに関する学説史
III　結語

I　問題提起　所得税法と生活保護法の不整合

日本の生活保護法における生活保護水準（とりわけ最低生活保障水準）と所得税法上の基礎控除額（基礎控除額と配偶者控除および扶養控除ならびにその他の所得控除を含む。これらの合計額のうち、最低生存費に要する部分を人的所得控除と本稿は総称する。）とを比較すると、地域差があるとしても、なお一般的には前者が後者に比べて大である。税法上の人的所得控除（1,140,000＝3×¥380,000）が最低生活保障水準（たとえば、平成14年度における標準3人世帯の場合の月額、2,183,640＝12×180,1970円）[1]と同一の水準に引き上げられるべきである、との議論がある[2]。

本稿の議論が示すように、「税法上の人的所得控除が最低生活保障水準と同一の水準に引き上げられるべきである」との見解[3]は、ドイツ連邦憲法裁判所の裁判例に盲従しているかのようであり、同見解は、人的所得控除に基づく「隠れた補助金」と生活保護法に基づく生活保護受給金とを比較する視点を欠落している。むしろ、所得税法上の人的所得控除額は、生活保障水準より大であるべ

---

(1) 参照、厚生統計協会（2002）94頁。
(2) そうするものに、たとえば、BverfG-Beschluß vom 25.9.1992, BverfGE 87, 153/154、その紹介、三木（1995）30頁、31頁およびそこに掲げる文献（課税最低限と生活扶助基準の一致を主張）。
(3) 三木（1995）30頁、31頁およびそこに掲げる文献。

きだと、わたくしは主張している(4)。どのように改めるべきかは、本稿の示すモデルから示唆を得るであろう(5)。

　本稿にいう人的所得控除額は、最低生存権を保障するに要する所得であり、総課税所得の金額から除外される。したがって、納税義務者は、人的所得控除額に相当する所得を、最低生活費として消費することができる。他方、生活保護受給者は、生活保護法に基づく最低生活保障水準に相当する（または収入のあるときは一定額を控除した金額に相当する）生活保護受給額を、最低生活費として消費することができる。その限りにおいてのみ、税法上の人的所得控除が最低生活保障水準と同一の水準に引き上げられるべきであるとの見解は、正当であろう。

　生活保護法の領域において、経常的最低生活費と臨時的最低生活費（一時的扶助費）からなる最低生活費は、所用の算定方式に基づいて認定される(6)。3人世帯の最低生活費が、たとえば、年1,800,000円であるとする、他方、人々が一定額以上の収入金額を取得する場合には、一定の算式に基づいて生活保護の受給額が控除されることになっている(7)。認定された収入金額が、400,000円だとする。要保護者の受給額は、1,400,000円（=¥1,800,000-¥400,000）となる。これは、要保護者の労働所得400,000円が税率100%で課税をうけて、その全額が国に強制的に移転されたに等しいと解しうる。

$$NT = Y_g - r_n Y \qquad \text{<等式1>}$$

　ここで、NT＝国から個人に給付される正味の交付金または国民から国に支払われる正味の租税

（4）　木村弘之亮（1998）17頁。
（5）　熊木（1996 A）54頁以下；特に、1975年創設の勤労所得税額控除について、熊木（1996 B）55頁。アメリカ所得税法は、勤労所得税額控除の方式を用いて、就労意欲の促進をはかっていたとされている。就労しているにもかかわらず、貧困者となっているものをワーキングプァーと呼ぶが、ワーキングプァーを救済する手段として構築されたEITC（勤労所得税額控除）を切り詰める改正は、ワーキングプァーに対して、大変大きな影響を与えるとされている。本稿はこの問題を取り扱わないこととする。
（6）　参照、生活保護手帳編集委員会（編）（2005）151頁以下。
（7）　参照、厚生統計協会（2002）94頁。

19 生活保護法と所得税法の統合モデル：生活保護法は法の支配下か〔木村弘之亮〕

Y_g＝所得保証基準額（所得支援基準交付金）
Y＝ある個人の固有所得
r_n＝負の税率　　$0 > r_n > -1$
　　（本稿では、所得支援交付金控除率または負の所得税の税率を（r_n）でいつも表示する）

生活保護法に基づく給付金は次のように算出される。

$NT = ¥1,800,000 - 100\% \times ¥400,000$

　この100％課税方式は、要保護者の就労意欲を減退させる法的原因の一つである。ディスインセンティブの問題がここに横たわっている。この影の税率の引き下げが、本稿における議論の背景において、実は検討される。たとえば、その負の税率を33 1/3％に設定する案が、それである。
　たしかに、生活保護の受給権者は、Friedman説のように、所得税法上の人的所得控除の金額と同一金額の給付金をうけとるべきだと主張されることもある。しかし、この説の場合、おおざっぱに述べると、納税者は実際には、「人的所得控除×税率」の金額だけを国から「隠れた補助金」を受領せず、生活保護受領額に比べて著しく劣位にたつ。
　敷衍すると、生活保護の受給権者は、所得税法上の人的所得控除の金額よりいくらか多額の給付金をうけとる。この生活保護給付金は、「人的所得控除額×税率」の隠れた補助金額より遥かに多額である。所得税率が33 1/3％だとすれば、生活保護給付金は、納税者の受ける隠れた補助金の3倍である。そこで、所得税法上の人的所得控除の金額を税率で除して計算した金額（いわゆる所得支援分岐水準（B_N）に等しい所得を稼得する者は、短期的に見れば、生活保護給付金を受給した方が楽で経済的に有利である。そのため、現在の公的扶助制度下の所得税制は就労意欲を減退するよう作用しているといわざるをえない。
　最後に、所得支援交付金＝最低所得保障額が憲法上の生存権の発現として成立すべきであるとすれば、最低所得保障額を税率 r_n（50％、33 1/3％など）で除して計算した金額が、所得税法上の人的所得控除額に等しくすべきである。こ

（8）　本稿は、課税と社会保障の一体的把握と直接には関わりがない。参照、宮島(2004) 54頁。

れが、租税・公的扶助統合システム[8]のアイデアの1つである。勿論、所得支援分岐点の金額全額をすべての納税者に給付するようなことは、考えられていない。

納税者と生活保護受給者が国から受ける隠れた補助金額と生活保護受給金額との間に格差が、前述の通り、顕著である。その格差が余りに大きければ、両者のボーダーラインにある労働所得を稼得する者は、就労意欲を減退するであろう。就労意欲を促進させるように、所得税法と公的扶助法が統合されるべきである。

アメリカ政府は、貧困水準を公表するので、この貧困水準と各人の固有所得の格差を所得補足して埋めるというアイデアが、思いつく。これが、後述の、貧困ギャップ・アプローチである。

日本国では所得税制度と公的扶助制度が連携せずに孤立的に存在し運営されているので、税法上の人的所得控除が生活保護法上の最低生活費保障水準といかなる相互関係にあるべきかについて、管見の限りでは[9]、議論が深まっていない[10]。

最低生活保障水準の概念は、日本の生活保護法の概念であるので、各国の類似の公的扶助制度[11]における諸問題を分析する道具に用いがたいであろう。そこで、本稿では、最低生活費保障水準に代えて、後に詳述する概念、最低所得保障額、所得支援交付金などを分析道具として用いることとしたい。

II 租税・所得支援交付金システムに関する学説史

1 理論枠組みの概要

正の所得税（租税債務）は、世帯のレベルにおける貨幣の流出と、国家レベルにおける金銭の相応の流入によって性格付けられる。これに対して、負の所

---

(9) 参照、木村忠二郎（1950/1958）；藤本（1960）；小山（1950/75）；尾藤／木下／中川（1996）；古賀（1997）；三輪（1999）；『生活保護50年の軌跡』刊行委員会（2001）；生活保護手帳編集委員会（2005）。

(10) 木村弘之亮（2006）税法学555号22頁-26頁脚注17及び脚注に対応する本文。

(11) アメリカの公的扶助制度について、熊木（1996 B）、52頁以下；ドイツの公的扶助制度について、（財）社会福祉調査会（1987）49-70頁（連邦社会扶助法による生計扶助基準額を収録。扶助費＝（生計扶助基準額）＋家賃）－収入；栃本・曽原（1989）、302-315頁。

得税（租税債権、所得支援交付金、tax credit ＝ C. tax credit は、文字通り、国民から観た「税法上の債権」を指しており、本稿では「税額控除」と意訳しないこととする。）は、世帯への貨幣の流入と、国の側での貨幣の相応の流出によって特徴づけられる。負の所得税の場合、正の所得税と対照的に、限界税率は所得支援分岐線までは負である。その際、限界税率（mr）は固有所得の変化（dY）に対する負の租税の変化（dT）の利率（dY/dT）から演繹されるものとして定義されている。世帯の固有所得 Y（粗所得または労働所得とも呼ばれる。）は、負の所得税・所得支援交付金システムのための算定基礎を成している所得として定義されている。

所得税債権制度についてそのモデルは数多く開発されてきている。税制を用いた所得支援交付金制度（transfer-by-taxation）を、次の単純な設例によって例解してみよう。

ある世帯の最低所得保障額が3,000,000円であり、そして50％の税率が世帯の固有所得 Y（正味の所得支援交付金を除く。固有所得の大部分は、貨幣所得からなる、と仮定する。）に適用されるとすれば、所得支援分岐額（B_N）はその世帯にとって6,000,000円（B_N＝¥3,000,000/0.5）となる。すなわち、6,000,000円の点で、世帯の所得税債務は3,000,000円（0.5×¥6,000,000）であり、3,000,000円の所得保障額に等しい。もし、世帯の所得支援分岐水準を3,000,000円に、そして1,500,000円を最低所得保障の水準とすることが望ましいと仮定する。そうすると、税制を用いた所得支援交付金制度の税率（transfer-by-taxation tax rate, r_n）は50％となるであろう。最後に、所得支援分岐水準は3,000,000円で、かつ税率 r_n が25％であれば、所得保障額は750,000円（＝0.25×¥3,000,000）である[12]。その所得保障額が750,000円であるならば、正味の所得支援交付金〔正味の所得支援交付金＝所得支援基準交付金－その世帯の固有所得に対する税額〕だとする。

つぎに、本稿で用いる分析道具および説明道具概念を紹介し、概説する。理念型では、負の所得税構想は正の所得税と体系的に統一して構築される。あらゆる負の所得税プランを含め、税制を用いた所得支援交付金制度（transfer-by-taxation）の基本要素は３つの変数に還元される。負の所得税構想は、３つの

---

(12) Green (1967), 62f. ただし、所得税法上、総課税所得額の計算上人的控除その他所得控除を計上しないものと仮定する。

基本パラメータによって表すことができる。最低所得保障額 Y_g 所得支援分岐水準 B_N（この分岐点で粗所得と可処分所得は同一である。）、および支援交付金控除率（負の税率）r_n がそれである[13]。その他の変数は、論者の構想に応じて、追加されている。このことがいったん明らかにされると、Rhys-Williams 女史の社会的配当プラン、Friedman/Lampman の負の所得税プラン、および Tobin の折衷案のあいだに実は差異がない理由を容易に理解できるようになる。

これら3案のあいだに重要な差異があるとすれば、それは、最低所得保障 (Y_g)[14] の程度、税率 (r_n)[15] の水準、および所得支援分岐水準 (B_N)[16] にある。最初の変数は、租税・公的扶助統合システム（NIT）の対象とされる人々に保障される最低所得保障水準である。貧困ギャップ・アプローチでは、これは Rr_n で表され、そして租税債権アプローチでは、租税債権（所得支援交付金）の大きさ C で表される[17]。この最低所得保障水準は、一般に承認されている貧困所得水準に合致しても合致しなくても良い。合致しないモデルでは、租税・公的扶助統合システムが世帯の所得をその最低所得保障にまで補足するほかに、社会福祉スキームはその本来の課題を残している。伝統的な所得税法にある人的所得控除額が所得支援分岐額の水準に一致していることは、必ずしも必要でない。第2の変数（限界税率）は、所得が増加するにつれて、所得支援交付金（NIT allowance）または租税債権が減少していく率を決定する。貧困キャップ・アプローチでも租税債権アプローチでは、この限界税率は、$r_n = \Delta DY / \Delta Y$、すなわち所得の変化に対する可処分所得の変化の率である。ただし、租税債権アプローチでは、支援交付金控除率（負の税率）r_n は正の税率 r_p に等しくても良いし等しくなくても良い。就労意欲を減退させることを避けるには、この限界税率は不可避的に100％未満であらねばならず、通常30％から

---

(13) Almsick (1981), S. 62f.
(14) the garanteed minimum income, the minimum level of income guranteed, or, guaranteed allowance, Grantiebetragsniveau.
(15) この税率は、社会的配当税率（または所得支援交付率）を意味し、所得支援分岐水準または貧困水準と固有所得との格差（いわゆる所得貧困ギャップ）をなんパーセント埋め合わせるかを示すパラメータである。
(16) the break-even level of income=break even point=kritische Einkommensgrenze= Unterstützungsgrenze beim Bürgergeld、所得支援交付金による所得支援の上限がこの分岐点となる。
(17) Green (1967), 63; OECD (1974), at 20, para. 14; Almsick (1981), S. 65.

50％の幅のなかで設定される。貧困ギャップ・アプローチでは、支援交付金控除率（負の税率）r_nは、所得支援交付金の限界減額率を決定するのみならず、所得支援分岐額 B と組み合わさって、最低所得保障水準 Br_n を決定する[18]。第3の変数、所得支援分岐水準（B_N）は、租税債権スキームでは、租税債務と租税債権が等しくなる点であり、または、貧困ギャップ・スキームでは正味の所得支援交付金（the net allowance）がゼロに減少する点である。「租税分岐点（the tax break-even point）と呼ばれるものは、税引後所得が負の所得税スケジュールでも正の所得税スケジュールでも同一であるところである[19]。

2 所得支援分岐水準を所得税法上の人的所得控除額に限定する、租税債権アプローチ

(1) はじめに

モダンな論戦は1962年と1963年に始まった。1962年に Milton Friedman 教授が、他の社会扶助制度に取って代わるべき「負の所得税」モデルを提案した[20]。1963年には Robert Theobald が社会的配当モデルを提唱した[21]。この2つの提案がなだれのような議論を引き起こし、その他の所得保障コンセプトを含む多用なモデルを導き出している[22]。

この関連において、2つのプランが負の所得税について観念されており、そして議論されるべきである。租税債権スキームと拡張租税債権スキームがそれである。2つのプランは、貧困を撲滅または軽減する目標を原則として追い求めている。それらのプランは、アメリカ合衆国における所得税の伝統的な構造を指向している。この構造は、ここで関心のある限りにおいて、まったく日本の所得税法の体系に移植しうる。とはいうものの、これらのプランの叙述は、従来の所得税法の基本構造を同時に改革しない限り、所得税と負の所得税とを結び付ける機能が欠如していることをはっきり示すことに役立つ[23]。

「租税債権または所得支援交付金（the tax credit or allowance）」スキームと

---

(18) OECD (1974), at. 20, para. 14.
(19) OECD (1974), at 20, para. 14.
(20) Friedman (1963/69), 190-195.
(21) Theobaldt (1963), at. 192ff. (Apendix); Theobald (1965/66), pp. 83-96.
(22) Turnball./ Williams./ Cheit (1973), p. 570.
(23) Almsick (1981), S. 73..

呼ばれる租税・所得支援交付金システムは、次の方程式で表現できる。

$$NT = r_p Y - C \qquad \text{<等式2>}$$

総課税所得金額の計算上人的控除その他所得控除を計上する場合は、

$$NT = r_p(Y - B_E) - C$$
$$C = r_n(B_N - Y)$$
$$NT = r_p Y - r_n(B_N - Y)$$

ここで、C＝租税債権または所得支援交付金、r_p＝正の税率、r_n＝負の税率、そして、NT＝正味の租税債権または正味の租税債務または交付金（net transfer）、Y＝粗所得（所得支援交付金を除く。）B_N＝所得支援分岐点、B_E＝所得税法上の人的所得控除額

$(r_p Y) + < C$ の不等号式が成立する場合、すなわち租税債務が支援交付金（租税債権）より小である場合、NT＝正味の租税債権、正味の所得支援交付金が成立する。次に、$(Yr_p) + > C$ の不等号式が成立する場合、すなわち租税債務が支援交付金（租税債権）より大である場合、NT＝正味の租税債務が成立する。ここで、このスキームで対象とされている、各個人に給付される租税債権（所得支援交付金）は、貧困ギャップを埋め尽くすに必要な交付金水準よりもかなり低い傾向にある[24]。

(2) Friedman の EX-MSD プラン

負の所得税の概念それ自体は新しくない[25]にもかかわらず、この考え方の2人の主たる主張者は Milton Friedman[26] および Robert J. Lampman[27] である。Friedman が負の租税債務（租税債権）アプローチを、Lampman は貧困

---

(24) OECD（1974）, 19f.
(25) Rhys-Williams（1943/2004）, p.161-169ö also, Dalton（1954）, 148ff.（応能主義に基づく交付金制度を考察）. 参照、中桐（1969 A）3号5頁、13頁。
(26) Friedman（1963/69）, 71-81.
(27) Lampman（1965 A）, 521-529. Also, Lampman（1964）, 78.

ギャップ・アプローチを主唱する。それを巡る議論は、1962年の Milton Friedman によって最も強く推し進められた[28]。

負の所得税の基本的考え方は、次のメカニズムを用いることである。すなわち、そのメカニズムによって、われわれは、現在、最低レベル未満の所得を有する人々に財政援助を提供するため、最低レベル以上の所得を有する人々から租税収入を徴収する[29]。所得の少くない者が利用できない所得税法上の人的控除その他所得控除（本稿ではこれらを人的所得控除と総称する。their unused income-tax exemptions and deductions）の一定割合（たとえば50％）の金額をその生活困窮者に給付することによって、困窮者の所得を補足する提案を、Friedman は負の所得税（a negative income tax）と命名した[30]。

負の所得税は、基本的に、最低所得保障額と極めて異なっている。最低所得保障額 Y_g は、所得支援分岐水準（the break-even income, B_n）と等しくない。その分岐点では、納税義務者は租税を支払わないし、また所得支援交付金（a subsidy）をも受給しない[31]。それでは、租税債権アプローチは何を判定規準として負の所得税を給付しようとするのであろうか？

アメリカ合衆国における当時の社会福祉プログラムに基づくコンセプト、すなわち、「農業プログラム、一般的老齢者扶助、最低賃金法、労働組合優遇立法、協定最低賃金（tariffs, Mindestlönen）、技術職ないし専門職の免許規定」[32]よりも、Friedman は負の所得税のほうが多くの長所を持つと考えた[33]。社会福祉プログラムは、一方で、「人びとを人として援護する」ように設計されるべきであり、他方、できるかぎり、そのプログラムは、市場を通して機能すべきであり、「市場をゆがめたり、その機能の仕方を妨げたりすることがないようにすべきである。」[34]たとえば、最低賃金は、すでに George J. Stigler が証明したように、後者の要請を満たしていない[35]。

---

(28) *Friedman*（1963/69），191；フリードマン（1975）、215頁。参照、*Almsick*（1981），73 FN. 31およびそれに対応する本文。
(29) *Friedman*（1968 A），53.
(30) *Friedman*（1968 B），48.
(31) *Friedman*（1967/68），72.
(32) *Friedman*（1963/69），191；フリードマン（1975）、215頁。
(33) *Friedman*（1968 B），48.
(34) *Friedman*（1963/69），191；フリードマン（1975）、215頁。

フリードマンの見解によれば、負の所得税は2つの要請を満たしうる。1に、負の所得税は、実際に所得を必要とする者への給付に集中しており、市場の過程に影響を及ぼさずに推移する。さらに、負の所得税は、社会のために富の再分配の「実際コスト」を正確に明示し、そして他の社会給付に比べ本質的な利点をもっている。その利点とは、負の所得税の受給者が固有所得を稼得する動機を高揚しうる点にある。なぜなら、「稼得した追加の1ドルは、[所得支援交付金の受給により]常に、支出のため使うことのできる金銭を1ドルより多く使えるということを意味する。」(36)

このような観念が、負の所得税に関する、所得課税の上に築かれた制度案を定礎していた。Friedman は、アメリカ連邦所得税法に基づく人的控除額（exemption）（プラス最低概算控除額）をベースとして構想する(37)。

Friedman の EX-MSD プランを叙述するに当たって、6つの変数、正味の所得支援交付金＝NT、所得支援基準交付金（＝最低所得保障額）＝Yg、固有所得＝Y、負の税率＝r_n（つまり負の所得税率、租税債権率、または所得支援交付控除率 social dividend tax rate を意味し、所得支援分岐水準 B_N をなんパーセント助成するかを示すパラメータである。）および所得支援分岐点＝B_N(38)、さらに、Friedman のプランでは、所得税法上の人的所得控除 $B_E＝B_N$(39) がそれである。

租税債権アプローチは、正味の所得支援交付金は、次の等式で表される(40)。

---

(35) Stigler（1946），358ff.「負の税率をもつ個人所得税を最低所得層にまで拡大するという提案には、非常に魅力がある。」(at 365) との言明は負の所得税アイデアを示唆している。

(36) Friedman（1963/69），192; Friedman（1971），S. 246; 参照、Friedman（1963/69），191; フリードマン（1975）、216頁（ただし、同所翻訳には従っていない。）。

(37) そのため、Green（1967），69; David/Leuthold（1968），71は、このプランを EX-MSD Plan と呼んでいる。

(38) break even point of income ＝ kritische Einkommensgrenze ＝ Unterstützungsgrenze beim Bürgergeld, 所得支援の上限がこの分岐点となる。所得支援のための所得支援交付金の給付がなくなる点が、所得支援分岐点である。

(39) Friedman の EX-MSD プランの場合、人的所得控除額の上限に等しい金額が、所得支援分岐点（the break-even point, B_N）である。変数のシンボルは、論者により相異なっている（たとえば、参照、Hildebrand（1967），p.14.）。本稿は、シンボルの数を、できるかぎり、そぎ落とし、数少ないシンボルでもって、できるかぎりすべての提案を数式でもって表現し分析することとしたい。

19 生活保護法と所得税法の統合モデル：生活保護法は法の支配下か〔木村弘之亮〕

$$NT = r_n(B_E - Y), \quad B_E = B_N$$

したがって

$$NT = (B_N - Y)r_n : Y < B_N \qquad \text{<等式 (1)>}$$

当時の連邦所得税法のもとでは、4人世帯が人的控除 (personal exemptions) と最低概算控除額 (the minimum standard deduction)（本稿では両者を人的所得控除と略称する。）の合計額3,000ドル（＄2,400の人的控除、＄600家賃控除）を控除しうる権利を有すると仮定する。4人世帯にすこしも固有所得（その大部分は貨幣所得からなるとする。本稿ではいわゆる帰属所得を考慮に入れない。固有所得がなく，したがって所得税法上の人的所得控除権も行使できない場合には、その世帯は負の課税所得3,000ドルを有するだろう。そのうえ、所得支援交付金の利率（所得支援交付金控除率、負の税率 the rate of subsidy）が例えば50％だとすれば[41]、世帯は所得支援交付金1,500ドルを受給する権利を有するだろう。この世帯は他に固有所得を持たないと仮定する ｛$NT = r_p Y - r_n (B_N - Y)$）、then $NT = -r_n B_N$｝。この1,500ドルが、4人世帯のためのプランによって保障された税引後の正味の所得支援交付金である。Friedman は NT を最低所得保障という[42]。

つぎに、その世帯が2,000ドルの税引前所得しか持たない場合、その世帯はその差額1,000ドル［つまり負の課税所得1,000ドル ｛$= B_N - Y =$ ＄3,000 － ＄2,000、ただし、$B_E = B_N$｝］しかない。この負の課税所得は当時の通常の所得税法のもとでは無視される。すなわち、その世帯の粗所得が2,000ドルである場合、その差額1,000ドル［つまり負の課税所得1,000ドル ｛= ＄3,000 － ＄2,000｝］は、使用できない人的所得控除額を残してしまう。ところが、負の所得税制のもとでは、世帯は、その負の課税所得の一定割合（税率 r_n）を受領する権利を有する。これが租税債権（所得支援交付金）である。このような所得支援交付金の利率（所得支援交付控除率、負の税率 the rate of subsidy）が例えば50％だとすれば、この未使用の人的所得控除額の50％（利率）、500ドルが所

---

(40) *So, Friedman* (1967/68), 71; also, *Turnball/ Williams/ Cheit* (1973), at 571. 参照、地主 (1968) 81頁。
(41) *Friedman* (1968 A), 53；*Friedman* (1963/69), 191f.; フリードマン (1975) 216頁。
(42) *Friedman* (1967/68), 72.

得補足されることとなる。したがって、その世帯は最低所得保障として所得支援交付金500ドルを受給する権利を有し、その結果、税引後所得2,500ドル｛＄2,000＋(0.5×＄1,000)｝が可処分所得としてその世帯に残るだろう[43]。

そのような世帯が税引前所得3,000ドルを有する場合、当時のアメリカ所得税法によれば、所得税法上の人的所得控除額はその所得とちょうど相殺されてしまう。その世帯は、課税所得が0となり、したがって税金をまったく支払わない[44]、[45]。これ（すなわち人的所得控除額の上限に等しい3,000ドル）が、所得支援分岐点である[46]。

さらに、その世帯が4,000ドルの税引前所得を有し、かつ、人的所得控除を利用する場合、その世帯は正の課税所得を1,000ドル（＝固有所得－人的所得控除額＋$Y-B_N$＝＄4,000－＄3,000、ただし、$B_E=B_N$）有することとなる。当時のアメリカ連邦所得税法によれば、その世帯は、15.4％の税金、したがって154ドルの租税債務を負う。税引後所得3,846ドルがその世帯に残ることになる[47]。

正味の所得支援交付金 NT（Friedmanの用語では最低所得保障額、Guranteed minimum income）は、FriedmanのEX-MSDプランのもとでは、所得税法上の人的所得控除額に等しい所得支援分岐水準BNに税率（所得支援交付率 r_n）を乗じて計算される。$NT=r_n(B_N-Y)$、固有所得のないとき、$NT=r_nB_N$
表1は、FriedmanのEX-MSDプランのもとにおいて、正味の所得支援交付金 NT（Friedmanの用語では最低所得保障額）は所得支援分岐水準（B_N）と税率（所得支援交付率 r_n）の関数である。

表1が示すとおり、世帯（課税単位）の規模が異なれば、最低所得保障額および所得支援分岐水準は異なってくる。世帯が固有所得を有すれば、正味の所得支援控除金は異なってくる。$NT=r_n(B_N-Y)$

　　しかし、負の所得税プランの強調点は、論者によって多少異なっている、まず、所得支援分岐点が決定される。Friedmanのプランの場合には、所得支援分岐水

---

(43) *Friedman* (1967/68), 72; *Friedman* (1968 A), 53; *Chrysant/ Rürup* (1971), S. 363.
(44) B_N-Y＝＄3,000－＄3,000、ただし、$B_E=B_N$
(45) *Friedman* (1968 A), 53.
(46) So, *Friedman* (1967/68), 71.
(47) *Friedman* (1967/68), 71; *Friedman* (1968 A), 53.

表 1:Friedman の EX-MSD プラン:
所得支援交付金と所得支援分岐水準

世帯の規模	所得支援交付金	所得支援分岐点	所得支援交付率、税率
1	450	900	50%
2	800	1,600	50%
3	1,150	2,300	50%
4	1,500	3,000	50%
5	1,850	3,700	50%
6	2,200	4,400	50%

負の課税所得に対する税率が50%で、かつ人的所得控除額は当時の所得税法に基づくものとする。
表1が示すとおり、世帯(課税単位)が異なれば、所得支援交付金および所得支援分岐水準は異なってくる。
固有所得が0とする。
Friedman (1967/68), at 72, Fn.3

準は、1世帯に認められている所得税法上の人的所得控除額に等しい。Lampman の貧困ギャップアプローチ場合(破線 ECP)は、所得税法の規定と関係なく、世帯の貧困水準 P に依存する[48]。

以上の考察から、負の税率(または所得支援交付金控除率)を用いた課税について次の等式が得られる[49]。

$$r_n B_N = Y_g \qquad \text{<等式 (2)>}$$

ここでは、r_n = 支援交付金控除率(負の税率)(単1または複数)、
Y_g = 最低所得保障額、B_N = 所得支援分岐点、すなわち正味の所得支援交付金がゼロに減ってしまう所得額

負の税率(支援交付金控除率)による課税の等式は、等式(2)から、次のように書き直すことができるだろう。

---

(48) *Green* (1967), 64.
(49) Cf. *Green* (1967), 64; *Chrysant/ Rürup* (1971), S.361f.; *Almsick* (1981), S.65.

グラフ1：Friedman の EX-MSD プラン：所得支援
分岐点（B_N）=所得税法上の人的所得控除（B_A）

直線 AB：r_n = 50%、支援交付プラン
直線 EB：r_n = 100%、支援交付プラン
直線 GB：r_n = 33 1/3%、支援交付プラン
直線 BD：現在の正の所得税スケジュール
直線 ECP：r_n = 33 1/3%、支援交付プラン（P を所得支援分岐点とする。ただし、Friedman が望ましくないとする代替案のケース）
Green (1967). at 69, Fig.6-1; *Friedman* (1967/68), at 71; Friedman (1968A), 53.

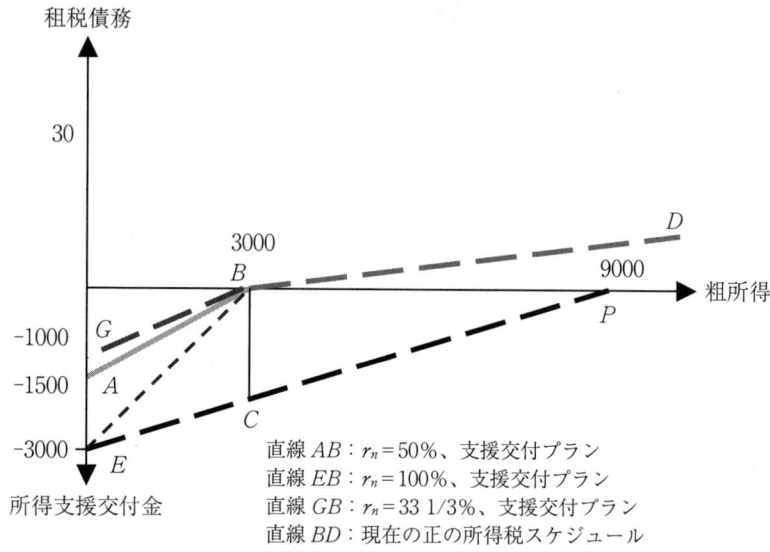

$$Y_g/B_N = r_n \qquad \text{<等式（3）>}$$

ここで強調しておくべき点は、所得支援分岐額と所得支援交付金である。その解は、支援交付金率（負の税率）である。所得支援交付金は、変数 Y_g と r_n によって性格決定をうける。

$$\begin{aligned}
NT &= r_p Y - C \\
C &= r_n(B_N - Y) \qquad \text{<等式（4）>} \\
NT &= r_p Y - r_n(B_N - Y)
\end{aligned}$$

19　生活保護法と所得税法の統合モデル：生活保護法は法の支配下か〔木村弘之亮〕

ここで、C＝租税債権または所得支援交付金、r_p＝正の税率、r_n＝負の税率、そして、NT＝正味の租税債権または正味の租税債務（net transfer）、Y＝粗所得（所得支援交付金を除く）、B_N＝所得支援分岐点、B_E＝所得税法上の人的所得控除額

しかし、社会的配当プランの場合と異なり、フリードマン・EX-MSDプランでは、変数 Y_g ではなく、所得支援分岐点 B_N（＝所得税法上の人的所得控除額 B_E）が重要である。この「分岐点＝B_N」は、所得支援交付金（＝最低所得保障額）C を支援交付金率（負の税率）r_n で除して計算した額に等しい。

$$C/r_n = B_N$$

所得支援分岐額 B_N 3,000ドルと所得支援交付金 C（Friedmanの用語では最低所得保障）1,500ドルは区別されなければならない。所得支援分岐点 B_N では、世帯は税金を支払わないし、また所得支援交付金（a subsidy）をも受給しない。低所得層の世帯が追加の所得を稼ぎ出そうとする意欲を保つために、この2つの変数の相違を堅持することは、不可欠である[50]。両変数の数値が一致するのは、利率 r_n が100％である場合に限られる。

これらの数値はすべて4人世帯のためのものである。所得支援分岐額（B_N＝B_E）と所得支援交付金（＝最低所得保障額）C は、大世帯には大きくなり、そして小世帯には小さくなるだろう。このようにして、負の所得税 $\{C=r_n(B_N-Y)\}$ は自動的に必要性の差——世帯規模の差や世帯構成の差——に応じて異なってくる（$B_N=B_E$ 所得税法上の人的所得控除）[51]。

その人的控除額は、各世帯構成員ごとに600ドルであり、同時に「特別支出」については概算控除額については「総所得金額」の10％であった。（各種所得の金額は、事業用支出ないし必要経費を減額して算出される。）次に、負の所得税の算定ベースは、固有所得——これが人的所得控除額より少ない範囲において——と、税法上の人的所得控除額の差額である。この差額に、50％の支援交付金控除率（負の税率）を適用されなければならない。これから、前述の差額

---

(50)　*Friedman*（1968 A）; *Milton*（1968 A），53.
(51)　*Friedman*（1968 A），53.

第3編　比較税法

（負の課税所得）の2分の1に相当する所得支援交付金が算出される。

　　例：ドイツの事情に目を移すと、1978年度について次のイメージが明らかになる。1人の使用人世帯（49歳未満の者）に限定するとする。この者の所得はもっぱら従属労働から生じていると仮定する。所得支援分岐額は、フリードマンEX-MSDプランの計算に倣ってみると、基礎控除総額（3,329DM）、使用人控除額とクリスマス控除額（880DM）、必要経費概算控除額（564DM）、特別支出概算控除額（240DM）および事前生活配慮概算控除額[52]（1,080DM）から計算される。そうすると、合計額は6,093DMとなる。最低所得保障額は、年3,046.50DM、月254DMと計算される[53]。

　しかしながら、このような考察は若干の問題を未解決にしてしまう。確かに、原則として、所得税上の人的所得控除額は、最低生活費を課税からまぬかれるように決められている[54]。この観点からは、最低生存権を保障するため所得支援交付金システムを基礎控除額のうえに構築することは、正当化できるかもしれない。他方、概算控除額と、輪郭のほぼはっきりした目的に役立つ人的控除額との合計額（人的所得控除）を所得支援分岐額の計算上に斟酌することは、純粋にプラグマティックに考察するときに、せいぜい正当化されるように見えるにすぎない。概算控除額と人的控除額の効果についてみると、それらは免税点の機能に相当し、いずれも総課税所得の金額の計算上所得控除としてはたらく。さらに、その際、特定の者だけが当該概算控除額と基礎控除額を利用できるという事実が、看過されている[55]。

　同様に、負の所得税スキーム $\{NT = r_p Y - r_n(B_N - Y), B_N = B_E\}$ における潜在的受給権者が複数の各種項目の所得控除を自由に使え、そして特定のその他の各種所得の計算上控除しうるということ、あるいは彼女が非課税の所得を稼得するということも、考えうる。所得税法が負の所得税について所用の改正を行わなければ、人的所得控除額を所得支援分岐額の計算上算入することは、考

---

(52) See, *Almsick*（1981), S.75, Fn.39.
(53) この金額は、所得扶助の標準額（Regelsätze）に近い数字である。その際、所得扶助の標準額は住居費をカバーしていないことを考慮に入れなければならない。参照、*Almsick*（1981), S.75 Fn.40とそれに対応する本文。
(54) 詳細な理由付けは、参照、*Schanz*（1962), S.911 ff.
(55) *Almsick*（1981), S.75.

えられない(56)。

　しかし、人的所得控除だけしか利用できない場合には——ドイツの事情に照らして——、50％の支援交付金控除率（負の税率）も100％の支援交付金控除率（負の税率）でも、文化的最低生活費をカバーするには十分でない。人的所得控除額は、その他の残りの所得支援給付額とのギャップを埋め合わせることができない。Friedmanは、同趣旨を次のように述べている。すなわち、彼は、所得貧困ギャップを完全に埋め合わせることを意味のあることと考えていない。すなわち、「所得支援分岐額および支援交付金控除率（負の税率）をいろいろ動かしてみることによって、所得の巨大な再分配をもたらしそして人々の働く意欲を劇的に低下させる、そうした無責任かつ好ましくないプランへと突き進んでいくことはありうることである。」(57)しかし、この言明を彼は、3週間後に発行された論文で撤回してしまった。彼は、次を強調したのである。負の所得税に関する彼の提案は連邦所得税だけ（そのほかに、州所得税と市所得税が存在する。）に関係しており、そして多くの理由が、「州基金から負の連邦所得税を——負の州所得税法を制定することによって——所得補足することを裕福な州に奨励する」(58)ことに賛成している(59)。社会的所得給付の改革にとって、かくして、複雑さのほかにはほとんど得るものはないだろう。このことは、ドイツの事情にのみならず、アメリカ合衆国にとっても当てはまる。「［所得支援交付金以外の］その他の所得［本稿はこれを「固有所得」と略称している。］がない場合、それを最低生存平均所得としてみるかまたは最低所得保障額としてみるとしても、所得支援交付控除率（the rate of subsidy）は、現行の支援プログラムのカテゴリーに基づいて算出されるだろう金額をはるかに下回る結果となるであろう。」(60)なぜなら、$NT = r_p Y - r_n (B_N - Y)$, $B_N = B_E$ の等号式が成立しているからである。

　Friedmanプランの要点は次のとおりである(61)。

1．所得負の税率（または所得支援交付金控除率）を用いた課税について次の等

---

(56)　*Almsick*（1981），S. 76.
(57)　*Friedman*（1968 A），53.
(58)　*Friedman*（1968 A），48.
(59)　*Almsick*（1981），S. 76, Fn. 45.
(60)　参照，*Almsick*（1981），S. 76, Fn. 46に掲げる文献。
(61)　Cf. *Turnball/ Williams/ Cheit*（1973），572.

第3編　比較税法

式が得られる[62]。支援分岐点（＝人的所得控除額）を超える所得を有する人々は、政府に所得税を支払う。その分岐点未満の所得しか持たないものは、政府から所得支援交付金の給付を受けるだろう。

2．その所得支援交付金は、50％のレベルである。4人世帯が固有所得1,500ドルを有し、人的所得控除額3,000ドルを有する場合、所得の不足額は、1,500ドルである。この不足額（貧困所得ギャップとも言いうるだろう。）の50％である、750ドルが、所得支援交付金である。

3．このように、人的所得控除額は、実質的に、所得支援分岐線と貧困水準とをかねており、いわば1人3役を果たしている。この三変数の一致が、Friedman案の最大の特色である。

4．その結果、人的所得控除額が、現行所得税法に水準を維持したままであれば、公的扶助法（生活保護法）上の貧困水準は著しく引き下げられることとなるだろうし、したがって、所得支援交付金の金額は著しく低下することとなる。これと対照的に、前記2では、人的所得合計額が、アメリカで一般に承認されていた3,000ドルに引き上げられていることに、留意されたい。

5．Friedmanの提案を解釈すれば、支援交付金は、貧困所得ギャップ（負の課税所得、公的扶助法上のearnings）に対する−50％税である。4人世帯が固有所得を有さず、人的所得控除額3,000ドルだけを有すると、仮定する。この場合、所得支援交付金は、その50％である1,500ドルである。最後に、4人世帯が2,000ドルを有し、人的所得控除額3,000ドルを有すると、仮定する。この場合、所得支援交付金は500ドルになる。そうすると、その世帯の総所得金額は、2,500ドルとなる。

以上の考察から、負の所得税を現在の所得税制度──アメリカのものであれドイツのものであれ──に体系的に、人的所得控除額をベースにして結び合わせることは、できないようにみえる[63]。たとえば公的扶助のような既存の公的扶助制度が維持されるべきでないときには、たとえその基礎控除額が概算控除額その他の控除額の合計額だけ上乗せするときでさえそうである。ただし、このような結び合わせが考えうるのは、人的所得控除額が2倍もしくは3倍に

(62) Cf. *Green* (1967), 64; *Chrysant/Rürup* (1971), S. 361f.; *Almsick* (1981), S. 65.
(63) *Almsick* (1981), S. 76.

448

引き上げられて、現時点の生活保護水準——住宅費手当てを含む——にまで達する場合である。それは、文化的最低生活費としてみなされる限り、そうである(64)。さらに、租税法上の所得概念を経済学上のそれ［すなわち包括的所得概念なし純財産増加概念］に近づけることも、必要であろう(65)。

新しい公的扶助制度を創設せずに、別なシステムを補充もしない限り、負の所得税にかかわる Friedman の EX-MSD プランを日本の事情に移植するには、所得税法における基本的改正を行なわすには不可能である。ただし、この結論については、Friedman のプランが最低生存所得額をカバーすることにあるのではなく、所得貧困ギャップを一部だけ埋めることにあるということを、斟酌しなければならない。なぜなら、彼は、考察の冒頭で、私的な慈善が「いろんな点で最も望ましい」(66)ということから、出発しているからである。

3 所得支援分岐水準を租税分岐点 B_P に拡張する、拡張租税債権アプローチ
(1) Tobin による L33⅓% Plan

James Tobin は1965年秋の論文(67)において、負の所得税アプローチと最低所得保障の一定割合を保障するルールを併用した（所得支援基準交付金案（a basic income allowance proposal）。Friedman との相違点は、Tobin が人的所得控除よりむしろ、所得支援交付金（社会的配当、租税債権 tax credit）に注目したことである。就労意欲の促進が念頭に置かれている(68)。

Tobin の出発点は、黒人の経済的地位の改善を手がかりとして(69)、アメリカ合衆国における従来の公的扶助メカニズムに対する批判である(70)。同国では最低賃金法が特別な地位を占めている。Tobin はこの法律を社会政策的に不適切だと考え、そしてその限りにおいて Friedman の論証に従っている。なぜなら、アメリカ最低賃金法は、「かれら［労働者—木村註］の労働が有する価値

---

(64) *Almsick*（1981）, S.76f.
(65) *Almsick*（1981）, S.77.
(66) *Friedman*（1963/69）, 190; フリードマン（1975）、214頁。
(67) *Tobin*（1965）, 889-895.
(68) *Turnball./ Williams./ Cheit*（1973）, p.574.
(69) *Tobin*（1965）, 891.
(70) Tobin のプランについて、参照、*Chrysant/ Rürup*（1971）, S.364; Green（1967）, 60f.

以上に支払うように使用者に強いているからである。そのような法制度のありそうな結論は、当該意図された受益者がまったく雇用されていないことである。」[71] Tobin は、国庫から所得補足をおこなうことを、もっとよいアプローチだと考えている[72]。ただし、このような扶助は、就労をやめるように受給者にディスインゼンティブを与えたり、またはまじめに就労に励み勤めない動機を受給者に与えるといったやり方で、付与されるべきではない。まさに、Tobin はこのような間違いをアメリカの福祉システムに非難した。アメリカの福祉プログラムは、資力調査に基づく厳格な必要性テスト（a strict means test）を前提とする。支給される所得支援金額は、最低の要請を単にカバーするだけであり、そして［正味の所得支援交付金以外の］固有所得を100％考慮に入れる。このような構成の目的は、「実際に援護の必要のない人々に納税者のお金を支給して浪費することを避ける」[73]という点にある。このようなプログラム実現の結果は、しかしまた、労働者が福祉水準を超えて稼得する可能性が存在する場合を除いて、公的扶助受給者は労働によって彼女の世帯の生活水準を高めることができないことである。しかし、福祉水準を超えて稼得する可能性は、たとえば、成年が多数の子供を扶養しなければならず、そして比較的低い賃率でしか働けないといったケースでは、存在しない。

　さらに、資力調査に基づく必要性テストは、公的扶助の前に財産の在り高を評価しなければならないことを含意している[74]。これは貯蓄する意欲を削ぐことになる。行政が公的扶助受給者を監視しそして意のままに操っていると、その結果、彼女らは、自らの問題を自分で把握し解決する自信と能力を徐々に弱らせてしまうことになろう。

　Tobin の提案は、負の所得課税と社会的配当課税のあいだに架け橋をかけたとも考えうる[75]。Tobin の見解によれば、前述の問題の大部分は、次のようにすれば解消[76]する。すなわち「所得支援基準交付金 basic income allowances」のシステムを創設し、しかも「人的所得控除」が租税システムと硬く結び

(71)　*Tobin*（1965）, 889f.
(72)　*Tobin*（1965）, 890.
(73)　*Tobin*（1965）, 890.
(74)　*Tobin*（1965）, 890.
(75)　*Green*（1967）, 60.
(76)　*Tobin*（1965）, 891.

19 生活保護法と所得税法の統合モデル：生活保護法は法の支配下か〔木村弘之亮〕

ついており、そのうえ、租税制度によって行政されるならば、解消するだろう。
　所得支援交付金の受給は、過誤納金の場合の還付請求権と類似して、権利の問題である。
　Tobin の提案によれば、毎年すべての世帯単位 (each family unit) は、連邦所得税を支払う義務を負うかまたは連邦政府から所得支援交付金より正確に表現すれば、所得補足交付金 (an income supplement) を受給する権利を得るかのいずれかである。後者の額は、当該年度における世帯の人数と世帯の所得に依存する(77)。

　Lスケジュールの場合、所得支援交付金は400ドルから2,700ドルまでの幅で刻まれるだろう(78)。したがって、所得支援交付金は（それに対応して引き上げられる）所得支援分岐額までの固有所得の33⅓％にすぎない(79)。相殺所得税の税率は33⅓％である。他に考えうるプランは、50％税率のLスケジュールである(80)。

　正味の所得支援交付金（NT = net tax, or net transfer）は、TobinのL Planの場合にも、次のように表現できる。

$$NT = r_n(B_N - Y) - r_p Y$$

　固有所得のない世帯は、その世帯の人数により測定される1人1年当たり400ドルの所得支援基準交付金を取得する。政府がその世帯に給付する金額（所得支援交付金）は、所得保障とみなすことができる(81)、(82)。その際、Tobinは、その金額の措定を「例示」として仮定している。世帯の固有所得が増加す

---

(77) Tobin (1967/68), 64.
(78) Tobin/ Pechman/ Mieszkowsk (1967), 4. 参照、表2。
(79) Almsick (1981), S. 87f. 参照、表2）。
(80) Tobin/ Pechman/ Mieszkowsk (1967), 4.
(81) Tobin (1967/68), 65.
(82) ただし、人口政策の観点から、Tonin は、たとえば4人目以降の子供には所得支援交付金の追加額を減らすことが望ましく衡平であるかもしれないと主張する。Tobin (1965), 891. もっとも、子供数 n 人目以降に所得支援交付金額を減らし、究極的には所得支援交付金額を0にする場合には、birth control information and technique があまねく利用できるようにしなければならない。Tobin (1967/68), 66.

451

るにつれて、所得支援交付金（所得補足額 the government payment or income supplement）は減少していく。1ドル増えると1ドル減るわけではない。そうではなくて、所得支援交付金は、世帯の固有所得が1ドル追加されると、その追加額1ドルはいずれもそのうち一定割合（r_n）だけ減っていくだろう。[r_n (B_N-Y)］たとえば、一定割合、たとえば3分の1は、33⅓％の限界税率ブラケットと同じ意味を持つ。あなたが稼得する追加の1ドルのうち3分の2が、あなたの手元に残るであろう[83]。世帯の所得支援交付金は、他の所得（すなわち正味の所得支援交付金以外の固有所得）の流入のあるとき、1ドルの流入の都度一定の割合だけ減額（すなわち課税）されるであろう。Tobin は、その一定の割合を固有所得の3分の1の税率（r_n）と仮定している。

　Tobin プランは、特に、すべての男、女、子供に対し1年につき400ドルの所得支援基準交付金を認めている。かれは、1世帯につき2700ドルを上限として所得支援交付金を賦与している。6人世帯は、2400ドルの所得支援交付金を、そして7人世帯と8人世帯には、それぞれ150ドルを上乗せするだろう。8人超の世帯には、追加の所得支援交付金は賦与されない。Tobin は、何人も400ドルの最低所得保障額を保障する以外には、老齢者給付金、寡婦（寡夫）給付金および障害者保険の給付金（OASDI）を重ねて賦与することはしない[84]。

　4,500ドルの税引前所得を有する世帯は、1,000ドルの所得支援交付金を受給するだろうし、合計すると5,500ドルの所得を使えるようになる[85]。このように、1世帯は、その固有所得（人的所得控除額を含む総所得金額。）が［所得支援交付金の3倍の金額すなわち所得支援分岐点に達するまで——木村］いくら稼いでも、所得支援交付金受給者の地位にとどまるだろう。したがって、「所得支援交付金」を利用し尽くすために、世帯は所得支援分岐点まで固有所得（貨幣所得）を稼得する動機を持ち続けるであろう。このことは、その世帯が所得を稼得しようとするインセンティブを相当にもつことを意味する[86]。

　いわゆる特定の所得支援分岐点 B_N を越える世帯は、正味の租税を支払い、納税者になるであろう。ある税引前所得水準（すなわち所得支援分岐水準 B_N を

---

(83)　*Tobin*（1967/68), 65.
(84)　*Tobin*（1965), 892.
(85)　*Tobin*（1967/68), 65.
(86)　*Tobin*（1965), 891f.; *Tobin*（1967/68), 65.

19 生活保護法と所得税法の統合モデル：生活保護法は法の支配下か〔木村弘之亮〕

越える所得）では、政府は、所得支援交付金の給付をやめるであろうし、またこの分岐点 BN を越える所得を有する世帯は、租税を支払うであろう。所得0の世帯に給付される、所得基本保障額（the initial income gurantee, the basic inocme guarantee）が3,000ドルであり、税率（r_n）が3分の1であるとすれば、所得支援分岐水準は9,000ドルとなる[87]。

しかし、所得税と負の所得税の統合の際に、Tobin は、所得税法上の人的所得控除額（つまり人的控除額ないし概算控除額 EX-MSD）にかれの所得支援分岐点の水準を限定することを予定していないので、技術的問題が起きる。すなわち、その所得支援分岐点から租税分岐点までの間の金額の税引前所得を有する世帯は、現在所得税法のもとで支払っているよりも少なく支払うであろう（租税の減額）。そのため、所得支援交付金交付と所得課税との結び合わせの効果によって粗所得の増額から純所得の減額が帰結するという意味において、配分関係の「逆立ち」が起きる[88]。所得支援分岐点を越える最初の1ドルの所得は、設例では、その分岐点未満の人々と同様に、$33\frac{1}{3}$％の税率 r_n で課税をうけるであろう。ある所得水準（ここでは＄6,279）において、算出される租税債務は、現在の所得税法に基づく税額と同一になる。この租税分岐点 B_P（ここでは＄6,279）からは、現行法が引き受けるであろう。この租税分岐点を越える所得を有する納税者は、負の所得税案によって影響を受けないだろう[89]。

彼の改良租税債権アプローチが4人世帯に及ぼす影響の仕方は、表2およびグラフ2で示されている。

グラフ2のX横軸上で、給与所得・利子・配当などからなる世帯の固有所得——アメリカ内国歳入法では「総所得金額 adjusted gross income」——が測定される。Y縦軸上では、それに対応する可処分所得、すなわち所得支援交付金と連邦税を差し引いた後の所得（income after federal taxes and allowances）が測定される。もし世帯が所得税も支払わないし、所得支援交付金（allowance）をも受領しない場合には、可処分所得は、固有所得（family income）に等しくなるだろう。ダイアグラムでは、この等号は、原点0から45度線で示されている[90]というよりむしろ、所得支援分岐点（E）で示されている。この分

---

(87) *Tobin*（1967/68, 65.
(88) *Almsick*（1981), S.85.
(89) *Tobin*（1965), 892.

453

第3編　比較税法

表2：所得支援交付金、所得支援分岐点、租税分岐点および税率：
Tobinm, Pechman と Mieszkowski の提案
税率が33⅓%のLスケジュール

世帯の人数		所得支援 基準交付 金*	所得支 援分岐 点	租税分岐点**	第4列における所得の 場合における当時の限 界税率
	1	2	3	4	5
1人	成人	400	1200	1420	0.15
2人	成人	800	2400	3007	0.15
3人	2人以上の成人	1200	3600	4633	0.16
4人	2人以上の成人	**1600**	**4800**	**6279**	**0.17**
5人	2人以上の成人	2000	6000	7963	0.19
6人	2人以上の成人	2400	7200	9728	0.19
7人	2人以上の成人	2550	7650	9951	0.19
8人	2人以上の成人	2700	8100	10196	0.19

* Basic allowance を所得支援基準交付金と意訳する。所得税法上の人的所得控除と Tobin の
いう Basic allowance とは一致しない。
**租税分岐点；当時の税率が適用をし始めるレベル
Tobin/Pechman/Mieszkowsk.（1967), at 5, Table 1; Cf, *Almsick*（1981), S. 90, Tabelle 4.

岐点Eからの垂直線とX横軸の交点が所得支援分岐水準 B_N である。

　グラフ2における45度線より上部の可処分所得（$\Delta 0CE$）は、世帯が所得支援交付金（allowances）を受領していることを意味する。この45度線より下部の可処分所得（曲線 $AEDB$）は、その世帯が税金を支払っていることを意味する。折れ線 $0AB$ は、子供が2人の夫婦について当時の所得税法に基づいて法定の所得控除を認めた数値を叙述している。直線 CD は、提案にかかる所得支援交付金制度が租税分岐点6,279ドル未満の所得についてどのように働くかを示している。6,279ドル以上の粗所得については、従来の租税スケジュールが適用されるとされている[91]。

　かれのプランのもとでは、1課税単位（1世帯）は、グラフ2の CD で示されているような所得支援交付金（allowance このケースでは1,600ドル）を除く固有所得 P に対して$-33\frac{1}{3}$%の税率（r_n）に服する。かれのプランのユニークな点は、Tobin が、正の所得税システムに負の所得税を融合できることである[92]。

---

(90) *Tobin*（1965), 892.
(91) *Tobin*（1965), 892.

19 生活保護法と所得税法の統合モデル：生活保護法は法の支配下か〔木村弘之亮〕

グラフ 2：所得支援交付金モデルジ Tobin L33 1/3

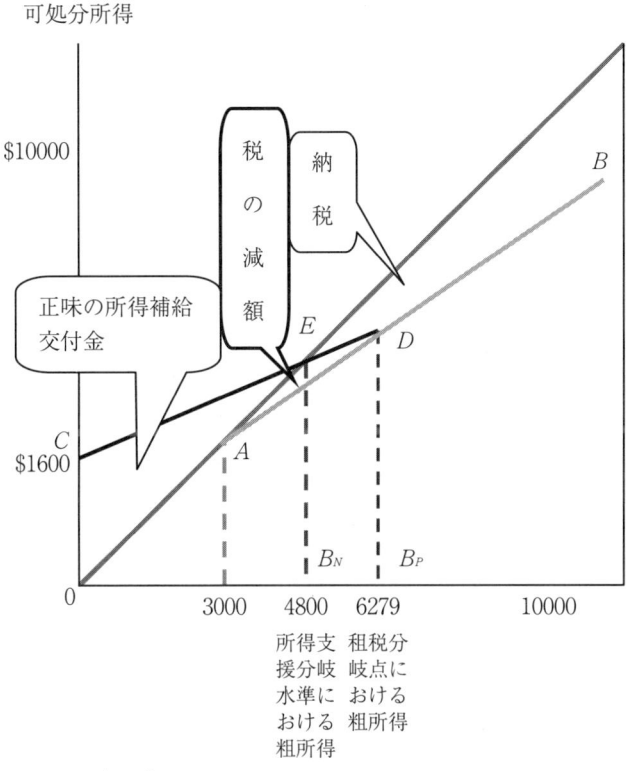

（図：可処分所得を縦軸、所得を横軸とするグラフ。直線B、点E、D、A、C（$1600）、$10000、3000、4800（B_N）、6279（B_P）、10000を示す。吹き出し「正味の所得補給交付金」「税の減額」「納税」）

3000　　4800　　6279
　　　　所得支　租税分
　　　　援分岐　岐点に
　　　　水準に　おける
　　　　おける　粗所得
　　　　粗所得

Cf. *Tobin* (1965), p.893, Fig.1
Almsick (1981), S.91, Fig 11.

$$NT = r_n(B_N - Y) - r_p Y$$

彼は、正味の税[93]が正の所得税システムの租税債務に等しい点[すなわち租税分岐点]における、所得水準（4人世帯で6,279ドル）以下に対して r_n 税率 $33\frac{1}{3}\%$ が適用される。6,279ドル[94]超の所得水準には、現在の正の所得税スケ

---

(92) *Green* (1967), 61.
(93) 正味の税＝所得支援交付金額－所得税債務。これは正でもあり負でもありうる。*Green* (1967), 61, Fn.33.
(94) Tobin は、$6,306でなく$6,279とする。See, *Tobin/ Pechman/ Mieszkowsk* (1967), at 5, Table 1.

ジュール（カーブADB）が適用される。これによって、Tobinは、何人も現在彼が納税している以上に租税を支払わないであろうとことを確実にしているとされている[95]。

　表2は所得支援分岐点（Break-even point））の期待値および選択的に用いられる税率を示している。そのプランがどのように働くかを例解してみよう。Tobinは、たとえば、世帯の各構成員につき400ドルの人的所得控除額を相当と仮定している[96]。X横軸上の原点0からB_Pまでの領域における（正味の所得支援交付金を除く）固有所得はすべて、統一的に税率r_nで［相殺所得税］課税をうける。Lスケジュールによれば、4人世帯は、固有所得がないとき、年間1,600ドルの所得支援基準交付金を取得する。4人世帯の1人が1,000ドルを稼得すると、その世帯の所得合計は、稼得所得＄1,000＋所得支援交付金＄1,600＝＄2,600である。この所得合計額（＄2,600）は人的所得控除額（＄1,600）を＄1,000上回っている。この差額＄1,000に対して33$\frac{1}{3}$％の税率r_nが適用されて、相殺所得税＄333が算出される。$C=r_n(B_N-Y)$　その世帯の可処分所得は、相殺所得税＄333を控除すると、2,277（＝＄2,600－＄333）となる。稼得所得は1,000ドルだけであるから、その差額1,277（＝＄2,277－＄1,000）が国から支援交付金の形で給付される[97]。そして、その世帯が（正味の所得支援交付金以外の）固有所得を4,800ドル取得するとき、その所得は4,800ドルの所得支援分岐点で33$\frac{1}{3}$％の相殺所得税「課税」をうけ[98]、それとともに所得支援交付金は0になってしまう。しかし、租税支援分岐点をD点にまで延長すれば、所得分岐点では、$C=r_n(B_P-Y)=33\frac{1}{3}\%$（6,279－4,800）が成立し、所得支援交付金は493になってしまう。さらに、租税分岐点Dにおいて、33$\frac{1}{3}$％租税スケジュールCEDは、通常の所得税スケジュールADGと交差する。この点Dで、所得支援交付金は0になってしまう[99]。すなわちこ

---

(95) *Green* (1967), 61. ただし、この点については、議論の余地がある。

(96) この所得税法上の人的所得控除額が、同時に、最低所得保障額（das garantierte Existenzminimum）である、とする論者（たとえば、*Chrysant/ Rürup* (1971), S.364）がいるが、Tobinはそうは考えていない。Tobinのプランでは、人的所得控除額＞最低所得保障額　の不等号式が成立する。

(97) *Chrysant/ Rürup* (1971), S.364.

(98) $C=r_n(B_N-Y)=33\ 1/3\%\ (4,800-4,800)$

(99) $C=r_n(B_P-Y)=33\ 1/3\%\ (6,279-6,279)$

19 生活保護法と所得税法の統合モデル：生活保護法は法の支配下か〔木村弘之亮〕

の点が、租税分岐点である[100]。直線 AD の領域にある納税義務者にとって、税額の軽減が生じる。彼女は、通常の所得税法上の税率が適用される場合の可処分所得よりも、多くの可処分所得を得ることができる[101]。なぜなら、Tobin は、所得支援交付金の受給範囲を B_N から B_P に拡張したからである。

最後に、租税分岐点 B_P を超える粗所得はすべて通常の所得税法による税率が適用される[102]。4,800ドルを越える粗所得は、税率は変わらないまま引き続いて従来の所得税法に基づいて課税をうける。固有所得が6,279ドルを超えるあらゆる規模の世帯にとって、正味の税[103]、すなわち「相殺所得税－所得支援交付金」[104]は、この新ルールに基づいても、当時の税率に基づくと同じ税額である、そうした所得がある[105]。

このように、正味の税（NT）は、すでに確認したように、Ｌスケジュールの場合所得支援分岐点（break-even pointe of income, B_N）まで固有所得の$33\frac{1}{3}$%であり[106]、[107]、この租税分岐点 B_P に到達したのちは、負の所得税プランによる正味の負の税額と従来の所得税法による正味の正の税額が一致する点（租税分岐点 break-even pointe of tax, B_P）までのあいだ、税率はずっと$33\frac{1}{3}$%のままである[108]。これは、表２の第４列に記載した各点、およびグラフ２では点 D（＝＄6,279）でもってそれぞれ表現されている[109]。租税分岐点より多額の所得に対しては、通常の租税スケジュールが適用されるであろうとされている $[NT=r_pY]$ [110]。

このように Tobin らの提案は、通常の連邦所得税法に基づく租税債務を何人についても増やさないだろう[111]。負の所得税案によれば、政府は、租税を現在支払わない者の多くに対し正味の社会所得支援交付金（net benefits）を給

(100) *Chrysant/ Rürup* (1971), S.364.
(101) *Chrysant/ Rürup* (1971), S.364.
(102) *Chrysant/ Rürup* (1971), S.364.
(103) $NT=r_pY-r_n(B_P-Y)$
(104) この文脈における相殺所得税は通常の正の所得税を指す。
(105) *Tobin/ Pechman/ Mieszkowski.* (1967), 5.
(106) $NT=r_n(B_N-Y)$
(107) *Almsick* (1981), S.87f.
(108) $NT=r_pY-r_n(B_E-Y)$
(109) *Almsick* (1981), S.88.
(110) *Tobin/ Pechman/ Mieszkowski* (1967), 5.

付するだろう。現在租税を支払っている世帯の一部は、より少ない税金を支払うだろう。所得が比較的高額であるその他の世帯は、何の影響も受けないであろう(112)。

　　Tobin らの同じ税額だとする前記主張は、問題である。1 に、租税分岐点を越える納税者は、通常の所得税の他に追加して、負の所得支援交付金 $r_n(B_P-Y)$ を支払わなければならない。2 に、通常の所得税（T）は r_pY ではなく、$r_p(Y-B_E)$ の方程式により算出される。3 に、Tobin r の提案は $r_p=|r_n|$ を前提としているが、$r_p<|r_n|$ のケースでは、一層税負担（NT）が重くなる。したがって、正味の税（正味の所得支援交付金）の方程式は、$NT=r_n(B_N-Y)-r_pY$(113) または $NT=r_pY-r_n(B_P-Y)$ (114)というより、むしろ、国庫の立場からすると、$NT=r_n(B_N-Y)+r_pY$ と表現すべきであろう。ここで r_n は負の税率、たとえば、—33 1/3％を意味している。あらゆる学説は、管見の限りでは、正味の税（正味の所得支援交付金）の方程式を、$NT=r_n(B_N-Y)-r_pY$(115) または $NT=r_pY-r_n(B_N-Y)$(116) と表現しているので、本稿では学説理解の混乱を避けるという便宜のため、$NT=r_n(B_N-Y)+r_pY$ の方程式は、控えめに使用することとする。

　Tobin は、初めて詳論した者として、負の所得税を新たに導入する際、従来の公的扶助システムのポジションにも立ち入って考察を加えている(117)。各種の法定項目毎による公的扶助のための政府の給付は、彼の見解によれば、新しい所得支援交付金システムと取り替えられるべきであろう。これに対し、「社会保障（social security）」はそのまま維持されるべきである。ただし、「その社会保障（social security）」に基づく受給者は、当該新しい制度を享受すべきでない。それにもかかわらず、立法府は、「老齢者給付金、寡婦（寡夫）給付金および障害者保険の連邦制度（OASDI）」に基づく最低給付額を少なくとも所得支援交付金の水準に確実に等しくしなければならないだろう。失業保障および復員軍人年金のような制度は、そのまま維持されるであろう。なぜなら、そ

(111)　Tobin/ Pechman/ Mieszkowsk (1967), 5f.
(112)　Tobin/ Pechman/ Mieszkowsk (1967), 6.
(113)　Green (1967), 61.
(114)　Tobin/ Pechman/ Mieszkowsk (1967), 5.
(115)　Green (1967), 61.
(116)　Tobin/ Pechman/ Mieszkowsk (1967), 5.
(117)　Tobin (1965), 892.

19 生活保護法と所得税法の統合モデル：生活保護法は法の支配下か〔木村弘之亮〕

のような年金受給権は、「現在の必要性にかかわらず過去の役務提供により取得された権利であるからである(118)。ただし、このような制度に基づく給付金は、負の租税（所得支援交付金）を請求するとき、その支援交付金は所得税を課されないにもかかわらず、所得として評価され、したがってこれに応じて査定をうける。

　Tobin は所得支援基準交付金（the basic allowance）（400ドル）と税率（1/3）に関する前記数値をたんに「例解」として仮定しているにもかかわらず(119)、かれは、かれのプランのコストを推計している。その推計によれば、かれのプランは、年間約15Mrd.ドル（1965年）の予算を計上するだろう。しかし、この数字からは、生活保護予算の削除から生じる節約が、控除しうるであろう。その結果、予算の正味負担は、9.4Mrd.ドルとなる(120)。

　Tobin のプランは、批判的に考察されるべき若干の側面を含んでいる。しかし、そのような側面は、ここではまだ議論しないでおく。彼のコンセプトの展開を叙述した後に始めて議論することとしたい。

(2)　Tobin らによる H50% Plan

　Tobin ら3名(121)は、アメリカ合衆国の社会保障システム、とりわけ福祉制度を改革するため4つの原則から出発している(122)。

---

(118)　*Tobin*（1965），892.
(119)　*Tobin*（1965），891.
(120)　*Tobin*（1965），893.
(121)　*Tobin/ Pechman/ Mieszkowsk*（1967），2.
(122)　*Almsick*（1981），S.86f. and Fn.80. これらの原則は、本質的には、アメリカ合衆国議会で指向された解決方法に含まれている、要請をカバーしている。すなわち、「(1)所得と世帯規模によって客観的に測定される必要性が、個人または世帯がもつ交付金請求権の金額を算定する唯一のベースであるべきである。(2)労働、貯蓄する意欲およびよりよい就職を目指した職業訓練をうける意欲を促進するために、所得を稼得する世帯への給付は、彼女らの稼得所得の一定割合だけを基準にして減額されるべきである。」この解決方法は、1228人の経済学者によって支持を受けた。そのなかには、John K. Galbraith, Tobert Lampman, Paul A. Samuelson, James Tobin, Harold Watts, Joseph Pechman, Charles P. Kindleberger, Abba P. Lener, Harold M. Somers, Harry G. Johnson, Robert H. Haveman, Lester C. Thurow, John F. Due, Henry J. Aaron, Belton M. Fleisher, Albert Rees, Fritz Machlup, William Baumol, Harold M. Groves, T. C. Koopmans と Robert Triffin らが名前を連ねている（See A Statement by Economists on Income Guarntees and Supplements（1968），676ff.）。なお、不賛同のものとして、たとえば、Friedman（1968 A），53.

(1) 援護は、それを必要としている何人にも供与されるべきである。当時の法律根拠によれば、必要性が立証されなければならないのみならず、必要性の正当な理由もまた存在しなければならない。所得の赤字だけでは十分でない。
(2) 公的援護を受給する権利は、客観的かつ統一的に権限ある当局のもとで世帯の人数と構成、その所得およびその他の経済的資力に照らして測定される。個別処分行政庁の裁量余地は厳しく限定されるべきだろう。
(3) 公的援護は、金銭で行なうべきであって、現物給付（生活必需品配給券、低廉賃貸住居、無料医療）では行なうべきでない。そして、それらの使い方は、受給者の自由裁量に任されるべきである。
(4) 公的援護の付与に当たり、援護受給者が彼女の生活水準を改善するよう経済的に意欲を強めことができるためには、固有所得はまったくその援護の金額の計算上考慮に入れられるべきでないだろう。

実務で機能しうる負の所得税プランをデザインするに当たって3つの一連の問題がある。(1)世帯単位をどのように定義し、そして、世帯の規模と構成に対する基礎控除をどのように関係付けるか、(2)租税債権（相殺所得税 the offsetting tax）のベースをどのように定義し、通常の所得税や政府による現存の所得支援交付金プログラムと負の所得税をどのように関係付けるか、(3)受給権者をどのように決定するか、彼女らに適時にどのように支給するか、そして彼女から租税債権をどのように徴収するか。したがって、所得支援交付金をどのように給付するか[123]。

かれらは、負の所得税をめぐる諸提案において混乱している用語を整理する。諸提案は、まず2つの識別できる用語で比較し叙述される。(1)適格な個人または世帯が政府に請求できる、所得支援基準交付金 Y_g（the basic allowance）と(2)その所得支援交付金 $r_n(B_N-Y)=C$ を受ける者すべてが彼女の他の所得（すなわち固有所得 Y）について支払わなければならない相殺所得税 r_pY（the offsetting tax）がそれである。その受給者にとっての正味の所得支援交付金 NT（the net benefit, the net transfer）は、「所得支援交付金—相殺所得税」である[124]。両者は明確に識別されるべきである。

---

(123) *Tobin/ Pechman/ Mieszkowski* (1967), 4.

19 生活保護法と所得税法の統合モデル：生活保護法は法の支配下か〔木村弘之亮〕

$$NT = r_n(B_N - Y) - r_p Y$$

受給者への正味の所得支援交付金（NT）は，「正味の」租税債権（すなわち負の所得税）と考えられる。なぜなら，負の所得税（租税債権）は，所得税（租税債務）の対称物だからである。通常のまたは正の所得税制度は，世帯の稼得所得が最低生活費（a minimum＝B_E（これは，人的所得控除をさし，人的控除の数値および所得控除できる人数によって左右される。）を超える範囲で（$Y>B_E$），その世帯の稼得所得に政府が分与〔すなわち課税〕させてもらうことを許容している。負の所得税制度のもとでは，政府は，所得支援交付金を給付することによって，世帯の固有所得 Y が最低生活費（B_E）を下回って不足している部分（$B_N - Y$）の一定割合 r_n を補足する。ただし，その所得支援交付金は最低生活費に近似しておれば足り，必ずしもそれに等しい金額に計算される必要はない[125]。

所得支援交付金 $\{r_n(B_N - Y), Y=0, \text{then } r_n B_N\}$ [126]は所得保障 Y_g（the income gurantee）としてみなしうる。その所得支援交付金は，1年間に固有所得をまったく取得しない者で，したがって納付すべき相殺所得税のないものによって受領される正味の交付金（the net benefit）である。

$$NT = r_n(B_N - Y) - r_p Y$$
$Y = 0$ を代入すると，
$$NT = r_n B_N$$
then, $Y_g = r_n B_N$

したがって，これが，最少の可処分所得の総額，すなわち，「所得支援交付金－（相殺所得税＋その他所得税）」を含め，あらゆる源泉からの所得である。受給者はこのような最少の可処分所得を受け取る[127]。

---

(124) *Tobin/ Pechman/ Mieszkowsk*（1967），2. ただし，Tobin らは，所得支援基準交付金 Yg と所得支援交付金 $r_n(B_N - Y)$ の変数をともに the basic allowance と同一概念で表わすことがある。しかし，Green は所得支援交付金 $r_n(B_N - Y)$ を正確に the allowance と表記する。*Green*（1967），61.

(125) *Tobin/ Pechman/ Mieszkowsk*（1967），2.

(126) *Tobin/ Pechman/ Mieszkowsk*（1967），2は a basic allowance と叙述する。

所得支援基準交付金（the basic allowance）は、受給者単位（世帯）の人数と構成に依存する。いろいろなプランは、所得支援交付金スケジュール案ごとに、世帯の人数と構成に応じて金額の適正さと形態について、千差万別である[128]。

相殺所得税について、主たる問題は、（正味の所得支援交付金以外の）固有所得が課税をうける税率 r_n である。既述のように、現在の公的扶助制度は実質的に100％の［負の］税を課す。普遍主義による所得保障（a universal income guarantee）を支持するいくつかの提案は、これと同じく100％の負の租税であり、世帯の固有所得と確立した生活水準とのあいだのギャップを埋め合わせるための連邦政府による所得支援としてみなされる。その他の「世帯所得支援交付金（family allowance）」プランは、［負の課税所得に対する］特別な相殺所得税をまったく課していない。したがって、（正味の所得支援交付金以外の）固有所得が、単純に、通常の連邦所得税に服するだろう。この提案の変形は、その所得支援交付金を総課税所得の金額に算入するだろう。いずれのケースでも、所得支援交付金を受給しうる国民は正味の受益者であろう[129]。

いわゆる「負の所得税」案では、所得支援交付金の受給権者は、［負の課税所得に対し］典型的には100％未満の税率 r_n を適用される特別な相殺所得税［これは所得支援交付金をさす。］に服する。相殺所得税の場合、通常所得税の最低税率よりも絶対値の大きい税率 $|r_n|$ が適用される。他方、所得が十分に大きい領域（すなわち、租税分岐点を越える粗所得の領域）では、この相殺所得税は、世帯単位に対し、通常の所得税法に基づく彼らの租税債務以上の、正味の負の所得支援交付金（a negative net benefit すなわち、租税））をうみだす。この位置にある納税義務者は、所得支援基準交付金（the basic allowance）を減らしそれによって相殺所得税を回避する選択権を行使するだろう[130]。

Tobin たちは、所得支援交付金スケジュールと相殺所得税率に関して、ある特定の負の所得税（NIT）プランを強く支持する[131]。

Tobin らは、負の所得税法についてのこれらの条件を、原則として、満たし

---

(127) *Tobin/ Pechman/ Mieszkowsk* (1967), 2f.
(128) *Tobin/ Pechman/ Mieszkowsk* (1967), 3.
(129) *Tobin/ Pechman/ Mieszkowsk* (1967), 3.
(130) *Tobin/ Pechman/ Mieszkowsk* (1967), 3.
(131) *Tobin/ Pechman/ Mieszkowsk* (1967), 3.

ているものとしみなしており、そしてその導入を詳細に論じている[132]。導入のため、彼らは、1つのモデルを明らかにしている。かれらの研究の主たる目的を、「負の所得税アプローチの長所を一般的に明らかにしたりまたはかれらの展開した提言の長所を個別に明らかにする点に認めていない」[133]としても、モデルを提示したのである。むしろ、彼らにとって、経済学者のあいだで科学的議論の中で従来軽視されてきたとしても、解決されなければならない若干の厳密な技術的問題を精査することが、最も重要なことであった[134]。

彼らによって展開された——そして Tobin の最初のコンセプトに立ち返ることのできるプランが、公表された。そのプランがそれまでに公表されてきた負の所得税草案のうち、もっとも深く考え抜かれたものとしてみなすこができる。このことは、とりわけ次の理由で確認できる。かれらは、他の著者の場合よりも正確に実施されかつ検証できるコスト推計ほかに、技術的問題の選択的解決方法のみならず、(とりわけ予算負担の理由で必要となる) 段階的導入をも提案しているからである。それと並んで、彼らは、従来の所得税法の体系的な(他の多くのプランでは必要だとされている) 改訂を必要だと考えていない[135]。

Tobin らの負の所得税プランによれば、世帯単位 (family unit) は、その固有所得に対する相殺所得税を支払うならば、世帯の人数により測定される所得支援交付金を受領する権利を有するだろう。所得支援交付金の2つの特殊なスケジュールをここで検討する。1つは、Hスケジュールであり、2つは、Lスケジュールである。その都度保障される最低生活費は、Tobinn らの場合、世帯の人数と構成に依存している。その際、予算負担の高くつくプラン (H-Plann) と予算負担の比較的低くてすむプラン (L-Plan) が選択的に提案されている。Hスケジュールは、方程式に定義された貧困水準に近い所得支援交付金 (allowance) を保障するだろう。これに対し、Lスケジュールは貧困水準所得の一定割合だけを保障し、したがって所得貧困ギャップを一部不完全に補足するだけである[136]。

---

(132) *Tobin/ Pechman/ Mieszkowsk* (1967), 3.
(133) *Tobin/ Pechman/ Mieszkowsk* (1967), 3.
(134) *Tobin/ Pechman/ Mieszkowsk* (1967), 3.
(135) *Almsick* (1981), S. 87.
(136) *Tobin/ Pechman/ Mieszkowsk* (1967), 4.

Hスケジュールは、1人世帯につき1年800ドルから、8人世帯につき3,800ドルまでの幅のある所得支援基準交付金（basic allowances）を定める[137]。相殺所得税の税率は50％である。他に考えうるプランは、33$\frac{1}{3}$％税率のHスケジュールである[138]。

表3は所得支援分岐点 B_N の期待値および選択的に用いられる税率を示している。そのプランがどのように働くかを例解してみよう。

たとえば、Hスケジュールによれば、4人世帯は、固有所得がないとき、年間2,600ドルの所得支援交付金を取得し、そして、その世帯が（正味の所得支援交付金以外の）固有所得を取得し、そしてその所得が5,200ドルの所得支援分岐点で50％の相殺所得税「課税」をうけるとき、それとともに所得支援交付金は0になくなってしまう。5,200ドルを越える粗所得は、税率は変わらないまま引き続いて従来の所得税法に基づいて課税をうける。固有所得が6,144ドルを超えるあらゆる規模の世帯にとって、正味の税、すなわち「相殺所得税－所得支援交付金 offsetting tax less basic allowance」[139]は、この新ルールに基づいても、当時の税率に基づくと同じ税額である、そうした所得がある[140]。

このように、正味の税は、すでに確認したように、Hスケジュールの場合所得支援分岐点 B_N まで固有所得の50％であり[141]、分岐点に到達したのちは、負の所得税プランによる正味の負の税額と従来の所得税法による正味の正の税額が一致する点（租税分岐点 break-even pointe of tax, B_P）までのあいだ、税率はずっと50％のままである。これは、表3の第4列に記載した各点、およびグラフ3では点 D（＝$6,144）でもってそれぞれ表現されている[142]。租税分岐点より多額の所得に対しては、通常の租税スケジュールが適用されるであろう[143]。

このように Tobin らの提案は、通常の連邦所得税法に基づく租税債務を何

---

(137) *Tobin/ Pechman/ Mieszkowsk*（1967), 4. 参照、表4－1。
(138) *Tobin/ Pechman/ Mieszkowsk*（1967), 4.
(139) この文脈における相殺所得税は通常の正の所得税を指す。
(140) *Tobin/ Pechman/ Mieszkowsk*（1967), 5.
(141) *Almsick*（1981), S.87f.
(142) *Almsick*（1981), S.88.
(143) *Tobin/ Pechman/ Mieszkowsk*（1967) T, 5.

19　生活保護法と所得税法の統合モデル：生活保護法は法の支配下か〔木村弘之亮〕

表3：所得支援基準交付金、所得支援分岐点、租税分岐点および税率：
Tobin, Pechman と Mieszkowski の提案
税率が50％のHスケジュール

世帯の人数		所得支援基準交付金＊	所得支援分岐点＊＊	租税分岐点＊＊＊	第4列における所得の場合における当時の限界税率
		1	2	3	4	5
1人	成人	800	1600	1876	0.15
2人	成人	1600	3200	3868	0.16
3人	2人以上の成人	2100	4200	4996	0.17
4人	2人以上の成人	**2600**	**5200**	**6144**	**0.17**
5人	2人以上の成人	3000	6000	7003	0.17
6人	2人以上の成人	3400	6800	7857	0.17
7人	2人以上の成人	3600	7200	8100	0.17
8人	2人以上の成人	3800	7600	8359	0.16

3人以上の世帯は、世帯の1人だけが成人である場合よりも少ない所得支援交付金を受ける。　＊＝固有所得がない世帯単位が受ける、最低所得保障額　＊＊＝所得支援交付金を受けられなくなる点で、納税しない点　＊＊＊当時の税率が適用され始めるレベル＝負の所得税債権と所得税債務が同一である場合の、分岐点　税率は、1964年アメリカ連邦歳入法典により1965/66年度所得に適用できるものである。

Tobin/Pechman/Mieszkowsk（1967），at 5, Table 1; Cf. *Almsick*（1981），S. 90, Tabelle 4.

人についても増やさないだろう(144)。負の所得税案によれば、政府は、租税を現在支払わない者の多くにに対し正味の社会所得支援交付金（net benefits）を給付するだろう。現在租税を支払っている世帯の一部は、より少ない税金を支払うだろう。所得が比較的高額であるその他の世帯は、何の影響も受けないであろう(145)。

　表3を用いて、1人世帯から8人世帯まで幅のある世帯単位についてのTobinらの提案を説明する。第2列目は、所得支援交付金を、すなわち、もし世帯単位が（所得支援交付金以外に）固有所得をもっていない場合にその世帯単位が受給権をもつ金額を、示している。所得支援基準交付金（a basic allow-

---

(144)　*Tobin/ Pechman/ Mieszkowsk*（1967），5f.
(145)　*Tobin/ Pechman/ Mieszkowsk*（1967），6.

ance）は、（正味の所得支援交付金以外の）固有所得をもっていない世帯単位が受ける、最低所得保障額を意味する。第3列は、H50％スケジュールについてみると、「第2列×2」であり（表3）、そして、L30$\frac{1}{3}$％スケジュールについてみると、「第2列×3」である（表2）。そして、第3列は、所得支援分岐額（Break-even income）を示している。所得支援分岐額を下回る領域では、その世帯は、所得支援分岐額を下回る金額の$\frac{1}{2}$または$\frac{1}{3}$に相当する金額の正味所得支援交付金（a net benefit）を受け取る。所得支援分岐額を上回る領域では、その所得支援交付金は負となる。つまり、その世帯は正の税金（a net tax）を支払う。正の税額は、所得支援分岐点を越える世帯の固有所得の超過額の$\frac{1}{2}$または$\frac{1}{3}$である。しかも、その租税は当時の連邦租税債務を越えることはない。さらに、負の所得税と所得税債務の2つの計算が典型的な納税者にとって等しいような、所得が、第4列で示されている。第4列は、負の所得税と所得税債務が同一である場合の、分岐点（租税分岐点B_P）を表わしており、そして当時の税率が適用をし始めるレベルを示している。通常の租税スケジュールに基づくその所得（第4列記載）に適用しうる限界税率が、第5列で示されている[146]。

　Tobinらの提案を理解する最善の道は、グラフを用いて、当時の所得税法と提案を比較することである。

　グラフ3[147]は、4人世帯の事実関係を税率50％のHスケジュールに基づいて明らかにしている、Y縦軸には、税引後可処分所得（DY）が、X横軸には、税引前所得（Y）が乗っている。カーブ0ADBは、可処分所得と粗所得との関係を当時の現行アメリカ税率に基づいて示している。当時の所得税法によれば、税引後可処分所得（DY）と、所得支援交付金または税引前粗所得（Y）すべてに許容される基礎控除を考えてみることである（参照、グラフ3）。Yは、人的控除その他所得控除額（exemption and deduction）を控除する前の世帯の総所得金額（the total income, adjusted gross income）である。グラフ3において、曲線0ABは、子供が2人いる（合同申告書を提出する）夫婦について当時の税法に基づいて可処分所得（DY）と総所得金額（Y）とのあいだの関係を示している。3,000ドル以下の所得を有する4人世帯は税金を支払わないので、直

---

(146)　*Tobin/ Pechman/ Mieszkowsk*（1967），6．
(147)　*Tobin/ Pechman/ Mieszkowsk*（1967），7．

19 生活保護法と所得税法の統合モデル：生活保護法は法の支配下か〔木村弘之亮〕

グラフ３：４人世帯の所得支援交付金プラン
Tobin H50スケジュール

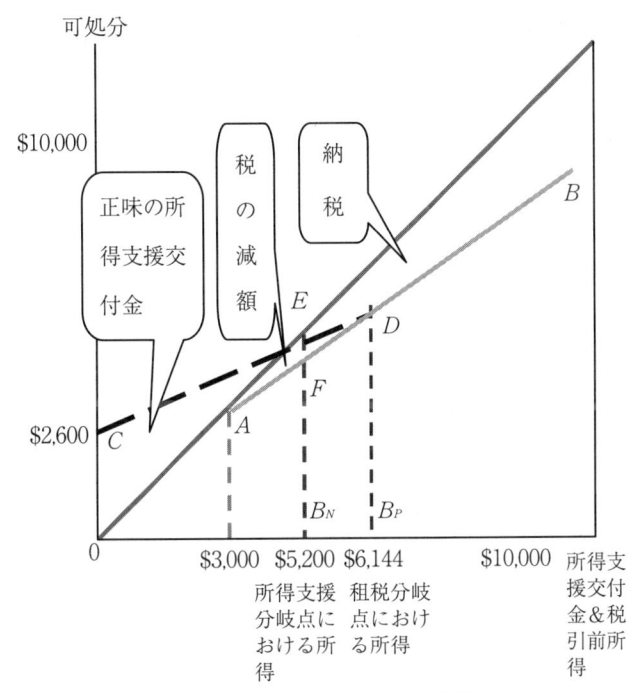

CD：33 1/3租税スケジュール。ADB：正の所得税スケジュール。
＄2,600＝所得支援基本交付金（a basic income allowance）
Tobin/Pechman/Mieszkowski（1967），p.7 Fig.1; *Green*（1967）；
p.60, Fig.4-1; *Almsick*（1980），S.91, Fig 11.

　線 OA は１の勾配でもって原点 O から始まったのち、次に、曲線 ADB は、所得が増加して高い累進税率が適用されるにつれて、次第にゆるい勾配をとる。総税額は、曲線 $OADB$ と45°線とのあいだの垂直距離である[148]。

　人的控除額と概算控除額の合計額（人的所得控除額）3,000ドル以下の領域では、可処分所得と粗所得は同一である（45度）。所得の金額が上昇するにつれて、45°線と曲線 AB の乖離は、税率が累進的であるため、比例しないで大きく開いていく。Hスケジュールによる可処分所得の進展をカーブ $CEDB$ が示

---

[148] *Tobin/ Pechman/ Mieszkowski*（1967），6.

467

している。6,144ドル以下の領域では、世帯はその当時の適用税率による所得よりも高い可処分所得を使うことができる。固有所得がない場合には、負の所得税2,600ドルが支給される。5,200ドル未満の領域ではその世帯は、正味の所得支援交付金を取得する。5,200ドルと6,144ドルのあいだの所得を有する世帯は、確かに租税を支払いはするけれども、適用税率による税よりも絶対的に少ない税を支払う。たとえはじめは、少々追加される財政需要によって誘導される所得税の増額を度外視するとすれば、所得が6,144ドルを越える所得層には、そういうことはないだろう[149]。

　H50スケジュールによる提案は、0ABの代わりに曲線CDBを用いる。6,144ドル（B_P）未満の領域では（表3　第4列）、世帯は現在もっているより大きな可処分所得をもつことになろう。破線CEDは、対岸線OADよりも上にある。所得をもたない世帯は、2,600ドルの所得支援交付金（an allowance すなわち、固有所得のない世帯単位が受ける、正味の所得支援交付金 net benefits）を得るだろう。5,200ドルの所得支援分岐水準B_NE（the break-even level of income）未満の所得を有する世帯は、いくらかの正味の所得支援交付金（ΔOCE）を得るだろう。このグループは、3,000ドルと5,200ドルとのあいだの所得を有する世帯に含まれる。そのような世帯は、曲線AEFで示されるように、税金を支払い始める。5,200ドル（B_N）と6,144ドル（租税分岐点B_Pにおける所得 tax-break-even income）とのあいだの所得を有する世帯は、現在支払っているより少ない税金（ΔDEF）を支払うことになるだろう。最後に、6,144ドル（租税分岐水準B_PD）超の所得を有する世帯は、負の所得税プランによって影響をうけない[150]。

　このプランは、所得支援分岐点における没収並みの限界税率を回避するために、5,200ドルの所得支援分岐点よりなにがしかでも大きな所得を有する世帯単位を考慮にいらなければならない。所得が5,200ドルを超える所得層を所得支援交付金受給者の領域内で相互に関係を持たせる必要性は、次のことから明らかになる。粗所得と可処分所得との関係において100％以上の限界率の跳躍は避けられなければならない（いわゆる飛躍問題 notch-problems）。5,200ドルの点におけるそのような高い跳躍率の原因は、所得支援分岐点が人的控除額と概

---

　　(149)　*Almsick*（1981), S. 89.
　　(150)　*Tobin / Pechman / Mieszkowsk*（1967), 6.

19　生活保護法と所得税法の統合モデル：生活保護法は法の支配下か〔木村弘之亮〕

算控除額の合計（人的所得控除）に一致しないことにある。その結果、所得が5,200ドルである世帯は、まだまったく税金を支払わないが、しかし、1ドルでも所得が増えるとき、322ドルの所得税債務が成立し、そしてその世帯は4,878ドル（＝5,200－322）の可処分所得に逆戻りしてしまうこととなる[151]。したがってTobinらのプランは、負の所得税のもとにおける可処分所得と正の所得税のもとにおけるそれが同一であるままである限り、（延長された）負の所得税システムの下にとどまる選択権を世帯に認めている[152]。

そのため、直線CEを延長し、通常の所得税スケジュールABと交差する交点Dが、新たに求められることとなる。すなわち、Hスケジュールは、5,200ドル（B_N）未満の所得にかかるあらゆる納税を排除するだろう。通常の租税スケジュールABが5,200ドル超の所得すべてに適用される場合、5,201ドルの所得を有する4人世帯は、32ドルの税金を支払うだろう。その世帯には5,169ドル（＝$5,201－$32）の可処分所得が残ることとなる。言い換えると、稼得所得の追加1ドルは、その世帯にとって32ドルのコストとなる。当該Tobinらプランは、世帯に選択権を与えることによってこの問題を回避している。すなわち、当該Tobinらプランでは、世帯の可処分所得について正確に正の所得税法に基づく金額と負の所得税法に基づく金額が同一になるまで、負の所得税法システムの適用を引き続きうける、選択権が、「5,200ドルの所得支援分岐点よりなにがしかでも大きな所得を有する世帯」に与えられる。Hスケジュールのもとでは、4人世帯にとって、この租税分岐点における所得（tax-break-even income, B_P）は6,144ドルである[153]。いずれにせよ、そのコンセプトのコストは、グラフ3を手がかりにすると、明らかにすることができよう。3角形0CEは、負の所得税の純コストを示し、これに対し、3角形ADEは、税金減収によって条件付けられるコストを明らかにする[154]。

所得支援分岐点は、以下において数式を用いて分析して説明する。

---

(151)　このケースでは、跳躍の箇所では最後の1ドルに対し適用される税率は32000％以上であろう。
(152)　*Tobin/ Pechman/ Mieszkowsk*（1967）,7.
(153)　*Tobin/ Pechman/ Mieszkowsk*（1967）,7.
(154)　*Almsick*（1981）, S.89.
(155)　*Almsick*（1981）, S.88.

第3編　比較税法

負の所得税に関する可処分所得の関数は、次のとおりである[155]。

$$DY = Y + r_n(B_N - Y) \qquad <\text{等式5}>$$

ここで　$r_n = -0.5$（税率）
　　$B_N = \$5,200$（所得支援分岐額）
　　DY＝可処分所得
　　Y＝粗所得（税引前所得）

「所得支援分岐点 break-point point」B_Nでは、粗所得（税引前所得）Yと可処分所得（税引後所得）DYは一致する。次のように容易に証明できる[156]。

$$\begin{aligned} DY &= Y = B_N \\ Y &= Y + r_n(B_N - Y) \\ r_n Y &= r_n B_N \\ Y &= B_N \quad 証明終り \end{aligned} \qquad <\text{等式6}>$$

Tobinらが「租税分岐点 tax break-even point」Dで示したもの、すなわち、グラフ3における点Dは、負の所得税と正の所得税についての可処分所得DYの関数の交点として明らかになる。可処分所得の関数は、次のとおりである[157]。

$$DY = Y - r_p(Y - B_P) \qquad <\text{等式7}>$$

ここで　$B_P > B_N$
　　$B_N = \$6,144$

さらに、ここでは、r_pは、個別の税率として把握されるべきではなく、アメリカ連邦所得税の税率として把握されるべきである。

---

(156)　*Almsick*（1981）, S. 88.
(157)　Cf. *Almsick*（1981）, S. 88.

19 生活保護法と所得税法の統合モデル：生活保護法は法の支配下か〔木村弘之亮〕

両方のカーブの交点は、次のようにして確認できる(158)。

$$Y + r_n(B_N - Y) = Y - r_p(Y - B_P)$$　　　＜等式8＞
$$r_p Y + r_n Y = r_p B_P + r_n B_N$$

$$Y = [r_p B_P + r_n B_N]/(r_p + r_n)$$

等式8は、租税分岐点（tax-break-even point）を D で表示している。この点 D で、正の所得税のもとで支払われるべき所得税と（延長された）負の所得税のもとで支払われるべき負の所得税は、一致する(159)。

Tobin らによって開発されたコンセプトは、もっとも真摯に実現しうる、かつ行政問題の解決の観点からももっとも深く考え抜かれたものとしてみなしうる(160)。このことは、一方で、次の点に示される。さまざまな——たとえ同一の原則にしたがって構成されているとしても——予算負担（年間 7 Mrd. ドルと 49.3Mrd. ドル）(161)の相異なる選択肢が明示されている。この予算負担は段階を追って同システムを導入することによって容易に行ないうるようになる。他方、そのコンセプトは所得税システムの基本的変更を必ずしも要せず、他のプランと比較すると相対的に小さな修正でもって行ないうる。たとえば、所得の定義に関して負の税の適用領域だけに算定ベースの広範な定義を適用するよう提案されている(162)。

確かに、このコンセプトは、少なくとも導入段階では、Lスケジュールが高い税率でもって実現されるであろう範囲において、別な支援給付が行なわれえないという弱点を持っている。なぜなら、その場合、最低所得層の人々について、いずれにしても不十分だとみなされる現状を維持することはできないだろうからである。ただし、このことは、最低所得保障額が相応の水準に上昇しそしてまたは税率が負の領域において下がるならば、時の経過とともに変化する

---

(158) *Almsick*（1981），S. 88.
(159) *Almsick*（1981），S. 88.
(160) *Almsick*（1981），S. 90.
(161) *Tobin/ Pechman/ Mieszkowsk*（1967），24.
(162) *Tobin/ Pechman/ Mieszkowsk*（1967），11.

471

だろう(163)。

　新しいシステムの導入段階のあいだ少なくとも、社会保障（social security）からの所得支援交付金の受領者が、不可避的に不利な立場におかれるだろう。なぜなら、Tobin らは、確かに「公的扶助 public assistance」(164)を取り替えようと望んでおり、あるいは、導入段階の段階のあいだ少なくとも「公的扶助の」受給者の所得を従来と同一の水準に確実に維持しようと望んでおり、他方、公的扶助に基づく各種所得は、負担金に基づく給付として、支援交付金控除率（負の税率）に服している(165)。このような手続きは、負の租税による所得支援交付金の金額を、所得に照らして、必要性だけに基づいて算定しようとする原則に矛盾するだろう。しかし、この批判は、導入段階だけに当てはまりうる。負の所得税に基づく給付は、従来の社会給付プログラムの水準を下回っている(166)。

4　貧困ギャップの一定割合を所得支援分岐水準とする、貧困ギャップ・アプローチ

(1) はじめに

　貧困ギャップ・スキームと呼ばれる租税・所得支援交付金システムは、次のように表される(167)。

$$NT = r_n(B_N - Y) \quad ; Y < B_N$$
$$NT = r_p(Y - B_N) \quad ; Y > B_N$$

ここで、もし現実の粗所得 Y が B_N 所得支援分岐水準（すなわちその分岐点

---

(163)　*Almsick*（1981), S. 91.
(164)　「公的扶助（public assistance)」は、ドイツ連邦社会扶助法による生活支援のための援護のようには統一的に規律されておらず、多数の相異なる支援給付金からなっている。アメリカ社会保障制度について、参照、慎（2000）117-135；千保（1997）30-35頁；十河（2001）63-96頁；埋橋（2002）47-65頁；3-56頁；*Turnball/ Williams/ Cheit*（1973), 526-565.
(165)　*Tobin/ Pechman/ Mieszkowski*（1967), 13.
(166)　*Almsick*（1981), S. 92.
(167)　*OECD*（1974), at 19.

では正味の租税は支払われないし正味の所得支援交付金もまた給付されない）より小である場合、$NT=$正味の租税は負である。次に、もし現実の粗所得（Y）が B_N 所得支援分岐水準より大である場合、$NT=$ 正味の租税は正である。このスキームでは、等号式 $|r_n|=r_p$ が前提とされている[168]。

貧困ギャップ・スキームのあるタイプは、粗所得と所得税法上の人的控除その他の所得控除額（人的所得控除 B_E）との差額に負の税率 r_n を適用する。このタイプでは、所得税システムの合理化が強調され、そして普通は $|r_n|=r_p$ の等式が仮定されている[169]。$NT=r_n(B_E-Y)$

もう一つのタイプは、粗所得と、新たに決定される所得支援分岐額（たとえば貧困水準 B_P）との差額に負の税率 r_n を適用する。その結果、所得税システムの合理化よりむしろ貧困を軽減することがより強調されている[170]。

$$NT=r_n(B_P-Y)$$

(2) Theobald/Schwartz

Theobald[171] と Schwartz の提案は、何人にも最低生活費を全額保障することをとおして、貧困を撲滅することを示唆している。

Schwartz[172] 教授は、Rhys-Wikkiams 女史が1943年・44年に明言したことを受け容れて、生存権を認識する必要があり、社会的配当（所得支援基準交付金 family sucurity benefit）をアメリカ憲法上の市民権として保障する必要あるとする。

負の所得税に関する所得税法の規定に基づく提案に対して批判を加える立場にたつとすれば、所得支援分岐線の確定のためにその他の理由を捜し求めることとなる。1つの拠りどころとして、アメリカ合衆国で毎年連邦社会保障庁（SSA）によって確定される貧困水準（B_P）が考えられる。その貧困水準によれば、ある世帯の所得がこの貧困水準より下にあるとき、その世帯は貧困とみなされる[173]。社会保障庁の貧困水準が実際に、最低所得保障の確定のための

---

[168] *OECD*（1974), at 19.
[169] *OECD*（1974), 19.
[170] *OECD*（1974), 19.
[171] *Turnball/ Williams/ Cheit*（1973), p.577. Theobald の見解について、たとえば参照、*Turnball/ Williams/ Cheit*（1973), 577f.
[172] Schwartz の見解について、たとえば参照、*Turnball/ Williams/ Cheit*（1973), 576f.

第3編　比較税法

適切な指標となりうるか否かの問題は、ここではこれ以上に深入りしないほうがよい(174)。

　負の所得税にアプローチし始めるとき所得支援分岐点を貧困水準に依存するとしても、それでもなお、このアプローチは「負の所得税」という名称を維持するのが、正当である。なぜなら、そのアプローチは従来の所得税との統合を予定しているからである。貧困水準に基づき築かれる負の租税プランの例として、ここでは、Edward E. Schwartz(175)の1964年提案を議論することとする。

　Schwartz は、憲法上の権利として承認され保障されなければならない生活維持を求める権利［生存権 the right to a livelihood］と考えられる公的扶助制度を補充し(176)、資力調査に基づく必要性テストを廃止し(177)、そして、ソーシャルワークが長く無視してきた本来の課題に集中することをソーシャルワークに可能にするというアイデアから導き出しており、経済的考慮に基づいて導き出しているのではない。その点に、この「本来の」課題がある。ただし、その資力調査に代えて、「［世帯］所得支援交付金のベースとされる所得の報告は、個人所得税申告書に用いられていると同じスタイルで行なわれる。世帯所得支援交付金申請（claims for a Family Security Benefit（FSB））を検査し審査する方法は、個人所得税申告書を検査する現在の方法の拡張として開発されるであろう(178)。

　「ある個人の翌年の予想所得が彼女の連邦最低所得保障額（Federally Guaranteed Minimum Income（FGMI））を下回っている場合、彼女は、［彼女の固有所得と最低所得保障額（$Y_g = B_N$ 所得支援分岐水準（a break-even level of income）との一木村］差額（the gap）を埋め合わせる世帯所得支援交付金（a Family Security Benefit（FSB））請求書を提出することができる。彼女の予想所得が彼女の連邦最低所得保障額を上回っている場合、彼女は現行の租税法と

---

(173)　貧困水準について、参照、熊木（1996 A）、53頁以下；Almsick（1981），S. 80, Fn. 58およびそれに対応する本文；中桐（1969 A）3号8頁脚注4およびそこに掲げられた文献。
(174)　参照、Almsick（1981），S. 81, Fn. 59およびそれに対応する本文。
(175)　Schwartz（1964），3-12.
(176)　Schwartz（1964），4.
(177)　廃止反対論者として、参照、Friedman（1968 B），48.
(178)　Schwartz（1964），4; also, Theobald（1963），192-197; Theobald（1965/66），83-96.

19 生活保護法と所得税法の統合モデル：生活保護法は法の支配下か〔木村弘之亮〕

その手続きに基づいて所得税を支払うだろう。」(179)

　Shwartzの構想は、所得段階3,000ドル、4,000ドル、または5,000ドルにある4人世帯の「所得支援基準交付金」から出発する。そして、所得支援交付金（the guaranteed payment）は、固有所得の増加につれて上昇する適用交付金控除率で、相殺される。

　　$B_N = Y_g/r_n$
　　$Y_g = r_n B_N$
ここで $Y_g = B_N$ が成立するなら、
　　$r_n = 100\%$
しかし、$Y_g < B_N$ が成立すると仮定する場合、
　　$r_n < 100\%$

　変動しうる生活維持保障額の数値に関して、Schwartzは、合衆国の大統領府に属する委員会に提案している。委員会は、世帯の構成員の属性（たとえば、年齢、性別、居住地、地域もしくは田園）に関連する世帯生活維持費に相違が生じるため連邦最低所得保障額（FGMI）をどの程度調整すべきであるかが、問題になった。その際、Schwartz自身は、4人世帯にとって5,000ドルの金額を「控えめにして適当（modest but adequate）」と考えた(180)。彼の見解によれば、その総コスト（the gross cost）は、42 billionドルであり、当時の国民総生産（GNP）の7％弱の水準にあった。その際、別な社会扶助プログラムの撤廃からの節約および行政コストの削減に基づく節約は斟酌されていない(181)。

　もっとも、Schwartzは、彼の見解を100％維持しておらず、かれが4人世帯につき連邦最低所得保障額 Y_g（FGMI）を3,000ドルに減額している限りにおいて、その見解を次のように修正している。その数字は、社会保障庁の当時の貧困水準（ここでは世帯所得支援基準交付金 Y_g（FSB））の金額にほぼ等しい。固有所得の取得があるとき、この固有所得に対し租税が徴収される。「負の」

---

(179)　Schwartz (1964), 4.
(180)　Schwartz (1964), 5.
(181)　Schwartz (1964), 6.

第3編　比較税法

表4：Schwartz による最低所得保障、税率、所得支援交付金

固有所得	所得支援交付金	総所得		固有所得に対する限界税率
Y	C	$DY = Y+C$	$dC/dY = r_n$	
0- 999	3000-2400	3000-3399	60%	(3000-2400)/(999- 0) = 60.006
1000-1999	2399-1700	3399-3699	70%	(2399-1700)/(1999-1000) = 69.969
2000-2999	1699- 900	3699-3899	80%	(1699- 900)/(2999-2000) = 79.979
3000-3999	899- 0	3899-3999	90%	(899- 0)/(3999-3000) = 89.989
4000-4499	0	4000-4499	100%	(0)/(4999-4000) =
4500-	所得税	4500 +		

Schwartz（1964），9: cf. *Almsick*（1981），S.82, Tabelle 3. ただし、Schwartz は所得支援交付金（第2列）を FSB/Taxes と表示する。

租税（r_n）は交付控除率（a transfer rate）で60％ないし100％に達する。所得税の徴収は、所得保障金額の減額という形で、固有所得に適用されるそれぞれの税率によって行なわれる。

表4を用いて、Schwartz の貧困ギャップ・アプローチを例解しておこう。

この設例を例解しよう。

>　ここで、Y は或る世帯の固有所得、その固有所得のなかの $dY(1)$ は 税率構成のうち、所得段階(1)に区分される所得金額をさす。Schwartz の設例では、各所得段階に区分される所得金額 $Y(m)$ はすべて一定の金額1,000ドルと仮定されている。ただし、固有所得 Y が所得支援限界点 B_N を越える場合、その越える最初の所得段階である、所得段階(5)に区分される所得金額を500ドルとする。mr は段階税率（限界税率ともいう。marginal rate）、そして、$mr\,dY(1)$ は 税率構成のうち、所得段階(1)に区分される所得金額 $Y(1)$ に対する段階税率をさす。

世帯の固有所得が1,000ドル未満である場合、その所得は、累進税率構成の枠組みのなかで、所得段階(1)に区分されて段階税率(1)が適用される。そして、このようにして第1段階所得の段階税額 $mr(1)\,dY(1)$ ［これは負の租税を指すから、所得支援交付金に類似しているように見えるがそうではなく、すべての国民に対して普遍的に交付される所得支援基準交付金[182]から、各世帯の個別の人的事情を斟酌するため、所得支援交付金控除額を差し引く変数である。］

19 生活保護法と所得税法の統合モデル：生活保護法は法の支配下か〔木村弘之亮〕

が算出される。正味の所得支援交付金（正味の租税）は、世帯所得支援基準交付金3,000ドルから、所得支援交付金控除額 $r_n dY(1)$ を控除して計算される。その世帯は、その所得支援交付金Cのうち、所得支援交付金控除額 $r_n dY(1)$ を差し引いた残りの40％（40％＝1－60％）を取得することになる[183]。

したがって、その世帯は所得支援基準交付金 Y_g から所得支援交付金控除額を控除した正味の所得支援交付金 NT を受給できる。

$$NT = Y_g - mr(1)dY(1) \quad ; 0 < Y(1) < \$1,000$$
$$= 3000 - 0.6 \times (1000) = 2400$$

世帯の稼得所得が1,000ドルと1,999ドルのあいだである場合には、その世帯は、世帯所得支援基準交付金 Y_g（FSB）3,000ドルから、所得支援交付金控除額 $\{mr(1)+mr(2)\}dY(1)$ $\{(60\%+70\%) \times \$1,000 = \$1,300$ したがって、その所得支援交付金（$\$2,000 = \$1,000 + \$1,000$）のうち所得支援交付金控除額 $\$1,300\}$ を控除するので、35％（＝$\$2,000 - \$1,300)/\$2,000\}$[184]を取得することになる。を控除した金額、正味の所得支援交付金1,700ドルを受給する。

$$NT = Y_g - \{mr(1)+mr(2)\}dY(1) \quad ; \$1000 < Y(2) < \$2,000$$
$$= 3000 - (0.6 + 0.7)1000 = 3000 - 1300 = 1700$$

ここで、$mr(2)$：税率構成のうち、所得段階(2)に区分される所得金額に対する段階税率をさす。同様に、

$$NT = Y_g - \{mr(1)+mr(2)+mr(3)\}dY(1) \quad ; \$2,000 < Y(3) < \$3,000$$
$$= 3000 - (0.6 + 0.7 + 0.8) \times 1000 = 900$$

$$NT = Y_g - \{mr(1)+mr(2)+mr(3)+mr(4)\}dY(1); \$3,000 < Y(4) < \$4,000$$
$$= 3000 - (0.6 + 0.7 + 0.8 + 0.9) \times 1000 = 0$$

世帯の稼得所得が4,000ドルないし4,500ドルである場合、その世帯は世帯所

---

(182) demogrant, *Schawrtz*（1971），135の論文名をみよ。
(183) Cf. *Scwartz*（1964），9．
(184) *Schwartz*（1964），10; also, *Scwartz*（1971），145．

得支援交付金 (FSB) を受給しないし、かつ税金も支払わないだろう。

$$NT = Y_g - \{mr(1) + mr(2) + mr(3) + mr(4)\} dY(1) + mr(5) dY(5)$$
$$; \$4,000 < Y < \$4,500$$
$$= 3000 - (0.6 + 0.7 + 0.8 + 0.9) \times 1000 - 1.0 \times 500 = -500$$

そのような世帯は、世帯所得支援基準交付金 (FSB) を受給しないが、しかし、課税も受けないから、その所得を4,500ドルまでに増やそうと就労意欲を高めるであろう。

固有所得が4,500ドルのとき、500ドルの正の租税債務が生じる。4,500ドル以上の所得を稼得する世帯は、その所得に対し通常の税金を支払うであろう[185]。

上記の設例をより一般化した方程式で表現すれば、次のとおりである。

$$NT = Y_g - \{mr(1) + mr(2) \cdots + mr(4)\} dY(1)$$

の式を変形すると、

$$NT = Y_g - dY(1) \sum_{n=1}^{4} mr(n) \qquad ; Y < \$4,000$$

次に、$NT = 0 \qquad ; Y = ￥4,000$

最後に、$NT = Y_g - \{mr(1) + mr(2) + mr(3) + mr(4)\} dY(1) + mr(5) Y(5)$
の式を変形すると、

$$NT = Y_g - dY(1) \sum_{n=1}^{4} mr(n) + mr(5) Y(5) \qquad ; \$4,000 < Y < \$4,500$$

所得支援分岐点（$4,500）以下の領域において、Schwartz は、世帯の所得に対する税率を累進的に刻むことによって、一方で、所得保障金額の水準 Y_g を保持し、他方で、固有所得を稼得しようとするインセンティブを強めようと試みていると主張されている。

段階税率 r_n の拡散は、表4第4列から読み取れる。その際、4,500ドル以上の固有所得に適用される税率 r_p は、従来の所得税法のもとにおけると、変わらない。

Schwartz の提案は、負の所得税について、最低所得保障に関して貧困線を

---

[185] *Schwartz* (1964), 9f.

19　生活保護法と所得税法の統合モデル：生活保護法は法の支配下か〔木村弘之亮〕

指向するあらゆるプラン(186)の基本問題を叙述するのに適している。すなわち、彼の案は、最低所得保障額と負の領域における税率の数値とのあいだの相互依存性を叙述するのに適している。固有所得の課税を経由して、固有所得が上昇するとき所得支援交付金は負の領域における利率によって減少する(187)。

　負の所得税についてのSchwartz案に対する主たる批判は、受給者の就労意欲に対するディスインセンティブ効果に向けられている。固有所得が0ドルから4,500ドル未満である場合、表4から明らかなように、所得支援交付金額は順次減少する。固有所得が少額（＄0）であるほど、所得支援交付金（＄3,000）は多額だからである。

> 表面的にみれば、この見解は負の所得税プランに類似しているとしても、所得支援交付控除率（税率　r_n）100％未満で課される負の所得税案に比べ、Schwartz案は、きわめて異なっており、まるで最低所得保障額に対し税率100％で正の所得税を課されるようなものである。100％の交付金控除率は、所得税に服し始める水準（所得支援分岐点　B_N）の所得を稼得しようとする労働の意欲をまったく減退させてしまうであろう(188)。Schwartzはこのような批判をかわすため次のように軌道修正している。

　1に、所得最低保障額 Y_g は、他の、これまでに議論したことのある（4人世帯につき3,000ドルの）プランと対照的に、最低生活費の近くにある。その最低生活費は方程式貧困水準にあらわれている。2に、比較的高い税率が仮定されているから、その税率は、労働所得者の就労意欲に消極に反作用する。これとならんで、負の領域における税率が100％まで累進で上昇することは、短所と考えられている(189)。

　もうひとつの問題は、所得税システムと最低所得保障システムの統合が堅持されるべき限り、当該プランの建設的なメルクマール、すなわち、税法上の人的所得控除額を4人世帯につき当時の3,000ドルより4,500ドルに拡張することから生じる。当該プランの財源調達にとって、このことは、負の税金受給者へ

---

(186)　たとえば、参照、*Theobald*（1963）,. 192-197; *Theobald*（1965/66）, 83-96.
(187)　*Almsick*（1981）, S.83.
(188)　*So, Friedman*（1967/68）, 72; also, *Hildebrand*（1967）, 43f.（その理由の1は、その平均税率が非常に高いこと、2は、累進的限界税率が非常に高いことにある。）。
(189)　*Almsick*（1981）, S.82f.

の支払いの流れと並んで相当の歳入減を意味し、これは世帯所得支援交付金（FSB）の水準の引き上げによって左右される[190]。

Schwartz の提案の場合、税率の組み合わせもまた問題である。いわゆる飛躍問題 notch-problem[191] が起きるからである。たとえば、固有所得1,999ドルから固有所得2,000ドルに移るとき、世帯ケース１は1,700ドルの世帯所得支援交付金（FSB）を有しており、世帯ケース２は1,699ドルの世帯所得支援交付金（FSB）を有する（参照、表４の第２列第２行と第３行）。ただし、このような利率の推移の不連続性（参照、表４、第４列）は、それほど重要な意義を持たない。その不連続性の意義は、所得支援分岐点の値を考えるとき確かに百分率で表わすと高いけれども、金額でみると無視しうるほど低く降下するからである[192]。

所得保障額を高くする場合に、財政需要が（巨額の支出と歳入不足のために）耐えられないとき、原則として、高い税率ないし負の領域における高い税率が必要になる。このような財政需要が、彼のプランの実現可能性を幻想にしてしまうであろう。他方、しかし、最低所得保障額の水準が比較的低く抑えられる場合には、貧困撲滅の目標はその成果をあまり得られないであろう。しかも、所得税体系と負の租税の必要性とを適正に調整しなければ、Friedmann と Lampman の提案を議論する過程で考察した理由から、そのシステムは、実務に耐え得ないであろう[193]。

(3) Lampman の貧困所得ギャップ・プラン

Lampman 教授の主たる専攻領域は、所得再分配、貧困などであるので、同教授は貧困問題に関係する一連のそうしたプランを公表している[194]。1965年に Robert Lampman[195] によって提案された貧困所得ギャップ（Poverty Income Gap）プラン[196]は、基本的に別な設定目標を追求している。Friedman

---

(190) *Almsick*（1981), S.83.
(191) 個人が彼女の所得が上がるに連れて服する限界実効税率／支援交付控除率が、非常に鋭利にかつ突然上昇するケースに、notch 問題がみられる。*OECD*（1974), at 36. para. 45; *Almsick*（1981), S.89, Fn.85およびそれに対応する本文；Green（1967), 66.
(192) *Almsick*（1981), S.83.
(193) *Almsick*（1981), S.83.
(194) *Turnball/ Williams/ Cheit*（1973), p.575.
(195) Cf. *Lampman*（1965 B). 同書は多数の負の所得税案を対比し研究していている。

構想における人的所得控除に代え、Lampman は、標準貧困額（貧困水準）を用いている点で類似しているが、固有所得と貧困水準の格差の一部を埋め合わせるために所得支援交付金概念と所得支援分岐点等の概念を開発している。Friedman の目標は、一方でアメリカ合衆国における貧困問題の軽減を、そして他方で従来の社会扶助プログラムに代置しようとした。これと対照的に、Lampman は貧困を撲滅するため、多元的に攻撃をしかけている[197]。

> 「われわれは、勿論、世帯の相異なる人数と構成を累進税率の適用のため区分することによって、人的控除と所得控除（personal deductions and exemptions）に関する連邦個人所得税法の規定を置いている。しかしながら、たとえば、児童扶養控除についての所得税法規定が本当の貧困者層の子供にではなく、その扶養控除規定を利用できる裕福な子供を支援するというは、そのシステムの痛烈な皮肉である。」[198]

この問題を解決するために、Lampman は、「個人所得税システムは、正の税率と同様に、支援交付金控除率（負の税率）をもつ領域にも拡大するように転換すべきであり、貧困者の利用できない人的控除その他所得控除に基づく還付金（つまり所得支援交付金（refunds, grants）をすべての世帯が請求できるように転換することができるだろう。」[199] ただし、Lampman の提案の場合、税率は租税債権率 r_n（すなわち所得支援交付金控除率）を意味し、所得貧困水準ギャップを何パーセント埋めるかを示すパラメータである。

ある世帯の所得がわずかなため租税を支払わない世帯は、税率の（あるいはあるかもしれない）各種所得控除と人的控除（deductions and exemptions）を用いることさえできない、という考慮から Lampman は出発している[200]。

かくして、租税政策は社会政策的に動機付けられているか又は有効になる限りにおいて、租税政策は、租税を支払わない人々には有用でない。なぜなら、そのようなひとびとの所得はあまりに低すぎるからである[201]。税法上のパラメータのバリエィションはいろいろ考えうるにもかかわらず、労働所得がたと

---

(196) *Lampman*（1965 A），526ff.
(197) *Turnball / Williams / Cheit*（1973），p.576.
(198) *Lampman*（1964），78；*Lampman*（1965 A），526.
(199) *Lampman*（1964），78（脚注7は M. Friedman, Edward E. Schwartz の文献を引用）；*Lampman*（1965 A），526.
(200) *Lampman*（1965 A），527.

えば3,700ドル以下であるとき、世帯は、4人世帯であろうと8人世帯であろうと、課税をうけないままであり続けるといった具合に、事態は同じままである。そこには、「水平的」不正義がみられる。

　Lampmanの提案は、Friedmanの場合と類似して、「課税所得0以下に適用される」税率を「負の利率r_n」によって補完することに基づいている。つまり、アメリカ連邦所得税の最初の税率14%を、「人的控除額と所得控除額」との合計以下の貧困ギャップ所得に直接につなげ、さらに、世帯の固有所得がほぼ0に近づくとき、［－］40%までに拡張する。すなわち、

　　「当時のアメリカの所得税率は、5人世帯について最高税率70%から（所得3,700ドルで）14%まで降下し、そして3,700未満の所得については0%に下がる。続いて、負の平均税率は、0%から、未利用の人的所得控除（the unused exemptions）500ドルについてはマイナス14%、未利用の人的所得控除1,000ドルにはマイナス20%、未利用の人的控除3,700ドルにはマイナス40%にまでの幅がありうる。これは、5人世帯について1,480ドル［＝0.4×＄3,700］の所得支援交付金 $r_n(Y_E-Y)$ を意味するであろう。これは、固有所得が増えるにつれて、徐々に減少する所得支援交付金（a set of grants）を通して就労意欲の促進にはたらくであろう。」(202)

$$DY = Y + r_n(Y_E - Y)$$

　方程式を用いた所得保障スキーム（formula income maintenance）は、貧困ギャップの一部を埋めるだけであっても、標準貧困額が世帯の固有所得を越える格差（貧困所得ギャップ）に(-)税率（たとえば14%）を適用することによって行なわれる。Lampman/Green(203)は、その標準貧困額が世帯主につき1500ドルと各扶養世帯ごとに500ドルの合計額と想定している。そうすると、4人世帯について、標準貧困額は、3,000ドルとなるだろう。もしその世帯が所得を取得せず、そして利率が(-)50%であるとすれば、その世帯は1,500ドル（＝50%×＄3,000）を受給するだろう。

---

(201)　Cf. *Hildebrand* (1967), 32.
(202)　*Lampman* (1965 A), 527.
(203)　*Lampman* (1964), 79; Green (1968), 280ff.; *Green* (1967); Green説の紹介として、地主 (1968)。

$DY = Y + r_n(B_P - Y)$

$Y = 0$ を代入する。

$DY = r_n B_P$

$DY = 50\% \times \$3,000$

もし世帯が1,000ドルの固有所得を取得し、そして利率が(-)50%であるとすれば、世帯は1,000ドルの所得支援交付金を受領するだろう。

$C = r_n(B_P - Y) = 50\% \times (\$3,000 - \$1,000) = \$1,000$

DavidとLeutholdはこのプランを所得ギャップ・プラン（the Income Gap Plan）と呼んでいる[204]。

この案に対する批判は、3点に集中する[205]。1に、Lampmanのコンセプトは、Friedemanのそれと同様に、所得の貧困を克服するに十分な国家予算を国家財源から自由に使うことができず、貧困の一部だけを所得補足することができるにすぎない。他方、これは、当該提案にかかる措置のための支出が比較的わずかであるという、国家予算にとって長所をもっている。Lampman自身は、当該年度におけるUSAについて、6 billionドルの費用を見込んでいた[206]。

しかし、また、租税行政庁における行政追加費用が斟酌されなければならない。その行政追加費用は、社会行政庁での費用削減によってはほとんど埋め合わせることはできない。なぜなら、従来の諸制度組織を廃止することはできないからである。ただし、税務行政庁での行政費用は、合衆国において狭い範囲にとどまっているからである。なぜなら、彼の地では、納税申告書の提出義務が一般にあるからである[207]。

第3の批判の論拠はつぎにある。Lampmanの提案は、租税法規定が同じである場合、「利回りが高ければ高いほど不公平な結果になるだろう」[208]という点にある。なぜなら、一方で彼のプランは実際に必要な国民層に援助をもたら

---

(204) *David/ Leuthold*（1968), 71.
(205) *Almsick*（1981), S.78.
(206) *Lampman*（1965 A), 52.
(207) *Almsick*（1981), S.79.
(208) *Hildebrand*（1967), 32.

しうるとしても、他方で、他の国民層は必要以上に不相当に利益を得るだろうからである。その理由は、租税法上の所得の定義にある。租税法上の所得の定義は、納税者の経済的給付能力に照準を合わせて包括的に十分に定立しておらず、一部では他の判定基準から導きだされているからである。アメリカ合衆国でもドイツ連邦共和国でも、日本の場合と類似して、特定の所得類型は非課税であり、他方、（応能負担原則に根拠をおく理由付けは、一部では見いだしがたいような）追加の控除が特定グループの人々に供与されている(209)。

所得税法の既存条文規定をこのように手短に検討するだけで、すでに次を認識できる。負の所得税についてここで議論した Lampman のバージョンは、それが所得税法の基礎に立ち返っている範囲において、機能しえない。なぜなら、からの見解の場合、あまりに多くの新しい相違が見られるからである。この観点からすると、彼の提案には、この種の援護を要する人々のみならず、要しないグループの人々もまた負の所得税を享受するという点に、欠点がある。なぜなら、負担金を支出する能力のある層の所得額は、――納税義務のある所得と異なって――負の所得税を受給する権利を生じる分岐点を上回るところにあるからである(210)。

Lanmpan は、後に、貧困水準アプローチ（のちに、Welfare-Oriented Negative Rates Plan と呼称。）のかかえる諸問題を摘記するにいたっている(211)。

(4) Rolph の所得税を用いた所得税債権

McGovern の提案は、すべての国民に対して行われる同一の交付金（the same payment）を想定している。これが、Earl Rolph によって提案された所得税法を用いた所得税債権（the credit income tax）のアイディアである(212)。その所得税法を用いた所得税債権は Tobin のいう相殺所得税（the offsetting tax）に相当する(213)。

負の所得課税はある所得税システムとある所得支援交付金システムとを結び付ける方程式である。負の所得税方程式をめぐる論争は、おもに経済専門家と

---

(209) *Almsick*（1981), S. 79.
(210) *Almsick*（1981), S. 79f.
(211) *Lampman*（1971), 111-114.
(212) *Rolph*（1966/67), 155ff.; *Rolph*（1969), 352-361. 同旨、*Rolph/ Break*.（1991).
(213) See, *McGovern*（1972 A), 285.

福祉専門家のプロ集団に限定されている[214]。

　税法を用いた所得支援交付金方程式のうち、「貧困ギャップ poverty-gap」タイプが、他のタイプよりも遙かにしばしば擁護されている[215]。

　この問題へのひとつのアプローチは、合理的に適切と考えられる或る水準以下の金額の所得を貧困として定義することである。ある者の現実の所得と貧困水準との差額を「貧困ギャップ」として取り扱う。そして、そのギャップを埋めるに必要な金額を計算し、各人の現実の所得と貧困水準との差額をその者に交付する。そうすると、貧困は「治癒」される。なぜなら、定義により、何人も貧困水準以下の所得のまま放置されことはなくなるからである[216]。

　このタイプの擁護者は、貧困がある貧困水準――普通、4人世帯について年3,000ドルであるとされている。――以下の世帯所得として定義されるとき、貧困をなくすことをその目標としている。理想的には、貧困ギャップは、人々に固有所得（own income）と貧困水準所得（the poverty-line income）との差額を生活困窮者に国から交付することによって埋め尽くされる。そのようなギャップを埋め合わせる支援交付率は影の税率100％（a 100% per cent implicit tax rate）を意味する。しかしながら、そのような影の税率100％をもちい得ないと認識されているので、支援交付金と100％未満の税率とのさまざまな組み合わせが示唆されている[217]。

　負の所得税方程式 formula を定立する上での主要問題は、どのプランでも目標とされている再分配のスケール scale である。数理の問題としてみると、世帯個人所得の5分布のうち最底層の総可処分所得を増加させれば、必ず、いくつかのまたはすべてのより高い所得層の所得持分割合を減らさなければならない[218]。

　いずれの所得再分配プランの基礎は、その再分配の規模であり、そして負の所得課税のこのような特色はむしろほとんど注目を受けていない。

　方程式は次の通りである[219]。

---

(214) *Rolph* (1969), 353.
(215) *Rolph* (1969), 353.
(216) *Rolph* (1966/67), 157.
(217) *Rolph* (1966/67), 157; *Rolph* (1969), 353.
(218) *Rolph* (1969), 353.
(219) *Rolph* (1969), 354.

グラフ 4：Rolph の所得配分方程式

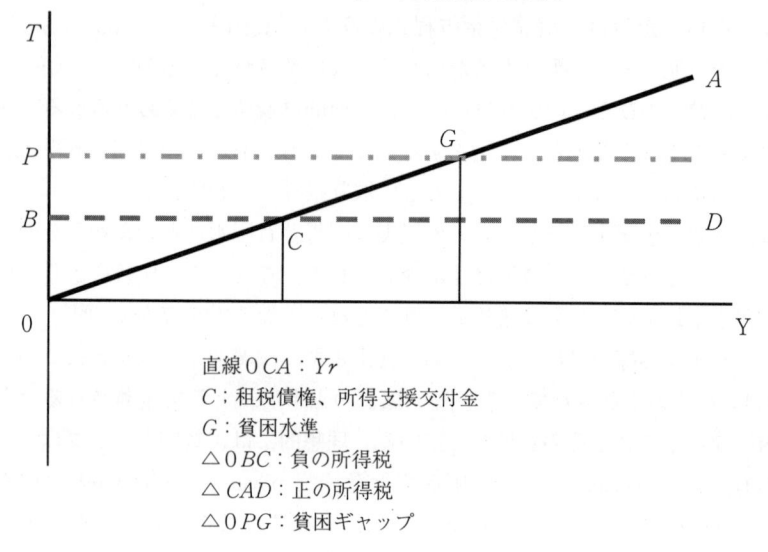

直線 OCA : Yr
C：租税債権、所得支援交付金
G：貧困水準
△ OBC：負の所得税
△ CAD：正の所得税
△ OPG：貧困ギャップ

$$NT = rY - C$$

ここで NT は正負の租税債権債務、Y は所得税法で定義されている個人所得（annual income）、r は（単一の）税率、そして C ＝租税債権または所得支援交付金、すなわち C は年間1人当たり租税債権（the annual credit per person）である。この方程式のもとでは、各居住者は、所得税の租税債務を負い、そして各人は当該租税債権（所得支援交付金）を有する。次に、$rY > C$ の不等号式が成立するとき、その者は正の租税債務を有する。さらに、$rY < C$ の不等号式が成立するとき、その者は負の租税債務（すなわち租税債権、所得支援交付金）を有する。すなわち、彼女は政府から給付をうける。この構想は比例所得税と一律の所得支援交付金（flat-sum credits）の組み合わせである[220]。

所得支援交付金（租税債権）C は、すべての国民に一律に給付される限りにおいて、単純明快であり、Rhys-Wikkiams 女史のアイデアに遡ると位置づけることができよう。

前記構想の枠組み内において、政策決定は所得支援交付金（the credit）につ

---

[220] *Rolph*（1969), 354.

いて、そしてこの支援交付金と整合性のある税率について下されなければならない[221]。貧困水準はここでは問題ではない。財政学の観点から、課税所得の総合計 Y を所与とすれば、所得支援交付金の総合計 ΣC および税収 R を前提とすれば、税率 r がえられる。

Ⅲ 結 語

本稿は、アメリカにおける生活保護と所得税法所運生存権保障のための所得控除との統合についての議論を次に示す手順で紹介した。
1．所得支援交付金制度の判定基準
2．所得支援分岐額を所得税法上の人的所得控除額に依存させるモデル
3．所得支援分岐額を貧困ギャップに依存させるモデル

しかし、これらの理論は、永く封印されている。

他方、ドイツ連邦共和国において、ミチケ教授は、フリードマンの見解を参考にして、ドイツ所得税法における最低生存権保障のための所得控除の水準を、同国の社会保障額と同一水準に引き上げるべく、憲法訴訟を提訴して勝訴した[222]。本人訴訟である。同教授の経済理論は、社会保障額より高い巣準の所得控除額を求めるはずであるが、同教授はドイツの国家財政と予算規模を考慮に入れて、便宜社会保障額と同一水準を憲法訴訟では主張しておられる。このような控えめな主張にもかかわらず、連邦憲法裁判所の判決とおりには、国家予算を組めないため、連邦議会は同判決にそのまま追従することはできなかった（ミチケ教授談）。この事情のもとで、ドイツの経済学が、同判決を正当化しうる理論を構築しているかどうかは、定かでない。

本稿において、フリードマンの見解が巨額の国家財源を要する点について、アメリカの多数の経済学者が強い批判を浴びせたことを、紹介した。そこで、Tobin 教授らは、生活保護と所得税を統合し、かつ、就労の奨励及び貯蓄の奨励を実現しうる各種プランを提案するに至った。本稿はほぼその全容を紹介しえた。しかしながら、US においては大統領が交代し、貧民層の切捨て政策がとられると、Tobin 教授らの負の所得説も尻すぼみになってしまっている。しかし、低所得を補足するための負の所得税モデルは、それ自体、40年近く休眠

---

(221) Rolph (1969), 354.
(222) 参照、木村 (2005) 22頁脚注 9。

しているとしても、否定されてしまったわけではない。

アリゾナ州においては、近年、生活保護改革（公的扶助改革 welfare Reform）の中で食料配給券方式（Food Stamp Program）が見直されている。

連合王国（UK）は、1998年に所得税と生活保護の統合を企図した Working Families Tax Credit プログラムをとりいれている[223]。

翻って、日本の生活保護法は、同法自体を読んでも、さらに、政省令を眺めても、生活受給額を計算できず、昭和38年厚生省告示第158号や通達を調べ、市町村の担当者に尋ねて、ようやく生活受給額を教えてもらえる。生活保護受給の適格要件は、アメリカで強い批判を受けたテスト方式によっており、就労し所得を稼得すれば、著しく高い負の所得税率を適用され、多少なりとも、貯蓄をすれば、生活保護の受給は打ち切られる。このように、生活保護法は、給付行政の典型例であるがゆえに、実質的法治国家の原則の下にないとか、法の支配を受けないと、いった見解をわたくしには受け容れがたい。生活保護法の内容が、法的正義との関連でマイナスに評価される場合、その法律の質は批判を受けてしかるべきである。実質的法治国家の原則の下では、実定法たる生活保護法は、法的正義を実現しうるものでなければならず、法律に基づく行政の原則に服さなければならず（参照、憲法84条）、財産権保障（多少の貯蓄）や労働義務の履行を抑制する法内容は、改正すべきであろう。テスト方式の採用ではなく、普遍主義の採用に傾くべきではなかろうか。他方、日本の所得税法は、所得を稼得する者（世帯）について、稼得者本人、その配偶者（稼得者以外の者）および子供は、基本的生存権保障のため、わずかに毎年38万円を受給できるだけであり、医療費についても、生活保護受給者に比べ明らかに不利である[224]。

このように、生活保護法の内容改善と所得税法上の生存権保障のための所得控除の改善は、必要である。

本稿に続いて、連合王国における生活保護と所得税の統合を考察することとしたい。

---

(223) 参照、橋本（2001）2(1)所得税改革。
(224) 木村（2006）22-25頁

参照文献

Almsick, Josef van (1981); Die negative Einkommensteuer. Finanztheoretische Struktur, Arbertsangebotswirkungen und sozialpolitische Konzeption. Volkswirtschaftliche Schriften, Heft 307, Berlin 1981

Andreae, Clemens-August (1973); Die negative Einkommensteuer, in: Wirtschaftspolitische Blätter, Jg. 20. 1973, S. 150–155.

Booker (1946), *H. S.;* Lady Rhys-Williams' Proposals for the Amalgamation of Direct Taxation with Social Insurance, in: 56 The Economic Journal, 237 (1946).

Chrysant, Ingeborg/ Bert Rürup (1971); Zum Problem negativer Einkommensteuern, in: Steuer und Wirtschaft, Jg. 48(1) (1971), S. 359–368.

Clemens, Fuest/ Andreas Peichl/ Thilo Schaefer (2005); Aufkommensß, Beschäftigungsß und Wachstumswirkungen einer Steuerreform nach dem Vorschlag von Mitschke. Gutachten im Auftrag der Humanistischen Stiftung, Frankfurt am Main. Endfassung, Dezember 2005. FiFo-Berichte Nr. 5 Dezember 2005

Dalton, Hugh (1954); Principles of Public Finance, London, 1922, 4th ed. rev. and reset. 21st. Impression, 1954

David, Martin/ Jane Leuthold (1968), Formulas for Income Maintenance: Their Distributional Impact, Economic Behavior of Households Workshop Paper #6701. December, 1967. Institute for Research on Poverty Social Systems Research Institute, in: 21(1) National Tax Journal, 70 (March 1968)

Dennis, Lees (1968); Controversy Surrounding Negative Income Taxation: Comment, in: Institut Internationa des Finances Publiques (ed.), Finances Publiques et Securite Social, Congres de Turin, Septembre 1968, 24 Session, p. 262ff.

Economists on Income Guarantees and Supplements (1968), A Statement by Economists on Income Guarantees and Supplements, in: Income Maintenance Programs, Hearings Before the Subcommittees on Fiscal Policy of the Joint Economic Committee, 90th Cong., 2d Sess., Vol. 2: Appendix Materials, Washington D. C. 1968, 676–690.

Friedman, Milton (1957); A Theory of the Consumption Function. National Bureau of Economic Research. Number 63f, General Series. Princeton 1957.

Friedman, Milton (1963/69); Capitalisum and Freedom. 1st. ed., 1963, 9th Impression. Chicago-London 1969, pp. 190–195.

Friedman, Milton (1967); The Case for the Negative Income Tax, in, 19(9) National Review, 239–240 (March 7, 1967)

Friedman, Milton（1967/68）; The Case for the Negative Income Tax: A View From The Right, in: U.S. Congress House, National Collegiate Debate, House Reports Doc. 172, 90th Congress, 1st Session. Washington D.C. 1967/68, at 71-81

Friedman, Milton（1968 A）; Negative Income Tax-I, 72(12) Newsweek, 53（September 16, 1968）

Friedman, Milton（1968 B）; Negative Income Tax-II, 72(15) Newsweek, 48（October 7, 1968）

Friedman, Milton（1971）; Kapitalismus und Freiheit. P.C. Martin（独訳）: Capitalism and Freedom, Stuttgart 1971

Fuest, Clemens/ Andreas Peichl/ Thilo Schaefer（2005）; Aufkommens-, Beschäftigungs- und Wachstumswirkungen einer Steuerreform nach dem Vorschlag von Mitscke, FiFo-Berichte Nr.5, Finanzwissenschftlichesw Forshcungsinstitut an der Universität zu Köln, Dezember 2005.

Green, Christopher（1967）; Negative Taxes and the Poverty Problem, The Brookings Institution, Washington D.C. 1967.

Green, Christopher（1968）; Negative Taxes and Monetary Incentives to Work: The Static Theory, in: 3 The Journal of Human Resources, 280ff.（1968）.

Hildebrand, George H.（1967）; Poverty, Income Maintenance, and the Negative Income Tax, Ithaka/N.Y. 1967.

ISSA（1970）, International Social Security Review, No.2, 295（1970）

Lampman, Robert J.（1964）; Prognosis for Poverty, in: Proceedings of 57th Annual Conference on the taxation under auspices of the National Tax Association, Pittusburg 1964, 71-81.

Lampman, Robert J.（1965 A）; Approaches to the Reduction of Poverty, in: 55 American Economic Review, 521-529（1965）.

Lampman, Robert J.（1965 B）; Negative Rates Income Taxation, Paper prepared for the Office of Economic Opportunity, Washington D.C. 1965.

Lampman, Robert J.（1971）; NIT: Welfare-Oriented Negative Rates Plan and Negative Rates Plan for the Working Poor, in: Marmor, Theodore R.（ed.）, Poverty Policy. A Compendium of Cash Transfer Proposals, 1971, 108-116.

Lidman, Russel（1972）; Cost and Distributional Impact of a Credit Income Tax Plan, in: 20 Public Policy 311（1972）.

McGovern, George（1972 A）; Tax Reform and Redistribution of Income, in: Congressional Record, Proceedings and Debates of the 92d Congress, Second Session,

Vol. 118 Part 1, January 19, 1972, 283-285（累積版）

McGovern, George (1972 B); On Taxing & Redistributing Income, in: 18 New York Review of Books, 7-11 (May 4, 1972).

Mitschke, Joachim (1974/75); Staatsbürgersteuer. Vorschlag zur Reform der direkten Steuern und persönlichen Subventionen durch ein integriertes Personalsteuer- und Subventionssystem (mit W. Engels und B. Starkloff). Schriftenreihe des Karl-Bräuer-Instituts, Heft 26, Wiesbaden 1974; 2. Aufl. Wiesbaden 1975.;

Mitschke, Joachim (1975); Tarivialarithmetik der Staatsbürgersteuer. Eine Replik auf Dieter Schneiders Rezension „Staatsbürgersteuer - ein Schildbürgerstreich" in StuW 1974, 369 ff, in StuW 1975, S. 69-77.

Mitschke, Joachim (1980 A); Lebenseinkommensbesteuerung durch interperiodischen Progressionsausgleich, in: Steueru und Wirtschaft, 57. (10) Jg., 1980, Heft 2, S. 122-134.

Mitschke, Joachim (1980 B); Methoden der indirekten Konsummessung für Zwecke einer persönlichen allgemeinen Ausgabensteuer, in: Finanzarchiv, N. F. Bd. 38, 1980, Heft 2, S. 274-301.

Mitschke, Joachim (1994); Integration von Steuer- und Sozialleistungssystem - Chancen und Hürden, StuW 1994, 153ff.

Mitschke, Joachim (1995); Steuer- und Sozialpolitik für mehr reguräre Beschäftigung, Wirtschaftsdienst 1995, 75 ff.

Mitschke, Joachim (1996); Steuerpolitik für mehr Beschäftigung und qualitives Wachstum, in: Stefan Baron/ Konrad Handschuch (Hrsg.) Wege aus dem Steuerchaos -Aktueller Stand der steuerpolitischen Diskussion in Deutschland, Schäffer-Poeschel Verlag Stuugart 1996, S. 90-102.

Mitschke, Joachim (1998); Wirschaft Leistungsfähigkeit, sozialer Zusammenhalt und ökologische Nachhaltigkeit. Drei Ziele - ein Weg. Berich der Zukunftskommission der Friedrich- Ebert - Stiftung (mit anderen Autoren). Bonn 1998

Mitschke, Joachim (2000 A); Arguing for a Negative Income Tax in Germany, in: Robert van der Veen - Loek Groot (eds), Basic Income on the Agenda. -Policy Objectives and Political Chances, Amsterdam University Press, 2000, S. 107-120

Mitschke, Joachim (2000 B); Grundsicherungsmodelle - Ziele, Gestaltung, Wirkungen und Finanzbedarf. Eine Fundamentalanalyse mit besonderem Bezug auf die steuer- und Sozialordnung sowie den Arbeitsmarkt der Republik Österreich. Baden-Baden 2000

第3編　比較税法

Mitschke, Joachim (2000 C); Grundsicherungsmodelle - Ziele, Gestaltung, Wirkungen und Finanzbedarf, 2000

Mitschke, Joachim (2001); Politische Optionen der Bürgergeld-Konzeption. Eine Analyse der Stellgrößen des Bürgergeldssystems zur Umsetzung von Bürgergeldkonzepten. Liberal Report, Hrsg. Liberales Institut. Potsdam 2001

Mitschke, Joachim (2002); Erneuerung des deutschen Einkommensteuerrechts, Gesetzestextentwurf und Begüundung, Köln 2002.

Mitschke, Joachim (2003); Abstimmung von steuerfinanzierten Sozialleistungen und Einkommensteueru durch Integration, in: Rose, Manfred (Hrsg.); Integriertes Steueru- und Sozailsystem, 2003, S. 464-479.

Mitschke, Joachim (2004 A); Die Neuordnung der Unternehmensbesteuerung, DStR 2004.

Organization for Economic Co-Operation and Development (ed.) (1974), Negative Income Tax, An approach to the co-ordination of taxation and social welfare policies, Paris 1974.

Pechman, Joseph A. (ed.) (1959); What would a Comprehensive Individual Income Tax Yield?, in: Tax Revision Compendium. Compendium of Papers on Broadening the Tax Base, Submitted to the Committee on Ways and Means 86th Cong. 1st Sess., Vol. 1, Washington D. C. 1959, 251ff.

Rhys-Williams, J. E. (1943/2004): Something to Look Forward To: A Suggestion for a New Social Contract , London 1943: MacDonald, coll, in: John Cunliffe and Guido Erreygers (ed.) The origins of universal grants: an anthology of historical writings on basic capital and basic income, Houndmills, Basingstoke, Hampshire ; New York, N. Y. Palgrave Macmillan, 2004, p. 161-169.

Rhys-Williams, J. E. (1953); Taxation and Incentive. London 1953

Rolph, Earl. R. (1966/67).: The Case for a Negative Income Tax Device, in: 6 Industrial Relations, 155-165 (1966/67).

Rolph, Earl.R.. (1969): Controversy Surrounding Negative Income Taxation, in: Institut International des Finances Publiques (ed.), Finances Publiques et Securite Sociale, Congres de Turin, Septembre 1968, XXIV e Session, Lyon u. a. 1969, 352-361.

Rolph, Earl R./ George F Break. (1991); Public Finance. New York 1961.

Schanz, von Georg (1962); Existenzminimum und seine Steuerfreiheit, in Handwörterbuch der Staatswissenchaften, 4. Aufl., Jena 1962, Bd. 3, S. 911ff.

Schwartz, Edward E.（1964）; A Way To End the Means Test, 9(3) Social Work, 3-12（July 1964）

Schwartz, Edward E.（1971）; A Demogrant Approach: The Family Security Program, in: Theodore R. Marmor; Poverty Policy. A Compendium of Cash Transfer Proposals, Chicago 1971, 135-149.（ただし、本稿は Schwartz（1964）と同一内容の再録版）

Shoup, Carl S.（1967）; Negative Taxes, Welfare Payments, And Subsidies, in: 26 Rivista di Diritto Finanyario e Szienya Delle Finanze, 552-569（1967）

Stigler, George J.（1946）; The Economics of Minimum Wage Legislation, in: 36 American Economic Review, 358-365（1946）

Theobald, Robert（1963）; Free Men and Free Markets, New York/N.Y. 1963.

Theobald, Robert（1965/66）; The Background of the Guranteed-Income Concept, in: Theobald, R.（ed.）, The Guaranteed Income: Next Step to Economic Evolution?, Garden City/N.Y. 1965/66, p. 83-96..

Tobin, James（1965）; On Improving the Economic Status of the Negro, in 94(4) Daedalus, 878-898（Fall 1965）

Tobin, James（1967/68）; Income Guarantees And Incentives, in: U.S. Congress House, National Collegiate Debate, House Reports Doc. 172, 90th Congress, 1st Session. Washington D.C. 1967/68, at 64-70.

Tobin, James/ Pechman, J.A./ Mieszkowski, P.M.（1967）: Is a Negative Income Tax Practical?, in: 77 The Yale Law Journal, 1-27（1967）.

Turnball, John G./ C. Arthur Williams, Jr./ Earl F. Cheit（1973）; Economic and Social Security, 4. ed. New York 1973, 568-598.

井堀利宏（2002）「社会保障と税制」ファイナンシャル・レビュー（財務省財務総合政策研究所）65号（2002）4-20頁

埋橋孝文（2002）・「専業主婦（片働き）世帯へ『政策的配慮』―オーストラリア・ドイツ・日本・スウェーデン・イギリス・アメリカ6カ国の税・社会保障制度」経済学論究（関西学院大学経済学研究会）56巻3号（2002）47-65頁

大友信勝（2000）・公的扶助の展開―公的扶助研究運動と生活保護行政の歩み（旬報社 2000）

木村弘之亮（1998）・租税法総則17頁（成文堂 1998年）

木村弘之亮（1999）・租税法学（税務経理協会 1999年）

木村弘之亮（2005）「1等賞のドイツ税制改革案―所得税と社会保障の統合ならびに法人税の全廃」税経通信60巻13号（2005年11月）17-29頁

第3編　比較税法

木村弘之亮（2006）「所得保障モデルを統合した所得税法案：Mitschke所得税・社会支援交付金統合法案の位置づけ」税法学555号（2006）21-60頁
木村忠二郎（1950/58）・生活保護法の解説（時事通信社　1950、第2次改訂版　1958）
熊木正人（1996A、B、C）「米国の公的扶助改革について(1)(2)（終）」週間社会保障1879号（1996年3月11日）52-55頁、1881号（1996年3月25日）52-55頁、1882号（1996年4月1日）52-55頁
河野正輝（1975）「憲法25条と『防貧施策』」法律時報48巻5号（1976）15-22頁
粂井淳子（1996）「包括的所得税に代替する税としての支出税の検討」大阪市大論集（大阪市立大学大学院経済・経営学研究会）81号（1996）1-23頁
厚生統計協会（2002）「国民の福祉の動向」厚生の指標49巻12号（2002）88頁-94頁
古賀昭典（1997）・新版　現代公的扶助法論（法律文化社　1997）
小林甲一（2005）「ドイツの社会保障と社会保険政策」名古屋学院大学論集［社会科学篇］（名古屋学院大学総合研究所）41巻3号（2005）85-103頁
小山進次郎（1950/75）・改訂・増補　生活保護法の解釈と運用（1950、復刻版1975年）
（財）社会福祉調査会（1987）・西ドイツの公的扶助制度（1987年）
慎斗範（2000）「主要国における社会保障政策に関する比較研究―アメリカの場合」国際関係研究［総合編］（日本大学国際関係学部国際関係研究所）20巻3号（2000）117-135頁。
生活保護手帳編集委員会（編）（2005）・生活保護手帳（2005年度版）（中央法規出版2005）
『生活保護50年の軌跡』刊行委員会編（2001）・生活保護50年の軌跡―ソーシャルケースワーカーと公的扶助の展望（みずのわ出版　2001）
十河利明（2001）「アメリカ連邦財政と公的社会保障年金」商学論集（福島大学経済学会）69巻4号（2001）63-96頁
千保喜久夫（1997）「公的年金の包括的改革をめざすアメリカ―『社会保障に関する諮問委員会報告』について」　総研展望（長銀総合研究所）87号（1997）30-35頁
高橋利雄（1995）「少子・高齢化社会と税・社会保障のあり方」政経研究（日本大学法学会）31巻4号（1995）1-36頁
Titmuss（19NN), Richard（原著）三浦文夫（監訳）社会福祉と社会保障151頁
地主重美（1968）「（書評）グリーン、Ch.『負の所得税と貧困問題』Green, Ch., Negative Taxes and the Poverty Problem, The Brookings Institution, 1967, pp. xiv＋210」季刊社会保障研究4巻2号（1968年9月）80-83頁

19　生活保護法と所得税法の統合モデル：生活保護法は法の支配下か〔木村弘之亮〕

中桐宏文（1969　A, B）「所得保障の手段としての負所得税（上）（下）」レファレンス19巻3号3-33頁（1969年3月）、19巻5号4-41頁（1969年5月）

尾藤廣喜/木下秀雄/中川健太朗（編著）（1996）・生活保護法のルネッサンス（法律文化社　1996年）

橋本恭之「イギリスの財政改革」国際税制研究7号（2001）82-86頁

藤田伍一（2005）・「アメリカ社会保障法の成立とその構造」一橋大学研究年報　社会学研究（一橋大学研究年報編集委員会）43号（2005）3-56頁

藤本武（代表）（1960）日本の生活水準、労働科学集成第2巻（労働科学研究所1960年）

フリードマン、ミルトン（原著）熊谷尚夫・西山千明・白井孝昌（共訳）（1975）・資本主義と自由：Milton Friedman, Capitalism and Freedom, Friedman, Milton 1962、マグロウヒル好学社 1975、234p

ペンゲイト（2002）、サンジャンバーナデット　尾形裕也「日本とカナダの社会保障―加日社会保障政策研究円卓会議の成果（特集）海外社会保障研究」国立社会保障（人口問題研究所）139号（2002）4-89頁

松田直樹（2005）「国税と社会保険料の徴税一元化の理想と現実」税務大学校論叢47号（2005年6月）1頁

三木義一（1995）「（紹介）課税最低限とその法的統制―ドイツ憲法裁判所違憲判決を素材として」日本財政法学会（編）現代財政法学の基本課題（学陽書房1995年）

宮島洋（2004）「課税と社会保障―新たな論点」財政と公共政策（財政学研究会）26巻2号（2004）53-62頁

三輪治（1999）・生活保護制度の研究（学文社　1999年）

謝辞：平成18年度、平成19年度科学研究費補助金交付を頂戴した。研究課題名は「法と経済学によるタックス・エンジニアリングと社会保障：所得税法の近代化と立法学」である。感謝の意をここに表します。さらに、日本大学大学院総合科学研究科図書室の司書、小川浩一さん、佐藤美子さん、島根祐子さん、中澤愛さんの皆様には、文献検索と資料収集にあたり、大変にご尽力いただいた。ここに謝意を表します。

20 環境税の法構造
―― ドイツ租税法における議論の一端 ――

広島大学大学院社会科学研究科准教授　手塚貴大

Ⅰ　はじめに　　　　　　　Ⅳ　環境税の法構造
Ⅱ　租税法における環境税　Ⅴ　結　　語
Ⅲ　環境税の構築

Ⅰ　はじめに

1　問題の所在

　環境税はいわゆる経済的手段として環境政策の一手段として認識されている[1]。経済的手段とは「経済的なインセンティブ（補助金等）またはディスインセンティブ（課税等）を与えることにより、市場メカニズムを通じて、市民や事業者を一定の行動に誘導し、政策目的を達成する手法」[2]である。そして、ある汚染物質の使用・排出等により良好な環境が汚染されかつ損なわれるが、しかし、それをすべて禁止してしまうと経済的厚生が減少するならば、いわゆる規制的手段が最適な政策手段でない場合がある。その際、良好な環境を維持しうる限度で、当該汚染物質の使用・排出を認めることが現在における環境政策としては合理的と言えよう。凡そ環境税は「特定の自然資源を利用したり環

（1）　わが国における近時の環境税に係る優れた論稿として、例えば、参照、占部裕典「環境税の法律問題」大塚直／北村喜宣編『環境法学の挑戦──淡路剛久教授・阿部泰隆教授還暦記念──』（日本評論社、2002年）110頁以下、木村弘之亮『租税法学』（税務経理協会、1999年）190頁以下、中里実「環境政策の手法としての環境税」ジュリスト1000号122頁以下、水野忠恒「環境政策における経済的手法──OECD 報告書（1993年─1995年）の検討──」小早川光郎他編『行政法と法の支配──南博方先生古稀祝賀論文集──』（有斐閣、1999年）253頁以下。
（2）　南博方／大久保規子『要説　環境法〔第2版〕』（有斐閣、2003年）174頁。

境に負荷を与えるような行為に対して、……税金等の経済的な負担を課すというもの」[3]あるいは「環境に賦課を与える物質を排出する行為について、その排出量に応じ、税……を課することにより、環境負荷を低減し、環境保護のための財源の確保を図る制度」[4]と定義することができる。

環境税が現実の環境政策において投入・運用され、一定の成果をあげていることは既に諸説が論証するところであり[5]、本稿では特に詳しく立ち入らない。しかし、環境税を現実の政策として規律する際には、それが法制度である以上、法原則をよく実現しなければならない。本稿では環境税を制度設計する際に政策形成者が留意すべきである点を租税法の観点から明らかにする。また、本稿は環境税の法構造をドイツ租税法[6]における議論を素材として明らかにすることを企図しており[7]、他日本格的に行う研究のベースである。

2　本稿における検討の視角

環境税はいわゆる経済的手段として私人の自発的意思を前提として、誘引措置を以って、私人の行動を政策的に望ましい方向に導くことを機能的特徴とする[8]。すなわち、「経済学的には従来自由に処分できる財産である"環境"を

（3）　阿部泰隆／淡路剛久編『環境法〔第3版〕』（有斐閣、2004年）336頁（加藤峰夫執筆）。
（4）　南／大久保・前掲注（2）177頁。
（5）　ドイツの動向として、例えば、Herdegen, Matthias/Wolfgang Schön, Ökologische Steuerreform, Verfassungsrecht und Verkehrsgewerbe, Köln 2000. 邦語文献として、木村弘之亮「1999年・2000年エコロジー税制改革――ドイツ環境税法の新展開――」法学研究73巻6号1頁以下、同「政策税制としてのエコロジー税制の創設」碓井光明他編著『公法学の法と政策　金子宏先生古稀祝賀』（有斐閣、2000年）、戸原四郎他編『ドイツ経済　統一後の10年』（有斐閣、2003年）217頁以下（加藤榮一執筆）、諸富徹『環境税の理論と実際』（有斐閣、2000年）。環境税一般につき、参照、Tipke, Klaus/Joachim Lang (Hrsg.), Steuerrecht 18. Aufl., Köln 2005, §8 Rz.56ff.; Tipke, Klaus, Steuerrechtordnung Bd.2 2. Aufl., Köln 2003, S.1082ff.
（6）　わが国の個別環境税については、さしあたり、参照、木村・前掲注（1）194頁。
（7）　例えば、Lang, Joachim, Verwirklichung von Umweltschutzzwecken im Steuerrecht, in:Kirchhof, Paul (Hrsg.), Umweltschutz im Abgaben- und Steuerrecht, Köln 1993, S.115ff.; ders., Der Einbau umweltpolitischer Belange in das Steuerrecht, in: Hnasmeyer, Karl-Heinrich u. a. (Hrsg.), Umweltschutz durch Abgaben und Steuern: 7. Trierer Kolloquium zum Umwelt- und Technikrecht vom 22. bis 24. September 1991, Heidelberg 1992, S.55ff. 等。

技術的に希少化し、そして環境負担について市場を創出する」[(9)]という思考である。しかし、私人に税負担を課すものである以上、国家による私人の自由侵害と性質決定可能であり[(10)]、それ故に、適切な制度設計を要する。そもそも税という税収獲得を目的とする制度につき、それを政策目的に利用することが許容されるのかという理論的問題はあるが[(11)]、ドイツ租税通則法3条1項2文後段においては、税の意義として税収獲得が副次的目的であることが規律されており[(12)]、右の問題は解決される[(13)]。しかし、先にも挙げたように、私人の自由侵害をもたらすものである以上、憲法上の法原則との整合性が問われ、さらには、その政策税制としての性質上政策目的実現という実効性の観点も問題となる。そのために適切な政策選択肢が投入されねばならない（Ⅱ）。それを如何なる形態で導入するかも問題となる（Ⅲ）。さらに、環境税を導入することの租税法体系における意義が問われる。すなわち、ドイツにおいては憲法上立法者による構築可能な税目が列挙されており[(14)]、新たな税目を導入する場合、そのいずれかに包摂されるか否かが制度設計上問題となるという事情が

---

(8) Lang, in: Tipke/Lang (Hrsg.), Steuerrecht (Fn.5), §8 Rz.58.
(9) Birk, Dieter, Steuerrecht: Algemeiner Teil, 2. Aufl., München 1994, §2 Rz.17; Hendler, Reinhard, Umweltabgaben und Steuerstaatsdoktrin, AÖR Bd.115 (1990), 577ff., 587f.; Meßerschmidt, Klaus, Umweltabgaben als Rechtsproblem, Berlin 1986, S.55f.; Kloepfer, Michael, Umweltschutz durch Abgaben, DÖV 1975, 593.
(10) Rodi, Michael, Umweltsteuern: Das Steuerrecht als Instrument der Umweltpolitik, Baden-Baden 1993, S.47.
(11) 参照、Hey, Johanna, Rechtliche Zulässigkeit von Umweltabgaben unter dem Vorbehalt ihrer ökologischen und ökonomischen Wirksamkeit: Zugleich Anmerkungen zu Frank Rainer Balmes, Verfassungsmäßigkeit und rechtliche Systematisierung von Umweltsteuern, StuW 1998, 32ff.
(12) 税収獲得以外の税の目的、そして政策税制の意義につき、参照、Waldhoff, Christian, Die Zwecksteuer: Verfassungsrechtliche Grenzen der rechtlichen Bindung des Aufkommens von Abgaben, StuW 2002, 285f.
(13) Müller-Franken, Sebastian, Forum: Verfassungs- und europarechtliche Fragen der Einführung nationaler Öko-Steuern, JuS 1997, 872ff., 873.
(14) ドイツ地方税に係るこの問題について、参照、Tipke, Klaus, Über ungleichmäßige Besteuerung durch kommunale Verbrauch- und Aufwandsteuern, DÖV 1995, 1027ff. また、近時、税との識別について賦課金が問題とされることがある。参照、Jochum, Heike, Neustrukturierung der Sonderabgabendogmatik — gewidmet Herrn Prof. Dr. Rudolf Wendt in hertzlicher Verbundenheit —, StuW 2006, 134.

ある。そこで環境税は消費課税（Verbrauchsteuer）[15]の構造を有していると考えられており[16]、ドイツ憲法が予定する消費課税の構造を明らかにし、法構造を明らかにする（Ⅳ）。

Ⅱ　租税法における環境税──環境税を規律する憲法原則──

環境税も実定法制度である以上、憲法上の原則との整合性あるいはその実現を可能としなければならない。環境税を規律する憲法上の原則はいくつかあるが、本稿では、一に、平等原則、二に、比例原則、三に、汚染者負担原則に限定して検討する。

1　平等原則と環境税──社会目的規範としての正当化──
(1)　財政目的規範と社会目的規範──規範類型とその正当化──

租税法における最重要原則として平等原則、応能負担原則があることは言うを俟たない。環境税の構築にもそれが妥当する。環境税はその性質上特定の納税義務者に特別な負担を課すものであるため、それが平等原則に違反する可能性もある。環境税は、私人の自発的意思決定に基づく行動による環境汚染の削減、規制的手段では実現し得ない環境改善を実現する技術革新への誘引を作り出すとされているように、税収獲得以外の、政策目的の実現をも企図する。したがって、主として一定の政策目的の実現を企図し、公共の福祉の観点から正当化を要する[17]いわゆる社会目的規範[18]に分類され、税収獲得を企図する財政目的規範と区別される。

右の点につき Birk 教授の議論は示唆を提供する。所論は租税法につき負担効果（Belastungswirkung）と政策効果（Gestaltungswirkung）という二者を観念する[19]。前者は「課税により財産が国庫に納付され財産が減少する効果」

---

(15)　例えば、参照、Förster, Jutta, Die Verbrauchsteuern: Geschichte, Systematik, finanverfassungsrechtliche Vogaben, Hedelberg 1989; Voß, Reimer, Strukturelemente der Verbrachsteuern, in: Kruse, Heinrich Wilhelm (Hrsg.), Zölle, Verbrauchsteuern, europäisches Marktordnungsrecht, Köln 1989, S. 261ff., S. 265.
(16)　Lang, Verwirklichung von Umweltschutzzwecken (Fn. 7), S. 144ff.
(17)　Birk, Steuerrecht (Fn. 9), §7 Rz. 21.
(18)　Tipke, Klaus, Steuerrechtsordnung I 2. Aufl., Köln 2000, S. 77ff.
(19)　Birk, Dieter, Das Lestungsfähigkeitsprinzip als Maßstab der Steuernormen: Ein

であり⁽²⁰⁾、後者は「課税が持つミクロ・マクロ経済上の効果であり、私人の経済活動の変化、そして経済的処分行為にそれが現れるもの」である⁽²¹⁾。負担効果を持つのが先の財政目的規範、政策効果を持つのが社会目的規範に該当しよう。所論によると、負担効果は応能負担原則（ボン基本法3条1項）に照らして、そして政策効果は平等原則違反を正当化した上で自由権（同2条1項、12条2項、14条）に照らしてその合憲性が審査される（ここでの合憲性の審査は租税政策あるいは租税法制度としての構築に係る法的許容性の審査を意味しよう。また、自由権に照らしての審査の具体的態様として、例えば、ある租税法規範が特定の職業選択の誘因を与える、あるいは特定の宗教の信奉者を差別することを許容しない等が挙げられる）とする⁽²²⁾。社会目的規範である環境税は政策目的の正当性と政策目的実現の可否等をそれ自体の持つ効果・影響を基準として評価される。

　加えてGawel教授はこの点以下のように論ずる⁽²³⁾。租税法はいわゆる財政目的規範であっても、私人の意思決定に何らかの影響を与える⁽²⁴⁾。その点で社会目的規範と変わりはない。また、社会目的規範も税収獲得を企図し、これは財政目的規範と同じである。したがって、租税法規範の分析を行う際に、規範目的を基準としたのでは不十分である、と。それ故、ある規範が如何なる効果・影響を持つのか、そして各々の租税法規範の持つそうした効果・影響が法的・経済的に是認しうるものであるのか、を含めて政策評価をすべきと言えよう。

　したがって、財政目的規範については、例えば、税収を十分に獲得するか否か、生存最低限を維持するか否か、立法者の意図せざる経済的意思決定の歪曲効果を持つか否か等、社会目的規範については、政策目的を実効的に実現する

　　 Beitrag zu den Grundfragen des Verhältnisses Steuerrecht und Verfassungsrecht, Köln 1983, S.68ff.
(20)　Birk, Steuerrecht (Fn.9), §2 Rz.3f.
(21)　Birk, Steuerrecht (Fn.9), §2 Rz.5.
(22)　Birk, Steuerrecht (Fn.9), §2 Rz.20.
(23)　Gawel, Erik, Steuerinterventionismus und Fiskazweck der Besteuerng: Lenkung und Finanzierung als Problem lenkender (Umwelt-) Steuern, StuW 2001, 26ff.
(24)　Selmer, Peter, Steuerinterventionismus und Verfassungsrecht, Frankfurt 1972, S.61, S.217. Selmer教授は「純粋な財政目的規範」を否定する。

か否か、あるいは平等原則の損壊が最低限度であるか否か等という基準を充足する規範が望ましい規範であることとなろう。こうしてGawel教授の思考形式を敷衍すると、1つの租税法規範につき複眼的な政策評価を行うことが可能になる。

(2) 環境担税力の概念──Gawel教授の整理──

また、環境税のあり方を考える上で、環境税を賦課する根拠に着目する必要がある。すなわち、環境汚染を引き起こす行為を行った者が国家に対して金銭的負担を負う根拠である。後にも言及するが、環境は自由財であり、国家が創造して市場に供給するものではない。そして私人が市場で獲得するものではないので、所得を典型例とするように金銭的価値を持つものを獲得するわけではない。租税国家という言葉があるが、今日無産国家した現代社会は私人の経済活動の成果に課税を通じて参加し、それを以って公共サービス提供のような財政支出の原資とするそうした国家体制がそれである[25]。そして、環境を取引する市場は、いわゆる排出権取引制度を除けば、基本的には存在しない。したがって、端的に考えると、環境汚染を環境利用と考えた場合に、環境を利用した私人のもとには純財産の増加あるいはその利用（Einkommensverwendung = 消費）[26]は観念されえず[27]、環境税の賦課は担税力のないところに課税することとなり平等原則に違反するため、その点で、環境税を社会目的規範たる政策税制と割り切ってしまう以外には、環境税の賦課の理論的根拠は不明確となると言いうる。

一に、ここでGawel教授は環境担税力（Umweltleistungsfähigkeit）という概念に着目される[28]。すなわち、所論によると、「環境税の賦課は環境という希少な財を利用することを以って個人の効用あるいは欲求の充足（Bedürfnisbe-

---

(25) 租税国家における課税と市場との関係につき、参照、Köck, Wolfgang, Umweltsteuern als Verfassungsproblem, JZ 1991, 692ff., 693f.

(26) Förster, Die Verbrauchsteuern (Fn. 15), S. 99f.

(27) 参照、Herdegen/Schön, Ökologische Steuerreform (Fn. 5), S. 27; Müller-Franken (Fn. 13), JuS 1997, 875.

(28) Gawel, Erik, Umweltlenkungssteuern und Leistungsfhigkeitsprinzip, StuW 1999, 374ff.; ders., Umweltabgaben zwischen Steuer- und Gebührenlösung: Eine finanzwissenschaftliche Kritik der Rechtsformrestriktionen für administrierte Umweltpreise, Baden-Baden 1999, S. 92.

friedigung）が増加することを根拠として課される」(29)。例えば、Zimmermann/Henke は、「所得の稼得は通常自己目的ではなく、所得によって充足されうる欲求の程度が個々の国民をして所得の稼得を促すということを斟酌しなければならない。それ故、担税力に係る議論は『納付される税』という金銭的量と『欲求の充足』という非金銭的量とを関係付けることを指向する」(30)というように、所得とは欲求の充足であり、Gawel 教授の言明に照らせば、環境を利用することを以って、欲求の充足が実現される。換言すれば、課税について市場の存在は必ずしも自明とする必要はなく、担税力は況してや金銭の形態をとる必要はない。さらに、Gawel 教授は現在の経済社会における環境の利用という事象を凡そ以下のように描写する(31)。課税は経済的成果に対して行うものであるが、環境への負担は経済的成果に当てはまらない。しかし、それを以って課税を不可能とするのは不合理であって、その根拠は、環境税の賦課は租税法上「環境の経済的利用」に対して行われることである。すなわち、現在の経済活動およびその発展は相当程度にわたる「自然の利用（Naturausbeutung）」なしには考えられず、環境という財は生産要素および消費財として経済主体の生産活動の中に経済厚生を高める形で入り込んでいる。したがって、環境の利用は生産と消費における価値創造の源泉であると言いうる。確かに、環境を以上のような形で利用することは、先にも言及したように、市場外の事象であることは否定しがたいようにも思われる。しかし、経済活動は市場とそこでの取引とのみ観念するのではなく、希少な資源の合目的的利用とであるとも言いうるので、環境という財を利用する者のもとでは担税力は増加する(32)。

二に、以上の環境担税力という概念は、環境の利用に担税力を観念する立場をとるので、環境税の課税を必ずしも社会目的規範とは見なさず、応能負担原則の枠内で捉える立場である(33)。したがって、環境税の賦課を正当化しやす

---

(29) Gawel（Fn. 28), StuW 1999, 377.
(30) Zimmermann, Horst/Klaus-Dirk Henke, Finanzwissenschaft: Eine Einführung in die Lehre von der öffentlichen Finanzwirtschaft 7. Aufl., München 1994, S. 107f.
(31) Gawel（Fn. 28), StuW 1999, 374f.
(32) 但し、Jachmann, Monika, Ökologie versus Leistungsfähigkeit — Gilt es neue Wege in der Steuerrechtsfertigung zu gehen? —, StuW 2000, 239ff., 241. は、租税法の立場から担税力の指標として金銭を判断の基礎とする。
(33) Tipke, StRO II, S. 1084 の Fn. 107 を参照。

い。換言すれば、環境税の賦課に際して必ずしも社会目的規範としてのその正当性を議論する必要性はなくなる。何故なら、担税力のあるところには課税をするのが原則だからである。したがって、平等原則違反の観点で問題となるのは、環境税の税負担が適正なものか否か、という点である。しかし、環境税は政策税制としての性質をもなお失わないものであり、その賦課が担税力に適った課税であると一概に性質決定することはできない。したがって、環境担税力の概念のみを以って環境税の賦課を正当化することは環境税という形態をとる政策税制の濫造・濫用のおそれがある[34]。それ故、その政策効果の有無を実証することも必要であるし、汚染者負担原則をも斟酌した正当化も必要となろう[35]。

三に、環境汚染の原因が決して企業活動のみでなく、日常的な家庭生活の中にもその原因を見出すことができる。例えば、自家用車の利用による大気汚染がそれであろう。したがって、自動車税あるいは石油税等を重課する租税政策もありうる。しかし、自動車通勤を困難にするような課税は平等原則に照らし許されないとする立場もある[36]。右の租税政策は、先のGawel教授の所説に照らすと政策税制として正当化困難であり、右思考は妥当であろう。

2 比例原則と環境税

(1) 比例原則の意義──その手続的把握──

比例原則は過剰禁止あるいは過少禁止のように国家の個人の権利への関わりが適正であることを要請する法原則であり、特に租税法の局面では、課税が過重でないことを要請する。つまり、環境税の税負担が適正でなければならない。では適正な環境税負担とは如何なる程度の負担を意味するのか。ここで重要な

---

(34) 例えば、Gawel (Fn.23), StuW 2001, 26. は近時の財政需要の増加による徒な増税論に警鐘を鳴らす。しかし、Tipke, StRO II, S.1087によると政策税制の弊害は、環境税の目的税化あるいは税収を特別会計勘定（ein eigenständiger Parafiskus）に繰り入れることを以って防止しうるとする。

(35) 同旨、Lang, in: Tipke/Lang (Hrsg.), Steuerrecht (Fn.5), §8 Rz.63.

(36) Lang, Der Einbau umweltpolitischer Belange (Fn.7), S.; Jobs, Anselm Thorsten, Steuern auf Energie als Element einer ökologischen Steuerreform:Grundfragen, finanzwissenschaftliche und europarechtliche Rahmenbedingungen sowie Aspekte ihrer Harmonisierung im GEmeinschaftsrecht, Baden-Baden 1999, S.185 の Fn.186. 木村・前掲注（1）192-193頁。

示唆を与える概念は、一に、Pigou 税と Baumol/Oates 税である[37]。両者は環境税の形態として周知であるが、前者は、ある財の市場において外部不経済が発生しているとき、つまり私的限界費用と社会的限界費用とが乖離しているとき、課税を以って私的限界費用を社会的限界費用に一致させるものである[38]。しかし、Pigou 税のもとでは社会的限界費用が立法者にとって既知でなければならないが、それは現実的でない。後者は、最適な環境水準を実現する最適な税負担を Trial and Error のプロセスを経て漸進的に決定することを特徴としており[39]、現実の政策手段としては後者が選好される[40]。すなわち、ある環境汚染物質の排出・使用を一定程度抑制する場合、市場において右物質の取引にどの程度の税負担を課せば、市場における最適な取引量を実現できるのかは事前には明らかでない場合がある。その際には、漸進的に税負担の調整を行うことが求められる。これは政策実現を現実的に考える場合にそれなりの合理性を持つ。尤も、Trial and Error の合理性は否定できないが、少なくとも最適な環境水準は明らかでなければならず、Pigou 税と比較した政策手段としての優位は「相対的」なものかもしれない。

　二に、わが国の石教授が言及されるところのリンケージである。リンケージとは「課税ベースと環境汚染のつながり」[41]を意味する。すなわち、環境税を以って実現を企図される政策の実効性を得るために、如何なる客体に課税をすることが望ましいのかを検討するという視点を提供する。現実の環境政策のもとでは政策目的を実現するためには、科学的知見にその都度照らして、当初のリンケージが適正なものであるか否かを、定期的に立法者は検討するのが相当であろう。これは Baumol/Oates 税の Trial and Error の思考と整合性を有する。また、Trial and Error は、税率のみでなく、その性質上課税物件にも関

---

(37) 言及するものとして、例えば、参照、Hey (Fn. 11), StuW 1998, 33.
(38) Pigou, Arthur Cecil, The economics of welfare, London 1920.
(39) Baumol, William J./Wallance E. Oates, The use of standards and prices for protection of the enviroment, Swed. J. of economics 1971, pp. 42, pp. 44; Hansjürgens, Karl-Heinrich, Abgaben und steuerliche Instrumente der Umweltpolitik — Wirkungsweise, Erfahrungen, Möglichkeiten —, ZfU 1987, 251ff., 253f. 植田和弘『環境経済学』(岩波書店、1996年) 119-122頁、中里・前掲注 (1) 126頁。
(40) 植田・前掲注 (39) 120-121頁。
(41) 石弘光『環境税とは何か』(岩波書店、1999年) 104頁。

わるものと解すべきである。

(2) 環境税または規制手段？——適正な政策手段の投入——

　比例原則は私人の権利制限を適正な水準に設定することを求める。したがって、環境政策をはじめとする公共政策は性質上私人の領域に介入する以上、政策手段が適切に選択・配備されないと、私人の自由権の違法な制約が発生しうる。尤も、環境税は私人の自発的意思に基づく政策目的実現手段であるため、本質的には自由権保障と適合する(42)。

　先にも言及したが環境税の機能として汚染物質の排出・使用等の削減がある。これはいわゆる規制的手段によっても実現することができる。具体的には特定の汚染物質の排出・使用を完全にあるいは一定程度禁止することがそれである。したがって、仮に、規制的手段を以って政策目的実現が可能であれば、環境税の投入は許されない（絞め殺し税の禁止）(43)。何故ならば、規制的手段のほうが直截であり、環境税収は必要なく、それは財産権への過剰な国家の介入として性質決定されうるからである。Gawel 教授は、この点、税は税収獲得を企図し、またそれが副次的目的であってもよいが、しかし、税収がゼロである税は最早税としての性格を失うとする(44)。そして右のような場合には環境税は投入しえない(45)。

　また、先にも簡単に言及したが、規制的手段はある環境汚染物質の排出・使用を一律に禁止し、したがって、政策目的の実現を直接規律するので、政策目的につき直截である。その点で、規制的手段は政策手段としてプライオリティーを有する(46)。しかし、規制的手段は"現在の"環境水準の維持という限定的な側面をも持つ(47)。その反対に、環境税は、経済厚生を高めるために一定の環境汚染物質の排出・使用が許容され、それ故に環境資源の有効利用という要請を満たす。また、環境税負担の減少を企図して、環境に一層適合する

---

(42)　Rodi, Umweltsteuern (Fn. 10), S. 66.

(43)　Lang, Verwirklichung von Umweltschutzzwecken (Fn. 7), S. 125.

(44)　Gawel (Fn. 23), StuW 2001, 26; Lang, Der Einbau umweltpolitischer Belange (Fn. 7), S. 68f.

(45)　List, Heinrich, Die Ökobesteuerung und Das Grundgesetz, BB 2000, 1216.

(46)　Hendler (Fn.), AÖR Bd. 115 (1990), 578; Lang, in: Tipke/Lang (Hrsg.), Steuerrecht (Fn. 5), §8 Rz. 57.

(47)　Lang, in: Tipke/Lang (Hrsg.), Steuerrecht (Fn. 5), §8 Rz. 60.

環境資源の利用を可能にする新技術開発の誘因を作り出す(48)。さらに、環境税の課税物件を最早資源として利用する必要がなくなれば、環境税の賦課を止め、右資源の利用を禁止することとなる。例えば、自動車の運行を認める条件として自動車に触媒装置が設置されていることを突然義務付けると、右装置が設置されていない自動車は直ちに運行が不可能となり、触媒装置設置済みの自動車への即時の買い替えは事実上容易ではないため、触媒装置未設置である自動車への自動車税の重課あるいは右装置設置済みの自動車への自動車税の免除という租税政策によって、徐々に触媒装置設置済みの自動車への移行を実現していくことが妥当であろう(49)。また、使い切り包装の突然の禁止はそれを利用している企業にとっては企業の存続に関わる問題であり、それ故現実の政策としては不合理であるから、包装税を使い切り包装に重課することを以って、徐々に再利用可能包装の利用へ移行させることがありうる(50)。右のことは、環境税が規制的手段の投入前の経過措置あるいは移行措置でもありうることを示している。

3 汚染者負担原則

汚染者負担原則とは「環境に負担をかけ、あるいは汚染している者が、その負担あるいは汚染の費用を負うべきである」(51)という意味内容を持つ。右原則を敷衍すると、環境汚染物質の購入者（購入後それを使用することにより環境汚染が現実になる）が環境税を負うという環境税システムに端的に合致する(52)。

これに関連して、後に言及するが、環境税は消費税として性質決定でき、そのため、環境税の賦課は応能負担原則に違反するという批判もある(53)。この点、汚染者負担原則は環境税の正当化に資する。例えば、一般的に今後租税法体系が間接税中心になっていくと、それは個人の担税力を不十分にしか斟酌できないことを意味し、それ故に先にも言及したように一見応能負担原則に違反する税制が構築されることとなろうが、応益負担原則を援用して、間接税中心

---

(48) Lang, Der Einbau umweltpolitischer Belange (Fn. 7), S. 58.
(49) Lang, in: Tipke/Lang (Hrsg.), Steuerrecht (Fn. 5), §8 Rz. 61f.
(50) Lang, in: Tipke/Lang (Hrsg.), Steuerrecht (Fn. 5), §8 Rz. 61f.
(51) Kloepfer, Michael, Umweltrecht 3. Aufl., München 2004, §4 Rz. 41.
(52) Jachmann (Fn. 32), StuW 2000, 243f.
(53) Gawel (Fn. 28), StuW 1999, 374.

の税制を正当化する試みをありえないわけではない(54)。汚染者負担原則は応益負担原則の一亜種であり(55)、その点で、環境税の正当化には有効な視座を提供するものである。

4 小　括

環境税が今日の経済社会における環境汚染を解決する有効な手段であることを前提として、制度設計に際しては税目の濫造・濫用がないように憲法上の原則との整合性を十分に斟酌する必要がある。特に、確かに、環境担税力概念は社会目的規範としての正当化作業を不必要とする点で、立法者による政策構築の余地を広げうるが、しかし、性質上環境汚染の原因を作り出す者を特に識別し、彼らに税負担を課すことが汚染者負担原則に適合し、加えてそれは政策の受容(56)を高めるであろう。

Ⅲ　環境税の構築

1　環境税の諸類型

環境税が経済的手段であるので、狭義の税のみではなく、類型は複数存在する。それらの内容を概観し、特徴を把握し、如何なる局面で投入されるべきかを検討する。

(1) 料　金

料金（Gebühren、Beiträge）とは「公法上の金銭給付であり、個人に帰属し、公的主体により供されるメリットを調整するもの」(57)、「特定の集団を利する公的主体のサービス提供の対価となる公法上の金銭給付」(58)である。これは、環境を利用することによって恩恵を得る者が同時に環境を汚染するので、料金の支払いは自己の環境汚染分に対価を支払うことを意味する。したがって、こ

---

(54) 詳細については、参照、Lang, Joachim, Die gleichheitsrechtliche Verwirklichung der Steuerrechtsordnung, StuW 2006, 22ff., 28 の Fn. 77.

(55) Jachmann, Monika, Steuerrechtsfertigung aus der Gemeinwohlverantwortung, DStZ 2001, 225ff., 229f.

(56) Rodi, Umweltsteuern（Fn. 10), S. 66.

(57) Kirchhof, Paul, Verfassungsrechtliche Grenzen von Umweltabgaben, in: ders. (Hrsg.), Umweltschutz (Fn. 7), S. 12.

(58) Kirchhof, Verfassungsrechtliche Grenzen (Fn. 7), S. 15f.

れは、原因者負担主義に基づく制度である。この制度には以下のような理論的問題点が指摘される。一に、環境を利用することによって何故国家に対して金銭的負担を負わねばならないか、換言すれば、国家が環境という財を管理する権限を有しているのか否か、二に、ある環境汚染の原因となる行為を行った者を特定できるか否か、である。前者については、次のような回答が可能である。確かに、環境は市場で取引される財とは異なり、いわば自由財（freie Güter）であり、国家が提供する財・サービスではない[59]。しかし、環境の整備は今日様々な法制度等を通じて国家が行っていることは事実であり、それ故国家が環境を享受する基盤を形成していると言えよう。したがって、環境汚染を引き起こした者は国家に金銭的負担を負うことに合理性は認められる。後者については、実際には、環境汚染の原因行為を特定することが困難な場合もあり、その際には、料金という制度設計は適当でない場合がある。すなわち、Lang教授の整理[60]によると、料金方式のもとでは環境汚染とその原因者（による行為）との因果関係が明らかでなければならず、それは現実には困難であり、因果関係は多かれ少なかれ粗いものとならざるをえないのである。しかし、そうした因果関係が明確になれば汚染者負担原則との関係で料金方式は優れた制度選択肢になりうるであろう。

(2) 賦　課　金

賦課金（または特別賦課金。Sonderabgaben）は「予算計画に含まれないそうした特別の事務に係る資金調達をするもの」[61]とされる。右の定義から分かるように、税収獲得を企図する点で税と同じであるが、しかし、ボン基本法が予定する税ではなく（排除されていない[62]）、賦課金は、連邦財政制度の維持、平等原則の重要性、予算制度におけるその例外性を直視して例外的に許容される制度であり[63]、税との違いが議論される。なお、学説・判例においては、賦課金につきいくつか類型が識別されるが、紙幅の都合以上、本稿では、税との識別に困難が伴う「税収獲得をも企図する賦課金（Finanzierungsabgaben。

---

(59) Lang, Der Einbau umweltpolitischer Belange (Fn.7), S.60f.
(60) Lang, Der Einbau umweltpolitischer Belange (Fn.7), S.61f.
(61) Lang, in: Tipke/Lang (Hrsg.), Steuerrecht (Fn.5), §3 Rz.21.
(62) Jochum (Fn.14), StuW 2006, 134.
(63) Jochum (Fn.14), StuW 2006, 135.

以下では単に賦課金とする)」の許容性を摘示するに止める。

例えば学説の挙げる賦課金の賦課が許容される実体的要件は次のものである[64]。一に、政策目的の追求である。これは、税収獲得以外の、特定の政策目的を追求することを意味する。二に、納付者集団が、法秩序または社会的現実における共通の利益状況または特別な共通の与件によって、他者の公衆と識別されること、である。三に、賦課金の納付者と追及される政策目的との間に特別の関係があること、である。四に、賦課金収入が直接または間接に納付者集団のために使用されること、である。

次に手続的要件には次のものがある[65]。一に、適当な期間ごとの審査である。これは、賦課金制度を導入した意思決定を適当な期間ごとに審査することを立法者に憲法上義務付けることを意味している。二に、書類・情報提出義務である。これは、賦課金が本来予算計画に計上されないため、連邦予算法14条1項2号および各州の予算法令に従い賦課金の現状を十分な資料を添えて予算計画に含めることを意味する。

(3) 税

税(Steuer)とは凡そ「特別の反対給付なしに、法律上納税義務が結び付けられた者がその課税要件の充足を契機として国家に納付する金銭給付」[66]と定義できる。Hey教授によると、先に本稿で言及したように、料金および賦課金が性質上限定的な役割しか果たしえないことに鑑みて、税を以って環境税を構築することが求められるとする[67]。このことは、例えばいわゆる炭素税導入について、二酸化炭素の個別特定の排出源が明らかでなく、それが広範囲に渡るならば、"薄く広く"課税することが妥当であることに繋がる(例えば、料金方式について理論的に要求される環境汚染とその原因者(の行為)との間の厳格な因果関係は必要しない[68])。また税も料金方式も名宛人に与える経済的インセンティブは同じである[69]。さらに、ボン基本法105条以下に賦課可能な税目が挙げられているのは、原則として列記された税目以外の課税を予め禁ずること

---

(64) Jochum (Fn. 14), StuW 2006, 138ff.
(65) Jochum (Fn. 14), StuW 2006, 140.
(66) ドイツ租税通則法3条1項も参照。
(67) Hey (Fn. 11), StuW 1998, 38.
(68) Lang, Der Einbau umweltpolitischer Belange (Fn. 7), S. 62.
(69) Lang, Der Einbau umweltpolitischer Belange (Fn. 7), S. 62.

及び予め税収配分の基準を定めることを以って、それらに特別の正当化を求め、過剰な課税による自由権侵害、連邦国家体制の維持を企図しているからである[70]。このことは税が税収獲得・政策手段として優先的位置を有することを推論させる[71]。

また税方式を用いる場合、環境税の構築の手段は主として2つある[72]。一に、既存の税目を環境税に変革する、あるいは新規の税目をおこして環境税として導入する方式、二に、後に言及するように、租税法体系をグリーン化する方式、である。前者による場合、税収中立性を維持すべきである。税収中立性とは本稿の文脈では「所得税・法人税等の減税による税収減を環境税の増税で以って補うこと」を意味し、税制改革のあり方を示す[73]。この税収中立性は料金、賦課金方式をとった場合、性質上観念されえないので、その点でそれらの政策手段としての不都合がある。

2 小 括

環境税の類型は複数ある。現実の環境問題が広範囲にわたり、それが地球規模であることも少なくない。その際、地球規模の環境汚染の原因行為を行った者を特定することは困難であり、また、企業の経済活動のみでなく、家計も環境汚染の原因であることはデータが実証するところである。それ故、税方式を以って環境税の構築を行うことが現実の租税政策として合理的であると考える。

なお税方式の環境税を導入するに際しては目的税として導入することもありうる。目的税とは、税収の使途を予め特定するそうした税であり、財政政策に硬直性を生み出す、または既得権を生み出すという批判もあるが、政治家の公約を確実に実現する手段でもある[74]。所論によると、したがって、環境税を

---

(70) Rodi, Umweltsteuern (Fn. 10), S. 70.
(71) 連邦憲法裁判所の立場でもある。参照、BVerfG-Beschl. v. 8. 6. 1988, —2 BvL 9/85 und 3/86—, BVerfGE 78 249, 266f.
(72) 以下につき、参照、Lang, in: Tipke/Lang (Hrsg.), Steuerrecht (Fn. 5), § 4 Rz. 123.
(73) 占部・前掲注(1)128頁。ドイツについては、実定租税法における環境税と社会保険料との関係に係る概要とその限界につき、参照、Herdegen/Schön, Ökologische Steuerreform (Fn. 5), S. 40ff.; Jacobs, Otto H./Christoph Spengel/Alexander Wünsche, Steuerreform 1999/2000/2002: Auswirkungen auf die Unternehmensbesteuerung im nationalen und internationalen Vergleich, DB 1999, 57.
(74) 邦語文献として、参照、井堀利宏『要説：日本の財政・税制〔改訂版〕』（税務経理

目的税化するか否かの判断基準は政治家の政策的資質に依ることとなる。詳細は別稿に譲るが、この点、例えば、ドイツの目的税の意義は「法的に拘束力があるか否か、または政治的なそれであるか否かはともかく、特定の税収を特定の財政支出目的に支出するよう留め置く税」[75]である。

Ⅳ 環境税の法構造——消費課税としての環境税——

1 環境税のあり方——実定環境税の検討——

以下では実定環境税法を概観し、それについて法構造上の問題点を指摘し、検討する。ドイツにおける消費税は税負担が最終消費者の行う個人消費（Privatkonsum）に転嫁される法構造を求めるが、石油税も電気税も、事業者が最終消費者となることもあり[76]、また、構造上外国からの購入の際に転嫁が生じないこともあるため、ボン基本法の予定する消費税であるか否かが問題とされる。

ドイツにおいてはボン基本法上財政に関する規律における税目のみが連邦、州、ゲマインデによって賦課徴収される。したがって、租税政策の構築を行うに際し、当該税目が憲法上のいずれの税目に包摂されるかが重要な問題となる。さて、環境税は消費税に分類される。それは、すなわち、環境汚染物質の購入することによって、環境汚染の原因となるため、その購入つまり消費に課税する、という構造である。ここで消費税の構造とは、凡そ「飲食あるいは財の消費に課される製品税（Warensteuer）であって、通常、当該消費財を供給する企業のもとで徴収されるが、しかし消費者への転嫁を予定しているもの」[77]とされる。また、「消費財について、通常、製造者、例外的に販売者のもとで徴収され、原則として最終消費者のもとで徴収されない税」[78]でもある。右の定義によると、消費税の属性として個人消費（Privatkonsum＝所得の利用）に課

協会、2003年）205頁以下。

(75) Waldhoff (Fn. 12), StuW 2002, 286.

(76) 例えば、参照、Bongartz, Matthias/Sabine Schröer-Schllenberg, Die Stromsteuer — Verstoß gegen Gemeinschaftsrecht und nationeles Verfassungsrecht?, DStR 1999, 962ff., 967; Drozda, Frank/Betrine Strom, Die Stromsteuer — nur eine neue Verbrauchsteuer?, NJW 1999, 2333ff., 2334.

(77) BVerfG-Urt. v. 7.5.1998, —2 BvR 1991, 2004/95—, BVerfGE 98, 106, 123f.

(78) Birk, Steuerrecht (Fn. 9), §6 Rz. 12.

される税であり、税負担の最終消費者への転嫁が予定されていることが推論される。そして以下に言及する石油税、電気税(79)もそれに分類される。また、そうした消費税は歴史的にも多くある(80)。

しかし、Förster 氏は右の点に疑義を呈する。消費税は所得の利用について課される税であるが、単に生産手段（Produktionsmittel）として投入される製品および物質に課される税(81)は果たして憲法の予定する消費税に当てはまるか、と(82)。すなわち、企業が石油あるいは電気を投入して経済・生産活動をした結果、製品が市場の供給されるのであって、石油および電気は消費者が直接消費するわけではない(83)。したがって生産手段に係る消費税は転嫁が生じない。この点、Förster 氏自身の記述(84)を見ると、例えば石油税については、石油は生産手段または個人消費の対象でもありうるが、ドイツ石油税法は後者のみを課税の対象としていないのは、租税法上両者を課税実務において識別することは困難であること、石油税の税収ポテンシャルが高いこと、を直視して、斯様な扱いをしているとする。その他には、Herdegen/Schön は環境税改革の目的としてエネルギー消費の抑制があり、そのためには個人消費のみに課税することによる家計のもとでの消費抑制だけでなく、企業のもとでの消費抑制にも着目する必要があることを根拠とする(85)。Herdegen/Schön の思考のほうが政策の実質的内容に係る合理性をよく論証しうると言えよう。また、最終消費者は一連のプロセスとしての生産活動の末端に位置するものであり、かかるプロセスの途中で石油が利用され、財・サービスの生産がなされ、まさに最終消費者によりかかる財・サービスの消費がなされることを直視して、石油税額が石油を利用して生産された製品に転嫁されれば、消費税としての性格をなお

---

(79) Friedrich, Klaus, Die "Ökologische Steuerreform" DB 1999, 661; List, Heinrich, Gedanken zur Öko-Stromsteuer, DB 1999, 1623ff., 1624.
(80) BFH-Urt. v. 26. 6. 1984 V II R 60/83, BFHE Bd. 141, 369, 372.
(81) Herdegen/Schön, Ökologische Steuerreform (Fn. 5), S. 27 の Fn. 88 と S. 31 の Fn. 96.
(82) Förster, Die Verbrauchsteuern (Fn. 15), S. 101.
(83) Herdegen/Schön, Ökologische Steuerreform (Fn. 5), S. 30.
(84) Förster, Die Verbrauchsteuern (Fn. 15), S. 60ff., S. 62f., S. 101f.
(85) Herdegen/Schön, Ökologische Steuerreform (Fn. 5), S. 32. 但し、Herdegen/Schön は企業内部で使用される石油に消費税を課すことは企業の自己資本に課税が及ぶこととなり、ボン基本法12条に照らすると理論的には疑義が生ずるとする（A. a. O., S. 34）。それ故、石油税は最早消費税と言えず、環境税改革は立法者の構築の自由を超えるとする。

維持しうるとする立場もありうる(86)。また連邦憲法裁判所(87)は電気税を合憲とし、「生産手段税を消費税とすることを禁ずる法はない」とする。

　こうした問題は、結局、環境税が消費税として性質決定されうるか否かの議論について、消費税の定義に何故最終消費者への税負担の転嫁を組み入れているか、場合によってはそれが放棄しうるものか否か、が問われることとなろう。

2　小　　括

　環境税を消費税として性質決定することに異論はさしあたりないであろう。その構造を消費税として観念すると、Gawel 教授の環境担税力概念と矛盾しない。すなわち、環境汚染排出の原因となる物質の消費はまさにそうした汚染可能性を持った行為であり、そこに環境の利用を観念することは不合理ではない。

　また、別稿で触れるが、環境税を導入する際に、個別の税目として環境税ではなく、租税法体系全体を環境適合的に改革することもありうる。

Ｖ　結　　語

　本稿では環境税の制度構築に際しての理論的問題点の一端を大まかに概観・検討した。詳細な分析は他日を期すが、結びに代え、本稿の内容を以下に約言する。

　一に、環境税は環境汚染の原因行為に特別に負担を課すため政策税制としての性質を持っている。それ故、法的には、いわゆる社会目的規範としての正当化を要すると言いうる。

　二に、しかし、環境は市場で取引される形態を原則としてとらず、それ故、市場で取引される財とはその属性を一見異にする（いわゆる自由財）。しかし、環境という財は有限であり希少である。加えて今日の経済社会は環境の利用なしには成立せず、私人は環境を利用して経済厚生を高めている。したがって、環境の利用にも担税力を観念し、環境税の正当化を試みることもできる（いわゆる環境担税力の概念）。それは最早社会目的規範とは必ずしも言えない。ま

---

(86)　例えば、参照、Kloepfer, Michael/Rüdiger Thull, Rechtsprobleme einer CO_2-Abgabe, DVBl. 1992, 195ff., 199; BFH-Urt. v. 26.3.1991 V II R 100/89, BFHE Bd. 164, 148, 151.

(87)　BVerfG-Urt v. 20.4.2004, ― 1 BvR 1748/99, 905/00, BVerfGE 110, 274, 295f.

た、租税法規範の政策分析をする際には、当該租税法規範の目的のみでなく、効果・影響をも斟酌すべきである。

　三に、しかし、環境の利用に担税力を見出すと、政策税制としての性質をなお有する環境税が濫用されかねない。それ故、汚染者負担原則に照らした環境税制の構築のほうが正当化根拠として合理性を有し、納税義務者の納得も得やすいかもしれない。

　四に、環境税という私人の自発的意思決定をベースとする政策手段と命令・強制を内実とする規制的手段との間で、それぞれの投入場面を識別することが重要である。経済的手段は、外部費用の内部化、技術革新の誘引を与え、経済活動の中で発生した環境汚染・負担を市場における価格を通じて理論上最適量まで抑制することが可能であるが、あくまでも私人の自発的意思を前提とした政策手段であり、基本的には規制的手段が政策目的実現との強い関連性が認められるから原則的政策手段と解しうる。

　五に、環境税の類型として、料金、賦課金、税という三類型が識別されている。税方式が、場合によっては世界規模にも及ぶ広域化、家計・企業という環境汚染原因の多様化等の今日の環境汚染の性質を直視して、また税収中立性の要請から見ても、望ましい政策手段である。

　六に、ドイツにおいてはボン基本法上連邦内部での財源配分のあり方が規律されているため、実定法の税目がボン基本法上の税目のいずれか該当することが求められる。環境税はこの点消費税としての法構造を有している。

21 イギリスの付加価値税（Value Added Tax）の法構造
―住宅税制の視点を中心として―

専修大学法学部教授　増田英敏

I　はじめに
II　付加価値税の背景と基本的な構造
III　付加価値税の納税義務者
IV　付加価値税の課税物件としての供給（supplies）の意義
V　財の供給の場所（Place of supply of good)・時点（Time）・価値測定
VI　税率
VII　VATの登録とその手続き
VIII　不動産税制と住宅税制としてのVAT
IX　むすび

I　はじめに

「学界および実務界に多大な貢献をされてきた山田二郎先生がお元気に喜寿を迎えられたことを大変うれしく思うと同時に、先生のご業績に心から敬意を表するものであります。」

先生の学問的関心領域は多岐にわたるが、その中でも消費税法に関する論考[1]は刺激的であり、学界に大きな影響を与えたものといえる。そこで、我が国の消費税法の原型とも言えるEC型付加価値税、とりわけイギリスの付加価値税の法構造を紹介する論考を、ここに献呈することにより、先生の学恩に対する謝意に代えたい。

本稿は、イギリスの付加価値税法全般を取り上げるのではなく、住宅税制の1つとして付加価値税を位置づけ、法解釈上問題のある点を整理することにし

（1）　たとえば、山田二郎「消費税をめぐる若干の問題」雄川一郎先生献呈論集『行政法の諸問題　中』所収（有斐閣、平成元年）、同「消費税の納税義務の成立・確定と消費税の課税標準額」松沢智古希記念論文集『租税行政と納税者の救済』所収（中央経済社、平成9年）等が主たる論考として紹介できる。

たい。規定の文言の解釈をめぐる訴訟事案をも射程に入れた本格的な検討は別稿を予定している。

　ところで、住宅の建築や賃貸に係わる住宅供給サービスに対する課税問題は、付加価値税における最も困難な問題の1つであるとされている(2)。イギリスの付加価値税法は建物の建築をゼロ税率適用とするか、もしくは非課税扱いとすることを定めている。建築業者は建物の建築契約に伴うサービスの供給に対して課税されない。免税もしくはゼロ税率が適用されると、仕入税額控除が可能となる。仕入税額控除ができない非課税取り扱いと大きく異なる。このような有利な取り扱いがなぜなされるのか、また、付加価値税法であるイギリスのValue Added Tax Act（以下「VATA」という）は、いかなる法構造を構築しているのかを本稿では明らかにしたい。

　わが国の消費税法も制度改革が急務とされている。その改革の方向性に、ひとつの示唆を得ることができればと考える。

　具体的には、イギリスの住宅税制の1つとして付加価値税をとらえ、同制度をVATAの規定に忠実に概観する。まず、はじめに付加価値税の基本的構造を確認のうえ、EC指令とVATAとの関係を踏まえながら住宅税制としての付加価値税について整理する。

　ところで、本稿で取扱う付加価値税は、固定資産税や不動産取得税のように、そもそも土地や住宅の課税を特にターゲットとして考案された税制度ではなく、広く付加価値を課税対象とする税制度である点を、まず確認しておく必要がある。広範囲におよぶ付加価値税の課税対象範囲の1つとして、住宅の譲渡のうち、その付加価値部分も例外なく課税対象となるのに過ぎない。また住宅の改装や改築に提供された付加価値をも付加価値税の課税対象とするというものである。

　したがって、住宅税制の1つとして付加価値税を取扱う方法はいくつか考えられるであろうが、基本的には、まず付加価値税の構造を確認のうえ、その構造下において住宅に対してはいかなる課税上の取り扱いがなされるのかを整理する、という手法が理解しやすいであろう。

　そこで、本稿は、まずEC型付加価値税の類型に属するイギリスの付加価値

（2）　水野忠恒『消費税の制度と理論』147頁（弘文堂、平成元年）。

税の基本的構造を明らかにする。そのうえで、住宅の新築や増改築、譲渡に対して付加価値税がどのように課されるか、特に他の課税対象付加価値とは相違する特別な取り扱いが住宅に関してなされるのか否かについて、特に整理しておく必要があろう。

Ⅱ 付加価値税の背景と基本的な構造

1 付加価値税の背景

イギリスは1973年1月1日にECに加盟したが、その年の1973年の4月1日に付加価値税を導入した。この付加価値税は、それまでの選択的雇用税(Selective Employment Tax)と仕入税(Purchase Tax)の2種の間接税に取って代わる形で導入された[3]。

付加価値税法の趣旨によると、連合王国(United Kingdom)にはイングランド(England)、ウエールズ(Wales)、スコットランド(Scotland)、北アイルランド(Northern Ireland)、そして、マン島(The Isle of Man)が含まれているが、チャネル諸島(the Channel Island)は含まれない。チャネル諸島は連合王国に含まれないばかりかECにも含まれていない。

イギリスの付加価値税導入当初の制定法は、EC Sixth VAT Directive に対応するために1978年1月1日に実質的な修正が加えられ、その後の the Value Added Tax Act 1983(以下VATA1983という)によって大改正が行われ、現在に至っている。制度上の詳細な規定は行政規則に委ねられている。

法人税や所得税といった直接税が内国歳入庁(the Inland Revenue)によって租税行政が遂行されるのに対して、VATの租税行政は税関部門(H.M.Customs & Excise)によって遂行される。

---

(3) この経緯については、「イギリスでは、1940年に、戦費調達とインフレ抑制を目的として、仕入税(purchase tax)が導入された。所得税の増徴に比べて勤労意欲への阻害効果が遥かに小さいものとして期待された。仕入税では、サービスの消費には課税が及ばない。このアンバランスの解消のため、1966年に選別雇用税(selective employment tax)が導入された。その後、1973年に、イギリスは欧州経済共同体に加入することとなり、これと同時に、仕入税及び選別雇用税を廃止して、付加価値税を創設した。」(水野勝「我が国における一般的な消費課税の展開」金子宏先生古希祝賀『公法学の法と政策上』199頁(有斐閣、平成12年)とされている。

2　付加価値税の特徴とその構造

付加価値税とは、各取引段階の付加価値を課税標準として課される一般消費税である。この付加価値税の特徴をまとめると以下の通りである。

① 財（goods）やサービスが企業間もしくは個人間で売買などを通じて移転した時点でその価格に課される売上税（sales tax）である。
② すべての財及びサービスを課税対象とする一般税（general tax）である。
③ 税率は単純な比例税率（proportional rate）を採用する。
④ 小売段階を含め、卸売、そして生産のすべての段階で課される。
⑤ 産業の組織や形態の相違を考慮せず、無差別に課される。
⑥ 最終の売上段階に至るまでの取引数によって税額が左右されないという点で、小売売上税（retail sales tax）と同様の租税負担額を課す。
⑦ 自国の生産財と輸入財とを差別せず公平に課される。
⑧ 輸出財については免税される。

この付加価値税は、フランスにおいてはじめて導入された租税制度であるが、その後、ヨーロッパ経済共同体（EEC → EC → EU）の共通税として加盟各国において採用され、さらに他のヨーロッパ諸国をはじめとして多くの国々で採用されるにいたっている。

実際の付加価値の計算方法には、賃金や利潤といった付加価値を順次加算していく加算法と、売上高から仕入高を控除して付加価値を求める控除法がある。

フランスをはじめとするEU加盟各国において付加価値税額の算定方法として採用しているのは、「仕入税額控除法」または「前段階税額控除法」と呼ばれる方法である。この方法は、課税期間内の総売上金額に税率を乗じて求めた金額から、当該課税期間内の総仕入金額に含まれている付加価値税額を控除することによって税額を求める方法である。ほとんどの付加価値税導入諸国がこの仕入税額控除法を採用している。

仕入税額控除法では、仕入税額を適正に算定することが重要となる。その仕入税額の控除の具体的方式としては、①インボイス方式と②帳簿方式の２つの方法が存在する。インボイス方式はフランスをはじめとするEC加盟国などが採用している方式で、インボイス（仕送状）や請求書に仕入額に賦課された付加価値税額が明確に記載されていることを要件に、その仕入税額控除を認める方式である。一方、帳簿方式は我が国が採用している方式で、インボイス等へ

の仕入税額の記載を要件とすることなく、帳簿等に記載された課税期間内の仕入金額に単に付加価値税率を乗じた金額を仕入税額であるとみなして、仕入税額の控除を認める方式である。この帳簿方式は実際の仕入れに際して付加価値税額が課税されたものかどうかを、仕送状といった客観的な証拠により検証することができないという点に批判が多い[4]。

(4) わが国は帳簿方式を採用しているが、この帳簿方式による仕入れ税額控除の控除要件を定めた消費税法30条の7項の解釈をめぐり紛争が頻発し、注目を集めた。すなわち、消費税法の中核となる仕入れ税額控除の要件規定の1つとも言える、同法30条の7項の「第1項の規定は、事業者が当該課税期間の課税仕入れ等の税額の控除に係る帳簿及び請求書等を保存しない場合には、当該保存がない課税仕入れ又は課税貨物に係る課税仕入れ等の税額については、適用しない。」との規定の『保存』の解釈を主たる争点とした紛争において、最高裁が相次いで下した判断が大きな波紋を投げかけている。この消費税の仕入税額控除を争点とする紛争が頻発し、それに伴い裁判例と学説が集積されてきた。

近年、この問題を争点として下級審で争われた事案に対して最高裁判決が相次いで下されている。代表的事例として、最高裁平成16年12月16日判決、同平成16年12月20日判決、そして、同平成17年3月10日判決などを指摘することができよう。

いずれの事案も、事業者が当該課税期間の課税仕入れ等の税額の控除に係る帳簿及び請求書等を税務調査の時点で提示することに非協力であったことを原因として、消費税法30条7項の帳簿等の保存の要件を充足しないとして、仕入れ税額控除が否認されたことを不服として提訴されたという点で、争点を共通する事案である。

最高裁平成16年12月16日判決の事案は次の通りである。消費税の税務調査の際に税務職員が大工工事業を営む事業者に対して帳簿書類を全部提示して調査に協力するよう求めたのに対して、事業者である原告は税務調査段階で手元に帳簿、請求書等を所持していたようであるが、一部の費目に関する領収書を提示したのみで、その余の帳簿書類を提示せず、それ以上調査に協力しなかった。そこで租税行政庁は、消費税法30条7項が規定する仕入れ税額控除に係る『帳簿又は請求書などを保存しない場合』に該当するとして、課税仕入れにかわる消費税額の控除を行わず、消費税額を算出し、消費税の決定処分をなしたが、その取消を求めて出訴したのがこの事案である。

最高裁は、「以上によれば、事業者が、消費税法施行令50条1項の定めるとおり、法30条7項に規定する帳簿又は請求書等を整理し、これらを所定の期間及び場所において、法62条に基づく税務職員による検査に当たって適時にこれを提示することが可能なように態勢を整えて保存していなかった場合は、法30条7項にいう「事業者が当該課税期間の課税仕入れ等の税額の控除に係る帳簿又は請求書等を保存しない場合」に当たり、事業者が災害その他やむを得ない事情により当該保存をすることができなかったことを証明しない限り（同項ただし書）、同条1項の規定は、当該保存がない課税仕入れに係る課税仕入れ等の税額については、適用されないものというべきである。」と判示して、申告納税制度の趣旨及び仕組みと租税調査の関係をも踏まえた上で、『保存』の文言の意味に『適時に提示できる』という条件を付加して原告の訴えを棄却した。この判断は

そのためにフランスをはじめとするEU加盟各国は、インボイス方式を採用しており、他の国々も一般にそれにならっている。イギリスの付加価値税も仕入税額控除方式によっており、仕入税額の控除にはインボイス方式を採用している。イギリスの付加価値税の仕組みを簡潔に示すと以下の表の通りである[5]。

表1　EC型付加価値税の構造

取引段階	税抜き販売価格	納付税額	税込み販売価格
①タイヤ原材料生産業者	10,000	1,000	11,000
②タイヤ製造業者	40,000	3,000	44,000
③タイヤ卸売業者	60,000	2,000	66,000
④タイヤ小売業者	100,000	4,000	110,000
タイヤ消費者	100,000	10,000	110,000

各段階での付加価値税額は次の通り計算される。

① 10,000 × 10% = 1,000
② 40,000 × 10% − 1,000（仕入税額控除） = 3,000
③ 60,000 × 10% − 4,000（仕入税額控除） = 2,000
④ 100,000 × 10% − 6,000（仕入税額控除） = 4,000

たとえば、②のタイヤ製造業者の付加価値（Value Added）と付加価値税（Value Added Tax）は次の通りである。

40,000（Outputs） − 10,000（Inputs） = 30,000（Value Added）
30,000（Value Added） × 10%（tax rate） = 3,000（Value Added Tax）

　　従来の下級審裁判例の考え方を支持したものと位置づけられる。」（増田英敏「申告納税制度における租税調査の現状と課題」『税法学』555号151頁以下（平成18年））が、帳簿による仕入れ税額控除方式がもたらした大きな副次的問題点として注目しておくべきである。少なくとも、インボイス方式によればこのような問題は発生しない。
（5）　金子宏『租税法第11版』536頁以下参照（弘文堂、平成18年）

以上のように各業者段階で加えられた付加価値に税率を乗じて付加価値税は算出され、その業者により納税されることになる。仕入税額控除により、各段階の業者は自己の支払った税額を回収し、各段階の業者はこの方法により次段階の業者にVATを転嫁していくのである。

Ⅲ 付加価値税の納税義務者……VATA規定の確認

1 一般的な付加価値税の納税義務者（個人と事業者）

イギリスの付加価値税は、イギリス国内において財もしくはサービスの消費がなされた時に課される税である。しかしながら、一般的には消費者に直接的に課すというよりも、むしろ財もしくはサービスの供給者に課すということのほうが適切であろう。先に示した表2からも明らかなように、付加価値税の最終的な負担者は、財もしくはサービスを最終的に消費する消費者であるが、税の計算及び納付は消費段階までに介在する製造業者や卸売業者であることには注意を要する。付加価値税の負担者は最終消費者であり、納税義務者は財またはサービスが消費者に供給されるまでに介在する財もしくはサービスの供給者（suppliers）である。

納税義務者（taxable person）の事業の遂行過程において当該納税義務者によって供給された供給物、すなわち付加価値に付加価値税は課される。

納税義務者は、VATAの規定[6]に従って登録を済ませるか、登録すべき要件を具備した者と定義できる[7]。

2 付加価値税の課税単位

付加価値税は事業の遂行過程において創出された付加価値の供給に課されるものであるが、課税単位は、事業を遂行する人であり事業ではない。この課税単位は、イギリス国内で適用される付加価値税の納税義務者として登録することによって確定する。納税義務者の範囲を確定する際に、その登録は特に重要な意義を有する。特定の個人によってなされた課税対象供給物のすべてが、たとえそれらの供給が異なる事業の遂行過程において供給されたとしても、統合され集計される。一度ある人物が付加価値税の納税義務者として登録されると、

（6） VATA1994, s, 3(1)
（7） VATA1994, s, 3(1), 4(1)を参照。

当該人物のすべての事業活動に付加価値税が課税されることになる。しかしながら、登録者と取引をする別の人物によってなされる事業活動に付加価値税が必ずしも課されるとは限らない。ある業者が付加価値税の納税義務者として登録したことが、その取引相手の地位に自動的に影響を与えるものではない。

ところで、taxable person をここでは納税義務者と訳したが、課税対象となる者という意味であるが、この"person"という用語を VATA は明確に定義していないが、独立した法人格、たとえば会社（a company）、信託（a trust）、労働組合（a trade union）、などを含むと解されている。パートナーシップはスコットランドを除き、独立した法人格を有していないけれども、付加価値税法上は Person としてみなされる。法人化されていない組合、たとえばクラブなども実務上は Person. とみなされている。

Ⅳ 付加価値税の課税物件としての供給（supplies）の意義

1 付加価値税の規定と課税要件における Supply の位置付け

ここに課税物件とは、課税の対象とされる物・行為・または事実を意味する。納税義務成立の基礎を構成するもので課税の対象という意味で用いる。イギリスの付加価値税は、イギリス国内において供給された供給物に主として課されることは先に述べた（イギリスの付加価値税の課税物件は Supplies であるが、この訳をここでは供給物とした）。したがって、イギリス付加価値税の課税物件は、イギリス国内で供給された供給物であるということができる。

以下で供給物は Supplies を指していることを確認しておくと共に、課税物件としての供給物の意義とその範囲について、以下において明らかにする。

納税義務者、課税時点、課税物件の帰属、そして税率といった付加価値税の課税要件を確定していく骨格となる主要概念が、課税物件としての供給物である。ゆえに、その意義・範囲を正確に理解することは付加価値税の構造を理解するうえで不可欠である。

まず、この付加価値税は極めて複雑であるが、イギリスの付加価値税法（VATA1994, s 4(1)）は根拠規定を以下の通り、きわめてシンプルに定めている。

「付加価値税（VAT）はイギリス国内で供給された財もしくはサービスの供給物に課される。イギリスでは課税対象者によって運営された事業の遂行過程において当該課税対象者によって供給された供給物も課税対象となる。[8]」

この規定から次の5つの付加価値税の課税要件が導出される。次の課税要件テストを充足して初めて付加価値税が課されることになる。
① 財もしくはサービスのいずれかの供給（supply）が存在しなければならない。
② 当該供給物はイギリス国内で供給されたものでなければならない。
③ 当該供給物は免税対象ではなく課税対象供給物でなければならない。
④ その供給物は課税対象者（a taxable person）によって供給されたものでなければならない。
⑤ その供給物は当該供給物を製作する課税対象者によって運営される事業の遂行過程において供給されたものでなくてはならない。

すなわち、イギリス国内で供給された供給物で、それも課税対象者によって供給されたものでなくてはならず、当該課税対象者の事業遂行過程によって供給され、当該供給物は非課税対象物品やゼロ税率適用品ではないことが要件とされるのである。

2　付加価値税の課税物件の範囲……事業の遂行過程の意味

当該供給は"事業の遂行もしくは推進過程において"（made in the course or furtherance of a business）なされたときにのみ VAT の課税対象となる。したがって、親が子供の使い古しの自転車を誰かに売る場合には、その売買取引は事業の遂行もしくは推進過程においてなされた売買ではなく、事業とは関係しない個人的な取引であるゆえに、VAT の課税対象とならない。

(1) 事業が営まれているかどうか（Whether a business carried on）

VAT における事業（business）は所得税法上で用いられる商業（trade）とほぼ同義語である。実際に、事業には職業としての商業も含まれる。しかし、VAT 上の事業は商業よりも広い概念を持ち、所得税目的では投資収益とみなされる多くの活動も事業活動に含まれる。たとえば、財産の賃貸は VAT 上の事業とみなされる。

VATA1994は、事業活動の概念を明確に定めるのではなく、事業活動として取り扱われる活動を列挙するという方法によって、以下のように事業活動の

---

(8)　VATA1994, s. 4(1)

範囲を定めている。イギリス法はEC指令の規定を踏襲している。EC指令は事業という用語を用いていないが、ある経済活動を自立して営む者を課税対象者であると言及している。当該経済活動を営む者について、EC指令は以下のように定める。

「鉱業、農業、知的職業活動を含むサービスを提供する生産者、商業者、そして個人である。収益を獲得する目的のために有形もしくは無形財産を継続的ベースで活用することは当該経済活動と考えられる。(9)」

継続的に自己の有する無形もしくは有形財産を収益獲得のために活用する活動が、事業活動とみなされると定義している。この事業活動の遂行過程で供給された財及びサービスがVATの課税対象となる供給（Supply）なのであるということができる。

(2) 事業の遂行過程もしくは推進過程でなされた供給であるかどうか
　　(Whether supply made in the course or furtherance of business)

ある特定の供給がVATの課税対象になるかどうかを判断するために、また、その供給が事業の遂行過程もしくは推進過程でなされたものかどうかを判断するために、事業が果たして営まれているのかどうかを認定判断することが必要である。

法は、事業の遂行過程から除外される供給類似行為について、事業を閉鎖した場合など、といったように法規定によって明確に定めている。事業の遂行過程でなされたとみなされる提供について法は以下の通り定めている(10)。

i 事業用資産の供給、事業目的で供給された供給財。これらについて法は特別の規定を用意してはいない。

ii 事業廃止の関係でなされた、たとえば、事業用資産の売却など。

iii 継続企業における事業の譲渡。

iv 商業を営むものによる事務所の保有のために供給される供給財、たとえば、自己の知的職業を営む過程で、会社の取締役として事務所を与えられる弁護士の場合などがこの例であろう。

---

(9) EC指令77/388, art. 4(2)
(10) VATA1994, s 94(1), (2)(a), (b), (4), (5), (6)

3 財の供給（Supplies of goods）
課税対象となる財の供給の具体的な内容は以下の通りである。
① 1つのまとまりのある財は、そのまとまりを単位とした財全体の移転。
② 当該財の売り手側と買い手側の間に売買の同意がある場合もしくは将来のある特定の日時に当該財が移転されることにつき売り手・買い手の両者間に明確な同意がある場合の所有権の移転。
③ 電力、光熱、冷蔵、換気等の供給。
④ 土地の主要な権利の供給、たとえば自由土地保有権（freehold）、スコットランドにおける土地の使用所有権、または土地の21年以上を超えるリースを意味する。
⑤ 私的使用のために事業からの財の永久的な移転。

4 サービスの供給（Supplies of services）
財の供給以外で、対価の約因をもって成される全ての行為を、サービスの供給という。

V 財の供給の場所（Place of supply of good）・時点（Time）・価値測定

財の供給場所に関して、イギリス法はVATA1994, s.7, で規定し、EC指令77/388（第6指令）art.8も規定を定めている。

1 財の供給場所[11]：基本ルール（Basic Rule）
財の供給場所を規制する規定は、当該取引の当事者の所在を無視するという点で、他の税の課税規定とはまったく異なる。

基本ルールは、財の消費者へ発送または輸送の開始時点に、それらの財が存在していた場所を供給場所として取り扱うというものである。もしそれらの財が発送または輸送を必要としないものであれば、その財が供給された時点において、その財が所在した場所が供給場所とされる。

事例による理解

---

(11) VATA1994, s.7,

花田は有吉にコンピューターとプリンターを売る。プリンターはアメリカにあり、コンピューターは Huddersfield（イングランドの北部の町）にある。両者を花田は有吉のオーストラリアの自宅に送った。

プリンターは発送時点でイギリス国外に所在していたのでイギリス以外から供給されたものと扱われる。

一方、コンピューターは、その発送時点でイギリス国内に所在していたのでイギリス国内の供給として扱われる（財の輸出に該当し対象物品がゼロ税率適用の対象となる場合があるので、これは必ずしも付加価値税の課税対象となる供給に該当するとは限らない）。

花田は、またコンピューターと共に CD ソフトを友田に売る。花田は日本からの CD ソフトの委託販売品の到着を待っている。それらの委託販売品が到着すると、彼は友田にそのソフトの1つを売買契約の履行として発送することになっている。

花田は、そのソフトの委託品の到着まではそのソフトを供給してはいないので、そのソフトの供給はイギリスで作られたものとして扱われる。

この事例で明らかなように、供給の場所の認定のルールは、発送時基準とでも言うべきもので特別な取扱がなされていることに注意を要すべきであろう。

2 サービス供給の場所の基本ルール（Place of supply of services- Basic rule）(12)

イギリス法、EC 法の両者は、特別なサービス供給の場所に関する以下のルールがある場合を除いて、当該サービスの供給者が帰属する場所によって判断されると規定している。人の帰属する場所は各供給物が作られた場所とは別に決定される。

サービスの供給者が、イギリスに帰属するイギリス人であれば、当該供給者によるサービスの供給は、イギリスで行われたものとして扱われる。ある事業者がイギリス国内に事業所を有するかもしくは他の事務所、ショールーム、工場、といった固定の事業施設を有するのであれば、当該事業者はイギリスに帰属するものということができる。もちろん、支店・代理店を通してイギリス国

---

(12) VATA1994, s. 7.

内で事業を行うのであれば、その事業者はイギリス国内に事業所を有するものとみなされ、イギリスに帰属するものとして扱われる[13]。

サービス供給の場所に関して特別なルールが存在する場合とは、たとえば土地や不動産に関するサービスや顧客輸送に関するサービスについては、特別な認定基準が存在する[14]。

3 提供の時点（Time of supply）：基本的な課税時点（the basic tax point）[15]

財及びサービスの供給の時点を認識することは、課税時点を認識することであるために非常に重要であり、その認識基準は明らかにされなければならない。付加価値税に限らず課税のタイミングの問題は、他の税目においても最も重要な課税要因となる。

(1) 基本的な課税時点：財（Basic tax point: goods）

基本的な課税のタイミングは、課税対象が財か、サービスかによって異なる基準を用いて認識される。顧客に配達される財もしくは顧客によって調達される財の場合には、当該財の基本的な課税時点はその財が顧客に到達した時点ではなく、その配達が開始された日時である。もし財の供給が財の移動を伴わないもの、たとえば、土地の供給、顧客の家屋敷に構築されている財の供給などといった場合には、当該財が顧客によって利用可能となった時点が課税時点とされる。土地の供給の場合にはその課税時点は売買契約の成立時点とされる。

(2) 基本的な課税時点：サービス（Basic tax point: services）

サービスの供給に対する基本的な課税時点は当該サービスが遂行された時点である。租税行政庁は、一般的に当該サービスの供給が完了した日時を課税時点としている。

4 財・サービスの供給（Supplies）の価値測定[16]

付加価値税の課税目的とする供給財・サービスの価値測定は付加価値税の税

---

(13) Alan Bucket, VAT in European Community, at 149 (1990): hereinafter Alan Bucket VAT.
(14) この詳細についてはNotice741VATを参照。
(15) VATA1994, s.6.
(16) VATA1994, s.19.

額を直接的に左右するゆえに、課税のタイミングの問題と共に最も重要な課税要素である。

課税のタイミングと同様に基本的な測定基準を VATA は用意している。

(1) 貨幣価値による対価（Consideration in money）

供給が対価をもってなされ、そして、その対価が貨幣価値によるのであれば、供給価値はその対価に相当する貨幣価値で測定され、対価の価値と貨幣価値は同額となる。換言すると、もし供給が貨幣価値によって評価されると、その価格には付加価値税の課税額も含まれていることになる。

(2) 貨幣価値以外による対価

供給が貨幣価値以外の対価によりなされた場合には、イギリス法の下では、その対価を貨幣価値に換算して、対価に相当する貨幣価額を測定することになる。

(3) 供給財・サービスの価値測定の特別規則

基本的価値測定規則は多くの修正が加えられている。その修正後の規則は特別規則ということになるが、いくつかの主要な特別規則を取り上げてみよう。

特別規則としては、特殊関係者間での供給は租税行政庁によって公正な市場価値に評価修正が加えられるなどがあげられる[17]。

VI 税率……ゼロ税率[18]と非課税（Tax Exemption）[19]

イギリス国内で供給された供給財またはサービスには、その供給が非課税対象供給でない限り付加価値税が課されることになる。供給財またはサービスの課税価格に税率を乗ずることにより基本的には付加価値税額が算定される。イギリスの付加価値税の税率は、以下の標準税率、軽減税率、ゼロ税率の3段階に分類できる。

1 税率の種類

(1) 標準税率

イギリスの付加価値税の現行の標準税率は17.5%である。軽減税率、ゼロ税

---

[17] 詳細については VATA1994, s.56, 57, Sch., 6, para.1, 2, 5, 6, 7, 9, 10を参照されたい。
[18] VATA1994, s.30.
[19] VATA1994, s.31.

率適用供給のリストに挙げられていない供給には、この標準税率が適用されることになる。

(2) 軽減税率

1997年9月1日以降、家庭用もしくは慈善用に使用される電力や燃料の供給には5％の軽減税率が適用される。具体的には、電気、ガス（シリンダーガス（cylinder gas）を含む）、石炭、そして、その他の固体燃料、光熱用オイルやエアコンなどの供給財は5％の軽減税率が適用される。また、2000年4月1日からは、年金生活者に供給されるセントラルヒーティングシステムやホームセキュリティ用品の設置にも軽減税率が適用されることになった。

なお、EC以外からイギリスへの財の輸入に関しては、①課税の中止、②一時的な軽減措置、③恒久的な軽減措置の、主に3種類のVATの税率軽減措置が講じられている[20]。

(3) ゼロ税率[21]

付加価値税の税率は、標準税率、軽減税率、そして、ゼロ税率の3種の税率から構成されている。ゼロ税率と非課税との相違点は、ゼロ税率適用の供給財等の製造業者は、付加価値税の納税義務者として登録をしなければならず、さらに、納税義務者として登録することにより仕入コストに賦課された付加価値税の控除、いわゆる仕入税額控除が可能となる点にある。非課税対象供給のリストが法によって明確に規定されているように、ゼロ税率適用対象供給も法がそのリストを定めている。

非課税対象供給とゼロ税率対象供給は、法が列挙した対象供給に該当するかどうかを厳密に審査して該当するのかどうかが判断されることになる。

同リストのいずれにも該当しないと判断された供給には、標準税率が適用されることになる。

当該供給が非課税対象供給とゼロ税率対象供給の両者に該当する場合には、ゼロ税率が優先され、当該供給はゼロ税率対象供給として取り扱われる。

(4) ゼロ税率の意味と性格[22]

供給に対するVATの賦課税額を算定する場合には、当該供給が軽減税率に

---

(20) 詳細は VATA1994, s. 21(4)-(7); FA 1995, s. 22; Value Added Tax (Imported Goods) Relief Order 1984 (SI 1984/746) を参照されたい。

(21) VATA1994, s. 2(1A)-(1C), 4(2), 30(1), 31, Sch. A1, 9; F (No. 2) A1997, s. 6

該当しない限り、標準税率を適用してVATの税額を決定することが一般的な税額算定ルールとされている。

ある供給がゼロ税率適用範囲に該当する場合には、それは課税対象供給として扱われるが、VATの税額計算過程では、税率ゼロ・パーセントが適用されるということになる。当該供給の取引高がVATの登録要件を超えている場合にはVATの納税義務者でることを登録しなければならない。その上で、当該供給に関わる仕入税額控除をすることができる。この仕入税額控除ができるか否かは、事業者にとっては大きな意義をもつ。あるVAT登録事業者の製品がゼロ税率適用対象であった場合には、当該製品を製作するうえで投入された原材料に賦課されたVAT（input tax）、いわゆる仕入税額を控除することができるのである。

(5) ゼロ税率適用対象となる供給の法定リスト

Group 1　食物

　この食物には人間が費消するものはもちろん、動物のえさ、食材となる植物の種、食用目的に使用される動物とも含まれる。

Group 2　上下水道サービス

　下水の大量処理に関わる供給、非産業用の水の供給の大部分がこれに含まれる。

Group 3　書物等

Group 4　盲目の人々やハンディキャップの人への書物の読み聞かせやワイヤレスセット

Group 5　建物の建設

　ゼロ税率適用対象の建物には、住宅やすべて居住用に使用される建物、慈善団体による非事業用の建物や村の公共建築物や社会活動やレクリエーショナル施設を供給するための建築物のような慈善使用の建物を含む。

　さらにゼロ税率は、1）当該建物建設過程の供給、2）当該建物を建設している者による建物の自由保有権（freehold）や長期リース権の譲渡にも適用される。

　さらに、建物の建設に伴う土地の造成についてもゼロ税率が適用されるこ

---

(22)　VATA1994, s 30

ともここで確認しておく。

Group 6　適格建物（protected building）
　都市計画法（the Planning Act 1990）に定められた Listed Buildings and Conservation Areas に列挙された建物など
Group 7 ― 国際サービス（Notice 741）
Group 8 ― 輸送（Notice 744）
Group 9 ― トレーラーハウス、ボートハウス
Group10 ― 金
Group11 ― イングランド銀行券
Group12 ― 薬剤、医薬品、ハンディキャップに対する支援する物品など
Group13 ― 輸入財、輸出財など
Group14 ― 非課税店
Group15 ― 慈善団体など
Group16 ― 衣類や履物（Notice 714）

2　非課税対象の供給（Exempt Supplies）
（1）　非課税供給の性格[23]
　ある供給が非課税対象供給品としてリストに挙げられたグループに該当すれば、当該供給は非課税とされる。
　ある供給が非課税対象供給グループに該当し、さらにゼロ税率適用グループにも該当する場合には、非課税供給として処理されるよりも、むしろゼロ税率適用対象供給として扱われる。ゼロ税率適用対象供給グループに該当すれば、当該供給が課税対象となろうがなるまいが、ゼロ税率が適用されることになるからである。非課税供給の場合は非課税対象となるか否かの判断が困難なケースが出てくるからである。
　ある供給が付加価値税の非課税対象になれば、もちろん付加価値税が課税されないが、非課税対象の供給との関連で生じた仕入税額の控除ができなくなる。この仕入税額は当該事業のコストに含まれることになる。すなわち、当該供給が非課税対象になると、当該供給のコストのうちの仕入部分に課税された付加

---
[23]　VATA1994, s. 26, 30(1), Sch. 9

価値税を控除する、いわゆる仕入税額控除ができなくなる。

　これは、我が国の消費税の議論で、非課税業者（免税事業者）は消費税が免税されることになると同時に仕入税額控除ができなくなるために、仕入部分に賦課された消費税を転嫁できなくなることと同様の理屈である。このために、あえて非課税業者になることを避ける業者が存在することが指摘されている。

(2) 付加価値税（VAT）非課税対象グループ

　非課税対象供給は法定された非課税リストに列挙されている。法定の非課税リストには以下の通り、14のGroupが列挙されている。

Group 1 ― 土地（Notice 742）

　非課税対象としての土地には土地の所有権の譲渡ばかりでなく、土地に関連する以下の権利の譲渡も含まれる。

① 土地の使用収益権
② 土地の上に存在する何らかの権利
③ 土地の立入権

①、②、③はいずれも土地の使用収益権に含まれるが、それらの権利の譲渡も土地の所有権の譲渡と共に非課税扱いとなる。

Group 2 ……保険
Group 3 ……郵便サービス
Group 4 ……賭け事、ゲーム、富籤（lotteries）
Group 5 ……金融
Group 6 ……教育
Group 7 ……健康と福祉
Group 8 ……葬儀と火葬
Group 9 ……労働組合と職業団体
Group10……スポーツ、スポーツ競技、体操教育
Group11……芸術関連の仕事
Group12……慈善団体や他の適格団体によって助成されたイベント
Group13……文化的サービス
Group14……仕入税額を転嫁できない財の供給

Ⅶ　VATの登録とその手続[24]

イギリス国内で課税対象供給を業務とする事業を行う者で、課税対象取引高が法定の金額を超える場合にはVATの課税業者として登録しなければならない。この登録要件となる取引高の基準については以下の基準があり、当該供給がこの基準となる課税取引高（taxable turnover）を超えた場合には登録することが義務付けられている。

1　登録要件と基準
(1)　年間取引高基準……歴史基準

現行のVAT規定によれば、過去12ヶ月もしくはその期間内に課税取引高が£54,000を超えた場合にはVATの登録が必要となる。この年間取引高基準によれば、毎月末時点において、過去12か月分の累計取引高を歴史的に確認する必要がある。12ヶ月£54,000を超えた場合には、当該事業者はその基準を超えた月の月末から30日以内に関税庁その旨を届け出て、登録の手続をとらなければならない。関税庁は、この届け出を基に当該基準を超えた月の翌月からその登録が有効になるよう処理しなければならない。

(2)　年間取引高基準……将来基準

30日経過後に、合理的な根拠を基に年間取引高が£54,000を超えると予測される場合には、前もってVATの登録をすることができる。これが将来基準と呼称されるもので、年間取引高£54,000超過を前もって予測して登録するというものである。翌月の30日以内に、この基準額を取引高が超過すると予測される事業者は、その時点で関税庁に登録することができる[25]。

2　登録手続

上記の基準に照らして、VATの登録義務が生じた者は速やかにその事実を関税庁に登録しなければならない。

この登録対象者はVAT登録Form 1によって登録をし、もし当該事業者がパートナーシップであればForm 2を用いる[26]。

---

(24)　VATA1994,, Sch 1.
(25)　VATA1994, s.8, Sch.1, para.1(7), (8), 5, 6, Sch.5

第3編　比較税法

登録の免除(27)

ゼロ税率対象供給をなす者で、本人が希望し申請手続をすれば、仮に年間取引高基準を超過したとしても登録が免除される。

この登録手続の理解に以下の表は有益であるので参考にされたい。

歴史基準によると

事　　実	登録申請期日	登録の発効日
8月31日に過去12ヶ月間の課税対象取引高が£54,000を超えた。	翌月の9月30日までにFormVAT1により登録申請しなければならない。	10月1日登録が発効される。

将来基準によると

事　　実	登録申請期日	登録の発効日
1月20日に最初に課税対象取引高が次の30日経過後には£54,000を超えると予測した。	2月19日までにForm VAT1により登録申請しなければならない。	1月20日に登録が発効される。

Ⅷ　不動産税制と住宅税制としてのVAT

1　不動産税制としてのVAT

不動産を土地と建物と限定すると、土地には対しては、VATは賦課されず非課税扱いとなり、建物の譲渡や賃貸にはVATか賦課されるというように整理できる。

対価を得てなされる土地の所有権の移転はもちろん、土地の使用収益権、土地の上に存在する何らかの権利、そして、土地の立入権といった土地の使用収益権の移転や賃貸についても非課税扱いとなる。土地に関する権利の移転や賃貸にはVATが課されないという点は、不動産税制の1つとしてVATを取り上げる場合には特筆すべき点であろう。

但し、土地の所有権の移転や地上権などの使用収益権自体の対価については

---

(26)　詳細な手続はValue Added Tax Regulations 1995 (SI 1995/2518), reg.5(1)を参照されたい。Supplement to Notices 700/1 and 700/11

(27)　VATA1994, Sch.1 para.14(1)

非課税扱いとなるが、不動産業者が介在してその売買が行われた場合に、不動産業者に対して支払われる仲介手数料などについては、仲介手数料が役務の提供の対価に該当するのであるから当然VATが賦課されることになる。土地の管理者に所有権者から支払われる管理料も、仲介手数料と同様に役務の提供に対して支払われるものであるから、VATの課税対象となり土地関連であるからといって非課税扱いにはならない、という点にも注意を要する。建物の取り扱いについては住宅税制の根幹であるので、以下で詳述する。

2 住宅税制としてのVAT

現行のVAT法は新築の家と、1973年以降（28年間）ずっと居住の用に供されていなかった家を改装のうえで譲渡した場合には、ゼロ税率が適用されるように規定されている。新築を除く建物の改装、改築、増築、修繕といった建物の建築関連のサービスの供給には標準税率がこれまで適用されてきた。

住宅税制の1つとしてVATを捉えた場合、住宅の最終購入者と住宅の販売業者、そして、住宅の建設業者、の三者の側面が考えられる。また、住宅販売業者は新築住宅を建設し、それを消費者に販売する業者と中古住宅を販売する業者、そして、両者を扱う業者に分類できる。住宅用建物の建設する建築業者も新築住宅を建設する場合と中古住宅の改築、増築、修繕を行う場合を考慮する必要がある。この関係は以下の通りに整理できる[28]。

---

(28) なお、この建物に対する課税取り扱いの問題について次のような問題点の指摘があることに注意が必要である。

すなわち、「したがって、建築業者は、建物の建築契約によるサービスの対価について課税されないのみならず、建築資材の仕入れに係る付加価値税額の控除も認められる。ゼロ税率の適用は、建築の請負・引渡しを行う業者についてのみではなく、同様の取扱いは、下請け業者の提供するサービス、建築における設計以外の土木工事等の技術提供、建築に必要な資材の提供、などの財・サービスの提供についても認められる。他方で、イギリス付加価値税法では、土地の譲渡を非課税（tax exemption）にしているが、自己の所有する土地の上に建築した建物は、土地に付合して一体となると考えられているので、建築業者が建物の建売りを行う場合には、その建物については免税・ゼロ税率の適用はなく非課税となるため、仕入れに係る税額の控除は認められない。したがって、同様のサービス提供であっても、その課税上の取扱いに不均衡が存在しているのである。」（水野忠恒、前掲注（1）、148頁以下）という問題点の指摘である。

(1) 住宅としての建物購入者のVAT
　(a) 新築建物を購入する場合
　　　建物購入価額×ゼロ税率＝VATは0
　(b) 中古建物を購入する場合
　　　建物購入価額×標準税率（17.5％）＝VAT支払税額
(2) 住宅販売業者（登録要件を満たし登録した者が納税義務者となる）
　(a) 新築建物を仕入（建売住宅も含む）販売する場合
　　　（建物販売価格×ゼロ税率）－（建物仕入価額×ゼロ税率）＝0（VAT）
　(b) 中古建物を仕入販売する場合
　　　（建物販売価格×17.5％）－（建物仕入価格×17.5％）＝VAT（相殺差額が納付税額）
(3) 住宅建設業者（登録要件を満たし登録した者が納税義務者となる）
　(a) 建物新築を請負う場合
　　　（建物新築請負価格×ゼロ税率）－（原材料購入原価＋外注工事原価＋工賃）×ゼロ税率＝0（VAT）
　(b) 既存の建物の改装・改築・増築を請負う場合
　　　（改装・改築・増築価格×17.5％）－（改装・改築・増築原価×17.5％）＝VAT（相殺差額が納付税額）

土地は非課税適用対象であるが、たとえば住宅を建設するための土地の造成供給はゼロ税率の適用対象となる（Leaflet 708/2）。

3　賃貸住宅関連のVAT

最後に、賃貸住宅の賃貸料に関するVATの取扱を整理しておく必要がある。

まず、住宅の賃貸はVATの非課税対象とされている。ところが、EC第6指令の13C条は、一定の非課税供給（exempt supplies）のうち、いくつかの供給を限定的に列挙して、VAT課税の選択権を納税者に付与することを認めている。

VAT課税の選択権が認められている非課税供給として、不動産の賃貸やリース、土地関連の供給が挙げられている。したがって、賃貸住宅に対するVATの基本的な課税関係は、原則は非課税取扱いであるが、家主の選択によって課税取扱いもできるという構造になっている。

21　イギリスの付加価値税（Value Added Tax）の法構造〔増田英敏〕

　まず、住宅を賃貸する家主は、住宅の賃貸をビジネスとしておこなっているか、もしくはビジネスの一環として住宅を賃貸し、賃貸料を受領している場合には、非課税とされる住宅の賃貸についてもVATの課税を選択できる。賃貸に際しては、当該住宅の賃貸がビジネスとしてなされているか否かが選択の要件となる。

　賃貸住宅の家主が、非課税扱いを選択するか、課税扱いを選択するかの考慮要因としては、住宅を賃貸する過程において、家主自身が負担したVATの負担額の多寡が主としてとりあげられる。すなわち、賃貸建物の取得過程において、家主自身が納付したVATの負担額や賃貸住宅を維持管理していくプロセスにおいて支出した管理費、修繕費などに含まれるVAT負担額を、賃貸料にVATを課すことを選択すれば、いわゆる仕入税額控除が可能となる。賃貸料を非課税扱いとして家主が選択した場合には、賃貸建物の維持、管理費に含まれるVATを控除することはできなくなるから、そのVATを家主自身が負担し、賃借人に転嫁することができない、ということになるのである。

　ただし、この選択の際のもう1つの重要な考慮要因は、賃貸料にVATを課すことを選択すると、そのVATの分だけ賃貸料が高くなるために、賃借人に敬遠されるというリスクを負うという点である。

　住宅の賃貸の場合には、建物の共有部分や建物全体の維持管理が家主に求められることになる。エレベーター管理、造園業者、窓掃除会社と家主は契約し、その負担額には当然VATが賦課されているから、そのVATを転嫁するためには賃貸料にVATを上乗せして賃貸する必要がある。しかし、賃貸住宅のマーケットにおいてVATを賃貸料に上乗せすることにより、価格競争力を維持できるか否かが、家主にとってはもう1つの大きな意思決定要因となろう。

　このように、イギリスの住宅税制の1つとしてVATを位置付けた場合には、賃貸住宅に対するVATの課税関係も重要な意義をもつ。イギリスの住宅の賃借料は、その家主のVAT負担の損益分析により、非課税扱選択によりVATが賦課されていない場合と、VATの賦課選択によりVATが上乗せされている場合の、2つの場合が混在していることが確認される。

　住宅の管理や仲介、その他の関連費用には、基本的にVATが賦課されていることもここで確認しておく。

Ⅸ　むすび——イギリスの住宅に関する VAT の法構造と
わが国の消費税改革への示唆

　イギリスでは、既存の一戸の居住用建物を複数の戸数の住宅に転用したり、非居住用建物を居住用建物に転用する際の転用のための改築費用には、これまでは標準税率が適用されてきた。ところが、これらの転用費用に対して5％の軽減税率適用が検討されているようである。2001年5月3日付の、「住宅に関する VAT の法改正の影響の査定」(Regulatory Impact Assessment) が公表されている。この報告書では軽減税率適用への改正の趣旨、改正の利益、行政コスト、小規模の建設業者への影響、そして、改正のリスクについて言及されており興味深い[29]。そこで、イギリスの住宅税制の方向性を確認する意味でも意義があると思われるので、ここで同改正案の中身について簡略に紹介しておく。

　同改正案は、以下の場合の役務供給費用に従来は標準税率が適用されてきたものを、5％の軽減税率適用に改正しようというものである。

① 既存の居住用財産を異なる数の住宅に転用し、または非居住用建物を居住用建物に転用する際の役務供給
② 建物を居住用の共有建物に、または集合住宅に改装する際の工事費用
③ 3年以上、空家であった家を改装する際の工事費用

　以上の①から③の工事費用には標準税率ではなく、5％の軽減税率を適用する。さらに、10年以上空家であった居住用財産を譲渡した場合には、従来は標準税率17.5％が適用されたが、その適用税率をゼロ税率に改正することも含まれている。

　この改正案の趣旨は、居住用住宅を入手しやすくすること、そして、空家のまま放置された居住用財産を居住の用に供し易くすることにある。また、長期間、空家のまま放置された住宅を譲渡しやすくすることもその趣旨として挙げられている。

　これらの改正の政策効果について、同報告書は次のような点に大きな効果が見込まれることを指摘している。

① 住宅への転用コストに対する軽減税率適用は住宅開発を事業とするデベ

---

(29)　website www.hmce.gov.uk/bus/vat/housing-ria.htm 参照。

ロッパーの住宅開発の後押しをする効果が見込まれる。
② 相対的に小規模の住宅の提供を加速することで住宅の絶対戸数を拡大し、さらに住宅の低価格化に貢献する。
③ 1996年から2021年までの25年間に全世帯の71％が単一世帯になると予想されている。この予測に立てば住宅も従来の大型住宅から小型の単一世帯用の住宅の供給が必要となる。この時代の要請に寄与する。
④ 予測によると、この改正により既存住宅のユニットの小型化により、2002年3月までに約1000戸の住宅が新たに供給できると見積もられている（本稿執筆の時点ではその成果は確認されていない）。
⑤ 3年以上空家であった住宅を改装するコストに対する5％軽減税率適用によって、長期間の空室状態での住宅の放置を防止し、さらには空家であるために違法なごみ捨てや汚損、犯罪や反社会的行為を誘発してきた、当該空家存在地域を再生させることも可能となる。
⑥ ゼロ税率への改正は毎年250の長期空家を住宅として稼動させることが可能となる。

この税率改正によりトータルでイギリスの既存の住宅ストックに、毎年3700戸の個人住宅を新たに供給することができるとの試算を明示している。

この税率改正は、従来のイギリスの住宅が大型であり核家族化の現状にそぐわない部分を是正し、さらに多くの空室を有効に稼動させるという点で期待される改正であると結論付けられている。

以上のようにイギリスの付加価値税は政策誘因効果を発揮することが期待されているようである。

一方、我が国の消費税改革の方向性は財政赤字の補填の財源として消費税率を引き上げることに集中している。税率引き上げはダイレクトに逆進性を強める結果をもたらす。その逆進性が低所得階層に及ぼすダメージをいかに緩和するかが、しっかりと議論されねばならない。

担税力に応じた課税は強度な逆進性により歪められる。この逆進性の問題を解決する方法としてイギリスの住宅に対する複数税率の適用方法は示唆に富むものと思われる。複数税率による消費税制の複雑化による法的な問題をいかに解消すべきかについて、イギリスの住宅に対する付加価値税の法構造は参考になると思われる。

22 租税法と国際私法の交錯
——ケイマンのリミテッド・パートナーシップを題材として——

慶應義塾大学法科大学院教授・弁護士 増田　晋

I　はじめに
II　パートナーシップの日本租税法上の取扱いに関する検討方法
III　特例リミテッド・パートナーシップの日本の租税法上の取扱い
IV　終わりに

I　はじめに

1　ケイマンのリミテッド・パートナーシップ

　日本に関係する投資活動において、長年、英領ケイマン諸島（以下、「ケイマン」という）の法律に基づく特例リミテッド・パートナーシップ（"Exempted Limited Partnership"）（以下、単に「特例リミテッド・パートナーシップ」という）が受け皿として多用されている。何故特例リミテッド・パートナーシップなのかについては、投資分野に関してケイマンの法規制や課税が緩やかであるという理由や、米国資本を代表とする国際的な投資活動がこれまで特例リミテッド・パートナーシップを多用し、全世界的に親和性があるとの理由が挙げられている[1]。

　特例リミテッド・パートナーシップが利用される形態としては、まず日本国内の投資資金を特例リミテッド・パートナーシップに集中させ、特例リミテッド・パートナーシップが海外で事業活動を行う海外投資形があり、日本で組成されている船舶リースや航空機リース等の事業活動によく見られる形式である[2]。次は、外国の投資資金を特例リミテッド・パートナーシップに集中さ

（1）　石綿学「外国籍プライベート・エクイティー・ファンドの課税問題」（有斐閣「ビジネス・タックス」）484頁参照。
（2）　日本の外航商船隊に裸傭船によりパナマ船籍などの船舶をリースする事業について

543

せ、特例リミテッド・パートナーシップが日本の企業や事業活動を対象として投資するという対内投資形態で、ここ数年、「外国籍プライベート・エクイティ・ファンド」などとして日本で活躍している[3]。

パートナーシップ形態の事業体[4]は特例リミテッド・パートナーシップに限定されるものではない事は当然だが、米国の不動産投資等を除くと、日本では特例リミテッド・パートナーシップの親和性は相当程度高いものと思われる。

2 課税上の問題点

日本の課税庁が、パートナーシップ等の外国事業体[5]が組み込まれている取引に対して課税する場合、様々な税法上の論点を検討しなければならない。その中でも、まず解決が急がれるのは、問題となっている外国事業体を日本の税法上法人とみなして法人税の課税が出来るか否かであり、もし、法人とみなせないとすると、その構成員たるパートナーに対する課税関係をどう考えるべきか、であろう[6]。

この問題を検討するうえで、中里教授は、「最も基本的な出発点は、それを aggregate（集合体）とみるか、entity（統一体）とみるかという一点であ」り、「日本におけるように、租税法が私法と密接な関連を有している国においては、私法におけるパートナーシップの位置づけが、その課税について考えていく際にも最も重要なもの」で、「したがって、パートナーシップについては、権利能力なき社団か、組合かという、私法上の性格付けが問題として議論されるこ

は、この特例リミテッド・パートナーシップを利用する例が多く見られる。
（3） 前掲・石綿482頁以下。
（4） 本文中にパートナーシップとある場合は、特にことわりがない場合リミテッド・パートナーシップを含み、ケイマンのパートナーシップ又はリミテッド・パートナーシップ、米国各州のパートナーシップ又はリミテッド・パートナーシップのように、構成員間の契約によって成立する、法人格のない事業体を総称するものとする。
（5） 外国事業体の定義については、本稿の目的上、外国での法人格を有するか否かにかかわらず、複数の者が一定の事業目的を達成するために結合した団体としておく。
（6） それ以外にも、内外パートナーシップの区別の基準、外国パートナーシップ等が日本国内事業を行う場合の恒久的施設の有無による課税問題、日本の任意組合等が海外事業を行う場合の外国税額控除の問題等多くの重要な問題も存在するが、本稿では紙面の制約上取り上げないこととする。なお、これらの点については、中里実「パートナーシップ課税の国際的側面」（日税研論集 vol. 44）、前掲・石綿483頁等を参照。

とになろう（そして、パートナーシップは、多くの場合に、組合であるということになるのであろう）。」と指摘される[7]。

　上記指摘は、この問題の本質を突くもので、問題となる外国事業体の具体的な内容や構成員の権利・義務等の法律関係が明らかにされなければ、日本の私法における位置付けも明らかにならず、従って、私法の借用概念[8]を課税要件として用いる日本の税法の解釈・あてはめも不可能であることは多言を要さない。問題は、かかる法律関係の確定が何法によって行われるのか（日本法か、契約の準拠法か、又は、外国事業体の設立準拠法か等）を決めなければならないことである。そのためには、中里教授も続けて指摘されるように、日本の国際私法による分析・検討が必要不可欠と考える[9]。

　本稿Ⅱにおいては、対象をパートナーシップに限定し、かつ、出来得る限り解釈論に徹することを心がけ、日本の税法上の取扱いに関する検討の中で国際私法が担うべき守備範囲を明らかにし、あるべき国際私法と租税法の役割分担を試みる。

　次に、Ⅲにおいては、Ⅱで提示した検討結果に従い、ケイマンの特例リミテッド・パートナーシップが日本の租税法上どのように取り扱われるべきかについて、リミテッド・パートナーシップ契約、ケイマン法、及び、日本税法の解釈を示し、日本での課税関係上、特例リミテッド・パートナーシップは原則任意組合として取り扱われるべきことを論証する。

（7）　前2ヶ所の引用は前掲中里・185頁で、最後の引用は同201頁。また、その指摘の実質的理由と考えられる部分として、「このような場合に、国内法上の問題として、租税法独自に考えるのか、私法準拠でいくのかが、まず問題となる。この点、アメリカにおいては、いわゆるハイブリッド・エンティティーに関するレギュレイションにより、租税法上の扱いが示されている。これに対して、日本の租税法においては、租税法と私法の関係に関する理論的な検討の自然な帰結としては、やはり、租税法律における明文の定めの存在しない限り、原則として、私法準拠ということになるのであろう（ただし、租税条約において明文の規定が存在する場合は別であることはもちろんである）。」がある（同202頁）。

（8）　借用概念とは、民法など他の法分野から借用している法概念をいう（例えば金子宏「租税法（第12版）」（弘文堂）121頁以下。

（9）　前掲中里・202頁で「第一に、国際私法により、外国組織の日本の私法上の扱いを決定し、しかる後に、第二に、そのような私法上の扱いを前提として日本の国内租税法上の扱いが決定されるということになる。」との指摘がある。

第3編 比較税法

Ⅱ パートナーシップの日本租税法上の取扱いに関する検討方法

1 日本の租税法の枠組

日本の所得税法及び法人税法は、納税義務者を「個人」と「法人」に限定しているが、この両概念には特に定義がおかれず、「個人」については自然人と解され特に問題はないが、「法人」については一般に日本の民法その他の法律（主として会社法）により成立した法人（民法33条）を意味するものと解されている。

また、両法では、「法人」ではない社団で代表者の定めのあるものを「人格のない社団等」とし、法人とみなして法人税等の納税義務者としている[10]。

上記枠組を前提とすれば、ある外国事業体への課税が問題となる場合は、まず同事業体が法人か否か、法人でないとしても人格なき社団等に該当するか否か、いずれにも該当しない場合には、同事業体は納税義務者ではなく（いわゆる「パススルー」[11]となる）、その構成員に課税され、個人であれば所得税法が、法人であれば法人税法に従って課税されることになる[12]。

本稿では対象たるパートナーシップに関して、上記枠組に従い日本の租税法を適用していくこととなるが、かかる適用にあたっては、以下のとおり最初に国際私法による検討が必要となるので、この点を説明する。

2 国際私法による検討

(1) あるパートナーシップに、上記の枠組にそって日本の租税法を適用していく場合、最初に検討すべきことは、当該パートナーシップの具体的内容や構成員の権利・義務を含めた全体的な法律関係の把握である。これは、租税法のみではなくすべからく法の適用については必要な作業と言え、法の適用がなされる対象が事実であれば事実認定であり、それが一定の権利・義務等であるならば法律関係の確定作業であり、いずれも法の適用をなす際の前提となる作業

---

[10] 所得税法4条及び2条八号、並びに、法人税法3条及び2条八号当。
[11] 「パススルー」は法令等に使用される法概念ではないが、本稿の目的上、ある事業体がそれ自体課税主体とはならず、その構成員に課税関係が帰属することと定義しておく。
[12] 以上の整理は一般的であり、特に異論はないものと考える。例えば、平成18年10月4日本公認会計士協会・租税調査会研究報告第15号「外国事業体課税について（中間報告）」4頁等参照。

である(13)。

　パートナーシップの日本の租税法上の取扱いが問題となる場合の多くは、存在するパートナーシップ契約書を前提に、そもそも契約が有効に成立しているか（通謀虚偽表示等で無効か否か等）、特定の契約条項の具体的内容は何か、契約条項に明示されていない場合の法律関係はどうなるか、その法律効果は何か等であり、事実認定よりは契約（条項）の解釈や効力をもとにした法律関係の全体的把握が重要となる。

　(2)　パートナーシップは、その多くが特定の外国の法令により明文で成立要件や一定の法律関係が規定され、それに従って構成員が契約によって詳細を取決め運営する事業体である(14)。従って、パートナーシップの法律関係は第一次的には同契約の解釈により、同契約が定めていない関係については当該外国の法令の解釈により定まることになるため(15)、準拠法の決定が必要となるが、その考え方は以下に述べるように分かれている。本稿においては、便宜上、パートナーシップ契約自体の準拠法を「契約準拠法」、このパートナーシップについての規定を定めている特定の外国を「設立国」、その外国の法令を「設立準拠法」と呼んで適宜使用することとする(16)。

　(a)　この点に関し、契約準拠法が外国法とされる場合でも、日本の租税法の適用が問題となっている以上は、全て日本の法概念、即ち、租税法が借用概念を用いている場合は日本の私法で判断すべきであるとの考え方がある(17)。

---

(13) なお、認定すべき事実や確定すべき法律関係は、適用される（適用が予定される）法令を前提として選択される関係にあるので、全ての事実や法律関係を完全に把握したり確定したりする必要は通常は生じない。

(14) 例えば、特例リミテッド・パートナーシップは、ケイマンのパートナーシップ法と特例リミテッド・パートナーシップ法に従い、全パートナーが特例リミテッド・パートナーシップ契約を締結して成立する。日本の任意組合（民法667条以下）も、その構造は同様である。

(15) この関係は、任意組合における組合契約と組合に関する規定（民法667条以下）と同様であり、ひいては、私法における契約と任意規定である法律と同じ関係である。

(16) 国際私法では、設立準拠法とは、ある法人について法人格を与えた（設立を認めた）特定の国の法を言う（例えば、山田鐐一「国際私法（第3版）」（有斐閣）227頁など）。パートナーシップは、後述するように、その「設立地」においても法人格はないとされる場合が多いので、本来は「設立準拠法」という用語を使用することは不適切であるが、便宜上使用することとする。

(17) 斉木敏文「租税回避行為の否認」（新日本法規・「現代裁判法大系29」）202頁以下。

この考え方は、租税法など公法の領域については「国際私法の守備範囲から除外されるべき」との考え方を前提にしているようだが、伝統的な国際私法の考え方に立てば、筆者の知る限りかかる極端な考え方はとられておらず独自の見解のように思われる。また、この考え方は、日本の租税法を適用局面と適用対象たる法律関係の把握・確認の局面を混同し、適用対象たる法律関係について外国法が準拠法とされていることを無視し、その結果なされるべき国際私法的検討を放棄している点で、理論的にも採り得る考え方ではないと考える(18)。

(b) 適用対象たる法律関係の把握・確定は国際私法の考え方に立ち準拠法に従って行うとしても、準拠法の特定で考え方が分かれる。

パートナーシップの主要な法律関係はパートナーシップ契約がまず定めている点を直視すれば、「法の適用に関する通則法」7条により決まる契約準拠法に従い、法律関係の把握・確定は当該パートナーシップの契約準拠法により解釈されなければならないとする考え方である(19)。

これとは別に、パートナーシップを法人とパラレルに考え、設立地や設立準拠法を観念し、当該パートナーシップの従属法を連結点として考え、設立準拠法である当該外国法令の準拠法として考えることも可能であろう(20)。

(c) 筆者としては、パートナーシップは構成員間の契約関係であることや法人ではないこと等から、契約準拠法説が正当と考えているが、実務的には、ほとんどの場合どちらの考え方に立っても差異は生じない。

なぜならば、構成員は、パートナーシップ契約書の中で、例えば「全パートナーは、ケイマン諸島法による特例リミテッド・パートナーシップを組成する」などと合意し（以下、「パートナーシップ組成条項」という）、かつ、その契

---

(18) 確かに、公法である日本の租税法の適用が前提となっている点で、準拠法を決定することにより間接的に解決を図る国際私法の方法論と異なるが、適用対象たる法律関係の把握についてまで国際私法的検討が不要となるものではない。石黒一憲「ボーダーレス・エコノミーへの法的視座（第171回）」（「貿易と関税」（2005年9月号）67頁以下）も同意見である。

(19) 同条は以下のとおりであり、この法律行為の典型例は契約とされている。
「第7条 法律行為の成立及び効力は、当事者が当該法律行為の当時に選択した地の法による。」

(20) 例えば、あるパートナーシップ契約に、「本パートナーシップはケイマン諸島の法律により組成される」との条項がある場合などは、契約準拠法如何にかかわらず、当該パートナーシップに関する法律関係の準拠法をケイマン法とする考え方である。

約の準拠法も準拠法の違いから生じる争いを避けるため同じケイマン法を選択するからである[21]。

3　日本の租税法の解釈と適用

(1)　上記の国際私法による検討により特定のパートナーシップの法律関係が確定されると、次に行うべきことは、それに日本の租税法を適用することである。日本の租税法で使用されている法概念は、前述の「法人」、「人格のない社団等」、及び、法人税法基本通達1−1−1で「人格のない社団等」には含まれないとされる「任意組合」と「匿名組合」等であるが、注意すべきことは、これらは個別的な法律関係ではなく、それらを束にしたような全体的な法律関係であり、かつ、日本の法制度と深く結びついて発達してきた法概念という点である。従って、外国法で確定された法律関係（の束）に、日本法の特有の法概念の1つを選択しあてはめるため、全く相似形であることはまれで、それぞれ固有の差異があるのが普通である。従って、論者により法律関係のどの差異を重視するかにより、最終的な結論の違いが顕著に表れるように思われる[22]。

このあてはめを行う際に最も重視しなければならないことは、日本法が規定する法概念の成立のための要件事実[23]である。日本法は各法概念に特有の成立要件を定めているから、当該パートナーシップが「法人」か、「人格なき社団等」か「任意組合」か等の認定はそれぞれの成立要件に照らして検討されなければならない。これを裏から言えば、契約や設立準拠法で認められる法的効果の1つが相似していたり違っていても、それはたまたまそうであるだけで絶対的基準ではないし、又、それが成立要件でなければ過度に重視してはならないということになる（異なる契約類型だが、一定の法的効果は同一というものや、その逆は世の中に多類存在する）。

以下、上記に従い、順次あてはめを試みる。

---

[21]　しかし、理論的にはそれが別々に指定されることは可能なため、かかる状況が生じた場合は、結論に相違が生じる場合もあるものと思われる。

[22]　後述するように、ケイマン・リミテッド・パートナーシップについて、組合財産の所有権帰属の理解の仕方により、任意組合とするか匿名組合とするかなどの結論の差異が生じるのはこの良い例と言える。

[23]　法一定の法概念を成立させるための要件をまず規定し、その法概念が成立している事を前提に一定の法的効果を生じさせるという形で規定しているものが多い。

(2) まず、パートナーシップは日本の税法上「法人」であるかについては、特殊なパートナーシップを想定しない限り、否定されることに異論はないと思われる。

前述のとおり、「法人」の意味は、借用概念として、民法その他の法律により成立した法人（民法33条）であり、これは自然人とは別に、法が一般的に権利能力（法人格）を認めていることが成立要件である[24]。リミテッド・パートナーシップを含めパートナーシップは、前述の説明のとおり、その設立国でもいわゆる法人格が認められていないので、日本の租税法をあてはめても「法人」ではないことになる。

(3) 次に、「人格のない社団等」であるが、これについては法人税法2条8号に定義があり、パートナーシップに関係のある部分は、「法人でない社団……で代表者の定めがあるもの」と定義されている。日本で問題となるパートナーシップの多くは前述のとおりリミテッド・パートナーシップであるため、ゼネラル・パートナーの存在により「代表者の定めがある」と言えるから[25]、論点は、リミテッド・パートナーシップが「社団」であるか否かに集約されることとなる。

「社団」についても、租税法は特に定義しておらず、借用概念として、民法によって解釈されることになる。「社団」については、これまで民法学会において大論争がなされたが、現在の通説は「法人となるのにふさわしい団体のことで、構成員の個性は希薄であり、人数も多く、団体は構成員から独立した単一体をなしている」が、まだ法人格が与えられていない団体と説明している[26]。

また、租税法の考え方もこの説明に従っていることは、法人税法基本通達1-1-1が、法人税法2条8号の「法人でない社団」を「多数の者が一定の目的を達成するために結合した団体のうち法人格を有しないもので、単なる個人の集合体でなく、団体として組織を有して統一された意思の下にその構成員の個

---

[24] 例えば、内田貴「民法Ⅰ（第2版）補訂版」（東京大学出版会）205頁以下。
[25] 一般にリミテッド・パートナーシップには、無限責任を負うが業務執行権を有するゼネラル・パートナーと、有限責任である反面業務執行権のないリミテッド・パートナーが存在する。
[26] 例えば、前掲・内田・214頁以下。

性を超越して活動を行うもの」と定義していることからも明らかである。

　ところで、上述の民法の通説及び租税法の考え方は、社団と組合の峻別論に立ち、前者を法人格を与えるのにふさわしい団体とし、後者をふさわしくない団体として、それぞれ適用される法体系を分けている[27]。即ち、後者の代表例である任意組合には、法人の規定の類推適用をせず、民法667条以下の組合規定を適用する。また、租税法上も、前記基本通達1-1-1が任意組合と匿名組合を明示で社団から排除していることからも明らかなように[28]、ある団体が任意組合に該当すれば、租税法上も「人格のない社団等」には該当せず、法人税法の納税義務者とはならず、その構成員に課税されることとしている。

　以上から、日本の租税法の適用にあたっては、問題となったパートナーシップが任意組合に該当するか否かを先に検討し、それが否定された場合に改めて「人格のない社団」か否かを検討することになる。

　(4)　任意組合については、民法677条1項が成立要件を定め、①複数の当事者が出資の合意をし、②各当事者が共同事業を営むことを合意することで成立し、②の共同事業については、民法は業務執行者を選任して業務を委任する方式の任意組合を明文をもって認めているため（同条2項）、組合員は検査権と業務執行者の解任権さえ有せば、②の要件は充足されるとするのが判例・通説である。

　従って、問題となったパートナーシップが上記成立要件を満たしていれば、日本の租税法上は任意組合と扱われることになる。その場合の課税関係は前述のとおりパススルーとなり、所得計算については、組合員が法人である場合は法人税法基本通達14-1-1以下が、組合員が個人の場合は所得税法基本通達

---

[27]　かかる民法の伝統的通説に対しては、痛烈な批判がなされていて傾聴すべき点が多い（前掲・内田・215頁以下）。しかしながら、現在の租税法は、この伝統的通説を基礎として立法されており、解釈論としてはこれに従わざるをえない。

[28]　なお、同通達の全文を掲載しておく：
　　1-1-1　法第2条第8号（人格のない社団等の意義）に規定する「法人でない社団」とは、多数の者が一定の目的を達成するために結合した団体のうち法人格を有しないもので、単なる個人の集合体でなく、団体としての組織を有して統一された意志の下にその構成員の個性を超越して活動を行うものをいい、次に掲げるようなものは、これに含まれない。[昭56直法2-16改正]
　　㈠　民法第667条（組合契約）の規定による組合
　　㈡　商法第535条（匿名組合契約）の規定による匿名組合

36・37共-19以下が、それぞれ損益の帰属時期や方法を定めている。

4 まとめ

以上の検討から明らかになったとおり、日本で特定のパートナーシップに関して課税問題が生じ、日本の租税法上の取扱いを決定する場合には、最初に、国際私法により決定された準拠法により当該パートナーシップの法律関係を確定し、次に、その法律関係に日本の法概念である「法人」、「人格のない社団」又は「任意組合」のいずれかが該当するかを、前述の順序に従って検討していくことが必要なのである。

Ⅲ 特例リミテッド・パートナーシップの日本の租税法上の取扱い

1 はじめに

本章では、前章で提示した検討方法を、ケイマンの特例リミテッド・パートナーシップに適用すれば、日本の租税法上は任意組合として取り扱われることを具体的に論証する。

その論証の前提として、検討対象の特例リミテッド・パートナーシップについては、リミテッド・パートナーシップ契約書にはパートナーシップ組成条項が存在し、同契約の準拠法もケイマン法とする意思が示されており、かつ、同法の解釈によっても、特別な理由により特例リミテッド・パートナーシップとしての成立要件が否定される事情がないものとする[29]。

次に、適用法との関係で、ケイマンの特例リミテッド・パートナーシップ法の簡単な説明をしておく。ケイマンの特例リミテッド・パートナーシップは、パートナーシップ法(The Partnership Law)、及び、特例リミテッド・パートナーシップ法(The Exempted Limited Partnership Law)の両法律によって規律されている。両法律の関係は、特例リミテッド・パートナーシップ法がパートナーシップ法の特別法にあたる(特例リミテッド・パートナーシップ法3条参照)ので、特例リミテッド・パートナーシップについては、特別法たる特例リミテッド・パートナーシップ法が優先的に、それが定めていない事項については

---

(29) 例えば、契約書に特例リミテッド・パートナーシップを組成すると合意しながら、ゼネラル・パートナーが存在しなかったり、特別な法人格が与えられたりしていた場合などである。

一般法たるパートナーシップ法が適用されることになる(30)。

2　国際私法による法律関係の確定

(1)　前章での検討及び前記の前提条件によれば、検討対象となる特例リミテッド・パートナーシップの法律関係の確定のための準拠法は、ケイマン法となる。

(2)　特例リミテッド・パートナーシップは契約により成立する事業体であることは前述のとおりである。同リミテッド・パートナーシップ契約書で一般に記載される条項として、パートナーシップ組成条項の他に、特例リミテッド・パートナーシップの事業目的、各パートナーの出資約束、ゼネラル・パートナー及びリミテッド・パートナーの権限(31)、リミテッド・パートナーシップから各パートナーへの損益や現金の分配等がある。これらの内容は、ケイマン法によって記載通りにその有効性が認められ、また、法人格や社団としての性格を特にうかがわせるような条項も存在しないのが一般である。

次に、ケイマン法によれば、一般法として適用されるパートナーシップ法3条1項及び2項で、特例リミテッド・パートナーシップは構成員間の契約により成立する関係であること、また、会社には該当しないことが明らかにされている(32)。

---

(30)　なお、本稿で引用する両法律の条文については、パートナーシップ法については1995年改正法を、特例リミテッド・パートナーシップ法については1997年改正法に従っている。
(31)　当然の事ながら、リミテッド・パートナーシップである以上業務執行権限はゼネラル・パートナーに集中しており、リミテッド・パートナーは業務に関し一定の限られた範囲での権限しかない。なお、これが共同事業性に与える影響については後述する。
(32)　同条項の原文及び和訳をあげておく：
　　"3. (1)　Partnership is the relation which subsists between persons carrying on a business in common with a view to profit.
　　(2)　The relation between members of any company or association which is —
　　　(a)　registered as a company under the Companies Laws or any other Law for the time being in force and relating to the registration of companies; or
　　　(b)　formed or incorporated by or in pursuance of any other Law or letter patent, or Royal Charter,
　　is not a partnership within the meaning of this Law."
　　"3条1項　パートナーシップとは、収益を目的として共同で事業を営む人々の間に

他方、ケイマンにおける会社は、自然人としての全ての権能を行使し得る統合体（a body corporate ―［中略］― capable forthwith of exercising all the functions of a natural person）（ケイマン会社法26条2項）とされており、まさしく日本法上の法人と考えられるから、それに該当しないとされるパートナーシップには法人格は認められないことは明らかである。

(3) 次に、リミテッド・パートナーシップ契約書では、全パートナーが、特例リミテッド・パートナーシップの事業目的やゼネラル・パートナー及びリミテッド・パートナーの権限を具体的に記載することで共同事業の合意をし、かつ、パートナーがそれぞれの出資の合意をしている。

ケイマン法によっても、パートナーシップ法3条1項の定める「共同で事業を行う人々の間に存在する関係」という意味は、任意組合における各構成員が共同事業を営む合意と同義である。なお、特例リミテッド・パートナーシップ法では、リミテッド・パートナーの検査権及びゼネラル・パートナーの解任権が認められている事も、業務執行者のいる任意組合の共同事業者を満たすものである(33)。

存在する関係である。
2項 会社又は団体が
(a) 改正会社法もしくはその他現行の会社の登録に関する法律に基づき会社として登録されているとき、又は
(b) 他の法律、特許状、もしくは英国特許状に基づき又はこれらに従って、形成または設立されているときは、
その会社又は団体における構成員の関係は、本法におけるパートナーシップには該当しない。"

(33) 特例リミテッド・パートナーシップ法7条1項、3項(c)、(f)(v)及び12条等参照。なお、同法7条1項及び3項(c)(f)の原文及び和訳をあげておく：
"7.(1) A limited partner shall not take part in the conduct of the business of an exempted limited partnership and all letters, contracts, deeds, instruments or documents whatsoever shall be entered into by the general partner on behalf of the exempted limited partnership.
(3) A limited partner does not take part in the conduct of the business of an exempted limited partnership within the meaning of this section by doing one or more of the following.
(c) investigating, reviewing, approving, or being advised as to the accounts or business affairs of the exempted limited partnership or exercising any right conferred by this Law;

また、パートナーシップ法46条2項は、リミテッド・パートナーシップ契約の内容としてゼネラル・パートナーについては信用(無限責任)の出資、リミテッド・パートナーについては金銭の出資を明文で定めている[34]。

　　(f) voting as a limited partner on one or more of the following matters
　　　(i) the dissolution and winding up of the exempted limited partnership;
　　　(ii) the purchase, sale, exchange, lease, mortgage, pledge, or other acquisition or transfer of any asset or assets by or of the exempted limited partnership;
　　　(iii) the incurrence or renewal of indebtedness by the exempted limited partnership;
　　　(iv) a change in the nature business of the exempted limited partnership;
　　　(v) the admission, removal or withdrawal of a general or limited partner and the continuation of business of the exempted limited partnership thereafter; or
　　　(vi) transactions in which one or more of the general partners have an actual or potential conflict of interest with one or more of the limited partners."
"7条1項　リミテッドパートナーは、特例リミテッド・パートナーシップの業務執行行為を行ってはならず、全ての文書、契約書、約因証書、法的文書その他一切の文書は、特例リミテッド・パートナーシップを代理してゼネラル・パートナーにより作成されなくてはならない。
3項　リミテッドパートナーは、以下の1つ以上の行為を行ったことをもって、本項における意味で特例リミテッド・パートナーシップの業務執行行為を行なったことにはならない。
　　(c) 特例リミテッド・パートナーシップの会計や業務に関して、検査、検討、承認若しくは報告を受けること、又は、この法律により認められた権利を行使すること；
　　(f) 下記事項の1つ又は複数についてリミテッドパートナーとして議決権を行使すること
　　　(i) 特例リミテッド・パートナーシップの解散及び清算；
　　　(ii) 特例リミテッド・パートナーシップのいかなる資産の、購入、売却、交換、賃貸借、抵当権設定、質権設定又はその他の取得若しくは移転；
　　　(iii) 特例リミテッド・パートナーシップによる債務の負担又は更新；
　　　(iv) 特例リミテッド・パートナーシップの業務の性質の変更；
　　　(v) ゼネラル・パートナー又はリミテッドパートナーの承認、解任又は辞任、及び、その後の特例リミテッド・パートナーシップの業務の継続；又は
　　　(vi) 一以上のゼネラル・パートナーに、一以上のリミテッドパートナーとの現実的な又は潜在的な利益相反のある取引"
(34) 同条項の原文及び和訳をあげておく：
　"46.(2) A limited partnership may consist of any number of persons but shall include —
　　(a) one or more persons called general partners, who shall be liable for all debts

555

(4) 以上より、ケイマン法上、特例リミテッド・パートナーシップは、契約により成立する構成員間の関係であって、①2人以上のパートナーが存在し、②各パートナーが出資をし、③各パートナーが共同事業を営むことを合意したという法律関係となる。

3 日本の租税法の適用

(1) 前項で確定した法律関係に日本の租税法を適用するわけであるが、同法律関係が日本の法概念である法人に該当しないことはこれまでの説明から明らかであり、また社団に関する伝統的通説や租税法の考え方にそぐわないことも前述のとおりである。そこで、前述の順番に従いまず任意組合との対比を検討することとする。

(2) 任意組合は構成員間の契約関係であり、その契約の成立要件は、①2人以上の当事者の存在、②各当事者が出資をすることを合意したこと、及び、③各当事者が共同事業を営むことについて合意したことである（民法第667条）。

これは、前述の特例リミテッド・パートナーシップの法律関係と極めて相似しており、この点からしても、特例リミテッド・パートナーシップは日本の私法概念では任意組合であり、従って税法上もそう扱われることに問題はないと思われる。

しかしながら、後述の船舶リース名古屋高裁の審理において、課税庁は以下の二点を特に指摘して任意組合である事を否定する主張を展開したので、ここ

---

and obligations of the firm; and (b) one or more persons called limited partners, who shall at the time of entering into such partnership contribute thereto in actual cash payments, a specific sum as capital and who shall not be liable for the debts or obligations of the firm beyond the amount so contributed."

"46条2項　リミテッド・パートナーシップは、以下の者を含む限り、何人でも構成し得る—。
(a)　当該組織の負債、義務の全てについて責任を負う1人以上のゼネラル・パートナー；及び(b)　当該パートナーシップに参加する時に資本として特定額の資金を出資し、出資額を超えて当該組織の負債、義務について責任を負わない1人以上のリミテッドパートナー。"

なお、当然のことながら、ゼネラル・パートナーは特例リミテッド・パートナーシップの業務執行を行うから、それ自体が労務出資と考えられ、法律上のゼネラル・パートナーの出資は信用のみに止まらない。

で付言しておく。

（3）第一点は、特例リミテッド・パートナーシップにおいては業務執行権がゼネラル・パートナーに集中しリミテッド・パートナーにはないことが、共同事業性を認めるうえで障害となるとした。

この点は、任意組合においても、業務執行組合員を選任した場合には、組合の業務執行は業務執行組合員に集中することになるのであり（民法670条3項）、特例リミテッド・パートナーシップと何ら変わるところはない。

また、任意組合においても業務執行組合員を定めた場合には、業務執行組合員の解任権（民法672条2項）及び業務執行の検査権（民法673条）があれば共同事業性も問題とならないとされるのが判例・通説であり、特例リミテッド・パートナーシップにおいても、前述のとおり、リミテッド・パートナーにはパートナーシップの会計や業務に関する検査権（特例リミテッド・パートナーシップ法7条3項(c)及び12条）、及び、ゼネラル・パートナーの解任に関する権限（同項(f)(v)）が認められているので、この点も問題がないものと考える。

従って、この主張は法律的には失当と考えられ、同高裁判決でも排斥されている。

（4）第二点は、特例リミテッド・パートナーシップ法6条2項(35)は、パートナーシップ財産につきゼネラル・パートナーに所有権がある旨定めているとした。

確かに同条項は、「パートナーシップ財産は、……ゼネラル・パートナーに

---

(35) 同条項の原文及び和訳をあげておく：

(2)「Any property of the exempted limited partnership which is conveyed to or vested in or held on behalf of any one or more of the general partners or which is conveyed into or vested in the name of the exempted limited partnership shall be held or deeemed to be held by the general partner, and if more than one then by the general partners jointly upon trust as an asset of the exempted limited partnership in accordance with the terms of the partnership agreement.」

(2)「特例リミテッド・パートナーシップの財産で、1名または複数名のゼネラル・パートナーに譲渡され、帰属し、もしくはゼネラル・パートナーのために保有されているもの、または特例リミテッド・パートナーシップに譲渡され、もしくは同パートナーシップの名義に移転されたものは、ゼネラル・パートナーが、複数名の場合は共同して、パートナーシップ契約の定めに従って、特例リミテッド・パートナーシップの財産として、委託をいけて保有し、または保有するものとみなされる。」

より……保有され、または、保有するとみなされる」と規定されているが、他方でゼネラル・パートナーは、「委託を受けて（upon trust）」、「特例リミテッド・パートナーシップの財産として（as an asset of the exempted limited partnership）」保有するという文言にもなっている。これらの文言を含めて同条項を整合的に解釈すれば、ゼネラル・パートナーは特例リミテッド・パートナーシップの所有する財産を、受託者としての立場で保有しているものとも解釈すべきである。

また、当該条項の「held (hold)」自体も多義的であり、どのような法律効果を示すものであるかについても解釈は一義的に定まるものではない。例えば、一般的な法律英語辞典で調べれば(36)、一方で「to possess by a lawful title」「to be legal possessor」との説明が存在することを根拠に、"possess"という英単語を日本語の「所有」と和訳することも可能であるし、他方で「to possess or occupy」とか「to have and maintain in one's possession」という所持や占有を示す説明も記載されているので、単に「占有」と訳し、所有権は特例リミテッド・パートナーシップにあると解釈することも可能である。

前述のとおり、特例リミテッド・パートナーシップ法6条2項を整合的に解釈すれば、ゼネラル・パートナーは、「特例リミテッド・パートナーシップの財産として（as an asset of the exempted limited partnership）」「委託を受けて（upon trust）」保有し、又は保有するものとみなされているに過ぎないのだから、かかるパートナーシップ財産であることを前提とする条項と整合させるならば、ゼネラル・パートナーがパートナーシップ財産を受託して管理しているという意味、即ち、日本法上の概念で言う「占有」や「所持」を選択すべきもので、同高裁判決もこの解釈に立っている。

なお付言するに、日本法上は、組合財産が組合員に帰属していることは任意組合の成立要件ではないので（PTAなど組合財産を有さずに活動している任意組合もあることを考えると自明である）、仮に組合財産と思われる財産がある一部の組合員に帰属しているとしても、それだけで任意組合が否定されるものでもない。従って、成立要件ではない単なる法律効果の一つである組合財産の帰属関係を過度に重視して、日本法の法概念を選択することは厳に慎まなければな

---

(36) 例えば、Thomson, West社のBlack's Law Dictionaryの「hold」を参照。

らない。

　以上より、特例リミテッド・パートナーシップは日本での課税関係上は任意組合として取り扱われることとなる。

Ⅳ　終わりに——船舶リース税務訴訟での司法判断

　以上より、パートナーシップ等の外国事業体の日本の租税法上の取扱い及び租税法と国際私法のあるべき役割分担についての考え方を、ケイマンの特例リミテッド・パートナーシップを例に用いて論証を試みた。

　本稿を脱稿する直前の平成19年3月8日、名古屋高等裁判所が特例リミテッド・パートナーシップの日本の税法上の取扱いについて貴重な判決を下した[37]。この控訴審判決で特筆すべきは、問題となった船舶リースのスキーム中に存在するケイマンの特例リミテッド・パートナーシップは、日本の租税法の適用上、任意組合として取扱われること、従って、特例リミテッド・パートナーシップのパートナーシップ財産（本件では船舶）の所有権はリミテッド・パートナーを含む全パートナーの共有として帰属することを明らかにしている。

　同判決においては、本稿の論点である租税法と国際私法の関係については判示されていないが、本稿Ⅲ3以下の分析と同一の判旨が展開されていること、同件は課税庁により上告受理申立がされて現在最高裁判所の判断を待っていることを付記しておく。

---

[37]　その詳細については、拙稿の「船舶リース税務訴訟で明らかにされたリミテッド・パートナーシップの法的性質と司法判断」（Lexis企業法務2007. 5. No. 17）を参照。

23 税政策学への試論

立正大学法学部教授　山下　学

I　はじめに
II　租税の定義
III　政　策　税　制
IV　交際費の損金不算入制度
V　欧州諸国等のTonnage Tax
VI　その他の政策税制の概観
VII　まとめにかえて

I　はじめに

　「税制」、ないしは「税」についてのアプローチは、税法としての法学からのアプローチ以外に、財政学からのアプローチ、経済学からのアプローチ、会計学からのアプローチなど、多面性を持つ。
　税法として法学からのアプローチは、租税法律主義を根幹として、租税の意義・定義を憲法から説いて解明、また租税実体法の解釈から租税行政にかかる行政法からの解釈もある。財政学からのアプローチは、国家・地方公共団体の経済活動の歳入の基礎として税をとらえ、税は財政の3大機能である、資源配分・所得分配・経済安定の機能との関わりと理論を解明する。経済学からのアプローチは、マクロ経済学ないし公共経済学として、政府や公共部門が行う経済活動を経済学的に分析し、その収入としての税を検討する。さらに、会計学からのアプローチは、課税標準を算出する手段としての税務会計を研究する。もちろん、これらの学問分野が明確に区分されるわけではなく、財政学とマクロ経済学は近似し、また学際的な研究も行われる。
　そして、財政政策、経済政策や社会政策といった政策学と同様に租税政策を位置づけると、政治による対応といった絞りをかけても、より幅広い概念において構成され、政治学、行政学、社会学、それに数学や統計学、さらにはコンピュータを始めとする情報工学などの様々な学問領域と関わりを持つこととな

る。

　しかるに、これまで一部の学者による「税社会学」の研究が行われているものの、中心は「税解釈学」であって、現行の租税法の解釈に終始しているような気がする。学問が実社会をリードしていくためには、無論租税法の解釈を解明していくことは重要なことであるが、租税立法を実社会に必要なものとして提言していくことも肝要ではなかろうか。

　そこで、本稿では、「税政策学（Study of Tax Policy）」について検討してみたい。ちなみに、「税政策学」とは、規範としての租税法の目的を達成するために、いかなる税法規が制定・運用されるべきかということを研究する学問をいうのではないか。すなわち最高規範である憲法規範に基礎を置き、税と社会は密接不可分の関係にあるので、税の学問的研究は「税社会学」に始まり、それを基礎として一方に「税解釈学」となり、他方に立法政策としての「税政策学」に発展するのである。

　そのなかで、公平及び平等を基本理念とする租税の領域において、政策税制が許容される理論を研究してみたい。

II　租税の定義

　租税とは何か、我が国における実定法は、法としてその定義を定めていない。そこで、その定義は、解釈によることとなる。

　(1)　すなわち、租税とは「国又は地方公共団体が、その課税権に基づき、特別な給付に対する反対給付としてでなく、これらの団体の経費に充てるための財力調達の目的をもって、法律の定める課税要件に該当するすべての者に対し、一般的標準により、均等に賦課する金銭給付」とする定義[1]、また、「国家が、特別の給付に対する反対給付としてではなく、公共サービスを提供するための資金を調達する目的で、法律の定めに基づいて私人に課する金銭給付」とする定義[2]、「国または地方公共団体が統治権に基づき、収入を得ることを目的として、法律に基づく一方的義務として課す、金銭的給付」とする定義[3]などがある。これらの定義は、実定法として租税を定義した、ドイツ租税通則法（Abgabenordnung）第3条1項の規定、すなわち「租税とは、特別の給付に対

（1）　田中二郎『租税法新版』1頁。
（2）　金子宏、『租税法第11版』9頁。

する反対給付となるものではなく、かつ、法律が当該給付義務に結びつけている要件事実に該当する一切の者に対して課する金銭給付をいう。収入を得ることは、これを従たる目的とすることができる。関税及び吸い上げ金（Apschopfungenn）はこの法律にいう租税とする。」(4)を基本として租税を定義づけたものと考えられる。

(2)　また、純粋に我が国憲法規定、主として国民主権主義から租税概念を導き、「国家を構成する国民において、右団体の維持、活動に必要な費用につき、代表者を介して制定した『法律』によって、平等に義務として何らの対価を求めることなく納付するもの」とする定義(5)がなされ（「国民主権主義的租税観」と呼ぶ。)、また、「日本国憲法の予定する租税概念は全体として『福祉目的税』」で「租税の使途面をも取り込む必要がある」とする説(6)もある(7)。

(3)　さて、租税の本来の定義はかかる定義にあり、それはすべて租税の普遍的な本質として捉えられているものと解される。しかし、かかる定義は、政策税制について直截的に説明することは困難である。現実に毎年多くの条文が改廃・新設されていく税法、すなわち租税特別措置法を同時に定義づけるものとはならない。

そうすると、政策税制は、本来の租税の定義に反する、あるいは相容れないものと解さざるを得ないということになる。

Ⅲ　政策税制

1　政策とは

(1)　大辞林第二版によると、「政策」とは「①政府・政党などの、基本的な政治の方針。政治方策の大綱。政綱。②政府・政党・個人や団体・企業などが、その目標達成のための手段としてとる、特定の方法・進路。」とされている。すなわち、一般的な用語では「政策」を政府・政党の基本的政治方針という意

---

(3)　浅沼潤三郎『租税法要論』2頁。
(4)　中川一郎編『77年 AO 法文集』より訳文を引用。なお、「吸い上げ金（Apschopfungenn）」を金子宏前掲書11頁は、「輸入課徴金」と訳しておられる。
(5)　松沢智『租税法の基本原理』15頁。
(6)　北野弘久編『現代租税法講義二訂版』4頁。
(7)　二つの説を併記したが、両説の根本的な相違については、松沢智『租税手続法』24頁以下参照。

義と、個人や団体・企業も含めた方針と両意義がある。企業の「経営政策」とか「人事政策」とかいわれるものが後者になろう。

　また、「政策」は研究機関やシンクタンクなど民間から提言・提案されることもあるが、それを採用するか否かを決するのは政府や政党であるから、この場合には最終的には、政府・政党の行うべき行動ないしその方針の意義になる。

　(2)　次に、「政策」を「特定の方法・進路」ととらえた場合には、基本的な目標を表明したものから始まって、それを具体化するための手段・方法を定めた下位レベルの「政策」まで、手段・目的連鎖を構成すると考えるのであるが、そうするといわゆる「施策」や「事業」といった用語も「政策」として一括されることになる。実際、行政管理学や行政実務では、行政自らが策定し実施し得るのは、「施策」や「事業」のレベルで、立法作用ではないことから、これら具体的なプロジェクトなどをも含めて「政策」という包括概念が定着している。

2　政策税制における「政策」と政策税制の意義

　(1)　では、「政策税制」にいう「政策」はどのようにとらえるべきであろうか。まず、政策税制における「政策」は、租税自体がまず法律によって創設・改廃されることから、政府や政党の行うものに限られ、個人や団体・企業の方針等が除外されるのは当然である。同様に、税制に手を加えることによって達成すべき「政策」ないし「税法の企画・立案」が行政機関によりなされるにしても、それは閣議決定により「政府」の方針として国会に提出されること、民間・業界団体からの要望や提案であっても、政党がその採否等を決定し、政党が政治方針としてまとめるのであるから（いわゆる「党税制調査会」の「税制改正大綱」を想定されたい）、行政レベルの「施策」や「事業」は含まれないと解する。

　そうすると、「政策税制」は、「政府や政党が、一定の政治方策を策定し、その目的を実現させるために、租税を特定の目的実現のための道具として、租税法の立法によって用いるもの」と解することができる。

　(2)　このように解すると、前掲の租税の基本概念は含まれないように思われる。実際、政府税制調査会による平成12年7月の「わが国税制の現状と課題―21世紀に向けた国民の参加と選択―」答申では、「特定の政策目的を実現する

ための政策手段として、租税特別措置等があります。これは、基本的に特定の人々の負担を軽減することにより、特定の政策目的の実現に向けて経済社会を誘導しようとするものです。このため、租税特別措置自体は、『公平・中立・簡素』という租税原則に反するものとなります。

したがって、租税特別措置等については、そもそもその特定の政策目的自体に国民的合意があるのかどうか、政策手段として税制を用いることが本当にふさわしいのかどうか、『公平・中立・簡素』という原則より優先してまで講じるだけの政策効果があるのかどうか、政府による裁量的な政策誘導になりはしないかなどについて、慎重な検討が求められます。また、公的サービスの提供に必要な租税の量を一定とすれば、特定の人々に対する負担軽減は他の人々の負担増加につながるものであることも忘れてはなりません。」[8]とする。

(3) しかし、「簡素」という原則には反せざるを得ないものの、「公平・中立」という原則に必ずしも反するものとはいえない。すなわち、そもそも租税法は法であり、その法の究極にあるのは「正義」すなわち「租税正義」と理解することができるからである[9]。したがって、「政策税制」が、「租税法律主義」の原則に従って法律として成立する以上、法に内在する制約を包摂することにより、概念上は「負担公平の原則」や「平等主義」も「法の正義」として認めることができるのであるから、真の「政策税制」であれば、本来の租税の定義と相容れるものと解する。

3 政策税制の存在意義

(1) 租税の意義は、国家等公共団体の維持・活動費用を国民において、法律に基づき対価性無く能力に応じて平等に自弁するもの、ということができる。したがって、財政学・マクロ経済学的には、財政支出に充てる「歳入」を目的としていることとなる。

しかし、現代の租税を認識するに際しては、租税特別措置法を中心とした政策税制を看過することはできない。もちろん、この政策を実現するに当たっては、歳入を犠牲にする、すなわち租税を軽課するものもあれば、歳入の充足と

---

(8) http://www.mof.go.jp/singikai/zeicho/tosin/zeichof/z003.htm#2 (2007年1月25日現在) 参照。
(9) 松沢智、前掲書、153頁。

は関わりなく重課をはかるものもある。

　(2)　租税の定義において、ほとんどの論者の定義の一部あるいは重要な要素として「均等性」や「公平性」が重要視されている。また、経済学の租税に対する古典的・伝統的アプローチである、アダムスミスの租税4原則、ワグナーの租税9原則においても「公平」は原則として挙げられており、この「公平」とは、租税犠牲説と租税利益説の争いはあるものの、一般に租税の応能負担を現すとされている。そして、この応能負担の原則は、所得の再分配機能につながるものと解するところ、現実的には、それらの原則や機能を犠牲にしつつ、特定の政策の実現を目的とする政策手法は、今や一般的なものと理解することができる。

　実際、ジョン・メイナード・ケインズやアルピン・ハンセン、リチャード・マスグレイブに代表される近代経済学者の租税理論は、租税政策は財政支出政策と平行して行われるべき景気調整策である、ということが出発点になっているといって差し支えないと解するところ、平成18年分より廃止されるが、所得税の定率減税はまさにその手法を取り入れたものと解すべきであろう。

　(3)　かかる経済学的ないし財政学的な見地からの租税特別措置を、それが法律であり租税法律主義に反しないからという理由をもって、法理論学においてそのまま受け入れることはできない。法理論学には、憲法の定める国民主権主義、平等主義の見地からの理論分析アプローチが必要である。実体だけ法形式をとっていても、もっぱら経済学や財政学に基づく要請としての特別措置は、場合によっては一部の国民型の国民の犠牲の上に成り立つと解される場合は、その租税政策立法そのものの違憲をも当然に視野に入れることとなるからである。

　一方、「一定の条件のもとに、そのような政策税制の必要性を認めざるをえない場合がある。したがって、現代租税制度をめぐる法理論的課題は、従来から提起されてきた租税制度の法的存在理由（公共性）にかかわるものと、いわゆる政策税制の意義と範囲または限界をめぐるものに大別できる。しかし、同時に、現実の租税制度にあっては、しばしば両者が区別しがたく混在していることも否定できない」[10]という現実もある。そこで、かかる政策税制の意義については、申告納税主義及び参政権をもって国政に参加する国民主権主義を追求すると、租税制度のすべては憲法に戻って考えることとなるのである。松沢

教授も、「真の法律学としての『税法学』の完成は、これらの憲法規範との有機的関連性を理解しなくては到底不可能であることを知らなければならない。」とされる(11)。

4 政策税制の手法

政策税制は、土地税制、産業税制、金融税制等々、多々の分野に跨るが、土地税制はその嚆矢といえよう(12)。

思うに、政策税制の手法の多くは、「国民は、法律の定めるところにより、納税の義務を負ふ」という憲法30条の規定に対し、義務のみを定め反対の権利が明確でなく、少しでも納税額を低く抑えたいという心理に働きかけることによって目的を達成しようとする。ここに、政府等統治者における政策目的を達成するために税制を利用する効果が見出せることとなる。

かかる心理の根底には、税は国家権力（統治権）に基づきいかに確実に多く取るかとする「国庫主義的租税観」と、税は取られるものであり、人民はその搾取からいかに逃れるかとする「人民主義的租税観」の２つの見解の相克があるものと考える。したがって、課税関係において、軽減の特例や加重負担の特則という措置を講じることが、政策目的を達成する上で有効な誘導手段として定着していくこととなる。この心理作用を払拭するには、納税の義務を定める憲法第30条の規定につき、「義務と権利は表裏をなし、国の行政に直接すべての国民が関与できるという面においては、……『参政権』と同質とみうるところから、『納税権』といってよい」(13)とする「国民主権主義的租税観」に基づく理解がより深く浸透すると、かかる誘導手段としての政策税制はある程度淘汰されていくこととなろう。

とはいっても、特に法人においては、少しでも多く収益（所得）を得、配当として出資者に還元するとともに雇用を確保することを前提とすると、法人ないし産業全体として、自らに有利な税制を要求することもあり得ることと首肯

---

(10) 福家俊朗『現代租税法の原理』205頁。
(11) TKC会報『TKC』平成14年1月号、3頁。
(12) 土地税制の研究として、福家俊朗、前掲書、197頁以下、一河秀洋・吉牟田勲・田中啓一・米原淳七郎編『資産政策と資産課税』、安田武臣稿『土地政策税制の生成と展開(一)』レファレンス581号6頁など多数。
(13) 松沢智、前掲書、14頁。また、松沢智『租税手続法』16頁以下参照。

できる。そこで、政治権力と産業界・圧力団体が結託し、政策税制が悪用されると、歳入の欠缺のみが残り、有効な政策目的の達成とは無縁となる虞もあるのである。

Ⅳ　交際費の損金不算入制度──政策税制の一例として

政策税制は、特定の政策目的を実現するための政策手段として、一般に租税特別措置法により実現されている。

非常に身近な政策税制の一例として、租税特別措置法第61条の４、交際費等の損金不算入制度を検討してみる。

1　交際費の損金不算入制度の導入の経緯

交際費等の損金不算入制度は、古く昭和29年に創設されている。なお、交際費等の損金不算入制度にかかる法案自体は、昭和28年の解散前の第15回国会において既に提案されていたが審議未了に終わり、解散後の第16回国会には提案を見送ったものであり、昭和29年に再提案の上、陽の目を見た。昭和29年の税制改正は、昭和27年から28年にかけての国内の消費や投資への急激な伸張が引き起こした輸入の増加により、国際収支が３億ドル余りの赤字となり、緊縮財政とデフレ基調の中で行われ、昭和25年以降所得税の減税を指向してなされてきた税制改正と趣の違ったものであった。しかし、昭和28年改正において緊要なものとされた「資本の蓄積の促進」政策にかかる特別措置は引き続き拡張され、交際費等の損金不算入制度も、企業の浪費的支出を規制し資本蓄積の一助とするために、３年間の臨時措置として成立したものであった。昭和31年の臨時税制調査会答申において、「戦後資本蓄積の促進に資するため、各種の税法上の特別措置がとられたが、昭和29年、企業資本充実のため資産再評価の強制等が行われた機会に、いわゆる交際費の損金算入否認の制度が設けられた。この措置は、他の資本蓄積策と並んで、法人の交際費等の濫費を抑制し、経済の発展に資するねらいをもっている」と述べられているとおりである。

2　現代的意義

(1)　確かに交際費等の損金不算入制度が創設された当時の主旨は資本の蓄積策にあったものであるが、戦後の復興や国際収支の赤字の解消、インフレ・デ

フレに対応することを第一義とすべきであった時期を過ぎてからも同制度が存続され、強化されてきたことから考えると、現代的意義はむしろ、それ以上のものにあるものと思われる。すなわち、①法人が営利を追求すべき存在であるという見地から、冗費・濫費による企業経営の不健全性を粛正する、②金にまかせて受注するがごとき取引の不公正を排除して企業経済ないし国民経済の秩序を維持する、③「社用族」の言葉に表現される、飲食等の個人遊興的な交際費の支出にかかる強い社会的批判に対処することにあり、また、これらを損金とすることによる法人税の不当軽減を防止することにあると考えられる[14]。

(2) 昭和53年12月の税制調査会の答申では、「交際費に対する課税は、累年強化され、既にかなりの程度に達しているが、最近における交際費支出の状況及びこれに対する強い社会的批判に顧み、昭和54年度の税制改正においては、課税を一層強化すべき。」とした。そして昭和57年度改正ではさらに交際費課税の強化が行われ、原則的に全額損金不算入とされていることは周知であろう。

最高裁平3.10.11、租税判例年報平成3年度450頁では、「交際費等の損金不算入制度は、冗費、乱費を防止して企業所得の内部留保による資本蓄積の促進を図る等のため、昭和29年政策的に設けられたものであるが、その後も、交際費等の支出が抑制されず、年々増加し続けている状況及びこれに対するきびしい社会的批判にかんがみ、段階的に損金不算入枠を拡大する方向で改正がなされ、昭和57年の改正において、現行のように原則として全額を損金不算入とするものとなったことが認められる。このような改正の趣旨やその内容に照らせば、右制度は、現在、政策的見地から交際費等の支出自体の抑制に、その目的の重点が置かれている課税の特例であるということが出来る」と端的に判示している。

(3) その後、平成8年度の政府税制調査会法人課税小委員会報告においては、「現行制度は、交際費を税制上経費として容認した場合には不要不急の支出を助長する面もあり、また、交際費の支出は公正・透明な取引を阻害する可能性がある点を考慮したもの」としてその考えを踏襲している。

そして、平成18年度税制改正においては、1人当たり5,000円以下の一定の飲食費について交際費から除外されることになった。具体的には、社外の者に

---

(14) 概ね同旨、松沢智『新版租税実体法〔補正第2版〕』321頁。

振る舞った飲食費等について、その金額が5,000円以下であれば接待交際費ではなく、その実態に合わせた費用（会議費、福利厚生費など）にできるということである。これは、損金不算入を緩和することにより、消費を拡大させ、消費の拡大を図ったものと考えられる。

3　政策目的の変遷

(1)　以上で検討したように、交際費の損金不算入制度は、「資本の蓄積」、「冗費の支出防止」から、「公正・透明な取引阻害要因の排除」、「景気対策」と、その目的を変えていった。

また、平成14年度の税制改正に関する答申では、「交際費課税制度については、景気情勢に配慮し、課税の緩和を図るべきではないかといった議論がある。交際費は企業の経済活動において必要な側面も有しているといった意見もある」が、「現行の制度を維持すべき」とする一方、平成14年度税制改正では、中小企業支援税制として「交際費などの損金不算入制度の定額控除限度額の引上げ」、すなわち、資本金1,000万円超5,000万円以下の法人に係る定額控除限度額を現行300万円から400万円に引き上げ、さらに前述のとおり平成18年度税制改正で1人当たり5,000円以下の一定の飲食費について交際費から除外されることになったことを考えると、一貫性にいささか疑問もある。

(2)　筆者は、以前「交際費等の損金不算入制度」を研究した際に、同制度は、時限立法であるとはいえ、その不算入限度額に変更を加えつつ途切れることなく延長を繰り返し、「長年にわたる規定が『特別措置』であることに疑問をもち、法人税法本法に組み入れられるべきではないかとの声もあろう。しかし、交際費という支出自体は本来法人の活動に伴い支出される原価ないし費用、すなわち損金であることには企業会計上異論の無いところであろう。法人税法第22条第4項が『……一般に公正妥当と認められる会計処理の基準に従って計算されるものとする』と規定し、健全な簿記会計の慣習を『事実たる慣習』として容認しているところから、交際費等の損金不算入制度は、きわめて政策的な措置であって、法人税法本法に規定することは適当ではないといえよう。」と論じた(15)。

---

(15)　松沢智編著『租税実体法の解釈と適用』中275頁、拙稿、『第11章交際費・販売促進費』。

平成14年度の税制改正に関する答申には、「税制がこのような諸問題（注：交際費を税制上経費として容認した場合に不要不急の支出を助長する面もあり、交際費の支出は公正・透明な取引を阻害する可能性も考えられることなど）を助長することは、経済構造改革の観点からも問題が多く、少なくとも現行の制度を維持すべきである」との記述がある。特別措置を維持することが政策目的を達成するために、あえて特別措置として継続すべきことを述べたもので、私見と合致するものと考える。

政策目的は時代背景にしたがって変遷しようと、その実現しようとする目的とその手段（税制）に正当な牽連性があれば、政策税制そのものは継続していく好例ともいえよう。

(3) なお、「交際費課税に対する一つの考え方として、交際費を使用する個人の所得税の源泉課税的意味をもつものであるという考え方もあるように思われる。すなわち、交際費のうちには、個人の所得とみなすべき部分が存するといいうる。かかる場合に、現実の問題としてその交際費の一部を、使用した個人に総合課税することは、きわめて困難である。従って、その一定の部分を法人税という姿で徴収することによって、個人の総合課税に代えて源泉課税を行うという趣旨とする考え方も生ずるであろう。もっとも、これは一つの考え方であって現行制度がこのような考え方のもとに設けられた制度であるという意味ではないが、交際費課税の今後の方向に関する問題として検討されるべき点であろう」[16]という意見もある。これは政策税制を無理に理論づけようとするものとも考えられ、法律論ではないが、しかし実体論としては、今後かかる代替課税論によって法整備がなされることも考え得る。ただし、政策として導入されるためには、現行所得税法で給与所得の概念が規定され、現物給与も課税されることとなっている以上、給与所得課税漏れとなっている実態の調査が必要であるとともに、損金不算入限度額の計算に所得税率を念頭に置く必要があるなど、多くの問題をクリアしないとならず、条件整備も必要となろう。

V 欧州諸国等の Tonnage Tax

筆者が約10年研究し、日本に紹介した Tonnage Tax（トン数標準税制、以下

---

[16] 沼田嘉穂ほか、『DHC 会社税法釈義・上』、2053頁。

「トン数税制」と記述する）も政策税制と解せられる。そして、トン数税制は、平成18年12月14日の自由民主党の「平成19年度税制改正大綱」の「検討事項」で、「外航海運業者の日本籍船に係る見なし利益課税（いわゆるトン数標準税制）については、非常時における対応を含む安定的な国際海上輸送を確保するために外航海運業者が果たすべき役割及び当該政策目的を達成するための規制等を明確にする法律が平成20年の通常国会において整備されることを前提として、平成20年度税制改正において具体的に検討する。」と論究された。「Tonnage Tax」を「トン数標準税制」と訳したのも筆者なので学者冥利に尽きることであるが、これも税政策学の一つのあり方と考えている。

1　トン数税制について

(1)　トン数税制は、法人税課税に代替する形で導入された「外形標準課税制度」ということができる。トン数税制は原則として対象企業の事業利益、資本収益の有無または多寡に関わらず、船会社等が保有する船舶の運航純トン数[17]に連動して課税される仕組みの税金である。

　欧州のトン数税制といっても、すでに導入済みのノルウェー、オランダ、ドイツと英国、デンマーク、アイルランド、フランスでは、その制度は若干異なる。また、欧州以外でも、韓国、米国、インドで同税制が導入されている。本稿では、同税制を論ずるのが主題ではないため、簡単にご紹介することをお許しいただきたい[18]。

---

(17)　一概に「トン数」といってもまず、船の重量を表すもの、船の容積を表すものの2つに大分される。また、船の重量を表すトン数には各種の呼称がある。すなわち①満載排水トン数（full load displacement）……満載喫水線に対応するトン数、すなわち満載時の重量、②軽貨排水トン数（light displacement, light load displacement）……貨物、燃料、水、乗組員、食料などを含まない重量、③重量トン数（dead weight ton, DWT, or D.W.）……①と②の差をいい、船が積載できる重量、④基準排水トン数（standard displacement）……ワシントン条約で定められた軍艦の排水トンをいい、軍艦の大小を表すもの、である。また、船の容積を表すトン数（capacity ton）は、1トン＝1000（立法フィート）＝2.832mを基準とし、①総トン数（gross tonnage, G.T.）……船内の総容積で、通常客船の大きさを表すもの、②純トン数（net tonnage, N.T.）……貨物を積んで利益をあげうる船内の容積をいい、我が国ではトン税や入港税の基準となるもの、③載荷容積トン数（cargo capacity ton）……貨物倉内の貨物を搭載しうる総容積をいうもの、がある。トン数標準税制は、このうち純トン数を基準とする

(18)　詳細は、拙稿『政策税制の意義と検証』税法学542号173頁以下、同、『欧州諸国の

（2）　さて、トン数税制は、選択により、海運業務により稼得した実際の企業利益に代わって、船舶のトン数を基準として計算したみなし利益につき法人税が課される。海運業務以外については海運業務と切り離して、引き続き現行の法人税により課税される。

　トン数税制選択にかかるメリットとして、船隊のトン数に従って課税標準が固定されることにより、不確定な収益見通しではなく、あらかじめ負担すべき税額の予見可能性が極めて高くなる。また、その税負担は、低水準の支払いですむという恩恵を受け、これらにより、納税負担というコストが確実、単純明解かつ低水準になることが見込まれるのである。また、投資家サイドにしてみれば、かなり正確な企業収益の予測とそのディスクロージャーにより、見通しが著しく高まる。

　ただし、デメリットとして、外形標準により租税債務額が確定するため、企業は、実際に海運業務に関して営業損失が発生したとしても、納税金額が発生し、かつ損失の繰越ということもあり得ない。

（3）　トン数税制は法人税にかかる本法であり、納税の時期、納税申告の時期、滞納に対する延滞税・罰金科料、上訴の権利等の、管理上および手続き上の問題に関しては、通常の法人税法すべてが適用される。

　英国の場合、トン数税制の選択者に「船員訓練」を実施し、自ら行うことができなければ拠出金を支払う義務を課しており、これは英国のトン数税制固有のものである。

　また、各国ともトン数税制は、政策税制ではあるものの租税特別措置法によるものではなく、法人税法本法の改正か財政法によるものである。

2　トン数税制導入の背景

（1）　トン数税制は、EUの海運政策の一環として成立したと考えられる。EUは、1985年に「共通の交通政策に向けての進展—海運（Progress Towards A Common Transport Policy — Maritime Transport）」を公表、さらに1989年には「共同体の海運業界の将来：共同体の海運の事業環境を改善する政策（A future for the Community shipping industry: Measures to improve the operating

---

外形標準法人税課税—トン数標準税制について』税法学543号167頁、同、『英国の外形標準法人税』税務弘報50巻1号54頁以下参照。

conditions of community shipping)」という文書を発し、まず、世界中の海運市場へのアクセスの自由を確保することにより、欧州海運業界の衰退を防ごうとした。

しかし、なお海運業が衰退の一途をたどるなか、1996年には「新たな海運戦略に向けて（Towards a new maritime strategy)」文書を採択し、共同体の政策を雇用に対する国庫補助保護の配分に基づく「防衛的な」保護主義政策から、世界の競争相手の雇用を条件つきで認めることにより、欧州の海運業を促進する、より「積極的な」政策への移行を要求した。

先進諸国すべて例外ではないのであるが、ほとんどすべての航路において、欧州の船舶はグローバル市場で運航しており、世界中の船舶と競合している。従来、加盟国での船舶登録は、経済的なメリットをほとんど提供していなかった。それどころか、配乗に関する国籍の要件や、団体協約、海運会社と船員の両者にとっての高水準の財政的・社会的費用などの不利な点があった。一般に、EUに登録の船舶にEUの船員を配乗して運航すると、便宜置籍船（FOC）または一部のアジア諸国で登録された船舶の運航に比べて高コストになる。欧州委員会は、共同体機関の国庫補助政策の実施について、EU加盟国で経営している企業と、他国、主としてタックスヘイブンで設立された企業との競争力の格差は、主に財政コスト及び租税コストに左右されるという結論に達した。

(2) 1997年のガイドラインでは、EUの海運の利益を支援するために導入する国庫補助制度の種類を明確にし、特に海運業界にとって有利な法人税法が適用される税制は、国庫補助と捉えた。そこで、国庫補助の概念を新たにすると同時に、財政上の利点を「海運業務」に限定し、海運会社が他の商業活動に従事する場合は、海運以外の業務への補助の「過剰」を防止するために、透明な会計が要求することとした。そして、委員会は、海運会社の財政上・税制上の取扱いにつき、EUの全部とは言わなくとも大半の加盟国が措置を採用することを視野に入れ、海運業界のための特別な税制を容認したものである。

また、海運業界のような資本集約的かつ流動性の高い業界に対する特別な税制は、その発展を促進するのみならず、投資家からの投資の促進と安定の観点から、長期安定的に実施する必要があると考えられた。

このように、欧州諸国におけるトン税制度の導入は、かかる海運業界の「生き残り」を意図した、欧州共同体の統一した政策に基づき創出された、まさに

「政策税制」であるということができる。

　経済社会の国際化により、一国の租税制度がその産業全体の明暗を分ける、すなわち国際競争力という観点からの税制のあり方の模索も当然に考慮されていったということである。

3　聴取調査に基づく実感

　筆者は2000年、2001年と連続して英国・ロンドンを訪ね、うち、2000年は、オランダやドイツ、ノルウェーも訪問した。2004年には、英国のほかEU船主協会、米国も調査した。この調査に基づく実感もこの機会に述べさせていただく。

　まず、ノルウェーであるが、ノルウェーは北海油田以外に外貨を獲得する主たる産業がなく、海運業の衰退はそのまま国の基幹産業の衰退と雇用の喪失を表す。そこで、EUのガイドラインを好機として、1996年にいち早くトン数税制を導入した。まさにこの政策税制が国の政策として喫緊の課題であったのである。

　オランダは、海を挟んだノルウェーのトン数税制導入と同時期に、タックスヘイブン国に対抗し、また多分にノルウェーを意識してトン数税制を導入、ドイツはオランダと陸続きであることから、自国海運会社がオランダに移転してしまわないように1999年から導入した。ドイツにとっては海運業による外貨獲得はたいしたウェイトではなく、オランダに対抗したものと考えられる。

　英国は、これら先にトン数税制を導入した国の制度を分析、調査・検討を重ねた上で2000年から採用された。興味深いのは、英国の内国歳入庁での聴き取り内容であった。筆者が、このような1産業を対象とした優遇税制を設けて他産業からの反発はなかったかと問うたところ、要旨「英国のような資源に乏しい島国で、海運業がなければ他の産業も成り立たないのだから、海運業を特別な産業として保護しても、他産業からの反発などはない」との担当官の回答であった。実際のところ、ジョン・プレスコット副首相（当時）が船員出身という幸運があったにしても、かかる国民的合意が基盤となって、政策税制を好意的に受け入れたものと実感した。

VI その他の政策税制の概観

1 土地税制

　土地税制も政策税制の好例である。地価が右肩上がりで上がっていた時代には、様々な特別控除で、土地の有効利用を図っていたが、地価の上昇が加熱したいわゆるバブル期には、事業用土地の買換え制度の特例も大都市から地方への買換え制度に姿を変え、また土地重課制度や地価税の導入が図られた。無論、税制だけではなく、金融の総量規制も相俟って、バブルの崩壊を迎えた。その後、景気の低迷が続き、土地の流通が冷え込んだために、土地重課制度や地価税が平成10年に執行停止されたのは記憶に新しい。

　土地税制については、正しく政策税制の有様を時の経済的背景と土地の流通との関係を時系列的に表しているといえるであろう。税政策学からの解明が必要な分野である。

2 少子化対策税制

　少子化対策を税制で行われることができるのか、子育て支援ができるのか、という問題がある。この点について、遠藤みち税理士は、実務家の観点も加え「少子対策の視点から課税単位・所得控除・児童手当──外国の育児政策を学ぶ──」という論文を発表されている[19]。同論文では、課税単位について「2分2乗方式、N分N乗方式いずれも、我が国にとっては有効な経済的支援税制として考慮する余地はない。」と結論づけられておられるが、米国で2分2乗方式が採られていること、フランスではN分N乗方式が採用されていることを考えると、個人単位課税の現状を検討する余地はあるといえよう。もし、仮に2分2乗方式若しくはN分N乗方式が検討されることになれば、これも政策税制と評価すべきである。

　また、扶養控除は現行所得税では所得控除であるが、所得控除は所得金額の高い者ほどその恩恵が大きく受けられることを考えると、児童控除としての税額控除への変換も考えられるが、これも政策税制にほかならない。

　かかる、少子化対策税制を立法論的に解明することも税政策学の範疇となろう。

---

(19) 「税経通信」2006年7月号165頁。

Ⅶ　まとめにかえて

(1)　平成12年7月14日の「わが国税制の現状と課題—21世紀に向けた国民の参加と選択—」答申は、「租税特別措置等についてすべてを不合理と断じるわけにはいきませんが、税制によって経済社会を誘導しようとすることには自ずと限界があります。また、一旦優遇措置が講じられるとそれが既得権益化し、政策効果の再検討が十分行われないまま優遇措置が長く継続してしまうことになりがちです。」とする。

また、自民党税制調査会では、総合デフレ対策として、贈与税軽減による住宅需要の刺激策などを策定、デフレ対策として税制を活用してきた。財務省事務方では「デフレ対策の中に税制改正があるとは思っていない」と否定する一方、時の塩川財務大臣はデフレ対策税制に前向きであった。

(2)　ここで問題となるのは、「真の政策税制」ではなく、「見かけだけの政策税制」についてである。何が「真の政策税制」で、何が「見かけだけの政策税制」となるのか。無論、政治・政党と一部のものが結託して自己に都合がよい、すなわち税負担が軽くなるようなものであるとか、あるいは政治家の票に結びつくなどという目的で策定され立法化されたような政策税制が、租税特別措置法に条文化されたとしても、それは租税法律主義の皮を被った「見かけだけの政策税制」であることはいうまでもない。問題は、時の政権は国民のためになると確信しつつも、結局は租税の原理・原則を歪めることの弊害の方が大きくなってしまう場合もあろう。このような場合はいかに解するべきか。

(3)　要は、政策税制が有効な政策手段として是認されるには、租税の原理・原則を歪めることの弊害と、主権者たる国民の得る利益を比較較量し、国民の得る利益が大きければ「真の政策税制」、弊害の方が大きければ「見かけだけの政策税制」ということと解すべきである。国民の得る利益、とは、民主主義の原理をふまえ国民の多数、すなわち過半数が得る利益であり、直接的であるか間接的であるかは問わない。また、かかる国民の得る利益をいかに評価するかということは、必ずしも統計的・数量的に量ることは困難であろうが、客観的な評価は、「世論」によって決せられるのではなかろうか。この評価により、「見かけだけの政策税制」ということになれば、かかる租税特別措置は即刻見直しを図るべきであるし、また、充分評価に耐えると判断された政策税制につ

き、立法審議の上新設すればよい。

　ここで参考となるのは、前述の英国における聴き取り内容である。すなわち、所得課税を原則とする法人税制を歪めるトン数税制が、海運業という特定の業種に限って適用されるとしても、それによって産業界全体ないしは国民生活にとって利益が多く、国民の得る利益が多いとの判断で、国民からも、他産業からも非難・反発がなかったのではなかろうか[20]。

---

(20)　実際、EUでトン数税制の導入の検討を行っていない国はほとんどなく、米国では国防を目的とするものの James L. Oberstar 下院議員より法案が提出された「商船隊を保護する法律」も成立している。蛇足ではあるが、遅ればせながら日本でトン数税制につき検討が始まったことはコンヴァージョンの観点からも当然のことであり、日本ないし日本国民にとって海運業の重要性を認知させる一助となるであろう。

24 イギリスにおける弁護士に対する税務調査

福岡大学法学部教授　宮谷俊胤

I　はじめに
II　事実の概要
III　決定要旨
IV　国内法との関係
V　人権条約との関係
VI　おわりに

I　はじめに

　課税庁が、顧客および弁護士に対するいわゆる税務調査において、弁護士事務所に立入り、書類等を検査することができるか否か、わが国には、それに関する直接的規定はなく、また、必ずしも確立された判例および学説があるとは思えない問題である。直接的規定のないわが国においては、概していえば、弁護士の質問検査受忍義務と守秘義務との義務衝突の解釈問題として解決せざるを得ないのであろうか。

　本稿は、この問題を検討する素材として、イギリス国内裁判所判決であるR v IRC, ex parte Tamosius & Partners (a firm) 事件[1]と欧州人権裁判所判決であるTamosius v United Kingdom 事件[2]を紹介するものである。とりわけ、Tamosius事件の一特色は、申立人であるTamosius弁護士の申立てが国内裁判所において棄却され、その後、1950年人権および基本的自由の保護に関する条約（以下、「1950年条約」という。）第8条に基づき、欧州人権裁判所（第一部）(European Court of Human Rights (First Section))に提訴された、イギリスに関する税務訴訟3件[3]のうちの1件である。欧州人権裁判所は、本件申立てを

---

(1) [1999] STC 1077.
(2) [2002] STC 1307.
(3) R v Inland Revenue Commissioners, ex parte Banque Internationale à Luxembourg ([2000] STC 708.) およびR (on the application of Morgan Grenfell & Co Ltd)

棄却した。そこで、本稿では、国内裁判所の決定理由とともに欧州人権裁判所のそれを紹介することにする(4)。

なお、本稿で引用したほとんどの裁判例の【事実の概要】および【決定要旨】については、拙稿・「イギリス裁判例にみる税務調査について」税法学555号204頁以降を参照されたい。

II　事実の概要

Tamosius氏（以下、「申立人」という。）は、英国籍を有し、かつアメリカ合衆国の市民権を有し、Tamosius & Partners弁護士事務所の名称でロンドンに本拠地を置き、国際法務に従事している英国在住の弁護士兼パートナーであった。

事実の概要を時系列に述べるならば、次の通りである。

1998年7月20日、内国歳入庁は、申立人が顧客の支払った手数料を海外払いに転換することによって租税を回避するスキームに加担し、当該スキームが内国歳入庁に知られないように幇助するという重大な租税詐欺の罪(5)を犯していると疑い、かつそれについて疑うにたりる合理的な理由があると信じ、申立人の弁護士事務所の捜索を申立人に要求した。申立人は、当該事務所に所蔵するファイル等は法律専門職特権（legal professional privilege）(6)の対象となる物件である旨を主張し、捜索を拒んだところ、内国歳入庁はすべてのファイル等を調査又は押収しないことに同意した。しかし、内国歳入庁は、結果的に、捜

---

　　v Special commissioner of Income Tax（[2002] STC 786.）である。
（4）本件に引用されている当時の1970年租税管理法および1950年条約の一部は、現在、いずれも改正されている。現行法の関連条項については、できるだけ本文および脚注に掲げておいた。とりわけ、前者の税務調査に関する現行条項の全文については、拙稿「イギリス裁判例にみる税務調査について」税法学555号191頁以降を参照されたい。
（5）「重大な租税詐欺」の意義については、注（7）に掲げた第(1A)項を参照されたい。「重大な租税詐欺」とは、現実に、意図的に、特定の者に相当な経済的利得が生じるとか、適正な租税の賦課および徴収の重大な妨げになっている場合であるといわれている（Simon's Direct Tax Service, A3. 160.）。
（6）本稿において、「法律専門職特権」の用語のほかに、「専門職特権」、「法律特権」の用語を用いる場合がある。それは、本稿において各裁判例、法令において用いているそのままの用語を邦訳したからである。「法律専門職特権」および「法律特権」等の用語の意義については、「IV　法律専門職特権」の項において述べる。

索しなかった。

　1999年8月10日、申立人の顧客の一人であるF氏は、重大な租税詐欺の罪の容疑により、告発され、租税を逋脱するスキームに加担していたことについて自白した。

　同年9月21日、内国歳入庁は、申立人の複数の顧客および申立人自身も重大な租税詐欺の罪を犯していると疑い、かつそれらについて疑うにたりる合理的な理由があると信じ、立件証拠を収集するため、1970年租税管理法（以下、「1970年管理法」という。）第20C条（書類収集のための立入捜索令状）[7]第(1)項第

（7）　本件の当時、1970年管理法第20C条（書類収集のための立入捜索令状）は、次のように定めていた。
(1) 内国歳入庁職員が、宣誓付告発状に記載された情報に基づき、次の各号に掲げることを適切な司法機関に証明する場合、司法機関は、令状発布の時から14日以内にいつでも、必要である場合には強制力により、内国歳入庁職員が家屋に立ち入り、捜索する令状を発することができる。
　(a)　租税に関連又は関係する重大な詐欺を含む罪が犯されている、犯されていた又は犯されようとしていると疑うにたりる合理的な理由があり、かつ、その罪の証拠が当該告発状に記載された家屋において発見されること
　(b)　本条の規定により令状を請求するに際し、当該職員は各事案に関して内国歳入庁の承認を得た後に令状を請求すること
(1A) 重大な詐欺の概念に関する一般原則に抵触しない場合、次に定めるところによる。
　(a)　詐欺を含む罪が、相当な財政的収入又は適正な租税の賦課若しくは徴収の重大な妨げになっていた、妨げる意図がある又は妨げていると認められる場合、本条において、重大な詐欺を含む罪となる。
　(b)　単独の行為として考えた場合において、重大な詐欺を含むものと考えられない罪が適正な租税の賦課若しくは徴収の重大な妨げとなる行為の一部を構成していたと疑うにたりる合理的な理由がある場合又はその行為が発覚しなかったならば、適正な租税の賦課若しくは徴収の重大な妨げになると認められる場合には、重大な詐欺とみなす。
(1B) 次の各号に反して、本条に規定する令状によって付与される権限を行使してはならない。
　(a)　令状に記載する歳入庁職員の人員
　(b)　令状に記載する日時
　(c)　令状に記載のある場合は、制服着用の治安関係公務員の立会い以外の方法
(2) 1890年内国歳入規則制定法第4A条（内国歳入庁が自らの権限により、内国歳入庁の職員に行わせることのできる内国歳入庁の権限）は、本条に規定する内国歳入庁の承認について適用しない。
(3) 本条に規定する令状に基づき家屋に立ち入る職員は、次の各号に掲げることをすることができる。ただし、同性者による場合を除き、何人も検査されない。

第3編　比較税法

　　　(a)　当該職員が必要であると思える者と同行すること
　　　(b)　第(1)項に規定する罪に関する起訴手続のための証拠として要求できると信ずるにたりる合理的な理由のある家屋において発見した物件をすべて押収、搬出すること
　　　(c)　発見された物件が存していたと信ずるにたりる合理的な理由のある家屋において見つけたすべての者を検査すること、又はその者に検査させること
(4)　前項の規定は、バリスタ、アドボケイト又はソリシタの所持する書類のうち、専門職特権の主張が維持される書類を押収し、搬出する権限を付与するものではない。
(5)　本条に規定する令状により権限を行使しようとする内国歳入庁の職員又は複数の職員による場合、そのうちの1名は、捜索責任者として、次に定めるところによる。
　　　(a)　家屋の占有者が捜索を開始する時に在宅している場合は、その占有者に氏名を記載した捜索令状の写しを交付するものとする。
　　　(b)　占有者が不在であっても、家屋を管理していると認める者が在宅している場合は、その者に捜索令状の写しを交付するものとする。
　　　(c)　第(a)号又は第(b)号のいずれにも該当しない場合は、家屋の人目につきやすい場所に捜索令状の写しを差し置くものとする。
(6)　本条に規定する令状により家屋へ立ち入り、立ち入った職員が令状による権限に基づき物件を押収した場合、当該職員は、押収物件の目録を令状の裏面に記載するか、又は目録書を令状に添付するものとする。
(7)　1984年警察および刑事証拠法第16条第(10)項ないし同条第(12)項の規定は、警察官に発せられる令状に適用すると同様に、本条に規定する令状（前項に規定する押収物件又はその目録書を含む。）に適用する。
(8)　前項の規定は、イングランドおよびウェールズにのみ適用する。
　　　（なお、2007年度現在、上記の諸規定のうち、次のように、第(1AA)項、第(3A)項、第(4A)項、第(4B)項および第(9)項が追加され、第(4)項が修正されている。「(1AA)内国歳入庁は、本法第20BA条（書類の提出令状）および同法附則第1AA条（書類の提出令状）に規定する手続によることが調査の重大な妨げになると信ずるにたりる合理的な理由のない場合、本条に規定する令状の請求を承認してはならないものとする。」、「(3A)電磁的記録方式により保管されている場合の情報とは、次の各号に掲げるものをいう。(a)前項に規定する家屋に立ち入る職員が、同項第(b)号に規定する証拠として要求できると信ずるにたりる合理的な理由のある情報、(b)当該職員が家屋から入手できる情報。前項に規定する押収の権限には、搬出することができる形状で、かつ知覚によって認識できる形状にある情報を提出させ、又はそれから知覚によって認識できる形状に容易に作成できる情報を提出させる権限を含む。」、「(4)　第(3)項の規定は、法律特権の対象になる物件を押収又は搬出する権限を付与するものではない。」、「(4A)　前項に規定する「法律特権の対象になる物件」とは、次の各号に掲げるものをいう。(a)専門職にある法的助言者とその顧客又はその顧客のすべての代理人との間で、顧客に法的助言をすることに関連して交わされた情報通信、(b)専門職にある法的助言者とその顧客若しくはその顧客のすべての代理人との間で交わされた情報通信又は当該専門職にある法的助言者、当該顧客若しくは当該すべての代理人と第三者との間で、争訟手続に関連して又は法的手続を予定して並びに法的手続のために交わされた情報通信、(c)それらの情報通信に含まれている物件又はそれらの情報通信の中に引

(a)項の規定により、申立人の弁護士事務所に立入り、捜索する令状（以下、「第一捜索令状」という。）を請求した。第一捜索令状は巡回裁判官の当事者審問手続（an ex parte）によって発せられた。

なお、第一捜索令状には、次のような内容が記載されていた。

捜索令状に基づき、立入り、捜索する内国歳入庁職員は、①必要であると思える者を同行されること、②法人税、所得税その他の租税に関する重大な租税詐欺に関する物件又はその疑いのある物件を押収し、搬出すること、また、重大な租税詐欺の罪に関する起訴手続のための立件証拠として、要求できると信ずるにたりる合理的な理由のある物件を押収し、搬出すること、③当該物件を所持していると信ずるにたりる合理的な理由のある家屋において見つけた者を検査することができる（ただし、同性者の検査による。）こと、④1984年警察および刑事証拠法第10条⁽⁸⁾に定義する法律特権（legal privilege）の対象になるい

用されている物件で、その物件を所持する権利を有する者が次の(i)、(ii)のいずれかの理由により作成し、所持している物件、(i)法的助言をすることに関連して、又は、(ii)争訟手続のために、争訟手続に関連して又は争訟手続を予定して」、「(4B) 犯罪を助長する意図で保有されている物件は、法律特権の対象にならない。」、「(9) スコットランドにおいて、第(1)項に規定する情報が他の管轄地に所在する家屋に関連のある場合は、次の各号の定めるところによる。(a)当該情報に関連のあるすべての家屋に関する令状を発する申立ては、家屋が所在する管轄地の執行官に請求することができる。(b)執行官が自らの管轄地に所在する家屋に関する令状を発する場合、執行官は、当該情報に関連のある他の家屋に関する令状を発する管轄権をも有するものとする。ただし、本条は、執行官の管轄地内で犯された罪に関する令状を発する執行官の権限又は管轄権に影響を及ぼすものではない。」

また、第(4)項との関連において、第20B条第(8)項には、「第20条第(3)項〔反面調査〕若しくは第(8A)項又は第20A条第(1)項〔税務代理士〔弁護士を含むと解されている。〕〕に規定する通知によって、顧客の承諾なしに、専門職特権の主張が維持される書類の提出をバリスタ、アドボケイト又はソリシタに義務づけ、又は検査の便宜に供させてはならない。」（〔　〕内筆者注）と定めている。

（8）1984年警察および刑事証拠法第10条（「法律特権の対象になる物件」の意義）は、次のように定めている。
(1) 本法において、「法律特権の対象になる物件」とは、次項に規定することを条件に、次の各号に定めるものをいう。
　(a) 専門職にある法的助言者とその顧客又はその顧客のすべての代理人との間で、顧客に法的助言をすることに関連して交わされた通信情報
　(b) 専門職にある法的助言者とその顧客若しくはその顧客のすべての代理人との間で交わされた通信情報又は当該専門職にある法的助言者、当該顧客若しくはそれらの

かなる物件も押収、搬出してはならないこと、である。

　同年9月29日、第一捜索令状は執行された。申立人の二事務室にあった書類を一事務室に集め、捜索途中に、捜索物件が法律専門職特権の対象になる物件か否かの議論が当事者間でなされたが、解決策について合意するに至らなかった。その間、捜索責任者は、申立人が租税を逋脱するスキームに加担していたとする会社名および個人名のリストを申立人の代理人弁護士に手渡した。同日、当該代理人弁護士は、法律専門職特権の対象になる物件の捜索、搬出に関して、当該捜索令状の再審査を女王座部に請求したところ、翌日、次のように決定された。

　同年9月30日、女王座部は、弁護士事務所から搬出する書類を不透明な鞄に入れて封印し、審理が尽くされるまで、内国歳入庁が当該書類を検査しない条件の下で、令状執行を許可した。内国歳入庁は、第一捜索令状の執行期限が本日（30日）満了することになっていたので、逋脱の意図があったとする35社および個人名のリストを第二捜索令状に追加したほかは、第一捜索令状に記載されていた内容と同一の内容による捜索令状（以下、「第二捜索令状」という。）を請求した。第二捜索令状は、当事者審問手続によって許可された。

　同年10月1日、第二捜索令状が執行された。内国歳入庁は、次の指示に基づき、捜索、押収に関して、法務総裁（Attorney General）の指名する独立審理官（independent counsel）に助言を求めた。

　「あなたの職責は、捜索チームのメンバーとしてではなく、捜索チームから独立した立場で助言することにある。あなたは、捜索チームが捜索中に諸物件を発見できるように、捜索チームに捜索の手がかりを与えてはならない。内国

　　　者のすべての代理人と第三者との間で、争訟手続に関連して又は争訟手続を予定して並びに争訟手続のために交わされた通信情報
　　(c) それらの通信情報に含まれている物件又はそれらの通信情報の中に引用されている物件で、その物件を所持する権利を有する者が、次の(i)、(ii)のいずれかの理由により、作成し、所持している物件
　　　(i) 法的助言をすることに関連して、又は、
　　　(ii) 争訟手続のために、争訟手続に関連して又は争訟手続を予定して
　(2) 犯罪を助長する意図で保有されている物件は、法律特権の対象にならない。
　　　（なお、2007年現在、1970年租税管理法第20C条第(4A)項および第(4B)項には、上記の1984年警察および刑事証拠法第10条第(1)項および第(2)項と同様の規定が定められている。注（7）の条文邦訳後の（　）内参照。）

歳入庁職員が告発に要する証拠物件を発見した場合、あなたは、その物件を当該指示のために検討することにある。……被調査者がすべての物件に関して法律専門職特権を主張する場合又は内国歳入庁職員が法律専門職特権に関連のある物件を押収する場合、あなたは、それらの適否を検討し、助言する職務がある。あなたは、内国歳入庁から職務に専心するように指示されているけれども、法律専門職特権に関連のある物件か否かを判断するに際して、捜索チームから独立した立場で職務を遂行すべきである。」

　独立審理官は、内国歳入庁の指示に基づき、内国歳入庁職員が捜索、搬出するすべての書類を、①法律専門職特権の対象になる書類、②法律専門職特権の対象にならない書類、③法律専門職特権の対象になる書類のうち、1984年警察および刑事証拠法（以下、「1984年法」という。）第10条第(2)項に規定する書類を除き、租税逋脱の罪の立件証拠となる書類、の三種に区分し、いずれの区分に属するかを書類ごとに附記し、すべての書類に所見を附記していた。

　内国歳入庁は、独立審理官の所見に従い、法律専門職特権の対象になると判断された書類を申立人代理人弁護士に手渡し返還し、また、弁護士事務所を捜索し、令状に関連のある約69件の書類、ファイルおよび帳簿を押収した。

　同年11月5日、女王座部は、第一捜索令状および第二捜索令状のいずれも違法でない旨の判示をした（［1999］STC 1077.）。

　2000年4月17日、申立人は、貴族院に上訴許可を求めたが、許可されなかった。

　同年6月19日、申立人は、次の諸理由により、欧州人権裁判所に申立てをした。すなわち、(i)1970年管理法第20Ｃ条の規定に基づく捜索令状の発布およびその執行は、1950年条約第8条（私生活および家族生活が尊重される権利）[9]に反し、「私生活……および通信情報（correspondence）の尊重を受ける権利」を侵害したこと、とりわけ、①捜索令状は、双方審問手続（inter partes procedures）によることなく、当事者審問手続によって発せられていたこと、②本件は、巡回裁判官ではなく、より上級の裁判官の審査によることが適格であったこと、③第一捜索令状は、特定者の情報に限定されていなかったこと、④法律専門職特権に関する独立審理官の所見は、法律特権の意義を狭義に解釈し

　（9）「Ⅴ　人権条約との関係」の項の本文参照。

ぎていたこと、⑤内国歳入庁の指示を受けた独立審理官が1950年条約第8条に規定する（申立人の）権利に干渉することは不当であり、独立審理官は調査チームから独立した立場になかったこと、(ii)申立人は、1950年条約第13条に規定する実効的な救済を受けることができなかったこと、とりわけ、本件司法審理手続の当時、1998年人権法は施行されていなかったので、女王座部は、申立人の当該条約上の諸権利に干渉することが欧州人権裁判所の判例法に抵触した不当なものであったか否かを審査することができなかったこと（[1999] STC 1077.)、である。

Ⅲ　決　定　要　旨

本件欧州人権裁判所は、次の理由により、申立てを棄却した。

（1）　弁護士事務所の捜索は、1950年条約第8条に規定する申立人の権利に干渉することになる。欧州人権裁判所の判例においても、弁護士事務所の捜索は同第(1)項に規定する「私生活および通信情報」に干渉するものと考えられている。したがって、本件において決定すべきことは、当該干渉が同第(2)項に規定する諸要件を満たしていたか否かにある。本件捜索が、「法律に基づき」行われ、かつ、「国の経済的福利」の目的だけではなく、「無秩序若しくは犯罪の防止」をも目的にされたことは、いずれも当事者間に争いはない。主たる争点は、本件捜索手段・方法がそれらの目的を遂行するために「民主的社会において必要であるもの」と考えられるか否か、とりわけ、本件捜索手段・方法は、それらの目的に照らして相当であったか否か、また、濫用ないし逸脱を防止するための適切かつ効果的な手続的防止措置によって執られていたか否か、である。

弁護士事務所を捜索することは、職業上の秘密を侵害し又はそのおそれがあり、また、適切な司法運用に影響を及ぼすことになるおそれがある。捜索手段・方法のいかんによっては、同第6条[10]の規定により保障されている「公

---

(10)　1950年条約第6条（公正な裁判を受ける権利）
　　(1)　すべての者は、その民事上の権利および義務の決定又は刑事上の罪の決定のため、法律で設置された独立のかつ公平な裁判所により妥当な期間内に公正な公開審理を受ける権利を有する。判決は公開で言い渡される。ただし、報道機関および公衆に対しては、民主的社会における道徳、公の秩序もしくは国の安全のため、また少年の利益若しくは当事者の私生活の保護のため必要な場合において、又はその公開が司法の利益を害することとなる特別な状況において裁判所が真に必要があると認める限度

正な裁判を受ける権利」に影響を及ぼすことになり得るおそれがある。本件捜索は裁判官の発した捜索令状に基づきなされていた。捜索令状を発する場合には、重大な租税詐欺の罪が犯されていたと疑うにたりる合理的な理由があり、かつ、その証拠が捜索する家屋において発見できることを裁判官に証明することが法律上の要件になっている。裁判官は、当事者審問手続によっていたとはいえ、権限の濫用ないし逸脱を防止するための重要な手続的防止措置によって執られていたか否かを判断することにある。本件における裁判官が上級裁判官ではなく、巡回裁判官であったという事実は、説得力のあるいかなる反論にもならない。捜索は、調査中にあるとしてリストされた35社および個人名を含めた第二捜索令状によるものであった。これらの諸事情の下において、申立人は、調査チームが違法な調査又は権限の濫用ないし逸脱をしていたか否かを判断することができる、捜索の経緯を十分認識し、掌握していた。本件捜索は独立審理官の助言に基づき執られており、独立審理官の職務は、法律専門職特権に含まれる書類を特定し、それを搬出させないことにあった。独立審理官の職務は、内国歳入庁の指示に基づき、調査チームから独立した立場において、所見を附記することにあった。法律専門職特権に関する独立審理官の所見は、法律専門職特権の保護について狭義すぎるものでなかった。法律専門職特権の主張が維持される書類の搬出を禁止しているのは、職業上の秘密および司法運用に干渉しないようにするための特殊な防止措置である。また、法律専門職特権の対象になる書類を搬出した場合には、内国歳入庁との間で法的紛争になり、内国歳

　で、裁判の全部又は一部を公開しないことができる。
(2)　刑事上の罪に問われているすべての者は、法律に基づいて有罪とされるまでは、無罪と推定される。
(3)　刑事上の罪に問われているすべての者は、少なくとも以下の権利を有する。
　(a)　速やかに、その理解する言語で詳細にその罪の性質および理由を告げられること。
　(b)　防御の準備のために十分な時間および便益が与えられること。
　(c)　本人若しくは自ら選任する弁護人が防御すること、又は弁護人に対する十分な支払手段を有しない場合で、司法の利益のために必要なときには、弁護人が無料でつけられること。
　(d)　自己に不利な証人を尋問し又はこれに対し尋問させること並びに自己に不利な証人と同じ条件で自己のための証人の出席およびこれに対する尋問が認められること。
　(e)　裁判所において使用される言語を理解することができない場合又は話すことができない場合には、通訳の援助が無料で受けること（広部和也・杉原高嶺編集・解説条約集217頁参照。）。

入庁に損害賠償責任を負わすことになる場合もあり得る。裁判所は、prima facie に属するすべての書類を法律専門職特権に含めるべきであるとは説示していない。本件捜索は、遂行された正当な目的に照らして不当なものではなかったし、適切な手続的防止措置によって執られていた。したがって、本件干渉は、1950年条約第8条(2)項に規定する「民主的社会において必要であるもの」と考えられる。

(2) 1950年条約第13条[11]は、個人が当該条約上の権利侵害の被害者であることを「主張できる請求」（"arguable claim"）にのみ適用することができる。この(2)の申立てについては、明白に根拠不十分（ill-founded）であり、却下する（なお、本稿においては、(2)についてコメントする余地はないので、省略した。）。

IV 国内法との関係

1 捜索令状の諸問題

内国歳入庁職員が、宣誓付告発状に基づき、重大な租税詐欺を含む罪が犯されていたと疑うにたりる合理的な理由があり、かつその証拠が当該告発状に明記された家屋において発見されることを適切な司法機関に証明する場合、司法機関は、内国歳入庁職員が捜索令状を請求する事案に関して内国歳入庁の承諾を得ている場合に限り、家屋に立入り、捜索する権限を認める令状を内国歳入庁職員に発する旨を1970年管理法第20C条第(1)項に定めている。また、内国歳入庁職員は、同条項に規定する捜索令状に基づき家屋を捜索し、重大な租税詐欺の罪に関する起訴手続の証拠として要求することができると信ずるにたりる合理的な理由を有する場合、その物件をすべて押収し、搬出することができる旨を同第(3)項第(b)号に定めている。ただし、同第(4)項には、弁護士の所持する書類のうち、専門職特権の主張が維持される書類を押収し、搬出することができない旨を定めている。

「適切な司法機関」が捜索令状を許可すべきか否かを審理する場合、いかなる手続にするべきか、それについての定めは存しない。申立人は、当事者審問

---

(11) 1950年条約第13条（実効的な救済を受ける権利）
この条約に定める権利および自由を侵害された者は、その侵害が公的な資格で行動した者による場合でも、国の機関における実効的な救済を受ける（広部和也・杉原高嶺編集・注(10)218頁参照）。

手続によって本件捜索令状の発布が許可されているが、他の法分野においては双方審問手続によって審理することになっていると主張する。すなわち、自然的正義の法理に基づく弁明の機会（口頭審理）を捜索令状の発布に求めた主張であろう。

本件欧州人権裁判所は、「裁判官は、当事者審問手続によっている[12]とはいえ、捜索権の濫用ないし逸脱を防止するための重要な手続的防止措置によって執られていたか否かを判断することにある。本件における裁判官が上級裁判官でなく、巡回裁判官であったという事実は、説得力のある反論にはならない。国内法においては、犯罪捜査のための捜索令状を警察に発しているのはほとんど下位裁判所裁判官（magistrate）である。」[13]と判示している。

捜索令状を発する場合の審理方法についての定めは存しないので、制定法準拠主義を採用した判示であろう。裁判官が捜索令状に関与する趣旨は、権限の濫用ないし逸脱を防止するための手続的防止措置、いわゆる行政統制のためにあるので、自然的正義の法理を適用すべき余地はなく、裁判官である限りその資格を問う必要がない旨の判示であろう。とりわけ、本件は重大な租税詐欺の罪に係る捜索令状であるので、双方審問手続によることなく、かつ事前通知をすることなく捜索をする相当の理由はある。しかし、法律専門職特権の対象になる書類か否かを審理する重要な問題を審理する場合に、双方審問手続を採用すべきか否か、立法論として検討する価値はある。なお、「適切な司法機関」とは、イングランドにおいては「巡回裁判官」をいうと定めている[14]ので、申立人の主張は、立法論にすぎず、本件裁判所が判示しているように、説得力のあるものではない。「犯罪捜査のための捜索令状を警察に発しているのはほとんど下位裁判所裁判官である。」と判示していることは、重大な租税詐欺の罪は犯罪捜査に相当するものであり、重大な租税詐欺の罪に係る捜索令状は下

---

(12) 当事者審問手続によってAnton Piller命令を認めた判決としては、Funke v France（[1993] ECHR 10828/84, para 57.）およびChappell v United Kingdom（[1989] ECHR 10461/83, para 59-61.）等がある。
(13) [2002] STC 1307, at 1315-1316.
(14) 1970年管理法第20D条（第20条ないし第20CC条の解釈）第(1)項には、「第20A条、第20BA条および第20C条において、「適切な司法機関」とは、次の各号に掲げる者をいう。(a)イングランドおよびウェールズにおいては、巡回裁判所裁判官、(b)スコットランドにおいては、執行官、(c)北アイルランドにおいては、県裁判所裁判官」と定めている。

位裁判所裁判官よりも上位の巡回裁判官の判断によっていることを説得的に述べたものであろう。

また、申立人は、捜索令状に記載すべき範囲・程度、とりわけ、捜索の対象物件および対象者について令状に詳細な内容を記載していなかったと主張する。

本件女王座部は、「1970年管理法第20Ｃ条第(1)項に規定する諸要件により、裁判所によって発せられる令状は、家屋に立入り、捜索する権限を内国歳入庁職員に認める。その権限は、内国歳入庁職員が同第(3)項に規定する諸要件、すなわち、起訴手続のための証拠として要求することができると信ずるにたりる合理的な理由のある家屋で発見した物件をすべて押収し、搬出することができる権限と対比して理解すべきである。」と判示し、立入り、捜索する権限と押収し、搬出する権限との適用条項の差異を前提に、次のように判示し、申立人の主張を認めなかった。

「押収、搬出する権限は、令状によって付与されるのではなく、同第(3)項に規定する諸要件を満たすことによって付与されるのである。同様に、弁護士の所持する書類のうち、専門職特権の主張が維持される書類の押収、搬出を禁ずるのは、同第(4)項に規定する諸要件を満たす場合である。令状によって禁ずることではない。したがって、令状の正当性は、同第(4)項に規定する諸要件により、令状に詳細な内容を記載しているか否かによるのではなく、同第(1)項に規定する諸要件を裁判官に満たしているか否かによる。当該諸要件を裁判官に満たしている場合、裁判官は立入り、捜索する令状を発することができる。申立人が主張するような、詳細な内容を令状に記載すべき旨の要件は同第20Ｃ条には定めていない。また、同第(4)項には法律専門職特権の対象になる書類の押収、搬出を防止する諸要件を定めているので、より詳細な内容を令状に記載していたとしても、同第(3)項に規定する諸要件以上に令状によって書類の押収、搬出を防止させることにはならない。けだし、同第(3)項に規定する諸要件によって認められる物件の押収、搬出を内国歳入庁職員にさせないわけにはいかないからである。」(15)と判示している。

捜索令状の正当性は、記載内容の程度によるのではなく、該当条項に規定する諸要件を満たしているか否かによる旨の判示であろう。

---

(15) [1999] STC 1077, at 1086.

本件欧州人権裁判所は、第一捜索令状が特定者の書類に限定されていなかったという申立人の主張について、「国内裁判所は、第一捜索令状がすべての物件を重大な租税詐欺の罪に関連させていたことを撤回し、調査中にあるとしてリストされた35社および個人名のリストを含めた第二捜索令状の請求を認めた。国内裁判所は第一捜索令状および第二捜索令状をともに適法であると決定したけれども、執行されたのは第二捜索令状であった。申立人は、これらの諸事情からして、調査チームが違法な捜索又は権限の濫用ないし逸脱をしていたか否かを判断することができる、捜索の経緯を十分認識し、掌握していた。」[16]と判示している。

　裁判官が捜索令状に関与する趣旨は権限の濫用ないし逸脱を防止するための手続的防止措置にあるので、捜索が違法又は権限の濫用ないし逸脱であったか否かは、執行されていない第一捜索令状ではなく、現実に執行された令状に照らして判断すべきであり、現実に執行された第二捜索令状には特定者の書類が限定されており、特定者の重大な租税詐欺の罪に関する令状請求には違法はない旨の判示であろう。

2　独立審理官の役割

　税務調査の現場において、税務調査の両当事者が捜索、搬出に係る物件について法律専門職特権の対象になるか否かの問題を解決することは必ずしも容易でない。逋脱犯に係る捜索令状の執行過程において、法律専門職特権の対象になる物件か否かの問題がわが国の捜索現場において議論されたことを仄聞したことはない。

　イギリスでは、捜索、搬出に係る物件が法律専門職特権の対象になるか否かの問題について、わが国に比して、現場において慎重に扱われている事情およびそれに関する法解釈が本件の「Ⅱ　事実の概要」の項からも窺い知ることができるであろう。本件のように、イギリスでは、内国歳入庁が、法務総裁の指名する独立審理官に対し、助言を求める場合が少なくない[17]。本件のように、独立審理官の関与できる法的根拠は、1970年管理法第20Ｃ条第(3)項第(a)号に規

---

　(16)　[2002] STC 1307, at 1316.

　(17)　例えば、R v Customs and Excise Commissioners, ex parte Popely and another ([1999] STC 1016.) 参照。

定する内国歳入庁「職員が必要であると思える者と同行する」の文言解釈によるものである。この文言は、内国歳入庁職員が「必要である」と認める者をいうと解され、内国歳入庁職員に認められる職務を手助けすることが合理的に期待できない者の同行を禁じたものであると解されている(18)。したがって、同項第(a)号は、内国歳入庁職員による違法な押収、搬出を防止するため、令状執行の過程において、独立審理官を同行させる権限を内国歳入庁職員に認めた条項であると解されている(19)。捜索、搬出に係る物件が法律専門職特権の対象になるか否かの問題を重要視し、慎重に処理するため、法務総裁の指名する独立審理官を同行させる権限を内国歳入庁職員に認めることによって、手続的防止措置に関してより慎重な配慮をしたものと理解することができる。税務調査の対象物件が法律専門職特権の対象になるか否かの問題をわが国の課税庁においても重要視し、慎重に対処しようとする姿勢を執るならば、税務調査において、課税庁以外の者にも関与させることは現行規定の下において必ずしも不可能ではないと思う。

　本件において、独立審理官は、「Ⅱ　事実の概要」の項で紹介したように、内国歳入庁の指示に基づき、内国歳入庁職員が捜索、搬出するすべての書類を、①法律専門職特権の対象になる書類、②法律専門職特権の対象にならない書類、③法律専門職特権の対象になる書類のうち、1984年法第10条第(2)項に規定する書類を除き、租税詐欺の罪の立件証拠となる書類、の三種に区分し、いずれの区分に属するかを書類ごとに附記し、すべての書類に所見を附記していた。

　独立審理官が内国歳入庁の指示に基づき捜索、搬出する書類について検討し、助言したことは、独立審理官の独立性を保障することになっていなかったと申立人は主張する。独立審理官に関与する機会を与えても、独立審理官が内国歳入庁の見解を追認することに終止していたのでは独立審理官を関与させる意義を消失させることになるからである。

　本件女王座部は、独立審理官が調査チームから独立した立場において所見を附記すべき旨の内国歳入庁の指示に基づき、法律専門職特権に含まれる書類を調査チームから独立した立場で選定し、それを搬出させない旨を助言していたため、「違法な押収、搬出そのものを防止しようとする内国歳入庁には、法務

---

(18)　[1999] STC 1077, at 1087.
(19)　Ibid..

総裁の指名した独立審理官の助言を得ることが認められる。このような独立審理官の関与は本件申立人を保護し、……独立審理官の関与によって、押収、搬出の適法性が阻害されることにはならない。本件のように、法律専門職特権に関して所見を述べようとする独立審理官が自らの所見を迅速に開陳することに対して阻止すべき理由は存しない。独立審理官の関与を積極的に認めるべきである。」(20)と判示をしている。つまり、内国歳入庁職員の違法な押収・搬出を事前的に予防するための一手段として、独立審理官の関与を認めた判示であろう。なお、独立審理官の関与については、付加価値税にも採用されている。関税・消費税庁が書類を押収し、保管すべきか否かを決定する前に、関税・消費税庁が押収した書類を独立審理官の判断に委ねるという関税・消費税庁の姿勢は、法律専門職特権に係る問題を解決しようとする関税・消費税庁の苦慮した結果であり、実質上、論争を少なくしていると評価されている(21)。

　内国歳入庁の指示が本件のように適切である限り、法務総裁の指名した独立審理官の関与そのものが問題になることはないし、また、独立審理官の助言は、個別具体的な物件を押収、搬出することの適法性に影響を及ぼすものでもない。独立審理官の助言がいかなるものであろうとも、内国歳入庁職員が専門職特権の対象になる物件を押収、搬出したか否かが法律上の問題であり、その終局的判断は裁判所のみができるからである。この問題について、次のように判示している。

　本件女王座部は、「専門職特権の対象になる書類が押収、搬出されることはない。したがって、もし内国歳入庁職員が専門職特権の対象になる書類を押収、搬出する場合、裁判所は、当該職員の違法な行為を理由に、その行為を阻止し、書類の返還を当該職員に命ずることができる。さらに、当該職員が違法な行為

---

(20)　Ibid., at 1088.
(21)　例えば、関税・消費税庁職員は、申立人（弁護士）の家屋で発見されたほとんどの書類が申立人の法律特権の対象になる物件であるかもしれないことに気づき、当該書類が捜索令状の範囲内に属するか否かを判断するためにとりあえず通り一遍の調査をし、法律特権の対象になるかもしれない書類を精査せず、押収するつもりであった書類のうち、法律特権の対象になるかもしれないと判断した物件を鞄に入れ、封印し、そのことが令状の諸要件に該当するか否か、とりわけ、法律特権によって保護されるべき物件か否か、の判断をあおぐため、独立審理官にそれを提出した事案である（R v Customs and Excise Commissioners, ex parte Popely and another（[1999] STC 1016.））。

を既にしている場合、内国歳入庁は損害賠償責任を負うことになる。したがって、専門職特権の対象になる書類を違法に押収、搬出したことを理由に提訴したとしてもにおいて、独立審理官が誤って判断していたことが明らかになった場合、独立審理官の関与は内国歳入庁の役に立たなかったことになるにすぎない。押収、搬出した書類が専門職特権の対象になるか否かを決定するのは裁判所であるからである。専門職特権は、制定法の範囲内において、裁判所によって科される罰則およびその制裁手続によって、保護されるべきものである。」(22)と判示している。

裁判所の本質的な権能は、独立審理官の判断が明らかに誤っている場合を除き、独立審理官の上訴裁判所として審理することではなく、押収、搬出した物件が意思決定者（内国歳入庁職員）に必要な書類であったか否かを審理することにある。その際、意思決定をした職員が、法律違反を犯したり、権限を濫用ないし逸脱したり、自然的正義の法理を遵守しなかったり、又は曲解していたかどうかを審理する(23)ことにある。

本件欧州人権裁判所は、「本件捜索は独立審理官の指示に基づき実施され、独立審理官の職務は法律専門職特権に含まれる書類を選定し、それを搬出させないことにあった。申立人は、捜索が独立審理官の指示に基づき実施されたことは手続的防止措置を定めた法の趣旨を没却させることになると主張するけれども、当裁判所は、法務総裁の指名した独立審理官が、内国歳入庁の指示に基づき、調査チームから独立した立場で判断し、かつ、助言すべきであったことについて、特に強調する。申立人は、国内法上の手続に照らして、独立審理官の判断に誤りがあった旨を主張していなかった。当裁判所は、調査物件と捜索令状との関連性を明確にする必要性のある場合に、内国歳入庁が仮に調査チームと相談することを独立審理官に指示していた事実があったとしても、独立審理官の助言に悪影響を及ぼすほどのことではないと判断する。」(24)と判示をしている。

---

(22) [1999] STC 1077., at 1087-1088.
(23) 注(17)。
(24) [2002] STC 1307., at 1316.

3 法律専門職特権

　法律専門職特権の観念は、古くからコモン・ローにおいて確立されてきたものであり、その後、制定法にその内容を定めているものも少なくない。例えば、注（8）で紹介した1984年法第10条（「法律特権の対象になる物件」の意義）のように、コモン・ローとして確立されてきた特権を制定法化したものであり、また、Francis & Francis（a firm）v Central Criminal Court 判決のように、コモン・ローの成文化であると解している判示もある[25]。さらに、制定法化された1984年法第10条に規定する同一の内容を1970年管理法第20Ｃ条第(4A)項および第(4B)項[26]に定めている条項もある。後者の同第20Ｃ条第(4A)項および第(4B)項は、同様に、コモン・ローとして確立された特権を制定法化したものと解すべきことになるであろう。

　ところが、現在、法律専門職特権（legal professional privilege）のほか、法律特権（legal privilege）、専門職特権（professional privilege）、訴訟特権（litigation previlege）および信頼情報特権（confidential communication privilege）の用語が用いられており、それぞれの特権の意義を統一した理解の下で用いられているのか、疑念を懐かざるを得ない裁判例の動向下にあると思える[27]。例えば、本稿との関連において例示するならば、1984年法第10条においては「法律特権」の用語を用い、1970年管理法第20Ｃ条においては「専門職特権」の用語を用いながらも、上述のように、両者の規定は、全く同一の内容である。後者が前者の内容を導入した理由は、法体系上の内容的整合性を保つためのものであろう。両者の意義・内容を違えなければならない必然性は必ずしも存しないからである。しかし、両条がそれぞれ異なった用語を用いている理由は明らかにされていないように思える。

　そこで、本稿では、とりあえず、法律特権および専門職特権は制定法上の用語として、法律専門職特権はそれらを含めた包括的、広範なコモン・ロー上の用語として理解しておく。換言すれば、法律特権および専門職特権は、法律専門職特権の内容の一部を制定法化したものであると理解しておく。また、これ

---

(25)　[1988] 3 All ER 775.
(26)　注（7）の条文邦訳後の（　）内参照。
(27)　拙稿「イギリスにおける法律専門職特権に関する最近の租税判例」税法学554号87頁以降参照。

ら3つの特権は訴訟特権および信頼情報特権に比して広範な特権であると理解しておく。そのことは、後述のように、1984年法第10条に規定する内容からも推論することができるであろう。

　訴訟特権および信頼情報特権の用語は、通常、一般に用いられている次のような意義・内容として理解されている。訴訟特権とは、係争中又は予定した訴訟等の準備のため、本人自らが有する書類等および弁護士と顧客の間で交わされた書類等の開示を拒むことができる特権である。すなわち、訴訟特権は、訴訟行為に関連のある書類等に限定して認められる特権である。例えば、内国歳入庁は、租税に関する係争事件の内容に関する書類等の提示を義務付けてはならない（1970年管理法第20B条第(2)項）などがその一例である。そのためであろう、「訴訟特権が税務訴訟に関連のある書類に限定される特権であるのに対して、法律専門職特権は、いかなる時であろうと、いかなる目的であろうと、法的助言に適用される特権である。」(28)と判示されている。すなわち、法律専門職特権は、係争中か否かを問わず、又は訴訟を予定しているか否かを問わず、法的助言に適用される包括的、広範なコモン・ロー上の特権であると理解することができるであろう。

　信頼情報特権とは、弁護士と顧客の関係をはじめ、医師と患者、銀行員と顧客、親と子等の信頼関係を形成、維持するための互いの情報を秘匿する特権である。信頼情報特権は、国法を遵守すべき契約当事者の義務によって覆される特権である(29)。すなわち、信頼情報特権は、制定法又は委任立法の定めるところによって保護され、限定された特権であるといえよう。

　法律特権の対象になる物件とは、1984年法第10条（「法律特権の対象になる物件」の意義）において、次のように定義されている。すなわち、犯罪を助長する意図で保有されている物件を除き、①専門職にある法的助言者（a professional legal adviser）（例えば、弁護士、会計士等）とその顧客又はその顧客の代理人との間で、顧客に法的助言をすることに関連して交わされた通信情報、②専門職にある法的助言者とその顧客の代理人との間で交わされた通信情報又は

---

(28) R (on the application of Morgan Grenfell & Co Ltd) v Special commissioner of Income Tax （[2002] STC 786.）[2002] STC 786, at 791. なお、この判決については、拙稿・注(27)参照。

(29) Parry-Jones v Law Society and Others （[1968] 1 All E.R. 177, at 180.）.

当該専門職にある法的助言者、当該顧客若しくは当該代理人と第三者との間で、争訟手続に関連して又は争訟手続を予定して並びに争訟手続のために交わされた通信情報、③それらの通信情報に含まれている物件又はそれらの通信情報に引用されている物件で、その物件を所持する権利を有する者が、法的助言をすることに関連して、争訟手続のために、争訟手続に関連して又は争訟手続を予定して、作成し、所持している物件、であると定義されている。

このように、「法律特権の対象になる物件」を定義していることからして、「法律特権」とは、上記の①②に該当する専門職特権および③に該当する訴訟特権であることになるであろう。とするならば、既述のように、法律特権および専門職特権は制定法上の用語として、法律専門職特権の語はそれらを含めた包括的、広範なコモン・ロー上の用語として理解し、また、これら3つの特権は訴訟特権および信頼情報特権に比して広範な特権であると推論することもあながち誤りではないように思えるのである。本稿では、引用文を除き、法律専門職特権の語をこのように包括的、広範な用語として用いている。

法律専門職特権に関して、貴族院が逆転判決をした、重要な判決がある。Morgan Grenfell 事件[30]がそれである。法律専門職特権の性質、内容等を明確にしておくため、Morgan Grenfell 事件の事実および下級審の判決内容を略述しておく。

ただし、本件と Morgan Grenfell 事件とは法律専門職特権に関連のある事案であることに共通するが、本件は重大な租税詐欺の罪に係る立件証拠を収集するために法律専門職特権の対象となる物件を内国歳入庁職員に捜索、搬出させることができるか否かに係る事案であるのに対して、Morgan Grenfell 事件は適正な課税処分の証拠書類を収集するために法律専門職特権の対象となる物件を内国歳入庁職員に提出、開示させることができるか否かに係る事案である。つまり、両事件は、法律専門職特権に関連のある事案であることに共通するが、書類の収集目的を異にしているため、その法的根拠および内容が異なる。まず、Morgan Grenfell 事件に関する法的根拠である1970年管理法第20条を紹介しておく。

同第20条第(1)項は、「租税検査官は、納税義務者の所持又は支配する書類で、

---

(30) 注(28)。

かつ（租税検査官の合理的な理由によって）納税義務者の納税義務若しくは納付すべき納税義務又は税額に関連のある情報を含む若しくは含むと認められる書類を提出させ、又はそれらに関連があると判断して合理的に要求する明細書を作成させることができる。」と定めている（なお、弁護士に書類の提出を求める場合は、「租税検査官」の語を「内国歳入庁」に読み替える（同第20B条第(3)項）。）。ただし、顧客の承諾なしに、専門職特権の主張が維持される書類の提出を弁護士に義務づけ、又は検査の便宜に供させてはならない（同第20B条第(8)条）。これらの諸規定の下で、租税検査官が申立人に書類の提出を求めたところ、申立人が法律専門職特権を理由に、当該書類の開示を拒んだ事案が Morgan Grenfell 事件の主たる争点である。

　Morgan Grenfell 事件は、次のような事案である。

　上告申立人（原告申立人・控訴申立人）である MG 会社（投資銀行）は、簡単な租税回避スキームを商品として販売していた。申立人は当該スキームをすべて公開していたので、すべての関連取引の内容を秘匿しようとする意図は一切なかった。租税検査官は、申立人が当該スキームを商品にすることの適否について弁護士から助言を受けていた事実から、その助言内容に関する書類を申立人に提出すべき旨の（法的根拠によらない非公式の通知書）送達した。申立人は、法律専門職特権を理由に、当該書類の開示を拒んだ。租税検査官は、申立人が当該スキームに関して助言を受けた内容に関する一連の広範な書類の提出を求めて、同第20条第(1)項に規定する公式の通知書を申立人に送達した。申立人は、同項に関連のある同第20B条第(8)条の解釈に基づき、法律専門職特権の対象になる書類の提出を求める権限が租税検査官にない旨を主張し、提訴した。

　法律専門職特権についての明確な定めは、同第20条第(1)項に存しないし、また法律専門職特権を適用除外にする旨の明確な定めも存しない。Morgan Grenfell 事件は、同第(1)項に関して、法解釈の方法および法律専門職特権の法的根拠および性質、内容が主たる争点となった事案である。

　高等法院は、次のように判示した[31]。

　1970年管理法は、議会によって制定された単一法典として理解することができるし、また、そのような意図によって制定されている。明確な定めのない限

---

(31)　[2000] STC 965, at 970-971.

り、1970年管理法全体を統一的に解釈すべき解釈方法によるべきである。それによって、同第(1)項に規定する文言から法律専門職特権の法理を推論することができるか否かである。同管理法全体の諸規定からして、法律専門職特権の法理が明確に含意（the implication）されている場合を除き、法律専門職特権の法理を適用すべきでないことは明らかである。また、同第(1)項にも法律専門職特権の法理を理由に、書類の開示を拒否するための含意は存しない。

　すなわち、明確な定めのない場合におけるいわゆる体系的解釈方法および制定法準拠主義に基づき、同第(1)項に規定する書類の開示を法律専門職特権の法理を理由に拒否することはできない旨の判示であろう。

　また、高等法院は、制定法に規定する「専門職特権の主張が維持される」（同第20Ｃ条第(4)項）の文言の解釈として、「専門職特権が主張されたことではなく、その主張が『維持される』ことである。専門職特権を主張したとしても、それが維持されるということにはならない。『維持される』という用語は、犯罪を助長する意図で書類を保有しているか否かを問わず、専門職特権の主張が認容されるという意味が含意されている。したがって、同項は、専門職特権の対象になる書類、換言すれば、専門職特権の主張が首尾よく認容される書類に関連のある規定である。」[32]と判示した。

　控訴裁判所は、次のように原審判決と同旨の判示をした[33]。

　同第20条に関する諸規定は、納税義務又は税額に関する情報を含む書類の提出を納税者その他の者に要求することについての手続的要件と実体的要件とを詳細に定めている。①これら諸規定の全体から理解するならば、法律専門職特権が明確に保護される場合を除き、法律専門職特権を適用すべきでないという含意が存しており、また、②提出義務のない書類に関する諸規定にはその旨が明確に定められている。課税庁の調査権限について広範囲、かつ具体的に定めている諸条項は、租税を徴収する課税庁の重要な職責の一つとして、租税制度の濫用を防止するために定めたことが議会の意図である。また、当該諸条項を解釈する場合には、公的歳入の公平かつ完全な徴収という公益性をも考慮しなければならない。

　貴族院は、これに対して、次のように法律専門職特権の性質、内容およびそ

---

(32)　[1999] STC 1077., at 1087.

(33)　[2001] STC 497., at 504-505.

れに基づく法解釈のあり方について判示し、逆転判決をした(34)。

　裁判所は、制定法において一般に用いられている用語を解釈する場合、通常、法律専門職特権と同じ性質の下にある基本的人権を覆すような異常な、不合理な結論を制定法は意図していなかったものとして解釈する。基本的人権を覆す場合には、その旨の意図が明確に規定されているか、又はその旨の必要な含意が明らかにされていなければならない。同第20条第(1)項には、法律専門職特権の対象になる書類を適用除外にする旨の直接的な文言は存しないし、また、法律専門職特権の適用除外に関連させた明確な文言も存しない。問題は、法律専門職特権の対象になる書類を適用除外にする旨の含意が必ず存しなければならないか否かである。納税者の保護に関する規定およびその制限条項に関する規定について定めたこれまでの諸規定からは、法律専門職特権の対象になる書類を適用除外にする旨の含意は存しない。また、議会は弁護士の所持又は支配する書類に関する法律専門職特権の保護について別段の定めをしているが、その規定から納税者の所持又は支配する書類を法律専門職特権によって保護すべき意図がないと推論することはできない。さらに、納税者の手中にある書類（原本又は複写物を含む。）を除き、弁護士の手中にある書類についてのみ法律専門職特権を保護するという論理は、不合理であり、異常である。法律専門職特権は、書類が顧客の手中にあるか、あるいは弁護士の手中にあるか否かを問わず、顧客の利益を保護するための唯一の特権である。

　つまり、法律専門職特権は基本的人権の一種であるので、基本的人権を覆す場合には、その旨の意図が明確に規定されているか、又はその旨の必要な含意が明らかにされていなければならないこと、また、法律専門職特権は、書類が顧客の手中にあるか、あるいは弁護士の手中にあるか否かを問わず、顧客の利益を保護するための唯一の特権であること、である。

　下級審判決と貴族院判決との大差は、次のように要約することができるであろう。下級審判決は、制定法準拠主義に基づき、制定法上認められる範囲内における特権、すなわち、同第20Ｃ条第(4)項に規定する「専門職特権の主張が維持される書類」に係る専門職特権に限定して理解し、法律専門職特権の法理を認めるべき含意も存しないという。これに対して、貴族院判決は、法律専門職

---

(34)　[2002] STC 786, at 786-787.

特権を基本的人権の一種と位置づけ、法律専門職特権を覆す場合には、その旨の意図が明確に規定されているか、又はその旨の必要な含意が明らかにされていなければならないし、また、法律専門職特権は顧客の利益を保護するための唯一の特権であると位置付けている。両判決の大差は、「Ⅴ　人権条約との関係」の項で述べる問題に連動することになる。なお、貴族院判決においても、いかなる書類が法律専門職特権の対象になるかについては、直接判示していない。

　法律専門職特権は法に関する専門技術的な助言を求めるすべての者に必要不可欠な権利であり、当該助言が、その後に開示され、顧客に不利に利用される気がかりなく、顧客がすべての事実を助言者に明かすという環境整備が確保されていなければ、尽きるところ、顧客は必要な助言を助言者から得ることができない[35]。とりわけ、複雑な現代社会生活において、法規範に関する専門技術的な助言を気がかりなく法的助言者に求めることは日常生活における必要不可欠なことであり、その助言に関する書類等を保護すべき環境整備は、実効的な民主主義国家を形成するための根幹的必須条件である。また、人権に対する現代的認識および欧州人権裁判所の動向からしても、貴族院判決のように、法律専門職特権の法的根拠および性質、内容を是認すべきであり、又是認しなければならない。

　貴族院による Morgan Grenfell 判決後、内国歳入庁は、1970年管理法第19Ａ条、同第20条および1988年歳入法附則第18条に規定する情報収集権を行使する場合、貴族院判決を遵守し、適用しているといわれている[36]。また、各裁判所は、後述のごとく、Morgan Grenfell 事件の高等法院および控訴裁判所等が判示していたように、内国歳入庁又は関税・消費税庁による情報収集権の行使に必要な正当性を財政歳入という公益性に求めたほどに強調すべきではないと指摘されている[37]。このことは、とりわけ、内国歳入庁又は関税・消費税庁の送達する通知書によって求められる書類等、例えば、弁護士との間ではなく、

---

(35)　Ibid., at 789.

(36)　Inland Revenue Tax Bulletin Issue 62（December 2002）p 993. この冊子から、被調査者の法律専門職特権の対象になる書類は1970年管理法第19Ａ条、同第20条および1988年歳入法附則第18条による情報収集権の範囲から除外する旨の但し書きを読み取ることができるといわれている（Simon's Direct Tax Service, A1.513.）。

(37)　Simon's Direct Tax Service, A1.513.

会計士との間で交わされる租税に関する助言内容が、仮に法律専門職特権には該当しないとしても、顧客との信頼情報特権の下にある書類等として保護されるべきか否かについては、今後の課題であると指摘されている[38]。

なお、本件申立人は、法律専門職特権についての独立検査官の所見があまり狭義すぎる旨を主張しているだけであり、法律専門職特権の内容については争点にしていない。したがって、本件欧州人権裁判所は、「申立人が主張しているように、法律専門職特権についての見解が保護について狭義であるとは思えない。」[39]と判示するに止めている。

V 人権条約との関係

欧州人権裁判所に提起されている主たる税務事件は、内国歳入庁および関税・消費税庁による情報収集権の行使が1950年条約第8条に規定する諸権利の侵害に当たるか否かの事案である。本件も同条に関連のある事案である。

同第(1)項は、「すべての者は、私生活、家族生活、住居および通信情報の尊重を受ける権利を有する。」と定め、同第(2)項は、「当該権利の行使に対しては、法律に基づき、かつ、国の安全、公共の安全若しくは国の経済的福利のため、無秩序若しくは犯罪の防止のため、健康若しくは道徳の保護のため、又は他の者の権利および自由の保護のため民主的社会において必要であるものを除き、いかなる公の機関による干渉もあってはならない。」[40]と定めている。

したがって、同第(1)項に規定する私生活、家族生活、住居および通信情報の尊重を受ける四種の権利は、同第(2)項の規定に基づき、①「法律に基づき」、②「国の安全、公共の安全若しくは国の経済的福利のため、無秩序若しくは犯罪の防止のため、健康若しくは道徳の保護のため、又は他の者の権利および自由の保護のため」、③「民主的社会において必要であるもの」との三要件が満たされる場合、原則として、「公の機関」（内国歳入庁および一般審判所・特別審判所を含む。）によって干渉されることになるであろう。

同第(1)項に規定する「住居」とは、個人[41]が生活をする住まいのほか、事

---

(38) Ibid. なお、会計士に対する税務調査については、拙稿・注（4）179頁以降参照。
(39) [2002] STC 1307., at 1316.
(40) 注(10)広部和也・杉原高嶺編集・215頁。
(41) なお、1950年条約第8条に規定する権利が法人のような非自然人に適用されるか否

務所をも意味し、また、「通信情報」とは、レター、電話帳、ファクスおよび（欧州人権裁判所において検討中であるが）eメールをも含めた意義に解されている[42]。

また、Niemietz V Germany 判決[43]において、弁護士事務所の捜索は私的生活および通信情報に干渉することになると判示されている。さらに、本件欧州人権裁判所は、「"domicile" の用語を用いているフランスのテキストにおいては住居の意義を広義に解されており、最近の判決である Stes Colas Est and ors v France 事件（App no 37971/97）（16 April 2002, 未登載））においては申立人の会社事務所に対してなされた捜索が同第8条に規定する適用範囲に該当すると判示された（paras 40-42）。」[44]ことを引用し、弁護士事務所の捜索は同第8条に規定する申立人の権利を干渉することになると判示している。

以上のことからも、弁護士事務所の捜索が同第8条に規定する権利を干渉することになることは、確立されていると理解することができる。本件の当事者間においても争いのないところである。したがって、本件の主たる争点は、内国歳入庁が法律専門職特権の対象になる書類を捜索、搬出するという公的機関による干渉が同第(2)項に規定する諸要件を満たしていたか否かを決定することにある。

同第(2)項に規定する「法律に基づき」の要件は、国内法において、とりわけ、適切かつ効果的な手続的防止措置を十分に定めておかなければならない要件であり、より厳格に解されなければならないといわれている[45]。けだし、同第8条の規定により保護されるべき諸権利を干渉する諸行為を考慮するならば、国内法による典拠のみでは不十分な場合が生じているからである。例えば、

かの問題については、Strasbourg jurisprudence にも明確に説明されていないし、また、貴族院は、Cantabrica Coach Holdings Limited v Vehicle Inspectorate 事件（[2001] 1 WLR 228.）において、それについての見解を明らかに判示していない。とりわけ、通信情報に関して、同第8条に基づく保護を法人にも認めるべきではあるが、営業上のプライバシー権として法人に認められる保護の範囲、程度は、プライバシー権として「人間」に認められるよりも狭く解すべきであるといわれている（Simon's Direct Tax Service, Al.513.）。

(42)　Simon's Direct Tax Service, Al.513.
(43)　(1993) 16 EHRR 97, [1992] ECHR 13710/88, paras 29-33.
(44)　[2002] STC 1307., at 1315.
(45)　Simon's Direct Tax Service, Al.513.

Huving v France事件(46)において、申立人らは、偽造インボイスを用いることによって重大な逋脱の罪を犯していた。その捜査過程において、捜査官は、裁判官の許可を得て、申立人らの事業内容および私的な通話を盗聴していた。欧州人権裁判所は、通話内容を録音するような公的機関による干渉がフランス国内法における法制度として認められているとしても、当該干渉の濫用ないし逸脱を防止するための手続的防止措置として十分な法制度とはいえないので、フランス国内法に従ってなされた当該干渉は認められないと判示している(47)。

同第(2)項に規定する「国の安全、公共の安全若しくは国の経済的福利のため、無秩序若しくは犯罪の防止のため、健康若しくは道徳の保護のため、又は他の者の権利および自由の保護のため」の目的要件、とりわけ、本件は、法律専門職特権との関係において、「国の経済的福利のため、……無秩序若しくは犯罪の防止のため」の目的要件に関連する。

この目的要件は、同第(2)項との関連において、次の三点が問題になるであろう。第一の問題は目的要件と公的機関による干渉との関係、第二の問題は目的要件と国内事情との関係、第三の問題は目的要件と法律専門職特権との関係、をそれぞれいかに理解すべきか、の問題である。

第一の問題である目的要件と公的機関による干渉との関係について、本件欧州人権裁判所は、

「本件捜索が、『法律に基づき』行われ、かつ、国の経済的福利の目的だけではなく、犯罪および無秩序を防止する目的を遂行するためになされたことについて当事者間に争いはない。主たる争点は、手段・方法がそれらの目的を遂行するために『民主的社会において必要であるもの』と考えられるか否か、とりわけ、手段・方法は、それらの目的に照らして相当であったか否か、また、濫用ないし逸脱を防止するための適切かつ効果的な手続的防止措置によって執られていたか否か、である。」(48)と一般論を判示している。

弁護士事務所の捜索が「私生活および通信情報の尊重を受ける権利」を干渉することになるという既述の欧州人権裁判所の判例の下で、上記の一般論を理解するならば、その干渉（本件おける捜索手段・方法）が是認される場合は、捜

---

(46) (1990) 12 EHRR 528.
(47) 同旨、Kruslin v France 判決 ((1990) 12 EHRR 547.).
(48) [2002] STC 1307., at 1315.

索手段・方法が、①「法律に基づき」、とりわけ、権限の濫用ないし逸脱を防止するための手続的防止措置に基づき、②「国の経済的福利のため、……無秩序若しくは犯罪の防止のため」の目的を遂行するために「民主的社会において必要であるもの」であり、③「国の経済的福利のため、……無秩序若しくは犯罪の防止のため」の目的を遂行するために相当である場合である。

　①について、本件欧州人権裁判所は、「本件捜索は裁判官の発した捜索令状に基づきなされており、捜索令状を発する場合には、重大な租税詐欺の罪が犯されていたと疑うにたりる合理的な理由があり、かつ、その証拠が捜索する家屋において発見できることを裁判官に証明することが法律上の要件になっており（1970年管理法第20C条第(1)項第(a)号）、本件において、その要件は満たされていた。申立人は、本件捜索令状を発するに際し、当事者審問手続によって発せられているが、その他の法律においては双方審問手続によって発せられることになっていると主張するが、当裁判所は、事前通知なしに捜索をする相当の理由があると思料する。裁判官は、当事者審問手続によるとはいえ、捜索権の濫用ないし逸脱を防止するための重要な手続的防止措置よって執られていたか否かを判断することにある。本件における裁判官が上級裁判官ではなく、巡回裁判官であったという事実は、説得力のあるいかなる反論にもならない。」(（　）内筆者注)[49]と判示し、本件捜索手段・方法は、同項第(a)号に規定する令状請求の手続要件を満たし、かつ、捜索権の濫用ないし逸脱を防止するための手続的防止措置によって執られていた旨を判示している。

　②について、本件が重大な租税詐欺の罪に係る立件証拠を収集するための捜索であったため、重大な租税詐欺の罪という「無秩序若しくは犯罪の防止のため」の目的を遂行するために「民主的社会において必要である」ことは暗黙の了解であろう、本件欧州人権裁判所は、特に判示していない。

　③について、その相当性を判断する場合には、（捜索）手段・方法と「国の経済的福利のため、……無秩序若しくは犯罪の防止のため」の目的との衡量論に基づく旨を判示している。（捜索）手段・方法が正当な目的である限りにおいて、当該衡量論に問題はない。しかし、弁護士事務所の捜索により、法律専門職特権の対象になるかもしれない書類を捜索、搬出する場合には、（捜索）

---

(49)　[2002] STC 1307., at 1315.

手段・方法そのものが顧客のプライバシー権を保護するための唯一の法律専門職特権である基本的人権を制限する可能性があるので、当該衡量論が常に妥当性を有するものではない。後述の第三の問題に関連することになる。

本件欧州人権裁判所は、一般論に基づき、「本件捜索は、遂行された正当な目的に照らして不相当なものではなかったし、適切な手続的防止措置によって執られていたと思料する。したがって、当該干渉は、1950年条約第8条第(2)項に定める『民主的社会において必要であるもの』と決定する。」(50)と結論付け、本件申立てを棄却した。

また、本件欧州人権裁判所は、上記の一般論に続けて、「弁護士事務所を捜索することは、職業上の秘密を侵害し若しくはそのおそれがあり、又は適切な司法運用に影響を及ぼすことになるかもしれない。(捜索)手段・方法のいかんによっては、同第6条(公正な裁判を受ける権利)によって保障されべき権利に影響を及ぼすことになり得るかもしれない（Niemietz v Germany（(1993) 16 EHRR 97, [1992] ECHR 13710/88, para 37.)。」(51)(（　）内筆者注)と判示しているところからして、当該衡量論に基づき相当性を欠く場合の可能性、すなわち、法律専門職特権を理由に提訴できる可能性を示唆した判示であろう。しかし、弁護士事務所を捜索することは、「職業上の秘密を侵害し若しくはそのおそれがあ（る）」と判示していることからするならば、「弁護士」の職務上の秘密保持を前提にした判示であるが、既述のMorgan Grenfell事件の貴族院判決のように、「顧客」のプライバシー権を保護するための唯一の法律専門職特権である基本的人権を侵害する可能性のあることを前提にした判示でないことは文脈の前後から明らかである。また、いかなる程度の権利侵害等が相当性を欠くことになるのか、特に判示していない。

第二の問題である目的要件と国内事情との関係について、Morgan Grenfell事件の控訴裁判所は、「同第8条には、……私生活、家族生活、住居および通信情報の尊重を受ける権利を有する」（同第(1)項）と定め、『……国の経済的福利のため、……民主的社会において必要であるものを除き、いかなる公の機関による干渉もあってはならない。』（同第(2)項）と定めている。同第8条は、国の経済的福利のために、民主的社会において必要である場合、公の機関による

---

(50)　[2002] STC 1307., at 1316.
(51)　Tamosius v United Kingdom（[2002] STC 1307.), at 1315.

干渉を認めている。すなわち、『私生活および通信情報の尊重を受ける権利』は、国の経済的福利による国内的現状認識に依拠しているからである。」[52]と判示していた。

「国の経済的福利による国内的現状認識に依拠しているからである。」との判示の意味は必ずしも明らかでないが、その意味を「国内の財政歳入の現状認識に依拠しているからである」と理解するならば、公的財政歳入の変動によって、「私生活および通信情報の尊重を受ける権利」に対する干渉の適否が異なることになる。しかし、Morgan Grenfell 事件は、本件とは異なり、既述のように、適正な課税処分の証拠書類を収集するために法律専門職特権の対象となる物件を内国歳入庁職員に提出、開示させることができるか否かに係る事案であった。したがって、本件欧州人権裁判所は、同第(2)項に規定する「国の経済的福利のために、民主的社会において必要である場合」に限定して判示されたものであろう。すなわち、同第(2)項に規定する「無秩序若しくは犯罪の防止のために、民主的社会において必要である」場合か否かを判示する必要がなかったからである。なお、Morgan Grenfell 事件の下級審判決に対して、貴族院 Hoffmann 裁判官は、法律専門職特権は基本的人権であり、例外的諸事情のある場合にのみ制限することができる特権であり、公的歳入の徴収という公権が法律専門職特権に係る私権を干渉するための必要な正当性をもたらすとする下級審判決に深い疑念を懐いている旨を判示していた[53]ことを指摘しておく。

第三の問題である目的要件と法専門職特権との関係について、Morgan Grenfell 事件の高等法院は、法律専門職特権の対象になる書類を公的機関によって干渉されないことが同第8条の規定によって原則として保障されていると解するが、1950年条約の法体系からして、当該干渉を禁ずるような法的根拠又は法理も存しないと解していた。国内法においても、「Ⅲ　法律専門職特権」の項で述べたように、法律専門職特権の対象になる書類を制定法に定める要件の下で保護すべきものである旨を判示していた[54]。また、Morgan Grenfell 事件の控訴裁判所も、原審である高等法院判決と同様に、制定されている法律全体を論理一貫させるため、議会が明確な定めをしていない場合には、合法性の

---

(52)　[2001] STC 497., at 501.
(53)　[2002] STC 786, at 796.
(54)　[2000] STC 965., at 969.

原則に依る。国内法上、議会の意図は法律専門職特権の対象となる書類の開示を認めるべきことにあるので、合法性の原則に基づき、法律特権の効力が認められる(55)旨を判示していた。

つまり、Morgan Grenfell 事件の下級審判決はいずれも、いわゆる体系的解釈方法および制定法準拠主義に基づき、同第8条および国内法において法律専門職特権を認める明確な定めのある場合を除き、法律専門職特権を認めない旨の判示であった。

これに対して、Morgan Grenfell 事件の貴族院判決は、欧州人権裁判所においても判示されているように、法律専門職特権は、例外的な事由のある場合においてのみ制限することができる基本的人権と同じ性質の下にある特権であり、同第8条によって保護されるべきプライバシー権の一部であり(56)、国の経済的福利のため、民主的社会において必要である場合においても、公権による干渉を認める旨の解釈を認めることはできない旨を判示していた(57)。

法律専門職特権は、顧客のプライバシー権を保護するための唯一の特権である基本的人権であるので、基本的人権を覆す旨の意図が明確に規定されている場合又はその旨を必要とする含意の存する場合を除き、制限することのできない特権である。基本的人権という基本権と「国の経済的福利のため、……無秩序若しくは犯罪の防止のため」の目的という公権とを衡量する余地はないし、また、法律専門職特権という基本的人権は、公的財政歳入の変動によって判断されるべきものであってはならない。法律専門職特権を制限する正当な事由のある場合には、その旨の明確な定めをすべきである。Morgan Grenfell 事件の貴族院は、法律専門職特権に関する立法のあり方について、「仮に、国内法の下で、租税を徴収するという公益目的を理由に、法律専門職特権を制限することが妥当である場合には、それに必要な権限行使の正当化事由を同第8条の解釈によって付与するのではなく、その旨を明定した国内法を制定すべきである。法律専門職特権の適用を制限するような新たな国内法を制定する場合は、法律専門職特権の適用を制限することが民主的社会において必要であるとする正当な事由を明確にする場合に限るべきである。」(58)と説示していた。傾聴に値す

(55) [2001] STC 497., at 502.
(56) Foxley v United Kingdom (2000) 31 EHRR 637, at 647, Para 44.
(57) [2002] STC 786, at 796.

る説示である。

　しかし、本件の特徴は、再三繰り返し述べるように、弁護士の重大な租税詐欺の罪に係る立件書類を収集するための捜索に係る事案にある。捜索が法律専門職特権の対象になる書類に関連のある場合は、顧客のプライバシー権を保護する必要がある。税務調査において、顧客の知らないところで、顧客の書類が捜索され、開示されるところに問題がある。権限の濫用ないし逸脱を防止するための手続的防止措置として、本件にみられる手続的防止措置のうち、裁判官が捜索令状を発する手続的防止措置を除き、独立審理官の助言による防止措置および法律専門職特権の対象となる書類を不透明な鞄に入れて封印し、審理が尽くされるまで、課税庁が当該書類を調査しない防止措置はわが国において仄聞しない措置である。それらの措置も導入すべきであるが、わが国おいてもっとも必要なことは、税務調査そのものに関する現行規定を抜本的に改正することである。手続的防止措置として必要な諸規定は、先進諸国に比して、全く存しないに等しい現状下にある。とりわけ、税務調査と法律専門職特権との関連について規定する場合、既述の Morgan Grenfell 事件の貴族院の説示を参照すべきである。

　最後に、本件欧州人権裁判所は、「申立人が主張しているように、法律専門職特権の保護に関する独立審理官の見解が狭義であるとは考えていない。国内法における法律専門職特権の意義を考慮するならば、当該特権の主張が維持される書類の搬出を禁止しているのは、職業上の秘密および司法運用に干渉しないようにするための特殊な防止措置である。さらに、法律専門職特権に属する書類を搬出する場合には、内国歳入庁との間で法的紛争になり、内国歳入庁に損害賠償責任を負わすことになる場合もあるであろう。人権裁判所は、誤りのすべての可能性を防止するために、prima facie に属するすべての書類を法律専門職特権に含めるべきであるとは説示していない。」(59)と判示している。

　「国内法における法律専門職特権の意義を考慮するならば、当該特権の主張が維持される書類の搬出を禁止している」との判示から理解するならば、本件欧州人権裁判所は、「法律専門職特権」の用語を用いて判示しながらも、その意義は、弁護士の「所持する書類のうち、専門職特権の主張が維持される書類

---

(58)　[2002] STC 786, at 796.
(59)　[2002] STC 1307., at 1316.

を押収し、搬出する権限を付与するものではない。」(1970年管理法第20C条第(4)項)と定めている制定法上の「専門職特権」に限定した意義に解した上、判示されたと推測できる。Morgan Grenfell事件の下級審判決と同様に制定法準拠主義に基づいた判示であると推測できる。けだし、Morgan Grenfell事件の貴族院は、本件当時の1970年管理法第20C条第(4)項とほぼ同様の規定である現行同管理法第20B条第(8)項に規定する「専門職特権」について、「第20B条第(8)項の規定によって明らかに保護される（専門職特権）は、まさに、法律専門職特権の保護ともっぱら一致する。」((　)内筆者注)[60]と判示し、必ずしも、法律専門職特権と専門職特権を同一の観念に理解していないからである。「法律専門職特権は、いかなる時であろうと、いかなる目的であろうと、法的助言に適用される特権である。」[61]と判示している。

なお、本件欧州人権裁判所判決によるならば、内国歳入庁を相手に損害賠償請求をする場合、「専門職特権」の主張が維持される書類を押収し、搬出した事由を立証しなければならないことになる。

貴族院がMorgan Grenfell事件で逆転判決をしたのは2002年5月16日であり、本件欧州人権裁判所の判決は、その約4ヶ月後の同年9月19日である。本件欧州人権裁判所は、貴族院判決に拘束されないとしても、イギリス国内裁判所における法律専門特権の重大な判例動向を知り得ていたことが推測できる。仮に貴族院判決を考慮したとしても、本件が弁護士の重大な租税詐欺の罪に係る立件証拠を収集するための事案であったため、本件の結論まで影響を及ぼすことはなかったのであろう。

法律専門職特権の法的根拠および性質、内容をいかに理解するか、重要な問題である。しかし、法律専門職特権に関連のある事案であるにもかかわらず、法律専門職特権が争点になっていない以上、本件欧州人権裁判所の判示は妥当であると判断せざるを得ない。

VI　おわりに

わが国には、税務調査における調査対象物件と法律専門職特権との関連について定めた直接的規定は存しない。わが国の弁護士法第23条（秘密保持の権利

---

(60)　[2002] STC 786., at 792.
(61)　Idid., at 791.

および義務）は、「弁護士又は弁護士であつた者は、その職務上知り得た秘密を保持する権利を有し、義務を負う。但し、法律に別段の定めがある場合は、この限りでない。」と定めている。この規定の趣旨は、弁護士と顧客の信頼関係構築の基盤をなすためとか、弁護士の職業の存立を保障するためである[62]といわれているように、弁護士自らの権利・義務として位置づける見解が通説のようである。仮に通説のように、弁護士自らの権利・義務であると解するならば、顧客および弁護士に対する税務調査において、顧客に関する書類等を課税庁の要求に応じて開示すべきか否か、この問題は、概していえば、同条に定める但し書きの解釈問題を介して、同条に規定する弁護士の権利・義務と例えば所得税法第234条に規定する弁護士の質問検査受忍義務との義務衝突の問題が生じるであろう。わが国の問題を述べることが本稿の目的ではないので、結論的に私見を述べておくならば、弁護士の秘密保持を規定する同条は顧客の利益を保護するための確認的規定であり、弁護士の秘密保持は顧客の基本的人権であるプライバシー権を保護するための反射的利益であると理解している。したがって、法律上の質問検査と顧客の基本的人権との優劣関係について明確な規定のない限り、両者の優劣関係を議論する余地はないと理解している[63]。弁護士は、法律上の質問検査における課税庁の要求に応じて質問検査受忍義務を履行したくとも、顧客の基本的人権であるプライバシー権を保護するための反射的利益を有するに過ぎないので、顧客の承諾のない限り、顧客に関する書類等を開示することはできない。仮に立法的解決をする場合には、税務調査に関する詳細かつ明確な法律を制定すべきである。本文で紹介した貴族院判決のように、法律専門職特権の適用を制限するような新たな法律を制定する場合は、法律専門職特権の適用を制限することが民主的社会において必要であるとする正当な事由を明確に定めることである。なお、税理士法、医師法等に定める秘密保持についても同様に、顧客、患者等の基本的人権であるプライバシー権を保護するための反射的利益でもあることを述べ、擱筆する。

---

(62) 高中正彦・弁護士法概説（2006年）110頁、日本弁護士連合会調査室編著・条解弁護士法（平15年）168頁。

(63) 注(4)、注(27)および拙稿「税務調査における診療記録（カルテ）の質問検査は拒否できるか」TKC医業経営情報8巻5号10頁以降参照。

25　EU基本原則と国内法の抵触

東海大学法学部教授　西山由美

Ⅰ　はじめに
Ⅱ　「四つの自由移動」と国内法との抵触
Ⅲ　「開業の自由」をめぐる欧州裁判所の判断
Ⅳ　総　　括

Ⅰ　はじめに

　2007年1月1日をもって、27カ国に拡大した欧州連合（以下「EU」[1]という）は、各加盟国が課税権を含む国家主権を維持しつつ、「欧州共同体設立条約」（以下「ニース条約」[2]という）をはじめとする諸条約、および規則・指令・勧告[3]といった派生法のEU法総体を一括して受け入れること、すなわち「アキ・コミュノテール」（＝共同体法の集大成）を受け入れることで、EU法と各加盟国の国内法との調整がはかられている。

---

(1) EU法の基本的文献として、庄司克宏『EU法・基礎篇』(2003年)、同『EU法・政策篇』(2003年)、山根裕子『EU／EC法』(1995年)、ディヴィッド・エドワード著・庄司克宏訳『EU法の手引き』(1998年)、櫻井雅夫編『EU法・ヨーロッパ法の諸問題（石川明教授古稀記念論文集）』(2002年) 参照。欧州裁判所の基本判例を解説しているものとして、中村民雄・須網隆夫編『EU法基本判例集』(2006年)。欧州裁判所の判例検索に有用なサイトとして、http://www.curia.europa.eu/en/index.htm。
(2) 1957年調印の「ローマ条約」（欧州経済共同体設立条約および欧州原子力共同体設立条約）は、1986年「単一欧州議定書」、1992年「マーストリヒト条約」、1997年「アムステルダム条約」の改正を経て、2001年「ニース条約」に至っている。この条約は、一般に「EC条約」と呼ばれるが、「EU条約」(1992年「欧州連合条約」) との混同を避けるために、本稿では「ニース条約」と表記する。
(3) 「規則」は、すべての加盟国に直接適用されるのに対し、「指令」は、各加盟国の国内法に置き換えられる必要がある。ただし、指令に規定された達成されるべき結果について、加盟国に履行義務があり、国内事情を理由とする不履行は認められない。「勧告」には拘束力がない。

第3編　比較税法

　EUの目的のひとつとして、「経済活動の調和的、均衡的および持続可能な発展」が掲げられており（ニース条約2条）、その目的を達成するための政策として、「加盟国間の物、人、サービスおよび資本の自由移動に対する障害の除去という特徴をもつ域内市場」（同条約3条）の形成が示されている。そしてこの「域内市場」とは、「物、人、サービスおよび資本の自由移動が確保されるところの、内部に国境のない地域」（同条約14条2項）をいう。このように、「物、人、サービスおよび資本の移動の自由」——いわゆる「四つの自由移動」（Grundfreiheiten）[4]——が、域内市場政策の核である。

　しかし「四つの自由移動」は、加盟国の国内法、とりわけ租税法律によってしばしば制約を受けることがある。自国以外の加盟国の市民および企業に対する課税上の差別的措置は、明確な差別として行われるときもあれば、隠れた差別[5]として行われるときもある。欧州裁判所は、両者の差別を区別せず、いずれも「四つの自由移動」を侵害するものとしている[6]。「四つの自由移動」の保障については、欧州裁判所の果たす役割はきわめて大きく、しばしば欧州裁判所は、「統合の原動力」（Motor of Integration）と呼ばれる[7]。

　ニース条約第三部（23条から181a条）は、共同体の政策に関するものであり、第1編（23条から31条）には「物の自由移動」、第3編（39条から60条）には「人、サービスおよび資本の自由移動」の規定をおいている。このうち43条では「居住・開業の自由」が定められており、「開業の自由」は、自然人のみならず法人にも保障され、本店のみならず代理店、支店および子会社の設立にもこの保障は及ぶ[8]。

（4）　「四つの自由移動」について、Weber-Grellet, *Europäisches Steuerrecht*（2005），43-61, Birk, *Steuerrecht*（8 Aufl., 2005），Rz 189.

（5）　たとえば、自国民と他国民とで異なる要件のもとに課税を行うことにより、結果として自国民がより有利になったり、他国民がより不利になったりする場合をいう。

（6）　「四つの自由移動」をめぐる欧州裁判所の重要判例の一覧については、Frotscher, *Körperschaftsteuer*（2004），Rz. 39 参照。

（7）　「四つの自由移動」の侵害に対してEU市民は、国内裁判所に提訴する権利が保障されている。これについて、Oppermann, *Europarecht*（3. Aufl. 2005），§19-1 ff.

（8）　ニース条約43条は、以下のように規定している。「いずれかの加盟国の国民の他の加盟国の領域における居住の自由に対する制限は、次に定める規定の枠内で禁止する。この禁止は、いずれかの加盟国が他の加盟国の領域で設立する代理店、支店または子会社に対する制限にも及ぶ。居住の自由は、自営業に参加し、これを実施する権利ならび

しかしながら近年、この「開業の自由」を利用したタックス・スキームが散見されるようになった。EU レベルで会社法の統合または協調がみられず、かつ準拠法について設立地主義 Gründungstheorie（イギリスやオランダがこれを採用）と本店所在地主義 Sitztheorie（たとえばフランスやドイツなど大陸法諸国がこれを採用）が混在している状況で、当該スキームを封じる国内法は、ときとして EU の基本原則である「四つの自由移動」、とくに「開業の自由」と抵触する。この「開業の自由」が EU の政策の中核である限りにおいて、加盟国の国内法による制約は可能なのか。仮に可能であるとすれば、いかなる要件のもとで制約することができるのか。

本稿では、「開業の自由」をめぐって EU 法と加盟国の国内法が抵触をする場合、どのような調整が、どのような要件のもとで行われうるのか、欧州裁判所の主要判例をてがかりに考察していく。

II 「四つの自由移動」と国内法との抵触──ドイツの場合──

ニース条約で保障されている「四つの自由移動」に抵触する加盟国の国内法規定として、ドイツ法人税法（以下「法人税法」という）におけるいくつかの例を概観していく[9]。

a) 法人税法32条1項2号によれば、制限納税義務者の資本収益については、源泉徴収によって徴税されるが、その際、必要経費控除や他の所得との損益通算が認められない。したがって一定以上の費用を負担した制限納税義務者は、不利に扱われることになる。これは「開業の自由」（ニース条約43条）および「資本移動の自由」（同56条）に違反する可能性がある[10]。

b) 法人税法5条1項の非課税規定は、無制限納税義務者たる法人、人的会社および財団についてのみ適用され、制限納税義務者である公益活動団体にはこれが認められないことから、「開業の自由」（ニース条約43条）および「サービス提供の自由」（同59条）に違反する可能性がある。

　に居住国の自国民に対する法律に定める条件の下において資本に関する章の規定を留保して、企業、とくに第48条後段にいう会社を設立し、経営する権利を含む。」（以下、ニース条約の邦訳は、大沼保昭編『国際条約集』による。）

(9)　この問題につき、Schaumberg, Außensteuerrecht und europäische Grundfreiheiten, DB 2005, 1129 (1134-1137).

(10)　この問題につき、Frotscher (Fn. 6), Rz. 100.

c）法人税法旧12条1項[11]によれば、無制限納税義務者が制限納税義務者に転換する場合、国内の含み益[12]はただちに課税される。これが、「開業の自由」（ニース条約43条）および「資本移動の自由」（同56条）に違反する可能性がある。逆に、外国法人である制限納税義務者が管理支配地をドイツ国内に移転する場合、本店所在地主義[13]を採用するドイツにおいては、課税が行われない。

d）法人税法14条1項1文2号によれば、法人、人的団体および財団は、管理支配地と本店所在地が国内にある場合のみ、管理支配関係会社の被支配会社となりうる。これはたとえば本店所在地は国外にあって、管理支配地が国内にある場合に、「開業の自由」（ニース条約43条）に違反する可能性がある。

e）法人税法旧8a条[14]によれば、会社の持分権者からの長期借入金に対する利息は、一定の要件を充足する場合には、隠れた利益処分とみなされる。このみなし規定は、ドイツ以外の加盟国の持分権者への支払い利息に適用される場合、EUにおける「法制近接の原則」[15]に違反する可能性が

---

[11] この規定は、2006年12月7日改正法（BGBl I, 2782）によって改正された。

[12] 実現前の資産の簿価と時価の差額をいう。Hey, in: Tipke/Lang, *Steuerrecht*（18. Aufl., 2005），§17, Rz. 210.

[13] 英米法系の国の他、オランダ、スペインおよびリヒテンシュタイン等が採用する「設立地主義」（Gründungstheorie）に対し、大陸法系の国が採用する「本店所在地主義」によれば、会社の権利能力の内容は、当該会社の本店の所在する国の法律による。この二つのルールがEU域内で混在していることが、「四つの自由移動」とくに「開業の自由」の支障になっている。Frotscher (Fn. 6), Rz. 38.

[14] この規定は、2003年12月22日改正法（BGBl I, 2840）によって改正された。

[15] 課税主権は各加盟国が有していることから、税制について「統一」では、「調和」をめざし、各加盟国の法制を近接させることを目標としている。域内市場白書（Completing the Internal market, White Paper from the Commission to the European Council, COM (85) 310, いわゆる「ドロール委員会報告」参照）。この法制近接は、とくに付加価値税の領域で比較的良好な実現をみている。いわゆる「付加価値税第六次指令」（Council Directive 77/388/EEC of 17 May 1977 on the harmonisation of the laws of the Member States relating to turnover taxes — Common system of value-added tax: uniform basis of assessment) は、2006年の直近の改正（OJ L 363 of 20.12.2006）までに30回の修正が重ねられているが、税率の下限やインボイスの記載事項、軽減税率適用項目一覧等を定め、各加盟国が同指令の内容をそれぞれの国内法に置き換えることを義務づけている。

ある。

　以上は、「四つの自由移動」に関してEUおよびドイツ国内で議論の俎上にのぼる代表的な法人税法の規定である。加盟各国が課税高権を維持しており、かつEU原則を利用したタックス・スキームが試みられる中で、EU法と国内法とをどのように調整していくかは、欧州裁判所の判断に委ねられることになる。

Ⅲ　「開業の自由」をめぐる欧州裁判所の判断

1　「マークス・アンド・スペンサー判決」までの判例

　「開業の自由」をめぐる欧州裁判所の判例の系譜は、「マークス・アンド・スペンサー判決」(2005年12月13日判決) に至るまで、揺るぎがあったように思われる。以下、同判決前の主要判決として「デイリーメール判決」(1988年9月27日判決)、「ユーバーゼーリンク判決」(2002年11月5日判決) および「ランクホルスト・ホールスト判決」(2002年12月12日判決) をみていくこととする。

(1)　デイリーメール判決 (1988年)[16]

【事実の概要】

　イギリス法によれば、イギリス法により設立され、本店所在地がイギリス国内にある会社は、イギリスの会社としての法的性質を変えずに管理支配地を外国に移すことができる。しかし、税務上の所在地がイギリス国内にあって、その本店をイギリス国外に移す場合、財務省の許可を要する[17]。

　1984年にデイリーメール・ジェネラル・トラスト社 (原告) は、本店所在地をイギリスからオランダに移転すべく、財務省への申請を行った。移転の主たる目的は、同社がその事業用資産である有価証券を売却し、その売却益をもって自己株式を買い戻す際に、オランダに移転したほうが税負担の軽減になるためであった。

　財務省との協議に収拾がつかないために、原告会社は、国内裁判所 (高等法

---

(16)　EuGH Urteil v. 27. 09. 1988, C-81/87. 欧州裁判所判例のデータベースとして、2005年以降分についてはEUオフィシャルサイト http://curia.eu.int/en/content/juris/index_form.htm で検索できる。それ以前の判例については、EU公式判例集 (Official Journal C-series) によるか、有料オンラインサービス (Lexis-Nexis、Jurisなど) による。

(17)　1970年所得税・法人税法482条1項(a)による。

院)に提訴し、「EC条約52条（居住・会社設立の自由）および58条（会社の地位)[18]は、当局の許可なくしても域内での本店移転の権利を保障したものである」と主張した。国内裁判所は、以下の点について、ニース条約の先決判決を欧州裁判所に求めた。すなわち、「同条約52条および58条は、法人の本店所在地を域内で自由に移転することを認めたものか。」

【裁判所の判断】

同条約の両規定は、国内の会社に対して、設立国の会社としての性質を留保して本店所在地を別の加盟国に移転する権利を与えたものではない。

その理由とするところは、以下のとおりである。すなわち、開業の自由にかかる会社については、各加盟国はそのおのおのの会社の定義を有している。域内での本店所在地の移転についてその人格を維持するために、協定の締結が予定されているが（EC条約220条）、今日に至るまでそのような協定は、締結されていない。また、会社法の近接のための指令もなく、それが上記の相違に結びついている。

域内での会社法の共通化がはかられておらず、また関係加盟国間で会社の法的性質に関する協定が結ばれていないことから、イギリス法人としての法的地位を維持しながら本店を移転するために関係当局の許可を要することは、ただちに「開業の自由」に反しない。

(2) ユーバーゼーリンク判決（2002年)[19]

【事実の概要】

民法上の組合であるユーバーゼーリンク（オランダ国内で登記）は、有限会社NNC社との間で建築契約を締結していたが、ドイツ国内での建設工事に瑕疵があったため、ドイツ国内裁判所での訴訟を試みた。しかしながら、ユーバーゼーリンクは、ドイツ国内に本店をもたないため、本店所在地主義により、ドイツ国内での原告適格を有することができなかった（ドイツ民事訴訟法50条1項）。これは、ドイツ以外の加盟国以外で設立された会社が、実質的な管理

---

[18] EC条約52条および58条は、現在のニース条約43条および48条に該当する。ニース条約48条前段は、「加盟国の規定に基づいて設立され、かつ定款上の本拠、経営管理の中心または主たる施設を共同体に有する会社は、本章の適用上、加盟国の国民たる個人と同様にみなされる」と定めている。

[19] EuGH Urteil v. 5. 11. 2002, C-208/00.

地をドイツ国内に移転しても同様であった。

　ユーバーゼーリンクの原告適格の有無につき、ドイツ国内裁判所は、「開業の自由」を保障したニース条約43条および48条の解釈について、欧州裁判所の先決判決を求めた。すなわち、ある加盟国で設立された会社の権利能力および訴訟当事者能力について、実際の管理支配地である他の加盟国の法律に従って判断することができるかどうか、という点について先決判決が求められた。

【裁判所の判断】

　ある加盟国で設立された会社が、他の加盟国の国内に本店を持たないことをもって、当該他の加盟国の国内裁判所での当事者能力が否認される場合、ニース条約43条および48条の違反が認められる。

　その理由とするところは、同43条は、共同体構成員に対して独立した営業を行い、企業を設立できる権利を付与しているからである。さらに同48条は、ある加盟国の法にもとづいて設立した会社で、かつその定款上の本店、主たる事務所または主たる営業所があるものについて、加盟国の構成員である自然人と等しく扱うことを求めている。

(3)　ランクホルスト・ホールスト判決（2002年）[20]

【事実の概要】

　船舶の付属品販売を営むランクホルスト・ホールスト社（以下「ランクホルスト社」という）は、ドイツ国内に本店をおく有限会社である。ランクホルスト社の唯一の社員は、オランダに本店をおくLH社であり、LH社の唯一の社員は、同じくオランダに本店をおくLT社である。

　1996年にLT社はランクホルスト社に、金融機関の利息より低い利率で300万ドイツマルク（当時）を貸し付けた。ドイツの課税庁は、法人税法旧8a条にもとづき、この融資について隠れた利益処分であるとした。これに対して、ランクホルスト社は、この低利息の融資は、関係企業救済のためであり、隠れた利益処分ではないと主張した。加えて旧8a条は、ドイツ域外に本店をもつ会社に対する差別的取り扱いであり、ニース条約43条に反すると主張した。

　ドイツ国内裁判所は、法人税法旧8a条のニース条約43条の適合性の判断を求めて、欧州裁判所に先決判決を求めた。

---

(20)　EuGH Urteil v. 12.12.2002, C-324/00.

第3編　比較税法

【裁判所の判断】
　法人税法8a条1項2号は、無制限納税義務者のドイツ法人税に服さない持分権者からの借入金利息にもっぱら適用される。このような取扱いは、ドイツ国内に所在する子会社について、親会社がドイツ国内にあるか否かで取扱いが異なることになる。これを内容とする国内規定は、ニース条約43条に違反する。

(4)　小　　　括
　ニース条約43条をめぐる欧州裁判所の考え方は、「デイリーメール判決」に比べて「ユーバーゼーリング判決」のほうが「開業の自由」をより強化したと考えられる[21]。「ユーバーゼーリング判決」によれば、本店所在地主義を採用している加盟国が、国内に進出する企業に対して自国の基準を適用して不利益に取り扱うことは、正当化されない。

　「ランクホルスト・ホールスト判決」では、税負担の高い加盟国の子会社が、税負担軽減目的で税負担の低い加盟国の親会社から融資を受けて、それに対して借入金利子を払う場合、こうした利益移転（いわゆる過少資本）を封じるための国内法規定（法人税法旧8a条）のニース条約43条に対する適合性が判断された。すなわち同法旧8a条は、国境を越えた融資を利用した場合に利益の圧縮を認めず、これを「隠れた利益処分」とみなすものであるが、欧州裁判所は、この規定がニース条約43条に違反するとした。

　この判断に対しては、担税力を秘匿する利益操作を禁ずる国内規定までもが、「開業の自由」に反するというのは行き過ぎではないかとの批判もある[22]。しかも、いわゆる「親子会社指令」[23] 5条1項によれば、そのような利息に対する源泉徴収は行われない[24]。法人の税負担が相対的に低いオランダを介在されるタックス・スキームが増加する中で、これに対抗する国内法措置の可能性

---

(21)　Hey, in: Tipke/Lang (Fn.12), §18, Rz.519.
(22)　Kube, Grundfreiheiten und Ertragskompetenz — die Besteuerung der grenzüberschreitenden Konzernfinanzierung nach dem LankhorstßUrteil des EuGH, IStR 2003, 325.
(23)　Richtlinie 90/435/EWG des Rates vom 23.07.1990 über das gemeinsame Steuersystem der Mutter- und Tochtergesellschaften verschiedener Mitgliedstaaten, Abl. L 225/6.
(24)　これについては、Spengel/Braunagel, EU-Recht und Harmonisierung der Konzernbesteuerung in Europa, StuW 2006, 34 (36-37).

を欧州裁判所がいかに判断するか、「マークス・アンド・スペンサー事件」の判決が待たれた。

2　マークス・アンド・スペンサー判決（2005年）
(1)　事実の概要
マークス・アンド・スペンサー社（以下「M&S社」という）は、英国内で設立・登記された小売業を営む企業である。その持株会社の本店所在地は、オランダである。

英国には、国内の企業グループに限って損益通算を行うことができる、いわゆる「グループ救済規定」（group relief rule）があるが、これはグループ企業が英国国外にある場合には、適用されない。これに対してM&S社は、この「グループ救済規定」は、開業の自由に違反すると主張した。

(2)　裁判所の判断
ある加盟国の国内法が、そこに所在する親会社の利益から、他の加盟国に所在する子会社で生じた損金を控除することを禁じる場合、ニース条約43条および48条は、このような規定を妨げるものではない。しかしながら、子会社がその所在国でその損金を控除する可能性が一切ない場合には、当該親会社において通算を認めることを排除することは、同条約43条および48条に反する。

国内法による制約があっても、ニース条約と一致した正当な目標が追及され、かつその制約が公益という強い理由から正当化される場合にのみ、当該制約は容認されるのである。容認される場合においても、その適用は、それによって達成される目的に適合したものでなくてはならず、かつ必要を超えたものであってはならない。租税収入が低下するということは、公益という強い理由にはあたらない。

そのうえで欧州裁判所は、国外の子会社がその所在国において、損金を控除する可能性がなく、かつその他、損金が考慮される可能性がない場合には、措置が行き過ぎであったとした。

(3)　検　　討
この「マークス・アンド・スペンサー判決」では、海外子会社の損金に対する考慮をするべきか、するとすればいかなる要件のもとにできるかが問題となった[25]。欧州裁判所は、基本的に先例に倣っている[26]。

先例とされるのは、いわゆる「ボーザル判決」(2003年) である[27]。金融業を営むボーザル社は、オランダに法人税を納付していた。同社は、他の加盟国（9カ国）に所在する子会社に対する融資につき、約400万ギルダーの子会社の費用を自社の損金として計上して申告を行った。

子会社の費用の控除について欧州裁判所は、いわゆる「親子会社指令」は、ニース条約43条に照らし、収益（親会社が所在している加盟国で納税義務を負うもの）に直接係る費用のみの控除を認めている国内法を排除するとした。

イギリスの「グループ救済ルール」がドイツの親子会社関係に適用されれば、ドイツは自国の親会社の外国子会社の損金についても控除を認めなければならない。これは、相対的に法人税率の高い国—たとえばドイツ—においては、税収の減少を意味する[28]。これに対して経済界は、国内の親子会社だけに限定した救済ルールは、企業再編の足かせになっていると反論してきた。

イギリスの「企業グループ」とドイツの「親子会社関係」が同視できるかでるかが、まず検討されなければならない[29]。課税庁の見解は、両者は異なるというものであり、ドイツの親子会社は、株式法302条による損金引受義務があり、親会社は事実上、子会社の損金を負担することになる[30]。

さらに検討すべきは、担税力の問題である。すなわち、親子会社関係においてプラスの所得とマイナスの所得を調整する場合、給付能力原則に反しないかということである。

今のところドイツの会社法は、国境を越えた損金引受は認めていない。ドイツ財務省は、ドイツの親子会社が、イギリス型グループ企業に転換することを監視している状況である[31]。

---

(25) これについては、Spengel/Braunagel (Fn. 24), 40.
(26) Eicker/Röhrbein, Marks & Spencer: Die Entscheidung des EuGH und ihre Konsequenzen, Stbg 2006, 117-124 und 133-136.
(27) EuGH Urteil v. 18.09.2003, C-168/01
(28) Spemgel/Braunagel (Fn. 24), 41.
(29) これを論じているものとして、Thiel, Der fortschreitende Einfluss des EuGH auf die Ertragsbesteuerung der Unternehmen — Aktuelle Urteile und anhängige Verfahren, DB 2004, 2603 (2605); Eicker/Röhrbein (Fn. 25), 120-122.
(30) Eicker/Röhrbein (Fn. 25), 120.
(31) Thiel (Fn. 29), 2605

Ⅳ 総　　　括

1　租税回避対抗措置としての国内法

　租税回避の対抗措置として内国法人と外国法人を別途に扱うことは、ときとして必要である。利益の他国への移し替えが、もっぱら税負担軽減目的で企図される場合、加盟国の国内法による対抗措置は、正当化されるといえよう(32)。

　先に検討した「マークス・アンド・スペンサー判決」に至るまでの欧州裁判所判決からは、もっぱら税負担軽減目的の税率の低い国への利益移転に対する国内法での対抗措置が、いかなる基準であればEU法上の自由移動の原則に抵触しないのかは、明確にならない(33)。

　とくにドイツでは、基本法19条3項(34)の解釈より、外国法人は基本法上の基本権を享受しない。それゆえ国境を越える企業活動において、EU法上の「四つの自由移動」が大いに意味を持つ。ここにおいてふたつの原則が対立関係におかれる。すなわち、EUにおける原則を優先すべきか、それとも加盟国国内の税収確保という公益を優先させるべきか。その際、各加盟国には課税高権（Steuerhoheit）が留保されているということに留意しなければならない。

　課税高権とは、自律的な国家財政に関する権限であり、したがって必要とする歳入を確保するための権限である。租税法律の策定にあたっては、EUの原則に従うことになるが、租税回避がある場合には、各加盟国の課税高権を保護するために、国外への利益流出を制限する必要がある。

　確かに、EUの原則としての「四つの自由移動」と各加盟国の課税高権との関係を考えるとき、法人と自然人を同視することはできないであろう。なぜならば自然人と異なって法人は、その設立と存続を規律する国内の法規範から、法人の権利能力は導かれるからである(35)。したがって国内法をまったく度外

---

　(32)　これについては、Schnitger, Urteil des EuGH in der Rs. Lankhorst-Hohorst GmbH und Schlussantrag des Generalanwalts Alber in der Rs. Bosal Holding BV, IStR 2003, 51.
　(33)　Kube (Fn. 22), 334.
　(34)　基本法19条3項によれば、「基本権は、内国法人に対しても、本質上適用可能な場合には、その限りでこれを適用する。」（邦訳は、永田秀樹ほか訳『現代ドイツ基本権』による。）
　(35)　Frotscher (Fn. 6), 69-70.

視して、EU の原則としての「四つの自由移動」を無条件に優先させることはできない。

2　例外規定の基準と「理由づけの法理」

ニース条約30条1項(36)によれば、外国人に対する特別規定が公序、安全および衛生の理由から正当化される場合、加盟国の国内法規および行政法規は、適用可能である（いわゆる「例外条項」(37)）。この条項は、加盟国の EU に対する優位を一般的に認めたものではなく、「四つの自由移動」によって開かれる自由な経済活動を部分的に規制したものである。

欧州裁判所の先例によれば(38)、「四つの自由移動」は、以下の四条件を充足することによって制約が可能である。

① 当該制約が差別にあたらないこと。
② 当該制約が公益という強い根拠から正当化されること。
③ 当該制約が公共の福祉を実現するために妥当なものであること。
④ 当該制約が公共の福祉の実現に必要な程度のものであること。

このように欧州裁判所は、「四つの自由移動」に対する制約について、上記の四要件を示している。しかし現段階では、いかなる場合に「四つの自由移動」原則に反するかについて、明確な基準は示されていない(39)。

欧州裁判所の判例(40)によれば、効果的な租税管理、公衆衛生の保護、商業取引の透明化、よび消費者保護の強い要請を正当化するために、国内法による

---

(36)　ニース条約30条1項によれば、「第28条［執筆者注：輸入数量制限禁止規定］および第29条［執筆者注：相互輸出数量制限禁止規定］は、公共道徳、公の秩序、公共の安全、人畜の健康および生命の保護、植物の保存、美術的、歴史的もしくは考古学的価値ある国宝の保護または工業的および商業的財産権の保護の理由から正当化される輸入、輸出または通過に関する禁止または制限を妨げるものではない。ただし、このような禁止または制限は、加盟国間の貿易における恣意的な差別の手段または偽装された制限となるものであってはならない」。

(37)　これについて、Cordewener, *Europäische Grundfreiheiten und nationales Steuerrecht: „Konvergenz des Gemeinschaftsrechts und „Kohärenz" der direkten Steuern in der Rechtsprechung des EuGH* (2002), S. 58-69.

(38)　EuGH, Urteil v. 30. 11. 1995, C-55/94.

(39)　これにつき、Schaumburg (Fn. 9), 1133-1134.

(40)　欧州裁判所1974年7月11日判決（Slg. 1974, 837）

別途の取り扱いがなされていることを容認している。すなわち加盟国は、一定の場合に国内法を保護するために、「明文化されていない例外」を援用しうる（いわゆる「理由づけの法理（rule of reasons）」）。

この「理由づけの法理」は、ニース条約が定める「四つの自由移動」と矛盾せずに、経済的目標を達成する法理として正当性をもつ。すなわちこの法理によって、「四つの自由移動」の制約に対する禁止規定が緩和される。ニース条約30条が、同条約に明示している以外の例外規定を認めていないことから、この「緩和された禁止規定」は意義が深い[41]。

この「理由づけの法理」は、差別的規定を正当化するために適用されることはない、と一般的には説明されるが、いかなる場合に適用されるかの判断は、実際にはむずかしい。しかし各加盟国にとってこの法理は、「四つの自由移動」の原則の適用範囲を画定するに際して、自国の利益を守るための調整機能を果たしうる[42]。

EU法上の属地主義（Territoritätsprinzip）により、課税高権はそれぞれの加盟国に配分される。課税税高権は、企業が所在し、かつ経済的活動を行っている国に原則として帰属する。この課税高権を前提とし、かつ「四つの自由移動」を踏まえたうえで「理由づけの法理」の適用要件を考える場合、以下の四点が重要になる。

第一に、「四つの自由移動」を制約する措置は、EU法に合致する目標が追求され、かつ公益の理由からその措置が正当化される場合にのみ、認められるべきである。

第二に、本店所在地を他の加盟国に移すといったことから、租税回避や租税逋脱の一般的可能性を導くことはできない。

第三に、「四つの自由移動」に対する制約は、可能な限り緩やかな措置でなければならない[43]。

第四に、国家財政にとって税収減となるということは、公益の観点から「四

---

(41) Cordeweber (Fn. 37), 63.
(42) Cordeweber (Fn. 37), 69.
(43) この基準は、欧州裁判所の「ラステズリ判決」（EuGH Urteil v. 11. 3. 2004, C-9/02）で言及された。同判決によれば、納税義務者が海外に移住しようとするときに、課税逃れを予防するための立法を講じることをニース条約43条は加盟国に禁じている。

つの自由移動」を制限する措置の正当化根拠になりえない。

　このように EU 原則の「四つの自由移動」に対しては、加盟国国内の公益実現のために必要かつ妥当な範囲で、しかもそれが他の加盟国の個人または会社への差別とならならず、かつ可能なかぎり緩やかな手法で、制約を講じる余地は認められる。その際、本店所在地を他国に移すことと租税回避や租税逋脱の一般的危険性とを直ちに結び付けてはならず、また管理支配地の他国への移転にともなう税収減少は、正当化根拠にならない。

山田二郎先生の略歴紹介

Ⅰ 略 歴

昭和 5 年 2 月 3 日　京都市で生まれる
昭和27年10月　司法試験に合格
昭和28年 3 月　京都大学法学部（旧制）卒業
昭和28年 4 月　司法修習生（7 期）
昭和30年 4 月　判事補に任官・佐賀地方家庭裁判所判事補
昭和32年 4 月　大阪地方裁判所判事補（主に行政事件訴訟を担当）
昭和36年 4 月　法務省に出向、大阪法務局訟務部訟務検事
昭和39年 4 月　法務省訟務局第 5 課局付（税務訴訟を担当）
昭和41年 4 月　広島法務局訟務部長
昭和45年 4 月　法務省訟務局参事官、第 5 課長（税務訴訟の主管課長）
昭和48年 4 月　東京高等裁判所判事
昭和51年 1 月　東京高等裁判所常置委員（同年12月末まで）
昭和52年 3 月　東京地方裁判所総括判事
昭和56年 1 月　東京地方裁判所民事部常置委員（同年12月末まで）
　　　　 6 月　第 1 東京弁護士会綱紀委員会参与員（同年12月末まで）
昭和59年 4 月　裁判官を退官
　　　　　　　東海大学法学研究所教授
　　　　 7 月　弁護士登録（第 2 東京弁護士会）
　　　　　　　昭和59年度日本証券奨学財団研究調達助成金を受給
　　　　10月　川崎市公文書公開審査会会長（平成 7 年10月末まで）
昭和61年 1 月　川崎市個人情報審査会委員（平成 7 年10月末まで）
　　　　 4 月　東海大学法学部教授（税法専攻）
　　　　 6 月　カリフォルニア大学、ハーバード大学に客員研究員として海外研究（昭和62年 7 月末まで）
平成元年 9 月　平塚市情報公開制度懇談会委員（平成 3 年 3 月末まで）
平成 2 年10月　東京家庭裁判所家事調停委員、参与委員
　　　　　　　平塚市特別土地保有税審議会委員（平成 6 年10月末まで）
平成 3 年 3 月　社会福祉法人神奈川県総合リハビリテーション事業団個人情報保護委員会会長
平成 5 年 8 月　日本税理士連合会税制審議会特別委員

山田二郎先生の略歴紹介・著作目録

平成6年4月		東海大学法学部長（平成8年3月末まで）
		東海大学法学研究科委員長（平成8年3月末まで）
	10月	学術会議公法連絡委員会委員
平成8年1月		平成8年度信託研究奨励金を共同研究代表として受給
	4月	日本弁護士連合会司法制度調査委員、同司法改革推進センター幹事
	7月	学校法人東京マックス学園理事、評議委員
平成10年1月		東京地方裁判所鑑定委員
平成12年3月		東海大学教授を退職
平成16年7月		社会福祉法人神奈川県総合リハビリテーション事業団評議員
平成18年4月		日本弁護士連合会税制委員会委員

Ⅱ 主な学会活動

租税法学会元理事、日本税法学会名誉理事
公法学会会員、土地法学会評議員、財政法学会名誉理事
税務会計学会会員、金融法学会会員、スポーツ法学会理事
医事法学会会員、環境政策学会会員、税務訴訟学会会員（会長）

山田二郎先生の略歴紹介・著作目録

著作目録

Ⅰ 著書

取締役・監査役報酬の実務（共著、昭和50(1975)年、商事法務研究会）
税務訴訟の理論と実際（増補版、昭和54(1979)年、財経詳報社）
固定資産税の現状と納税者の視点（共著、昭和63(1988)年、六法出版社）
不動産税務百科（３訂版、平成４(1992)年、ぎょうせい）
税務争訟の実務（共著、改訂版、平成５(1993)年、新日本法規）
税法講義（平成８(1996)年、信山社）
税理士業務の民事責任とその対策（平成９(1997)年、東林出版社）
租税法の解釈と展開(1)（山田二郎著作集Ⅰ、平成19(2007)年、信山社）
租税法の解釈と展開(2)（山田二郎著作集Ⅱ、平成19(2007)年、信山社）
租税法重要判例解説(1)（山田二郎著作集Ⅲ、平成19(2007)年、信山社）
租税法重要判例解説(2)（山田二郎著作集Ⅳ、平成19(2007)年、信山社）

Ⅱ 編・共著（分担執筆）

株式会社法辞典（分担執筆、昭和45(1970)年、同文舘）
行政判例集成（編集代表、所得税・法人税・地方税・諸税編、昭和47(1972)年から昭和59(1984)年まで、ぎょうせい）
租税法講座（共編著、昭和48(1973)年、ぎょうせい）
税法の基礎知識（分担執筆、昭和49(1974)年、有斐閣）
税法用語小辞典（改訂版、分担執筆、昭和50(1975)年、中央経済社）
行政法辞典（分担執筆、昭和50(1975)年、ぎょうせい）
税務百科大辞典（共編著、昭和55(1980)年、ぎょうせい）
会社法務大辞典（分担執筆、昭和59(1984)年、中央経済社）
注解会社更生法（分担執筆、昭和61(1986)年、青林書院）
注釈行政訴訟法（分担執筆、平成元(1989)年、有斐閣）
会計学大辞典（第４版、分担執筆、平成８(1996)年、中央経済社）
新行政法辞典（共編、平成11(1998)年、ぎょうせい）
公益法人改革・これでよいのか政府の構想（責任編集、平成16(2004)年、財団法人公益法人協会）

山田二郎先生の略歴紹介・著作目録

Ⅲ　論　説

◆昭和35年（1960年）
　会社内規による退職年金の性質とその差押の許否（会社実務の友62輯）

◆昭和36年（1961年）
　企業の政党献金に対する取締役の責任（会社実務の友73輯）

◆昭和37年（1962年）
　国税滞納処分による債権差押えと相殺（『司法研修所創立15周年記念論文集　上巻』）

◆昭和39年（1964年）
　登記官吏の審査権（総合法学5巻3号）
　実質課税の原則とその適用について（税経通信19巻3号）

◆昭和40年（1965年）
　権利能力のない社団の法律関係（民事研修98号）
　低廉譲渡と寄付金（税経通信20巻3号）

◆昭和41年（1966年）
　株式に関する執行（会社実務の友55輯）
　譲渡所得に対する所得税の計上時期（法律のひろば19巻1号）
　事業所得に対する所得税の計上時期（税務弘報14巻3号）
　益金・損金の意義　資金の無償譲渡に対する課税の許否（税務弘報14巻12号）
　判例からみた税金紛争の問題点検討（税理9巻5号から13巻2号まで連載）

◆昭和42年（1967年）
　税務訴訟と裁判所（法律時報39巻10号）
　実質所得者課税の原則とその適用事例（税務弘報15巻1号）
　戦後における税務訴訟の動向（税法学200号）
　法人税法22条4項と商法計算規定との関係（税法学202号）

◆昭和45年（1970年）
　行為計算の否認規定の適用をめぐる諸問題（杉村章三郎先生古稀祝賀『税法学論文集』三晃社）
　電話加入質権とその実行手続（小野木常・斎藤秀夫先生還暦記念『抵当権の実行』有斐閣）
　不作為の違法確認の訴えにおける原告適格及び訴えの利益（『実務民事訴訟法講座8』日本評論社）
　税法の違憲審査をめぐる問題（税務弘報19巻14号）
　税務訴訟と裁判所（法律時報39巻10号）

国税不服審判所の審理手続（企業法研究182輯）
滞納処分による債権差押えと相殺（民事研修161号）
◆昭和46年（1971年）
税務訴訟の課題（民事研修172号、173号）
源泉徴収における法律関係（判例評論148号）
◆昭和47年（1972年）
譲渡所得の計算において控除される取得費（税務弘報20巻1号）
会社更生法において共益債権と扱われる源泉所得税の範囲（税理15巻3号）
◆昭和48年（1973年）
質問検査権を定める規定の合憲性（税務弘報21巻2号）
行政事件訴訟と裁判所（ジュリスト527号）
銀行預金と税務調査（金融法務事情698号）
租税判例の動向（租税法研究1号）
◆昭和49年（1974年）
裁判と国民性（税務事例6号）
サラリーマンに対する所得税制と平等原則（ジュリスト567号）
税務訴訟の諸問題（租税法研究2号）
◆昭和50年（1975年）
登録免許税をめぐる諸問題（民事研修222号）
◆昭和52年（1977年）
民事裁判にあらわれる税のからみ（自由と正義28巻6号）
実質課税の原則（法律のひろば30巻1号）
◆昭和53年（1978年）
所得税法における所得の分類（『末川博先生追悼論集・法と権利』有斐閣）
交際費課税をめぐる問題（田中二郎先生古稀記念『公法の理論 下Ⅱ』有斐閣）
会社更正手続と税法の特例（金融・商事判例554号）
◆昭和54年（1979年）
相続税法34条の連帯納付責任の性質等（税法学345号）
◆昭和55年（1980年）
青色申告更正の理由付記の程度（吉川大二郎先生追悼論文集『手続法の理論と実践 上巻』有斐閣）
共有不動産の分割と不動産取得税（税務事例12巻7号）
◆昭和56年（1981年）
租税債権の倒産法上の取扱い（『新・実務民事訴訟法講座13』日本評論社）

山田二郎先生の略歴紹介・著作目録

◆昭和57年(1982年)
　実務家からみた学説（ジュリスト756号）
◆昭和59年(1984年)
　執行不能・和解と税務（『裁判実務大系２・手形小切手訴訟』青林書院）
　不動産質権の設定・管理上の問題点（『担保法大系　２巻』金融財政事情研究会）
　憲法38条による供述拒否権の保障と国税犯則事件の調査手続（ジュリスト818号）
◆昭和60年(1985年)
　取消訴訟の管轄、取消訴訟の被告（『行政事件訴訟大系』西神田編集室）
　大嶋訴訟最高裁判決に思う（税経通信40巻７号）
　相続税の計算と被相続人の保証債務（ジュリスト836号）
　料飲税と税法上の若干の問題（東海大学法学研究所年報１号）
◆昭和61年(1986年)
　租税行政の諸問題（租税法研究14号）
◆昭和62年(1987年)
　固定資産税における固定資産の評価（税法学442号）
◆昭和63年(1988年)
　固定資産の評価をめぐる若干の問題（税務事例20巻８号）
◆平成元年(1989年)
　消費税をめぐる若干の問題（雄川一郎先生献呈論集『行政法諸問題　中』有斐閣）
◆平成２年(1990年)
　非上場株式の評価減と損金計上の可否について（日本税法学会創立40周年祝賀論集『税法学論文集』税法研究所）
　破産と税務処理（『新版　破産法』経済法令研究会）
　財団債権とならない租税債権の破産手続上の優先順位（金融法務事情1246号）
◆平成３年(1991年)
　登録免許税に対する争訟（『現代民事裁判の課題②不動産登記』新日本法規）
◆平成４年(1992年)
　相続税の物納（ジュリスト1012号）
　法人税の計算をめぐって（日弁連研究叢書『現代法律事務の諸問題　上』第一法規）
◆平成５年(1993年)

不動産登記と登録免許税（香川最高裁判事退官記念論文集『民法と登記　上』テイハン）

商品切手発行税とプリペイドカードに対する課税の適否（東海法学 9 号）

情報公開判例の動向分析（『開かれた市政の実現をめざして』川崎市情報公開制度10周年記念論集、川崎市）

◆平成 6 年(1994年)

税務争訟の新しい展開（税務事例26巻 9 号）

公正処理基準の機能（税務会計研究 5 号）

離婚・相続と税法の知識（ケース研究240号、家庭事件研究会）

固定資産税と平成 6 年度の評価替えの問題点（法の支配97号）

◆平成 7 年(1995年)

固定資産評価審査委員会の機能とその審理手続（貞家最高裁判事退官記念論集『民事法と裁判　下』きんざい。『資産課税関係論文集』財団法人資産評価システム研究センターに転載）

◆平成 8 年(1996年)

固定資産税取消訴訟の課題と弁護士（自由と正義47巻12号）

固定資産税の評価に対する疑問（共著、税務事例28巻 7 号から31回連載）

土地保有税制のあり方と固定資産税の役割分担（税研66号）

固定資産税を改善するための課題（税経通信51巻 2 号）

◆平成 9 年(1997年)

消費税の納税義務の成立・確定と消費税の課税標準額（松沢智古希記念論集『租税行政と納税者の救済』中央経済社）

固定資産税の課税構造を改革するための考察（東海法学17号）

固定資産税の評価をめぐる諸問題（租税研究574号）

◆平成10年(1998年)

資産評価の課題（資産評価政策学 1 号）

◆平成11年(1999年)

税務訴訟と納税者の権利救済（成田頼明ほか編『行政の変容と公法の展望』有斐閣学術センター）

必要経費論（改訂版『所得税の理論と課題』平成11(1998)年、税務経理協会）

◆平成13年(2001年)

税務訴訟はこう戦う──納税者の権利を守るために（『弁護士業務にまつわる税法の落し穴』大阪弁護士協同組合。新版・平成19年(2007年)）

地方分権改革と地方自治体の課税自主権の拡大──横浜市勝馬投票券発売税を

素材にして（税法学546号343頁）

地方分権改革と地方自治体の課税自主権（税務弘報49巻13号6頁）

国の法定外税に対する関与と総務大臣の同意における三つの消極要件（税2月号80頁）

◆平成14年（2002年）

行政訴訟制度改革に求められているもの（ジュリスト1216号67頁）

司法制度改革と租税訴訟の活性化に向けて——納税者のための弁護士と税理士の協働（税経通信57巻12号24頁）

住専母体行の貸倒損失と損金計上の時期（銀行法務602号47頁）

相続税の視点から「相続」を考える（判例タイムズ1085号16頁）

固定資産税不服訴訟の成果と残した問題（税金オンブズマン編『税の民主化をもとめて』）

固定資産税の評価替えと納税者の強い反発（財政法双書18号160頁）

◆平成15年（2003年）

税務訴訟はこう戦う——納税者の権利を守るために（大阪弁護士会友新会編『弁護士業務にまつわる税法の落し穴』）

私法と税法との間のゆがみとその対応（税法学548号71頁）

固定資産税の評価をめぐる最高裁判決とその影響（税理11月号16頁）

◆平成16年（2004年）

動きだした租税訴訟の現状と展望（財政法叢書20号192頁）

◆平成17年（2005年）

租税法概論（第1部）（編集代表山田二郎『実務　租税法講義』）

租税法概論（実務租税法講義所収）

財産評価をめぐる救済手続（新・裁判実務大系18『租税争訟』青林書院）

固定資産税の評価の仕組みと課題（土地問題双書36号364頁）

◆平成19年（2007年）

租税法における法の支配（租税訴訟学会『租税訴訟　1号』）

最近の国際課税の動向と検証（税務弘報55巻4号）

Ⅳ　判例評釈

◆昭和40年（1965年）

権利能力のない社団の法律関係（民事研修98号）

◆昭和41年（1966年）

譲渡所得に対する所得税の課税時期（法律のひろば19巻1号）

裁決の理由付記の程度（シュトイエル56号）
手付金の損失と所得計算（シュトイエル56号）
異議決定が判決で取り消された場合におけるみなす審査請求の規定の適用の有無（シュトイエル57号）
異議決定を取消す判決の効力（シュトイエル57号）

◆昭和42年（1967年）
原価率に基づく推計課税（シュトイエル59号）
青色承認取消の理由とその理由付記の程度（同）
審査請求を棄却する裁決の効力（シュトイエル61号）
原処分と裁決の取消しを求める訴えにおいて裁決の理由付記の不備を理由に裁決を取り消すことの可否（シュトイエル67号）
制限超過利息が元本に充当された後に支払われた場合と不当利得の成否（民事研修124号）

◆昭和43年（1968年）
医療財団法人に対する贈与税の課税と課税要件明確主義（「租税判例百選」別冊ジュリスト17号）
隠れたる利益処分（同）
新株プレミアムの取得とみなし譲渡（同）
根抵当権設置登記の登録免許税の課税価額（民事研修105号）

◆昭和44年（1969年）
所有権留保の割賦販売資産と固定資産税の納税義務者（シュトイエル74号）
抵当権者の物上代位の目的となっている清算金に対し差押・転付命令をえた者と抵当権者との優劣（「保全判例百選」別冊ジュリスト22号）
退任を理由とする取締役資格不在確認を本案とする職務執行停止処分の必要性の判断基準（同）

◆昭和45年（1970年）
漁業許可権の無償譲受人の第２次納税義務（ジュリスト462号）
法人格否認の法理とその適用（民事研修153号）
銀行預金の差押と相殺（民事研修161号）

◆昭和46年（1971年）
課税処分の取消しを求める訴えを本案とする滞納処分の執行停止の適否（ジュリスト490号）
源泉徴収における法律関係と納税の告知（判例評論148号）
審査請求手続における審理の範囲等（ジュリスト477号）

山田二郎先生の略歴紹介・著作目録

◆昭和47年(1972年)
　農地法80条に基づき買収農地の売払いを求める訴訟の被告適格（民商法雑誌67巻3号）
　第2次納税義務の付随性と補充性（税務事例4巻3号）
　利息制限法の利息を超過する利息・損害金に対する課税の適否（税務事例4巻1号）
　職務執行停止を命ぜられた役員の賞与の損金性（税務事例4巻3号）
　固定資産税を納付した所有名義人の真の所有者に対する不当利得返還請求の許否（ジュリスト512号）

◆昭和48年(1973年)
　同族会社の数事業年度にわたる行為計算を一体のものとして否認した事例（税務事例5巻6号）
　会社が従業員に対して支給する学資について源泉所得税の徴収の可否（労働事例164号）
　土地の使用借権の譲渡に対する課税が認められた事例（税務事例5巻5号）
　売買代金が割賦で支払われた場合の譲渡所得の帰属年度（税務事例5巻7号）

◆昭和49年(1974年)
　異議決定の取消を求める訴えの利益の有無（判例評論190号）
　固定資産評価審査委員会の審査事項（ジュリスト562号）
　一斉休暇闘争に参加した公立小中学校教員に対する給与の減額の適否（自治研究608号）

◆昭和50年(1975年)
　法人税更正処分の取消しと源泉徴収義務の関係（税務事例190号）
　抗告訴訟の対象となる登録免許税の課税処分の存否（ジュリスト598号）

◆昭和51年(1976年)
　更生開始と第2次納税義務者に対する滞納処分（「倒産判例百選」別冊ジュリスト598号）
　法人税の青色更正の理由付記の程度（ジュリスト625号）
　強迫による公務員の退職申出がこれに基づく依願免職処分の後に取り消された場合と依願免職処分の効力（自治研究632号）

◆昭和52年(1977年)
　税法解釈の方法（「会社税務重要判例紹介特集号」税経通信433号）

◆昭和53年(1978年)
　学資金（「税務重要判例紹介特集号インカム・タックス」税経通信451号）

財産分与としての資金の譲渡と譲渡所得課税（判例タイムズ370号）
土地移転登記の抹消と固定資産税の納税義務者（ジュリスト660号）
道路運送法施行規則57条2項に基づく変更届に対する不受理処分と抗告訴訟の対象性（自治研究658号）

◆昭和54年（1979年）
農地法上の許可と農地の売買との関係―行政上の関係と私法上の関係（「行政判例百選Ⅰ」別冊ジュリスト61号）
異議決定の取消しを求める訴えの出訴期間の起算日（「行政判例百選」別冊ジュリスト62号）
裁決の取消訴訟における司法審査の範囲（同）

◆昭和55年（1980年）
不法行為による慰謝料請求権者が破産した場合と破産管財人の破産処分権（金融法務事情940号）
賃借権者が土地を取得した場合における不動産取得税の課税標準（ジュリスト710号）
指名債権が同時に二重に譲渡された場合と譲受人の一人からした弁済請求の可否（金融法務事情924号）

◆昭和56年（1981年）
処分の違法を理由とする代位請求（「地方自治判例百選」別冊ジュリスト71号）
更生担保権の被担保債権のうち担保権の価額を超える更生債権の更生手続等（金融法務事情959号）
自己を受取人とする約束手形の効力（金融法務事情978号）
買受けた農地について知事の許可前に相続が開始した場合の相続財産の評価（税務事例13巻3号）

◆昭和57年（1982年）
執行抗告の抗告状が直接抗告裁判所に提出された場合の移送の可否（金融法務事情993号）
会社更生法39条による弁済禁止の保全処分等と契約解除の効力等（金融法務事情1009号）
被上場株式の評価減と損金計上の可否（税務事例24巻1号）
同族会社の系列会社に対する低価販売について否認規定を適用した更正処分が適法とされた事例（税務事例14巻2号）

◆昭和58年（1983年）
譲渡担保権者と第三者異議の訴え（金融法務事情1040号）

固定資産評価基準の法的拘束力等（税務事例15巻3号）
破産法70条1項による仮差押の効力の失効と民事執行法87条2項の関係等（金融法務事情1022号）
事業所税の非課税施設の範囲（自治研究717号）
真実の所有者に対する不当利得返還請求権（「租税判例百選第2版」別冊ジュリスト79号）

◆昭和59年(1984年)
代理貸付における代理店の回金義務と事前求償権（金融法務事情1051号）
抵当権の物上代位の目的となっている清算金に対する転付命令と抵当権者の優劣（金融法務事情1064号）
土地の転貸にあたって預かった保証金の計上時期（税務事例16巻1号）
相続財産の範囲と買主の取得した土地（税経通信39巻15号）
固定資産税の評価と居住用宅地（同）

◆昭和60年(1985年)
手形の取立禁止・支払禁止の仮処分の効力と支払呈示を受けた銀行の責任（金融法務事情1087号）
料飲税の納入期限後の更正処分と不納付罪の成立等（税務事例17巻1号）
周辺の固定資産税の評価額の開示と公務員の守秘義務等（税務事例17巻12号）

◆昭和61年(1986年)
市長の接待費の支出の適否と住民訴訟（法学教室68号）
債務者所有の甲不動産と物上保証人所有の乙不動産に債権者を異にする後順位抵当権が設定されて不動産が先に競売された場合における売買代金の配当（金融法務事情1125号）
違法な所得税調査と国に対する慰謝料請求（ジュリスト858号）
特別縁故者が財産分与の審判を受けるために支出した審判費用等と債務控除等（自治研究744号）
国税滞納処分と民法177条の適用の有無（『税務署の判断と裁判所の判断』六法出版社）
審査請求手続における審理の範囲等（同）
出訴期間の起算日と追完（同）
第2次納税義務の取消訴訟と本来の納税義務者に対する課税処分の違法（同）
青色申告承認が取り消された場合の救済方法（同）
更正・決定の期間制限（同）
租税事件と信義則の適用（同）

ポルノ関税の検査と検閲の許否（同）
所有権留保の割賦販売資産と固定資産税の納税義務者（同）
譲渡担保契約の解除と不動産取得税の課税の許否（同）
使用貸借の合意解除と立退料の認定（同）
使途不明金と賞与の認定（同）
青色更正の理由付記の程度（同）
青色承認取消しの理由付記の程度（同）
贈与税と贈与による所有権移転の時期（同）
源泉徴収の法律関係と納税の告知（同）
高額の権利金の所得分類（同）
10年定年制により支給される給与と所得の分類（同）
譲渡担保と譲渡所得（同）
株式の譲渡による所得と非課税の範囲（同）
詐欺による被害の損金計上の時期（同）

◆昭和63年(1988年)
関与税理士に債務不履行があったとして2億円余の損害賠償責任が認められた事例（税務事例20巻1号）
国税徴収法22条5項による交付請求と配当要求の終期との関係（判例タイムズ677号）
国税徴収法22条5項による交付請求と配当要求の終期との関係（金融法務事情1177号）
退任登記未了の元取締役と商法266条の3による損害賠償責任（金融法務事情1192号）
推計課税と実額反証の立証の程度（自治研究777号）
農地の売却後その所有権移転前に売主に相続が開始した場合の相続財産（ジュリスト908号）

◆平成元年(1989年)
固定資産税を負担した登記名義人の課税主体に対する不当利得返還請求権の許否（ジュリスト945号）
無効な抵当権の実行により債権者に交付された弁済金と不当利得の成否（金融法務事情1215号）
保険料を専用預金口座に保管中に損害保険代理人が破産宣告を受けた場合に右預金は保険会社に帰属するとされた事例（金融法務事情1333号）
土地区画整理法20条による意見書の不採択と取消訴訟の可否（「街づくり・国づ

くり判例百選」別冊ジュリスト103号）

所得税法60条1項1号にいう贈与と負担付贈与（判例タイムズ706号）

夫婦財産契約と所得の分割の可否（判例評論361号）

◆平成2年(1990年)

滞納処分による債権差押と相殺予約の効力（ジュリスト995号）

第三者割当による新株発行とその差止めを求める仮処分（金融法務事情1248号）

根抵当権が特定の債権のみを被担保債権としているとして無効とした事例（金融法務事情1271号）

確定申告で社会診療報酬の概算経費を選択したのち修正申告で実額経費に変更できるとされた事例（税経通信625号）

滞納処分による債権差押と第三者間にまたがる相殺予約の対外的効力（ジュリスト995号）

離婚による財産分与と錯誤（私法判例リマークス1号）

財産分与契約で分与者側に税金の負担がないという動機の錯誤が黙示的に表示されていたとされた事例（判例タイムズ762号）

固定資産税を納付した所得名義人の真実の所有者に対する不当利得返還請求権の許否（「租税判例百選第3版」別冊ジュリスト120号）

サラリーマンの通勤自動車の譲渡損失と損益通算の可否（判例タイムズ735号）

◆平成3年(1991年)

借地権者が土地を取得した場合における不動産取得税の課税標準（判例評論391号）

売買契約の合意解除と交換特例の適用の可否（判例タイムズ762号）

離婚に伴う財産分与として取得した資産の取得費（判例評論393号）

◆平成4年(1992年)

非上場株式の評価減と損金計上の可否（税務事例24巻1号）

協議離婚に伴う財産分与において分与者側に譲渡所得税の負担がないと信じたことに重過失がないとした事例（判例タイムズ790号）

◆平成5年(1993年)

推計による更正処分と必要経費の実額反証（自治研究835号）

代位請求訴訟の被告適格（「地方自治判例百選第2版」別冊ジュリスト125号）

破産会社の予納法人税と破産管財人の予納申告等の義務（判例評論415号）

◆平成6年(1994年)

所得金額を過大に認定した更正処分が違法であっても国賠法1条1項にいう違法がないとした事例（ジュリスト1050号）

更正処分の違法と国賠法1条1項にいう違法（租税法研究22号）
事業用資産の買換特例の選択と更正の制限（判例評論425号）
遺贈に対する遺留分減殺請求と譲渡所得課税への影響（税務事例26巻6号）

◆平成7年（1995年）
役員退職給与が過大かどうかの判断にあたり生命保険金が原資であることを考慮しなかったことを適法とした事例（租税法研究23号）
更正後に修正申告がされた場合の更正の取消しを求める訴えの利益等（ジュリスト1073号）

◆平成8年（1996年）
駐留米軍用地として強制使用裁決がされたことに伴い受領した損失補償金の所得計上時期（判例評論155号）

◆平成9年（1997年）
宗教法人が収受した承諾料が収益事業に係る収入とされた事例（自治研究73巻6号）
強制使用裁決による損害補償金の計上時期（租税法研究25号）
関与税理士に債務不履行があったとして2億円余の損害賠償責任が認められた事例（ジュリスト1106号）

◆平成10年（1998年）
一括支払いシステム契約の代物弁済条項（自治研究74巻9号）

◆平成11年（1999年）
政党への遺贈とみなし譲渡課税（ジュリスト1169号）
特許紛争の和解金と源泉所得税の徴収義務（山川和則先生還暦記念論集『判例ライセンス法』社団法人発明協会）

◆平成13年（2001年）
消費税の簡易課税制度の事業区分等が争われた事例（ジュリスト1208号276頁）

◆平成14年（2002年）
租税特別措置法40条、70条の事業供用要件の充足（税務事例34巻1号1頁）
小作地に対する固定資産税等の増額と小作料の増額請求の可否（私法判例リマークス25号（上）22頁）

◆平成15年（2003年）
課税原因の不適法・無効と租税の賦課徴収の可否（税務事例400号71頁）
民法上の組合から組合員が受ける所得の分類（ジュリスト1250号233頁）
固定資産税の評価額である「適正な時価」と収益還元価格（判例時報1821号169頁）

法律行為の取消・解除と納税義務の成否（判例地方自治239号112頁）
◆平成17年(2005年)
過少申告加算税にいう「適正な理由」の存否（ジュリスト1292号185頁）
◆平成18年(2006年)
第2次納税義務者に救済手続と不服申立期間の起算日（ジュリスト1325号）

Ⅴ　翻訳その他
  (1)　翻　　訳
西ドイツ連邦財政裁判所1963年3月27日第1部61年9号、同171号判決（共訳、税法学23号）
西ドイツ連邦財政裁判所1963年3月27日第1部、同210号判決（共訳、税法学224号）
  (2)　租税事件の鑑定書
特別土地保有税納税義務免除不許可処分取消請求事件（東京地裁（行ウ）第18号・読売PR事件。昭和63年10月）
法人税更正処分取消請求事件（東京地裁昭和59年(行ウ)第145号・ケンウッド米国子会社事件。海外子会社の株式の評価損の損金計上が争われた事件。平成3年1月）
相続税更正処分取消請求事件（東京地裁平成元年(行コ)第99号・借地権の評価が争われた事件。平成3年3月）
所得税法違反控訴事件（大阪高裁平成4年(行ラ)第270号・地代相当損害金の計上時期が争われた事件。平成5年1月）
法人税の還付加算金等請求事件（大阪地裁平成3年(ワ)第7694号・永大産業事件。還付金の起算日が争われた事件。平成6年3月）
法人税法違反事件（大阪高裁平成7年(ラ)第302号・大産建設事件。工事外注費等の損金計上が争われた事件。平成8年3月）
所得税法違反事件（松山地裁平成7年(ワ)第166号・興進海運事件。税務調査の資料を査察事件の証拠として使用したことが争われた事件。平成10年1月）
特別土地保有税徴収猶予取消処分等の取消請求事件（浦和地裁平成10年(ウ)第40号・吹上町特別土地保有税徴収猶予取消事件。平成10年5月）
相続税更正処分等取消請求事件（東京地裁平成7年(行ウ)第304号・土地保有特定会社の非上場株式の評価が争われた事件。平成10年8月）
  (3)　その他
固定資産税で今何が問われているか（「書斎の窓」平成8年3月号）

相続税をめぐる諸問題（第1回）固定資産税をめぐる諸問題（第2回）土地税制をめぐる諸問題（第3回）（平成6年度春期研修録、第1東京弁護士会弁護士研修委員会）

対談「国税不服審判所の20年」（ジュリスト954号）

対談「審判所制度の一層の充実をめざして」（税務事例22巻5号）

対談「固定資産税の評価替をめぐって」（税務経理平成7年8月15日号から4回連載）

対談「固定資産税改革の方向─残された課題と論点」（税務経理平成10年4月17日号から5回連載）

座談会「土地利用と公益信託」（判例タイムズ984号）

スポーツ事故と自己責任による加害者側の減責（スポーツ法学会年報2号、平成7年12月）

スポーツ事故と違法性阻却（日本スポーツ法学会年報6号、平成11年12月）

トップのための法律講座（財経詳報2162号以下に12回連載）

書評「南博方・税務争訟の理論と実際」（民商法雑誌73号）

書評「増田英敏・納税者の権利保護の法理」（税経通信745号）

山田二郎先生喜寿記念
納税者保護と法の支配

2007（平成19）年10月27日　第1版第1刷発行　9171-0101

編　者	石　島　　　弘
	木　村　弘　之　亮
	玉　國　文　敏
	山　下　清　兵　衛
発行者	今　井　　　貴
発行所	株式会社　信山社

〒113-0033 東京都文京区本郷6-2-9-102
Tel 03-3818-1019　Fax 03-3818-0344
henshu@shinzansha.co.jp

Printed in Japan　　　　　製作／編集工房 INABA

Ⓒ著者，2007．
印刷・製本／松澤印刷・大三製本

ISBN978-4-7972-9171-1 C3332　分類323.944

租税法の解釈と展開（1）　山田二郎著作集　Ⅰ
第1　税務訴訟／第2　所得税／第3　法人税／第4　相続税

総 408 頁　本体：12,800 円（税別）

租税法の解釈と展開（2）　山田二郎著作集　Ⅱ
第5　地方税／第6　消費税、登録免許税等その他の税目／第7　調査手続、徴収手続／第8　争訟手続／第9　ドイツ連邦財政裁判所判決／租税法における法の支配

総 620 頁　本体：19,800 円（税別）

租税法重要判例解説（1）　山田二郎著作集　Ⅲ
第1　所得税／第2　法人税／第3　相続税・贈与税／第4　固定資産税／第5　不動産取得税／第6　その他の税目／第7　徴収手続き（滞納処分）

総 860 頁　本体：26,800 円（税別）

租税法重要判例解説（2）　山田二郎著作集　Ⅳ
第8　税務争訟手続／第9　税務調査手続、損害賠償請求／第10　金融商事判決／第11　行政事件判決／第12　租税判決等の解説／第13　租税事件の鑑定書

総 700 頁　本体：21,800 円（税別）

納税者保護と法の支配　山田二郎先生喜寿記念
石島弘・木村弘之亮・玉國文敏・山下清兵衛 編著

今村隆・碓井光明・占部裕典・大塚正民・大渕博義・金子正史・岸田貞夫
酒井克彦・品川芳宣・手塚貴大・西山由美・増田英敏・三木義一・山田和江
山本洋一郎・山本守之・増田晋・林仲宣・山下学・宮谷俊胤

本体：18,000 円（税別）

租税法の課題と超克　山田二郎先生古稀記念
石島弘・碓井光明・木村弘之亮・玉國文敏 編著

石倉文雄・佐藤義行・品川芳宣・西山由美・三木義一・渡邉幸則・岩崎政明
加藤幸嗣・金子正史・堺澤良・宮谷俊胤・吉村典久・岸田貞夫・後藤正幸
谷口勢津夫・西野敞雄・西本靖宏・増田英敏・松沢智・南博方・山村恒年

本体：17,000 円（税別）